长兴县委县政府年度综合性公报

长兴县大型地情资料工具书

# 长兴年鉴 2019

总第六部

长兴县史志办公室 编

方志出版社
Publishing House of Local Records

**图书在版编目(CIP)数据**

长兴年鉴．2019 / 长兴县史志办公室编．— 北京：方志出版社，2019.12

ISBN 978-7-5144-4115-4

Ⅰ．①长… Ⅱ．①长… Ⅲ．①长兴县—2019—年鉴 Ⅳ．①Z525.54

中国版本图书馆CIP数据核字(2019)第300584号

长兴年鉴（2019）

**编　　者**：长兴县史志办公室

**责任编辑**：李志瑜

**出 版 者**：方志出版社

地址　北京市朝阳区潘家园东里9号(国家方志馆4层)

邮编　100021

网址　http://www.fzph.org

**发　　行**：方志出版社图书经销中心

电话(010) 67110500

**经　　销**：各地新华书店

**排　　版**：杭州书道闻香图书有限公司

**印　　刷**：杭州富春电子印务有限公司

**开　　本**：889×1194　1/16

**印　　张**：26.25

**字　　数**：920千字

**版　　次**：2019年12月第1版　2019年12月第1次印刷

**印　　数**：001 ~ 800册

ISBN 978-7-5144-4115-4　**定价**：220.00 元

## 长兴县史志编纂委员会

**主　　任**　周卫兵　石一婷

**常务副主任**　高胜华

**副 主 任**　何志强　陈少鹏　王庆忠　陈　峰　李彩琴

**办公室主任**　吴连意

## 《长兴年鉴（2019）》编辑部

**主　　编**　吴连意

**常务副主编**　沈正学　黄　伟

**副 主 编**　王云婷（执行）　刘　峰　高　娟

**责任编辑**　（以姓氏笔画为序）

王云婷　刘　峰　陈　镇　吴连意　宋君君

沈正学　郭玲玲　高　娟　黄　伟　戴国华

**执行编辑**　吴连意　王云婷　郭玲玲　宋君君

**编　　辑**　各乡镇、街道、园区及县级机关各部门史志工作联络员

（此处略，详见正文署名）

**图　　片**　要闻及正文插图，均为归口单位提供

**封面图片**　太湖龙之梦乐园（太湖图影供）

**英文目录**　由县外事办提供翻译

# 编纂说明

一、《长兴年鉴(2019)》以马克思列宁主义、毛泽东思想、邓小平理论、“三个代表”重要思想、科学发展观和习近平新时代中国特色社会主义思想为指导,坚持辩证唯物主义和历史唯物主义的立场、观点和方法,以“记载历史、服务现实、资政育人、宣传长兴”为编纂宗旨,为各级领导、决策者和管理者提供准确的信息和情况,为社会各界、海外人士了解研究长兴、投资兴业长兴提供基本地情资料。

二、《长兴年鉴》创刊于2014年,本年鉴为长兴县第六部地方综合年鉴,主要记载2018年1月1日至12月31日长兴自然、经济、政治、文化、社会年度发展基本情况及取得的成效。为保持记述的完整性,对部分内容在时间上做必要上溯或下延。

三、本年鉴采用条目式记事体,分类编纂,基本结构为类目、分目、条目三个层次。正文和图片由各部门、各乡镇(街道、园区)及各有关单位提供,并经各单位作内容及保密审查核实。正文后均附撰稿人。

四、本年鉴正文中的统计数据由各单位提供,县情概览及附录中的统计数据由县统计局提供。读者在引用本年鉴数据时,如有不尽一致的地方,请以统计局提供的统计资料为准。大事记中的“△”表示“同日”或“同月”。

3月31日，中央委员、统战部副部长、全国工商联党组书记、常务副主席徐乐江(右一)一行到长兴县天能集团进行考察指导　　(天能集团　尹月摄)

6月7日，水利部部长鄂竟平（右一）、浙江省人民政府副省长彭佳学（中）、湖州市委书记马晓晖（左一）为“长兴县河长制展示馆”揭牌，标志着全国第一个河长制展示馆正式开馆（水利局提供）

11月14日，浙江省委副书记、省长袁家军（左二）一行考察调研长兴县太湖图影龙之梦乐园项目（太湖图影旅游度假区管委会提供）

5月24日，浙江省政协主席葛慧君（左二）考察太湖图影龙之梦乐园项目 （政协办提供）

10月31日，浙江省委常委、组织部部长黄建发（前排右二）到长兴县党群服务中心调研
（李佳丽提供）

3月8日下午，浙江省委常委、政法委书记王昌荣（中）到长兴调研平安创建、社会治理创新等工作

11月13日，水利部副部长魏山忠（左二）带领省市太湖湖长到长兴开展太湖巡湖活动　　　　（水利局供）

7月31日，浙江省副省长朱从玖到长兴县开展接访下访活动

（信访局供）

8月1日，浙江省副省长成岳冲（中）到长兴调研医疗健康信息化工作

（卫计局供）

3月8日，浙江省副省长王文序（左二）到长兴调研太湖图影龙之梦乐园项目

（太湖图影旅游度假区管委会提供）

5月3日，浙江省副省长彭佳学（前排左二）一行到长兴调研环湖大堤（长兴段）后续工程　（水利局供）

8月8日，浙江省副省长王文序（前排中）率调研组到长兴国家大学科技园调研　（长兴国家大学科技园提供）

4月11日，浙江省人大常委会副主任姒健敏（右二）一行到泗安镇调研　（泗安镇提供）

10月16日，全国人大常委会委员王教成（右二）到长兴调研太湖图影龙之梦乐园项目　（人大办提供）

11月7日，四川省人大常委会副主任黄新初（前排右一）一行到长兴考察美丽乡村建设和乡村旅游发展等工作　（人大办提供）

2月3日，长兴县举行东鱼坊开街仪式　　（建设局提供）

2月4日，泗安镇上泗安村举行“古韵上泗安，缤纷年货节”暨浙江吴越丰文化生态旅游项目开幕式　　（长兴传媒集团提供）

2月6日上午，长兴县第十六届人民代表大会第二次会议在长兴大剧院开幕　　（人大办提供）

2月11日，吉利新能源汽车项目签约仪式在长兴经济技术开发区举行
（开发区提供）

2月12日，长兴县人民政府与浙江吉利控股集团举行项目签约仪式，正式签订战略合作协议以及《吉利新能源汽车项目投资协议》　　（开发区提供）

2月25日，中宣部组织14家央级媒体到长兴开展“生态文明建设典型经验”集中采访报道

（宣传部提供）

3月15日，太湖街道龙溪御庭小区建成浙江省长兴县首个垃圾智能分类小区。图为小区居民体验垃圾分类智能化（曹鑫提供）

4月14日，国家自然科学基金委重大项目《古生代海洋重大生物事件》总结会在长兴举行。图为11位中科院院士与小学生在金钉子地标前合影（科协提供）

4月21日，中央电视台《焦点访谈》栏目对水口乡农村生活垃圾分类工作进行专访　　（水口乡提供）

5月3日，吉利汽车生态数据产业园项目签约仪式在南太湖长兴分区举行　　（南太湖长兴分区提供）

4月28日，周明明获“全国五一劳动奖章”和“浙江省劳动模范”两项荣誉　　（总工会提供）

5月4日，长兴南太湖万亩平田基地进行考古发掘，发现明代藏书家吴琉墓。图为考古现场

（文广新局提供）

5月17日，2018年浙江省文联组联工作会议暨文艺志愿服务工作现场会在长兴召开

（文联提供）

5月17日，卫计局荣获“县域五级乙等”最高等级证书，是全国第一个获此荣誉的县域城市

（卫计局提供）

5月31日，长兴县深化“亩均论英雄”改革加快工业低效企业达标提质工作动员大会召开

（发改局提供）

6月16日上午，长兴县举行爱康科技异质结（HIT）新一代高效太阳能电池项目签约仪式　（煤山镇提供）

6月25日，全市首个县退役军人服务中心挂牌成立　（民政局提供）

7月10日，长兴县举行“小浦银杏壹号院”项目开工典礼　（小浦镇提供）

7月13日，吉利长兴汽车配套产业园招商推介会在长兴举行。图为项目签约现场

（开发区提供）

7月20日，国家税务总局长兴县税务局正式挂牌成立

（税务局提供）

7月21日，2018中国·长兴新能源技术和产业高峰论坛暨浙江“千人计划”专家峰会举行　　（科协提供）

7月28日，在长兴实习大学生王紫薇获得长兴县颁发的第一本长兴旅游护照　　（旅委提供）

8月，县税务局办税服务厅荣获“全国工人先锋号”荣誉称号　　（税务局提供）

8月7日，长兴县第一张“证照通办”农药经营许可证正式颁发　　（市场监管局提供）

8月17日上午，浙江省第十六届运动会火炬传递仪式正式开始。图为火炬手与100名火炬护卫手在雨中进行火炬传递仪式　　　　　　（文广新局提供）

9月，全国及浙江省畜牧技术推广总站在长兴湖羊原种场、长兴永盛牧业有限公司共同组织实施的30年冷冻精液配种试验宣告成功，该项试验中诞生的湖羊成为我国历史上“最冻龄”的湖羊

（农业局提供）

9月20—21日，由中宣部组织县级融媒体中心建设现场推进会在长兴召开。图为与会人员参观长兴传媒集团

（传媒集团提供）

10月12日晚，李家巷“鸳鸯龙”参加2018年一带一路民族传统舞蹈展演

（李家巷提供）

10月20日，第四届长商主旨大会在长兴传媒集团举行　（商务局提供）

11月3日上午，大唐贡茶养生小镇项目在长兴县水口乡举行开工仪式　（水口乡提供）

11月27日上午，张岭抗战阵亡将士陵园修复竣工暨祭奠仪式在泗安镇长潮四岕之顶磨磐岭举行　（泗安镇提供）

12月3日，雉城街道东门大桥正式建成通车　　（交通局提供）

12月9日，“道宣律祖与佛教中国化”研讨会在长兴县寿圣寺举行，研讨会上举行道宣律学文化研究院揭牌仪式　　（统战部提供）

12月20日，长兴市民服务之窗24小时自助服务区正式启用　　（政务办提供）

12月27日，南方水泥优化升级示范项目——湖州槐坎南方水泥有限公司日产7500吨熟料生产线在煤山举行奠基开工仪式

（煤山镇提供）

12月27日，中央文明办、中国文联授予长兴县文联“新时代文明实践志愿服务”旗帜　　　　（宣传部提供）

# 总　目

# Table of Contents

# 目　录

## 特　载



## 专　记



## 大事记



## 县情概览

## 中国共产党长兴县委员会

## 长兴县人民代表大会



## 长兴县人民政府

## 中国人民政治协商会议长兴县委员会



## 中共长兴县纪律检查委员会长兴县监察委员会



## 民主党派

## 社会团体



## 法治·军事

## 农业·农村

## 工　业

## 建筑与房地产



## 商 贸 物 流



## 开放型经济

## 园区建设



## 旅　游

## 金 融

## 交通运输·邮政



## 城乡建设与管理



## 水 利

## 生态环境保护



## 财政·税务

## 综合管理与监督



## 科技·信息

## 教 育



## 文化·体育

## 医疗卫生



## 史志·档案·新闻传媒

## 人力资源和社会保障



## 社会生活

## 乡镇·街道

## 人物



## 附录



## 索引

# 实字当头 一干到底
# 干出长兴高质量赶超发展新局面

——在县委十四届六次全体(扩大)会议上的报告

(2019年1月11日)

周卫兵

同志们:

这次全会的主要任务是深入学习贯彻中央经济工作会议精神,按照省委经济工作会议和市委八届六次全会暨市委经济工作会议部署要求,总结过去一年工作,部署当前及今后一个时期任务,号召全县上下高举习近平新时代中国特色社会主义思想伟大旗帜,紧紧围绕打造高水平全面小康社会县域典范这一目标,实字当头,一干到底,干出长兴高质量赶超发展新局面。

下面,我代表县委常委会,向全会报告工作。

**一、发扬长兴精神,高质量赶超发展迈出坚实步伐**

过去的一年,全县上下认真贯彻落实中央和省、市各项决策部署,致力加快赶超发展,大力发扬长兴精神,全力开展"双提十攻坚"行动,经济社会发展和党的建设等各方面工作取得了新进展、新进步,入选全国综合实力百强县、全国绿色发展百强县、全国工业百强县。

1. 以"双百千亿"为支撑的赶超发展实现了大突破。我们狠抓百亿财政大增收,全年实现财政收入102.68亿元,其中地方财政收入59.37亿元,分别增长18%和19.9%,提前一个月在全市率先突破百亿大关。在财政收入实现历史性突破的同时,其他主要经济指标稳中有进、进中提质。预计地区生产总值突破600亿元,增长8%以上;规上工业增加值增长9.4%;城乡居民人均可支配收入分别达到5.40万元和3.20万元,增长8%和8.5%。我们狠抓百项千亿大招引,相继在50亿、100亿、300亿项目招引上取得突破,全年累计引进亿元以上项目101个、总投资1028亿元,项目体量、数量和投资总量均创历史之最。在重大项目的带动下,高质量科技和外资项目纷纷集聚,累计引进科技中小微项目118个,预计完成合同外资6.60亿美元、实到外资2.40亿美元。我们狠抓百个项目大推进,吉利变速器、爱康科技等重大项目相继开工,2017年和2018年上半年签约的亿元以上项目开工率分别超过90%和80%,吉利整车项目完成73.33公顷场平工程,龙之梦项目基本建成并部分营业。省委书记车俊专门就我县项目引推做法作出批示肯定,要求全省学习借鉴。

2. 以"效益提升"为目标的实体振兴体现了高质量。我们聚焦产业升级,不断加大改旧育新力度,突出做好产业链培育文章,新能源及关键零部件产业不断壮大,非金属矿物质业改造提升省级试点扎实推进,"低散乱"企业整治成效明显。联动推进现代农业和现代服务业提质增效,农业现代化发展水平排名全省第6,预计服务业增加值增长9%以上。我们聚焦创新提升,改革调整园区管理体制，划定工业平台边界，“1+3+2”平台进一步优化提升；加快推进省新能源装备高新技术产业园、省新能源产业创新服务综合体等建设，不断提升“1+5+N”科创平台孵化成效，新建成了一批众创空间，新增加了一批股改挂牌企业和并购重组企业，新集聚了一批“双创”人才，成功创建省“千人计划”产业园。我们聚焦要素保障，激励金融支持实体，各金融机构积极创新服务，实体经济贷款余额和增幅有效上升、贷款利率有效下降；突出加强土地供给，用地保障水平居省市前列。同时，大力推进“亩均论英雄”改革，建成投用企业亩产效益大数据中心，工业低效企业达标提质、“五未土地”处置等均超目标超进度完成。

3．以“品质提档”为追求的美丽建设展现了新面貌。我们聚力全域美丽提档，攻坚推进美丽县城建设、小城镇环境综合整治、省美丽乡村示范县创建，东鱼坊、利时广场、九汇城相继开业，虹星桥、吕山、龙山等分别在美丽乡村示范、农业强镇建设、森林小镇创建等方面获评全省先进，苕溪清水入湖、泗安水库除险加固等工程主体完工，“四好农村路”不断延伸，“三改一拆”“四边三化”、城中村改造、城乡危旧房治理等年度任务全部超额完成。我们聚力生态环境提档，坚决打好污染防治攻坚战，五水共治再夺“大禹鼎”，治水工作群众满意率全市第一，全国首个“河长制”展示馆开馆；治气“六大工程”深入实施，全域“双禁”常态落实，码头、矿山严管严治，南方水泥全电物流输送带建成投用，PM2.5年均浓度进一步下降，绿色发展指数全省第五，获评省生态文明建设示范县。我们聚力全域旅游提档，深入实施“龙腾计划”，水口乡成为全省首个乡村旅游产业集聚区，小浦八都岕实现华丽蝶变，大唐贡茶院四期如期开工，获评全省旅游发展突出县和全省首批全域旅游示范县。

4．以“最多跑一次”为牵引的深化改革取得了新成效。我们深入推进“最多跑一次”改革，依托CIG平台，有效打通“一窗受理”与乡镇“四个平台”，“无差别全科受理”和“移动办”全县推行，在全省率先打造首个“无证明社区”；投资项目审批全程代办、区域评价、负面清单等制度不断完善，同级项目审批实现开工前“最多100天”、竣工前审批“最多跑一次”；“标准地+承诺制”改革全面铺开。我们持续深化全面创新改革，十方面重点改革任务基本完成，科金融合、科技镇长团、知识产权保护、企业创新体系建设等走在省、市前列，入选全国首批创新型县建设名单，跻身全国县域知识产权影响力50强。我们稳步推进国资国企改革，优化资产资源配置，加快国有企业市场化运行，有效防范金融风险，有力推进乡镇“关闸门”，地方政府债务稳步化解。与此同时，农业农村、民主法治、群团组织等重点领域改革扎实推进、富有成效。

5．以“双扶”行动为重点的惠民实事增强了获得感。我们大抓乡村振兴战略，加快建设“梅映乌龙”“希望田野”等六大乡村振兴示范带，建成了一批精品美丽乡村，创成了一批高标准省农村生活垃圾分类示范村，新发展和改造提升农业七大特色产业2.43万亩；深入推进“双扶”工作，消除经营性收入低于30万元村70个，结对帮扶低收入农户1525户、实现户均增收2.26万元。我们大抓民生实事落地，完成了太湖高中、长兴六小、实验幼儿园等一批迁扩建工程，高考成绩连续十年创新高；深入推进“健康长兴”建设，打造了全国首个跨省县人财物贯通医联体，县中医院二期建成投用，通过国家卫生县城复评，获评全国医疗健康信息化最高等级县；大力实施文体惠民工程，太湖博物馆和水口农耕博物馆建成开放，建成农村文化礼堂26个，高水平完成省运会办赛参赛及环太湖国际公路自行车赛等重大赛事，全国县级融媒体中心建设现场推进会在我县召开；重抓全国文明城市常态化管理，移风易俗、殡葬改革等扎实推进，获批全国新时代文明实践中心建设试点县；牢牢兜住民生底线，扎实做好退役军人服务，统筹推进社会救助、养老、慈善、残疾人等各项事业，社会保障体系更加健全。我们大抓社会平安和谐，以“铁拳”系列行动推进“扫黑除恶”，摧毁涉黑恶团伙22个，刑事发案率持续下降；大力开展防道路交通事故、防通信网络诈骗工作，安全生产控制性指标明显下降；创成省食品安全县；优化完善基层社会治理体系，获评全国首创县域治理现代化示范县；圆满完成上海进博会、地信大会等重大维稳安保任务，一批矛盾纠纷、挂牌积案、执行难案件得到有效解决，“平安长兴”实现十二连冠、夺金鼎。

6．以“三个一”活动为引领的党建工作提升了保障力。我们坚持严抓思想建设，始终把讲政治作为首位要求，深入学习贯彻习近平新时代中国特色社会主义思想和党的十九大精神，持续推进“两学一做”学习教育常态化制度化，切实增强广大党员的政治自觉、政治担当；广泛开展纪念改革开放40周年系列活动，精心组织“长兴精神”大讨论大实践活动，有效激发全县上下干事创业激情；巩固和发展最广泛的爱国统一战线，进一步统一了全县上下的思想和行动。我们全力锻造长兴铁军，完善实施“三考三评双亮晒”机制，全面推行月晒指标、季比实绩、年考综合竞赛办法，统筹抓好机关干部、聘用人员、村社干部“三支队伍”建设，进一步增强了广大干部的事业心和责任心。我们切实筑牢基层堡垒，持续加强镇、村基层组织建设，积极推进街道“大工委”制和社区“大党委”制改革，深化落实“三会一课”“主题党日”等制度，精心编撰《村官志(红黑榜)》，进一步增强了基层各级党组织的战斗力。我们始终严明作风纪律，常态化开展“党性党纪教育一刻钟”“直击问政”等活动，高标准落实中央八项规定精神，全方位推进“强落实、正作风、优环境”专项整治，对29家单位开展巡察，农村基层作风巡查实现村社全覆盖，累计运用“四种形态”处置693人次，其中党纪政务处分181人次，移送司法机关12人，进一步推动了全县党风政风的持续向好。

回顾2018年，可以说是大攻坚、大奋战的一年，是大收获、大发展的一年，也是大团结、大担当的一年。一年的实践让我们深切体会到：第一，项目是最强引擎。过去一年，我们始终把项目作为赶超发展的动力源，坚持一切围绕项目转、一切围绕项目干，每周协调会商、每月例会推进、每季现场比看，赛数量、赛质量、赛速度，取得了项目引推前所未有的好成绩，有效注入了实体振兴的活力，有效提振了全县上下的信心。实践证明，项目是长兴的最强引擎，项目大收获，发展才更有前景有后劲，必须始终坚持项目第一工作不动摇。第二，干部是最强优势。过去一年，我们始终以咬定青山不放松的精神狠抓发展，充分发扬“大气开放、实干争先”的长兴精神，从容应对压力挑战，直面攻坚矛盾困难，全力奋战在转型升级、环境治理、“双扶”工作、“铁拳”行动等攻坚一线，拼责任、拼付出、拼奉献，完成了一件件大事要事难事，创造了一个个“长兴速度”“长兴经验”“长兴品牌”。实践证明，干部是长兴的最强优势，干部讲实干，发展才更有实绩有实效，必须最大限度地发挥好长兴干部这一优势。第三，团结是最强力量。过去一年，我们始终坚持党对一切工作的领导，在县委的统揽协调下，县政府狠抓落实，人大、政协一线作为，各乡镇（街道、园区）奋力比学赶超，县级机关各部门自觉靠前服务，广大企业家强化发展担当，广大统战人士积极参政议政，各驻长部队主动参与地方发展，全县上下团结一心，各行各业同向同行，讲政治、讲大局、讲团结，共同奏响了长兴拼搏进取的“大合唱”，有力推进了长兴各项事业向更好、更快、更高方向赶超发展。实践证明，团结是最强力量，只有大团结，发展才更有合力有气象，必须时时处处珍惜团结、维护团结、促进团结。以上三点体会，也是最重要的宝贵经验，需要我们在今后的工作中进一步坚持，并不断深化和完善。

**二、坚持实字当头，谋深谋实新一轮高质量赶超发展**

发展是硬道理，实干是主旋律，过去一年的成绩都是干出来的，做好当前及今后一个时期的工作，仍需实干实干再实干。第一，经济形势复杂多变，唯有实干才能应对各种挑战。从国际看，全球经济调整风险加大，特别是中美贸易摩擦将是一个长期的过程，势必给我县外向型经济带来一定影响；从国内看，经济运行稳中有变、变中有忧，经济下行压力有所加大，特别是防范化解金融风险攻坚战进入关键时期，“六稳”成为当前和今后一个时期重要任务；从企业看，受宏观经济形势影响，企业综合经营成本上升，我县部分企业也不同程度存在一些困难。发展是第一要务。在经济形势复杂多变的背景下，唯有坚定发展，才能固本强基、应对挑战；唯有真抓实干，才能攻坚克难、增强信心。第二，上下期望非常殷切，唯有实干才能负起重要使命。省、市党委政府一直十分关心关注长兴工作，各级领导多次到长兴考察指导并提出期望要求。去年10月，市委常委会专门听取长兴工作汇报，并就我县今后一个时期的发展，提出了“环太湖发展高地、长三角经济强县”的目标定位，要求我县坚持“四个不动摇”，做到“四个走在前”。与此同时，随着我县经济社会发展水平的不断提升，人民群众对各项发展的要求不断提高，对更加美好生活的期待也相应不断增强。期望是压力，更是动力。期望之下，我们唯有狠抓落实，才能扛起使命；唯有实干实效，才能不负众望。第三，短板不足依然不少，唯有实干才能加快对标赶超。审视自身，经济增长、化解债务、节能降耗等方面压力依然较大，调整产业结构、提高经济效益、深化污染防治等方面任务依然较重，改革攻坚、民生改善、平安创建等方面矛盾依然不少，责任担当、能力素质、守纪清廉等方面不足依然存在。环顾周边，各地发展的态势都很好、动力都很足，相比较而言，我们既没有德清的临杭区位优势，也没有吴兴的要素集聚优势，更没有安吉的政策资源优势。对比标杆，特别是对比紧邻的宜兴，我们在经济总量、企业质量、产业层级、创新能力等方面还存在不小的差距。发展是解决一切问题的关键，我们要补齐发展短板、增创竞争优势、实现对标赶超，唯有坚定不移狠抓发展，唯有坚定不移真抓实干。第四，战略机遇交互叠加，唯有实干才能把握发展主动。当前，随着长三角一体化发展上升为国家战略，全省“四大建设”、G60科创走廊、宁杭生态经济带等区域战略的深入实施，上海和杭州大都市圈辐射效应的增强，以及沪苏湖高铁的规划建设、商合杭高铁的即将通车，长兴接沪融杭的区位、交通、生态、商务成本等优势将会进一步凸显，承接产业转移、集聚高端要素、参与区域合作的机遇将会进一步增多。机遇稍纵即逝，抓得住就会成为优势，抓不住就会产生更大的差距。机遇之下，我们唯有创新实干、积极作为，才能抢占先机、把握主动。第五，蓝图目标清晰坚定，唯有实干才能创造实绩实效。县第十四次党代会谋划了打造“高水平全面小康社会县域典范”这一蓝图，明确了聚焦效益品质这一追求，确定了聚力改革创新这一主线。围绕党代会明确的目标和追求，我们又相继谋定了高质量赶超发展这一主题，突出了振兴实体经济这一重点，完善了“双提十攻坚”这一载体，深化了“三个一”活动这一保障，强化了“长兴精神”这一支撑。经过两年多来的发展，可以说蓝图越来越清晰、思路越来越坚定、举措越来越精准，我们唯有当好“行动派”，才能实现大作为；唯有当好“实干家”，才能促进大发展。

综上所述，做好当前及今后一个时期的工作，必须变挑战为机遇、变压力为动力，必须补齐发展短板、狠抓工作落实，这就要求我们以非常之责、行非常之举、下非常之功，更需大力发扬“大气开放、实干争先”的长兴精神，尤其要把实干作为长兴精神的核心要义，动员和带领全县上下把思想和行动集中到实干上，把时间和精力聚焦到实干上。为此，当前和今后一个时期，总的工作要求是：高举习近平新时代中国特色社会主义思想伟大旗帜，坚定不移沿着“八八战略”指引的路子走下去，坚定不移践行“两山”理念，主动对标市委“一四六十”工作体系，聚焦效益品质，聚力改革创新，大力发扬长兴精神，深化开展“双提十攻坚”行动和“三个一”活动，统筹推进“六个县”建设，实字当头、一干到底，全力打造“环太湖发展高地、长三角经济强县”，更好地建设绿色智造的效益长兴、美丽幸福的品质长兴，为加快建成高水平全面小康社会县域典范奠定坚实基础。

具体，就是要围绕“六个县”建设，深化开展“双提十攻坚”行动，致力“三年攻坚求突破，五年赶超大跃升”，全力干出新成绩。

一要围绕打造全省振兴实体经济试点县干出新成绩。大力推进“中国制造2025”浙江行动试点示范县建设，全面实施数字经济“一号工程”，深化落实振兴实体经济七方面举措，统筹推进工业经济发展“六大工程”，突出做好产业链培育、智能化改造、“亩均论英雄”等文章，注重培育发展新产业、新业态、新模式，促进总量再壮大、效益再提升。其中2019年，在落实“六稳”工作要求和高质量发展前提下做到能快则快，确保地区生产总值增长8%以上；财政总收入、地方财政收入均增长8%以上，力争增长10%以上；固定资产投资增长11%以上，工业性投入增长12%以上；规模以上工业增加值确保增长8.5%、力争增长9%；服务业增加值增长9.5%。

二要围绕打造全国营商环境最优县干出新成绩。坚持以“最多跑一次”改革为牵引，统筹推进政务效能大提速、涉企服务大提升、投资贸易大提质、要素保障大提效、法治诚信大提档、人居环境大提标六大行动，全力营造全国最具竞争力的投资和发展环境，让长兴成为项目的首选之地、企业的向往之地。其中2019年，要完成合同外资6亿美元、实到外资3亿美元；努力在高质量、重量级“大好高”项目和实体外资项目招引上实现新的突破。

三要围绕建设全国首批创新型县干出新成绩。坚持以国家创新型县建设为统领，纵深推进省全面创新改革试验区建设，深化实施科金融合发展、永久性科创飞地建设等重点改革项目，不断激发科技创新活力。其中2019年，高新技术产业增加值增长10%以上；研究与试验发展经费支出占地区生产总值比重力争提高到3%；创成全国质量强市示范城市。

四要围绕打造全国践行“两山”理念样板县干出新成绩。深入践行“绿水青山就是金山银山”重要理念，不断巩固扩大城乡美丽建设和生态文明创建成果，全力争创国家生态文明建设示范县。其中2019年，PM2.5平均浓度控制在37微克/立方米以下，空气优良率达到80%以上；市控及以上断面水质功能区达标率稳定在100%；万元GDP综合能耗和主要污染物排放量等约束性指标下降率均达到省市要求。

五要围绕打造全国乡村振兴先行示范县干出新成绩。科学实施乡村振兴战略规划，统筹建设美丽城乡，大力发展美丽经济，充分发挥市场化模式和群众主体作用，着力在六大乡村振兴示范带建设、“双扶”工作、乡村治理以及重点民生工程建设等方面取得新成效。其中2019年，全县城乡居民人均可支配收入分别增长8%和8.5%。

六要围绕建设全国新时代文明实践中心试点县干出新成绩。高站位推进试点建设各项工作，全力打通宣传、教育、关心、服务群众的“最后一公里”，着力在巩固党的基层执政基础、深化党的群众路线、弘扬文明新风等方面取得试点成效。其中2019年，要高质量完成既定试点任务，努力在若干重点特色领域试出长兴经验、打造长兴样板。

**三、坚持一干到底，干出高质量赶超发展新局面**

2019年是建国70周年，是全面建成小康社会的关键之年，是十四届县委承上启下的重要一年。做好2019年工作，重点要在十个方面一干到底。

1．要在项目引推上一干到底。项目是长兴发展的潜力所在、希望所在。我们必须始终坚持项目为王，紧紧围绕项目攻坚开展“三个年”活动，着力依靠高质量项目再造长兴新工业。一要大力开展项目招引攻坚年活动。坚持选商引资“一把手工程”不动摇，更加注重招引高质量项目，严格落实“三招三不招”要求，充分发挥专业招商员队伍作用，充分做好中介招商、以商引商等文章，充分应用第三方评估办法，不断提高项目招引的精准性和实效性，切实保证落地项目的质量性、成长性、科技性。更加注重招引产业链项目，突出发挥吉利汽车项目龙头作用，精准招引新能源汽车核心零部件等配套项目。更加注重招引高端外资项目，成立外资企业服务中心，培育外资引进专业人才，探索建立出国(境)招商绿色通道制度，拓展发达国家招商驻点，切实提升中德产业园、美东工业村等外资集聚效应，全力打造高质量外资集聚先行区。二要大力开展项目落地见效年活动。唯有项目落地才能发挥招商成效。要坚持倒排时间、挂图作战，深入到企业中、深入到工地上找问题、抓推进，全力与时间赛跑，促进签约项目早开工、早竣工、早投产、早见效，突出抓好龙之梦、吉利、爱康等重点项目推进攻坚，确保2018年亿元以上签约项目上半年开工率90%以上、年底前竣工率70%以上。大力开展新一轮停缓建项目盘活处置工作，推进更多项目动起来、活起来、快起来。三要大力开展营商环境优化年活动。坚持当好项目“主人翁”“店小二”，全方位优化项目引推的软硬环境。充分保障土地供给，全力加大对上争取和对内挖潜力度，不断提升土地节约集约利用水平。充分满足资金需求，切实调动各金融机构和金融新业态主体的积极性，注重打好债券、信贷、股权融资“三张牌”，引导金融活水更好地流向实体经济尤其是绿色智能的先进制造业。充分强化人力保障，坚持高端人才和技能型人才并重，充分发挥“千人计划”产业园等各类平台的引育作用，大力实施“金蓝领工程”，不断壮大专家型人才和工匠型人才队伍规模。

2．要在做强平台上一干到底。大平台是全县经济的主战场、赶超发展的主阵地。我们必须集中力量集中优势建设大平台、发展大平台，着力依靠平台做强再创经济壮大新佳绩。一要提升综合竞争力。六大主平台要各显所能、攀高比强、争做贡献。其中，开发区要深化“二次创业”，努力打造全省领先、全国一流的国字号开发区；南太湖产业集聚区长兴分区要尽早建成万亩大平台，高标准打造绿色智能制造产业园、新能源汽车配套产业集聚区；画溪街道要提升新能源小镇、省级新能源装备高新技术产业园的内涵和形象，着力成为市内一流街镇、省内知名小镇；泗安镇要提升省际承接产业转移示范区项目集聚水平，全力打造杭长经济带上的发展高地；煤山镇要不断提升绿色制造产业园能级，加快建成浙苏皖省际新标杆；和平镇要推进循环经济产业园提档升级，加快重大项目引推，进一步提升在全县乃至全市的实力地位。二要提升产业集聚度。突出绿色、智造发展方向，严格执行各大平台主导产业和准入标准，严格管控乡镇工业平台边界，引导项目向大平台集中、资源向主平台集聚。统筹推进吉利配套产业园、浙能产业园、天能产业园等“园中园”建设，突出做好园区招商工作，着力以项目集聚促进产业集群。有序推进科技型小微企业园区建设，促进小微企业集聚、规范、创新、绿色发展。三要提升单位产出率。深化“亩均论英雄”改革，加快推进工业低效企业达标提质，完善落实资源要素差别化配置政策，深入实施“三个一批”，不断提高工业低效企业亩产税收水平。深入推进“五未土地”处置，多措并举开展“腾笼换鸟”，加快对低效、闲置用地的盘活利用，不断提升土地利用率和产出率。全县上下要牢固树立“有限空间、无限发展”的理念，尤其是洪桥、夹浦、林城、小浦、虹星桥等5个协调发展组的乡镇，要坚持眼睛向内，在有限的平台空间内挖潜增效、壮大实力。

3．要在壮大民企上一干到底。长兴因民营经济而兴，因民营企业而强。我们必须坚定不移推进民营经济发展，着力依靠民企壮大再书长兴经济新辉煌。一要助力民营企业做大做强。坚决贯彻中央“两个毫不动摇”方针，大力实施企业梯队培育工程，不断促进民营企业标准创新、质量创优、品牌创强，突出抓好企业上市“双倍增行动”，不断壮大“50强”“双高”“双金”“双创”等企业梯队。坚持抓大不放小，深入实施科技型企业“百企攀高”行动和新一轮小微企业三年成长计划，着力新引进一批科技型中小微项目，新培育一批省科技型中小企业。大力支持企业走出去、引进来，积极赴“一带一路”沿线布网点、设基地、建机构，赴欧美等发达国家引技术、引品牌、引人才，研究实施上市企业海外并购“一企一策”，着力培育更多外向型骨干龙头企业；加快推进外贸“三转”，不断提高对外出口竞争力。二要帮扶民营企业解困解难。常态化开展企业走访，着力做到“三个走遍”，全力提振企业发展信心。建立帮扶“白名单”制度，重点建立发债推荐企业、股权质押帮扶企业、重点帮扶企业等“三张清单”。严格执行有关税费减免政策，想方设法降低企业用工、用能、物流等要素成本，助力企业轻装上阵，切实增强民营企业获得感。三要给予民营企业家关心关爱。高度重视非公有制经济人士健康成长，建立健全企业家关心关爱机制，充分保护企业家人身和财产安全，积极构建亲清新型政商关系，努力让企业家放心投资、安心创业、顺心发展。加强优秀企业家教育培训，着力打造一批善经营、敢创新、讲责任的企业家队伍。大力实施新生代民营企业家培养计划，不断壮大薪火传承、敢闯敢试的新生代企业家力量。

4．要在产业升级上一干到底。产业升级是效益提升的必然要求，是高质量发展的紧迫任务。我们必须坚定不移走转型之路，着力依靠产业升级再焕实体振兴新生机。一要做好产业培育文章。持续推进“4+3”产业培大育强，切实做好建链延链补链文章。突出新能源首位产业发展，建好产业创新服务综合体、省绿色电池创新中心等平台，全力建设“中国绿色智慧能源生态谷”；充分发挥吉利项目辐射带动效应，全力打造“全国新能源汽车发展基地”。加快高端装备制造、电子信息、生物医药等新兴产业培育，进一步壮大产业规模、提升产出贡献。积极推进数字化服务和前沿产业创业创新，依托吉利生态数据产业园建设，加快构建数字产业新体系。二要做好绿色智造文章。大力发展“互联网+”“机器人+”“标准化+”，全力推进智能产线、智能车间、智能工厂以及产业互联网平台建设，着重抓好纺织、耐火、蓄电池等传统产业数字化改造，不断推动传统制造业“老树发新芽”。深入推进非金属矿物质业改造提升省级试点建设，有序推进水泥厂减量置换和转型升级，同时，谋划实施电厂减量节能工作。强力开展新一轮“低散乱”行业整治，突出抓好喷水织造行业减量集聚和规模化经营工作，着力促进行业智能、健康、绿色发展。三要做好融合发展文章。坚持现代服务业与先进制造业融合发展，不断促进现代服务业扩量提质增效。深入推进长三角区域物流中心建设，进一步完善“铁公水”多式联运模式，不断提升物流现代化、信息化水平。坚持“线上”“线下”并举，深入推进省级电商创新发展试点县建设，做活做旺各类专业市场和城市商业综合体，不断提升商气人气；积极做好楼宇招商工作，着力盘活中心城区楼宇资源；加快培育文化创意、信息技术服务、体验式消费等新兴业态，更好地满足居民消费升级需求。与此同时,要统筹做好军民融合、两化融合、校企融合、企业融合等文章,更好地促进实体经济发展。

5. 要在深化改革上一干到底。长兴是揭开浙江农村改革第一幕的地方,历来具有改革创新精神。我们必须坚定不移将改革这篇文章做深做实,着力依靠改革深化再增长兴发展新优势。一要高站位推进机构改革。科学有序实施机构改革方案,严格严谨做好"三定"工作,重点在转变职能、理顺关系上下功夫,努力构建系统完备、科学规范、运行高效的机构职能体系。坚持把纪律规矩立在前面,有序推进职责划转、机构撤并、人员转隶等工作,确保各项工作有条不紊、平稳有序、无缝衔接,确保干部队伍思想不乱、人心不散、干劲不减。二要高效率推进"最多跑一次"改革。充分发挥"最多跑一次"改革引领作用,加快"减证便民"由"无证明社区"向"无证明县"迈进,持续深化"一窗办""一网办""一证办""一门办",更好地实现"门口办""全城办""移动办"。全面推行"标准地+承诺制"改革,创新项目审批全程代办机制,确保2个工作日完成常态化企业开办、60天完成一般企业投资项目开工前审批。充分发挥大数据管理新机制"助跑"作用,进一步打破"信息孤岛",更快更好地为企业提供高效快捷服务。三要高质量推进省全面创新改革试验区建设。巩固扩大全创改革已有成果,谋划实施科技人才评价、科技成果转化、投贷联动、软投入考核等新一轮重点改革任务,深度推进绿色金融与科技融合创新先导区建设,突出打造"产学研用金、才政介美云"十联动"双创"生态,全面提升"1+5+N"平台、杭州"飞地"等能级水平,启动建设杭州科技孵化工厂,更好地助力国家创新型县建设。四要高要求推进其他重点领域改革。深入做好重大战略对接融入工作,全力在长三角一体化、宁杭生态经济带、G60科创走廊、沪湖绿色智造廊道等战略中抢抓机遇。主动融入滨湖一体化发展,严格落实南太湖新区建设"五统三分"要求。深化投融资体制改革,落实"一减两严三规范"要求,彻底推进乡镇"关闸门",注重调动乡镇"没钱也要办好事"的积极性。深化国资国企改革,优化资源配置,持续推进国有企业降本增效。统筹抓好农业农村、城乡建设、民主法治、公共资源交易等各领域改革,不断激发活力、增创优势。

6. 要在乡村振兴上一干到底。乡村振兴是促进城乡融合一体发展的战略之举。我们必须最大程度发挥长兴资源禀赋和良好工作基础优势,着力依靠乡村振兴再显魅力城乡新风貌。一要城乡互动促振兴。坚持城乡一体规划、建设和管理,积极推进美丽县城内涵式提升,持续开展小城镇环境综合整治,加快建设美丽乡村升级版,深化实施"千万工程",更好地促进乡村整体美、城乡全域美。高水平构建县域大交通格局,主动谋划对接环太湖城际轨道交通圈,加快建设湖长二通道、站前大道等工程,积极打造美丽经济交通走廊示范县。高质量建设农田水利基础设施,启动实施一批全域土地综合整治与生态修复工程,扎实推进全县水务一体化和"农村饮用水达标提标"工作。深入推进智慧城镇建设,推进大路灯、大环卫、大排水、大绿化等机制向镇村延伸。注重抓好市容市貌、村容村貌长效管理和小区物业管理工作,特别是雉城街道、龙山街道,要坚持把加强社区治理作为重要本职工作,想方设法解决好群众关心关注的突出问题。二要农旅融合促振兴。大力发展休闲旅游业,深入实施全域旅游"龙腾"计划,积极推进江南小延安红色旅游区市场化运作,加快大唐四期、银杏老街等项目建设,切实做好太湖龙之梦乐园建设和运营工作,不断打响"乡村旅游""滨湖旅游"等品牌,全力打造省全域旅游示范县标杆。大力发展现代农业,持续推进农业转型发展"1736"行动,做大做强优势特色农业、绿色生态农业、高效设施农业、安全放心农业,不断提升"一区一镇"集聚发展水平,丰富开展农事节庆活动,积极培育"四季花果之旅"新品牌。大力推进农旅融合发展,依托六大乡村振兴示范带,推进现代农业"接二连三"发展,着力将每条示范带都打造成为风景带、致富带。大力推进乡村民宿产业发展,结合农村"三权"改革,探索做好农村闲置农房盘活文章,着力让更多群众享受到生态环境改善带来的经济红利。三要多元投入促振兴。要以乡村振兴的美好愿景鼓舞人带动人,充分调动广大群众、村级集体、社会资本参与美丽城乡建设、美丽经济发展的积极性和主动性,着力构建多元化、多主体投入建设格局,注重推广和应用好水口悬臼岕、小浦八都岕等建设运营经验,切实改变政府大包大揽的建设投入模式,努力走出一条具有长兴特色的乡村振兴之路。

7. 要在生态建设上一干到底。高质量赶超发展决不能突破生态底线。我们必须坚定不移地做好生态环境治理和保护工作,着力依靠生态改善再绘锦绣长兴新画卷。一要不断加大"治"的力度。坚持问题导向、源头治理,大力开展蓝天、碧水、净土、清废四大行动,突出抓好污水零直排区创建、农村生活污水治理、全域"双禁"、扬尘治理、绿色矿山创建等工作,确保空气和水环境质量进一步改善。持续开展"三改一拆"以及"无违建县"创建,深化推进301省道等重点区域环境整治,抓实抓细"垃圾分类""厕所革命"等关键小事。二要不断扩大"护"的成效。坚持保护优先、和谐共生,统筹抓好水源地保护、耕地保护等工作,着力培育一批"山水林田湖草"系统治理保护的示范样板。深入推进保护森林资源、保护野生动物等行动,严厉打击各类破坏生态环境违法犯罪行为。大力开展植绿造绿护绿行动,持续推进"四边三化",全力创建国家森林城市。三要不断增强"绿"的意识。坚持全民共创、绿色发展,积极倡导简约适度、低碳生活理念,深入实施节能减排行动,统筹推进绿色机关、绿色企业、绿色家庭、绿色学校、绿色社区等建设,着力创建一批生态文明建设示范点,进一步营造人与自然和谐相处的良好氛围。水口、吕山、图影等区域,要深度做好“生态+”文章,更好地将绿水青山转化为“金山银山”。

8.要在民生改善上一干到底。民生是最大的政治,再困难也要保民生。我们必须尽最大努力办好每一件民生实事,着力依靠民生改善再添长兴群众新福祉。一要进一步抓好“双扶”工作。深入实施壮大村级集体经济三年行动计划,培育推进“造血式”集体经济项目,全面消除年经营性收入低于30万元村。深化实施助农增收“十百千万”工程,更好地发挥“三位一体”农合联作用,继续开展结对帮扶工作,确保实现户人均增收万元以上目标。扎实开展东西部扶贫协作、对口支援、对口协作、山海协作等工作,助力打赢脱贫攻坚战。二要进一步优化公共服务。持续做强“学在长兴”品牌,积极推进教育集团化改革,注重引入民营资本兴办品牌学校,构建完善优质均衡教育生态链,不断提升各学段教育质量。持续推进“健康长兴”建设,深化“三医联动”“医联体”等改革,组建医共体集团,促进城乡医疗资源上下贯通、全面共享。持续推进文体惠民工程,充分发挥博物馆、文化馆、档案馆、农村文化礼堂、全民健身广场等文体阵地作用,培育彰显地域特色文化,繁荣发展文化产业,丰富开展文体活动,着力打造文化精品,更好地优化文化供给。持续做好兜底保障工作,健全完善就业、医疗、住房、养老、助残等各项保障机制,优化加强退役军人服务保障,不断提升普惠共享水平。三要进一步深化平安创建。升级推广新时代“枫桥经验”,构建完善“一体两翼”基层社会稳定工作体系,扎实开展社会治安、安全生产等攻坚销号行动,持续做好“双防”工作,纵深推进“扫黑除恶”,不断巩固扩大“铁拳”行动成果,全力促进平安长兴“鼎上加星”。充分发挥应急管理新机制作用,切实提升防灾减灾救灾水平。健全完善“三治融合”治理体系,深化推进基层治理信息化建设,更好地打造县域治理现代化样本。充分发挥各类调解委员会作用,突出人民调解在基层治理中的重要地位,健全完善诉调执一体化体系,巩固基本解决执行难攻坚成果,全力争创全省法治工作示范县。

9.要在文明实践上一干到底。文明是一座现代城市的重要特征,长兴摘得全国文明城市这一桂冠极其不易。我们必须珍惜荣誉、再接再厉,高标准推进全国新时代文明实践中心试点建设各项工作,着力依靠文明实践再添品质长兴新内涵。一要根植社会主义核心价值观。深入践行社会主义核心价值观,加强县乡村文明实践中心(站、所)等阵地建设,以“文明+”系列宣传教育实践活动为载体,不断加强公民思想道德建设。持续开展身边好人、道德模范、劳动模范、长兴榜样等系列培育活动,不断激发和凝聚社会正能量。大力推进省“信用县”创建,切实加强诚信体系建设,深化完善“诚信红黑榜”制度,探索建立诚信联合褒奖惩戒机制,着力营造全社会诚实守信的良好氛围。持续推进宗教中国化、宗教工作法治化,更好地引导宗教界培育和践行社会主义核心价值观。二要深植新时代文明城市根基。长效化加强全国文明城市日常管理,持续开展文明单位、文明村镇等创建活动,推进文明创建向基层细胞和盲区死角延伸。常态化开展“路长制”“河长制”“文明劝导”“社区共建”等志愿服务活动,切实发挥新时代文明实践各类志愿服务队作用,着力打造“一所一品”“一站一品”,不断打响志愿服务品牌。三要厚植社会主义文明新风尚。大力推进移风易俗,倡导婚事新办、丧事简办、它事不办,深入推进殡葬二次改革。大力发展乡贤文化,充分发挥新乡贤引领作用。大力培育良好家风,推进实施以“家和万事兴”为主题的好家风“六进”工程。大力弘扬优秀传统文化,积极做好教育普及、保护传承、创新发展、传播交流等工作,鼓励倡导过传统节日,更好地增强全县上下的“文化自信”。

10.要在从严治党上一干到底。全面从严治党是做好一切工作的根本保证。我们必须持续深入开展“三个一”活动,着力依靠党建引领再兴赶超发展新高潮。一要高举讲政治的党性大旗。深入学习贯彻习近平新时代中国特色社会主义思想和党的十九大精神,持续推进“两学一做”学习教育常态化制度化,精心组织开展“不忘初心、牢记使命”主题教育,切实增强“四个意识”、坚定“四个自信”、践行“两个维护”。始终把群众路线作为根本工作路线,传承发扬艰苦奋斗、勤俭节约的优良传统,号召全县机关事业单位和广大村社开展“绿色节约大行动”,教育引导党员干部重塑共产党人的价值观。压实党委意识形态工作主体责任,牢牢掌握意识形态领导权、主动权、话语权。二要锻造肯实干的铁军队伍。坚持“考人”与“考事”相结合,健全完善领导干部“三考三评双亮晒”机制,巩固深化差异化、个性化、模块化、项目化考核模式,实行乡镇分组考核、同类竞争,强化部门基层评议、社会评价,更好地激励比学赶超、创先争优。坚持以实绩说话,坚决打破“论资排辈”“平衡照顾”,坚决禁止“跑官要官”“任人唯亲”,严格落实在职领导末位淘汰、优秀干部压担培养、优秀机关聘用人员和村社干部定向招录入编等举措,统筹抓好专业干部、党外干部、女干部等选拔培养工作,切实让想干事的有机会、能干事的有舞台、干成事的有地位、不干事的撤下来。认真落实关爱基层干部若干举措,健全完善容错免责各项机制,最充分地调动好全县各级干部干事创业的积极性主动性。三要打造能战斗的基层堡垒。持续深化“整乡推进、整县提升”,深入实施新一轮“百村示范、千村晋位”三年行动计划,统筹抓好机关、国企、事业单位以及两新组织等党组织建设,努力实现“全领域建强、全区域提升”。坚持“一切工作到支部”,突出抓好“机关支部规范化建设、主题党日多样化开展、党员志愿服务常态化运行”等工作，让基层党组织的每一项工作、每一次活动都能融入中心工作、融入党员需求、融入群众关切。选优配强乡镇(街道、园区)干部队伍，全面推行村社干部“三化”机制，优化编制《村官志(红黑榜)》，抓好村社后备干部储备和培养，着力造就一支懂农业、爱农村、爱农民的“三农”工作队伍。四要锤炼过得硬的党风政风。层层压实全面从严治党政治责任，统筹抓好各类“清廉细胞”培育；充分发挥巡察利剑作用，进一步抓好政治巡察、派驻监督、农村作风巡查等工作；持续保持惩治腐败高压态势，用好监督执纪“四种形态”尤其是第一种形态，做到抓早抓小、防微杜渐。深入开展作风建设专项行动，坚决查纠不作为慢作为乱作为行为，坚决反对“形式主义”“官僚主义”等现象。认真开展“三服务”活动，建立完善“双扶”“三联三帮”等机制，常态化实行村干部“五个一”办法，广泛开展镇村干部大走访大调研活动，让基层干部真正深入群众家里、走进群众心里；深化落实“村干部每天劳动一小时”机制，让村干部在为群众干事中树立威信；全面推行“村两委向全体村民公开述职”制度，在开诚布公中接受群众监督、赢得群众支持。五要营造大团结的良好氛围。坚持党对一切工作的领导，完善执行县委全会、县委常委会、县委专题工作会、乡镇(街道、园区)党委书记交流会等工作机制，不断提高把方向、谋大局、推改革、促发展的能力和定力。持续推进民主政治建设，支持人大及其常委会履行法定职责，支持政府依法行政、狠抓落实，支持人民政协切实履行政治协商、民主监督、参政议政职能；加强同民主党派、工商联、无党派人士的团结合作，扎实做好民族、宗教、港澳台侨等工作，巩固和壮大最广泛的爱国统一战线。坚持党管武装，深化双拥共建，促进军民融合深度发展。重视做好群团、老干部、史志、档案等工作，凝聚形成加快赶超发展的强大合力。

同志们，发展时不我待，实干成就梦想。让我们在习近平新时代中国特色社会主义思想的指引下，团结起来、行动起来，实字当头，一干到底，干出长兴精神的新境界，干出高质量赶超发展的新篇章，干出高水平全面小康社会县域典范建设的全新局面，努力以优异成绩向中华人民共和国成立70周年献礼！

## 名词注释

1. 双百千亿：全年财政收入突破100亿元；新引进亿元以上项目突破100个、总投资突破1000亿元。

2. “1+3+2”平台：“1”即长兴国家级经济技术开发区；“3”即南太湖产业集聚区长兴分区、省际承接产业转移示范区长兴分区、省级新能源装备高新技术产业园；“2”即和平、煤山二大特色园区。

3. “1+5+N”平台：“1”即太湖资本广场；“5”即国家大学科技园、画溪智慧创业谷、泗安西湖科创园、煤山南太湖青年科创园、和平科技园；“N”即其他乡镇、社会资本投资的创新工场、创业咖啡屋等众创空间。

4. 双创：大众创业、万众创新。

5. 五未土地：批而未供、供而未用、用而未尽、建而未投、投而未达标土地。

6. 四好农村路：建好、管好、护好、运营好农村公路。

7. 三改一拆：旧住宅区改造、旧厂区改造、城中村改造，拆除违法建筑。

8. 四边三化：推进公路边、铁路边、河边、山边等区域的洁化、绿化、美化。

9. 治气“六大工程”：能源结构优化工程、机动车污染防治工程、工业污染治理工程、产业结构布局优化工程、城市烟尘整治工程、农村废气污染控制工程。

10. 双禁：禁止销售、禁止燃放烟花爆竹。

11. 龙腾计划：按照举太湖旗、打休闲牌、走乡村路的发展路径，以太湖龙之梦乐园为龙头，充分发挥其溢出效应，带动长兴全域旅游腾飞发展的行动计划。

12. CIG平台：致力于打破信息孤岛，依托航天五院在国内首创的军转民技术开发的城乡一体化信息栅格CIG信息资源融合共享平台。

13. 四个平台：综治工作、市场监管、综合执法、便民服务等四个平台。

14. 无差别全科受理：政务服务中心任一窗口都能代表政府受理全部办事事项，完善“前台综合受理、后台分类审批、综合窗口出件”政务服务模式，做到政务办事“只进一扇门”“最多跑一次”，实现“一窗通办”。

15. 无证明社区：通过“砍掉一批、共享一批、替代一批、代跑一批”的方式，在村(社区)推行以“保留证明目录清单、取消证明目录清单”为主要内容的“双清单”目录制管理，实现村(社区)清单之外无证明。

16. 乡镇“关闸门”：全县乡镇一律不得新举借债务。

17. “双扶”：扶持村级集体经济壮大、扶持低收入农户增收。

18. 六大乡村振兴示范带：“太湖风情”“江南茶乡”“农园新景”“希望田野”“梅映乌龙”“山水古韵”等六大乡村振兴示范带。

19. 农业七大特色产业：商品蔬菜、优质茶叶、名优水果、特种水产、现代牧业、花卉苗木、高效竹林。

20. 三个一：一名书记就是一个榜样、一名党员就是一面旗帜、一个支部就是一座堡垒。

21. “两学一做”：学党章党规、学系列讲话，做合格党员。

22. 三考三评双亮晒：“三考”即组织考察、年度岗位目标责任制考评、专项考核；“三评”即县级领导评议、单位主要领导评议、干部群众评议；“双亮晒”即乡镇亮晒排名、部门亮晒进度。

23. 三会一课：定期召开支部党员大会、支部委员会、党小组会，按时上好党课。

24. 四种形态：经常开展批评和自我批评、约谈函询，让“红红脸、出出汗”成为常态；党纪轻处分、组织调整成为违纪处理的大多数；党纪重处分、重大职务调整的成为少数；严重违纪涉嫌违法立案审查的成为极少数。

25. “六稳”：稳就业、稳金融、稳外贸、稳外资、稳投资、稳预期。

26. 四个不动摇：坚持“工业强县、一体融入、转型升级、守住底线”不动摇。

27. 四个走在前：在“壮大经济实力、深化改革创新、推动乡村振兴、增进民生福祉”等四个方面走在前列。

28. “四大”建设：大湾区、大花园、大通道、大都市区建设。

29. “一四六十”工作体系：“一”即围绕“以新发展理念引领赶超发展，高质量建设现代化生态型滨湖大城市，高水平全面建成小康社会”这一目标；“四”即找准成为“大湾区的绿色智慧走廊、大花园的全域美丽标杆、大通道的现代综合枢纽、大都市区的城际重要板块”四大定位；“六”即打造“生态样板、绿色智造、滨湖旅游、现代智慧、枢纽门户、美丽宜居”六大城市；“十”即开展“城市能级提升、产业质效突破、环境治理攻坚、重大战略融入、科技创新加速、营商环境优化、乡村振兴示范、平安夺鼎冲刺、民生福祉改善、干部绩效比拼”十大专项行动。

30. 振兴实体经济七方面举措：用创新的理念引领实体经济发展方向；用融合的方式丰富实体经济科技内涵；用产业链的策略做实实体经济发展质效；用开放的思维拓宽实体经济市场空间；用绿色的思路推进实体经济平台提升；用全球的视野增强实体经济人才保障；用系统的眼光优化实体经济发展环境。

31. 工业经济发展“六大工程”：工业投资“增效工程”；资源要素产出“升级工程”；产业振兴“提质工程”；企业梯队“培育工程”；平台能级“提升工程”；营商环境“优化工程”。

32. 三招三不招：“三招”即围绕产业链招商、围绕重点区域招商、围绕公益类项目招商；“三不招”即旅游项目原则上不招、高能耗高污染项目不招、需资金配套的项目原则上不招。

33. 金蓝领工程：以企业技能人才开发为基础，集中梳理一批重点工种和产业项目，建立健全“4+3+N”产业高技能人才培养体系。

34. 工业低效企业达标提质“三个一批”：即“转型提升一批、倒逼腾退一批、依法关停一批”。

35. 两个毫不动摇：毫不动摇地巩固和发展公有制经济；毫不动摇地鼓励、支持、引导非公有制经济发展。

36. 企业上市“双倍增行动”：力争到2021年末，全县境内外上市公司达到16家以上，实现上市公司数量“双倍增”，总数进入全省第二梯队；“新三板”挂牌企业达到40家以上，浙江股权交易中心“长兴科技板”挂牌企业达到150家以上；股份制改造企业达到180家以上；60%以上的上市公司和新三板挂牌企业开展并购重组，年均并购重组金额10亿元以上。

37. 双高：高技术、高成长。

38. 双金：金象、金牛。

39. 科技型企业“百企攀高”行动：力争到2020年底，县域省科技型中小企业累计700家以上；有效高新技术企业220家以上；累计培育市“双高”企业40家以上；规上企业研发机构设置率43.5%以上；每年培育县创新型领军企业8–10家；累计培育县创新型领军企业30家左右，其中省创新型领军企业5家左右。

40. 外贸“三转”：推进外贸由“间接出口向直接出口、外地出口向本地出口、单一出口向内外销并举”转变。

41. 三个走遍：走遍全县范围内的上市企业和新三板挂牌企业；走遍全县受到中美贸易摩擦影响较大的企业；走遍出现债务风险的优质民营企业。

42. “4+3”产业：“4”指新型电池、新能源汽车及关键零部件、高端装备制造、现代纺织四大主导产业；“3”指电子信息、生物医药、新材料三大新兴产业。

43. 三定：定职能、定机构、定编制。

44. “产学研用金、才政介美云”十联动：实现产业、学术界、科研、成果转化、金融、人才、政策、中介、环境、服务等十方面的联动融合提升。

45. 五统三分：“五统”即统一组织领导、规划编制、生态保护、重大建设、政策体系；“三分”即分别实施管理、招商引资、财政收支。

46. 一减两严三规范：“一减”即减少隐性债务存量；“两严”即严控隐性债务增量、严格整改违法违规举债行为；“三规范”即规范融资平台转型、规范棚改举债、规范市场化融资。

47. 千万工程：即“千村示范、万村整治”工程。

48. 农业转型发展“1736”行动：“1”即夯实粮食生产安全这一基础；“7”即做优做强七大农业特色产业；“3”即实施国家级农产品质量安全县、国家森林城市、省级畜牧业绿色发展示范县等三大创建；“6”即实施现代农业园区提升、农业生态环境治理提升、新型农业经营主体提升、农业新业态培育提升、农旅深度融合发展提升、服务龙之梦效益提升等六大工程。

49. 一区一镇：省级现代农业园区、省级特色农业强镇。

50. 农村“三权”改革：推动农村土地承包经营权、农村集体资产股权、农村宅基地使用权和房屋产权等方面改革。

51. 助农增收“十百千万”工程：“十”即依托十大农业产业；“百”即发动百家以上农合联生产型会员单位；

“千”即结对帮扶千户以上低收入农户;“万”即实现户人均年收入增长万元以上目标。

52. 三位一体:生产、供销、信用一体化。

53. 三医联动:医疗、医保、医药联动。

54. “一体两翼”基层社会稳定工作体系:“一体”即筑牢乡镇(街道、园区)社会稳定工作体系;“两翼”即构建社会稳定防火机制、社会稳定灭火机制。

55. 双防:即防道路交通事故、防通信网络诈骗。

56. 三治融合:自治、法治、德治融合发展。

57. 好家风“六进”工程:推动好家风进学校、进企业、进社区、进机关、进农村、进家庭。

58. 四个意识:政治意识、大局意识、核心意识、看齐意识。

59. 四个自信:中国特色社会主义道路自信、理论自信、制度自信、文化自信。

60. 两个维护:坚决维护习近平总书记在党中央的核心、全党的核心地位,坚决维护党中央权威和集中统一领导。

61. “百村示范、千村晋位”三年行动计划:到2012年,每年至少创建1个市级整乡推进示范乡镇党委和15个左右先锋示范村党组织。

62. “三化”机制:专业化培养、职业化管理、创业化考评机制。

63. “三服务”活动:开展“服务企业服务群众服务基层”活动。

64. 三联三帮:干部联企业帮解困、部门联村居帮发展、党员联群众帮致富。

65. 村干部“五个一”:村干部每天劳动一小时、每周走遍一次联系组(户)、每月一主题活动、每季一考评亮晒、每年一次村两委向全体村民公开述职。

# 政府工作报告

## 2019年1月16日在长兴县第十六届人民代表大会第三次会议上

长兴县人民政府代县长　石一婷

各位代表：

现在，我代表长兴县人民政府向大会报告工作，请予审议，并请县政协委员和其他列席人员提出意见。

**一、攻坚2018，高水平全面小康社会县域典范建设实现新跨越**

过去一年，县人民政府在上级党委、政府和县委的坚强领导下，在县人大、县政协的监督支持下，紧紧依靠全县干部群众，积极践行长兴精神，深化开展“双提十攻坚”行动，较好地完成了县十六届人大二次会议确定的主要目标任务，基本达到十三五规划纲要中期目标，全县经济社会发展呈现良好态势。

——经济总量实现新提升。实现地区生产总值609.8亿元，增长8.5%；规模以上工业增加值增长8.9%；社会消费品零售总额284亿元，增长10%；城乡居民人均可支配收入分别达到54985元、32114元，增长9.3%、9.4%。入选全国综合实力百强县、全国绿色发展百强县。

——财政收入取得新突破。完成财政总收入102.68亿元，其中地方财政收入59.37亿元，分别增长18%、19.9%，在全市率先超百亿，提前一个月完成年度目标，增速创七年来新高。

——项目招引创造新纪录。总投资326亿元的吉利新能源汽车、106亿元的爱康科技等一批重特大项目先后落户，累计引进亿元以上项目101个、总投资1028亿元，市认定“大好高”项目51个，项目体量、数量和投资总额均创历史之最。

——民生实事交出新答卷。新增财力的78%用于民生事业，十方面民生实事细分的32个具体项目全部落地见效，其中16个项目超额完成目标任务。

——系列创建收获新成果。入选新时代文明实践中心建设全国试点县、首批国家创新型县建设名单，“五水共治”再夺“大禹鼎”，“平安长兴”夺金鼎，荣获省全域旅游示范县、生态文明建设示范县、食品安全县等。

**过去的一年，我们坚持振兴实体经济，发展步伐更加稳健。**

产业竞争力稳步提升。坚持立破并举，新能源首位产业发展势头良好，规模以上产值增长20%，获评国家新型工业化产业示范基地、省级绿色电池制造业创新中心；加快发展高端装备制造等战略性新兴产业，规模以上增加值增长9.9%，占比提高到27.6%；深入推进非金属矿物制品制造、纺织等传统产业转型升级，南方水泥优化升级示范项目启动实施；桐昆、江森分别获评“金象”“金牛”企业，天能、超威等5家企业创成国家级绿色工厂，诺力、汉维等6家企业完成并购重组；省振兴实体经济试点县考核排名第六。加快发展现代服务业，扎实推进省电子商务创新发展试点县建设，实现网络零售额55.5亿元、增长35.3%；游客接待量、旅游总收入分别增长28.3%、31.3%；新增3A级以上物流企业2家，铁路、公路、水路货运量分别增长15.1%、19.6%、7.7%；金融机构存贷款余额分别为831.5亿元、698.4亿元，增长13.4%、15.2%，社会融资余额增长12.1%；房地产业发展平稳有序；服务业增加值增长9.1%以上。农业现代化发展水平全省第六，提标改造粮食生产功能区1.7万亩，新发展和改造提升农业七大特色产业2.43万亩，列入省级现代农业园区创建名单，创成省级特色农业强镇1个，建成特色产业农合联2家。

平台支撑力持续增强。划定工业平台边界，管控细则制定实施。六大主平台管理体制进一步优化。南太湖绿色智能制造产业园、新能源小镇及浙能产业园、美东工业村等“园中园”加快建设。扎实开展省市县长项目工程，成功举办“长治会”等活动，百个重点项目全面推进，太湖龙之梦乐园部分建成运营，爱康科技、吉利变速箱、大唐贡茶院四期等项目相继开工。2017年和2018年上半年签约的亿元以上项目开工率分别达到91.2%、83.7%。有效盘活停缓建项目16个。

创新驱动力有效激发。深化全面创新改革试验区、绿色金融与科技融合创新先导区建设，高新技术产业投资额增长35.9%、增加值增长10.6%，全社会研究与试验发展经费支出占地区生产总值比重2.86%以上，新产品产值率42%。加快新能源装备省级高新技术产业园建设，“1+5+N”科创平台体系不断完善，新增众创空间12个。引进科技型中小微项目118个，新认定国家高新技术企业37家、省级企业研究院4家，列入市“双高”培育企业50家。发明专利授权534件，参与制修订国家、行业标准

17项，新增省名牌产品15只，跻身全国县域知识产权影响力50强。集聚省级以上“千人计划”“万人计划”专家18人，成功创建省级“千人计划”产业园；新增省级院士专家工作站1家；新引进大学生及其他各类人才1.2万名。

**过去的一年，我们坚持深化改革开放，发展活力更加强劲。**

营商环境加速优化。全面实施营商环境六大行动，深入推进“最多跑一次”改革，“一窗受理”与乡镇“四个平台”有效打通，无差别全科受理、移动办在全县推行，覆盖群众常用事项的24小时自助服务区投入使用，在全省率先打造“无证明社区”。企业投资项目审批实现全程代办，同级项目审批实现开工前“最多100天”、竣工前“最多跑一次”。“标准地+承诺制”模式在省级以上园区全面推广。一揽子降本减负政策落实落地，减轻企业负担45亿元。实体经济贷款余额实现较快增长，加权平均利率同比下降0.23个百分点。

各项改革全面推进。“亩均论英雄”改革取得突破，规模以上工业企业亩均税收增长25%；企业亩产效益大数据中心建成投用；关停整治大理石、废丝、废塑料加工和琉璃瓦生产等“低散乱”企业422家；累计处置“五未”土地1.75万亩，保障工业用地7041亩；工业低效企业腾退关停147家，启动转型提升232家，税收增长62.5%。国企改革成效明显，政府债务稳步化解。完成全国农村承包土地经营权抵押贷款试点、“区域环评+环境标准”改革，自然资源统一确权登记试点经验在全省推广，全国殡葬综合改革试点、涉审中介市场化改革等扎实推进。

开放融合不断深入。完成合同外资6.6亿美元，实到外资2.4亿美元。预计完成出口总额156亿元，其中向“一带一路”沿线国家(地区)出口56.5亿元，增长26%；新增出口实绩企业81家、境外投资项目12个，纺织出口基地被商务部认定为国家级外贸转型升级基地。深入推进省级军民融合创新示范区建设，新增军民融合企业5家、项目19个。主动参与长三角一体化、省大湾区大花园大通道大都市区和南太湖新区建设。健全东西部扶贫协作、对口支援、对口协作、山海协作工作机制，落实资金2889万元。

**过去的一年，我们坚持践行“两山”理念，人居环境更加优越。**

污染防治攻坚有力推进。完成4个乡镇(园区)和16个建设单元“污水零直排区”建设，新建改造雨污管网35.8公里，市控及以上断面水质功能区达标率、集中式饮用水源水质达标率均为100%。全国首个“河长制”展示馆开馆，北横港获评省级“美丽河湖”，治水工作群众满意率全市第一。完成涉挥发性有机物排放企业治理107家；建成省首个水泥脱硝减排示范工程，南方水泥全电物流输送带建成投用；全域实现烟花爆竹“双禁”；$PM_{2.5}$年均浓度为38微克/立方米，下降9.5%，空气优良率79.5%。主要污染物排放量降幅均达到省市要求。全域开展码头综合整治，整治提升码头39家。关停矿山3家，完成废弃矿山治理项目14个，在采矿山终了边坡治理13家。绿色发展指数排名全省第五。

美丽城镇建设有序开展。高水平推进省级美丽县城试点，东鱼坊历史文化街区顺利开街；完成“三改一拆”1499.6万平方米，拆迁改造和综合整治城中村80.7万平方米，治理城乡危旧房731户。12个小城镇环境综合整治项目全部通过省级验收，乡村民宿小镇成为省第三批培育类特色小镇，吕山乡成为省小城镇文明行动样板，泗安镇省级小城市培育试点建设顺利推进。中心城区大绿化、大建设管理机制初步形成。智慧停车诱导系统投入使用，2个乡镇开通镇域纯电动公交。基本实现城镇生活垃圾分类处理、集中收运。疏港公路、东门大桥等建成通车，建设美丽经济交通走廊145公里。

乡村振兴战略有效实施。美丽乡村创建实现全覆盖，建成精品村11个，完成13个村环境整治，创成省高标准农村生活垃圾分类示范村6个。水口乡成为省首个乡村旅游产业集聚区，小浦镇、虹星桥镇、龙山街道分别创成省旅游风情小镇、美丽乡村示范乡镇、森林特色小镇，创成省AAA级景区村庄7个，举办农事节庆活动23次。务实开展“双扶”工作，实施壮大村级集体经济项目93个，消除经营性收入30万元以下村70个；以“十百千万”工程为抓手，兴建林城泥𡋂蔬菜产业等扶贫基地55个，帮扶低收入农户1525户，户均增收2.26万元。苕溪清水入湖、泗安水库除险加固工程主体完工，泗安塘流域综合整治等工程有序推进。

**过去的一年，我们坚持增进民生福祉，人民生活更加幸福。**

社会事业发展越来越优。高考一段上线人数和上线率创历史新高、领跑全市，全国义务教育优质均衡发展县创建扎实推进，学前教育第三轮行动计划全面落实，职业教育取得国家级赛事金奖2个；中小学生校外培训机构整治扎实有效；太湖高中、实验幼儿园等迁扩建工程竣工投用。浙医二院长兴院区增挂“浙医二院医疗集团”，成为全国首个跨省县人财物贯通医联体；县中医院二期综合楼投用；基层医疗机构全部上联建立医共体，县内就诊率达到90%，获评全国医疗健康信息化最高等级县，通过国家卫生县城和全国基层中医药工作先进单位复评。传媒集团成为全国县级融媒体中心建设样板，长兴(太湖)博物馆建成开馆；举办群众文化活动3463场，建成农村文化礼堂26家，通过全国文明城市创建复评；环太湖国际公路自行车赛等赛事成功举办，被授予省运会办赛、参赛集体二等功。

社会保障水平越来越高。新增城镇就业1.6万人，帮扶失业人员再就业5000人，城镇登记失业率控制在

2.42%；成为省首批“无欠薪”县。基本养老和医疗保险参保精准扩面，被征地农民基本生活保障制度向职工养老保险制度转接3102人。社会养老服务体系不断完善，县综合福利中心一期启用、二期开工。县殡仪服务中心投入使用。新增各类保障房2776套，发放住房保障补贴1165万元。全国农村留守儿童关爱保护和困境儿童保障示范县通过评估。残疾人两项补贴实现全覆盖。低保补助力度加大，临时救助、困难家庭救助等机制进一步完善。

社会治理能力越来越强。深化安全生产领域改革，扎实开展“双防”工作，生产安全事故控制性指标持续下降，未发生火灾亡人事故。各类风险防范化解有力有效。深入开展“铁拳”系列行动和禁毒工作，扫黑除恶专项斗争向建筑工程等领域纵深推进，刑事发案数进一步下降。“雪亮工程”基本实现全覆盖。“七五”普法有序推进，法律援助、司法调解工作不断完善，获评省指导人民调解工作先进县。信访积案有效化解。重大活动安保任务顺利完成。

**过去的一年，我们坚持加强自身建设，推动发展更加有力。**

全面加强政府系统党的建设，“两学一做”学习教育实现常态化、制度化。“扬优势补短板促发展”专项活动成效明显，大抓落实、干事创业的氛围更加浓厚。有序推进政府机构改革，机构设置进一步优化。政府数字化转型步伐加快。政府咨询工作取得积极成果。严格执行重大行政决策法定程序，干部学法、行政负责人出庭应诉等制度全面落实。自觉接受人大及其常委会依法监督、政协民主监督、纪检监察监督和社会舆论监督，121件建议案、137件提案办理满意率95%以上。“直击问政”活动有效开展，“12345”政府阳光热线群众满意率99.4%。加大公共资金、国有资源资产等审计力度，财政资金绩效水平全面提升，“三公”经费继续下降。完成事业单位公车改革。全面落实党风廉政建设责任制，坚决贯彻中央八项规定精神，保持正风肃纪高压态势，“四风”问题得到进一步遏制。

同时，国防动员、双拥优抚、人民防空等工作扎实推进，民族、宗教、外事、侨务、对台工作有序开展，统计、物价、气象、邮政、通信、保险、档案、地方志、新居民、关心下一代工作得到新加强，妇女、红十字、慈善事业等取得新进展。

我们也清醒看到，我县经济社会发展中还存在一些问题和不足：一是个别指标与高质量赶超发展要求还有差距，固定资产投资、工业性投入等未达到年度预期目标。二是新兴产业占比不高，传统产业改造提升任重道远，企业创新能力不强，亩均产出低、单位能耗高的问题仍较突出。三是空气、水环境质量有待进一步提高，污染防治力度还需加大。四是小区管理等工作亟待加强，道路交通、工矿等领域安全风险隐患仍然较多。同时，政府自身建设也存在一些短板，少数干部不担当、不作为、不实干，“四风”问题仍不同程度地存在，党风廉政建设仍需加强。对此，我们将采取更有针对性的措施加以解决。

## 二、实干2019，增创高质量赶超发展新优势

2019年是新中国成立70周年，是高水平全面建成小康社会关键之年，更是长兴高质量赶超发展的奋进之年。我们既要牢固树立风险意识、底线意识，清醒认识当前经济形势的复杂多变和风险压力的明显增多，也要深刻领会“我国发展处于并将长期处于重大战略机遇期”的科学判断，看到长兴这几年打下的坚实发展基础和良好发展势头，按照市委对长兴提出的“一个目标”“四个不动摇”“四个走在前”的要求，在县委的坚强领导下，敢于克难攻坚、奋勇拼搏，善于化危为机、转危为安，全力推动长兴高质量赶超发展增创新优势、开创新局面。

今年政府工作的总体要求是：高举习近平新时代中国特色社会主义思想伟大旗帜，按照“八八战略”再深化、改革开放再出发的要求，坚定不移践行“两山”理念，主动对标市委“一四六十”和县委“一二六十”工作体系，聚焦效益品质，聚力改革创新，大力发扬长兴精神，深化开展“双提十攻坚”行动，统筹推进“六个县”建设，实字当头、一干到底，全力打造“环太湖发展高地、长三角经济强县”，更好地建设绿色智造的效益长兴、美丽幸福的品质长兴，为加快建成高水平全面小康社会县域典范奠定坚实基础。

综合考虑各方面因素，今年全县经济社会发展的主要预期目标为：

——地区生产总值增长8%以上；

——规模以上工业增加值增长8.5%以上；

——服务业增加值增长9.5%，占地区生产总值比重提高1个百分点；

——财政总收入、地方财政收入均增长8%以上；

——固定资产投资增长11%以上，其中工业性投入增长12%以上；

——高新技术产业增加值增长10%以上；

——社会消费品零售总额增长9%以上；

——金融机构本外币存款余额增长10%，贷款余额增长11%；社会融资余额增长10%以上；

——自营出口增长6%，继续提升占全省份额；

——完成合同外资6亿美元，实到外资3亿美元；

——万元GDP综合能耗下降率、主要污染物排放量削减率和空气环境质量等约束性指标达到省市要求；

——城乡居民人均可支配收入分别增长8%、8.5%。

今年，我们将围绕高质量赶超发展主题，重点开展高质量项目招引、优质项目落地、企业人才引进和用工保障、金融支持实体和国有企业降本增效、全域土地综合整治和用地保障、“低散乱”企业整治、全面创新改革、乡村

振兴、生态环境治理保护、平安创建及新时代文明实践中心建设等十大攻坚行动，向建设高水平全面小康社会县域典范迈出更加坚实的步伐。

**新的一年，我们将聚力项目引推大比拼，拼出赶超发展新动能。**

紧盯高质量项目招大引强。开展项目招引攻坚年活动，突出"双聚焦双提升"，更好发挥六大主平台和专业招商员队伍作用，办好"长洽会"、专题招商会，强化产业链招商、中介招商和以商引商，确保市认定"大好高"项目40个以上。重点围绕新能源汽车产业，大力招引新能源汽车核心零部件等配套项目。积极打造高质量外资集聚先行区，成立外资企业服务中心，高标准建设中德产业园、美东工业村等国际合作产业园，加快引进优质高端外资项目，在招引超亿美元项目上实现新突破。

加速亿元以上项目落地见效。开展项目落地见效年活动，大力实施省市县长项目工程，健全县领导联系项目、工作例会等机制，全力推进吉利新能源汽车、爱康科技等重点项目，确保2018年亿元以上签约项目2019年上半年开工90%以上、年底前竣工70%以上，2019年上半年签约项目年底前开工80%以上，有效盘活或推进停缓建项目16个，民间投资增长12%以上。加强农村建设用地盘活利用，实施全域土地综合整治与生态修复工程项目5个以上，统筹抓好工矿废弃地再利用和向上争取等工作，全力加强项目用地保障，落实新增建设用地指标2600亩。

力推六大主平台攀高比强。进一步做大做强六大主平台，大力推动县开发区争创省"万亩千亿"新产业平台、南太湖高标准建设绿色智能制造产业园、画溪打造新能源装备省级高新技术产业园和新能源小镇，积极推进省际承接产业转移示范区（泗安）和国家级开发区绿色制造产业园（煤山）、循环经济产业园（和平）建设，在项目引推、产业转型、效益提升、实力增强上相互比拼、加快赶超，在省市排名上争先进位。全面落实工业平台边界管控实施细则，推动高质量项目、资源要素向六大主平台集聚。深入推进工业低效企业达标提质工作，六大主平台和其他乡镇工业低效企业亩均税收标准分别不低于5万元/亩、4万元/亩；加大"腾笼换鸟"和边界外企业关闭腾退力度，完成"腾笼"80家以上，实施"换鸟"项目60个以上；完成"五未"土地处置9000亩。

**新的一年，我们将聚力实体经济大振兴，拼出发展质效新水平。**

做活做强民营经济。实施工业领域六大工程，全面落实减税降费等促进民营经济发展政策举措，为企业减轻负担30亿元以上；加大民营企业金融支持力度，进一步降低融资成本，破解企业融资难融资贵问题，实体经济贷款余额增长12%以上；积极帮助企业解决用工难题，新建劳务合作基地5家以上。深入实施"50强"企业培育工程、企业上市"双倍增"行动和新一轮小微企业三年成长计划，新增规模以上工业企业100家、上市企业2家以上，完成并购重组5宗，"个转企"228家。构建"亲""清"新型政商关系，建立健全企业家关心关爱机制，加强企业家培训培养，培训企业经管人才3000人次、新生代企业家40人次。

提升发展制造业。突出发展新能源首位产业，全面实施新能源产业发展三年行动计划，重点推动新能源汽车产业和特色能源装备产业做大做强，加快培育新型能源材料、储能与能源互联网产业，着力打造"中国绿色智慧能源生态谷""全国新能源汽车发展基地"，新能源产业规模以上产值增长20%以上；加快高端装备制造、信息经济、生物医药等战略性新兴产业培育，战略性新兴产业、装备制造业增加值分别增长10%、9%。发展数字经济，加快纺织、蓄电池、耐火等产业数字化升级，新增"上云"企业1000家，实施省级信息化示范试点项目5个以上；积极引进信息通信技术、大数据、智能制造等产业项目，数字经济核心产业产值增长10%以上。深入推进非金属矿物制品制造业改造提升省级试点，有序推进水泥产业减量置换和转型升级，削减水泥熟料产能100万吨，腾出能耗15万吨标煤以上；开展新一轮"低散乱"企业整治，整治和淘汰"低散乱"企业100家；加快喷水织造行业减量集聚和规模化提升。

提档升级服务业。深入实施全域旅游"龙腾"计划，着力打造太湖演艺小镇、乡村民宿小镇，推动太湖龙之梦乐园顺利开业、十里古银杏长廊创建4A级景区，加快大唐贡茶院四期等项目建设，积极推进江南小延安红色旅游区市场化运作，持续提升乡村旅游品质，游客接待量、旅游总收入均增长25%。开展物流降本增效行动，大力发展多式联运物流，加快"铁公水"码头建设，推进综合物流园区智慧化发展。大力提升各类专业市场、城市综合体商气人气，努力盘活总部楼宇；深入推进省级电商创新发展试点县建设，培育电商重点企业20家，网络零售额增长30%。促进房地产业平稳健康有序发展。新增银行业金融机构2家。加快引进培育优质中介服务机构，育强育优工业设计、科技服务等新产业、新业态。

**新的一年，我们将聚力改革开放大深化，拼出创新创业新活力。**

力推企业创新创造。深入推进国家创新型县、省级全面创新改革试验区建设，积极培育新能源产业创新服务综合体，完善"1+5+N"科创平台体系，启动建设杭州科技孵化工厂，认定省级科技企业孵化器1家。加快引育科技型企业，新认定国家高新技术企业25家、省科技型中小企业100家以上，新引进科技中小微项目80个以上，新增省级企业研究院、高新技术企业研发中心10家以上。强化政产学研合作，实施优质合作项目100个以上。高新技术产业投资增长15%，力争研究与试验发展经费支出占地区生产总值比重达到3%以上。深入推进全国质量强市示范城市创建,参与制修订国家、行业标准12项,新增高质量发明专利申请2500件以上。全面落实人才政策,加快省级"千人计划"产业园建设,集聚省级以上"千人计划""万人计划"专家15人以上;入选"南太湖精英计划"项目50个以上;创建市级以上院士专家工作站2家、省级博士后工作站2家;引进大学生等各类人才1万人以上。

力推改革走深走实。开展营商环境优化年活动,深入实施营商环境六大行动,深化"最多跑一次"改革,积极打造"无证明县",完善24小时自助服务区功能,更好实现门口办、全城办、移动办;深化涉审中介市场化改革,推动中介服务提速提效,确保2个工作日完成常态化企业开办、60天完成一般企业投资项目开工前审批;全面推行"证照分离"改革。以"亩均论英雄"为导向,扎实推进"标准地+承诺制"改革,负面清单以外工业用地出让100%采取"标准地"模式,推动承诺制向生产性服务业领域拓展;将服务业企业纳入亩产效益大数据中心绩效评价体系,完善落实资源要素差别化配置政策。全面激发市场活力,着力吸引社会资本参与基础设施和民生工程建设;提高国有企业公司治理水平,持续推进降本增效,切实增强防风险能力。统筹抓好其他领域改革,努力构建"市场有效、政府有为、企业有利、百姓受益"的体制机制。

力推开放融合深化深入。有效落实稳外贸系列措施,大力发展外向型经济,鼓励企业加快多元化市场布局,积极开拓"一带一路"沿线等新兴市场,多渠道引进欧美国家先进技术和知名品牌,新增出口实绩企业60家以上、境外投资项目6个以上。抓住长三角一体化战略机遇,实施融入重大战略行动计划,积极融入G60科创走廊、沪湖绿色智造廊道、南太湖新区建设,加强产业合作、协同创新。深化东西部扶贫协作、对口支援、对口协作、山海协作,实施合作项目12个。加快省级军民融合创新示范区建设,新增军民融合企业5家、项目15个以上。

**新的一年,我们将聚力乡村振兴大提质,拼出农业农村新面貌。**

高水平推进农业现代化。突出优质、特色、绿色,深化农业供给侧结构性改革。提标改造粮食生产功能区1.6万亩,稳定粮食产能。新发展和改造提升商品蔬菜、名优水果、特种水产等农业七大特色产业1.6万亩,加快洪桥特色农业强镇创建,深入开展省级现代农业园区建设。创建国家级农产品质量安全县、省渔业转型发展先行区,新增市级现代渔业示范园区1个、美丽渔场15个。推进湖羊、茶叶等精深加工,打响河蟹、葡萄、芦笋等特色农产品品牌。新建特色产业农合联2家,新增市级以上农业龙头企业4家、示范性家庭农场5家,培育新型职业农民300人以上。深入推动农旅融合发展,办好农事节庆活动。积极推广农业物联网应用,打造一批"一乡一品"示范乡镇、电子商务专业村。

加快打造美丽乡村升级版。深化实施"千万工程",提升"希望田野""梅映乌龙""山水古韵"等美丽乡村振兴示范带,深入推进美丽村庄、美丽田园、美丽庭院、景区村庄创建,创成精品村6个,推动仰峰村完成省级历史文化村落保护利用重点村建设,统筹做好美丽乡村经营文章,积极发展美丽经济。建设美丽经济交通走廊60公里。加快推进泗安塘流域综合整治等工程建设。稳步实施城乡供水一体化工程,扎实开展农村饮用水达标提标行动,新增受益群众1.88万人。完善农村生活污水治理长效运维管理机制。大力实施农村"厕所革命"。打造高标准农村生活垃圾分类示范村30个。

持续打好精准扶贫攻坚战。全面开展低收入农户高水平全面小康五大行动,深入推进助农增收"十百千万"工程,积极探索"一户多策"帮扶措施,巩固提升产业集中帮扶基地55个,结对帮扶低收入农户等1600户以上,确保户人均增收万元以上。深入实施壮大村级集体经济三年行动计划,培育实施"造血式"项目40个以上,全面消除年经营性收入低于30万元村和年总收入低于100万元村,提前消除三、四类村。探索盘活农村闲置农房,推动农村综合产权抵押贷款增量扩面。

**新的一年,我们将聚力环境提升大会战,拼出"两山"实践新样板。**

纵深推进污染防治。咬定再夺"大禹鼎"目标,深化"五水共治",完成6个乡镇和99个建设单元"污水零直排区"建设,新建改造污水管网25公里,加快建设第二污水处理厂清洁排放提标改造等工程,完成太湖流域农业面源污染综合治理试点项目,确保市控及以上断面水质功能区达标率、集中式饮用水源水质达标率100%。强化道路、工地等重点区域扬尘治理,治理涉挥发性有机物排放企业25家以上,确保$PM_{2.5}$年均浓度低于37微克/立方米,空气优良率达到80%以上。加强土壤污染管控,积极建设全国重金属污染防治和风险管控示范区。加快固废处置项目建设,着力推进重点行业企业固废管理标准化。严格矿山"双控",关闭矿山1家,完成矿山生态修复3家。

大力保护生态环境。严守生态保护红线、环境质量底线、资源利用上线,积极推进国家生态文明建设示范县和国家森林城市创建,绿色发展指数保持全省领先。有序开展绿色细胞创建,四星级绿色工厂达到40家以上,培育绿色家庭100户。完善落实河(湖)长制、林长制,积极培育"山水林田湖草"系统治理保护示范样板,加强合溪水库上游生态建设保护。深入推进森林资源、野生动物保护行动,严厉打击各类破坏生态环境违法犯罪行为。加大节能减排力度,加快企业用能结构调整。深化自然资源资产负债表编制和自然资源资产责任审计工作。

有效提升城镇品质。高标准完成县域总规修编和

"多规合一"编制。高效整治"四边三化"问题点位,扎实推进危旧房治理改造和"三改一拆",争创省"基本无违建"县。完成小城镇环境综合整治项目6个,基本完成泗安镇省级小城市培育试点建设。加强城乡精细化管理,健全大路灯、大环卫、大排水和中心城区大绿化、大建设等管理机制,实现智慧城管网络全域覆盖。推进物业管理与社区管理一体化,深化雉城街道等中心城区城管进社区工作。完善公共交通,加强交通治堵。常态化推进烟花爆竹"双禁"、犬类规范管理等。健全城镇生活垃圾分类处置体系。谋划对接环太湖城际轨道交通圈,推进湖长二通道、站前大道、104国道李家巷至施家桥段改建等重点工程。

**新的一年,我们将聚力社会事业大共建,拼出幸福民生新品质。**

共树共享文明风尚。巩固扩大文明城市创建成果,扎实推进新时代文明实践中心七大行动,统筹做好社会信用体系建设及农村移风易俗、殡葬综合改革等工作,培育发展社会组织,不断提升志愿服务水平。加强农村文化礼堂建管用育,新建农村文化礼堂28家;开展文化惠民活动2000场以上;持续推进"书香长兴"建设;加快发展贡茶、紫砂、古生态等特色文化产业,积极培育文化创意等新业态。创成省档案开放服务示范区。大力实施群众体育惠民计划,力争群众加入体育社团比例达到15%以上;完善便民体育设施网络,完成小康体育村升级工程20个,新建全民健身广场6个;办好全国围甲联赛暨中日韩围棋元老赛等重大赛事。

创新创优公共服务。深化教育改革,推进集团化办学,统筹抓好高中教育质量提升、义务教育优质均衡、学前教育品牌提档、职业教育工匠培养等工作,加快长兴二小、夹浦小学扩建等工程建设,鼓励社会资本兴办品牌学校,引进优秀教育人才20人,创成省语言文字规范化县。深入实施《健康长兴2030行动纲要》,加快建设国家级综合医改示范样板区,组建医共体集团,稳步开展基层医疗卫生机构补偿机制改革,基本建成高水平整合型医疗卫生服务体系;加强医保资金使用监管;引进中级以上专业人才60名以上;基层医疗卫生机构就诊率达到65%以上。深入实施重点群体就业帮扶工程,新增城镇就业1.6万人、大学生创业主体300家以上,城镇登记失业率控制在2.5%以内。新建示范型居家养老服务中心5家,公办养老机构全部实现公建民营。推动全民参保提标扩面。加强最低生活保障动态管理,提高精准救助水平。健全残疾人服务保障体系。落实各类保障性住房(含货币补贴)600套。全面启动双拥模范城全国"二连冠"、省"八连冠"创建。

抓实抓细社会治理。升级推广新时代"枫桥经验",构建完善"一体两翼"基层社会稳定工作体系。健全应急管理体制机制,有力提升防灾减灾救灾能力。全面压实安全生产责任,深化"双防"工作,着力抓好消防、工矿等各领域安全生产,确保事故起数等指标持续下降。实施"食安校园"三年行动计划,推动1200家餐饮单位达到"厨房革命"标准。有效开展"五位一体"普法阵地创建,健全诉调执一体化体系,推动法律服务扩面提质。健全"三治融合"治理体系,更好发挥基层治理"四个平台"作用。持续开展"铁拳"系列行动,不断深化扫黑除恶专项斗争和禁毒工作。推进智能门锁等物联网工程,加快智慧警务和安防体系建设。提高初信初访化解质量和效率,力争信访积案年终清零。确保完成重大活动安保任务,力争平安长兴"鼎上加星"。

同时,我们将继续扎实做好国防动员、人民防空等工作,积极为驻长部队提供服务。加强民族、宗教、外事、侨务、对台、统计、物价、气象、邮政、通信、保险、科协、地方志、媒体融合、退役军人、红十字、慈善、关心下一代等工作,维护妇女、未成年人和新居民合法权益。

各位代表!我们始终重视保障和改善民生,努力让改革发展成果更好惠及全县人民。我们将着眼群众最关心、最直接、最现实的问题,认真办好各项民生实事。今年,我们在广泛征求意见建议的基础上,坚持量力而行、尽力而为,梳理形成十二方面民生实事候选项目,提请本次大会票决。民生实事项目确定后,我们将认真组织实施,确保高标准、高质量全面完成。

**三、加强政府自身建设,砥砺奋进展现新作为**

各位代表,重任千钧惟担当。我们将从深化政府自身建设入手,全面提升政府治理能力,切实肩负起长兴高质量赶超发展和建设高水平全面小康社会县域典范的重大使命,一腔热血干到底,一张蓝图绘到底,不辜负全县人民的热切期盼。

大力弘扬实干作风。把准实干的方向,不断增强"四个意识",坚定"四个自信",做到"两个维护",不折不扣地贯彻落实中央、省、市和县委的决策部署。拉高实干的标杆,勇于跟高的比、同快的赛、与强的争,全力在各领域创一流、走前列。营造实干的氛围,按照县委"十个一干到底"的工作要求和新一年的工作目标,进一步提高谋划和执行质量,健全工作项目化、项目目标化、目标责任化的工作落实机制和容错免责等制度,对标对表、高质高效抓落实,言必信、行必果。

全力践行为民宗旨。牢固树立以人民为中心的发展思想,健全服务企业、服务群众、服务基层机制,畅通"12345"政府阳光热线等服务平台,确保企业和群众呼有应、诉有答、困有助,切实当好"店小二""服务生"。以政府机构改革为契机,提升机构运作管理水平,有序推进政府数字化转型,持续增强政府履职的整体效能。加强学习型政府建设,全面提升应对复杂形势、服务企业和群众的能力。

着力提升法治水平。切实运用法治思维推进工作,严格按照法定权限和程序行使职权，健全依法科学民主决策机制，加强政府咨询工作，深入开展行政执法监督规范化试点，强化行政规范性文件、重大行政执法决定合法性审核，全面推进政务公开。自觉接受人大及其常委会的依法监督和政协的民主监督，主动接受纪检监察、群众和舆论监督，高质量办理人大代表建议案和政协委员提案，强化人大、政协监督成果运用，广泛听取各民主党派、工商联、无党派人士和各人民团体的意见。

努力擦亮清廉底色。深化政府系统党的建设，严格执行党风廉政建设责任制。高标准落实中央八项规定精神，坚决防止"四风"问题反弹回潮。坚持从紧"过日子"，全面开展勤俭节约大行动，继续严控"三公"经费支出。强化预算管理和国资监管，深化公共资源交易管理体制改革，加强审计监督，切实提高公共资金使用绩效。坚持把纪律和规矩挺在前面，守牢廉政底线，持续提升政府公信力，努力营造风清气正的政治生态。

各位代表！旗帜决定方向，实干创造未来！让我们高举习近平新时代中国特色社会主义思想伟大旗帜，在中共长兴县委的坚强领导下，在县人大、县政协的监督支持下，大力发扬长兴精神，实字当头，一干到底，在高质量赶超发展的道路上奋勇拼搏，为加快建成高水平全面小康社会县域典范作出新的更大贡献！

附

## 名词解释

1. 2018年双提十攻坚：项目招引攻坚、项目推进攻坚、实体振兴攻坚、深化改革攻坚、美丽城镇攻坚、乡村振兴攻坚、污染防治攻坚、全域旅游攻坚、惠民实事攻坚、平安创建攻坚。

2. 五水共治：治污水、防洪水、排涝水、保供水、抓节水。

3. "金象""金牛"：金象，指主营业务收入超100亿元或实缴税金超3亿元的大企业；金牛，指主营业务收入超50亿元或实缴税金超2亿元的大企业。

4. 六大主平台：即"1+3+2"平台，"1"指长兴国家级经济技术开发区，"3"指南太湖产业集聚区长兴分区、省级新能源装备高新技术产业园、省际承接产业转移示范区长兴分区（泗安），"2"指和平、煤山特色园区。

5. 省市县长项目工程：省政府主要领导、分管经济工作的有关领导每年各负责牵头谋划推进1个总投资50亿元~100亿元的重大产业项目（不包括房地产开发投资项目，下同）；各设区市政府主要领导、分管经济工作的有关领导每年各负责牵头谋划推进1个总投资20亿元-50亿元的重大产业项目；各县（市、区）政府主要领导、分管经济工作的有关领导每年各负责牵头谋划推进1个总投资10亿元~20亿元的重大产业项目。

6. "1+5+N"科创平台体系："1"，指1个核心平台，太湖资本广场；"5"，指国家大学科技园、画溪创业谷、煤山青创园、泗安西湖产业园、和平科技园等5个主体园区；"N"，指其他乡镇、总部经济园区以及社会资本等建设的创业苗圃、创新工场、创业咖啡屋等多种形式的众创空间。

7. 双高：高技术、高成长。

8. 千人计划：中央人才工作协调小组关于实施"海外高层次人才引进计划"的简称，主要是围绕国家发展战略目标，从2008年开始，在国家重点创新项目、重点学科、重点实验室、中央企业和国有商业金融机构、以高新技术产业开发区为主的各类园区等，引进2000名左右人才并有重点地支持一批能够突破关键技术、发展高新产业、带动新兴学科的战略科学家和领军人才回国（来华）创新创业。浙江省也相应制订实施了海外高层人才引进"千人计划"。

9. 万人计划：国家高层次人才特殊支持计划，简称"国家特支计划"或国家"万人计划"，是面向国内高层次人才的支持计划。2012年开始，目标是用10年时间，遴选1万名左右自然科学、工程技术和哲学社会科学领域的杰出人才、领军人才和青年拔尖人才，给予特殊支持。浙江省也相应制定实施了国内高层次人才支持"万人计划"。

10. 营商环境六大行动：政务效能大提速行动、涉企服务大提升行动、投资贸易大提质行动、要素保障大提效行动、法治诚信大提档行动、人居环境大提标行动。

11. 一窗受理：以受理和审批相分离为原则，按"前台综合受理、后台分类审批、统一窗口出件"的模式，依托政务服务网进行资料共享和流转，进一步优化业务流程、精简申请材料，实现集成高效审批。

12. 四个平台：综治工作、市场监管、综合执法、便民服务等四个平台。

13. 无差别全科受理：政务服务中心任一窗口都能代表政府受理全部办事事项，完善"前台综合受理、后台分类审批、综合窗口出件"政务服务模式，做到政务办事"只进一扇门""最多跑一次"，实现"一窗通办"。

14. 移动办：开发并完善"浙里办"等手机端移动办事应用，群众和企业通过移动办事APP直接提交办事申请及材料，办理结果快递送达或通过APP反馈。

15. 无证明社区：通过"砍掉一批、共享一批、替代一批、代跑一批"的方式，在村（社区）推行以"保留证明目录清单、取消证明目录清单"为主要内容的"双清单"目录制管理，实现村（社区）清单之外无证明。

16. "标准地+承诺制"模式：完成相关区域评估，并带着固定资产投资强度、容积率、单位能耗标准、单位排放标准、亩均税收等指标出让土地后，由行政审批部门通过承诺书的形式一次性告知业主办理审批事项应满足的审批条件,业主自愿对此作出能够满足条件的承诺,承诺书签订以后,业主即可马上办理开工手续,同时审批部门会根据承诺进行全程监管。

17. "五未"土地:"批而未供"土地、"供而未用"土地、"用而未尽"土地、"建而未投"土地和"投而未达标"土地。

18. "区域环评+环境标准"改革:围绕"简政放权、放管结合、优化服务"和"最多跑一次"的审批制度改革要求,在切实加强区域规划环评宏观管理的同时,制定项目准入环境标准,编制区域环评审批负面清单,严格重污染项目环境准入,通过深化环评审批制度改革,加强规划环评与项目环评联动,创新环评审批验收管理方式。

19. 一带一路:丝绸之路经济带和21世纪海上丝绸之路。

20. 两山:绿水青山就是金山银山。

21. 污水零直排区:通过全面完善辖区内污水管网,开展雨污分流,基本实现污水"应截尽截、应处尽处"。

22. 双禁:禁止销售、禁止燃放烟花爆竹。

23. 三改一拆:旧住宅区、旧厂区、城中村改造和拆除违法建筑。

24. 美丽经济交通走廊:依托广覆盖、深通达的交通基础设施网络,以AAAA级以上景区、国家公园、省级以上旅游度假区、特色小镇、水乡古镇、健康养生基地、历史文化名村和农家乐示范村为节点,重点以"美丽公路(航道)"+特色经济、乡村旅游、历史人文、休闲体育、百姓健康创建模式,把散落的"山海林田湖、城镇乡村景"等一颗颗珍珠串联起来,构建自然生态、畅通舒适、美丽致富的"江南风情走廊"。

25. 双扶:帮扶村级集体经济壮大、扶持低收入农户增收。

26. "十百千万"工程:依托全县农业十大特色产业,动员百家以上农合联会员单位(农业龙头企业、专业合作社及家庭农场等),结对帮扶千户以上低收入农户,实现户人均年收入持续增收万元以上的目标。

27. 医联体:医疗联合体的简称。由不同级别、类别医疗机构之间,通过纵向或横向医疗资源整合所形成的医疗机构联合组织。如浙医二院和长兴县人民医院组建医联体。

28. 医共体:医疗共同体的简称。县域开展医联体建设的主要模式,重点探索以"县级医院为龙头、乡镇卫生院(社区卫生服务中心)为枢纽、社区卫生服务站为基础"的集团化运行模式,促进优质医疗资源下沉,提升基层医疗服务能力。如县人民医院医共体集团、县中医院医共体集团。

29. 残疾人两项补贴:重度残疾人护理补贴和困难残疾人生活补贴。

30. 双防:防道路交通安全事故、防通信网络诈骗。

31. "铁拳"系列行动:县公安局2018年打击整治工作重点行动,由以扫黑除恶为主要内容的"铁拳一号"、以打击整治黄赌毒为主要内容的"铁拳二号"和以打击盗抢骗为主要内容的"铁拳三号"行动组成。

32. 雪亮工程:以县、乡、村三级综治中心为指挥平台,以综治信息化为支撑,以网格化管理为基础,以公共安全视频监控联网应用为重点的群众性治安防控工程。

33. 两学一做:学党章党规,学系列讲话,做合格党员。

34. "三公"经费:财政拨款支出安排的出国(境)费、车辆购置及运行费、公务接待费。

35. 四风:形式主义、官僚主义、享乐主义和奢靡之风。

36. 一个目标:打造"环太湖的发展高地、长三角的经济强县"。

37. 四个不动摇:坚持工业强县不动摇,坚持一体融入不动摇,坚持转型升级不动摇,坚持守住底线不动摇。

38. 四个走在前:在壮大经济实力上走在前,在深化改革创新上走在前,在推动乡村振兴上走在前,在增进民生福祉上走在前。

39. 八八战略:进一步发挥浙江的体制机制优势,大力推动以公有制为主体的多种所有制经济共同发展,不断完善社会主义市场经济体制;进一步发挥浙江的区位优势,主动接轨上海、积极参与长江三角洲地区交流与合作,不断提高对内对外开放水平;进一步发挥浙江的块状特色产业优势,加快先进制造业基地建设,走新型工业化道路;进一步发挥浙江的城乡协调发展优势,统筹城乡经济社会发展,加快推进城乡一体化;进一步发挥浙江的生态优势,创建生态省,打造"绿色浙江";进一步发挥浙江的山海资源优势,大力发展海洋经济,推动欠发达地区跨越式发展,努力使海洋经济和欠发达地区的发展成为我省经济新的增长点;进一步发挥浙江的环境优势,积极推进基础设施建设,切实加强法治建设、信用建设和机关效能建设;进一步发挥浙江的人文优势,积极推进科教兴省、人才强省,加快建设文化大省。

40. 一四六十:"一"即围绕"以新发展理念引领赶超发展,高质量建设现代化生态型滨湖大城市,高水平全面建成小康社会"这一目标;"四"即找准成为"大湾区的绿色智慧走廊、大花园的全域美丽标杆、大通道的现代综合枢纽、大都市区的城际重要板块"四大定位;"六"即打造"生态样板、绿色智造、滨湖旅游、现代智慧、枢纽门户、美丽宜居"六大城市;"十"即开展"城市能级提升、产业质效突破、环境治理攻坚、重大战略融入、科技创新加速、营商环境优化、乡村振兴示范、平安夺鼎冲刺、民生福祉改善、干部绩效比拼"十大专项行动。

41. 一二六十:"一"即"一个目标":全力打造高水平全面小康社会县域典范,着力建设高质量的"环太湖发展高地、长三角经济强县”；“二”即“两聚”要求：聚焦效益品质、聚力改革创新；“六”即“六县”建设：全省振兴实体经济试点县、全国营商环境最优县、全国首批创新型县、全国践行“两山”理念样板县、全国乡村振兴先行示范县、全国新时代文明实践中心建设试点县；“十”即“十大攻坚”：以效益提升、品质提档为目标，开展高质量项目招引攻坚、优质项目落地攻坚、企业人才引进和用工保障、金融支持实体和国有企业降本增效攻坚、全域土地综合整治和用地保障、“低散乱”企业整治、全面创新改革攻坚、乡村振兴攻坚、生态环境治理保护攻坚、平安创建及新时代文明实践中心建设攻坚。

42. 六个县：全省振兴实体经济试点县、全国营商环境最优县、全国首批创新型县、全国践行“两山”理念样板县、全国乡村振兴先行示范县、全国新时代文明实践中心试点县。

43. 双聚焦双提升：聚焦高质量产业项目招引，聚焦高质量外资集聚区建设；提升招商统筹管理效益，提升招商队伍综合能力。

44. 省“万亩千亿”新产业平台：具有万亩左右空间（5～10平方公里）、产出在千亿以上、聚焦“高质量、竞争力、现代化”发展的高能级新产业平台，基本特征是面向重量级未来产业、聚焦标志性项目、培育领军型企业、打造高端产业链、促进产城融合发展。

45. 工业领域六大工程：工业投资“增效工程”、资源要素产出“升级工程”、产业振兴“提质工程”、企业梯队“培育工程”、平台能级“提升工程”和营商环境“优化工程”。

46. 企业上市“双倍增”行动：力争到2021年末，全县境内外上市公司达到16家以上，实现上市公司数量“双倍增”，总数进入全省第二梯队；“新三板”挂牌企业达到40家以上，浙江股权交易中心“长兴科技板”挂牌企业达到150家以上；股份制改造企业达到180家以上；60%以上的上市公司和新三板挂牌企业开展并购重组，年均并购重组金额10亿元以上。

47. 个转企：个体工商户利用现有的生产经营条件，依照《中华人民共和国公司法》《中华人民共和国个人独资企业法》《中华人民共和国合伙企业法》重新登记为企业。

48. “上云”企业：通过高速互联网络将基础系统、业务、平台部署到云端的企业，利用网络便捷地获取计算、存储、数据、应用等服务，有利于降低企业信息化建设成本，构建工业互联网创新发展生态，促进实现制造业全过程、全产业链和产品全生命周期的优化，提升制造业与互联网融合发展水平。

49. 多式联运：在综合物流园区内建设内河码头和铁路货场，实现铁路、公路、水路运输的无缝对接，形成“铁公水”多式联运的运输模式。

50. 南太湖精英计划：湖州市实施的一项重大人才工程，旨在引进海内外创业创新领军人才和团队，主要包括领军型创业团队、领军型创新团队、创新长期领军人才、创新短期领军人才和院士专家工作站五个类别。

51. 证照分离：通过直接取消审批、审批改为备案、实行告知承诺、优化准入服务4种方式将市场监管部门颁发的营业执照和各相关行业主管部门颁发的经营许可证审批分开，市场主体在办理营业执照就可先从事一般性的生产经营活动，如需从事需要许可的生产经营活动，再到相关审批部门办理许可手续。

52. G60科创走廊：2016年，上海提出沿G60高速公路构建产城融合的科创走廊；2018年6月，上海市松江区，浙江省杭州市、嘉兴市、金华市、湖州市，江苏省苏州市，安徽省合肥市、芜湖市、宣城市等共同发布《G60科创走廊松江宣言》。G60科创走廊将在深化产业集群布局、加强基础设施互联互通、推进协同创新、推动品牌园区深度合作和产融结合、推广科创走廊“零距离”综合审批制度改革成果等方面发力，建成长三角地区具有独特品牌优势的协同融合发展平台。

53. 沪湖绿色智造廊道：以绿色智造为主线，以上海为龙头、湖州为策源地，以苏南、浙北、皖东城市为依托，不断强化一体化过程，在各类规划上相互衔接，在基础设施上互联互通，在产业和创新协同上合理分工，在绿色智造和政府管理上标准协同，到2021年沪湖绿色智造廊道一体化发展体系初步形成，成为G60科创走廊强有力的北翼。

54. “一乡一品”示范乡镇：以乡镇为基本单位，其主要特色优势产品实现网络销售，且注册于该乡镇、主要销售该特色优势产品的销售网点数不少于30家，拥有良好区域品牌营销效果。

55. 千万工程：“千村示范、万村整治”工程。

56. 厕所革命：2015年4月1日，习近平总书记在原国家旅游局有关报告上作出重要批示指出“抓厕所革命，从小处着眼、从实处入手，是提升旅游品质的务实之举”，之后在全国农村开展厕所改造提升行动，实现农村户用厕所无害化改造，厕所粪污基本得到处理或资源化利用，管护长效机制初步建立。

57. 低收入农户高水平全面小康五大行动：产业增收帮扶行动、就业创业帮扶行动、社会救助帮扶行动、生活设施帮扶行动、对外结对帮扶行动。

58. 三、四类村：三类村指总收入高于50万元（含）低于100万元、经营性收入高于20万元（含）低于30万元的村，或总收入高于100万元（含）、经营性收入低于20万元的村；四类村指总收入低于50万元的村，或总收入高于50万元（含）低于100万元、经营性收入小于20万元的村。

59. 矿山“双控”：凡采矿许可证到期或开采总量到量的矿山企业，一律依法关闭；凡年内开采总量达到核定规模量的矿山企业,一律实施年度休产。

60. 多规合一:将国民经济和社会发展规划、城乡规划、土地利用规划、生态环境保护规划等多个规划融合到一个区域上,实现一个市县一本规划、一张蓝图,解决现有各类规划自成体系、内容冲突、缺乏衔接等问题。

61. 四边三化:在公路边、铁路边、河边、山边等“四边”区域开展洁化、绿化、美化工作。

62. 新时代文明实践中心七大行动:科学理论普及行动、基层党建强化行动、党的政策宣讲行动、乡村振兴助推行动、主流价值培育行动、优秀文化共享行动、移风易俗推进行动。

63. “一体两翼”基层社会稳定工作体系:“一体”即筑牢乡镇(街道、园区)社会稳定工作体系;“两翼”即构建社会稳定防火机制、社会稳定灭火机制。

64. 厨房革命:餐饮服务提供者按照《“安全、可视、健康”厨房建设规范》进行改造提升,采用视频直播的方式,向消费者展示食品制作加工的过程,公示食品安全相关信息,接受公众监督,引导带动万家家庭厨房,实现社会厨房和家庭厨房同步提升。

65. “五位一体”普法阵地:“广播、电视、报纸”“网站、微信、微博”“车载视频、LED显示屏、楼宇广告”“广场、公园、长廊”“宣传栏、学校、图书室”五位为一体的普法宣传阵地网络系统工程。

66. 三治融合:自治、法治、德治融合发展。

67. 四个意识:政治意识、大局意识、核心意识、看齐意识。

68. 四个自信:中国特色社会主义道路自信、理论自信、制度自信、文化自信。

69. 两个维护:坚决维护习近平总书记在党中央的核心、全党的核心地位,坚决维护党中央权威和集中统一领导。

70. 十个一干到底:在项目引推、做强平台、壮大民企、产业升级、深化改革、乡村振兴、生态建设、民生改善、文明实践、从严治党十个方面一干到底。

# 总投资326亿元的吉利新能源项目落户长兴

2月11日，吉利新能源汽车项目签约仪式举行，湖州市历史单笔最大投资项目落户长兴县。吉利集团与长兴经济技术开发区签订吉利新能源汽车项目合作协议。项目总投资326亿元，其中吉利新能源汽车项目为建设年产30万辆新能源汽车整车研发中心、生产基地、销售公司、运营总部的项目，总投资224亿元，计划到2022年年底最终形成年产30万辆新能源整车的产能；吉利自动变速器项目为建设60万台新能源变速器生产基地，项目总投资102亿元人民币。该项目是长兴县也是湖州市历史以来单笔最大投资项目。5月3日，吉利汽车生态数据产业园项目签约。吉利汽车生态数据产业园项目总投资10亿元，选址于南太湖产业集聚区长兴分区，计划建造数据中心、研发用房等，同时配置柴油发电机组、高低压变配电设备和UPS电源组等设备设施。具备2000机柜的可运营规模，正式运营可实现年平均销售收入2.30亿元。7月31日，长兴吉利自动变速器项目开工。吉利自动变速器项目规划用地面积31.93公顷，计划于2020年9月投产。该项目生产的7DCT双离合自动变速器是由吉利控股集团全资投资，拥有完全自主知识产权的全新一代7速双离合器自动变速器产品，产品的设计理念及技术性能处于世界领先水平。

（陈卫华、张艳嫣）

# 长兴打造全国最大旅游综合体太湖龙之梦乐园

太湖龙之梦乐园选址浙江长兴图影省级旅游度假区，占地面积2348公顷，投资方为上海长峰集团，总投资251亿元，是一个集星级酒店群、养老公寓、太湖古镇、大马戏、动物世界、海洋世界、欢乐世界、嬉水世界、购物中心、快乐农场、农夫集市、盆景园、湿地公园、太湖药师文化园于一体的大型旅游目的地项目，共拥有约2.80万间酒店客房、7.50万个演艺席位、2.30万个停车位、3万平方米宴会会议厅，建成后将成为全中国乃至全球酒店客房、演艺席位、宴会会议设施以及旅游业态最齐全的综合性文化旅游休闲度假区。

项目于2015年5月启动现场考察，9月1日长峰集团与长兴太湖图影旅游度假区签订框架协议，10月17日在“长洽会”上正式签约，10月25日参加第三届世界浙商大会重大浙商回归项目集中签约仪式。2016年4月8日，举行开工仪式。是日，湖州市重大项目集中开工仪式在龙之梦项目现场举行。龙之梦项目分为五个片区，分别是宴会会议中心片区（业态包括钻石酒店、国际会议中心、雅仕酒店，合计拥有6646间客房，1600个演艺席位），文化演艺中心片区（业态包含太湖古镇、龙之梦太湖古镇大酒店、瑞峰太湖古镇酒店、轩峰岛墅精品酒店、农夫集市，合计拥有11772间客房，20000个演艺席位）、游乐中心片区（业态包含龙之梦动物世界大酒店、瑞峰欢乐世界酒店、陆生动物科普教育培训中心、水生动物科普教育培训中心、科技探索体验中心、水上运动教育培训中心、大马戏、快乐农场、中华盆景园、购物中心，拥有9885间酒店客房，53400个演艺席位）、养老片区（规划10000个养老床位，将和中外知名医疗机构联手打造医养融合的综合体模式)、太湖药师道场片区(包括宗教旅游、禅修养生等业态)。项目(包括配套基础设施项目)总建设用地需求约287.88公顷，其中项目产业用地约192.04公顷、基础设施配套用地约95.84公顷。至2018年年末，已解决用地指标约279.79公顷，完成供地231.06公顷，各大项目进展顺利，累计完成投资171亿元，完成土建工程量约90%。其中，钻石酒店于春节前后试营业；太湖古镇项目已启动招商工作、项目引进和建设；动物世界完成大部分基础建设，将迎来自全世界各地的400种、30000多只野生动物在此安家；11月，太湖龙之梦演艺中心建成运营，大型歌舞秀《梦幻钻石》演出50余场，来自19个国家的56名外籍演员参加演出，累计观众4万人次，接待考察团500批次。

(陈　晨)

# 长兴在全国首创“河长制”

6月7日，全国第一个河长制展示馆在长兴县开馆。水利部部长鄂竟平、副省长彭佳学等为“长兴县河长制展示馆”揭牌。该馆于1月10日开始动工建设，5月完工，投资500万元左右，展馆面积630平方米，分7个展示区。集历史演变、工作成效、信息化管理等为一体，集中体现长兴首创河长制以来实现“水秀、景美、业兴、民富”的社会意义，确立长兴作为全国河长制发源地、示范地的领先地位。至年末，共接待120批次、1900余人，其中接待省部级领导11批。

2003年3月，县政府决定按照“河畅、水清、岸绿、景美”的总体目标，启动千里河道整治工程，对县域内河道全面开展清淤和保洁工作，并将之列为当年政府为民办实事十二项工程之一。10月，县委办、县政府办印发《关于调整城区环境卫生责任区和路长地段、建立里弄长制和河长制并进一步明确工作职责的通知》，决定借鉴“路长制”管理经验，首次建立“河长制”，对长兴港、黄土桥港、护城河、长水港等城区的主要河道实行“河长制”保洁管理，分别由县水利局主要负责人和县城建局分管负责人担任“河长”。2005年，借鉴城区“河长制”工作经验，开始尝试对乡镇级河道、村级河道实行河长制管理。是年5月，水口乡政府印发《关于任命包漾河上游水口港河道河长的通知》，明确对包漾湖上游水口港实行河长制管理，由水口乡乡长担任河长，负责做好水面保洁、清淤疏浚、河岸绿化、沿线工业污染治理等的监督、协调、推进和跟踪工作。7月，县水利局印发《关于落实包漾河支流河道河长制管理的通知》，明确对包漾湖3条支流河道实行河长制管理，其中七百亩斗港由后漾村村主任担任河长、渚山港由渚山村村书记担任河长、夹山港由渚山村村主任担任河长。2005年、2007年，长兴两次被评为全省河道保洁长效管理一等奖。2008年开始，实施县级河长制管理。同年8月，围绕太湖流域水环境综合治理“清水入湖行动”，明确县政府4名副县长分别担任合溪新港、长兴港、杨家浦港、夹浦港4条入太湖的主要河道的“河长”。是年起，开始在全县推广“河长制”管理，明确各乡镇除乡镇党委书记外，其余党委、政府领导均分别担任所辖区域内各河道的“河长”。共有147名乡镇领导担任147条河道的“河长”，各河道所属行政村负责人任协管员，并在河道显要位置设立告示牌，接受群众监督。由此，县、乡镇、村三级“河长制”管理体系在长兴初步形成。2012年，共有191条河道(总计801千米、面积2726.67公顷)实行“河长制”管理，占全县河道总数的34.7%。同年，长兴县获省河道保洁管理先进单位。2013年9月，县委、县政府印发《长兴县全面实行“河长制”实施方案》，明确按照“建立管理机构、明确工作目标、落实管理责任、严格管理考核”的要求，在年底前，对全县河道实现“河长制”管理全覆盖。2014年4月，县“河长制”领导小组办公室制发《长兴县河长制工作制度》，建立健全“河长制”长效管理10项制度。2016年8月，县委办、县政府办印发《关于全面深化落实“河长制”工作的十条实施意见》，从优化组织体系、细化职责分工、深化信息公开、固化定期巡查等十个方面进一步完善长效管理机制。

2008年起，长兴“河长制”管理的创新经验开始被关注和推广。是年8月，省水利厅主要负责人带队，专程到长兴考察河道保洁和长效管理工作，并就完善河道长效保洁机制在长兴水口乡政府召开民主恳谈会。同时，省内湖州、衢州、嘉兴、温州等地陆续开始试点推行“河长制”管理。2013年11月，省委、省政府出台《关于全面实施“河长制”进一步加强水环境治理工作的意见》，并印发《浙江省“河长制”实施方案》，要求建立省、市、县、乡(镇)级河长体系，各级河长是包干河道的第一责任人，承担河道的“管、治、保”职责，并要求于年底实现“河长制”管理全覆盖。2016年11月，中共中央办公厅、国务院办公厅印发《〈关于全面推行河长制的意见〉的通知》，要求在全国江河湖泊全面推行河长制，建立省、市、县、乡四级河长体系。2017年元旦，习近平总书记在新年贺词中发出“每条河流要有‘河长’了”的号令。至2018年6月底，全国31个省(自治区、直辖市)全部建立“河长制”。

至此，肇始于长兴的“河长制”，走出湖州、走出浙江，走向了全国。

2018年年末，全县共有河道1064条(段)，总长1659千米，其中省级河道1条、市级河道2条、县级河道23条、镇级河道203条(段)、村级河道835条(段)；共有湖泊60个，总面积2006公顷，其中省级湖泊1个、市级湖泊2个、县级湖泊6个、镇级湖泊13个、村级湖泊38个；各类小微水体9435个。各河道、湖泊及小微水体均已纳入“河(湖)长制”管理，共落实河长527人，湖长116人，小微水体塘长、渠长、涧长2029人，共设置河(湖)长公示牌1469块。

(吴连意)

# “长兴精神”大讨论大实践活动

年内，全县开展“长兴精神”大讨论大实践活动。

3月初，县委决定开展“长兴精神”大讨论大实践活动，成立领导小组，同时成立“长兴精神”研讨智囊团。3月7日，“长兴精神”大讨论大实践活动领导小组第一次会议召开。县委宣传部通报关于纪念改革开放40周年、开展“长兴精神”大讨论大实践活动的实施方案，领导小组成员单位、智囊团人士座谈交流。3月19日，十四届县委举行第36次常委会议听取关于开展“长兴精神”大讨论大实践活动实施方案的汇报。4月21日，“长兴精神”大讨论大实践活动领导小组第二次会议召开，领导小组成员和智囊团人士纷纷就各自理解的“长兴精神”进行交流发言。截至会前，累计收到单位党委(党组)报送稿件78件，其中口号84个、内涵83例、案例93例；收到社会各类邮件、信函134封，其中口号146个、内涵95例、案例69例。

6月13日，经十四届县委常委会第41次会议审议通过，“长兴精神”口号确定为“大气开放 实干争先”八个字。历时三个多月的“长兴精神”内涵提炼总结工作告一段落。6月28日晚，县委书记周卫兵以普通党员的身份参加县委办党总支践行“长兴精神”主题党日活动。7月3日，县委办、县政府办印发《关于全县深入学习实践“长兴精神”的通知》，要求全县各级各单位要认真组织学习宣传，在全社会掀起学习实践“长兴精神”，奋力谱写长兴发展新篇章的热潮。

(郭玲玲)

# 全国新时代文明实践中心试点建设

8月24日，中共中央办公厅下发《关于建设新时代文明实践中心试点工作的指导意见》，长兴县被列为全国50个“文明实践中心”试点之一。县委宣传部第一时间启动试点工作，组织乡镇部门的负责人先后赴省内的海宁和诸暨，省外的安徽天长，广东乳源和博罗，山东寿光、龙口、胶州，江苏宜兴、张家港等10多个地市学习考察，并前后22次召集部门、乡镇、行政村、社区、文明单位召开座谈会，广泛听取各相关单位意见，征集到各类金点子547条。11月30日，召开全县宣传思想工作会议暨新时代文明实践中心建设动员会，对试点工作进行全面动员部署，确定打造新时代文明实践“长兴样板”的工作目标，并举行长兴新时代文明实践中心揭牌和授旗仪式，会议下发《长兴县新时代文明实践中心建设工作实施方案》。

服务体系建立。年内，构建“县级实践中心—乡镇实践所—农村文化礼堂—实践点”的四级组织架构，县文明实践中心由县委书记担任主任，县长任第一副主任，宣传部长任副主任，负责实践中心的顶层设计。16个乡镇新时代文明实践所由乡镇(街道、园区)党委书记任所长，镇长任第一副所长，宣传委员专职从事新时代文明实践工作。263个行政村新时代文明实践站由行政村(居民区、社区)党组织书记担任站长，支部委员任副站长，专门成立“和治理事会”，负责文明实践站活动的开展。N个实践点由学校、村承包组、居民楼组、企业车间等组成，分别由该区域的党组织负责，在全县初步形成“1+16+263+N”的文明实践组织体系，建立“纵向到底、一抓到底”的工作格局。

服务团队组建。年内，在县志愿服务中心挂牌成立“县新时代文明实践培训站”，着力培育“志愿服务”和“专家指导”两支文明实践队伍。在文明实践志愿者队伍方面，由县委书记挂帅志愿服务总队队长，县长任第一副总队长。整个队伍力量由两方面组成：一方面以党员机关干部为主要力量的服务队伍，队员由38个相关部门、16个乡镇(街道、园区)、263个行政村(居民区、社区)的党员干部组成；另一方面以民间公益组织为主要力量的服务队伍。年末，共成立党员志愿服务队53支，民间公益志愿服务队21支，参与志愿服务的志愿者23000余人。在文明实践专家指导队伍方面，由团县委、县文联、县文化和旅游体育局、县教育局、县卫计局、县科技局、县农业农村局、县水利局等部门推荐235名专业人才,各乡镇(街道、园区)推荐180名由道德典型、劳动模范、"五老"人员、乡贤组成的草根人才队伍,共同组建"长兴县新时代文明实践活动专家指导队",负责对各类志愿队伍进行指导和培训,对各类文明实践教材及活动进行编排和审核。

服务平台搭建。年内,搭建一个精准服务、内容多元的服务平台。着眼全国县级融媒体中心样板,采用"互联网+"理念,融合文明实践"点单+派单"服务和"微志愿"发布功能,打造全新的文明实践网络系统平台,打通从下至上、自上而下,上下互动的志愿服务供需环节。"点单菜单"梳理整合了全县所有志愿服务组织和志愿服务项目,建立新时代文明实践"送志愿"总菜单,其中包含 21 项"必选"项目和 32 项"自选"项目,119 项子服务内容。文明实践站所可根据实际需要进行点单,文明实践中心进行志愿服务派单。送单结束后,系统要求被服务者完成"项目评价""志愿队打分",对开展的点派服务进行全面评价,不断提升服务水平,让志愿服务的"供"与"需"在信息掌握上、内容要求上、服务效果上实现有效对接。

特色品牌探索。年内,全县各村召开村级户主年会,全面推行村党组织向村民(户主)大会述职并接受评议制度,全县所有行政村利用文化礼堂、文明讲堂等阵地,召集全村户主集聚一堂,听取村党组织书记年度工作述职,全县有102个行政村召开首届户主大会,近10万名户主参与活动。开展移风易俗试点,以洪桥镇试点为突破口,大力推进移风易俗工作,以"婚事新办、丧事简办"为内容,制定下发《长兴县全面推进移风易俗工作方案》,不断深化移风易俗改革。试点工作开展以来,洪桥全镇少办酒席145场,节约各类费用1500万元。同时,殡葬改革力度不断加大,殡葬受益人群不断扩大,真正做到文明殡葬、低碳祭扫。探索诚信积分管理,建立诚信"红黑榜"制度,从"基础信息采集、星级文明户评定、个人行为信息记录"等多角度,探索推进"长兴县自然人诚信积分管理办法"。以雉城街道皇家湾社区为试点,开展实有房屋和实有人口基础信息采集行动,将家庭成员的个人文明行为纳入奖惩激励机制,作为"星级文明家庭"评定的重要依据。

(陈玉泉)

# 大事记

## 1月

**1日** 全县共有500多名志愿者前往街道、社区等场所发放传单、开展现场检查，助力烟花爆竹“双禁”（即禁止销售、燃放烟花爆竹）工作的开展。“双禁”自2017年11月启动，至2018年2月全县共查处“双禁”案件8起，行政拘留3人，罚款5人，收缴烟花爆竹93.5箱，城区爆竹声较往年大幅度减少。

**5日** 国家林业局野生动植物保护与自然保护区管理司到长兴调研太湖龙之梦乐园动物世界项目建设。

**9日** 省人大常委会副主任冯明到长兴调研太湖龙之梦乐园项目建设。并前往新四军苏浙军区纪念馆和新四军苏浙军区司令部旧址开展爱国主义教育活动。

**12日** 中共长兴县委十四届三次全体（扩大）会议召开。

**20日** 全县生活垃圾分类处理攻坚战启动仪式暨“我是党员我带头、垃圾分类我先行”党员主题活动日活动举行。县四套班子领导参加仪式并分别带队前往各自联系社区开展垃圾分类宣传、劝导。

**24日** 长兴出现大到暴雪。截至27日上午10时，全县各乡镇（街道、园区）雨雪冰冻天气农业受灾面积400.67公顷，其中主要为大棚设施受损，受损面积164.07公顷。

**25日** 国家邮政局考察组到长兴考察邮政管理视频监控系统建设情况。

**31日** 中国地方志指导小组到长兴调研地方志工作。充分肯定长兴地方志工作多业并举，实现志书、年鉴的县、乡镇、部门全覆盖，走在了全国的前列，打造了县级史志机构工作转型升级的“长兴模式”。据悉，这是中指组首次到湖州、到长兴调研。

**同日** 县公安局图影派出所挂牌仪式举行。

## 2月

**3日** 东鱼坊历史文化街区开街仪式举行。位于主城区核心地段，占地面积59377平方米，总建筑面积达到15万平方米，总投资17亿元，于2016年3月10日举行开工仪式。

**5—7日** 政协第九届长兴县委员会第二次会议召开。

**6—8日** 长兴县第十六届人民代表大会第二次会议召开。

**11日** 总投资326亿元的吉利新能源汽车项目举行签约仪式。这是长兴县也是湖州市历史单笔最大投资项目，落户在长兴经济技术开发区。2月22日，即春节假期后上班第一天，县委、县政府召开吉利项目第1次推进例会，布置吉利项目推进有关工作。

## 3月

**3—4日** 举办第二届“学雷锋志愿服务”博览会。由县委宣传部、县文明办、团县委、县民政局联合举办。3日，举行启动仪式，表彰志愿服务优秀组织、个人，举行志愿服务队授旗仪式，成立长兴县道德基金。至4日，全县参与志愿服务活动8万余人次。全县注册志愿者人数近16万人，建成志愿服务站点126个，累计开展志愿服务活动3万余次。

**7日** 湖州市行政争议调解中心长兴分中心揭牌成立。

**8日** 省委常委、政法委书记王昌荣到长兴调研平安创建、社会治理等工作。

**同日** 副省长王文序到长兴调研太湖龙之梦乐园项目。

9日　长兴“文明创建第一志愿者”楼伯余于凌晨在家中病逝。楼伯余是长兴县精神文明建设市民督导团成员，一直热心社会公益事业和城市文明创建，用一架照相机，坚持给市容挑刺，帮群众解决上千问题。被各级各类媒体誉为“文明创建第一志愿者”，被老百姓尊称为“楼老伯”，连续被授予“长兴榜样”、长兴县道德模范、湖州市道德模范、“浙江骄傲”“中国好人”、全国学雷锋志愿服务“四个100”最美志愿者等荣誉称号。

10日　省医疗健康集团与县政府签署浙北医疗康复中心（县综合福利中心）项目合作协议。县综合福利中心位于浙江省森林养生特色小镇规划区内，一期占地面积约3.67万平方米，已进入装修和景观施工阶段。浙江省医疗健康集团投资建设的县综合福利中心二期项目总建筑面积约10万平方米，建设各类型护理、养生公寓。同时，长兴将县综合福利中心一期养老项目和儿童福利院通过公建民营，委托给浙江省医疗健康集团运营管理。

14日　副省长、省公安厅厅长王双全到长兴调研公安工作。

19日　长兴被评为全省唯一的“组委会特别推荐旅游发展突出县”。同日，在杭州举行“2017浙江旅游总评榜”颁奖仪式。活动由省旅游局、省旅游协会、浙江日报报业集团为指导单位，浙江日报、钱江晚报、浙江在线和江南游报社为主办单位联合开展。

21日　县四套班子主要领导欢迎全国人大代表、天能集团董事长张天任载誉归来。在北京参加全国“两会”期间，张天任积极履职，围绕行业发展、新能源产业、立法、民生等各个方面的重要问题积极建言献策，就制造业高质量发展、乡村振兴战略、生态文明建设、“最多跑一次”改革等内容提交18份建议和议案。

27日　2018年中国围棋甲级联赛和中日韩围棋元老赛在长兴开幕。比赛为期7天，比赛地点分别为长兴开元芳草地乡村酒店和大唐贡茶院。其中，围甲联赛共有14支队伍参加，包括柯洁、常昊、古力等知名世界冠军；中日韩元老赛则云集聂卫平、马晓春、小林光一等8名九段高手。3月29日下午，紫笋杯第二届中日韩围棋元老赛决赛在长兴开元芳草地乡村酒店开战，曹大元获得第二届中日韩围棋元老赛的冠军。

30日　开展语言文字规范化乡镇创建。同日举行长兴县区域推进语言文字规范化工作动员会，有计划、有部署地开展语言文字规范化乡镇创建工作。

同日　浙江中德（长兴）国际产业合作园二期项目进行基础施工。二期项目建筑面积4万多平方米。该园区一期已于2017年12月投用，引进德国VR项目、加拿大AIM材料项目、美东工业地产项目等优质外资项目。

## 4月

2日　中国红十字会党组副书记、副会长郭长江到长兴调研基层红十字会工作。

4日　浙江省新一轮全国文明城市创建座谈会在长兴举行。15位浙江新一轮全国县级文明城市提名城市文明办主任等参加，并前往长兴部分生活小区、志愿服务站、服务窗口、农贸市场、村居社区实地参观全国文明城市创建成果，听取长兴创建经验介绍。

11日　省人大常委会副主任姒健敏到长兴考察泗安镇浙江大学长兴农业科技园、画溪新能源小镇、太湖龙之梦乐园项目。

13日　省人大常委会党组书记、副主任梁黎明到长兴调研龙之梦项目推进情况。

13—15日　第25届品牌汽车博览会在家之窗现代家居生活广场举行。该届车博会有30多个知名汽车品牌，200多个车型参展。

17日　长兴警方破获一起企业容留和藏匿非法入境案。涉及案件的相关犯罪嫌疑人26人已被行政拘留，其中19名非法入境人员全部来自于缅甸。

19日　生态环境部国际合作司调研组考察太湖龙之梦乐园项目。

25日　县知识产权保护综合服务平台揭牌。该平台整合法院、知识产权、司法、市场监管以及其他知识产权职能部门的资源，打造的一站式知识产权保护综合服务平台。中国专利保护协会发布2017年中国知识产权领域最具影响力榜单，长兴入围最具影响力县域50强，居湖州第一、浙江第四、全国第十三。

26日　天能绿色制造产业园项目开工仪式举行。项目总投资30亿元，规划用地33.33公顷，将围绕新能源产业，立足新材料、装备制造、智能制造及科技信息服务等领域，打造绿色生态圈。

同日　科技部调研组到长兴开展县域创新能力调研。

## 5月

1—5日　全县有65家企业参加第123届中国进出口商品交易会。共设展位85个，主要展出纺织服装类、鞋类、医药及医疗保健类等产品。

2—3日　共青团长兴县第十九次代表大会在长兴大剧院召开。选举产生团县委第十九届委员会。

3日　副省长彭佳学到长兴调研环湖大堤后续工程。

**同日**　吉利汽车生态数据产业园项目签约。项目总投资10亿元，选址于南太湖产业集聚区长兴分区。

**3—4日**　由中共长兴县委、浙江省县级党校智库研究中心主办的浙江省县级党校智库研究中心第二次理事会暨2018年年会在长兴县委党校举行。

**6日**　修正健康产业项目在杭州签约。副省长陈伟俊等出席签约仪式。修正集团联合浙江新联控股公司收购湖州乾昌酒业，计划在长兴投资50亿元，布局大健康产业。其中，一期项目计划投资22亿元，布局黄酒、白酒及保健酒等项目，已在泗安镇开始建设。二期项目计划投资28亿元，布局酱油及调味品生产基地。

**9日**　中科院院士孙家栋到长兴考察县域治理现代化示范工程。

**12日**　“微笑，让天使更美丽”长兴县卫计系统庆祝“5·12”国际护士节暨职工文艺会演在长兴大剧院举行。100名十佳优秀医护工作者受到表彰。

**15—16日**　省人大常委会副主任史济锡到长兴调研乡村振兴工作。

**18日**　长兴籍快手女主播孙某集资携款逃跑。是日北京电视台、浙江电视台报道：长兴籍快手女主播孙某，集资2000多万元，携款逃跑。据了解，家住长兴的年轻网红孙某，利用某直播平台APP，通过时装视频吸引大量年轻粉丝，视频引导粉丝关注私人微信，向粉丝介绍高回报理财项目。粉丝被孙某朋友圈高额的利息所吸引，首次投资拿到高额回报尝到甜头后，越投越多，最后把亲朋好友的钱也借来投资。孙某拥有10多万的粉丝，受骗人数上千人。该案单笔涉案金额最高达63万元，受害者是一名大学生。此前，即4月16日上午，50多名来自全国各地的大学生一同到长兴县公安局报案。长兴警方已立案侦查。

**19日**　2018浙江省科技活动周分会场——浙江（长兴）新能源产业知识产权高峰论坛举行。中国工程院院士杨裕生出席。

**同日**　长兴举行共产党员志愿服务广场活动。活动由县直机关工委、文明办共同举办，活动内容包括机关党员无偿献血、专家义诊服务、健康指导、展板宣传。现场共有53个部门526名机关党员干部集中参加无偿献血，其中24名党员完成造血干细胞采集入库，涉及23个学科48位专家参与义诊。

**24日**　省政协主席葛慧君到长兴调研太湖龙之梦乐园项目。

**28日**　2018年全县高考、中考、学考工作会议召开。全县共有高考考生3808人，中考考生5376人，学考考生3087人。2018年高考时间为6月7日至8日，全县高考报考人数为3808人，共设长兴中学、华盛高中、职教中心三个考点128个试场。中考时间为6月16日至17日，文化课考试报考人数为5376人（长兴中学提前招生除外），共设17个考点186个试场。学考时间为6月29日至7月1日，考生3087人，共设长兴中学、华盛高中两个考点。2018年高一新生的学考时间由原来的4月份、10月份调整为6月份和1月份；中考取消类似体育类加分、艺术类加分等各种加分项目，只保留政策性加分。

**29日**　县人民医院林城镇医共体签约揭牌仪式举行。同日，县中医院李家巷镇、吕山乡医共体签约揭牌仪式也相继举行。长兴县乡医疗共同体由县人民医院、中医院承担全县的建设任务，县妇保院以专科优势与乡镇卫生院建立科联体，县疾控中心、妇保院、卫生监督所、皮防院技术力量全面下沉，全方位加强合作帮带。

**29—30日**　吉林省临江市党政代表团到长兴签订对口合作协议。

**31日**　全县深化“亩均论英雄”改革、加快工业低效企业达标提质工作动员大会召开。至7月，全县共确认工业低效企业646家，用地面积达866.67公顷，其中630家企业已制定达标提质工作“一企一策”。

**31日—6月1日**　丽水市庆元县党政代表团到长兴对接山海协作工作。2005—2018年，长兴累计与庆元实施山海协作工程项目40余个，涉及新农村建设、主导产业培育、社会事业建设、电子商务项目等领域。

## 6月

**4日**　省政协副主席陈小平到长兴考察长兴意蜂蜂业科技有限公司，了解产业扶贫情况。

**5日**　在雉城街道开展“无证明社区”试点。根据省、市关于深化“最多跑一次”改革的决策部署和工作要求，长兴结合实际，在雉城街道开展深化“减证便民”，打造“无证明社区”试点工作，并于是日召开动员大会。整个试点工作将于6月底前完成，6月之后将在全县全面推广。

**7日**　全国第一个河长制展示馆在长兴县开馆。水利部部长鄂竟平、副省长彭佳学等为“长兴县河长制展示馆”揭牌。该馆于1月10日开始动工建设，5月完工，投资500万元左右，展馆面积630平方米，分7个展示区。集历史演变、工作成效、信息化管理等为一体，集中体现长兴首创河长制以来实现“水秀、景美、业兴、民富”的社会意义，确立长兴作为全国河长制发源地、示范地的领先地位。至年末，共接待120批次、1900余人，其中接待省部级领导11批。

**11日**　全县村社干部大会召开，强调全县村社干部要当好群众致富的带头人、青山绿水的守护人、乡风文明的引路人、社会稳定的管理人、基层堡垒的模范人，全面推动乡村振兴。会上，还发放首部《长兴村官志》即《长兴村官志（2017红黑榜）》。

13日　全国人大农委副主任委员李春生一行到长兴考察太湖龙之梦乐园项目现场、水口乡悬臼岕景区和尧韵民宿、龙山街道渚山村、古森林博物馆。

同日　经十四届县委常委会第41次会议审议通过，“长兴精神”口号确定为“大气开放，实干争先”八个字。

16日　爱康科技异质结（HIT）新一代高效太阳能电池项目签约。落户于煤山镇，总投资106亿元。

19日　全县“最多跑一次”改革取得成效，共梳理部门企业和群众到政府办事事项687项，实现“最多跑一次”事项681项，“零上门”事项424项，覆盖率分别达到99.1%和61.7%。除涉密事项外，开通网上申报率已达100%，政务办事事项进驻县行政服务中心率达100%。

18—20日　长兴县政府代表团赴新疆柯坪县开展结对工作。在长兴·柯坪“211行动计划”座谈会暨结对签约仪式上，夹浦镇与柯坪县盖孜力克镇、县人民医院与柯坪县人民医院；长兴中学与柯坪县一中；金莲桥居民区与柯坪县色热村进行结对。在新疆期间，代表团还实地走访结对合作单位柯坪县人民医院、柯坪县一中、柯坪县色热村，参观湖州市援疆指挥部在柯坪县的驻地。从2010年至今，长兴有4名科级领导干部、7名专业技术人才派驻到柯坪县，直接参与援疆各项工作。

## 7月

2日　浙江省第十六届运动会首场比赛场地自行车赛在位于长兴的省射击射箭自行车运动管理中心举行。作为该届省运会的揭幕战，场地自行车赛从7月2日持续至7月5日。同时长兴县还承办该届省运会场地自行车、男子排球、女子排球、沙滩排球、女子足球（甲、乙）、男子篮球、射击、击剑等7个项目9场比赛的任务。

5日　省委常委、统战部部长熊建平到长兴调研考察林城镇北汤村九三学社服务乡村振兴战略基地、长兴县新的社会阶层人士统战工作站、太湖龙之梦乐园新乡贤结对“双扶”基地。

7日　泗安镇教育基金成立仪式举行。浙江天奇新材料和前进机械两家企业分别向教育基金会捐赠15万元。

10日　总投资2.20亿元的长兴“小浦·银杏壹号院”项目举行开工仪式。银杏壹号院项目总建筑面积约5.17公顷，包括5幢高层住宅、1幢多层办公商业楼，是一个集居住、沿街商业于一体的高端商住项目。

12日　县人民政府与省建投集团战略合作协议签约仪式举行。省建投集团承建长兴美丽城镇PPP项目、太湖博物馆等项目，总投资达14.30亿元。

16日　申嘉湖高速长兴段长安隧道全线贯通。申嘉湖高速长兴段总长12.16公里，其中长安隧道是申嘉湖高速最长的隧道，该隧道位于山体“腹部”，进洞口在长兴和平镇，出洞口在安吉梅溪镇。

17日　长兴县红十字会第四次会员代表大会召开。全县17个乡镇（街道、园区）均建立红十字会，有20个村、63所中小学校、1家大型企业、4家民营医院建立红十字会组织。

20日　落实带薪年休假制度。县委、县政府下发《关于实施2018年度领导干部集中轮休推动落实干部职工带薪年休假的通知》，要求县级领导、乡镇（街道、园区）和县级机关各部门领导班子成员要带头落实带薪年休假制度。

21日　2018中国·长兴新能源技术和产业高峰论坛暨浙江“千人计划”专家峰会举行。中国科学院院士周孝信、中国工程院院士杨裕生参加。

25日　县委十四届四次全体（扩大）会议举行，动员全县上下大力弘扬“长兴精神”，再兴改革发展热潮，不断开创高质量赶超发展新局面，以优异成绩向改革开放40周年和“八八战略”实施15周年献礼。与会人员还集中观看政论纪录片《“八八战略”15年》。

同日　湖州、香港两地女排友谊赛在长兴县体育馆举行。经过双方的激烈拼搏，最终香港女子排球队以总比分2比1获胜。

31日　长兴吉利自动变速器项目开工。副省长高兴夫宣布项目开工。吉利自动变速器项目规划用地面积约31.93公顷，计划于2020年9月投产。

同日　县人民政府与南方水泥有限公司签订战略合作协议。

## 8月

1日　副省长成岳冲到长兴调研医疗健康信息化工作。

同日　长兴县庆祝“八一”建军节慰问座谈会暨第三届“十佳好军嫂”表彰会举行。10名军嫂被授予“好军嫂”的荣誉。

3日　落户洪桥镇的禹象铜箔（浙江）有限公司开工。计划总投资50.76亿元，主要从事全球领先的6微米锂电铜箔的研发、生产、销售和技术服务。项目建成后，可形成年产4万吨高性能锂电铜箔材料的能力。

7日　县人民政府咨询委成立。同日举行授牌仪式。10月3日县人民政府咨询委员会第一届咨询专家会议召开。在前期聘任22名咨询委组成成员基础上，此次又聘任8名领导、专家为咨询专家。

8日　副省长王文序到长兴调研全面创新改革工作。

9日　美国豪士科集团到长兴考察投资环境。

10日　林城镇田园综合体项目签约，总投资41亿元，是一个集农业、文化、旅游、康养于一体的综合体项目，具备生产、科普、体验、娱乐、休闲等功能，计划于

2023年建成。

17日　省第十六届运动会火炬传递(长兴站)仪式举行。

19日　“尊医重卫共享健康”长兴县庆祝首个中国医师节颁奖典礼暨职工文艺会演活动举行。

24日　浙北医疗康复中心项目开工。该项目是浙北首家集“医、康、养、游”于一体的示范项目,总占地面积12.67公顷,规划总床位约2000张。

同日　2018长兴(上海)“标准地”推介会在沪举行。“标准地”,就是把每一块建设用地的规划建设标准、能耗标准、污染排放标准、产业导向标准、单位产出标准等各项指标数据“明码标价”,带地一起出让,方便有意向的客商选择投资的区域和土地。会上,长兴共推出16块“标准地”,重点招引新能源汽车及关键零部件、新能源电池、高端装备制造、电子信息等产业。有6家上海企业与长兴签约。

28日　省政协副主席、省国土资源厅厅长陈铁雄到长兴调研“亩均论英雄”改革工作。

同日　民进长兴县支部换届暨基层委员会成立大会召开。会议宣读民进长兴县基层委员会成立的批复文件,选举产生民进长兴县第一届基层委员会领导班子。民进长兴县支部成立于2013年12月6日,截至8月共有会员31人。

29日　正式启动第四次经济普查综合试点。全县确定李家巷镇章浜村为此次经济普查的县级综合试点,试点时间为2018年8月29—31日,普查对象为章浜村从事第二产业和第三产业的全部法人单位、产业活动单位和个体经营户。

同日　天能、超威分别排名中国民营企业500强榜单第32位、第41位。2018年与长兴“联姻”的吉利集团位列榜单第11位。是月在沈阳举行2018中国民营企业500强峰会并发布榜单。

29—30日　长兴县党政考察团赴庆元县考察山海协作工程。

30日　省人大常委会副主任李学忠到长兴调研西苕溪河长制工作。

秋　太湖高级中学新校区投入使用。位于五峰路和回龙山路交叉口西北侧。共设置教学班60个,可容纳学生3000人。占地面积为133072平方米,建筑面积81509平方米,总投资为43323万元。2016年7月开始启动建设,投资主体为长兴县永兴建设开发有限公司。

## 9月

3日　龙之梦首条公交线路开通。该公交线路K101连通中心广场枢纽站到龙之梦,是长兴最新一代的电动公交车。首班车将从早晨6时30分从枢纽站发车,一直持续到下午5时30分。

5日　专项治理全县中小学生校外培训机构。是日召开全县中小学生校外培训机构专项治理“百日攻坚”行动现场会,通报专项治理行动领导小组办公室工作开展情况,现场颁发“办学许可证”。截至9月,有证有照、涉及文化教育的26家机构中,已实现阶段“规范提升”21家;有证无照、具备一定办学条件的16家中,已完成整改达标、可以发证的12家;还有消防不符合条件或面积不达标的53家,已被关停。

同日　上狮村“和谐共建会”实现村民拍板村里事。是日,林城镇上狮村“和谐共建会”召开理事会,讨论研究“村文化礼堂宴席提租方案”,经过投票决定方案是否通过,实现村民拍板村里事。该村“和谐共建会”于2008年成立,分为会员组织组、卫生保洁组、群众文体组、调解维稳组、服务发展组五个活动小组,由党员代表、老干部、村民代表、法律顾问等组成,真正做到大事不出村,小事不出组。全村民事纠纷从2005年的28起下降到现在的每年3～4起,民事纠纷调解率达100%。

12—13日　云南楚雄—浙江长兴劳务协作对接活动在长兴县举行。自2008年建立劳务协作关系以来,两地始终保持密切联系,对口转移输送楚雄富余劳动力到长兴就业,共定向转移18批次2000余人来长,其中楚雄技师学院定向输送学员10批次1000多人。

14日　石一婷任代县长。是日,县级领导干部会议召开,宣布省、市委干部任免决定,石一婷任县委副书记,提名为长兴县县长候选人。同日,县十六届人大常委会召开第15次会议,依法任命石一婷为长兴县人民政府副县长,接受杨中校辞去长兴县人民政府县长职务,决定石一婷代理长兴县人民政府县长职务。

16日　在上海举行的中国产业用纺织品行业协会卫生和母婴用品分会成立大会暨行业高峰论坛上,金三发集团有限公司董事长严华荣当选该分会首任会长。

17日　水口乡金山村村干部和民兵转移被困群众。是日,受“山竹”台风倒槽、强对流天气影响,长兴普降暴雨,并有小流域山洪暴发,村庄进水严重。灾情发生后,当地政府、消防官兵和民间救援队火速驰援,将受灾群众转移到安全地带,妥善安置。

20—21日　中宣部在长兴县召开县级融媒体中心建设现场推进会。会议对在全国范围推进县级融媒体中心建设作出部署安排,要求2020年底基本实现在全国的全覆盖,2018年先行启动600个县级融媒体中心建设。中宣部副部长、国务院新闻办公室主任徐麟出席并讲话,省政协主席、省委宣传部部长葛慧君出席并致辞。浙江已有42个县(市、区)挂牌成立统一的传媒中心或传媒集团,力争2019年年底基本实现县级融媒体中心在全省的全覆盖。

**21日**　举办首届中国农民丰收节庆祝活动。是日，首届中国农民丰收节庆祝活动暨第五届浙江农民创富大赛颁奖仪式在长兴举行。同日，长兴县庆丰收农产品展销暨第五届农园新景休闲采摘旅游文化节在虹星桥镇郑家村开幕。

**25日**　全省矿业绿色发展现场会与会人员到长兴考察，省政协副主席、省国土资源厅厅长陈铁雄参加。

**26日**　长兴县圆满完成省运会任务。同日晚，浙江省第十六届运动会举行闭幕式及演出，为期87天的省运会顺利落下帷幕。长兴县在圆满完成东道主办赛工作的同时，共收获金牌83.25枚（其中赛事金牌46.25枚），所获金牌总数位列全省县区前茅，超额完成市政府对长兴县“完成40枚、力争48枚”，实现“办赛出彩、参赛出色”的目标。

**28日**　长兴县大数据管理中心正式揭牌运行。根据《长兴县机构编制委员会关于同意设立长兴县大数据管理中心的批复》，将原由县经信委承担的有关信息化规划、数据资源管理、大数据应用和产业发展（除电子信息制造业、软件业和信息服务业外）、信息化（除“两化融合”外）的职责划入县大数据管理中心。

**29日**　2018年长兴县烈士公祭日活动在棋盘岭烈士陵园举行。

**30日**　长兴县绿城九汇城举行开业庆典仪式。九汇城项目由绿城集团打造，商业面积3万平方米，是一座融合国际时尚、文化体验、科技生活等元素，集购物、餐饮、娱乐等多种设施场所于一体的商业综合体。

## 10月

**10日**　第五届省部共建留学人员创业园协作会召开。长兴县留学人员创业园以国家大学科技园为核心，以画溪智慧创业谷为延伸，园区产业发展定位为新能源汽车及关键零部件、高端装备制造和信息经济产业。

**11日**　长兴县全国营商环境最优县暨“信用县”创建动员大会召开。

**同日**　长兴县党群服务中心正式启用。总面积2000余平方米，该中心围绕“不忘初心、牢记使命”主题，突出“悟初心、铭初心、践初心、守初心”内容，设置“一厅两站三区四平台”，主要承担党群服务、人才服务、志愿服务、党建活动监测分析、基层社会治理信息服务、承接开放式主题党日活动等功能。

**12日**　省政协副主席周国辉参加2018中国（长兴）花木大会开幕式并宣布开幕。

**同日**　中央党校（国家行政学院）厅局级干部进修班到长兴开展体验式教学，先后实地走访水口乡悬臼岕景区、开元芳草地乡村酒店。

**14日**　2018第九届环太湖国际公路自行车赛湖州长兴—太湖旅游度假区·吴兴赛段开赛仪式举行。2018年环太湖赛于10月7日至14日在苏浙两省的无锡、南通、句容、吴江、姜堰、金湖、长兴、湖州等地举行，赛事秉承“骑征吴越、逐梦江南”的主题，共设1个序幕赛和7个赛段，总赛程约800公里，邀请来自世界五大洲32个国家和地区的洲际职业队、洲际队以及国家队共21支车队126名运动员参赛。该次湖州长兴—太湖旅游度假区·吴兴赛段为收官赛段，全程137.50公里，起点设在市政广场，终点设在湖州喜来登温泉度假酒店前广场。

**16日**　全国人大常委会委员、全国人大监察和司法委员会副主任委员王教成一行到长兴调研太湖龙之梦乐园项目。

**18日**　市委常委会专题研究长兴县工作。全面充分肯定长兴近年来取得的发展成绩，提出“一个目标、四个不动摇、四个走在前”的明确要求。市委书记马晓晖主持会议并讲话。县委书记周卫兵汇报长兴经济社会发展情况，县四套班子主要领导和党政班子成员列席。“一个目标”，就是要打造“环太湖的发展高地、长三角的经济强县”。“四个不动摇”，就是要坚持工业强县不动摇，坚持一体融入不动摇，坚持转型升级不动摇，坚持守住底线不动摇。“四个走在前”，就是要在壮大经济实力上走在前，在深化改革创新上走在前，在推动乡村振兴上走在前，在增进民生福祉上走在前。

**20日**　2018中国·太湖明珠——长兴国际投资贸易洽谈会暨国际绿色发展论坛盛大开幕。国际绿色发展论坛是首次举办，县金融办邀请省内有关方面专家和嘉宾，以及长兴上市企业、新三板及科技板挂牌企业共计200余家。长兴将有30家企业与科技项目服务推广平台签订战略合作协议。同日，第四届长商主旨大会在长兴传媒集团举行。会议作工作报告、文化产业推介及十佳在外长商颁奖仪式。

**22日**　由中国排球协会主办的2018—2019中国排球超级联赛精英赛男排A组赛在长兴体育中心拉开帷幕。

**23日**　2018年秋冬季大气污染防治百日攻坚行动推进会举行。长兴在全面实施“1861”治气工程的基础上，全面开展“1+3”百日攻坚，积极投身“蓝天保卫战”，空气质量稳步提升。1—9月，全县PM2.5均值浓度38微克/立方米，较上年同期下降5.0%，空气优良率为77.7%，在湖州市县区中绝对值排名第2位。

**26日**　2018长兴县第十八届房地产博览会开幕。该次房博会以“尊享生活·乐居长兴”为主题，共有20多家房企、近30个楼盘参展。1—9月，全县完成房地产投资60.92亿元，同比增长29.2%；销售商品房115.57万平方米，同比增长27.9%；完成销售额98.38亿元，同比增长53.5%。

同日　长兴县革命老区开发建设促进会成立。是日召开成立大会暨第一届会员大会，选举产生第一届老促会理事、会长、副会长、秘书长。

27日　2018年首届“长兴农耕文化旅游节”暨第四届菊花展开幕式召开。

同日　中国航天八院——长兴军民融合座谈会举行。全县共有涉军工生产企业26家，主要涉及新型电池、智能制造、纺织服装、耐火材料、电子电容等多个行业，1—9月，全县军民融合相关产品产值51.31亿元，同比增长45%。

29日　建立长兴新能源装备高新技术产业园区党工委。撤销画溪工业功能区党工委。

31日　省委常委、组织部部长黄建发到长兴调研太湖龙之梦乐园项目、长兴县党群服务中心、天能集团、长兴新四军苏浙军区纪念馆。

同日　由中国科技大学党委书记舒歌群带领的县域低碳国家重点研发计划项目组到长兴就项目调研相关事宜举行见面会。此次项目组承担的《基于控碳体系的县域城镇规划技术研究》课题属于国家重点研发计划，由天津大学、哈尔滨工业大学、中国科学院城市环境研究院、浙江省城乡规划设计研究院等11所高校和科研院所共同承担，按照江南水乡、黄土高原、华北平原、西南山区四种不同控碳体系，选取浙江省长兴县、甘肃省庆城县、河北省武安市、四川省金堂县四个样板进行研究。

△　全县生活垃圾分类加快推进。至是月，全县城镇居民生活小区和前两批单位生活垃圾强制分类已实现全覆盖，第三批的单位生活垃圾强制分类已落实到位3807家，居民生活垃圾分类整体知晓率达100%、参与率达95%、准确率达58%。

## 11月

1日　深化湖州南太湖产业集聚区长兴分区管理体制改革。是日召开动员大会，此次管理体制改革，涉及南太湖产业集聚区长兴分区、李家巷镇、吕山乡3个乡镇（园区）。

3日　大唐贡茶养生小镇项目开工仪式举行。大唐贡茶养生小镇项目规划总用地面积28.67公顷，总建筑面积8公顷，总投资12.80亿元。

7日　国家信息中心考察组到长兴调研指导大数据发展应用工作。

同日　庆元县党政代表团到长兴对接山海协作工作。

△　四川省人大常委会副主任黄新初到长兴考察太湖龙之梦乐园项目、水口乡顾渚村悬臼岕景区。

8日　长兴经济技术开发区和伦敦皇家码头区、ABP总部基地皇家阿尔伯特码头在上海举办的第六届英中贸易协会中国境外投资大会上签订谅解备忘录。开发区与ABP总部基地皇家阿尔伯特码头也将开展合作关系，为长兴企业进入英国市场、开展国际合作提供一个便捷的平台。

10日　金砖国家新开发银行考察团参观考察长兴太湖能谷科技有限公司并进行洽谈交流。

15日　省委副书记、省长袁家军到长兴调研太湖龙之梦乐园项目。

16日　中国·长兴（小浦）第六届古银杏文化旅游节开幕。

17日　2018中国·长兴政产学研合作大会暨新能源小镇发展研讨会举行。20个政产学研项目和科技型项目进行集中签约。中国科学院院士闻邦椿、中国工程院院士黄小卫参加。

20日　浙江省哲学社会科学教学科研骨干研修班在长兴开班。该次研修班为期4天，来自全省高校，社科研究单位，各市市委宣传部、讲师团和社科联的147名学员参加。

22日　县人民政府和湖州市贸促会共同举办支持企业“走出去”暨“一带一路”部分国家投资环境推介会。来自印度、埃塞俄比亚的代表及相关企业代表分别做投资推介，县政府与中信保湖州办事处签署《全面合作协议》，并举行“湖州市‘一带一路’法律服务长兴中心”授牌仪式。2017年，全县进出口总额22.74亿美元，与170多个国家和地区建立贸易关系。纺织服装、机械汽配、精细化工三大出口主导产业加速集聚，获评国家级纺织外贸转型升级基地。全县已设立境外企业和机构达到77家，其中投资“一带一路”沿线国家和地区共27个项目。

23日　2018中国长兴（洪桥）第九届漾荡太湖大闸蟹节开幕式在杭州新农都展示会场举行。自2010年以来，洪桥镇已连续承办9届大闸蟹节。

28日　长兴县党政代表团到丽水市庆元县开展对接山海协作工作。

30日　长兴成为首批新时代文明实践中心建设试点县。

同月　全县财政总收入突破100亿元。成为湖州地区首个财政总收入突破百亿大关的县区。1993年全县财政总收入突破亿元，2003年突破10亿元。

## 12月

1日　“将改革开放进行到底”长兴县庆祝改革开放40周年大会召开。与会人员还一起观看“将改革开放进行到底”长兴县庆祝改革开放40周年大会文艺表演。6日，举行长兴县庆祝改革开放40周年大型展览开展仪式。

**2日**　2018龙之梦·太湖图影国际半程马拉松开赛。该届太马设男、女半程马拉松和男、女迷你马拉松，参赛总人数约4500人，主办方旨在将其打造成长三角地区最好的休闲旅游度假马拉松赛事。参赛编号为H10545的肯尼亚选手Tuei以1小时8分19秒获得男子组冠军，参赛编号为H20325的中国选手潘红以1小时19分获得女子组冠军。

**3日**　第五个国家宪法日宣传活动启动仪式暨第四届“长兴好娘舅”颁奖晚会在长兴传媒集团600平方米演播厅举行。会上，对荣获第四届“长兴好娘舅”的获奖者进行颁奖。

**5日**　省人大常委会副主任李卫宁率省人大代表衢州中心组到长兴考察全域旅游发展情况。

**6日**　省人大常委会副主任赵光君到长兴考察太湖龙之梦乐园、吉利新能源汽车等项目和小浦八都岕古银杏长廊。

**同日**　全县第一个政协委员工作室“林玲委员工作室”正式揭牌成立。该工作室为全县首批五个政协委员工作室之一，也是首个正式揭牌成立的委员工作室。

**8日**　浙江优全护理用品科技股份有限公司揭牌仪式举行。优全护理是金三发集团旗下一家专业研发、生产、销售无纺布护理用品的科技型企业。

**同日**　长兴县驻杭州商会一届二次会员大会举行。省人大常委会原党组书记、副主任茅临生出席。

**9日**　道宣律祖与佛教中国化研讨会在水口寿圣寺举行。研讨会上举行道宣律学文化研究院揭牌仪式，聘请全国27名佛学专家学者为特邀研究员，促进长兴佛教文化发展，推动佛学中国化建设。

**11日**　浙江大学生命科学学院在长兴扬子鳄省级自然保护区正式成立博士生研究室。

**13日**　全县民营经济发展座谈会召开，强调要深入贯彻落实习近平总书记关于“毫不动摇地巩固和发展公有制经济，毫不动摇地鼓励、支持、引导非公有制经济发展”的重要讲话精神，积极营造重视关心帮助民营企业的氛围、全力以赴支持民营经济实现高质量发展。

**同日**　全国卫生健康行业党建工作经验交流座谈会在长兴举行。

**16日**　长兴县驻南京商会成立大会暨第一次会员大会召开，选举产生长兴县驻南京商会第一届理事会班子和监事长。

**同日**　国家卫健委调研组到长兴调研医改工作。

**20日**　长兴县在建工程项目防欠薪工作暨“农商银行”杯“无欠薪”示范项目表彰大会举行。10家施工单位和10名项目劳资员受到表彰。长兴于6月创建为全省首批“无欠薪”县。全县共处置欠薪案件55件，涉及劳动者898人，涉及金额1035万元，同比上年分别下降50%、30.1%和42.5%；工资保证金等在建工程项目“六项制度”覆盖率达到100%、“无欠薪”知晓率100%、拖欠工资行为查处率100%。

**24日**　2018年中国石材协会流通专业委员会暨《石材行业生态产业园区标准》研讨会在和平镇举行。来自全国各地的90多名石材行业负责人、客商参观考察浙江石材市场，并研讨制定《石材行业生态产业园区标准》。浙江石材市场位于和平镇东山村。

**27日**　南方水泥优化升级示范项目开工仪式举行。中国建材集团副总裁、南方水泥总裁肖家祥等参加，县委书记周卫兵宣布项目开工。该次开工的南方水泥优化升级示范项目将打造集约、绿色、智能、高端的大型现代化熟料、水泥生产基地，下一步将分步关停湖州南方、煤山南方以及小浦南方的熟料产能，减量置换至槐坎南方建设一条日产7500吨熟料生产线。南方水泥优化升级示范项目投资8.60亿元，计划于2019年年底进行项目调试。

**同年**　“双百千亿”目标顺利实现。全县财政收入率先在全市突破100亿元，亿元以上签约项目率先在全市突破100个，年总投资额率先在全市突破千亿大关。

△　长兴入选全国综合实力百强县第52位、全国绿色发展百强县第31位、全国工业百强县第59位。

△　全县实现地区生产总值609.80亿元，增长8.5%，其中一产33.40亿元、增长3.1%，二产300.40亿元、增长8.6%，三产276亿元、增长9.1%；财政总收入102.68亿元，增长18%，其中地方财政收入59.37亿元，增长19.9%；规上工业总产值增长13.2%，规上工业增加值增长9.4%；完成合同外资6.60亿美元，实际利用外资2.40亿美元、增长31.1%，自营出口156.61亿元、增长15.1%；社会消费品零售总额282.41亿元，增长10.1%；金融机构12月末人民币存贷款余额分别为823.12亿元、691.69亿元，增长13.8%、14.4%；城乡居民人均可支配收入分别达到54310元、31840元，增长8%、8.5%。

（郭玲玲）

# 县情概览

## 自然地理

【地理位置】 长兴县位于浙江省最北端，东濒太湖，北邻江苏省宜兴市，西界安徽省广德县，西南连湖州市安吉县，东南接湖州市吴兴区。介于北纬30°43′—31°11′、东经119°33′—120°06′间。东西宽约52.70千米，南北长约51千米；总面积1431平方千米，约占浙江省总面积的1.4%，约占湖州市总面积的24.6%。位居长江三角洲地理中心，距上海145千米，南京175千米，苏州100千米，杭州76千米，宁波200千米。

【地质地貌】 县境内2/3为近代冲积层，地层从古生代的泥盆系、石炭系、二叠系到中生代的三叠系、侏罗系、白垩系，直至新生代的第四系均有出露。煤山葆青二叠系地层剖面1931年被国际地质学家命名为“长兴灰岩”。2001年又被国际地科联确定为二叠至三叠系界线层型剖面和点位，即“金钉子”，是地球史上三个最重要的断代界线之一。

【五山一水四分田】 长兴地处浙北低山丘陵向太湖西岸平原过渡区，地势西北和南部高，中部和东部低，为典型的半平原、半山区。全县土地面积1431.31平方千米，其中山地和丘陵670.49平方千米、占46.84%，平原623.75平方千米、占43.58%，水域137.07平方千米、占9.58%。故有“五山一水四分田”之说。

【沿湖岸线】 长兴东濒太湖，湖岸线长31千米。1992年，建成环太湖大堤长兴段。2009年2月，在环湖大堤基础上，开工建设长兴滨湖大道，2011年8月建成。北起夹浦镇东，南至湖州小梅口，全长22.60千米，总投资12.50亿元，集交通、生态、水利防洪和旅游观光于一体。工程采用路堤结合方式，按二级公路标准设计，路基宽度15米，设计速度为每小时60千米；沿线环湖大堤加固工程等级为二等，设计洪水标准为100年一遇。其中，太湖大桥是长兴滨湖大道项目的重要组成部分。太湖大桥全长1441.20米，全桥宽24.50米，按照双向四车道设计，全桥41孔，每孔跨径均为35米，上部结构采用“碗形”断面连续现浇箱梁：桥两边各为4跨一联，其余均为3跨一联，共13联；下部结构采用柱式桥墩和V形实体墩，基础均为钻孔灌注桩；大桥的设计立意取自长兴的“百叶龙”，太湖风光秀丽，采用百叶生龙的设计方案，长兴地域华文化与现代工程相互融合，与自然景观相协调。2013年，对滨湖景观大道进行景观提升，建成长22千米、宽300余米的太湖森林公园；按照AAAAA级景区标准建设太湖图影生态湿地文化公园，于2015年9月15日开园，占地333.33公顷。

【水资源】 长兴县属亚热带湿润季风气候区，水资源分区主要分为乌溪片、箬溪片、泗安塘片、长兴平原和南片。长兴县本地自产水的主要补给来源为降水，按降水特性大致可分为梅汛、台汛和非汛期三期，4月15日至10月15日为汛期，其余月份作为非汛期，汛期降水量约占全年降水量的70%，从空间分布来看降水量趋势为自西北向东随地势的降低而逐渐减少，在1300~1600毫米之间。多年平均降水量为1347.70毫米，多年平均水资源量为8.84亿立方米，人均水资源占有量1426立方米，低于全国（2200立方米）、全省（2100 立方米）平均水平。地表水资源量时空分布不均，多年平均年径流深的地域变化范围在600~900毫米之间，自西北向东逐渐递减，低值区在雉城镇一带，高值区在白岘一带，径流年内变化趋势与降水量基本一致，峰值发生在6月至9月，低值一般发生在12月至次年2月。2018年，4月15日入汛、10月15日出汛，汛期总降雨量915毫米，降雨量正常但分布不均匀，梅雨不典型，以局部短时强降雨为主，雨量与多年平均基本持平；6月20日入梅，7月9日出梅，梅台汛期，先后经历6次台风及2次强降雨。全县平均降水量1575.30毫米，比常年平均偏多约16.4%。全县主要水系有西苕溪、泗安塘、合溪和乌溪，均注入太湖，全县河道522条，总长度1615千米；境内大小漾塘2500

多个,山塘水库1220座,最大的湖泊和水库分别是盛家漾和合溪水库。

【土地资源】 年末,全县耕地面积约46809.99公顷,园地面积约10505.92公顷,林地面积约47271.63公顷,草地面积约791.76公顷,城镇村及工矿用地19389.20公顷,交通运输用地5503.62公顷,水域及水利设施用地11889.45公顷,其他用地约972.66公顷。

【森林资源和野生动植物资源】 全县森林面积7.37万公顷,森林覆盖率达51.3%。野生动物有30科45种,常见有野猪、穿山甲、青蛙、野鸡、鼬獾、蟾蜍、麻雀、喜鹊、燕子、池鹭、松鼠、刺猬等;另有国家一级保护动物扬子鳄、大量鹭类鸟群在长兴栖息和繁殖;野生植物有77科344个品种,常见有银杏树、香樟树、水杉、金钱松、槐树、苦槠、栎树等。

【矿产资源】 县境内已发现矿产26种,其中金属矿产6种、非金属矿产17种、能源矿产2种、水汽矿产1种。探明储量的矿产有17种,其中金属矿产5种、非金属矿产10种、能源矿产1种、水汽矿产1种。矿产资源以非金属建材矿产为主,有浙江硅酸盐工业原料基地之称,其中石灰石、硅灰石、方解石、玻璃用石英砂岩、硼、煤等矿产探明储量列全省前列;石灰石、玻璃用石英砂岩、硼、方解石等矿产远景储量十分可观;建筑石、高岭土、泥岩等资源亦有很大的远景;矿泉水、膨润土开发前景乐观。石灰石、硅灰石、方解石、建筑石、玻璃用石英砂岩、煤、膨润土、矿泉水、高岭土为长兴的主要矿产。

【水路交通】 年内,县境内有国道、省道、县道、乡道、村道、专用道共1003条(含高速公路),公路总里程2261.43千米,每百平方千米公路密度158.03千米。有铁路4条,总里程为118.40千米。有定级航道40条,有长湖申线干线航道及梅湖线、李湖线、泗湖线支线航道,其他支线及矿区航道36条,航道总里程266.18千米。

(国土局、林业局、水利局、交通局、史志办)

【气候特征】 2018年总的气候特点为:气温显著偏高,雨量、雨日略偏多但分布不均,日照正常。年平均气温为17.3℃,为历史极端第四高值(最高年份为2007年,17.6℃);年雨量1505.20毫米;年雨日149天。上年冬季(2018年1月份)冷空气活动频繁,气温起伏大,1月底暴雪低温给全县生产及人民生活带来严重影响。春季气温异常偏高,连晴、连阴雨交替转换,强对流多发,气象条件对农业生产利大于弊。夏季气温异常偏高,6月20日入梅,7月9日出梅,梅雨期19天,梅雨期比常年略偏短,雨量偏少,出梅后持续晴热高温,其间台风影响频繁,高温缓解。秋季气温偏高,11月前多晴少雨,11月后多雨寡照持续时间长,11月底连续大雾。

年内主要天气气候事件:持续偏暖,年平均气温接近历史最高。2018年年平均气温为17.3℃,比常年显著偏高1.1℃,为历史极端第四高值(仅次于2007年17.6℃、2017年和2006年17.4℃)。一半月份(3月、4月、5月、8月、9月和11月)平均气温比常年显著偏高,其中3月为历史同期第二高值,4月、5月均为历史同期第三高值。入春入夏时间比常年偏早,入秋入冬时间比常年明显偏晚,其中入春和入夏时间均比常年偏早9天,入秋时间比常年偏晚9天,入冬时间比常年偏晚12天。由于气温偏高,终霜日比常年偏早,初霜日比常年明显偏晚,无霜期明显偏长。秋冬季西南气流活跃,连阴雨天气偏多。

5月出现历史罕见高温,入夏偏早。5月12日起连续五天日平均气温超过22℃,正式进入气象意义上的夏季,入夏时间比常年偏早9天。入夏后,15—16日出现罕见高温天气,极端最高气温达37.5℃,也是全年的极端最高气温,创5月历史同期新高(第二高:2009年35.8℃)。5月平均气温为22.9℃,比常年显著偏高1.9℃,为历史同期第三高值(仅次于2007年23.1℃、1997年23.1℃)。

影响台风个数近14年来最多。海上热带系统活跃,共5个台风影响长兴,分别是第8号台风"玛莉亚"、第10号台风"安比"、第12号台风"云雀"、第14号台风"摩羯"、第18 号台风"温比亚",为近14年来最多,比常年明显偏多(常年2个),7月份有2个,8月份3个,其中"玛莉亚"和"安比"总体对长兴影响不大。台风路径偏北,"云雀"和"温比亚"先后进入杭州湾,历史罕见,共有3个台风是在上海登陆。8月12日,台风"摩羯"在台州市温岭沿海登陆,受其影响,8月12日到13日县内普遍出现大到暴雨,全县面雨量45.20毫米,其中最大吴山86.90毫米,测站44.9毫米。最大阵风8级,共12站风力达到,长兴测站达20.3米/秒。台风的风雨对交通、电力、农林业等造成一定负面影响,但同时也在一定程度上缓解夏季高温干旱。9月16日到17日,受台风"山竹"远距离外围偏东气流影响,长兴普遍出现暴雨,局部大暴雨,并伴有强雷电;16日13时至17日15时全县面雨量为104毫米,最大水口175.20毫米,长兴本站105.20毫米;夹浦、新民1小时雨量超50毫米。暴雨对长兴北部影响较大,水口乡出现小流域山洪暴发,村庄进水,造成道路积水、电力设施损坏、大棚设施不同程度损坏以及游客受困等情况;龙山街道出现河道堵塞、道路中断、房屋进水、农田局部内涝等情况;煤山镇、夹浦镇出现不同程度积水。

3月遇罕见飑线,年内强对流多发。全年共出现雷暴等强对流天气34天,其中3月份1天、4月份1天、5月份4天、6月份5天、7月份11天、8月份7天、9月份4天、12月份1天,出现不同程度的建筑物、家用电器、仪器设备等遭雷击受损。3月4日17

时30分受飑线影响，长兴出现强烈的风雹雷雨天气过程，该次过程中，大部分地区出现短时暴雨，最大槐坎52.90毫米，同时全县大部分地区出现大风天气，长兴测站极大风速为17.4米/秒（8级）。另外在中南部一带，从虹星桥、画溪街道明门、行政中心到新塘、洪桥、吕山和李家巷等地出现40毫米左右的冰雹。该次强对流天气给农业、电力、交通及旅游等都带来一定的不利影响。

梅雨姗姗来迟，梅中有伏。长兴6月20日入梅，7月9日出梅，梅雨期共19天，入梅、出梅时间均比常年偏迟，梅雨期比常年略短。梅雨不典型，梅中有伏，6月25—27日持续出现35～37℃的晴热高温天气。全县梅雨量为232.50毫米，其中白岘、煤山、新民、川步梅雨量均超过300毫米，最大新民为390.80毫米。测站梅雨量为224.20毫米，比常年梅雨量249.80毫米偏少25.60毫米，比上年梅雨量159毫米偏多65.20毫米。梅雨期内出现三次明显的集中降雨过程，分别为6月20日、6月22—24日和6月28—7月7日。梅雨期间的短时强降水对交通、农业等造成不利影响。

年初暴雪袭扰，农林业损失严重。受冷空气和暖湿气流共同影响，1月24日到28日全县普降大到暴雪，强降雪出现在24日夜里到25日、27日白天到夜里。该次过程，长兴测站最大积雪深度22厘米、平原20～25厘米，山区35～40厘米，该次最大积雪深度为有气象记录以来的第三高值，仅次于2008年（35厘米）、1984年（33厘米），对全县农林业、工业生产、交通造成严重损失。据统计，全县受灾人口122868人，倒塌民房15间，倒塌厂房（棚房类）99间、面积80179平方米，经济损失3.81亿元。其中，农业受灾面积1130.07公顷（大棚442.57公顷）、经济损失1.30亿元；林业受灾面积10592.15公顷、经济损失1.48亿元；厂房（棚房类）损失9148万元，交通设施损失679.40万元，城市设施损失536.20万元。农林业、厂房（棚房）类倒塌受灾损失最为严重，相加总计36913万元，占全部损失的99.4%。

年末寒潮强势，今冬初雪惊喜登场。受寒潮影响，12月5—7日最低气温下降8℃左右，平均气温下降7℃左右；7日白天出现降雪，到9日全县普降中到大雪，迎来冬季的第一场雪。该次降雪的过程最大积雪深度城区2厘米，无道路积雪，中北部乡镇1～3厘米，南部乡镇3～5厘米，山区5厘米，对交通、农业造成一定不利影响，但未出现严重灾情。前期大气环境较差，也因降雪得到一定改善。

入冬偏晚，初冬连续阴雨（雪）历史罕见。12月6日入冬，与常年（11月26日）相比，入冬时间明显偏晚；11月上中旬和12月持续阴雨寡照，其中12月雨量、雨日均创历史新高，日照为历史同期第二低值，并出现两次降雪过程，连续阴雨（雪）历史罕见。11月3—21日，县内连续阴雨寡照，期间雨量86.90毫米，雨日为12天，雨量雨日均达常年同期的2倍，其中雨日为历史同期第二高值（历史极端最高值：2000年13天）；日照27.90小时，仅为常年同期的三分之一，为历史同期第二低值（历史极端最低值：2005年27.30小时）。12月，县内连续阴雨（雪），雨量为172.20毫米，是常年同期的4倍，创历史同期新高；雨日为19天，是常年同期的2倍多，创历史同期新高；日照为48.7小时，仅为常年同期的40%，为历史同期第二低值（历史极端最低值：2002年40.40小时）；7—9日夜里普降中到大雪，南部局部地区暴雪，长兴本站积雪深度3厘米；28—31日持续低温冰冻，其中30—31日早晨，普降中雪，部分地区大雪，长兴本站积雪深度2厘米。连续阴雨（雪）寡照天气对农业生产影响很大，导致秋收冬种进度迟缓，对单季晚稻收晒十分不利，也不利于各类果蔬作物生长。12月降雪天气致使部分竹子被积雪压倒折断；设施果树、水产品、畜禽（特别是小苗、对温度要求高的鱼虾和幼崽）受到低温冰冻天气的影响。同时阴雨（雪）天气道路湿滑，对交通旅游造成不利影响。

## 2018年长兴县平均气温、雨雪量、雨雪日、日照情况

表1

| 要素 | 1月 | 2月 | 3月 | 4月 | 5月 | 6月 | 7月 | 8月 | 9月 | 10月 | 11月 | 12月 |
|---|---|---|---|---|---|---|---|---|---|---|---|---|
| 平均气温（℃） | 3.10 | 4.70 | 12.10 | 18 | 22.90 | 25.30 | 29.30 | 29.20 | 25.20 | 17.80 | 12.90 | 6.50 |
| 雨雪量（mm） | 136.70 | 59 | 100.80 | 76.70 | 122.60 | 114 | 198.80 | 283.20 | 134.50 | 19.80 | 86.90 | 172.20 |
| 雨雪日(天) | 15 | 10 | 14 | 8 | 15 | 12 | 14 | 14 | 8 | 8 | 12 | 19 |
| 日照(小时) | 71.70 | 113.20 | 141.10 | 175.50 | 124.30 | 162.30 | 225.30 | 232.60 | 154.70 | 182.20 | 92.50 | 48.70 |
| 霾日数(天) | 3 | 2 | 1 | 6 | 3 | 3 | 0 | 0 | 0 | 1 | 0 | 3 |

## 2018年度长兴县重要天气现象表

表2

| | | | | | |
|---|---|---|---|---|---|
| 气温 | 年极端最高气温(℃) | 37.50 | 降水 | 雪日(天) | 15 |
| | 年极端最低气温(℃) | -7.60 | | 最大积雪深度(厘米) | 22 |
| | 日平均≥0℃正积温(℃) | 6337.30 | | 暴雨天数(天) | 5 |
| | 日平均≥10℃积温(℃) | 5890 | | 最大日雨量(mm) | 66.60 |
| | 日最高≥35℃高温天数(天) | 21 | 梅雨 | 入梅 | 6月20日 |
| | 日最低≤0℃冰冻天数(天) | 36 | | 出梅 | 7月9日 |
| 秋季低温 | 23℃初日 | 9月25日 | | 梅雨量(mm) | 224.20 |
| | 20℃初日 | 10月1日 | 灾害天气 | 雷暴天数(天) | 34 |
| 稳定通过10℃ | 初日 | 3月23日 | | 大雾天数(天) | 27 |
| | 终日 | 12月10日 | | 大风天数(天) | 3 |
| 霜 | 初霜日 | 12月14日 | — | — | — |
| | 终霜日 | 3月10日 | | | |
| | 无霜期(天) | 278 | | | |

(气象局)

# 历史文化

【建置沿革】 长兴古称长城。春秋吴越争霸时期(前514—前495),吴王阖闾派弟夫概在今雉城东南1千米处筑城。因城狭长,故名长城。三国前为乌程县的西境。晋太康三年(282)分乌程地,置长城县,治富陂乡,属吴兴郡。隋开皇九年(589)灭陈,罢吴兴郡,长城县并入乌程县,属苏州。仁寿二年(602)复立长城县,属湖州。义宁二年(618)沈法兴割据江南,于长城县置长州。唐武德四年(621)杜伏威改为绥州,六年更名雉州,领长城、原乡二县。武德七年(624)废雉州,恢复长城县,将安吉、原乡二县并入长城县,隶属湖州,治所迁雉城。麟德元年(664)复分置安吉县。五代梁开平二年(908),吴越王钱镠为避梁太祖父讳,改长城县为长兴县,仍隶属湖州,长兴县名沿用至今。宋宝庆元年(1225)改湖州为安吉州,隶属安吉州。元元贞元年(1295)升长兴县为长兴州,属湖州路。至正十七年(1357),朱元璋部将耿炳文克长兴,改名长安州。至正二十二年(1362)复名长兴州。明洪武二年(1369)降长兴州为县,属湖州府。弘治元年(1488),划荆溪、顺零、晏子三乡归安吉县。清沿明制。民国元年(1912)废府,长兴县隶属浙江省。民国3年(1914)置道,隶钱塘道。民国16年(1927)撤道,复隶浙江省。民国21年(1932)置行政督察区,先后属三区、一区和二区。民国26年(1937)11月25日,日军侵占长兴县城。民国32年(1943)11月,新四军十六旅收复长兴西部地区,民国33年(1944)3月在槐坎桥下村建立抗日民主政府,民国34年(1945)8月19日收复长兴县城,同年10月新四军北撤,国民党县政府旋即“还治”。1949年4月26日,中国人民解放军解放长兴,5月16日建立长兴县人民政府,隶属浙江省政府第一区专员公署(1949年10月改称嘉兴区专员公署,1955年5月改称嘉兴专员公署)。1980年7月,隶属嘉兴地区。1983年10月起,隶属湖州市。

【文化遗存】 长兴历史悠久,早在100万年前,就有人类在此繁衍生息。至年末,已在境内发现50余处旧石器时代遗址,如泗安七里亭遗址、小浦银锭岗遗址、小浦合溪洞遗址等,出土上千件石器及大批骨器及动物化石。新石器时代的遗址更为丰富,可以确立马家浜文化—崧泽文化—良渚文化的基本发展序列,重要遗址有和平狮子山遗址、林城江家山遗址、雉城台基山遗址、泗安仙山遗址等,出土一大批各个时期的典型器物。商周以及其后各时期的遗址,境内均有发现。境内拥有新四军苏浙军区革命旧址、顾渚贡茶院遗址及摩崖、七里亭旧石器遗址和城山古城遗址4处全国重点文保单位,省级文物保护单位14处,县级文物保护单位59处、文保点482处;全县有古遗址、古墓葬、古建筑、古窑址等不可移动文物1210处,馆藏文物逾万件。七里亭旧石器遗址、合溪洞旧石器遗址先后入围2006年度、2009年度全国十大考古新发现,龙山窑址入围第三次全国文物普查“百大”重要新发现。其中,七里亭遗址考古证明浙江人类历史达100万年,合溪洞遗址为浙江省首次发现有明确人类活动遗存的洞穴遗址。重要古建筑有朱氏宗祠、孔庙、鼎甲桥、钟楼等；重要石刻有顾渚山的唐宋摩崖石刻；重要碑刻有归有光撰、吴承恩书的“圣井铭并叙”碑和“梦鼎堂记”碑，以及孔庙保存的明嘉靖“圣谕”碑、“御制正孔子祀典记”碑等数通明清碑刻；重要红色文化遗存有长兴县新四军苏浙军区革命旧址（含18个点），是现江南地区保存最完整、规模最大、内涵最丰富的革命旧址，被誉为“江南小延安”。

【旅游风景】 年末，县境内有国家AAAA级景区6个，AAA级景区5个。其中，金钉子远古世界、中国扬子鳄村和十里古银杏长廊构成长兴独特的古生态奇观；顾渚山是中国茶文化的发祥地，是中国历史上第一座皇家贡茶院所在地，重建的大唐贡茶院气势恢宏；新四军苏浙军区旧址群，被誉为“江南小延安”，是中国抗日战争时期江南地区保存最为完整、内涵丰富且规模最大的一处革命旧址群；仙山湖国家湿地公园、太湖图影生态湿地园、城山沟风景区，融自然山水、宗教文化于一体；陈武帝故宫、水口茶文化旅游景区，彰显帝乡佛国的历史文化与乡村旅游的休闲雅致；清泉自然科学探索园、海洋公园，集科学、趣味、知识、艺术于一体，为青少年增长知识、开阔视野的重要场所；绿野仙踪享受个性住宿，原生态有机食物的美味，还可以体验个性驿站，光伏发电，立体植物工厂等高科技带来的舒适生活和健康食品，更加可以参与农耕体验，回归自然，放飞心灵。

【红色文化】 长兴县拥有丰富的红色文化。革命战争年代，中国共产党、先进分子和人民群众在长兴开展革命斗争，形成以新四军开辟抗日根据地为主要内容的革命历史、革命传统、革命故事和革命旧址（遗迹）；新中国成立以后，党和政府搜集革命文物、维修革命旧址、开展革命传统教育、整理革命历史，为县域红色文化形成奠定重要基础；改革开放以后，党和政府兴建各类纪念场馆、深化革命历史研究、加强革命历史宣传、发展红色旅游、建设农村文化礼堂等，形成内容丰富、形式多样的县域红色文化。先后编印出版《新四军苏浙军区成立四十周年纪念册》《浙西抗日根据地》《中共长兴党史人物》《长兴新四军风云录》《江南小延安》等图书资料；先后建成10余处红色教育场馆，其中新四军苏浙军区纪念馆为全国爱国主义教育示范基地；2006年以后红色旅游发展较快，新四军苏浙军区旧址群先后获评全国红色旅游经典景区、国家AAAA级旅游景区。

【历史名人】 长兴地灵人杰，历史文化名人众多。南北朝时期陈朝开国皇帝陈霸先（503—559），字兴国，长兴下箬人，557年受禅为帝，国号陈，建都建康（南京），在位三年，史称陈武帝，庙号陈高祖，为维护和发展南方经济方面做出历史贡献，被现代著名史学家吕思勉誉为“从来人君得国，无如陈武帝之正者”。道宣（596—667），长兴人，唐代高僧，中国佛教律宗创立者。徐惠（626—650），长兴人，唐太宗妃嫔，聪慧有文采，《全唐书》存其文两篇，《全唐诗》存其诗五首。徐坚（659—729），长兴人，徐惠之侄，幼聪慧，及壮举秀才及进士第，著《大隐传》，编《初学记》《唐六典》等重要文献，其中《初学记》为我国古代第一部重要类书，书中提出的“方志直文”为最早的方志编纂原则，《全唐文》存文七篇，《全唐诗》存诗九首。钱起（约713—780），长兴人，中唐著名诗人，位“大历十才子”之首，《全唐诗》收其诗420余首，其名作《省试湘灵鼓瑟》末联“曲终人不见，江上数峰清”历代受人称道，被公认为试题诗之范本。皎然（约720—约790），俗姓谢，字清昼，长兴人，谢灵运之十世孙，唐代著名诗僧，与灵沏、陆羽同居杼山妙喜寺，是长兴佛教文化与茶文化的集大成者。施宿（1164—1222），长兴人，其父施元之为翰林学士，修纂《会稽志》，陆游作序，体例严谨，风格独具，后人誉为宋元方志难得之佳作；此外施宿还是一位苏轼研究专家，编有《东坡先生年谱》，与人合笺《东坡诗集》。顾应祥（1483—1565），长兴人，官至刑部尚书，后乡居而卒，赐葬长兴西北灵山；顾应祥九流百家无所不窥，精于典章、术算，著作弘富，关心桑梓教育，在家乡创“养正书院”与“静虚书院”，嘉靖年间纂《长兴县志》一部，今不存。徐中行（1517—1578），长兴人，官至福建按察使、江西左布政使，著有《天目山堂集》《青萝馆诗》，与李攀龙、王世贞等结诗社，提倡“文必秦汉、诗必盛唐”，为明代“后七子”之一。臧懋循（1550—1620），长兴人，明朝著名戏曲家、文学家，编写、刊刻《元曲选》（又名《元人百种曲》），保存并传承珍贵的元杂剧文学遗产，对中国戏曲文化做出了重大贡献。张度（约1830—1904），长兴人，官至刑部郎中，精于书画鉴别，精通文字学、金石学，尤擅书法。长兴历代重文，唐以后进士289名，举人245名。此外，还有许多客籍历史文化名人在长兴留下重要历史印迹。颜真卿（708—784），大历年间任湖州刺史时，曾多次至长兴顾渚修贡，留下遗址、碑刻数处。陆羽（733—约804），中年居湖州苕溪河畔，大历初在长兴顾渚置茶园，撰《茶经》初稿与《顾渚山记》，并荐顾渚紫笋为贡茶，后人尊之“茶圣”。明代著名散文家归有光（1506—1571）、小说家吴承恩（1500—1582），在明嘉靖时分别出任长兴知县、县丞，两位文学史上著名文人共治一县，改革时弊，勤政爱民，二人皆入《长兴县志》名宦之列。

【方言】 境内主要方言为长兴话，此外还有河南话、苏北话、安庆话、宜兴话、平阳话等。长兴话、宜兴话属吴语，河南话、苏北话、安庆话属官话（北方方言），平阳话属闽语。长兴话属吴语太湖片苕溪小片，使用人数最多；河南话使用人数仅次于长兴话。

【地方特产】 长兴物产丰富,有闻名海内外的“太湖四珍”:银鱼、白壳虾、鲚鱼、大闸蟹;有久负盛名的“长兴四宝”:银杏、板栗、青梅、栝楼;有历史悠久的“品茗三绝”:紫笋茶、紫砂壶、金沙泉。

(史志办、文广新局)

## 区划人口

【行政区划】 全县辖9镇2乡4街道,分别为煤山镇、洪桥镇、李家巷镇、夹浦镇、林城镇、泗安镇、和平镇、虹星桥、小浦镇、水口乡、吕山乡、画溪街道、太湖街道、雉城街道、龙山街道。有207个行政村,28个村改居,9个乡镇居委会,30个社区。

【人口】 年末户籍总人口63.64万人,其中男性31.81万人、女性31.83万人,全年出生人口6001人、死亡人口4330人,人口自然增长率2.6‰。暂住人口16.35万人。

【民族】 全县常住人口以汉族为主。据2010年第六次全国人口普查,县内汉族人口635093人,占总人口的98.9%;有少数民族33个、6742人,其中100人以上的有10个,分别为苗族2233人、布依族1455人、水族655人、壮族636人、彝族460人、土家族420人、侗族174人、畲族138人、回族109人、仡佬族102人。

(民政局、统计局)

## 国民经济与社会发展概况

【国民经济】 年内,全年地区生产总值(GDP)为609.78亿元,按可比价格计算,比上年增长8.5%。其中,第一产业增加值33.39亿元,比上年增长3.1%;第二产业增加值300.41亿元,比上年增长8.6%;第三产业增加值275.97亿元,比上年增长9.1%,三次产业占比为5.47∶49.27∶45.26,第三产业对GDP增长贡献率为46%。按户籍人口计算,人均生产总值为95961元,可比价增长8.1%,按平均汇率折算为14501美元。

【财政】 全年财政总收入102.68亿元,比上年增长18%;地方财政收入59.37亿元,比上年增长19.9%。地方财政收入中,税收收入50.11亿元,比上年增长19.2%,占比为84.4%,其中增值税、企业所得税、个人所得税分别为15.07亿元、7.74亿元和3.40亿元,分别比上年增长1.2%、45.2%和-19%。财政支出71.58亿元,比上年增长13.5%,其中教育、科技、医疗卫生、社会保障和就业分别支出13.88亿元、3.14亿元、5.19亿元和7.16亿元。

【农业经济】 全年农林牧渔业总产值60.58亿元,比上年增长2.3%,农作物播种面积6.69万公顷,其中粮食播种面积3.09万公顷,总产量18.6万吨,油料作物播种面积4686.67公顷,总产量1.1万吨。现代农业成效明显,粮食生产功能区提标改造1106.67公顷,新发展和改造提升农业七大特色产业1620公顷。吕山湖羊省级特色农业强镇获得认可,创建国家级示范性农民专业合作社1家、市级以上示范性家庭农场15家、市级以上农业龙头企业4家;新增“三品”基地3726.67公顷、产品105只(含绿色食品11只)。农业基础条件明显改善。全年溪清水入湖工程完成投入2.60亿元,竣工验收水库2座,整治山塘10座,年末实有固定泵站2293处。农业物质装备水平不断提高,年末拥有农机总动力60.21万千瓦,耕作机械动力8.64万千瓦,机耕面积3.79万公顷,机收面积3.23万公顷。全年农林牧渔业用电3396.78万千瓦时。

【工业经济】 全年规模以上工业增加值比上年增长8.9%。729家规模以上工业企业产值比上年增长13.2%,新产品产值比上年增长29%,销售产值比上年增长11.8%,产销率同比下降1.20个百分点;主营业务收入比上年增长11.7%,利税总额比上年增长7.2%,利润总额比上年增长2.2%。年主营业务收入超亿元的企业达197家。主要行业中全年规模以上工业中电气机械和器材制造业、纺织业、非金属矿物制品业、化学纤维制造业等四大行业累计产值占全县规模以上工业产值的64.8%,比上年增长14.6%。规模以上工业高新技术产业主营业务收入比上年增长7.5%,利税总额比上年增长8.7%,利润总额比上年增长12.9%。战略性新兴产业主营业务收入比上年增长8.6%,利税总额比上年增长15.1%,利润总额比上年增长5.7%。规模以上工业中,高新技术、装备制造和战略性新兴产业增加值分别增长9.5%、4.4%和9.9%,占规模以上工业的42.8%、25.0%和27.6%。

【固定资产投资】 全年固定资产投资比上年增长5.5%。其中,民间投资增长8.4%,占比为83.5%;交通投资增长131.3%;高新技术产业投资增长35.9%;生态环保与公共设施投资下降15.9%。

【房地产业】 全年房地产开发投资比上年增长45%。商品房施工面积384.31万平方米,其中新开工面积139.38万平方米,商品房竣工面积10.72万平方米;商品房销售面积135.67万平方米,比上年增长15.7%;商品房销售额118.51亿元,比上年增长55.4%。

【建筑业】 年末拥有在库建筑企业82家,其中一级资质企业4家、二级资质企业12家。全年建筑业总产值101.90亿元,比上年增长18.8%。房屋施工面积443.70万平方米,其中当年新开工面积159.30万平方米。

【交通运输】 年末公路总里程达到2261.43千米，每平方千米公路密度达1.57千米，其中，准四级以上等级公路里程2237.80千米，高速公路通车里程119.47千米。全年全社会公路客运量749万人次，比上年下降2.6%；客运周转量20229万人千米，比上年下降7.1%。全社会货物运输量8231万吨，其中公路运输4651万吨，水路运输3351万吨，铁路运输2293吨。全社会货运周转量89.60亿吨千米，其中公路周转量42.19亿吨千米，比上年增长23.3%；水路周转量47.41亿吨千米，比上年增长6.1%。

【电信】 全年邮政业务收入2.25亿元，比上年增长134.7%。电信业务收入6.58亿元，比上年增长9.9%。年末全县固定电话13.29万户，比上年下降4.9%；移动电话94.93万户，比上年增长13.5%；互联网宽带接入用户数35.26万户，比上年增长24.4%。

【国内贸易】 全年社会消费品零售总额282.41亿元，比上年增长10.1%。全年限上批发业企业95家，实现销售额1284.30亿元，比上年增长20.6%；限上零售业企业56家，实现销售额45.60亿元，比上年增长5.1%；限上住宿业企业14家，实现营业额3.20亿元，比上年增长3.5%；限上餐饮业企业13家，实现营业额1.70亿元，比上年增长14.4%。限额以上批发和零售业零售额中，汽车类增长1.2%，粮油食品类增长15.6%，石油及制品类下降28.7%，服装类增长11.7%，家用电器和音像器材类增长1.4%，金银珠宝类增长10.2%。经登记在册的各类商品交易市场42个，其中生产资料市场1个。全县亿元以上商品交易市场18个，全年全县商品交易市场总成交额190.95亿元，比上年增长5.2%。

【旅游业】 全年共接待游客2686.59万人次，比上年增长28.3%，旅游总收入275.38亿元，比上年增长31.1%。成功创建浙江省全域旅游示范县。年末拥有国家AAAA级景区6个，国家AAA级景区5个；AAA级景区村庄12个，A级景区村庄63个；全国优选旅游项目2个，省级旅游度假区1个，省乡村旅游产业集聚区1个，省级生态旅游（示范）区3个，省旅游风情小镇3个，省级工业旅游示范基地2个；旅行社22家，其中星级旅行社9家；三星级以上酒店8家，其中四星级酒店2家。

【对外贸易】 全年进出口总额191.28亿元，比上年增长23.7%；其中出口总额157.22亿元，比上年增长15.1%，进口总额34.06亿元，比上年下降88.8%。主要出口行业中，纺织服装出口93.16亿元，比上年增长20.6%；机械电子出口29.06亿元，比上年下降3.1%；化工出口13.91亿元，比上年增长11.1%。

【招商引资】 全年引进市认定“大好高”项目51个、科技型中小微项目118个，新批外商投资企业35家。全年完成合同外资6.60亿美元、实到外资2.40亿美元，分别比上年增长15.4%、31.1%，浙商回归到位省外资金112.37亿元。

【金融】 年末金融机构本外币各项存款余额831.49亿元，比上年增长13.4%，其中住户存款余额338.67亿元，比上年增长12.5%。年末本外币各项贷款余额698.36亿元，比上年增长15.2%，其中住户贷款余额280.76亿元，比上年增长14.6%；非金融企业及机关团体贷款余额417.58亿元，比上年增长15.7%。

【保险】 全年各类保费收入18.63亿元，比上年增长8.2%。其中，财险保费收入7.26亿元，比上年增长6.3%；人寿保险保费收入11.38亿元，比上年增长9.5%。

【科学技术】 年末拥有各类科技型企业1070家，其中国家高新技术企业174家，省创新型领军企业4家，省科技型中小企业555家，省农业科技企业43家。省级企业研发中心89家，省级企业研究院14家，重点企业研究院4家（含农业类1家）；入围市“双高”培育瞪羚企业25家，新增县创新型领军企业10家。新增市级及以上科技计划项目404项，新入选国家“创新人才推进计划”1人、省“万人计划”3人、“南太湖精英计划”领军型创新团队3个、“南太湖特支计划”8人；新增“企业首席科技官”52名，评选第二批“优秀企业首席科技官”10名。全县高新技术产业投资同比增幅为35.9%，高新技术产业增加值增幅为9.5%，新产品产值率达到42%。全年专利申请总量6869件，专利授权总量3911件，其中发明授权529件。新获中国专利优秀奖3项。

【教育事业】 年末共有幼儿园41所，在园学生18634人，专任教师1263人；小学校数36所，在校学生35865人，专任教师1983人；普通中学20所，其中初级中学15所，普通高中5所，在校学生分别为17721和9196人，专任教师分别为1497和888人。初中、小学入学率均为100%，初中毕业升高中段比例99%，十五年教育普及率99.55%。全县高考成绩再创历史新高，一段（即重点）上线785人，比上年增加71人，4人被北大、清华录取。高职单考单招本科上线67人。

【文化体育】 年末拥有影剧院7个、文化馆1个、艺术馆 1个、公共图书馆1个，总藏量586786万册件，博物馆1个、纪念馆1个、文物保护单位77家，其中国家级4家，17个乡镇（街道、园区）实现综合文化站全覆盖。共组织举办大剧院大型演出45场，各级各类基层群众文化活动3463场，其中送戏（讲座、展览）下乡160

场，文化走亲106场，文化礼堂活动3197场；完成电影放映2904场，送书下乡2万余册次。全年体育竞赛共获得省级以上金牌166.25枚、银牌85枚、铜牌76枚，其中省运会获得金牌83.25枚、金牌17枚、铜牌15枚。长兴县因省运会表现突出荣获集体二等功和“2014—2017周期浙江省竞技体育突出贡献奖”（全省仅十个获奖县区）。

【卫生事业】 年末共有各类卫生机构340个，其中县级医疗卫生单位7家、乡镇卫生院16家、急救中心1家、社区卫生服务站177家、省属企业医院2家、民营医院（含护理院）10家，诊所、医务室、门诊部127家，全年门急诊473.36万人次、出院13.77万人次。年末全县拥有床位2973张，每千人拥有医疗床位4.44张；卫生技术人员4964人，其中执业（助理）医师2006人，注册护士2558人，平均每千人拥有执业（助理）医师3人，平均每千人拥有注册护士3.82人。人均预期寿命79.88岁，其中男性77.85岁，女性81.91岁。

【城市建设】 年末中心城区建成区面积48平方千米，建成区人均城市道路面积26.79平方米。全年城市供水总量3662.27万立方米，天然气供气总量2.48亿立方米，液化石油气供气总量1.16万吨。建成区公园数13个，公园面积177.40公顷，建成区绿地率42.8%、建成区绿化覆盖率46.8%、人均公园绿地面积15.11平方米。

【环境保护】 全年累计新建改造雨污管网35.80千米，成功创建市级“美丽河湖”2条，完成全县200条“美丽生态河道”建设，建成全国第一个河长制展示馆。市控及市控以上监测断面I～III类水质断面保持在100%，功能区达标率为100%，集中式饮用水源水质达标率100%，省对市交接断面考核为优秀等次。PM2.5浓度为38微克/立方米，比2017年下降9.5%，成功创建省级生态文明建设示范县。

【安全生产】 全年除火灾事故外，累计发生各类生产经营性事故43起（其中亡人事故37起）、死亡39人、受伤人数10人，直接经济损失336.60万元；事故起数、死亡人数、直接经济损失同比上年分别下降21.8%、25%、19.3%；未发生一次死亡3人以上较大事故。

【社会保障】 年末参加职工基本养老保险33.71万人，比上年增长7%；参加城镇职工基本医疗保险31.37万人，比上年增长6.7%；参加工伤保险20.22万人，比上年增长24%；参加生育保险14.65万人，比上年增长9.4%。全县社会福利性养老机构17家，床位2618张。城乡居民享受最低生活保障人数分别为1799人和7344人，城乡居民最低生活保障标准为每人每月810元。全年新增城镇就业1.60万人，帮扶下岗失业人员再就业5000人。年末城镇登记失业率为2.4%，比上年下降0.02个百分点。

【人民生活】 根据抽样调查资料，全年城镇居民人均可支配收入54985元，比上年增长9.3%，城镇居民人均生活消费支出31883元，比上年增长9.9%；农村居民人均可支配收入32114元，比上年增长9.4%，农村居民人均生活消费支出19699元，比上年增长12.1%。年末民用汽车拥有量16.20万辆，比上年增长11%；其中轿车拥有量13.80万辆，比上年增长5.7%。

（统计局）

# 中国共产党长兴县委员会

## 重要会议

【概况】 年内，十四届县委举行全体(扩大)会议2次，常委会27次，常委(扩大)会议3次，读书会2次，民主生活会1次。

【县委全会】 1月12日，中共长兴县委十四届三次全体(扩大)会议举行。县委常委会主持会议。会议深入学习贯彻中共十九大和中央经济工作会议精神，按照省委十四届二次全会、省委经济工作会议和市委八届三次全会暨市委经济工作会议部署要求，总结2017年工作，部署2018年任务，号召全县上下高举习近平新时代中国特色社会主义思想伟大旗帜，聚焦效益品质，聚力改革创新，推动高质量发展，为打造高水平全面小康社会县域典范而努力奋斗。全会强调，做好2018年工作，必须把学习贯彻十九大精神作为最大的政治任务，必须把推进决胜全面小康社会建设作为最大的使命担当，必须把解决发展中不平衡不充分问题作为最大的工作指向，尤其要坚持以习近平新时代中国特色社会主义思想为指引，深入分析把握长兴当前发展所面临的形势和所处的阶段特征，全方位突出高质量发展这一主题。要大力度推进改旧育新、发展先进制造、促进集聚集约，聚焦实体提效益，在加快转型中推动高质量发展。要落实好振兴实体经济的“计划书”，大力培育新兴产业、加快改造提升传统产业、融合发展现代服务业、精心育强企业主体。全会强调，要大力度推进改旧育新、发展先进制造、促进集聚集约，聚焦实体提效益，在加快转型中推动高质量发展。要营造更优的创新环境、更强的创新主体、更多的创新人才，聚焦创新提效益，在动能转换中推动高质量发展。要狠抓改革增红利、项目强动力、开放添活力，聚焦改革提效益，在放开放活中推动高质量发展。要提升城乡一体化水平、推进全域美丽建设、打造乡村振兴典范、开展环境综合治理，聚焦美丽提品质，在“两山”实践中推动高质量发展。要积极促进城乡普惠共享、巩固和谐稳定局面、深化法治长兴建设，聚焦民生提品质，在共建共享中推动高质量发展。要进一步强化意识形态工作领导、巩固全国文明城市创建成果、推动文化惠民工程，聚焦文明提品质，在文化繁荣中推动高质量发展。要坚持高标准，落实严要求，坚定不移加强党的建设。扎实开展主题教育，全力建设铁军队伍，全面夯实基层基础，从严打造清廉长兴，不断凝聚发展合力。全会强调，要落实好振兴实体经济的“计划书”，大力培育新兴产业、加快改造提升传统产业、融合发展现代服务业、精心育强企业主体。要打好深化改革创新的“主动仗”，持续发力“最多跑一次”改革、有序推进国资国企改革、全面激发创新动力。要找准项目引推的“聚焦点”，聚焦精准招引、高效推进、重点平台。要绘就城乡美丽的“全景图”，打造乡村振兴典范、优化城乡建设管理、打好污染防治攻坚战。要增强做好岁末年初工作的“责任心”，要努力实现圆满收官、平安过年、顺利开局。县委委员、候补委员，县纪委委员，不是县委委员的县四套班子领导，人武部主官，法、检两长，副县级领导，曾担任副处级以上实职和享受副厅级待遇的离退休老同志，各乡镇(街道、园区)、县级机关各部门党政主要负责人，部分县党代表，县纪委各派驻纪检监察组组长，全县各行政村(居、社区)党组织书记，全县规上企业代表，全县服务业重点企业、农业龙头企业代表等参加。

7月25日，县委十四届四次全体(扩大)会议举行。县委书记主持会议，并代表县委常委会向全会报告工作。全会认真总结上半年工作，部署下半年任务，动员全县上下大力弘扬“长兴精神”，再兴改革发展热潮，不断开创高质量赶超发展新局面，以优异成绩向改革开放40周年和“八八战略”实施15周年献礼。全会强调，做好下半年及今后一个时期工作，必须保持清醒头脑、科学审时度势，切实做到因势而动、顺势而为、乘势而上。全会强调，要高举习近平新时代中国特色社会主义思想伟大旗帜，全面贯彻中共十九大精神，围绕省委

"'八八战略'再深化、改革开放再出发"的部署要求和市委"一四六十"的目标任务,进一步聚焦效益品质,进一步聚力改革创新,全力打造全国营商环境最优县,加快推动高质量赶超发展,着力建设绿色智造的效益长兴、美丽幸福的品质长兴,为建成高水平全面小康社会县域典范奠定坚实基础。全会强调,要紧紧围绕"双提十攻坚"行动大抓落实,结合市委十大专项行动的部署要求,狠抓各项具体"施工图"的落实推进,确保每项行动都有进展、有成效、有突破。全会强调,要全力打造全国营商环境最优县,更好地集聚优质项目,以"大开放"格局吸引项目,以"产业链"策略招引项目,以"店小二"精神推进项目。要全力创强振兴实体经济试点县,更好地提升质量效益,通过集聚集约、产业转型、全面创新、提升发展效益。要全力塑造践行"两山"理念样板县,更好地建设美丽城乡,精心建设品质城乡,加快建设美丽花园,持续推进生态治理。要全力树优全国文明城市标杆县,更好地促进惠民利民,大力促进富民增收,着力优化公共服务,全力维护社会和谐。要全力争当清廉浙江建设先行县,更好地推进从严治党,锤炼过硬的政治能力、干部队伍、基层组织、党风政风及县委自身。全会强调,干事创业,关键在人,关键在精神。"大气开放、实干争先"的"长兴精神"是民族精神、时代精神在长兴人民身上的生动写照,也是"红船精神"、浙江精神在长兴大地上的具体展现,是长兴人民劳动和智慧的结晶,也是长兴地域文化和品格的凝练,我们一定要将其弘扬好、践行好,在精神的传承中凝聚各方合力、引领各项发展。会后,与会人员还集中观看政论纪录片《"八八战略"15年》。县委委员、县委候补委员;县纪委委员;不是县委委员、候补委员的四套班子领导,人武部主官,副县级领导;曾担任副处级以上实职和享受副厅级待遇的离退休老同志;各乡镇(街道、园区),县级机关各部门班子成员,金融、通信单位主要负责人;各行政村(居、社区)党组织书记;各民主党派负责人,党外人士代表参加。

**【县委常委会】** 第30次　1月4日举行。周卫兵主持。会议传达学习《习近平谈治国理政》第二卷出版座谈会精神;传达学习市委八届三次全体(扩大)会议暨经济工作会议精神;传达学习省委、省政府《关于贯彻落实中央八项规定实施细则的办法》精神;传达学习习近平总书记"红船精神"重要论述的精神;听取关于十四届县委第三次全体(扩大)会议安排及县委工作报告的起草情况汇报;听取关于制订《长兴县乡村振兴三年行动实施方案(2018—2020)》情况的汇报;听取关于制订《长兴县农村生活垃圾分类示范村创建工作方案》情况的汇报;听取关于支持检察机关提起公益诉讼工作的意见的汇报。

第31次　1月11日举行。周卫兵主持。会议听取补选县十六届人大常委会委员、增补专委会委员有关情况的汇报;听取关于第九届县政协委员会规模及委员调整有关事项的汇报;听取干部挂职有关情况的汇报;听取关于市管副职后备干部和优秀年轻专业型干部初步人选推选工作情况的汇报;听取大唐四期项目规划方案有关情况的汇报。

第32次　1月19日举行。周卫兵主持。会议听取关于进一步做好防范化解政府性债务风险工作有关情况的汇报;听取关于《长兴县2017年财政预算执行情况和2018年财政预算草案报告》有关情况的汇报;听取关于《城投、交投、文旅三大集团组建职责及发展方向》以及县国资国企改革相关配套制度有关情况的汇报;讨论人大、政府、政协、法院、检察院工作报告;听取制定《关于建设清廉乡村　为实施乡村振兴战略提供坚强保障的实施意见》有关情况的汇报;听取关于《长兴县重大平台项目准入管理实施细则(试行)》有关情况的汇报;听取关于2018年全口径项目、政府投资项目和重点项目有关情况的汇报;听取关于《长兴县农业转型发展"1735"行动方案(2018—2020年)》有关情况的汇报;听取关于《长兴县信访工作责任制实施细则》制定的情况汇报;听取关于开好2017年度县委常委会民主生活会安排建议的汇报;听取关于《长兴县2017年国民经济和社会发展计划执行情况与2018年国民经济和社会发展计划草案》有关情况的书面汇报;听取关于《长兴县农村生活污水治理设施建设和维护管理办法》有关情况的书面汇报。

第33次　2月3日举行。周卫兵主持。会议传达省人代会精神;听取关于全国全省组织部长会议精神及长兴县2018年组织工作思路的汇报;听取《长兴县贯彻落实中央八项规定实施细则的办法》制定情况的汇报;听取关于《长兴县推进企业上市"双倍增行动"方案》有关情况的汇报;听取关于2018年度《直击问政》电视节目制作有关情况的汇报;研究有关干部人事问题;听取关于建议给予张新强党纪政务处分的情况汇报;听取关于吉利BMA项目投资合作协议有关情况的汇报;听取2018年度政府投资项目情况汇报。

第34次　2月9日举行。周卫兵主持。会议听取关于全国、全省统战部长会议精神以及2018年全县统战工作要点的情况汇报;传达学习省纪委十四届二次全会精神;听取关于中央和省市扫黑除恶工作会议精神及长兴县贯彻落实建议的情况汇报;听取关于深化开展"双提十攻坚"行动实施意见情况的汇报;听取2017年度乡镇(街道、园区)综合考核和县级机关部门绩效考评及2017年度全县选商引资工作考核情况的汇报;听取关于服务业政策修改完善情况的汇报;听取关于大工业政策修改完善情况的汇报;听取关于长兴县振兴实体经济暨科技人才大会方案及2018年工业经济工作要点的汇报;听取关于长兴县人才新政20条意见和《长兴扶持大学生就业创业十条政策意见》修订情况的汇报；听取关于全县食品安全工作及《长兴县食品安全党政同责实施办法》有关情况的汇报；听取关于《长兴县推进企业上市“双倍增行动”方案》有关情况的汇报；听取关于《长兴县工业企业发展绩效综合评价办法》修改完善情况的汇报（书面）；听取县委常委会班子民主生活会对照检查材料有关情况的汇报（书面）。

第35次　3月5日举行。周卫兵主持。会议传达学习十九届三中全会精神；传达学习市委书记马晓晖到长兴调研讲话精神；开展党性党纪教育一刻钟，领学《中国共产党党组工作条例（试行）》；听取考核工作有关情况汇报；听取关于市纪委八届二次全会精神、2017年全县纪检监察主要工作及2018年主要任务的情况汇报；听取关于中央、省、市宣传思想文化工作会议精神以及2018年全县宣传思想文化工作要点的情况汇报；听取关于党建群团部门2017年工作总结和2018年工作计划的汇报；听取关于加强和改进新形势下党校工作实施意见的汇报；听取关于《长兴县2018年度乡镇〈街道、园区〉经济发展指导性计划》编制情况的汇报；听取关于《进一步加强合溪水库上游生态建设保护实施办法（2018年—2020年）》有关情况的书面汇报；听取全国“两会”期间维稳安保工作方案的书面汇报。

第36次　3月19日举行。周卫兵主持。会议开展党性党纪教育一刻钟，领学“习近平总书记重要讲话精神”；听取“关于开展‘长兴精神’大讨论大实践活动实施方案”的汇报；听取关于扎实推进矿山复绿工作有关情况的汇报；听取关于开展废弃矿地综合利用工作有关情况的汇报；听取关于《长兴县全域旅游“龙腾”计划（2018—2020年）》有关情况的汇报；听取关于《社户对接 助农增收“十百千万”帮扶行动实施方案》有关情况的汇报；听取团县委关于召开长兴县青年联合会第三届委员会第一次全体会议筹备情况的汇报。

第37次　4月4日举行。周卫兵主持。会议开展党性党纪教育一刻钟活动，领学《艰苦奋斗再创业》；听取中央、省委、市委政法工作会议精神及全县政法工作情况的汇报；听取关于县委巡察工作有关情况的汇报；听取关于中共长兴县委落实全面从严治党主体责任报告评议反馈意见整改方案有关情况的汇报；听取关于2018年党风廉政建设和反腐败工作组织领导与责任分工情况的汇报；听取全县深化改革工作有关情况的汇报；听取关于开展“扬优势补短板促发展”专项活动的实施方案情况的汇报；听取吉利新能源汽车整车项目和变速器项目投资合作协议情况的汇报；听取关于2017年选人用人工作“一报告两评议”民主评议结果情况的汇报；听取关于全省防范处理邪教工作会议精神和全县防范处理邪教工作情况的书面汇报。

第38次　4月26日举行。周卫兵主持。会议听取关于长兴县与吉林省临江市对口合作有关情况的汇报；听取关于召开共青团长兴县第十九次代表大会筹备情况的汇报；听取关于烟花爆竹全域“双禁”工作情况的汇报；听取审计工作有关情况的汇报；听取关于《健康长兴2030行动纲要》有关情况的汇报（书面）；听取关于《长兴县消防安全责任追究暂行办法》有关情况的汇报（书面）；听取关于省委法治工作领导小组会议精神及长兴县贯彻建议的汇报（书面）；研究有关干部人事问题。

第39次　5月8日举行。周卫兵主持。会议开展党性党纪教育一刻钟，领学中共浙江省委办公厅关于开展“‘八八战略’再深化、改革开放再出发”大调研活动文件精神；听取关于修订《长兴县“不作为慢作为乱作为”问责暂行办法》有关情况的汇报；听取省、市平安建设会议精神及长兴县平安建设工作情况的汇报；听取关于湖州市长江经济带生态环境保护审计长兴县整改工作有关情况的汇报；听取关于2018年防汛防台工作有关情况的汇报；听取关于《推进绿色金融改革创新支持实体经济发展若干政策意见》有关情况的汇报；听取关于2018年度金融业支持地方经济发展考核办法修订情况的汇报。

第40次　5月25日举行。周卫兵主持。会议集体学习习近平在十九届中央政治局第五次集体学习时的重要讲话精神；听取关于《2018年度乡镇（街道、园区）目标责任制考核实施意见》《2018年度县级机关部门综合考评实施意见》制订情况的汇报；听取关于四大国有集团2018年度绩效考核指标设置、加快四大国有集团改革发展的若干意见、县属国有企业对外投资管理办法有关情况的汇报；听取关于《长兴县工业平台开发边界划分实施意见》《长兴县工业“低产田”企业达标提质三年行动计划》《长兴县实施工业企业差别化政策补充意见》有关情况的汇报；听取《关于开展调整城镇土地使用税政策促进土地集约节约利用工作实施意见》和《关于调整城镇土地使用税土地等级和征收标准的通知》有关情况的汇报；听取关于人才强市“1+N”政策落实暨“四大”重点人才工作推进会精神及长兴县贯彻建议的汇报；听取关于全县码头综合整治方案制定有关情况的汇报；听取关于小城镇环境综合整治工作有关情况的汇报；听取关于长兴县2018年大气污染防治“1+3”百日攻坚实施方案的情况汇报；听取关于县法院“基本解决执行难”工作进展情况的汇报；听取关于给予在平安综治维稳工作中表现突出的集体和个人记功表扬有关情况的汇报；听取关于“乡镇关闸门”后县对乡镇运转支出保障有关情况和县财政大额资金支出及拟安排有关情况的汇报；听取基层党建工作有关情况的书面汇报；听取关于开展长兴县环境污染责任保险有关情况的书面汇报；听取关于2017年度县委常委会专题民主生活会整改任务分解方案的书面汇报。

第41次　6月13日举行。周卫兵主持。会议开展党性党纪教育,领学“习近平总书记在全国生态环境保护大会上的重要讲话精神”,领学中央巡视工作有关文件精神;听取关于“长兴精神”口号征集、提炼有关情况的汇报;听取关于自然资源资产责任审计有关情况的汇报;听取县领导包案化解信访积案和重大不稳定因素有关情况的汇报;听取关于生态环境部集中式饮用水水源地保护督查有关情况的汇报;听取关于加强全县国民经济核算工作有关情况的汇报;听取关于长兴县第四次全国经济普查工作有关情况的汇报;传达学习上级有关会议精神;听取关于2018年度县级领导重点调研课题安排情况的书面汇报。

第42次　6月26日举行。周卫兵主持。会议开展党性党纪教育一刻钟,领学《关于新形势下党内政治生活的若干准则》文件精神;传达省、市邪教问题突出地区专项整治工作现场推进会精神和听取专项整治工作有关情况的汇报;学习《地方党政领导干部安全生产责任制规定》并听取关于当前安全生产工作有关情况的汇报;听取《关于进一步加快孵化器建设和众创空间发展的若干意见(试行)》有关情况的汇报;听取关于《长兴县学前教育近期布点规划(2018—2020)》有关情况的汇报;听取关于全县公安辅警队伍建设有关情况的汇报;听取关于2018年度“七一”评选表彰对象的情况汇报;听取关于领导干部兼职专项督查的情况汇报;听取关于组建长兴县人民政府咨询委员会有关情况的汇报;听取关于进一步加强和改进离退休干部工作的实施意见有关情况的汇报(书面)。

第43次　7月2日举行。周卫兵主持。会议听取关于《莱硕互联网+产业大厦项目投资合作框架协议》有关情况的汇报;听取关于召开长兴县红十字会第四次会员代表大会有关情况的汇报;研究有关干部人事问题。

第44次　7月17日举行。周卫兵主持。会议开展党性党纪教育一刻钟,领学“中共浙江省委关于认真学习贯彻习近平总书记重要指示精神的通知”文件精神;听取关于全县“六重”工作2018年度推进计划有关情况的汇报;听取《2018中国·太湖明珠——长兴国际投资贸易洽谈会总体方案》有关情况的汇报;听取关于促进湖州南方水泥和矿业转型升级、绿色发展有关情况的汇报;听取关于《长兴县小微企业三年成长计划(2018—2020年)实施意见》制订情况的汇报;听取关于事业单位、国有企业公务用车制度改革工作有关情况的汇报;听取关于制定《长兴县党政领导干部生态环境损害责任追究实施办法(试行)》的情况汇报;听取关于县监察委员会向乡镇(街道)派出监察办公室有关情况的汇报。

第45次　7月21日举行。周卫兵主持。会议开展党性党纪教育一刻钟,领学习总书记重要讲话精神;传达学习贯彻省委十四届三次全会、省纪委十四届三次全会精神;听取关于县委十四届四次全体(扩大)会议安排及县委工作报告起草情况的汇报;传达市委常委会精神,听取关于“八一”建军节期间走访退役军人工作方案有关情况的汇报;听取《2018中国·太湖明珠——长兴国际投资贸易洽谈会总体方案》有关情况的汇报(书面);研究有关干部人事问题。

第46次　8月7日举行。周卫兵主持。会议开展党性党纪教育一刻钟,领学“习近平新时代中国特色社会主义思想”;听取关于“污水零直排区”创建方案及待建项目资金安排的汇报;听取关于全县上半年经济运行情况和下半年工作安排建议的汇报;听取关于《长兴县亿元以上签约项目推进百日攻坚行动方案》有关情况的汇报;听取关于琉璃瓦及相关行业专项整治有关情况的汇报;听取关于《长兴县退役军人自主创业扶持政策(试行)》有关情况的汇报;听取关于《长兴县生态环保重点任务清单》有关情况的汇报;听取关于八都岕景区风貌提升工程市场化运作有关情况的汇报;听取关于上报2018年政府投资交通项目年度立项计划有关情况的汇报;听取关于制定《长兴县村务监督委员会实施细则》有关情况的汇报。

第47次　8月21日举行。周卫兵主持。会议开展党性党纪教育一刻钟,领学“省委宣传部有关文件精神”;听取关于打造全国营商环境最优县实施意见起草情况的汇报;听取关于市级“最美社区书记”推选情况的书面汇报;研究有关干部人事问题。

第48次　9月3日举行。周卫兵主持。会议开展党性党纪教育一刻钟,领学“廉文荐读《别被手中权力迷住了眼》”;听取关于《长兴县“信用县”创建实施方案》有关情况的汇报;听取关于长兴县开展国家森林城市创建工作有关情况的汇报;听取关于《长兴县高质量建设“四好农村路”实施方案》有关情况的汇报;听取关于《长兴县绿色金融改革创新支持实体经济发展2018年推进计划》有关情况的汇报;听取关于小城镇环境综合整治PPP项目涉及兴源公司在长项目有关情况的汇报;听取关于《长兴县农村饮用水水源保护范围划定方案(调整)》有关情况的汇报;听取关于撤销后洋中学有关情况的汇报;书面听取关于《长兴县实施全面两孩政策改革完善计划生育服务管理实施方案》有关情况的汇报、关于《长兴县消防安全责任制实施办法》有关情况的汇报、关于2018年度法治政府建设责任分解有关情况的汇报、关于《长兴县社科联深化改革实施方案》有关情况的汇报、听取关于《长兴县文联深化改革实施方案》有关情况的汇报。

第49次　9月25日举行。周卫兵主持。会议开展党性党纪教育一刻钟;听取关于隐性债务化解实施方案修改有关情况的汇报;听取关于制定《中共长兴县委关于扎实推进清廉长兴建设的实施意见》有关情况的汇报；听取关于制定《受处分干部教育帮扶和评估任用的实施意见》有关情况的汇报；听取关于制定《长兴县运用监督执纪“第一种形态”实施细则（试行）》有关情况的汇报；听取关于《进一步加强东西部扶贫协作和对口支援工作的实施意见》《2018年度长兴县山海协作工程工作任务安排》有关情况的汇报；听取关于长兴县农村土地流转类项目融资有关情况的汇报；听取关于2018中国·太湖明珠——长兴国际投资贸易洽谈会开幕式及相关活动情况的汇报；听取关于金控集团参与投资诺力股份海外并购基金项目有关情况的汇报；听取关于反恐办实体化运作有关情况的汇报；听取关于2018年以来意识形态工作责任制履行情况有关情况的汇报；书面听取关于调整第九届长兴县政协委员会委员有关情况的汇报；书面听取关于长兴县全面优化提升全科网格和专职网格员队伍建设有关情况的汇报；研究有关干部人事问题。

第50次　10月9日举行。周卫兵主持。会议听取关于全国、省、市组织工作会议精神以及长兴县贯彻落实情况的汇报；听取关于《中共长兴县委关于建立县人民政府向县人大常委会报告国有资产管理情况制度的意见（代拟稿）》起草情况的汇报；听取关于改革园区管理体制推进经济高质量发展的建议的汇报；听取关于隐性债务化解上报方案有关情况的汇报；听取关于向市委常委会报告近三年工作有关材料起草情况的汇报。

第51次　10月29日举行。周卫兵主持。会议开展党性党纪教育一刻钟；听取关于县领导包案督办信访积案化解进展情况的汇报；听取关于平安长兴创建、地信大会维稳安保及扫黑除恶有关情况的汇报；听取关于非洲猪瘟等重大动物疫病防控工作有关情况的汇报；听取关于《长兴县新能源产业发展三年行动计划》有关情况的汇报；书面听取关于制定《十四届县委巡察工作规划》有关情况的汇报；书面听取关于《中共长兴县委法律顾问工作规则》起草情况及首届县委法律顾问人选推荐情况的汇报；听取关于成立长兴县深化机构改革协调小组有关情况的汇报；研究有关干部人事问题。

第52次　11月15日举行。周卫兵主持。会议开展党性党纪教育一刻钟，领学中办有关文件精神；听取关于《长兴县新时代文明实践中心建设工作实施方案（试行）》有关情况的汇报；听取关于《长兴县生态文明示范创建（污染防治攻坚）行动计划（2018—2022年）》有关情况的汇报；听取关于国有资源资产资金综合报告有关情况的汇报；听取关于县四大集团“三定”方案有关建议的汇报；听取关于完善重点乡镇工业园区（平台）整合提升财政体制情况的汇报；听取关于南太湖产业集聚区长兴分区整合后财政体制结算模式调整情况的汇报；听取关于长兴县集中整治形式主义、官僚主义有关情况的汇报；书面听取关于2018年民生实事项目推进情况的汇报；书面听取关于“十三五”规划纲要中期评估工作的汇报。

第53次　11月30日举行。周卫兵主持。会议传达学习八届市委第61次常委会会议精神；听取关于省委有关文件精神和《长兴县推动民营经济健康发展专项走访调研活动方案》有关情况的汇报；听取关于《2019年度乡镇（街道、园区）和县级机关部门考核实施意见》制定情况的汇报；听取关于《长兴县农村饮水安全及乡镇一体化供水工程实施方案》有关情况的汇报；听取全国、省、市宣传思想工作会议精神及长兴县贯彻落实有关情况的汇报；传达学习湖委办68号文件有关精神；书面听取关于纪念毛泽东同志批示学习推广“枫桥经验”55周年暨习近平总书记指示坚持发展“枫桥经验”15周年大会精神及长兴县贯彻建议的汇报；听取关于四川省内江市选派干部到长兴挂职锻炼有关情况的汇报。

第54次　12月8日举行。周卫兵主持。会议听取关于《长兴县机构改革方案》有关情况的汇报；听取关于县十六届人大三次会议筹备工作有关情况的汇报；听取关于县政协九届三次会议筹备工作有关情况的汇报；听取关于县第十四次妇女代表大会筹备工作有关情况的汇报；听取关于建议给予徐俊平党纪政务处分有关情况的汇报。

第55次　12月18日举行。周卫兵主持。会议听取关于2019年全县经济社会发展预期目标建议有关情况的汇报；听取关于2019年政府投资项目计划安排有关情况的汇报；听取关于金控集团参与投资有关项目情况的汇报；听取关于《长兴县发展学前教育第三轮行动计划（2018—2020年）》有关情况的汇报；听取关于举办长兴县华盛达睿达实验学校有关情况的汇报；听取关于长兴县优秀招商员颁奖盛典有关筹备工作有关情况的汇报；听取关于进一步做好乡镇关闸门工作有关情况的汇报；书面听取《关于积极有效利用外资 加快建设高质量外资集聚地的若干意见》制定情况的汇报；书面听取关于《2019年度长兴县选商引资工作实施意见》制定情况的汇报。

第56次　12月28日举行。周卫兵主持。会议传达学习省委经济工作会议精神；传达学习“浙委办传37号”文件精神；听取关于2019年县委巡察工作有关情况的汇报；听取关于2018年度市县“美丽乡村建设优秀带头人”推选工作有关情况的汇报；听取关于开好2018年度县委常委会民主生活会安排建议的汇报；听取关于春节前后重要会议活动安排的汇报；研究有关干部人事问题。

**【县委常委（扩大）会议】**　1月24日，县委常委（扩大）会议举行。周卫兵主持。会议传达学习十九届二中全会精神和十九届中央纪委二次全会精神，审议通过《中共中央关于修改宪法部分内容的建议》。强调要切实把思想和行动统一到中央的精神上来；要深刻认识到修改宪法部分内容的重大意义；要扎实抓好十九届二中全会精神的学习贯彻。会议布置雨雪天气应急防治工作，强调各地各有关单位要高度重视，超前过细做好应对预案，严格落实责任，坚决防范事故发生，确保人民群众生命财产安全。

3月22日下午，县委常委(扩大)会议举行。周卫兵主持。会议传达学习贯彻全国"两会"精神，杨中校传达学习全国两会精神，全国人大代表张天任介绍参加全国两会的体会。会议强调，要把学习贯彻全国两会精神作为首要政治任务，迅速掀起学习贯彻的热潮；全县上下要深刻领会习近平总书记重要讲话和全国"两会"精神，为高水平打造全面小康社会县域典范努力奋斗。县四套班子领导参加。

10月22日下午，县委常委(扩大)会议举行。石一婷主持。传达学习贯彻市委常委会专题听取长兴工作汇报有关精神。周卫兵传达市委常委会精神并就学习贯彻市委常委会精神作部署。县四套班子领导参加。会议指出，市委于10月18日召开常委会议，专题研究长兴工作，全面充分肯定了长兴近年来取得的发展成绩，提出了"一个目标、四个不动摇、四个走在前"的明确要求。"一个目标"就是要打造"环太湖的发展高地、长三角的经济强县"。"四个不动摇"就是要坚持工业强县不动摇，坚持一体融入不动摇，坚持转型升级不动摇，坚持守住底线不动摇。"四个走在前"就是要在壮大经济实力上走在前，在深化改革创新上走在前，在推动乡村振兴上走在前，在增进民生福祉上走在前。会议强调，一要认真学习好。各单位要及时利用党委(党组)理论中心组、星期一夜校等形式，组织全体党员和干部认真学习市委常委会精神，深刻领会市委常委会提出的"一个目标、四个不动摇、四个走在前"的新部署、新要求，做到入脑入心、以知促行。二要认真落实好。要始终坚持问题导向，特别是针对市委常委会对长兴提出的各项短板问题，县四套班子领导、各乡镇(街道、园区)和县级机关各部门都要围绕各自实际，全力抓好全年各项工作，落实好"奋战四季度、冲刺全年红"各项任务，以实际行动向市委、市政府，向全县人民交出一份满意的年终答卷。三要认真谋划好。一方面，要谋划长远。要围绕市委常委会提出的打造"环太湖的发展高地、长三角的经济强县"的目标，自加压力，提高标杆，谋划好明年工作。另一方面，要谋划当前。要结合贯彻落实市委常委会精神，县领导牵头，各个条线要抓紧调研，提出明年工作思路、项目安排、工作举措，切实打好主动战、抓好提前量，在保障年终"全面红"基础上，实现明年年初"开门红"，持续保持高质量赶超发展的良好态势。

**【县委读书会】** 7月6日，县委读书会举行。县四套班子领导，人武部主官，法、检两长，副县级领导参加。会议以"长兴精神"大讨论大实践之"扬优势、补短板、促发展"专题研讨交流。12项课题牵头领导分别交流发言，其他乡镇(街道、园区)和有关部门书面交流。周卫兵强调，调研是谋事之基，成事之道，要深入贯彻落实习近平新时代中国特色社会主义思想和中共十九大精神，大兴调查研究之风，全面提升谋的能力、干的力度、比的氛围、成的实效，加快建设绿色智造的效益长兴、美丽幸福的品质长兴。

12月15日，县委读书会举行。县四套班子领导，人武部主官，法、检两长，副县级领导参加。会议围绕"对标杆、补短板、促赶超，全面振兴实体经济"主题和分管工作交流2019年重点工作思路。周卫兵强调，要强化三大意识、突出三大导向、用好三大方法。各级领导、各级部门要更加主动服务大局，形成推动工作的强大合力；各级各部门要强化责任担当，全力以赴做好项目引推工作，保持发展动力；持续发扬"大气开放、实干争先"的"长兴精神"，建立干部能上能下机制，进一步解放思想，注重实效；要突出结果导向，坚持"实干论英雄"，倒排时间表、狠抓工期，加快实现各大项目落地、运营的工作目标；要坚持勤俭节约，继承艰苦朴素的优良传统，以艰苦奋斗、厉行节约为荣，以铺张浪费、奢侈挥霍为耻，树立勤俭节约的良好形象；要坚持走群众路线，党员领导干部要深入基层、走进群众，走访企业，切实解决他们的实际困难，共同推动长兴各项事业发展。

**【县委常委会民主生活会】** 2月12日，县委常委会民主生活会召开。县委书记主持。会议通报上一次民主生活会整改措施情况和该次民主生活会征求意见情况；周卫兵代表领导班子作对照检查；领导班子成员逐一对照检查发言，作自我批评，其他班子成员对其提出批评意见；市委常委、常务副市长高屹参加并讲话。

(郭玲玲)

## 重要决策

**【概况】** 2018年，全县上下认真贯彻落实中央和省、市各项决策部署，致力加快赶超发展，大力发扬"长兴精神"，全力开展"双提十攻坚"行动，经济社会发展和党的建设等各方面工作取得新进展、新进步，入选全国综合实力百强县、全国绿色发展百强县、全国工业百强县。

**【项目引推】** 年内，始终把项目作为赶超发展的动力源，坚持一切围绕项目转、一切围绕项目干，狠抓百项千亿大招引，相继在50亿元、100亿元、300亿元项目招引上取得突破，全年累计引进亿元以上项目101个、总投资1028亿元，项目体量、数量和投资总量均创历史之最。在重大项目的带动下，高质量科技和外资项目纷纷集聚，累计引进科技中小微项目118个，完成合同外资6.60亿美元、实到外资2.40亿美元。吉利变速器、爱康科技等重大项目相继开工，2017年和2018年上半年签约的亿元以上项目开工率分别超过90%和80%，吉利整车项目完成73.33公顷场平工程，龙之梦项目基本建成并部分营业。

**【实体振兴】** 年内，聚焦产业升级，不断加大改旧育新力度，突出做好产业链培育文章，新能源及关键零部件产业不断壮大，非金属矿物制业改造提升省级试点扎实推进，“低散乱”企业整治成效明显。联动推进现代农业和现代服务业提质增效，农业现代化发展水平排名全省第6。改革调整园区管理体制，划定工业平台边界，“1+3+2”平台进一步优化提升；加快推进省新能源装备高新技术产业园、省新能源产业创新服务综合体等建设，不断提升“1+5+N”科创平台孵化成效，新建成一批众创空间，新增加一批股改挂牌企业和并购重组企业，新集聚一批“双创”人才，成功创建省“千人计划”产业园。激励金融支持实体，各金融机构创新服务，实体经济贷款余额和增幅有效上升、贷款利率有效下降；突出加强土地供给，用地保障水平居省市前列。同时，大力推进“亩均论英雄”改革，建成投用企业亩产效益大数据中心，工业低效企业达标提质、“五未土地”处置等均超目标超进度完成。

**【城乡建设】** 年内，聚力全域美丽提档，攻坚推进美丽县城建设、小城镇环境综合整治、省美丽乡村示范县创建，东鱼坊、利时广场、九汇城相继开业，虹星桥、吕山、龙山等分别在美丽乡村示范、农业强镇建设、森林小镇创建等方面获评全省先进，苕溪清水入湖、泗安水库除险加固等工程主体完工，“四好农村路”不断延伸，“三改一拆”、“四边三化”、城中村改造、城乡危旧房治理等年度任务全部超额完成。生态环境提档，打好污染防治攻坚战，五水共治再夺“大禹鼎”，治水工作群众满意率全市第一，全国首个“河长制”展示馆开馆；治气“六大工程”深入实施，全域“双禁”常态落实，码头、矿山严管严治，南方水泥全电物流输送带建成投用，PM2.5年均浓度进一步下降，绿色发展指数全省第五，获评省生态文明建设示范县。实施“龙腾计划”，水口乡成为全省首个乡村旅游产业集聚区，大唐贡茶院四期如期开工，获评全省旅游发展突出县和全省首批全域旅游示范县。

**【创新改革】** 年内，推进“最多跑一次”改革，依托CIG平台，有效打通“一窗受理”与乡镇“四个平台”，“无差别全科受理”和“移动办”全县推行，在全省打造首个“无证明社区”；投资项目审批全程代办、区域评价、负面清单等制度不断完善，同级项目审批实现开工前“最多100天”、竣工前审批“最多跑一次”；“标准地+承诺制”改革全面铺开。深化全面创新改革，十方面重点改革任务基本完成，科金融合、科技镇长团、知识产权保护、企业创新体系建设等走在省、市前列，入选全国首批创新型县建设名单，跻身全国县域知识产权影响力50强。推进国资国企改革，优化资产资源配置，加快国有企业市场化运行，有效防范金融风险，推进乡镇“关闸门”，地方政府债务稳步化解。农业农村、民主法治、群团组织等重点领域改革扎实推进、富有成效。

**【社会事业】** 年内，抓乡村振兴战略，加快建设“梅映乌龙”“希望田野”等六大乡村振兴示范带，建成一批精品美丽乡村，创成一批高标准省农村生活垃圾分类示范村，新发展和改造提升农业七大特色产业1620公顷；深入推进“双扶”工作，消除经营性收入低于30万元村70个，结对帮扶低收入农户1525户、实现户均增收2.26万元。完成太湖高中、长兴六小、实验幼儿园等一批迁扩建工程，高考成绩连续十年创新高；推进“健康长兴”建设，打造全国首个跨省县人财物贯通医联体，县中医院二期建成投用，通过国家卫生县城复评，获评全国医疗健康信息化最高等级县；实施文体惠民工程，太湖博物馆和水口农耕博物馆建成开放，建成农村文化礼堂26个，高水平完成省运会办赛参赛及环太湖国际公路自行车赛等重大赛事，全国县级融媒体中心建设现场推进会召开；重抓全国文明城市常态化管理，移风易俗、殡葬改革等扎实推进，获批全国新时代文明实践中心建设试点县；以“铁拳”系列行动推进“扫黑除恶”，摧毁涉黑恶团伙22个，刑事发案率持续下降；开展防道路交通事故、防通信网络诈骗工作，安全生产控制性指标明显下降；创成省食品安全县；优化完善基层社会治理体系，获评全国首创县域治理现代化示范县；圆满完成上海进博会、地信大会等重大维稳安保任务，一批矛盾纠纷、挂牌积案、执行难案件得到有效解决，“平安长兴”实现十二连冠、夺金鼎。

**【党的建设】** 年内，严抓思想建设，始终把讲政治作为首位要求，深入学习贯彻习近平新时代中国特色社会主义思想和中共十九大精神，持续推进“两学一做”学习教育常态化制度化，切实增强广大党员的政治自觉、政治担当；广泛开展纪念改革开放40周年系列活动，精心组织“长兴精神”大讨论大实践活动，有效激发全县上下干事创业激情；巩固和发展最广泛的爱国统一战线，进一步统一全县上下的思想和行动。完善实施“三考三评双亮晒”机制，全面推行月晒指标、季比实绩、年考综合竞赛办法，统筹抓好机关干部、聘用人员、村社干部“三支队伍”建设。推进街道“大工委”制和社区“大党委”制改革,落实“三会一课”“主题党日”等制度,编撰《村官志(红黑榜)》。常态化开展“党性党纪教育一刻钟”“直击问政”等活动,落实中央八项规定精神,推进“强落实、正作风、优环境”专项整治,对29家单位开展巡察,农村基层作风巡查实现村社全覆盖,累计运用“四种形态”处置693人次,其中党纪政务处分181人次,移送司法机关12人,推动全县党风政风的持续向好。

(沈卫星)

## 办公室工作

【概况】 2018年,中共长兴县委办公室(以下简称县委办)与县委政策研究室合署办公,管理县委党史研究室(县政府地方志办公室)〈以下简称县史志办〉。县委县政府信访局(以下简称信访局)、县档案局(馆)归口县委办,县委县政府接待办公室(以下简称县接待办)、县政策研究咨询中心(以下简称县政研咨询中心)属县委办下属事业单位。县委办设秘书科、综合一科、综合二科、综合三科、信息科、法治科、县委督查室、行政科、机要局(副科级)、保密局(副科级),政研室经济发展科、社会发展科,史志办综合科、党史科、方志科15个职能科室。年末,有行政编制35人(含信访局),史志办参公事业编制6人,接待办事业编制4人,政研咨询中心事业编制14人。其中,县委办公室(政研室)主任1人,县委办公室副主任6人(含苕溪清水入湖办主任、考评办主任、史志办主任、接待办主任、保密局长),政研室副主任1人,督查办副主任1人,机要局局长1人,史志办副主任1人,办公会议成员6人。年内,办公室工作紧贴县委工作大局,大力弘扬长兴精神,勇于担当、精益求精、乐于奉献,主动出谋划策,深入调查研究,全力统筹协调,狠抓督促落实,强化重大保障,有效保障县委各项决策部署的高质落实、保障县委各项工作的高效运转。

【决策服务】 年内,主动对标省委“大学习大调研大抓落实”活动,以及市委“提标杆破难题助赶超”活动,深入抓好“扬优势补短板促发展”专项活动,发挥好政研室牵头和指导作用,全年形成调研课题130余篇,编发高质量《政研专刊》17篇,其中15篇获县委主要领导批示肯定。加强综合文字工作,全年累计起草各类讲话、汇报、致辞、发言等材料400余篇,县委常委会、龙之梦例会、吉利例会等相关纪要53个,为县委研究解决重大问题提供理论参考。注重政研(改革)信息谋划、撰写、上报等工作,全年被《浙江政务》等刊物录用10篇,获省委、省政府相关领导批示肯定信息6篇,其中“抓项目扩投资”信息获省委书记批示,“CIG平台推进县域治理现代化”信息获省委书记、省长、常务副省长批示。全年编发71期《工作动态》、25期《专报》、8期《重要事项报告单汇总》和8期《业务通讯》。被中办录用信息5篇,被省委办录用信息85篇,被市委办录用大稿子11篇,共获得省市领导批示23次、县领导批示61次。创响县域史志转型升级“长兴模式”品牌,狠抓党史三卷、二轮修志、史志地情资料年报等重点工作。全年史志办编写、编辑、出版各类文字累计505万字,指导乡镇部门编印年鉴77部(字数约4000万字),累计为相关单位及社会各界开展改革开放40周年纪念活动提供资料史料、意见咨询、指导审稿等服务115人次(场次)。党史信息录用列全省县(市、区)第2名;在省级期刊发表和入全国性学术年会交流论文3篇;中指组领导首次到长兴调研并作出批示,肯定长兴史志工作走在全国前列。

【综合协调】 年内,坚持统筹协调、认真细致,抓好全委会、常委会、各类专题会议等重要会议活动的方案排定、会务协调等工作,全年办会500余场。严格落实发文申报审核制度,从严控制文件数量和质量,并及时办理领导批文和阅件,做到高效流转。全年办文307件,并对其中10余件质量低劣的文件退回修改。

【督查检查】 年内,充分发挥督查有力手段,对重点工作、领导批示要求开展定期性、连续性、跟踪性的督查,有效推动县委县政府各项工作的贯彻落实。2018年,共下发《督查通知》9期,编发《督查专刊》18期,督查工作受到县委主要领导3次批示肯定;登记督办县委主要领导文件批示1552件,信访批示358件,办理督办件258件,比上年同比上升113%,批示督查工作获县委主要领导批示68次。2018年共牵头配合上级督查活动10余项20余次;及时督办反馈市委主要领导批示28件,办理反馈上级领导信访批示3件。建立健全媒体曝光问题督查交办、每月跟踪、整改“回头看”等工作机制。全年共督办《今日聚焦》曝光问题2件、《联播调查》曝光问题6件、《击短》1件,相关曝光问题均得到有效整改落实。

【服务保障】 年内,围绕全面深化改革,全力谋划实施九大方面42项深化改革项目,在全面创新改革、最多跑一次等方面形成一批特色品牌。围绕法治长兴建设,牵头抓好16项法治重点项目,完成首届法律顾问的选聘工作。狠抓党内规范性文件备案审查,前置审核县委各类文件168件,对下审查县委机构、部门党组、乡镇党委规范性文件49件、纠正2件。2018年,县委向市委报备的规范性文件全部通过备案审查,合法合规率100%,全县行政案件败诉量和败诉率大幅下降,在市对县法治考核中名列全市第一。接待办坚持精细规范,共负责接待365批14960余人,协助其他单位完成重要接待213批,4120余人。机要局全力保障涉密视频会议47场次,接收电报1258份,办理电报2300多份，送阅县领导270多人次。保密局完成对19个乡镇(街道、园区)、65个机关部门和5家国有企业的保密工作检查，通过省保密检查，保密局信息工作被评为2018年度全省先进集体。

（蒋德刚、施涛）

## 组织工作

【概况】 2018年，中共长兴县委组织部内设职能科室(下属事业单位)8个，年末共有正式在编干部27人，其中行政编制20人、事业编制7人。领导设部长1人(县委常委兼)，常务副部长1人，副部长5人(其中兼职3人)。全县共有党员36076人，基层党组织1687个。其中，行政村党组织502个，城市和农村社区党组织289个，国有企业和国有金融机构党组织75个，非公企业党组织337个，机关事业单位党组织514个，社会组织党组织54个，其他领域党组织724个。

【党员队伍建设】 2018年，全县发展党员575人，其中妇女192人、占发展党员总数的33.4%，少数民族1人，35岁以下378人、占65.7%，大学本科及专科以上学历458人、占79.7%，生产一线党员占81.7%。年末，全县共有党员36076人，其中妇女9491人、占党员总数的26.3%，45岁以下16231人、占党员总数的45%，大专及大专以上学历17180人、占党员总数的47.6%。

【基层组织建设】 2018年，全县共有党委80个、党组43个、党总支182个、党支部1425个。其中，乡镇(街道、园区)党组织有乡党委2个，镇党委9个，街道党工委4个，园区党工委3个；县级机关党组织有党委19个，党组43个；村(居)党组织有村(居)党委11个，村党支部(党总支)197个，居委会党支部13个；社区党组织有党委9个，党支部43个；“两新”党组织有294个。年内，围绕服务中心、助推发展、联系群众，继续深入开展“三个一”主题活动，扎实推进“两学一做”学习教育常态化制度化，精心谋划开展“不忘初心、牢记使命”主题教育，推动广大党员干部在赶超发展一线“学懂、弄通、做实”。继续深入开展“三级书记作表率”“万名党员比赶超”“千个支部强服务”专项行动，健全完善“三联三帮”机制，深化党群创业互助模式，推动联系服务群众常态长效。利用全媒体融合方式，立体化、全方位定期推送“三个一”先进典型，择优制作电教片，送省组评审；编印《党旗下的礼赞》，营造全县上下比学赶超的浓厚氛围。深入实施“百村示范、千村晋位”工程。建立健全以村党群服务中心为架构，以“红色驿站”为支撑的农村基层组织体系。全年至少新培育1个先行示范乡镇(街道)、15个先锋示范村党组织。按照不少于5%的比例倒排整转一批软弱落后村。高标准推进吕山前进大道等党建示范带建设。开展“进千村入万企大宣讲促赶超”活动，用好新四军苏浙军区纪念馆红色教育资源，开展万名党员“学党史、谈初心、担使命”活动。

【干部队伍建设】 2018年年末，全县公务员(含参公)共有2410人。其中，县级机关1985人，乡镇机关425人；女性521人，占21.6%；中共党员2070人，占85.9%；大专及以上文化程度2396人，占99.4%；35岁及以下721人，占29.9%。年内，做好干部年度考察考核，加大干部培养选拔力度，全面启动实施领导干部个人有关事项报告、领导干部兼职专项清理、干部档案规范化管理，加强干部日常监督管理。做好干部考察考核与奖惩，1月会同县考评办及“双提十攻坚”牵头单位完成10个重点共组的专项考核工作，2月会同县考评办完成全县县管领导干部岗位目标责任制考评工作，3月中旬起利用近30天时间赴各单位集中开展专项调研，相应确定县管领导干部2017年度综合考核等次，对考核排名靠后的10名干部进行专题组织提醒谈话。同时，组织开展一般公务员、事业编制工作人员、参加集中管理退二线干部年度考核工作。全年共有2905名县级机关公务员参加考核，其中优秀等次523人、称职等次2274人、基本称职0人、不称职等次6人、未定等次102人。年初，按照县人代会组织组工作分工，做好选举组织工作，完成县人大常委会委员选举任务；遴选县总工会、团县委、县妇联、县残联和县科协5名挂职副职、9名兼职副职；围绕县属国有企业和园区国有企业改革方案以及群团换届工作要求，先后完成2批43人次干部调配工作；确定1名援川干部和2名援助山海协作干部；按照市管副局级后备干部和专业型干部集中调整有关要求，提出37名市管县局级副职后备干部建议人选、11名市管乡科级副职后备干部建议人选、20名优秀年轻专业型干部建议人选。年内，全面启动实施领导干部个人有关事项报告、领导干部兼职专项清理、干部档案规范化管理等三项重点工作。规范干部出国(境)审批制度，实行层层审批，并坚持事先征求县纪委意见，上半年共对5名县管领导干部因私出国(境)进行审核审批。

【人才集聚与培育】 年末，全县人才总数18.80万人。其中，党政人才3100人、经营人才33800人、专技人才107500人、高技能人才31800人、农村实用人才28000人、社会工作人才2790人；研究生2157人、本科33200人、大专38100人、中专114543人；高级职称2130人、中级职称2320人、初级职称30100人。年内，实施乡镇部门人才工作“双述双考”机制，修订出台2018年度乡镇部门人才工作考核指标体系。实施重点企业人才工作“一企一策”机制，按照乡镇重点指标任务全分解的要求，为全县123家企业制定“一企一策”计划书。至年末，全县排摸储备国千申报项目15个、省级以上万人项目8个，组织申报省千项目19个、省级“海外工程师”项目5个，推荐36个项目进入“南太湖精英计划”第一批答辩。加大“南太湖精英计划”创业项目培育力度，新增工业“双高”培育企业4家。实行人才创新改革行动，并列入全县“双提十攻坚”。实施新一轮企业教授博士柔性工作站创建工作，指导27家企业开展试点工作。探索筹建浙江“千人计划”新能源协同创新促进中心，制定出台《人才新政20条》和《实施细则》，全年人才专项资金达到8000万元。完成2017年度人才政策集中兑现，全年度支出人才经费4250万元。探索高层次人才服务信息化改革创新，完成绿卡年检、旅游卡办理等工作。全县共集聚省级以上“千人计划”“万人计划”专家18人，成功创建省级“千人计划”产业园；新增省级院士专家工作站1家；新引进大学生及其他各类人才12000万人。

【首部《长兴村官志》】 6月，首部《长兴村官志》即《长兴村官志（2017年“红黑榜”）》由县委组织部完成编印。全书首置“整乡推进 整县提升”图片5张，“江南韵味、太湖气息、长兴特色”图片14张，“村官志·上墙”图片8张，序一则。后附“村官红榜”详细名单。正文记述全县17个乡镇街道下所属村（居）的介绍，且每村（居）分“概况”“主职干部”“班子创业情况”“其他奖惩情况”4部分内容，尾置“村官黑榜”及附录文件4则。全书记录2017年长兴县各村主职干部建功立业实绩及失职失德行为、村班子创业实绩及其他村两委成员奖惩情况。

（汪咏宏）

## 宣传思想工作

【概况】 2018年，县委宣传部内设办公室、宣传科、党教理论科、干部科、文化科5个科室，下属外宣办、网信办、文产办、文明办、创建办5个事业单位，年末共有机关干部30人，其中编外3人。年内，推动习近平新时代中国特色社会主义思想深入人心，巩固发展社会主义主流意识形态，唱响新时代全面深化改革的主旋律，提升文化发展软实力，巩固深化全国文明城市创建成果，打造宣传思想文化铁军队伍，为加快打造高水平全面小康社会县域典范提供坚强的思想保证和强大的精神力量。

【理论学习教育】 年内，组织开展“长兴大讲堂”专题讲座5场、“周一夜校”学习2000余场，6万多人次参与学习；乡镇基层党校全覆盖，开展党员培训120期，培训基层党员8000余人次，在7家规模以上企业建立理论中心组、基层党校；举办县第六届微型党课比赛，承办湖州市第九届微型党课比赛，蔡卫星获得市微型党课一等奖、省三等奖，施小荣荣获全省基层宣讲名师，《浴火重生新动能——如何从一个产业的蜕变看绿色发展》《清朗网络新家园》两个教案被列入全省30个精品宣讲教案。新建“李海玉”“沈火泉”等县级名嘴工作室3家，培养基层宣讲员62人，开展基层宣讲300多场；组织本土人文历史专家编印《长兴社会科学》杂志，出版《箬溪风云——长兴历史人文读本》，1个课题入选浙江省社科联社科普及课题，3个课题入选湖州市哲学社会科学规划课题，举办社科普及周活动，大唐贡茶院获评第八批浙江省社科普及基地。

【宣传工作】 年内，围绕乡村振兴、最多跑一次、转型升级等重大主题，充分发掘、归纳“长兴实践”“长兴经验”，精心策划系列选题。建立重点媒体日常联系制度，主动加强与中央、省市新闻媒体的对接，全力打好新闻外宣攻坚战。全年在省级以上主流媒体刊发稿件2260余篇，其中国家级710篇。举办全国县级融媒体中心建设现场推进会，县级融媒体中心“融媒眼”获2018中国应用新闻传播十大创新案例。策划县党代会、县两会、中共十九大精神贯彻落实、改革开放四十周年等重大主题宣传，相继开设《奋进2018》《向人民作答》《历史的回望》《40年音乐记忆》等专栏，完成重大主题报道10个，一般主题报道26个，全年制作播出《直击问政》4期，牵头组织“长兴精神”大讨论大实践活动涉及的口号征集、元素投票、专家修改等工作，总结提炼“大气开放 实干争先”的长兴精神，组织开展“长兴精神”六个一系列活动。

【互联网宣传管理】 年内，开辟《迈向新征程》《抗击冰雪》等网上主题栏

5月29日，湖州市第九届微型党课大赛在渚山村文化礼堂举行 （宣传部 供）

目22个，推出各类新媒体作品200余件，直播60余场，打造“掌心”新媒体互动展示平台并入围全市宣传思想文化工作创新项目。协助完成省委网信办组织的“初心在身边 红船驶进新时代”网络主题宣传活动，评选首批县级网上文化家园10家，“美丽童行”网上行动入选浙江省网络社会组织品牌项目，“年味长兴”获全省新春微视频大赛最佳传播奖。开展“2018净网·清风迎春”等一系列网络专项行动，启动网上舆情应急各级响应13次，清理各类本地有害低俗信息125条，编写《每日网络信息动态》等刊物200余期，其中被县主要领导批示32次，整改存在网络安全隐患的政务网站4家。组建舆情高发的部门、乡镇网评特种小队27支，开展网军实战实训演练活动50余次，其中核心网军参加县网络文化舆论引导乌镇研修班和湖州市网络传播培训班，全面打响长兴“百叶龙腾”网军品牌。

7月15日，中国天能合唱团（原画溪合唱团）应邀参加香港2018“一带一路”世界合唱节
（宣传部 供）

【文化建设】 年内，新建农村文化礼堂26家，出台《关于推进农村文化礼堂长效机制建设的实施意见》，落实97家建成文化礼堂长效管理专项经费各2万元，文化礼堂志愿者、文化礼堂管理星级评定、“村晚”活动实现全覆盖；出台《长兴县农村文化礼堂建设实施纲要（2018—2022）》，完善五年农村文化礼堂全覆盖规划；继续推行“文化点餐制”，形成服务基层项目70个，全年点选服务项目500余次。组织纪念改革开放四十周年“七个一”活动，创作完成报告文学集《党旗下的礼赞》；画溪合唱团赴香港参加2018“一带一路”世界合唱节荣获开幕式表演白金奖、民歌组金奖、成人组金奖、最佳服装大奖，并夺得总决赛成人组冠军；鸳鸯龙赴北京参加第二届“一带一路”民族传统舞蹈展；承办全省文联组联干部培训暨文艺志愿服务工作现场会，举办“西湖太湖·西溪箬溪”两地摄影联展和两地茶文化交流活动，完成中国国际茶文化研究会茶文化进校园现场会工作任务。推动文化产业发展，通过省市竞争性选拔，入围省重点扶持县，争取到3000万元资金；新注册文化企业630家，引进注册资金1000万元以上文产项目20个；策划南窑文旅研学基地等15个文化产业招商项目，在第四届长商大会上作推介；在建文化企业龙之梦、复兴农耕文化园、和兴谷小镇等有序推进，大唐禅茶养生小镇项目于11月3日开工；培育文化企业特色化发展，浙江瑞象、亿邦包装等企业转轨上，大唐贡茶院在新三板上市，御帛1851参加深圳文博会，圆典工艺品等4家单位参加义乌文博会，承启轩紫砂等4家企业参加首届湖州文创产品发布会。突出高端人才培育，制订第二轮名师名家引育计划，新培育市级以上名师名家40人（另有27人次未公布），各类后备人才325人，引育硕博士高层次人才37人，名师名家工作室（专家工作站）12个，市级文化领军人才工作室2个，市级创新团队2个、高端文化人才1人。

（陈玉泉）

## 精神文明建设

【概况】 2018年，全县精神文明建设工作以培育和践行社会主义核心价值观为根本，广泛开展群众性精神文明创建活动，切实加强公民思想道德建设，建立健全文明城市常态化管理机制，全力提升城市品质和市民素质，为打造高水平全面小康社会县域典范提供思想保证、精神动力，创造良好社会环境。

【公民思想道德建设】 年内，以培育和践行社会主核心价值观为主旨，开展各类志愿服务活动1200余次，举办第二届“学雷锋志愿服务”博览会；深入开展“斑马线前见文明”文明劝导活动，持续开展“文明之路我包干”“社区共建共享”等志愿服务活动；《长兴县志愿服务制度化建设路径研究》课题调研报告被省委宣传部领导批示；广泛开展“我推荐、我评议身边好人”活动，向中国文明网推荐身边好人线索12800条，其中8人成功当选“浙江好人”、2人当选“中国好人”；发布4个季度的“诚信红黑榜”，红榜表彰诚信企业43家，黑榜发布失信企业5家，诚信个人123人，有效助推全县诚信体系建设；开展家训家规和家风故事征集活动，编印《长兴家风故事》10000册；征集“传家训、立家规、扬家风”书法作品174幅，评出入围作品72幅，获奖作品在“文明长兴”微信公众号上进行表彰；被省文明办录用信息8篇，“文明长兴”微

3月3日，长兴县第二届“学雷锋志愿服务博览会”启动仪式举行　　（宣传部　供）

信公众号在文明微信公众号WCI指数排名位居全国文明办系统前列；积极向中央、省市文明网报送信息，入选《中国文明网》信息3篇，《浙江省文明网》28篇，《湖州市文明网》13篇；全县累计新增公益广告2000余平方米，开展2018年度优秀公益广告征集和评选活动，征集各类公益广告作品96幅，选送11幅作品参加全省优秀公益广告评比。

**【群众性精神文明创建】**　年内，制定出台《长兴县全国文明城市常态化管理实施意见》，以全省第二的优异成绩通过全国文明城市的第一次复评。全年召开全国文明城市常态化管理例会9次，商讨议题35项；持续开展“和美社区”创建竞赛、职能单位常态化管理考评等创建竞赛，开展专项督查21次，联合整治行动9次，编发督查通报77期，县领导批示42次；做好各类重大活动和考察调研线路保障150次，组建街道“市民督导团”3个；制定全县文明村镇、文明单位、文明校园三年培育计划，着手培育全国文明镇1个、全国文明村2个、全国文明单位1个、全国文明校园1个，省级文明村、文明镇（乡）、文明单位、文明校园14个，市级文明村、文明单位、文明校园48个；出台《长兴县文明单位（校园）动态管理考核办法（试行）》，落实文明单位（校园）创建工作的日常管理职责及内容；开展机关（窗口）单位、学校文明指数季度测评，“和美社区”创建季度考核工作；出台《长兴县贯彻落实〈条例〉工作实施方案》，印发《长兴县关于〈条例〉的宣传工作方案》，推进《湖州市文明行为促进条例》实施工作。

**【农村精神文明建设】**　年内，持续推进“和文化”示范点、志愿服务站、文明样板路、示范农贸市场建设，新增太湖图影小学等“和文化”示范点17个、文明样板路7条、优秀志愿服务站7个、示范性农贸市场6个；对全县17个乡镇（街道、园区）长效管理工作进行检查考核，对全县183个美丽乡村长效管理进行5轮检查考核，提升全县各乡镇（街道、园区）整体环境面貌；指导集镇开展环境综合整治、垃圾分类宣传、城镇道路交通治理、移风易俗推进等专项行动，在省文明办组织的“小城镇文明行动”检查考核中，吕山乡、煤山镇、泗安镇荣获浙江省“文明行动样板小城镇”称号；试点开展推进“移风易俗”和深化“星级文明户”创评工作，在自治和德治两方面积累长兴农村乡风文明建设经验。

**【未成年人思想道德建设】**　年内，持续开展“百名美德少年”评选活动，对百名“新时代美德少年”进行表彰，持续开展“我们的节日”主题活动，利用重大纪念日、节庆日、重要典礼仪式等，传递校园正能量；开展优秀童谣征集传唱活动，征集各类童谣作品326件，录制3首优秀童谣作品参加全市童谣节比赛，获一等奖1项，获二等奖2项；新建龙山街道等17条道德路径，开展活动85次；成功举办2018年湖州市中小学生“开学第一课”长兴专场活动；在市未成年人思想道德建设工作第一次测评中绩排

12月29日，全市农村精神文明建设现场会在长兴召开　　（宣传部　供）

名全市第一。广泛开展“春泥计划”专项活动，共开展活动1000余场，受益人数近3万人；对5所乡村学校少年宫进行实地检查，小浦镇中心小学被列为中央文明办专项资金支持建设的乡村学校少年宫，落实专项建设资金27万元。

（陈玉泉）

## 统一战线工作

【概况】 2018年，中共长兴县委统战部设有办公室、党派科（干部与党外知识分子科）、民族宗教科、联络科（侨务科）4个职能科室；长兴县归国华侨联合会、长兴县台湾事务办公室与县委统战部合署办公，对外挂县民族宗教事务局、县侨办牌子、县台办牌子；下设全额拨款事业单位长兴县宗教事务管理所。县委统战部机关核准人员编制人员16人，其中含县领导单列1人，行政编制13人、事业编制2人。年末实有工作人员17人，其中合同制2人、借用1人、部外占编2人。配备部长1人，由县委常委兼任；常务副部长1人；副部长4人，其中1名兼任县民宗局局长、1名兼任县侨办主任、1名兼任县台办主任、1名兼任县工商联党组书记（不占编），民宗局副局长1人，侨办副主任1人。年内，县委统战部获市对县区统战工作考核第一名，并在全市党建工作会议上荣获湖州市2018年度统战工作目标责任制考核优秀单位；县民宗局为全市唯一受省民宗委通报表扬单位；县侨联为全市唯一省侨联系统“十佳”引智单位；县委统战部获2018年度县级机关部门综合考评一等奖。

【思想政治引领】 年内，围绕庆祝改革开放40周年、“八八战略”实施15周年、纪念“五一口号”发布70周年，开展“话改革开放、讲统战故事”征文活动，收到征文130余篇；与农工党市委会合办“一个农工党员镜头下的长兴”摄影展，组织120余名统一战线成员参观庆祝改革开放40周年摄影图片展；组织统战成员学习践行“大气开放、实干争先”的长兴精神活动；在380余名民主党派无党派人士中开展“不忘合作初心，继续携手前进”主题教育；组织320余名党外知识分子中开展“跟党迈进新时代，同心共筑中国梦”主题教育；在90余名新的社会阶层代表人士中开展新时代中国特色社会主义主题教育；在非公有制经济人士中开展“不忘合作初心，接力改革伟业”理想信念主题教育；在宗教界人士中开展“寻梦中国·正言正行”主题教育，组织30余名宗教界人士赴上海、湖南长沙等地进行革命传统教育活动；在港澳台同胞和海外侨胞中大力弘扬中华优秀文化，协助做好“青春飞扬·2018香港青年浙江湖州行”，成功举办湖港女排友谊赛，成立澳门青年茶文化推广协会紫砂陶艺（长兴）研学基地。

【服务中心工作】 年内，围绕纪念改革开放四十周年，举办“树立企业家典型、讲述企业发展故事”活动，配合拍摄“了不起的企业家”专题片，进一步弘扬企业家创新创业精神。天能董事长张天任、龙之梦创始人童锦泉、超威董事长周明明、诺力董事长丁毅、德玛克董事长王巍植5人荣获“湖州市非公有制经济人士新时代优秀中国特色社会主义事业建设者”称号，并在湖州市加快打造绿色智造城市暨民营经济高质量发展大会上受表彰；承办第四届长商大会，会议表彰创业他乡奖、服务老乡奖、回报家乡奖等“十佳在外长商”，100余名在外长商参加大会。全年共引进长商项目53个，总投资额156亿元，其中在外长商回归和引进项目20个、本地长商以商引商项目21个、新长商以商引商项目12个；协助召开长商新春座谈会，上海、宁波等地推介会，推动长商回归工程。推进异地商会建设，新成立第10家异地商会——长兴县驻南京商会。出台《长兴县驻外异地长兴商会服务家乡经济建设考核办法（试行）》，鼓励异地商会服务家乡；努力营造公开公平公正的法治化营商环境，助力打造全国营商环境最优县。成功协办“中国海外学子报国行·长兴站”活动，来自美国、法国、日本等国家的20余名海外学子到长兴考察交流。精心承办湖州市2018年“海燕助飞行动”，来自11个国家和地区的30余名湖州籍海外学子参加活动。在泗安西湖科创园举行海外高端人才资源对接会，向澳大利亚浙江侨团联合会会长陈静一行30人介绍长兴经济社会发展情况，吸引华侨来长兴投资兴业；做好侨台资招引工作。县台办、县发改委联合印发《长兴县贯彻〈关于促进两岸经济文化交流合作的若干措施〉的实施办法》，利用台湾企业家、海外侨领参访交流等契机，举办城市推介会2次，人才政策说明会2次，吸引侨台资企业到长兴投资兴业。2018年共签约6家台资企业，注册资金8780万美元，总投资9480万美元。

【社会公益事业】 年内，建成民革便民桥村“博爱·牵手”实践基地、民盟同心蓝天实践基地、民建滨湖村五帮五助实践基地、民进菁英爱心助力站实践基地、农工党新庄村零距离·好管家实践基地、九三学社北汤助力乡村振兴实践创新基地。年内，先后组织统一战线成员开展铲冰除雪活动保平安活动、爱心帮扶送温暖活动、“垃圾分类宣传”志愿服务、送教送医送法和精准帮扶活动等；举办“迎新颂盛世·祈福送万家”新年送福活动，少数民族、各宗教团体书法爱好者汇聚一堂，为社会各界人士献上新年祝福，不断增强民宗界的凝聚力；参与主办长兴县“腊八粥香温暖长兴”大型公益慈善活动，全县28家寺院派送吉祥腊八粥近30万份。组织开展宗教慈善活动，全年累计慈善捐赠100余万元。全年各民主党派基层组织累计帮扶群众1000余人，帮扶金额达24.80万元；发动商会会员、非公企业捐助成立慈善公益基金,2018年全县统一战线成员新设立公益项目筹集资金达7704.01万元。

【民主党派及无党派工作】 年内,全县共有6个民主党派基层组织,即民革县基层委、民盟县基层委、民建县基层委、民进县基层委、农工党县支部、九三学社县基层委。至年末,共有民主党派成员341人,其中民革70人、民盟82人、民建63人、民进31人、农工党29人、九三学社66人。年内,县委统战部积极引导各民主党派参政议政,鼓励建言献策,协助党派加强自身建设。"两会"期间,共有231名党外代表人士参加。在九届县政协二次会议上,党外代表人士共提交提案131件;32名党外代表人士作大会和即兴发言,占总发言人数的84.2%。1篇社情民意被民主党派中央录用并上报全国政协,1件议案被评为市人大优秀建议件,20人次荣获省市级参政议政工作先进,1个基层委荣获2017年度市参政议政先进基层组织荣誉;召开参政议政建言献策工作推进会,围绕县委十四届四次全会报告提出意见建议38条,编发《长兴统一战线(金点子·献良策专刊)》6期,其中3期得到县委、县政府主要领导批示。加强党派自身建设,落实民主党派组织发展、比学活动、沟通交流等三项工作机制以及"四大员"制度,落实"4+6"民主监督模式,编发《长兴县民主党派工作交流专刊》12期,召开县民主党派工作例会6次,推动建立民主党派参政议政考评机制、成员履职量化积分制度、与党政工作会商机制;探索推进"民主党派服务＋N"发展的合作模式,成立民主党派"创新实践示范点"规范化建设督导组,加强民主党派服务基层示范点(基地)建设。全年完成基地建设6个。

【党外知识分子和新的社会阶层人士工作】 年内,协同县委组织部、人大代表工委、政协委员工委做好党外代表、委员教育管理工作,采取"1+4+N"模式开展长兴县新的社会阶层人士统战工作实践创新基地建设。会同县委组织部实施《双百名党外代表人士培养选拔工作四年行动计划(2018—2021)》;印发《关于进一步完善县领导与党外代表人士联谊交友制度的意见》和《调整政府有关部门与民主党派、工商联、党外知识分子联谊会对口联系安排》文件,建立县领导与新的社会阶层代表人士列名联系制度,15名县委县政府领导与45名党外代表人士联谊交友;开展新的社会阶层人士"四类人群"调查排摸,建立全县新的社会阶层人士数据库;召开长兴县新的社会阶层人士联谊会第二次会员代表大会,按照四类群体分别开展系列活动。采取"1+4+N"模式开展长兴县新的社会阶层人士统战工作实践创新基地建设。基地统一采用"长兴统一战线·新力汇"的logo。

【民族宗教工作】 年末,以民族团结"石榴籽"工程为载体,深化省级"民族团结示范基地"建设。10月,李家巷镇中心小学成为第一批省级民族团结进步创建重点培育单位;民族舞蹈"鸳鸯龙"作为浙江省唯一一支民族舞蹈节目,参加2018年"一带一路"民族传统舞蹈展演与交流活动。组织宗教界人士开展1+X普法宣传讲座、"学条例、弘正信、讲文明、树新风"移风易俗活动,"双禁志愿行动共建美丽城市"志愿活动等新时代文明实践活动;全县宗教活动场所升挂国旗全覆盖。显圣寺入选首批省级宗教法治宣传教育基地。6月,在城隍庙建立国内首家香港道教联合会交流基地。12月9日,在寿圣寺成功举办首届道宣律祖与佛教中国化研讨会,并成立道宣律学文化研究院。该次研讨会系中国学术界首次举办的以道宣律师为主题的研讨会,汇聚国内研究戒律和道宣律祖的专家学者20余人,收录论文23篇。

【港澳台海外统战工作】 年内,加强港澳台及海外联络联谊,共接待港澳台及海外参访团30批630余人次,充分发挥基层统战工作效能。全县共有定居台胞269人;共有华人、华侨326户577人,侨眷侨属238户1011人,海外留学生459人。全年共接待台湾参访交流团25批469人次。7月,协助县旅游部门妥善办理赴台手续,参加为期一周的首届海峡两岸台北夏季旅展,推广长兴旅游的"金名片";突出上海、杭州、昆山等重点方向招商,广泛邀请台商到长兴实地考察和洽谈投资项目,全年新签约台资企业3家,总投资近

1月30日,长兴县举办民宗界"迎新颂盛世 祈福送万家"新年送福活动 (统战部 供)

5月28日，台湾企业家交流团到长兴考察交流　　（统战部　供）

3亿元。9月8日，在台北举办2018年湖州旅台同乡会中秋团拜会。9月26日，派出由分管副县长带队的基层交流考察团，赴台开展基层交流，考察团一行先后拜会南投县鱼池乡乡公所及3个结对村、长兴旅台同乡会、在长兴投资的企业总部等。协助做好“青春飞扬·2018香港青年浙江行”长兴站活动，并成功承办湖港女排友谊赛；建立美国马萨诸塞州海外人才（侨务）工作站，并聘请长兴籍侨胞、美国哈佛大学终身教授施国平担任站长。这是继美国加州海外人才（侨务）工作站后第二个海外人才（侨务）工作站；精心打造港澳台及海外交流基地。新成立澳中文旅创客中心（长兴）、澳门青年茶文化推广协会紫砂陶艺（长兴）研学基地2个。

【基层统战工作】　年内，建立部领导班子成员分工联系乡镇统战工作制度、工作督导制度，成立乡镇（街道、园区）统战工作“八有八重”规范化建设工作督导组并开展全覆盖督导，建立全县统一战线月度工作统计报表制度，出台并推广基层统战工作宣传展示标准模板，县统一战线活动中心建成并投入使用，召开乡镇统战工作“互比互看互学”现场会2次；3月，在全市党建工作会议上，李家巷镇、雉城街道、雉城街道二虎头社区、和平镇便民桥村、夹浦镇滨湖村、林城镇北汤村被评为2017年度全市基层统战工作先进集体。年内，下发《关于深入推进乡镇（街道、园区）“新乡贤‘四个一’活动助推乡村振兴”工作的实施方案》，建立新乡贤数据库，召开全县乡贤工作现场推进会。分别建立乡镇级、村级乡贤联谊会（参事会）4个和50个，建成新乡贤工作示范基地（乡贤馆）42个。

（钟　翔）

## 信访工作

【概况】　2018年，长兴县信访局内设办公室、办信科、接访科、督查室、复查室5个职能科室，下属12345政府阳光热线中心、信访接待服务中心2个事业单位，年末共有人员25人，其中公务员12人、事业编制人员8人、编外人员5人，领导班子成员7人（局长1人、副局长4人、局务会议成员1人、局务会议成员兼督查专员1人）。年内，县信访局聚焦“双提十攻坚”“最多跑一次”等中心工作，着力解决信访突出问题，努力提升信访工作效能，各项工作取得一定成效，全县信访形势持续好转。全年来访总量为688批2593人次，比上年分别下降20%和1%，其中集体访113批1682人次、个体访575批911人次；来信（含网上信访）1484件，比上年上升40%；受理群众投诉、咨询、意见等各类来电103718件，比上年上升12.5%。

【信访责任制落实】　年内，把信访工作责任落实放在重要位置，通过实现“责任下沉、领导下沉、督导下沉”，压实信访工作责任。县委书记、县长与乡镇（街道、园区）、县重点部门“一把手”签订责任书，并逐级向下层层签订责任状，将任务分解细化、责任明确到人，形成主要领导负总责、分管领导具体负责、其他领导“一岗双责”的责任体系。完善乡镇（街道、园区）、县重点部门信访工作考核办法，加大非访总量、越级上访、集体上访考核权重，提高信访考核在县平安建设考核和综合考核的分值比重，强化属地和事权单位责任。县四套班子领导定期到县信访局开展坐班接访和热线接听，到乡镇（街道、园区）开展下访调研，定期主动约访信访人。全年县级领导到信访局坐班接访接待上访群众共61批170人次，化解信访问题59件；到热线现场接听受理161件，并全部办结。建立健全领导带头、信访部门组织、部门合力参与、媒体联动的信访督查大格局，开展信访督查“百千万”专项行动，通过市县联动督查、网上核查、到一线实地督查，压实工作责任，推动问题解决；全年共督查案件358件，其中实地督查40件，网上督查核实650件，国家信访局交办督办的4件重要信访件和省信访局交办的3件积案，均已化解办结。

【信访突出问题化解】　年内，以“双提十攻坚”信访积案清零行动为抓手，紧扣“初信初访控源头环节、积案化解去库存环节、信访复查有序终结环节”等措施推动信访矛盾和问题的解决。按照“合理诉求一次解决到位原则”和“五定法”要求乡镇（街道、园区）、部门办理初次信访，全力提升初信初访化解率；县信访联席办对交办案件进行及时跟踪督办，确保初信初访案件及时办理、限期办结、有效化解；1160件初信全部化解，434批初访化解率超过90%。年内，共清仓见底排查新老积案353件，已化解344

件，化解率达97.5%。同时，在353件新老积案的基础上，对其中的40件疑难复杂信访积案老案实行县领导包案督办，乡镇（街道、园区）、部门领导包案化解。年内，共接到各类复查申请160件，经工作劝回化解40件，进入复查程序并出具复查意见书120件，接谈信访人280余批次，与乡镇部门会商信访事项120余批次。经过复查的信访事项化解率为83%，发出《信访复查建议书》19份，及时纠正责任单位在处理信访案件中存在的问题。

【12345阳光热线来电办理】 年内，加强内部规范化建设和平台标准化建设，明确规定热线中心的名称、概念、基本要求、职能定位以及运行方式等内容，切实规范受理派单、现场答复、回访核实、督查督办、话务台管理、工作场所与应用系统设施设备等11个方面的工作流程和标准，推动热线办理工作上台阶、见实效。全年共受理群众投诉、咨询、意见等各类来电103718件，比上年上升12.5%。按期受理率99.8%，按期答复率99.7%，满意率99.4%。

## 机构编制工作

【概况】 2018年，中共长兴县委机构编制委员会办公室（以下简称县编委办）内设综合科、行政管理体制改革科、机构编制科、监督检查科，下设事业单位登记管理局、机构编制电子政务中心，年末在编人员11人，其中公务员7人、参公管理3人、事业1人，主任1人、副主任1人、办公会议成员1人；编外1人。年末，全县有党政群机构67个，其中县级党政机构67个、定编2121人、实有2039人，乡镇（街道）19个、行政编制653人、实有595人。有事业单位369个，其中县属事业单位334个、编制9731人、实有9113人，乡镇（街道）事业单位32个、编制448人、实有398人。

【机构改革】 年内，正式启动各项机构改革，全力推进党政机构改革，先后召开2次编委会议，完成16个议题的梳理汇报及发文工作。推动重点领域体制改革，完成县行政服务中心、县投资项目招标事务处等机构职责职能、隶属关系调整等工作，重新调整设置长兴县经济社会调查机构，优化调整对南太湖长兴分区、李家巷镇、吕山乡的管理体制，配合做好全县深化医共体改革、县管校聘改革等民生领域的机构编制工作。开展全县行政类事业单位权责梳理工作，共梳理各类行政事项3140项，其中行政执行类事项（行政处罚、强制、征收等）2681项、其他行政类事项（行政许可、确认、奖励）341项、公共服务类事项118项。做好长兴经济技术开发区“证照分离”改革试点工作，共涉及14个职能部门，98项行政许可事项，按照取消审批、审批改备案、告知承诺、提高透明度和可预期性和强化准入管理等5种方式进行试点。采取“分类推进、归口指导”的方式，细化实施方案、精简审批环节和流程，实现服务事项的标准化，改善以往“准入不准营”的尴尬局面，申请“证照办理”办件量持续增加，特别是“三小一摊”登记办法实施以来，已发放小食杂店登记证1100张，发放小作坊登记证96份，发放小餐饮登记证895份。

【“最多跑一次”改革】 年内，立足基础完善，向纵深推进“最多跑一次”改革，开展基础事项梳理，创新推进“无差别受理”和“移动办”，稳妥推动“双随机一公开”抽查监管。全县共梳理政务办事事项1417项，除5项例外事项外，1412项办事事项已全部实现“最多跑一次”，其中“零上门”事项723项，占比51%。梳理全县的省定民生事项和全县专有民生事项，共梳理全县省定民生事项286项，专有民生事项62项。分二批公布“一证通办”事项，第一批公布98项，第二批公布121项。重点推进乡镇便民服务中心“无差别受理”和便民服务事项“移动办”工作，一般乡镇和中心镇服务事项数在上年梳理101项事项的基础上分别增加到141项和207项，共梳理出一般乡镇无差别受理事项285项，涵盖19个部门，中心镇无差别受理事项294项，涵盖22个部门，基本实现便民服务事项100%“无差别全科受理”，同时筛选出“移动办”事项56项。在省、市跑改办梳理多部门联办“一件事情”基础上，梳理出《长兴县多部门联办“一件事情”目录》，共计67项，并对“一件事情”“一证通办”“一窗通办”等事项进行攻坚克难，使得多部门联办“一件事情”工作得到推动。继续牵头做好“双随机”抽查工作，推动全县17家部门运用“浙江省行政执法监管平台”开展工作。全县县级部门（单位）共上报“双随机”抽查事项161项；全县执法人员库上报数为1021人，执法对象库上报数为26374家；全县各单位共开展“双随机”抽查工作84次，检查执法对象共1843家，通过“双随机”抽查工作，助力全县营商环境优化建设。推动市场监管、环保、安监、文广新等部门市场监管、环境保护、安全生产、文化领域组织开展“部门联合、随机抽查、按标监管”的“一次到位”监管检查，建立联合抽查“一单两库”，共开展联合检查7次，参与部门10个，共检查对象19个，参与执法人员74人，取得较好效果，相关做法得到省市县的肯定。

【机构编制日常管理】 年内，做好编制资源的精简整合，用好实名制系统，出台各类编外用工管理制度。坚决落实控制财政人员只减不增要求，严格执行空编使用审核制度，有效实现控编减编，探索解决“有编不用”和“无编可用”的机构性矛盾问题。深化县级公立医院备案制管理工作，开展专题调研活动，对事业编制报备员额制运转情况进行总结评估。做好机构编制实名制系统的日常维护工作，共整改、完善实名制内信息4368

条。做好机关事业单位控编使用核准，公务员、事业单位人员招录汇总，营以下军转干部安置、转业士官安置岗位安排等工作。加强编外用工队伍管理，根据《长兴县机关事业单位编外人员积分制考核管理办法（试行）》"奖优罚劣"的原则，通过单位推荐、资格审查、组织审定等环节评选出60名编外人员爱岗敬业先进个人，并在全县机关事业单位聘用人员管理工作会议上进行表彰。清理规范现有编外人员与严格审批新增编外人员并举，按照重新核定的控制数对全县各机关事业单位超龄人员、超额人员、后勤服务人员、特殊岗位人员进行清理规范，同时对于乡镇（街道、园区）编外人员，按照"只减不增"的原则严格控制。编外人员进出严格按照实名制系统操作规范进行操作，确保进出有手续，操作有留痕。

【机构编制监督检查】 年内，按照省编委办《关于做好事业编制报备员额实名制管理专项调研的通知》的要求，对2016年全县推行事业编制报备员额制度以来的试行情况进行认真梳理、排摸，共核定报备员额数1476人，占全县事业编制（含报备员额数）总数11251人的13.1%，收回审批事业编制89人。强化事业单位规范登记，完成全县279家单位年度报告公示工作，参加率和合格率均达100%。通过网络审批设立事业单位1家，变更登记153家，证书补领1家，注销登记1家；办理机关单位统一社会信用代码证书新设立1家，变更9家，撤销7家，确保各项工作有序。全县机关事业单位申报中文域名421个，注册率和缴费率均为100%，确保工作落实到位。

（郭　娟）

## 老干部工作

【概况】 2018年，中共长兴县委老干部局（简称县委老干部局）内设机构有办公室、服务科、老干部活动中心、老年大学，年末有在编人员10人，其中局长1人、副局长3人。至年末，全县共有离休干部95人，其中行政43人、事业20人、企业32人，平均年龄91.24岁，分布在全县27个部门和3个镇、1个街道。有19位代管离休干部，其中省属单位纳入统筹9人、省市属单位代管7人、外地易进2人、军队离休干部1人。

【老干部待遇】 年内，依托"智慧党建"系统，建立离退休干部党组织端口，全面深化党员身份证管理，进一步加强离退休干部党组织日常动态监管。全县共建立离退休干部党支部50个，其中31个由离退休干部担任支部书记。深化老年大学临时党组织党建工作，老年大学在党员学员中实行党员身份证管理，全校194名党员学员刷党员身份证参加活动。健全和巩固"三个机制"，提高"两费"保障水平，不折不扣地执行老干部生活补贴、津补贴等各项生活待遇。完善医疗绿色服务通道，安装"智慧养老监控"，建立片区联系制度，整合社区资源开展"四就近"服务活动等。全年上门走访慰问离退休干部115人，其中长期卧床不起离休干部5人，到医院探望住院离休干部25人。组织引导老同志开展"不忘初心"活动，开展"讴歌新时代·永远跟党走"主题征文比赛、朗诵比赛的活动，选送的朗诵节目《我骄傲，我是中国人》获得省个人赛一等奖，《腾飞——中国》获得小组赛二等奖；建党97周年庆祝大会上，老干部合唱团演唱的《不会忘记你》，反响较好。开展"纪念改革开放40周年长兴老照片、新闻事件"征集活动；以讴歌党的丰功伟绩、弘扬老干部爱党爱国精神、"我看'两山'路上新变化"等为主题，开展"庆祝改革开放40周年——长兴县离退休干部'不忘初心·永远跟党走'"书画、摄影作品展。

【老干部活动阵地】 年内，优化老干部活动场所，老干部活动中心、老年大学积极积极增添设施，极大地满足老年人的需求。投入20多万元增添多媒体电子白板教学一体化设备。利用老干部活动中心、老干部党校等现有资源，筹建"老党员驿站"，为离退休干部党组织就近学习活动和发挥作用提供"一站式"服务平台。打造红色课堂，本学期新增党员学员19人，党员总数达到220人。组织开展"红色教育进课堂"活动，注重抓好日常学习教育，推行"党员行动亮身份"活动，大力推行党员身份证管理制度。打造文化课堂，根据学员需求，设有摄影、太极、舞蹈、戏曲等11个专业，52个班级，其中新增设6个新学科班级。

（周云燕）

## 党校工作

【概况】 2018年，中共长兴县委党校（行政学校、社会主义学校）内设办公室、教学科、科研室、培训科、行政科5个科室，核定编制27人，年末在编人员25人，其中专职教师11人；常务副校长1人、副校长2人、副科级组织员1人。教师队伍中，高级讲师4人，中级及以上职称教师7人、占63.6%；本科学历为100%，研究生学历9人、占81.8%。校园占地面积8.4公顷，校舍建筑面积1.5公顷。拥有先进的电化教学设备，有容纳220人和112人的报告厅各一个，圆形会议室1个，多媒体教室5个，讨论室5个，可同时容纳上千人学习、会议；建有党校网站1个；图书馆藏书20000余册；在用的1号、2号学员楼拥有客房85间，可同时供152人住宿、450人就餐。年内，县委党校作为浙江省两家县级党校之一被推荐到中央党校作为全国百所县级优秀党校经验推广，在全省首批市县党校办学质量创优评估中获第一名。年末，县委党校名列全市党校系统综合考核先进单位（第一名）。

【干部教育培训】 年内，“三校一院”共完成主体班次17个、22期，总人数达到2608人。对外培训班完成62个、66期，培训4460人次。县十九期中青班创新开展“驻村入户引领乡村振兴”实践锻炼活动，成效明显，反响很好；学员调研成果颇丰，8篇调研报告共获市县领导批示22次，其中县委书记全部批示、1篇获市委书记和市长双批示。对外培训班次年内新增福建、甘肃、广东等3个省份，培训范围已覆盖到全国22个省市自治区，对外影响不断扩大。

【教学科研】 年内，多项成果指标均创历史新高。关于全域旅游、长兴精神等15篇调研报告获市县领导肯定性批示；2018年省、市委党校课题立项分别为7项、13项，立项数在全市县党校中均列第一；年度市级优秀结题5项，占全市优秀结题总数的62.5%。全省党校系统理论研讨会我校有4篇文章获奖，全市党校系统咨政理论研讨会有6篇文章获奖。在全省决策咨询报告评选中，党校获得一等奖一篇，二等奖一篇，为全省县级党校中最好成绩。在各级各类期刊发表文章32篇，其中国家级2篇、省级10篇。

【宣教宣讲】 4月11日，参加“不忘初心 牢记使命”长兴县第六届微型党课比赛。县委党校获得优秀组织奖，蔡卫星老师获得一等奖，张玲丽老师获得三等奖。在之后的省市微型党课大赛中，蔡卫星分别荣获市一等奖、省三等奖。8月30日，在全市党校系统精品课现场竞赛中，练梅以《学习新党章、践行新使命》一课荣获第一名，并于12月6日获浙江省党校系统精品课优胜奖。10月30日，省委宣传部、浙江日报报业集团在杭表彰2018年浙江省基层宣讲名师，施小荣入选全省20名基层宣讲名师。12月18—24日，组织全体教师赴北京参加师资培训。全年共对外宣讲298场次，参训人数36552人次。

（沈晓燕）

## 机关党建

【概况】 2018年，中共长兴县直属机关工作委员会有办公室1个内设机构，年末有在编人员8人。下辖部门机关党组织45个，下属基层党组织116个（其中机关党委6个、机关党总支11个、机关党支部99个），以及县直机关工会、县直机关团工委和县直机关妇委会。年内，新成立党支部1个，调整党组织班子32个。新发展党员29人，其中35周岁以下24人、占83%，大专及以上学历26人、占90%；女性8人、占27%；批准预备党员转正39人。严肃查处机关党员干部违纪违法案件，至年末开除党籍1人。县直机关工委获湖州市2018年度县区机关党建考核一等奖。

9月30日，第十九期党政中青年干部培训班开班，县委常委、组织部部长、党校校长徐晓惠出席开班仪式并讲话 （组织部 供）

10月30日，长兴县公务员初任培训班开班，县委常委、常务副县长何志强出席开班仪式并为学员授课 （组织部 供）

6月29日下午，机关合唱团在大剧院参加长兴县纪念建党97周年歌咏会

（机关工委 供）

【党员教育培训】 3月20—23日，在省委党校举办县直机关党组织书记培训班，59个部门机关党组织书记参加。培训班为期四天，培训内容包括党支部工作实务结构化研讨、机关党支部工作法讲座、习近平新时代中国特色社会主义思想解读、党纪党规教育、沟通的艺术等，并赴梦想小镇开展现场教学。6月1—6日，会同县委组织部、县委党校在江南红村联合举办2018年全县党员发展对象集中培训班，全县492名发展对象参加。培训内容包括十九大精神、党规党纪、党章党史、文明创建等。培训形式为一期两批次封闭式军事化集中轮训，实行集中开班军训、分批教学讨论、统一测试考核。12月1—3日，会同县委组织部、县委党校在县委党校联合举办2018年下半年党员发展对象培训班，参训人员152人。

【党建理论研究】 4月，组织开展县直机关党建理论研究征文活动，评出获奖论文26篇。《探索推行"三维筛选法"，严把发展党员政治审查关》获第八轮全省机关党建工作优秀创新成果奖，《对当前落实"三会一课"呈现的"四化"现象引发制约机关党支部组织力提升的思考》获全市机关党建理论研究成果二等奖，《推行"三维筛选法"严把发展党员政治审查关》获全市机关党建工作十佳创新成果。年内，上级信息录用共计55篇，其中国家级7篇，省级35篇，市级13篇。

【党员身份管理】 年内，全面推行党员身份证使用管理机制，严格实行党员持身份证刷卡报到参加组织生活制度，系统自动对每名党员参加组织生活的次数、内容、时长等进行全程纪实。全年共召开支部党员大会、党小组会1056次，上党课355次，1.7万人次持证刷卡参加。

【机关党支部建设】 年内，实施"党支部建设提升工程"，更新完善61个机关部门的党建阵地，培育机关党建示范点7个。新四军苏浙军区纪念馆被列为湖州市直机关主题党日活动基地。统一制发《长兴县机关党组织工作记录本》500本。组成两个督查组于7月和11月通过实地走访、座谈、查阅台账资料等方式，对全县61家单位机关党组织规范化建设开展考核督查，现场点评亮分，通报评定结果。指导机关党组织高标准、高质量开展支部主题党日活动1512场次。

【党员志愿服务】 年内，组织机关党员志愿者积极投身"双提十攻坚"行动等重点工作，以组建先锋队、突击队、攻坚队等形式，每季突出一个主题，开展集中攻关、助推发展等专业化志愿服务。打造"共产党员志愿服务广场"品牌，共计组建各类志愿服务队伍76支，集中开展志愿服务活动11场次，实施集中志愿行动235场次。

【机关文体活动】 年内，围绕机关文化艺术节主题，开展丰富多彩文体活动。3月8日，举办庆"三八"礼茶活动，20个部门70余名机关女干部参赛；8月，举办"扬长兴精神，建模范机关"主题演讲比赛，分初赛阶段和决赛阶段，43个机关部门66位选手参加；11月14日，举办县直机关"健康长兴"暨"文明礼仪"专题培训班，来自全县62个部门和各乡镇（街道、园区）有关负责人及联络员共120余人参加；11月21—30日，举办长兴县级机关干部职工篮球比赛，18家单位组队参赛。

（刘　玥）

# 长兴县人民代表大会

## 综　述

长兴县人民代表大会是长兴县的地方国家权力机关，长兴县人民代表大会常务委员会是长兴县人民代表大会的常设机关，对长兴县人民代表大会负责并报告工作。2018年，县十六届人大常委会认真学习贯彻党的十八大、十八届各次全会、十九大以及习近平总书记系列重要讲话精神，紧紧围绕县第十四次党代会确定的目标任务，以聚焦效益品质、聚力改革创新为主线，认真行使宪法和法律赋予的职权。

开展监督工作　县人大常委会贯彻落实《中华人民共和国各级人民代表大会常务委员会监督法》，围绕经济发展、法治建设、民生改善等方面，深入开展监督。全年召开常委会会议10次，主任会议14次，听取和审议"一府两院"工作报告24项，依法作出有关决议、决定29个，发送审议意见、工作建议书21份，圆满完成县十六届人大二次会议确定的各项目标任务。认真落实中央和省、市委关于各级政府重大决策出台前向同级人大报告的相关要求，审议2017年度生态环境状况和环境保护目标完成情况报告，首次听取和审议国有资产管理工作的综合报告和专项报告。审查和批准两批新增政府投资项目，保障60个事关经济社会发展和民生必需项目的实施。

规范人事任免工作　年内，县人大常委会修订完善任免国家机关工作人员实施办法，坚持和完善任前调查、任前法律知识考试、会议听取情况说明、颁发任命书等工作程序，组织新任命人员向宪法宣誓，认真行使好人事任免权。全年任免地方国家机关工作人员34人次，接受辞职42人，组织33名国家机关工作人员进行宪法宣誓，依法有序地做好机构改革有关工作。

指导基层人大工作　年内，指导乡镇（街道）人大工作，推动乡镇（街道）人大规范化建设。对乡镇（街道）预算审查的重点内容和预算项目支出进行指导。坚持民生实事与财政预算"五结合"工作原则，帮助乡镇（街道）理清民生实事项目代表票决制与财政预算的关系，推动民主参与式预算提质增效。指导乡镇人大同步开展生态环境状况报告工作，推动实现报告工作全覆盖。坚持邀请乡镇（街道）人大负责人列席县人大常委会会议，组织乡镇（街道）人大干部参加视察、调研、执法检查和外出考察培训等活动。

加强自身建设　年内，认真学习贯彻党的十九大、十九届二中、三中全会精神和习近平总书记关于坚持和完善人民代表大会制度的重要思想，扎实开展"三个一"活动，推进"两学一做"活动常态化制度化，践行"长兴精神"。组织机关工作人员学习宪法、法律和人民代表大会制度等有关专业知识，增强机关干部的宗旨意识和法治意识。成立县人大常委会专家咨询组，制定《长兴县人大专家咨询组工作章程》，为常委会开展工作提供智力支持和专业服务。健全办文办会、财务管理等制度，真正做到靠制度来规范和保证机关工作运转，持续推进工作提速、服务提质、监督提效。严格对照中央"八项规定"精神和清廉长兴建设的有关要求，自觉学习执行廉洁自律各项规定，支持派驻纪检监察组开展工作，持之以恒抓好作风建设。

## 重要会议

【概况】　年内，县十六届人大召开全体代表会议1次，县十六届人大常委会共召开常委会会议10次、主任会议14次。

【全体代表会议】　2月5日至8日，县十六届人大二次会议召开。会议听取和审查长兴县人民政府县长杨中校代表县人民政府所作《长兴县人民政府工作报告》；审查和批准《长兴县2017年国民经济和社会发展计划执行情况的报告与2018年国民经济和社会发展计划》；审查和批准《长兴县2017年财政预算执行情况的报告和2018年财政预算》；听取和审查长兴县人民代表大会常务委员会主任

2月6日上午，长兴县十六届人民代表大会第二次会议开幕　　（人大办 供）

叶白云受县人民代表大会常务委员会委托所作《长兴县人民代表大会常务委员会工作报告》；听取和审查长兴县人民法院院长冯新林所作《长兴县人民法院工作报告》；听取和审查长兴县人民检察院检察长潘如新所作《长兴县人民检察院工作报告》；选举长兴县第十六届人民代表大会常务委员会委员；票决长兴县2018年度政府民生实事项目。县十六届人大二次会议共举行3次全体会议，5次主席团会议，经举手表决会议通过长兴县人民政府工作报告决议等6项决议。会议期间共收到代表们提出的议案、建议127件，其中议案35件，其中33件转为建议处理，另外2件转为重点建议处理，会后，127件建议分类进行交办。

【县十六届人大常委会会议】　年内，县十六届人大常委会共召开常委会会议10次。

第8次会议　1月3日下午召开。会议审议通过关于召开县十六届人大二次会议的决定；审议通过县十六届人大二次会议有关筹备事项；有关县人大代表辞职事项；有关人事任免事项，颁发任命书、举行宪法宣誓仪式。

第9次会议　1月22日下午召开。会议听取关于全县监察体制改革试点工作情况的通报；听取和审议长兴县2018年度政府民生实事候选项目情况的报告；审议通过县十六届人大常委会代表资格审查委员会关于代表变动及补选代表的代表资格审查情况报告；审议通过县人大常委会工作报告（讨论稿）；补选湖州市第八届人民代表大会代表；有关人事任免事项，颁发任命书。

第10次会议　3月22日下午召开。会议审议通过县人大常委会2018年工作要点；听取和审议县人民政府关于2017年度县环境状况和环境保护目标完成情况的报告；县人大常委会调查组关于2017年度县环境状况和环境保护目标完成情况的调查报告（书面）；市人大代表述职。

第11次会议　5月23日下午召开。会议听取和审议县人民政府关于县文明城市常态化管理工作情况的报告；县人大常委会调查组关于县文明城市常态化管理工作情况的调查报告（书面）；听取和审议县人民政府关于县乡村振兴示范带建设情况的报告；县人大常委会调查组关于县乡村振兴示范带建设情况的调查报告（书面）；听取和审议县人民法院关于解决“执行难”工作情况的报告；县人大常委会调查组关于县人民法院解决“执行难”工作情况的调查报告（书面）；有关人事任免事项，颁发任命书。

第12次会议　7月3日上午召开。会议审议通过有关人事任免事项并颁发任命书和宪法宣誓。

第13次会议　7月31日下午召开。会议听取和审议县人民政府关于长兴县2017年财政决算的报告；听取和审议县人民政府关于长兴县本级2017年预算执行和其他财政收支情况的审计工作报告；县人大常委会调查组关于长兴县2017年财政决算和财政预算执行审计情况的调查报告（书面）；听取和审议县人民政府关于长兴县2018年1—6月国民经济和社会发展计划执行情况的报告；听取和审议县人民政府关于长兴县2018年1—6月财政预算执行情况的报告；县人大常委会调查组关于长兴县2018年1—6月国民经济和社会发展计划、财政预算执行情况的调查报告（书面）；听取和审议县人民政府关于长兴县2018年新增政府投资项目情况的报告；听取和审议县人大常委会主任会议提请的关于修订《长兴县人民代表大会常务委员会任命或决定任命的国家工作人员宪法宣誓办法》的议案；有关人事任免事项并颁发任命书和宪法宣誓。

第14次会议　8月24日下午召开。会议审议通过有关人事任免事项并颁发任命书和宪法宣誓。

第15次会议　9月14日下午召开。会议听取和审议县人民政府关于长兴县2018年新增第二批政府投资项目情况的报告；听取和审议县人民政府关于2019年县级部门预算编制工作方案的报告；听取和审议县人民政府关于县城乡文体基础设施建设情况的报告；县人大常委会调查组关于县城乡文体基础设施建设情况的调查报告（书面）；县人民法院部分员额法官、县人民检察院部分员额检察官履职评议；评议县住房和城乡建设局工作；评议县农业局工作；有关县人大代表辞职事项；有关人事任免事项并颁发任命书和宪法宣誓。

第16次会议　10月22日下午

召开。会议审议通过有关人事任免事项并颁发任命书和宪法宣誓。

第17次会议　11月22日下午召开。会议听取和审议县人民政府关于2018年民生实事项目实施情况的报告;听取和审议县人民政府关于县十六届人大二次会议代表建议办理情况的报告;县人大常委会调查组关于县十六届人大二次会议代表建议办理情况的调查报告(书面);听取和审议县人民政府关于要求调整2018年财政预算的议案;听取和审议县人民政府关于2017年度预算执行和其他财政收支审计查出问题整改落实情况的报告;听取和审议县人民政府关于长兴县国民经济和社会发展"十三五"规划纲要实施情况中期评估的报告;县人大常委会调查组关于长兴县国民经济和社会发展"十三五"规划纲要实施情况中期评估的调查报告(书面);听取和审议县人民政府关于县企业国有资产管理情况的专项报告;县人大常委会调查组关于县企业国有资产管理情况的调查报告(书面);县人民政府关于县国有资产管理情况的综合报告(书面);县建设局关于对县人大常委会评议意见整改落实情况的报告(书面);县农业局关于对县人大常委会评议意见整改落实情况的报告(书面);有关人事任免事项并颁发任命书。

第18次会议　12月13日下午召开。会议审议通过关于召开县十六届人大三次会议的决定;审议通过县十六届人大三次会议有关筹备事项;有关县人大代表辞职事项;有关人事任职事项并颁发任命书和宪法宣誓。

**【县十六届人大常委会主任会议】** 年内,县十六届人大常委会共召开主任会议14次(第13次至第26次)。

第13次会议　1月19日下午召开。会议听取关于县监察体制改革试点工作情况;听取和讨论长兴县2018年度民生实事候选项目情况的报告;听取和讨论县十六届人大常委会代表资格审查委员会关于代表变动及补选代表的资格审查情况;讨论补选湖州市第八届人大代表有关事项;讨论有关人事任免事项;决定第9次常委会有关事项。

第14次会议　3月20日下午召开。会议听取和讨论县人大常委会2018年工作要点;听取和审议县人大常委会2018年度监督工作计划;听取和讨论县人大常委会调查组关于2017年度县环境状况和环境保护目标完成情况的调查报告;研究决定第10次常委会会议有关事项。

第15次会议　4月12日下午召开。会议听取和审议县人民政府关于县"智能制造"工作推进情况的报告;听取和讨论县人大常委会调查组关于县"智能制造"工作推进情况的调查报告;听取和审议县人民政府关于创建省"食品安全县"工作情况的报告;听取和讨论县人大常委会调查组关于创建省"食品安全县"工作情况的调查报告;听取和讨论县人大法制(内务司法)委员会关于组建县人大常委会法律专家组建议方案的汇报。

第16次会议　5月21日下午召开。会议听取和讨论县人大常委会调查组关于县文明城市常态化管理情况的调查报告;听取和讨论县人大常委会调查组关于县乡村振兴示范带建设情况的调查报告;听取和讨论县人大常委会调查组关于县人民法院解决"执行难"工作情况的调查报告;有关人事任免事项;研究决定第11次常委会会议有关事项。

第17次会议　6月21日下午召开。会议听取和审议县人民政府关于县"七五"普法工作开展情况的报告;听取和讨论县人大常委会调查组关于县"七五"普法工作开展情况的调查报告;听取和审议县人民政府关于县矿山复绿工作情况的报告;听取和讨论县人大常委会调查组关于县矿山复绿工作情况的调查报告。

第18次会议　7月3日上午召开。会议听取和讨论有关人事任免事项;研究决定第12次常委会会议有关事项。

第19次会议　7月30日下午召开。会议听取和讨论县人民政府关于长兴县2018年新增政府投资项目情况的报告;听取和讨论县人大常委会调查组关于长兴县2017年财政决算和财政预算执行审计情况的调查报告;听取和讨论县人大常委会调查组关于长兴县2018年1—6月国民经济和社会发展计划、财政预算执行情况的调查报告;听取和讨论《长兴县人民代表大会常务委员会任命或决定任命的国家工作人员宪法宣誓办法》修订情况;有关人事任免事项;研究决定第13次常委会会议有关事项。

第20次会议　8月24日下午召开。会议听取和讨论有关人事任免事项;研究决定第14次常委会会议有关事项。

第21次会议　9月13日下午召开。会议听取和讨论县人民政府关于长兴县2018年新增第二批政府投资项目情况的报告;听取和讨论县人民政府关于2019年县级部门预算编制工作方案的报告;有关人事任免事项;听取和讨论县人大常委会调查组关于县城乡文体基础设施建设情况的调查报告;听取和讨论县人大常委会履职评议组关于对县人民法院部分员额法官、县人民检察院部分员额检察官履职情况的调查报告;听取和讨论县人大常委会评议调查组关于县建设局工作情况的调查报告;听取和讨论县人大常委会评议调查组关于县农业局工作情况的调查报告;听取和讨论县人大财经委关于"十三五"规划中期评估调研工作方案的报告;听取和讨论有关县人大代表辞职事项;研究决定第15次常委会会议有关事项。

第22次会议　9月14日下午召开。会议听取和讨论有关人事任免事项。

第23次会议　10月22日上午召开。会议听取和审议县人民政府关于长兴县水利设施管理工作情况的报告；听取和讨论县人大常委会调查组关于长兴县水利设施管理工作情况的调查报告；听取和审议县人民政府关于县利用外资工作情况的报告；听取和讨论县人大常委会调查组关于县利用外资工作情况的调查报告；有关人事任免事项；听取和讨论代表与选举任免工委关于2018年度县政府民生实事项目监督工作的实施方案的汇报；听取和讨论代表与选举任免工委关于代表变动和选举（补选）代表有关情况的报告；研究决定第16次常委会会议有关事项。

第24次会议　11月21日下午召开。会议听取和审议县人民政府关于长兴县隐性债务情况的报告；听取和讨论县人民政府关于要求调整2018年财政预算的议案；听取和讨论县人民政府关于2017年度预算执行和其他财政收支审计查出问题整改落实情况的报告；有关人事任免事项；听取和讨论县人大常委会调查组关于长兴县国民经济和社会发展"十三五"规划纲要实施情况中期评估的调查报告；听取和讨论县人大常委会调查组关于县十六届人大二次会议代表建议办理情况的调查报告；听取和讨论县人大常委会调查组关于县企业国有资产管理情况的调查报告；听取和讨论县人大财政经济委员会关于确定2019年部门预算重点审查单位的建议；听取和讨论县人大常委会工作报告（讨论稿）和县人大常委会2019年工作要点（讨论稿）；研究决定第17次常委会会议有关事项。

第25次会议　12月13日下午召开。会议听取和讨论关于召开县十六届人大三次会议的决定（草案）；听取和讨论关于县十六届人大三次会议的有关筹备事项；有关县代表辞职事项；有关人事任职事项；研究决定第18次常委会会议有关事项。

第26次会议　12月26日下午召开。会议讨论县委十四届五次全体（扩大）会议上的报告（征求意见稿）；听取和审议县人民政府关于《湖州市禁止销售燃放烟花爆竹规定》贯彻实施情况的报告；听取和讨论县人大常委会调查组关于《湖州市禁止销售燃放烟花爆竹规定》贯彻实施情况的调查报告；听取和审议县人民政府关于县医共体建设情况的报告；听取和讨论县人大常委会调查组关于县医共体建设情况的调查报告；听取和讨论县十六届人大三次会议关于设立更名有关专门委员会的决定和有关说明；听取和讨论县人大常委会关于开展市人大代表述职评价工作的方案；听取和讨论县人大法制（内务司法）委员会工作报告（讨论稿）；听取和讨论县人大财政经济委员会工作报告（讨论稿）。

## 重大事项决定和人事任免

【概况】　年内，讨论决定新增政府投资项目、财政决算、部门预算编制工作方案等重大事项。7月31日，长兴县十六届人大常委会第13次会议，分别听取县财政局局长葛铭松受县人民政府委托所作《关于长兴县2017年财政决算的报告》和县审计局局长蒋烈受县人民政府委托所作《关于长兴县本级2017年预算执行和其他财政收支情况的审计工作报告》。经过审议，决定批准长兴县2017年财政决算。7月31日，长兴县十六届人大常委会第13次会议，听取县发改委主任傅仕松受县人民政府委托所作《关于长兴县2018年新增政府投资项目情况的报告》。经过审议，决定批准长兴县2018年新增政府投资项目。9月14日，长兴县十六届人大常委会第15次会议，听取县发改委主任傅仕松受县人民政府委托所作《关于长兴县2018年新增第二批政府投资项目情况的报告》。经过审议，决定批准长兴县2018年新增第二批政府投资项目。9月14日，长兴县十六届人大常委会第15次会议，听取县财政局局长葛铭松受县人民政府委托所作《2019年县级部门预算编制工作方案》。经过审议，批准2019年县级部门预算编制工作方案。11月22日，长兴县十六届人大常委会第17次会议审议县财政局局长葛铭松代表县人民政府所提请《关于要求调整2018年财政预算的议案》。会议批准县政府提请的要求调整2018年财政预算的议案，决定2018年一般公共预算支出预算从年初的66.90亿元调整到68.90亿元。政府性基金收入从32亿元调整到63亿元，政府性基金支出预算从30亿元调整到62.80亿元。调入补充预算稳定调节基金1.40亿元，动用预算稳定调节基金安排项目支出2.60亿元。

年内，先后任免干部76人次。其中任命34人次，包括人大2人次、政府组成部门9人次、人民法院3人次、人民检察院5人次；免职42人次。包括人大4人次、政府组成部门9人次、人民法院2人次、人民检察院4人次。

## 监督工作

【概况】　年内，抓住经济运行、财政预算、改革创新、依法行政、公正司法、环境保护、民生事业等事关科学发展、民生改善的重大问题开展监督。

【经济运行监督】　年内，组织"十三五"规划实施情况中期评估调研，研究分析"十三五"规划的指标完成及12个专项规划中期实施情况，提出要高质量完成目标任务、注重经济质量效益、纵深推进"六重"工作等审议意见，切实发挥"十三五"规划在全县经济社会发展中的指导作用。听取2018年上半年国民经济和社会发展计划执行情况报告，建议县政府及有关部门进一步落实调结构、惠民生、防风险等各项措施，确保实现全年经济社会发展目标。听取和审议智能制造工作推进情况报告，强调要在规划引领、政策引导、人才引育等方面下功夫、求突破，进一步推动新动能培育、新业态发展和新产业壮大，助力“中国制造2025”浙江行动试点示范县建设。关注外资项目的引进和培育，专题调研利用外资和侨台资企业发展情况。

【财政预决算监督】 年内，开展政府财政全口径预决算编制的审查监督，审议预算编制、执行、调整及决算、政府性资金收支、审计工作等情况的报告，跟踪督促审计问题整改落实。开展预算联网监督，以信息化手段和大数据技术提升监督实效，形成事前审查、事中提醒、事后评价的全程监督模式。听取县政府隐性债务总体情况汇报，要求县政府落实上级文件精神和要求，进一步做好隐性债务风险防范和化解。

【中心工作监督】 年内，出台监督工作方案，建立“一月一督查、一季一评议、年度大调研”的工作机制，侧重围绕“美丽城镇、污染防治、全域旅游、惠民实事、平安创建”等五项攻坚行动开展监督。每月对五个攻坚行动的实施计划、工作进度、问题整改等方面进行督查；每季度采取听取汇报、实地视察、民主测评等方式开展评议，促进问题解决，推动五大领域工作的整体提升；开展年度调研，总结特色亮点，梳理问题短板，提出意见建议，为县委、县政府决策提供代表智慧和人大方案。参与“双扶”、选商引资、项目引推、五水共治等重点工作和重大项目建设。

【法律法规实施监督】 年内，开展“七五”普法工作调研，落实市人大关于市、县、乡三级联动开展普法宣传教育活动的要求，组织100余名人大代表会同20多个政府部门，在公共活动场所向群众宣传、讲解法律法规知识及相关政策。参与上级人大组织开展的《浙江省保障“最多跑一次”改革规定》《湖州市美丽乡村建设条例》等地方性法规草案的立法调研活动。

【依法行政监督】 年内，组织开展对县建设局、县农业局的工作评议，成立两个评议调查组开展调查，委托审计部门进行财务审计，全面了解被评议部门依法履职情况。听取和审议被评议部门的自查报告及评议调查组的调查报告，并对被评议部门进行满意度测评，及时反馈评议意见。采取上下联动方式，对固废污染防治“一法一条例”“双禁”规定等法律法规的贯彻实施情况开展检查。开展规范性文件备案审查，累计对县政府报送的15件规范性文件进行备案审查，做到有件必备、有备必审、有错必纠。

【司法监督】 年内，支持决战决胜“基本解决执行难”工作，专题听取解决执行难工作情况报告，要求县人民法院强化协同机制运作，加大对“老赖”的执行、曝光力度，提升执行工作质效，推进诚信体系建设。支持司法体制改革，调研公益诉讼工作。优化员额“两官”履职评议机制，对3名员额法官、3名员额检察官开展履职评议推动“两院”加强内部监督管理，提升司法队伍综合素质。

【社会事业发展监督】 年内，组织实施“推进社会治理创新”课题调研。关注全国消防改革大背景下县消防应急救援工作情况，调研消防工作开展、救援队伍建设以及工作的潜在问题，助推消防改革平稳过渡。以调研“食品安全县”创建为抓手，提升食品安全监管水平。听取和审议医共体建设情况报告，提出要坚持以群众需求为导向，着力解决基层优质医疗资源总量不足、分布不均衡等问题，全面深化医共体建设。调研全县健康产业发展工作，推动形成功能完善、投入多元、覆盖城乡的健康服务体系。助推文化和旅游事业发展，把脉全域旅游创建工作，多次视察调研太湖龙之梦乐园、水口茶文化旅游景区、小浦十里古银杏长廊等景区的环境整治优化工作，提出要加大旅游规划指导和项目推进力度，有效破解旅游业发展瓶颈等建议，促进旅游业由“景点旅游”向“全域旅游”转变。

【信访办理】 年内，坚持把做好人大信访工作作为促进社会和谐稳定的重要途径，逐步完善督办机制，不断提高信访办理效果。通过批办、交办、督办等方式推动有关问题解决，维护群众合法权益。一年来共受理

1月20日，县人大常委会在雉城街道绿城广场开展“我是党员我带头 垃圾分类我先行”党员主题活动日
(人大办 供)

群众来信38件(次),接待群众来访16批42人(次)。

【城乡统筹监督】 年内,专题调研文明城市长效机制建设,聚焦养犬扰民、室外抛物、车辆无序停放等社会反响强烈问题,推进《湖州市文明行为促进条例》顺利实施。关注“四边三化”“三改一拆”“治危拆违”、城中村改造、全域土地整治等工作,跟踪问效小城镇环境综合整治,推动美丽城镇建设。听取和审议乡村振兴示范带建设情况报告,建议县政府以农业供给侧结构性改革为主线,从规划指导、产业融合、激发活力等方面入手,大力培育新型经营主体、发展特色农业产业、建设现代农业园区,推动农旅深度融合发展。着眼于提高防洪能力和服务农业生产,视察水利设施运行管理工作。

【生态环境保护监督】 年内,查找生态公益林建设和保护工作中的短板,建议县政府增强监管意识,提高公益林补偿标准,优化护林队伍年龄结构。对照省、市、县关于矿山复绿工作的目标要求,督促县政府落实复绿主体责任,加快历史遗留问题协调解决,提高复绿质效,推动裸露矿山“旧貌换新颜”。开展环城河区域水质治理提升“五聚焦”督查,对长水港及周边区域内的河流湖泊水质情况开展实地调研。视察饮用水水源地保护工作,要求县政府进一步增强饮用水水源地保护意识,做好二级保护区内的企业关闭和生活污水处理工作,消除饮用水安全隐患。

9月11日市长、市人大代表钱三雄(右排中)走进画溪代表联络站开展主题接待活动

(人大办 供)

## 代表工作

【概况】 年内,常委会坚持尊重代表、依靠代表、服务代表,通过创新举措、完善机制、拓展平台,加强和改进代表工作,代表主体作用充分发挥。

【代表履职培训】 年内,组织近200名基层县人大代表,分两批赴省人大培训基地开展专题培训,邀请省人大常委会有关领导和专家作专题讲座,提高代表政治理论水平,增强代表履行职务的本领。为代表订阅、寄送人大刊物,让代表了解人大工作动态。组织代表参与常委会视察调研、执法检查、工作评议等活动,推荐代表列席县政府有关会议,组织代表参与直击问政,视察检察开放日,旁听法院庭审和观摩现场执行,提升代表履职能力。

【履职平台建设】 年内,全面争创“五星级”代表联络站,至年末,新创建“五星级”代表联络站7个,实现“五星级”代表联络站全覆盖,举办政府部门负责人与人大代表面对面问政活动,围绕美丽河湖建管主题,组织人大代表深入开展调研,查找存在问题,通过问政会现场面对面询问,推动相关问题解决。

【代表作用发挥】 年内,组织全县各级代表开展“双提十攻坚”大督查、“长兴精神”大讨论、“五进五访五查”大走访、2018年民生实事项目实施大调研等主题活动。开展2019年民生实事建议项目征集活动41次,征集到市、县、乡民生实事建议项目339条,其中县级建议项目121条。组织市人大代表长兴中心组各小组开展视察活动9次,17名市人大代表在县人大常委会会议上述职。

【代表建议督办】 年内,健全代表建议督办机制,规范建议办理程序,实现办理效果由“答复满意”向“结果满意”转变。打造“中国制造2025”浙江行动试点示范县和深化“最多跑一次”改革两件重点建议,通过县政府分管县长牵头领办、常委会领导领衔督办、相关专(工)委跟踪督办等方式,实现高效办理。县十六届人大二次会议的127件代表建议,已办结78件,正在办理39件,列入办理计划10件。其中,代表反映的规范民办教育培训机构、加强农村公共设施管理及维护等一批建议得到较好办理,代表满意度不断提升。

(陈　铭)

# 长兴县人民政府

## 重要会议

【概况】 年内，长兴县人民政府（以下简称县政府）召开全体（扩大）会议1次；召开常务会议18次。会议议题涉及实体振兴、经济转型、城乡发展、社会治理、生态建设、民生改善和政府自身建设等方面内容。

【县政府全体（扩大）会议】 3月6日，县政府第二次全体（扩大）会议在行政会议中心召开。会议深入学习中央、省市会议精神，部署议案、提案交办工作，强调要高度重视，明确责任，加快办理，注重实效。会议从振兴实体、城乡发展、生态建设、民生改善、政府自身建设等方面部署2018年政府工作，要求贯彻县委精神，对照年度工作目标，聚力重点，狠抓落实；强调政府要提升学习、执行、法治、自律四项能力。

【县政府常务会议】 年内，县政府常务会议共举行18次。

1月3日，十六届政府第13次常务会议举行。会议学习市委八届三次全体（扩大）会议暨经济工作会议精神；听取并原则通过《城投、交投、文旅三大集团组建职责及发展方向》以及县国资国企改革相关配套制度、《长兴县美丽经济交通走廊建设工作方案》《长兴县乡村振兴大提速三年行动实施方案（2018—2020年）》《长兴县农业转型发展“1735”行动方案（2018—2020年）》《长兴县关于加快农业转型发展的政策意见》《长兴县城镇生活垃圾分类实施方案》《长兴县农村生活垃圾分类示范村创建工作方案》；听取并原则同意《长兴县2016年冬季和2017年秋季符合安排工作条件退役士兵岗位分配计划》；书面审议并原则通过《长兴县公开公共服务事项清单动态调整管理办法》。

1月18日，十六届政府第14次常务会议举行。会议开展“党纪教育一刻钟”活动；听取并原则通过《政府工作报告》《2018年度长兴县民生实事候选项目》《长兴县重大平台项目准入管理实施细则（试行）》《长兴县推进企业上市“双倍增行动”方案（2017—2021年）》；书面审议并原则通过《长兴县2017年国民经济和社会发展计划执行情况与2018年国民经济和社会发展计划草案》《长兴县2017年财政预算执行情况及2018年财政预算草案的报告》；审议当前安全生产工作有关情况，进一步做好防范化解政府性债务风险工作有关情况，2018年全社会固定资产投资项目、政府投资项目和重点建设项目有关情况，长兴县党政机关房产普查及办公用房有关情况。

2月1日，十六届政府第15次常务会议举行。会议传达省十三届人大一次会议精神；学习《中华人民共和国食品安全法》；听取并原则通过《长兴县食品安全党政同责实施办法》《长兴县推进“中国制造2025”浙江行动试点示范三十六条政策》《关于雪灾后加快恢复农业生产的政策意见》《关于进一步加快服务业发展的十七条政策意见》《关于加快人才强县建设的二十条政策意见》《长兴县扶持大学生就业创业十条政策》《2018年工业经济工作要点》；听取并原则同意2018年长兴县振兴实体经济暨科技人才大会方案；书面审议并原则通过《长兴县工业企业发展绩效综合评价办法》《关于加快发展红十字事业的实施意见》。

3月1日，十六届政府第16次常务会议举行。会议开展了“党纪教育一刻钟”活动，听取并原则通过《2018年乡镇（街道、园区）经济发展指导性计划》《关于进一步加强长兴县移动通信基础设施建设的实施方案》《进一步加强合溪水库上游生态建设保护实施办法（2018—2020年）》《长兴县殡葬综合改革试点工作方案》《长兴县现代渔业绿色健康发展示范区三年行动计划（2018—2020年）》《长兴县2018年现代渔业绿色振兴发展实施方案》；听取并原则同意2017年度耕地保护补偿资金分配方案；书面审议并原则通过《长兴县土壤污染防治和环境保护工作方案》《2018年政府工作报告重点任务分解表》。

3月16日，十六届政府第17次常务会议举行。会议听取并原则通过《关于开展废弃矿地复垦农用地工作的政策意见》《长兴县企业投资项目承诺报备制改革试点方案》《长兴县2018年现代服务业发展工作要点》《关于进一步加强政府投资项目管理的意见》《社户对接 助农增收“十百千万”帮扶行动实施方案》《长兴县全域旅游“龙腾”计划(2018—2020年)》;听取并原则同意关于扎实推进矿山复绿工作和开展废弃矿地综合利用工作的安排;书面审议并原则通过《2017年度长兴县生态环境状况和环境保护目标完成情况报告》。

4月13日,十六届政府第18次常务会议举行。会议集中学习《中华人民共和国宪法》;学习传达省政府第一次全体(扩大)会议、市政府第二次全体会议精神;听取并原则通过《2018年长兴县生态文明先行示范区建设工作实施方案》《长兴县2018年“五水共治”碧水行动实施方案》《2018年长兴县大气污染防治工作实施方案》《2018年长兴县土壤污染防治工作实施方案》《2018年长兴县矿山综合治理工作实施方案》《长兴港水质提升整治工作方案》《关于开展长兴县第二次全国污染源普查工作的通知》《长兴县第二次全国污染源普查工作方案》《关于成立长兴县第二次全国污染源普查工作办公室的通知》《长兴县2018年度工业行业淘汰落后产能(设备)、“腾笼换鸟”工作推进计划》《健康长兴2030行动纲要》《关于开展吊销未注销企业宣告注销试点工作的通知》《长兴县消防安全责任追究暂行办法》《关于进一步加强“地沟油”综合治理工作的实施意见》;书面审议并原则通过《长兴县人民政府 临江市人民政府对口合作框架协议》《长兴县与临江市对口合作工作方案》《关于加强和改进新形势下行政学校工作的实施意见》。

4月28日,十六届政府第19次常务会议举行。会议听取并原则通过《长兴县城镇生活垃圾分类处理工作考核办法》《长兴县住宅小区物业服务企业生活垃圾分类工作考核办法》《进一步规范建设项目招标前期工作的意见》《长兴县推进绿色金融改革创新支持实体经济发展若干政策意见》《2018年度金融业支持地方经济发展考核办法》;听取并原则同意湖州市长江经济带生态环境保护审计长兴县整改工作、长兴县城区公共自行车系统升级方案;书面审议并原则通过《关于全县实施烟花爆竹“双禁”的工作方案》《关于全县禁止销售燃放烟花爆竹的通告》。

5月10日,十六届政府第20次常务会议举行。会议开展“党纪教育一刻钟”活动;听取并原则通过长兴县工业平台开发边界划分方案、《四大国有集团2018年度绩效考核办法》《关于加快四大国有集团改革发展的若干意见》《长兴县属国有企业投资管理暂行办法》《长兴县2018年大气污染防治“1+3”百日攻坚实施方案》《长兴县农村电子商务发展实施方案》《长兴县人民政府关于环境污染责任保险工作的实施意见》;听取并原则同意长兴县重金属污染防治和风险管控示范区建设有关情况、加快长兴县污泥处置利用设施建设有关情况、小城镇环境综合整治工作安排。

5月24日,十六届政府第21次常务会议举行。会议听取并原则通过《长兴县码头综合整治工作方案》《长兴县开展中小学生校外培训机构专项治理“百日攻坚”行动方案》《长兴县工业“低产田”企业达标提质三年行动计划》《长兴县实施工业企业差别化政策补充意见》《长兴县人民政府办公室关于开展调整城镇土地使用税政策促进土地集约节约利用工作实施意见》《长兴县人民政府关于调整城镇土地使用税土地等级和征收标准的通知》《长兴县承办浙江省第十六届运动会(部分项目)比赛工作方案》;听取并原则同意“乡镇关闸门”后县对乡镇运转支出保障政策和县财政大额资金支出安排、长兴新城环保有限公司环保整改、长兴金耀公司餐厨垃圾资源化综合利用和无害化处置项目推进以及全国集中式饮用水源地环境保护专项行动督查、给予在平安综治维稳工作中表现突出的集体和个人记功表扬、对都市中央广场进行公开挂牌转让并提交县委研究;通报县长助理朱燕建、马天毅分工情况;书面审议并原则通过《长兴县推进行政执法监督规范化建设试点实施方案》《长兴县人民政府关于开展第三次全国土地调查的通知》。

6月13日,十六届政府第22次常务会议举行。会议开展党性党纪法治教育一刻钟活动;听取并原则通过《关于深入学习贯彻〈地方党政领导干部安全生产责任制规定〉的通知》《长兴县殡葬管理专项整治行动实施方案》《长兴县智能绿色安息堂建设实施办法(试行)》《长兴县城镇生活垃圾统一收集运输实施方案》《关于鼓励社会力量兴办学前教育促进学前教育健康发展的实施办法(试行)》《长兴县学前教育近期布点规划(2018—2020)》《关于进一步加快孵化器建设和众创空间发展的若干意见(试行)》;听取并原则同意调整长兴县警务辅助人员经费保障标准;书面审议并原则通过《长兴县“十三五”规划中期评估工作方案》。

7月5日,十六届政府第23次常务会议举行。会议开展党性党纪法治教育一刻钟活动;通报部分副县长分工调整情况;听取并原则通过《长兴县“六重”工作2018年度推进计划》《2018年度县级部门(单位)“六重”工作考核评价办法》《长兴县小微企业三年成长计划(2018—2020年)实施意见》《关于在高危行业全面推进安全生产责任保险实施意见(试行)》《长兴县中小学教师“县管校聘”工作实施意见》《关于开展低效工业企业腾退复垦工作政策意见》、住宅用地划拨补办出让评估方式调整方案。

7月26日,十六届政府第24次常务会议举行。会议开展党性党纪法治教育一刻钟活动;听取并原则通过《长兴城区智能化停车管理项目实施方案》《长兴县城区公共停车泊位实行差别化收取停车服务费实施方案》《长兴县编制自然资源资产负债表工作方案》《关于调整长兴县生育保险费率及相关待遇的通知》；听取并原则同意上报2018年政府投资交通项目年度立项计划、关于2018年度“污水零直排区”待建项目有关情况的汇报、关于长兴县自然保护区监督管理有关情况的汇报、关于县数字城管升级智慧城管建设情况的汇报；书面审议并原则通过《长兴县人民政府咨询委员会工作规则》。

9月22日，十六届政府第25次常务会议举行。会议开展党性党纪法治教育一刻钟活动；听取并原则同意《进一步加强东西部扶贫协作和对口支援工作的实施意见》《2018年度长兴县山海协作工程工作任务安排》《2018第九届环太湖国际公路自行车赛长兴赛区工作方案》、实施县国土资源局提交的农村土地流转类项目融资、参与投资诺力股份海外并购基金项目、隐性债务化解实施方案修改意见；书面通报并原则通过《长兴县人民政府办公室关于贯彻落实〈县乡法治政府建设行动计划（2018—2020年）〉的实施方案》。

10月19日，十六届政府第26次常务会议举行。会议学习传达全省防范化解地方政府隐性债务风险专项行动部署会议及市政府常务会议精神；开展党性党纪法治教育一刻钟活动；听取并原则通过《关于奋战四季度、冲刺“全年红”的通知》《长兴县加强工业平台边界管控实施细则》《长兴县企业投资工业项目“标准地”制度实施细则》《长兴县新能源产业发展三年行动计划（2019—2021）》《长兴县犬类规范管理专项整治方案》《长兴县户外广告设施管理办法》《长兴县主城区集体土地危房改造审批办法》《长兴县政府投资项目审计监督实施细则》；听取并原则同意关于非洲猪瘟等重大动物疫病防控工作有关情况的汇报、关于贯彻落实全省县域医共体建设现场推进会精神有关情况的汇报、关于长兴县企业社会保险费征缴建议、2018年度调整城乡居民基本养老保险基础养老金测算建议。

11月10日，十六届政府第27次常务会议举行。会议传达“决胜四季度 夺取全年红”重点工作推进会讲话精神；听取并原则通过《长兴县生态文明示范创建（污染防治攻坚）行动计划（2018—2022年）》《中国·长兴2018龙之梦·太湖图影国际半程马拉松比赛总体方案》《长兴县公共数据管理办法》《长兴县政府投资信息化项目管理办法》；听取并原则同意县安全生产工作情况汇报、县四大集团“三定”方案建议、国有资源资产资金综合报告、关于南太湖产业集聚区长兴分区整合后财政体制结算模式调整情况的汇报、关于完善重点乡镇工业园区（平台）整合提升财政体制情况的汇报；书面审议并原则同意关于2018年度省市县民生实事项目实施有关情况的汇报、关于“十三五”规划纲要中期评估工作的汇报、关于对农批市场地块作出房屋征收决定有关情况的汇报。

11月28日，十六届政府第28次常务会议举行。会议开展党性党纪法制教育一刻钟活动；传达学习了市政府“开门听建议”第19次座谈会有关精神；听取并原则通过《长兴县推动民营经济稳定健康发展专项走访调研活动方案》《关于进一步深化浙江省食品安全县创建工作实施意见》《中共长兴县委 长兴县人民政府关于开展质量提升行动实施意见》《长兴县关于开展全域土地综合整治与生态修复工程行动方案的实施意见》《长兴县国有资金投资小额工程项目随机抽签发包暂行办法》《长兴县小额建设工程项目预选承包商名录库管理办法》《长兴县农村饮水安全及乡镇一体化供水工程实施方案》《长兴县基层医疗卫生机构补偿机制改革实施意见（试行）》；听取并原则同意长兴县2019年城乡居民医保实施方案；书面审议并原则同意贯彻落实《中共浙江省委办公厅、浙江省政府办公厅<关于深化律师制度改革的实施意见>的通知》精神的工作建议、调整林城镇、泗安镇部分村民委员会。

12月15日，十六届政府第29次常务会议举行。会议开展党性党纪法制教育一刻钟活动；听取并原则通过《关于积极有效利用外资加快建设高质量外资集聚区的若干意见》《2019年度长兴县选商引资工作实施意见》《关于进一步做好乡镇“关闸门”工作的通知》《长兴县发展学前教育第三轮行动计划（2018—2020年）》《长兴县人民政府关于扩大高污染燃料禁燃区的通告》《长兴县国有企业工资总额核定办法（试行）》《长兴县人民政府办公室关于下达长兴县2018年度符合政府安排工作条件退役士兵岗位分配计划的通知》；听取并原则同意2019年全县经济社会发展预期目标建议、2019年政府投资项目计划安排、长兴县优秀招商员颁奖典礼活动有关筹备工作建议、给予张吉武、李小良同志记个人三等功的建议、关于举办长兴县华盛达睿达实验学校的有关建议、长兴金控集团参与投资北汽博泰网联车项目、杭州臻镭微波射频项目。

12月28日，十六届政府第30次常务会议举行。会议开展党性党纪法制教育一刻钟活动；听取并原则通过《夹浦地区纺织行业转型升级实施方案》《长兴县低收入农户高水平全面小康工作实施意见（2018—2022年）》《进一步加强县域医共体建设实施方案》《关于推进教育集团化办学实施方案》《鼓励社会力量兴办中小学促进民办教育健康发展的若干意见》；听取并原则同意2019年乡镇（街道、园区）经济发展指导性计划；书面审议并原则通过《长兴县农村假冒伪劣食品专项整治行动方案》《长兴县完善被征地农民参加社会保障实行“人地对应”工作的实施办法》；书面审议并原则同意长兴县2018年度政务公开工作总结及2019年工作思路。

（莫 凡）

# 重要施政

【概况】 年内，县政府围绕打造高水平全面小康社会县域典范目标，按照年初既定任务要求，深化开展“双提十攻坚”行动（即项目招引攻坚、项目推进攻坚、实体振兴攻坚、深化改革攻坚、美丽城镇攻坚、乡村振兴攻坚、污染防治攻坚、全域旅游攻坚、惠民实事攻坚、平安创建攻坚），努力推动效益提升、品质提档。

入选全国综合实力百强县、全国绿色发展百强县。财政收入全市率先超百亿。坚持立破并举，新能源产业规模以上产值增长20%，获评国家新型工业化产业示范基地、省级绿色电池制造业创新中心；发展高端装备制造等战略性新兴产业，规模以上增加值增长9.9%，占比提高到27.6%；推进非金属矿物制品制造、纺织等传统产业转型升级，启动实施南方水泥优化升级示范项目；桐昆、江森分别获评“金象”“金牛”企业，天能、超威等5家企业创成国家级绿色工厂，诺力、汉维等6家企业完成并购重组；省振兴实体经济试点县考核排名第六。累计引进亿元以上项目101个、总投资1028亿元，市认定“大好高”项目51个。发展现代服务业，推进省电子商务创新发展试点县建设，实现网络零售额55.50亿元、增长35.3%；荣获省全域旅游示范县，游客接待量、旅游总收入分别增长28.3%、31.3%；新增3A级以上物流企业2家，铁路、公路、水路货运量分别增长15.1%、19.6%、7.7%；金融机构存贷款余额分别为831.50亿元、698.40亿元，增长13.4%、15.2%，社会融资余额增长12.1%；有序发展房地产业；服务业增加值增长9.1%以上。农业现代化发展水平全省第六，提标改造粮食生产功能区1133.33公顷，新发展和改造提升农业七大特色产业1620公顷，列入省级现代农业园区创建名单，创成省级特色农业强镇1个，建成特色产业农合联2家。增强平台支撑力，划定工业平台边界，制定实施管控细则。优化六大主平台管理体制。建设南太湖绿色智能制造产业园、新能源小镇及浙能产业园、美东工业村等“园中园”。开展省市县长项目工程，举办“长洽会”等活动，全面推进百个重点项目，太湖龙之梦乐园部分建成运营，爱康科技、吉利变速箱、大唐贡茶院四期等项目相继开工。2017年和2018年上半年签约的亿元以上项目开工率分别达到91.2%、83.7%。有效盘活停缓建项目16个。入选首批国家创新型县建设名单，深化全面创新改革试验区、绿色金融与科技融合创新先导区建设，高新技术产业投资额增长35.9%、增加值增长10.6%，全社会研究与试验发展经费支出占地区生产总值比重2.9%以上，新产品产值率42%。建设新能源装备省级高新技术产业园，完善“1+5+N”科创平台体系，新增众创空间12个。引进科技型中小微项目118个，新认定国家高新技术企业37家、省级企业研究院4家，列入市“双高”培育企业50家。发明专利授权534件，参与制修订国家、行业标准17项，新增省名牌产品15只，跻身全国县域知识产权影响力50强。集聚省级以上“千人计划”“万人计划”专家18人，创建省级“千人计划”产业园；新增省级院士专家工作站1家；新引进大学生及其他各类人才1.20万名。

实施营商环境六大行动，推进“最多跑一次”改革，打通“一窗受理”与乡镇“四个平台”，推行无差别全科受理、移动办，覆盖群众常用事项的24小时自助服务区投入使用，在全省率先打造“无证明社区”。企业投资项目审批实现全程代办，同级项目审批实现开工前“最多100天”、竣工前“最多跑一次”。“标准地+承诺制”模式在省级以上园区全面推广。落实一揽子降本减负政策，减轻企业负担45亿元。实体经济贷款余额实现较快增长，加权平均利率同比下降0.23个百分点。“亩均论英雄”改革取得突破，规模以上工业企业亩均税收增长25%；企业亩产效益大数据中心建成投用；关停整治大理石、废丝、废塑料加工和琉璃瓦生产等“低散乱”企业422家；累计处置“五未”土地1166.67公顷，保障工业用地469.40公顷；工业低效企业腾退关停147家，启动转型提升232家，税收增长62.5%。国企改革成效明显，政府债务稳步化解。完成全国农村承包土地经营权抵押贷款试点、“区域环评+环境标准”改革，自然资源统一确权登记试点经验在全省推广，推进全国殡葬综合改革试点、涉审中介市场化改革。扩大对外开放，完成合同外资6.60亿美元，实到外资2.40亿美元。完成出口总额157.20亿元，其中向“一带一路”沿线国家（地区）出口56.40亿元，增长24.4%；新增出口实绩企业81家、境外投资项目12个，纺织出口基地被商务部认定为国家级外贸转型升级基地。推进省级军民融合创新示范区建设，新增军民融合企业5家、项目19个。参与长三角一体化、省大湾区大花园大通道大都市区和南太湖新区建设。健全东西部扶贫协作、对口支援、对口协作、山海协作工作机制，落实资金2889万元。

荣获省生态文明建设示范县，“五水共治”再夺“大禹鼎”。推进污染防治攻坚，完成4个乡镇（园区）和16个建设单元“污水零直排区”建设，新建改造雨污管网35.8公里，市控及以上断面水质功能区达标率、集中式饮用水源水质达标率均为100%。全国首个“河长制”展示馆开馆，北横港获评省级“美丽河湖”，治水工作群众满意率全市第一。完成涉挥发性有机物排放企业治理107家；建成省首个水泥脱硝减排示范工程，南方水泥全电物流输送带建成投用；全域实现烟花爆竹“双禁”；PM2.5年均浓度为38微克/立方米，下降9.5%，空气优良率79.5%。主要污染物排放量降幅均达到省市要求。全域开展码头综合整治，整治提升码头

39家。关停矿山3家,完成废弃矿山治理项目14个,在采矿山终了边坡治理13家。绿色发展指数排名全省第五。开展美丽城镇建设,推进省级美丽县城试点,东鱼坊历史文化街区顺利开街;完成“三改一拆”1499.60万平方米,拆迁改造和综合整治城中村80.70万平方米,治理城乡危旧房731户。12个小城镇环境综合整治项目全部通过省级验收,乡村民宿小镇成为省第三批培育类特色小镇,吕山乡成为省小城镇文明行动样板,推进泗安镇省级小城市培育试点建设。中心城区大绿化、大建设管理机制初步形成。智慧停车诱导系统投入使用,2个乡镇开通镇域纯电动公交。基本实现城镇生活垃圾分类处理、集中收运。疏港公路、东门大桥等建成通车,建设美丽经济交通走廊145公里。实施乡村振兴战略,美丽乡村创建实现全覆盖,建成精品村11个,完成13个村环境整治,创成省高标准农村生活垃圾分类示范村6个。水口乡成为省首个乡村旅游产业集聚区,小浦镇、虹星桥镇、龙山街道分别创成省旅游风情小镇、美丽乡村示范乡镇、森林特色小镇,创成省AAA级景区村庄7个,举办农事节庆活动23次。开展“双扶”工作,实施壮大村级集体经济项目93个,消除经营性收入30万元以下村70个;以“十百千万”工程为抓手,兴建林城泥抖蔬菜产业等扶贫基地55个,帮扶低收入农户1525户,户均增收2.26万元。苕溪清水入湖、泗安水库除险加固工程主体完工,泗安塘流域综合整治等工程有序推进。

入选新时代文明实践中心建设全国试点县。高考一段上线人数和上线率创历史新高、领跑全市,创建全国义务教育优质均衡发展县,落实学前教育第三轮行动计划,职业教育取得国家级赛事金奖2个;开展中小学生校外培训机构整治;太湖高中、实验幼儿园等迁扩建工程竣工投用。浙医二院长兴院区增挂“浙医二院医疗集团”,成为全国首个跨省县人财物贯通医联体;县中医院二期综合楼投用;基层医疗机构全部上联建立医共体,县内就诊率达到90%,获评全国医疗健康信息化最高等级县,通过国家卫生县城和全国基层中医药工作先进单位复评。荣获省食品安全县。传媒集团成为全国县级融媒体中心建设样板,长兴(太湖)博物馆建成开馆;举办群众文化活动3463场,建成农村文化礼堂26家,通过全国文明城市创建复评;举办环太湖国际公路自行车赛等赛事,被授予省运会办赛、参赛集体二等功。加强社会保障,新增城镇就业1.60万人,帮扶失业人员再就业5000人,城镇登记失业率控制在2.4%;成为省首批“无欠薪”县。基本养老和医疗保险参保精准扩面,被征地农民基本生活保障制度向职工养老保险制度转接3102人。县综合福利中心一期启用、二期开工。县殡仪服务中心投入使用。新增各类保障房2776套,发放住房保障补贴1165万元。全国农村留守儿童关爱保护和困境儿童保障示范县通过评估。残疾人两项补贴实现全覆盖。加大低保补助力度,完善临时救助、困难家庭救助等机制。深化安全生产领域改革,开展“双防”工作,生产安全事故控制性指标持续下降,未发生火灾亡人事故。防范化解各类风险。开展“铁拳”系列行动和禁毒工作,扫黑除恶专项斗争向建筑工程等领域纵深推进,刑事发案数进一步下降。“平安长兴”夺金鼎。“雪亮工程”基本实现全覆盖。推进“七五”普法,完善法律援助、司法调解工作,获评省指导人民调解工作先进县。有效化解信访积案。完成重大活动安保任务。

(方晓婷)

## 办公室工作

【概况】 年内,县政府办公室与县政府外事办公室、县政府法制办公室合署办公,内设秘书科、综合科、调研科、工业科、农业科、行政科、信息督查科、商贸科、社会事业科、建设发展科、社会管理科、外经科、出国管理科、行政法规科、执法监督科、计算机通讯科、开发应用科等17个职能科室。2018年,长兴县政府办按照县委、县政府的总体部署,紧紧围绕县委、县政府中心工作,不断开拓进取,务实创新,扎实苦干,奋力开创办公室各项工作新局面,为县政府各项工作高效运转提供坚实保障。

【参谋服务】 年内,进一步加强和提升综合调研工作,全力提升谋划能力。围绕县委县政府中心工作和阶段性重点工作,及时采编报送能带动全局、紧贴中心、实用对路的高质量信息。全年共起草领导讲话稿、汇报稿、主持词、致辞等各类文稿600余篇;全年政府口上报信息685篇,其中市府办录用信息289篇,市领导批示65篇;省府办录用信息23篇,省领导批示7篇,6月份,全省政务信息培训会议在长兴县召开。合理安排领导公务活动,对县领导布置的工作、交代的任务,办得快、办得好,做到领导满意,对基层上报的请示、报告,早协调、早答复,做到基层满意,对群众反映的问题、困难,善落实、善解决,做到群众满意。科学制订2018年因公出国(境)团组计划,全年共办理因公出国(境)团组21批77人次。

【办文办会】 年内,规范有序推进文秘工作,提升公文办理效率,大幅度压缩公文办理时间,基本做到会议审定后5日内发文,其中会议纪要在3日内发文。更加注重精细高效办会,坚持做到会前充分准备、会中积极服务、会后抓好落实,确保每一次会议都圆满完成。全年共登记收转各级文件2500余件,印发各类文件近700余件;组织县政府全体(扩大)会议1次,县政府常务会、县长办公会、县长工作例会共31次。拟办县内会议方案350余份,转办省市各种会议通知200余次。

【综合协调】 年内，充分发挥办公室“总调度”和“中转站”的作用，积极协助县政府领导抓好与部门的衔接工作，协调好上下各级关系，处理好日常事务，促进政府部门之间形成整体合力。政府督查紧紧围绕县委、县政府中心工作，强化对全县码头综合整治、校外培训机构专项治理等多个专项工作推进情况的督查，促进工作的落实。每月对县政府60件大事、十方面民生实事开展督查，有力推进了重点工作的落实落地。着重突出案件办理满意率、办结率、解决率，认真开展提案建议案督办工作，2018年提案议案办结率、见面率均达到100%，满意率达95%以上。全年制定出台的13件行政规范性文件均向县人大、市政府报送备案。按照省市法制办部署，深入落实减证便民工作，积极开展证明清理，保留证明事项13项取消63项，并将清理结果向社会公布，确保清单之外无证明。共收到行政复议申请53件，办结46件。

（魏文学）

## 经济体制改革

【概况】 年内，明确全县经济体制改革领域12项年度重点改革项目，形成工作要点和年度计划，在面上组织实施和全面推进，其中由县发改委牵头实施的改革项目4项，均完成既定任务和目标，在县对部门深化改革年度考核中位列第一。通过申报和争取，自然资源确权改革被列为全省经济体制改革领域典型案例进行全省经验推广。

【政策性农业保险】 2018年全年参保险种16个，实现保费2180万元，较上年增加369万元。全年理赔金额达1722万元，创历史最高。1月份全县遭受雪灾，保险公司为受灾大棚大户开辟预付绿色通道，泗安大棚农户获赔浙江省最大农业理赔金额200万，大棚赔损金额达到1016.20万元，有关做法得到省市领导的肯定和批示。地方特色险种成效明显，芦笋价格指数保险承保面积进一步增加，达到349.73公顷，实现保费200.50万元，理赔44万元。湖羊养殖保险承保2.40万头，实现保费60万元，理赔27.50万元。新增杨梅采摘期气象指数保险试点，由县里先行先试，共承保1372亩，保费27.4万，理赔11万元。

【小城市培育试点和中心镇发展改革】 年内，指导泗安镇按照既定的三年行动计划推进创建工作，在省年度考核中获得良好等次。争取省级中心镇和省级小城市专项补助资金3570万元，其中煤山镇、和平镇各获得省级中心镇专项资金135万元，泗安镇获得省级小城市发展补助资金2500万元、考核奖励资金800万元。

【特色小镇创建培育】 3月2日，承办全市特色小镇培育创建现场推进会，长兴县做典型交流发言。新能源小镇连续两年获评省级创建类“优秀小镇”，并入选“中国特色小镇50强”，名列第17位。太湖演艺小镇主体建设进展顺利，钻石酒店等一批项目开始试营业。乡村民宿小镇9月成功入选第三批省级特色小镇培育名单。新能源小镇自12月起积极准备申报验收命名。

【事业单位公务用车制度改革】 3月15日，县车改办起草《长兴县事业单位公务用车制度改革实施方案》。7月17日，事业单位车改方案经县委常委会审议通过后正式发文。7月31日，县车改办组织召开全县事业单位车改工作推进会议，县委县政府直属事业单位、其他事业单位主管部门、全县各乡镇（街道、园区）分管领导参加，会上解读全县事业单位车改方案，并就有关具体问题进行现场答疑。8月中旬，完成事业单位车改保留车辆、处置车辆、司勤人员安置等情况的精确排摸。8月下旬，就有关车改推进过程中的具体问题县车改再次召开工作会议研究解决。9月底基本完成事业单位保留车辆标识喷涂工作。11月，湖州市开展县区事业单位公务用车制度改革工作督察，县车改办进行汇报并通过市有关部门的现场督察。

【企业投资项目改革】 年内，县发改委按照审批最少、服务最优要求，紧紧围绕企业投资项目“最多跑一次”改革，出台《长兴县企业投资项目承诺备案制改革试点方案》《长兴县企业投资项目“标准地”模式实施方案》等改革实施方案。配套出台《长兴县企业投资工业项目“标准地”制度实施细则》《企业投资项目承诺事项及其技术方案报备管理办法》《建设期监督管理办法》等落地文件，扎实推进承诺制、“标准地”、开工前审批“最多100天”等改革落地。全年全县实施承诺制试点项目27个，占年度新备案一般企业投资项目数的84.3%；按省统计口径累计成交“标准地”36宗184.88公顷，按宗数占比100%，按面积占比100%；一般企业投资项目开工前审批最多100天，自7月份以来实现率全部达到100%，累计实现率达83.5%。

（沈倩倩）

## 咨询委工作

【概况】 2018年8月7日，长兴县人民政府咨询委员会成立，设立“一办三部一中心”（办公室、综合经济部、城乡建设部、社会发展部和研究中心）。办公室更名为综合研究服务中心，为公益一类事业单位，作为县政府咨询委员会日常办事机构，归口县政府办公室管理。咨询委驻会人员11人，主任1名、副主任4名、秘书长1名、副秘书长1名、综合研究服务中心主任1名、综合研究服务中心副主任2名、聘用人员1名。咨询委咨询研究员20人、咨询员21人、咨询专家8人。主要任务包括对全县国民经

8月7日，长兴县人民政府咨询委员会成立　　（咨询委　供）

济和社会发展战略、政策和重大问题进行咨询研究和论证；对全县中长期规划和重要规划进行研究和咨询论证；对涉及全县经济社会发展的难点和热点问题进行咨询研究；根据委托对全县重大决策的贯彻实施和政府投资的重大建设项目，进行咨询和评估论证；提供省外、县外有关经济社会发展的重要信息，以及县内重要社情民意及研究意见；完成县委、县政府交办的其他咨询研究和论证任务。

【建立工作制度】　县咨询委根据《长兴县人民政府咨询委员会工作规则》，先后制订出台《县咨询委员会议制度》《县咨询委参与全县经济社会发展重大事项决策咨询论证的办法》《县咨询委课题管理办法》和《咨询委成员咨询服务积分制管理办法》等制度。在《县咨询委参与全县经济社会发展重大事项决策咨询论证的办法》中对咨询论证的主要内容、工作程序、回避制度、保密纪律等作出规定。在全市首创《咨询委成员咨询服务积分制管理办法》，从指导思想、基本原则、计分标准、计分办法、积分应用等方面作出规范，目的是加强县咨询委成员咨询服务管理，激励咨询委成员积极参与咨询服务活动，从而不断提高咨询委的咨询水平。

【咨询研究】　县咨询委围绕“国家战略”“对标找差”“规划”“民生实事”等主题，开展系列咨询调研，不到半年，已向省咨询委报送《咨询研究与参考》1期，县委县政府报送《咨询研究与参考》2期，《咨询建议》3期，咨询简报3期，共获得县领导批示8次。部分建议被纳入县委常委会会议纪要、全委会报告和2019年工业大会讲话稿，更有部分被采纳建议在同等效益基础上节约项目规划成本近3000万。

（咨询委　施凯）

## 十方面民生实事

【概况】　年内，全县十方面民生实事涉及实事任务32项，交由25个单位承办。各责任单位对民生实事项目推进高度重视、责任明确、措施有力，全部完成2018年目标任务。

### 2018年十方面民生实事任务完成情况

表3

| 实事项目 | 实事内容 | 完成情况（截至12月底） | 责任单位 |
|---|---|---|---|
| 食药安全 | 主要农产品和县级以上规模生产主体抽检覆盖率100% | 按照农产品上市周期，重点做好草莓、茶叶、西瓜、葡萄、蔬菜、畜产品、水产品等主要农产品和县级以上规模生产主体的抽检，涉及抽检县级以上规模生产主体802家，抽检23095批次（其中定量抽检1288批次），实现时令性农产品及生产主体抽检的全覆盖 | 县农业局 |
| | 新创建放心消费餐饮单位30家 | 创建放心消费餐饮单位46家 | 县市场监管局 |
| | 地产食品监督抽检覆盖所有食品生产企业和食品加工小作坊 | 全县共有食品生产企业116家、食品加工小作坊73家。全年共抽检地产食品292批次，合格率98.6%，抽检覆盖率100% | |
| | 新创建“放心药店”10家 | 结合专项检查、行政处罚、进销存数据报送等情况，评选出“长兴南山堂药店”等“放心药店”10家 | |

续表3

| 实事项目 | 实事内容 | 完成情况(截至12月底) | 责任单位 |
| --- | --- | --- | --- |
| 医疗卫生 | 推进全县所有乡镇卫生院(社区卫生服务中心)与县级3家公立医院建立医共体 | 以县人民医院、中医院为牵头单位,以“1+8”“1+7”方式组建15家医共体,2018年上半年已实现医共体全覆盖并挂牌运行。<br>制定并根据分级诊疗疾病目录,不断完善医共体、医联体内的上下转诊,累计门诊上转5768人次,住院上转8533人次,实现下转住院50人次 | 县卫计局 |
| | 加快推进家庭医生签约服务,年底前老年人、高血压、糖尿病患者家庭医生签约服务覆盖率70%以上 | 家庭医生累计签约22.45万人;老年人、高血压、糖尿病患者等重点人群签约服务覆盖率达78.8% | |
| | 完成红十字应急救护普及培训1.50万人次 | 完成红十字应急救护普及培训16112人次 | 县红十字会 |
| 助残助困 | 实现全县残疾人教育补助、困难残疾人生活补助、重度残疾人护理补助和特困供养人员基本生活保障及照料护理全覆盖 | 助残方面:制定《长兴县扶残助学实施办法》,救助学生384人,总补助金额79.20万元。同时,累计有4498名残疾人享受困难残疾人生活补贴1267.10万元,6081名残疾人享受重度残疾人护理补贴1598.10万元,符合条件的残疾人实现应补尽补。<br>助困方面:集中供养特困人员640人,分散供养特困人员100人。1至12月份,累计发放特困供养人员最低生活保障资金596.27万元 | 县残联<br>县民政局 |
| | 积极开展社户对接、助农增收活动,结对帮扶千户低收入农户 | 结对帮扶:全县17个乡镇(街道、园区)自加压力,落实结对帮扶低收入农户1525户,3825人。完成各类产业帮扶基地建设55个,面积140.31公顷,入驻基地低收入农户823户,其中新建基地33个,提升旧基地22个。<br>增收成效:全县有明显增收成效的低收入农户有1525户(3825人),实现助农增收总额3453.86万元,户均增收2.26万元,人均增收9030元 | 县供销社 |
| 大气治理 | 建成清新空气监测站4座,空气质量数据公开率100% | 已建成清新空气监测站4座,空气质量数据公开率100% | 县环保局 |
| | 整治挥发性有机废气污染源企业20家以上 | 已完成整治挥发性有机废气污染源企业20家 | |
| | 整治和淘汰大理石、废丝、废塑料加工及琉璃瓦生产企业(作坊)350家以上 | 大理石(共279家):全县大理石企业共279家。目前,已关停无照经营等各类企业175家,完成原地提升验收4家,其余100家大理石搬迁企业原址已全部关停,正在逐步入驻小浦、画溪、和平三个集聚点;<br>废丝(共53家):已关停45家无证无照废丝加工点,剩余8家已完成重组,并完成预验收;<br>废塑料(共47家):已关停取缔35家,转产1家,整治提升的11家全部完成治理,并建立了长效机制,强化日常巡查;<br>琉璃瓦(共43家):完成34家企业关停并转,剩余9家企业标准化厂房、自动化改造、煤改气到位,并完成验收 | 县经信委<br>县市场监管局<br>县环保局 |

续表3

| 实事项目 | 实事内容 | 完成情况(截至12月底) | 责任单位 |
|---|---|---|---|
| | PM2.5年均浓度下降幅度达到省市考核要求 | 在实施“1861”治气工程的基础上，全面开展“1+3”百日攻坚，抓重点、攻难点、补短板，打响蓝天保卫战，空气质量稳步提升。1至12月，PM2.5均值38微克/立方米，同比下降7.3% | 县环保局 |
| 教育事业 | 引进优秀教育人才20人，培育县级以上名师100人，选派30名左右高中教师到镇海中学、华东师大附中等国内名校进行上挂培养 | 引进优秀教育人才25人。4月，在北京师范大学举办第一期名师名校长高端研修班，45人参加；8月，在全省第十二批特级教师评比中1人获评，长兴县特级教师总量增加到5人；9月，市第三期第一层次名师培训班结业，长兴县9位教师顺利结业；9月，第七届县级名师名校长评比报名截止，共301人参评，10月，已完成全部评选程序，共评出名师100名，其中一级、二级、三级分别为10人、30人、60人。此外，已选派32人分别到镇海中学、学军中学等国内名校进行挂职锻炼 | 县教育局 |
| 城乡治水 | 全县集中供水区域群众基本喝上水库水 | 洪桥水厂与长兴第二水厂供水管网已完成施工并投入运行，洪桥镇居民已喝上合溪水库水。水口合溪水库原水管工程已完成，用水单位已办理用水取水手续。全县集中供水区域群众基本喝上水库水 | 县建设局 |
| | 农村饮用水安全提升工程新增受益人口3.45万人 | 农村饮用水安全提升工程新增受益人口3.45万人 | 县水利局 |
| | 新建、改造污水管网40公里 | 新建、改造污水管网40公里，完成任务比例100% | 县建设局 |
| | 完成第三污水处理厂建设、泗安污水处理厂扩建 | 长兴县第三污水处理厂建设已完成，已进入运行调试阶段；泗安污水厂扩建工程已完成 | |
| 城乡环境 | 新建乡镇公交枢纽站1个、城乡港湾式停靠站50个 | 和平公交枢纽站主体建筑已完成建设，城乡港湾式停靠站50个已全部建成 | 县交通运输局 |
| | 新建、改扩建旅游厕所46座 | 完成新建、改扩建旅游厕所50座 | 县旅委 |
| | 关闭矿山2家，治理废弃矿山12家 | 矿山关闭：已关闭3家并完成治理，分别是和平锦国矿、泗安群鑫矿、煤山长广矿<br>废弃矿山治理：12座废弃矿山治理项目工程已全部完工，并按照时序进度进行浇灌养护 | 县国土资源局、县矿冶办 |
| | 完成城乡绿化146.67公顷 | 累计完成各类城乡绿化造林面积208.80公顷，完成率142% | 县林业局 |
| | 全面铺开全县机关、企事业单位生活垃圾强制分类 | 中心城区及乡镇建成区单位生活垃圾强制分类涉及13160个单位。第一批230个机关事业单位于4月底全部落实到位，第二批773个生活垃圾强制分类单位于8月底全部落实到位，第三批12157个生活垃圾强制分类单位于12月底基本落实到位<br>召开生活垃圾强制分类工作联席会议4次，明确责任分工、具体任务和完成时限；利用“星期一夜校”等载体，学习《中心城区及乡镇建成区单位生活垃圾强制分类实施方案》等文件，增强机关干部垃圾分类认识；结合季度机关文明指数测评，机关工委会同文明办、机关事务管理局对机关事业单位垃圾投放准确率开展现场督导 | 县直机关工委、县机关事务管理局、县建设局 |

续表 3

| 实事项目 | 实事内容 | 完成情况（截至12月底） | 责任单位 |
|---|---|---|---|
| | 全县城乡生活垃圾回收利用率达40%以上、资源化利用率达80%以上、无害化处理率达100% | 全县城乡生活垃圾回收利用率达回收利用率为40%，全县日产生活垃圾730吨左右，由环卫部门进行分类收集、分类转运（其中农村可腐烂垃圾日处理量62吨，转运至长兴金耀再生物资利用有限公司提炼生物油和堆肥；其他垃圾转运至新城环保进行焚烧发电、供热）。全县生活垃圾及餐厨垃圾资源化利用率已达到100%，无害化处理率达到100% | 县建设局、县农办 |
| 文化体育 | 新建农村文化礼堂20个以上 | 建成农村文化大礼堂26家 | 县委宣传部 |
| | 新（改）建灯光篮球场20个，新建全民健身广场10个，配送健身路径60条，室外篮球架30副 | 截至12月底，20个灯光篮球场、10个全民健身广场全部完成建设；60条全民健身路径、30副篮球架完成配送安装 | 县文广新局 |
| 便民服务 | 推动不动产交易（二手房）与水电气、数字电视、网络宽带“一件事”联动办理 | 已实现不动产交易登记与税收登记、水电气、有线电视、网络宽带、公积金的联动办理 | 县行政服务中心 |
| | 公交车移动支付实现城市公交全覆盖 | 135辆城市公交车全部完成移动支付设备安装使用 | 县交通运输局 |
| | 建立“互联网+”公共法律服务模式，提供公共法律服务产品20项以上 | 搭建“e法律服务微信群”137个，开展法律咨询互动800余起、普法宣传350余次、法律服务21起；推进省市县乡村五级普法“微信搭群”建设，完成搭建县级群1个、乡镇级群17个、村（社区）群100个，推送法律咨询、服务和普法类信息3万余条。修改更新《长兴县公共法律服务产品指导目录》，新增1项公共法律服务产品，现共有26项产品名录 | 县司法局 |
| 住房保障 | 新增各类保障性住房（含货币补贴）2200套 | 新增各类保障性住房2776套(含货币补贴)，其中棚户区改造货币安置2700套，新增公租房货币补贴76户，完成任务比例102% | 县建设局 |
| | 改造中心城区危旧房500户、农村困难群众危旧房100户 | 改造中心城区危旧房622户，完成任务比例124%；完成农村困难群众危旧房改造109户，完成任务比例109% | |
| | 住房公积金扩面新增1万人以上 | 截至12月底，住房公积金扩面新增24086人 | 县公积金中心 |

（李　建）

## 应急管理

**【概况】** 年内，加强应急专项预案修订，完善专项预案体系。开展专项应急预案演练，提高专项应急预案的针对性、实用性和可操作性，提高应急救援队伍快速反应、协同作战的能力。开展社会应急联动警情处置，确保社会安全有序。

**【预案修订】** 年内，新制订《长兴县地方政府性债务风险应急处置预案》《长兴县重大火灾处置预案》《长兴县群体性事件应急处置预案》等专项处置预案4个，修订《长兴县雨雪冰冻灾害应急预案》《长兴县食品安全事故应急预案》《长兴县重大药品医疗器械安全事故应急预案》等专项应急预案12个。截至2018年年末，全县形成总体应急预案1个、专项预案77个、行动方案11个。基本形成“横向到边、纵向到底”的应急预案体系。

**【应急演练】** 年内，全县各部门开展各类应急演练20余次，提高队伍应急救援能力。4月4日，县交通运输局会同长兴交投集团、太湖图影旅游度假区、中铁隧道集团三处有限公司申苏浙皖连接线1标项目经理部、湖州市公路水运工程监理咨询有限公司开展湖长隧道坍塌应急救援演练。6月14日，县市场监管局会同龙山街道、齐北社区开展电梯安全应急救援演练等。6月15日，县消防大队会同县邮政管理局、县公安局、李家巷卫生院、中通快递有限公司开展快递行业灭火救援演练等。7月12日，县公安局会同县交通运输局、安监局、卫计局、建设局(环卫)、太湖街道，开展长兴县处置高铁站恐怖分子持刀砍杀事件演练。

【应急处置】 1月24日以来，长兴县遭受自2008年以来最为严重的雨雪冰冻灾害，根据“保安全、保畅通、保供应、保民生”的总体要求，成立县雨雪冰冻灾害应急指挥部，分别于1月25日和1月27日启动雨雪冰冻灾害Ⅳ级、Ⅲ级应急响应，抗灾工作行动迅速、措施有力、干群一心，通过全县上下的共同努力，长兴县抗灾工作取得阶段性成效。9月16日晚，杭宁高速夹浦段一辆化学品槽罐车(车牌皖E61520)因发生追尾事故，造成罐体内化学品泄漏的突发环境事件，县政府相关职能部门及时启动应急响应，成立联合调查处置小组，县政府分管副县长召集环保、安监、消防等部门以及夹浦镇政府、当地村委到现场部署应急处置工作，全力开展现场处置。经30余天25次的应急监测处理，污染物指标呈明显下降，周边水气基本恢复正常。

【社会应急联动】 年内，社会应急联动服务平台共接主要警情256979起，其中交通事故44323起，治安纠纷12036起，医疗急救3556起，其他求助8062起，火警571起，水电故障430起，路障、窨井盖损坏328起，通讯电缆334起，噪音66起，传销5起。联动单位签收反馈率为99.5%，现场反馈率为99.8%，现场处置率为100%，各类社会应急联动警情得到有效处置。

(李花娣)

## 合作交流

【概况】 年内，长兴县对口合作(山海协作)工作主要承接东西部扶贫协作(四川凉山州木里县)、山海协作(丽水庆元县)、对口支援(新疆阿克苏地区柯坪县)和对口合作(吉林临江市)四项任务。此外，还与重庆涪陵区龙桥街道、桐庐莪山畲乡和丽水庆元县(五堡乡村和张家村)结对，承担三峡库区、民族乡结对和省内扶贫等任务。

【对口帮扶】 年内，县财政安排对口合作资金1060万元，比上年增加454万元。其中，木里县计划内援助资金365万元(比上年增加17万元)，新增结对扶贫项目资金50万元；柯坪县新增贫困家庭就业帮扶捐赠资金100万元；庆元县计划内山海协作资金165万元(比上年增加7万元)，新增扶持特色农业产业发展助推低收入群众增收致富专项资金100万元、贫困家庭就业帮扶资金50万元；临江市新增健康扶贫资金50万元、贫困家庭就业帮扶资金50万元；重庆涪陵区龙桥街道50万元；桐庐莪山畲乡80万元(比上年增加30万元)。承担由省、市财政统筹用于四川、新疆等地对口合作资金1529万元。

年内，县委组织部选派11名干部(含7名专技人才)赴结对地区挂职；县人力社保局组织6家企业赴木里县举办劳务招聘活动，发布用工信息400余条，达成就业意向30多人；县工商联组织7家企业与庆元9个薄弱村建立村企结对关系，安排结对资金145万元；县教育局选拔6名庆元籍学生来长就读代为培养，排定20名教育名师赴庆元开展送教活动；县农业局、县旅委分别与临江市农业局、旅委签署两地对口合作协议。县经信委、商务局与庆元县经商局签署《庆元 长兴产业协作协议书》。县总工会明确将对口地区列为长兴县疗休养目的地。同时，全县已有2个镇(和平镇、夹浦镇)、2个村(和平镇回车岭村、雉城街道金莲桥村)及2所学校(长兴实验初中、长兴中学)、2所医院[长兴县妇保院、长兴县人民医院(浙医二院长兴院区)]分别与木里县、柯坪县对应单位建立携手奔小康结对关系。长兴县和平镇城山沟桃源山庄生态农业开发有限公司与木里县巴登拉姆农业投资有限责任公司产供销合作项目正式启动，两方签署《木里特色农产品产供销协议》，协助销售木里县农投基地产品，解决建档立卡贫困户就业30户。9月下旬，木里县农投公司参加长兴县庆丰收农产品展销会，推介木里特色农产品。10月中旬，长兴县的浙江惠松制药有限公司、浙江特勤卫星导航科技有限公司、湖州茶源科技有限公司等7家企事业与木里县农投公司签订60万元的农副产品认购协议。11月底，长兴县与庆元县签订“飞地”产业园合作协议、“光伏+助农”结对攻坚框架合作协议、湖州市蜂业研究院、庆元县源之蜜农产品专业合作社合作等协议，涉及具体项目7个，投资意向1.50亿元。

【交流互访】 5月21日，长兴县政府主要领导随市委主要领导赴木里县开展调研对接，与木里县召开东西部扶贫协作党政联席会议；县分管领导带队赴木里县具体对接镇、村、学校、医院结对工作。5月31日，庆元县委书记蓝伶俐率县党政考察团到长兴对接山海协作工作，两地提出要共同打造山海协作工程升级版的战略目标。8月3日，长兴县委书记周卫兵随市委书记赴丽水对接山海协作工作，并与庆元县签署《长兴县助力庆元县农业特色产业发展助推低收入群众增收致富的协议》；8月8日，庆元—长兴山海协作旅游(疗休养)推介会在长兴举行，会上长兴县总工会、旅委，庆元县总工会、旅委签订庆元(长兴)山海协作疗休养旅游友好合作协议。8月29日，长兴县副县长陈峰带队赴庆元县召开庆元—长兴山海协作产业项目推介会暨洽谈会。11月28日，长兴县委书记周卫兵赴庆元县召开两地党政干部联席会议，现场签订长兴县与庆元县山海协作全面合作协议和具体合作项目协议。12月20日，长兴县县长石一婷赴临江市召开两地党政干部联席会议。

（沈倩倩）

## 外事工作

【概况】 年内，共办理因公出国（境）团组21批77人次，其中自组团10批28人次，参加国家部委、省、市部门团组11批49人次。

【主要来访】 4月16日，来自印度、越南、约旦等8个"一带一路"国家商协会代表团一行51人到长兴县参观考察、对接合作企业。9月3日至4日，2018"德国智能制造专家长兴行"活动举行。来自德国帕德博恩弗劳恩霍夫设计工程机电一体化研究所、亚琛应用技术大学、无工具制造研究所有限公司等科研机构、高校和企业的11位德国专家到长兴县进行项目、技术对接活动。11月22日，由长兴县人民政府和湖州市贸促会举办、长兴县商务局承办的支持企业"走出去"暨"一带一路"部分国家投资环境推介会在长兴县召开。

【主要出访】 2月9日至14日，长兴百叶龙公司一行38人受埃及开罗中国文化中心邀请，赴埃及参加"欢乐春节"演出活动。7月15日至19日，中国天能合唱团一行47人，应邀赴香港参加2018"一带一路"世界合唱节活动，荣获多个大奖。11月13日至20日，中共长兴县委常委、宣传部部长沈洪峰率长兴县经贸代表团一行5人应邀赴美国、日本开展项目洽谈和经贸交流考察。

（沈云芳）

## 法制工作

【概况】 年内，县政府法制办积极统筹全县法治政府建设工作，进一步夯实法治政府基础，开展行政执法监督试点，加强行政执法监督。改进行政复议审理模式，积极开展行政调解工作，有效化解行政争议。

【法治政府基础建设】 年内，继续推进领导干部学法制度。严格按照《长兴县政府常务会议学法制度》的规定，制定政府常务会议学法年度计划，2018年常务会议共学法六次，其中代县长、副县长领学《中华人民共和国标准化法》《无证无照经营查处办法》《浙江省中介机构管理办法》，由相关职能部门负责人及外聘专家对《中华人民共和国食品安全法》《中华人民共和国宪法》等法律规定进行解读。在县委党校举办一期长兴县行政诉讼专题培训班，全县乡镇（街道、园区）和执法部门分管领导及法制科室负责人参加，邀请知名学者、法官、律师作专题讲座，以提高依法行政能力，提升干部法律素养。5月，县政府法制办组织各行政执法部门及乡镇（街道、园区）分管领导和法制科室负责人到法院旁听案件审理，以提高自觉接受司法监督的意识，提升行政应诉能力和水平。年内，对县政府法律顾问团成员进行调整，优化成员结构，拓展服务工作的广度和深度，发挥政府法律顾问在咨询论证、案件研究等方面的作用。

【行政执法监督】 2018年，长兴县被省建设法治政府（依法行政）工作领导小组办公室确定为行政执法监督规范化建设试点单位。被确定为试点后，县法制办创新方式，深化与县人大、县监察委、县法院、县检察院等单位之间的协作，与相关单位联合制定《行政执法监督互动机制》《关于加强联动协作共同推进行政执法规范化建设的意见》，形成较为完善的监督体系。起草《长兴县行政执法监督检查办法》《长兴县行政执法监督文明用语规范》等六项制度和《长兴县行政执法监督文书格式（样本）》，构建制度化、规范化、具实效的行政执法监督工作体制机制。围绕公众关心的问题，对执行《湖州市电梯安全管理条例》《湖州市禁止销售燃放烟花爆竹规定》等情况进行专项监督检查，开展专题研讨，促进相关部门全面落实行政执法责任制，严格规范公正文明执法。

【行政争议化解】 年内，规范行政复议程序，畅通行政复议渠道，引导群众通过行政复议解决行政争议，努力把行政复议建设成化解行政争议的主渠道。全年共受理行政复议申请53件，比上一年增长152%，均按期办结，其中维持11件、驳回8件，占37.3%；通过撤销、确认违法、责令履行等方式直接纠错14件，纠错率为27.5%；通过和解调解、自愿撤回申请等方式终止18件，占35.3%。以县政府为被申请人的行政复议案件5起，未发生被确认违法和撤销情形。3月7日在县法院诉讼服务中心设立"湖州行政争议调解中心长兴分中心"，并制定《湖州行政争议调解中心长兴分中心工作实施办法》。探索建立政府、法院共同参与的行政争议化解机制，全年化解行政争议14件。

（鲍文斌）

## 电子政务

【概况】 2018年，全县电子政务工作围绕浙江省深化"最多跑一次"改革、推进政府数字化转型工作总体部署，开展门户网站集约化建设，升级改版办公自动化系统（以下简称"OA系统"），进一步推进政府数字化转型工作落地。开展门户网站集约化建设，新增回应关切、非物质文化遗产、涉企政策"云平台"和人力资源服务平台等地方特色栏目，切实提升企业群众的体验感和满意度。通过现代化技术手段对OA系统进行改版升级，结合政务移动办公系统（以下简称"钉钉系统"），全面优化登录方式、界面布局和模块功能。2018年完成系统调研、设计等工作。继续做好钉钉系统推广应用工作，年末，全县共有注册登记用户人数为10481人，其中激活人数10481人，激活率达100%，人员信息完整度100%，日均活跃度70%，继续推进政府门户网站普查工作，每月对政府门户网站进行指标检测，并发布相应报告和整改要求，监督各单位主动公开信息。继续推进政府信息公开工作，加大政府信息公开力度。至年末，门户网站和信息公开平台共发布信息6万余条，发布图片8000多幅，网上依申请公开平台累计受理依申请公开35条，“中国·长兴”门户网站累计发布各类信息21万余条。

【政务办公无纸化】 年内，通过现代化技术手段对OA系统进行改版升级，结合钉钉系统，全面优化登录方式、界面布局和模块功能，实现公文流转电子化、督察督办高效化、政务办公移动化。自7月中旬新OA系统上线试运行以来，共组织召开县级层面培训会4次，涉及114个单位，共300余人参加。同时，各相关单位自行组织内部夜校培训20余次。

(王　辉)

## 机关事务管理

【概况】 2018年，长兴县机关事务管理局为县政府直属公益一类事业单位，主要负责全县党政机关办公用房、公务用车、行政中心区域、公共机构节能管理工作，承担动力保障、会议、保安、保洁、绿化、餐饮等服务职能。内设办公室(财务室)、房产科(节能管理科)、服务科、设备管理科、餐饮管理科5个职能科室，核定事业编制10人，其中局长1人、副局长4人、中层职数5人；下设公益一类事业单位长兴县机关公务用车服务中心，核定编制5人。年末，共有在编在职人员17人。

【公务用车服务】 年内，县公车服务中心制定《长兴县机关公务用车服务中心制度汇编》，结合编外用工积分制考核，完善《司勤人员日常管理和绩效考核办法》，建立涵盖出勤值勤、服务投诉、行车安全、违规违纪、规范仪容等10余项日常积分考核细则。全年累计服务县级机关85家，完成公务派车任务11851车次，安全运行1507262千米，出车安全率达99.94%，满意度达100%。

【办公用房管理】 年内，统筹调配县委办、县政府办、组织部等14家单位的办公用房，调配面积达4100余平方米。对全县机关事业单位282家399处房产进行普查，普查房产面积共计814479.85平方米。完善行政中心31家入驻单位办公用房人员分布情况数据库，涉及办公人员1200余人，办公室600余间。完成县级机关事业单位第一批经营性房产划转，5家单位12处经营性房产无偿划转给县城投公司，划转面积2547平方米；10家单位42处营性房产经营权移交县城投公司，面积6127平方米。

【公共机构节能】 年内，制定并下发2018年度节能工作要点及考核办法，与105个公共机构签订节能目标责任书，全年开展行政中心31个入驻单位日常用电情况抽查2次。组织31个入驻部门(单位)近1600名干部职工开展低碳日能源紧缺体验，体验能源紧缺，践行节能低碳。创建完成省级节约型公共机构示范单位1家(县中医院)、县级公共机构节水型单位10家；绿色发展指数(公共机构人均综合能耗)省市排名稳步提升，全市排名由四进二。

【其他服务保障】 年内，做好会议服务保障，完成各项会议服务1225场次，累计接待人数73580人次。做好餐饮服务保障，制定《长兴县行政中心机关食堂管理制度汇编》；10月更换餐卡系统，新餐卡实行实名认证、单位充值；11月在由省机关事务管理局主办、市机关事务管理局和省行政中心餐务管理处承办的“2018全省特色菜肴暨名优农产品进省行政中心展销活动湖州专场”中，获“优秀组织奖”，“太湖曝腌鱼”获最佳特色菜肴(点心奖)。做好设施设备维修，全年处理各类维修4200余件，设备累计安全运行4000余天。

(郑薇萍)

# 中国人民政治协商会议长兴县委员会

## 综　述

中国人民政治协商会议长兴县委员会(简称县政协),是中共长兴县委领导的多党合作和政治协商的重要机构。县政协有提案委员会、经济科技委员会、资源环境建设委员会、教卫文体委员会、社会法制委员会、港澳台侨和民族宗教委员会、文史资料委员会、委员工作委员会8个专门委员会;内设机构有办公室,下设秘书科、综合科、文史科、行政科4个科室。年末在编人员31人,其中公务员25人,工勤人员4人,事业编制2人;在岗不在编人员15人;编外人员5人。2018年,九届县政协共有委员247人,其中政协常委35人。

2018年,县政协领导班子围绕团结和民主两大主题,提高政治站位,勇于探索实践,认真履职尽责,为打造高水平全面小康社会县域典范做出积极贡献。调研视察建真言。围绕长兴融入全省“四大”建设、时尚精品产业发展、全域土地综合整治、改进考评工作等课题开展深度调研,形成9篇调研报告,助推高质量赶超发展。围绕医共体建设、农家乐规范监管等课题开展6次专题视察活动,努力建务实有用之言。协商议政献良策。围绕“深化‘最多跑一次’改革”主题,开展县委书记与委员“面对面”专题协商,17名委员提出52条对策建议;围绕“打好污染防治攻坚战”主题,形成18篇报告送县政府主要领导参考;围绕“全面创新改革试验区”等主题开展常委会议专题议政协商;围绕加强物业公司规范化管理等民生“关键小事”,创新开展民情恳谈协商。全年开展各类协商活动34次,构建具有长兴特色的“1224+X”协商议政新格局。较好地完成县委交办的全域土地综合整治、农村经营权改革等调研任务。围绕改进考评工作,从健全考核体系、科学下达目标任务、完善考评激励结果运用等8个方面提出建议,均被县委采纳。民主监督出实招。积极参与省政协开展的“城乡生活垃圾分类处理”专项集体民主监督,17个组全面开展“一镇一界别、一村一委员”参与式监督,发现问题73个,提出建议86条次。突出“协商+监督”,就矿山复绿等主题对4个部门开展委派监督,助推党政决策的贯彻落实。发挥提案监督优势,健全重点提案领办督办机制,11件重点提案全部由县党政领导领办。参与中心添助力。将“双提十攻坚”中的经济发展攻坚民主监督作为履职重点,成立项目招引、项目推进等5个民主监督小组,全年共开展评议通报3次,上报督查专报6期、年度调研报告5份。主席会议成员积极参与滨湖一体化建设、节能环保产业推进、招商选资、“河长制”等活动。为民履职重实效。深化“为民双月行”活动,开展“为民服务月”系列履职20多场次,服务群众5500人次;通过“民情收集月”,收集各类线索336条,汇总履职参考议题88个、提案线索137条。深入开展结对帮扶行动。及时反映社情民意信息,编发专报12期,上报省市政协178篇,其中94篇被采纳,得到省市县领导批示11次。自身建设强基础。重视委员主体作用发挥,出台“委员履职二十条”,设立乡镇委员活动小组8个、委员工作室5个,拓展委员履职平台。强化专委会基础作用,加强智慧政协建设。注重团结联谊、凝聚合力,编辑出版“长兴记忆”抖和紫笋茶。加强对外宣传,在省级以上媒体宣传报道40余次。发挥政协党组领导核心作用,以党建引领机关建设,持续推进“两学一做”学习教育常态化制度化,加强机关党风廉政建设。

## 重要会议

【概况】　年内,县政协共召开全体会议1次,常委会会议5次,主席会议9次。

【县政协第九届委员会第二次全体会】　2月4—7日,县政协第九届委员会第二次全体会议在雉城举行,应出席委员247人,实到243人。会议审议通过县政协主席潘华明所作的政协第九届长兴县委员会常务委员会工作报告和县政协副主席姚根泉

2月5日至7日,中国人民政治协商会议第九届长兴县委员会第二次会议在长兴大剧院召开　　（政协办 供）

所作的政协第九届长兴县委员会常务委员会关于九届一次会议以来提案工作情况的报告,9名政协委员做大会专题发言。与会人员列席县十六届人代会第二次会议,听取并讨论县政府工作报告和其他报告。

**【县政协第九届委员会常委会议】** 年内,县政协第九届委员会共召开常委会会议5次。

第5次　1月22日召开。会议审议通过《政协第九届长兴县委员会第二次会议关于提案截止时间的决定》;审议通过有关人事事项;协商讨论县政协九届常委会工作报告(征求意见稿)和提案工作报告(征求意见稿),并协商确定报告人;听取全县监察体制改革试点工作情况的通报;与会人员对会议内容分组讨论。县委组织部、统战部、县纪委负责人列席相关会议议题。

第6次　3月15日召开。会议传达学习中共十九届三中全会精神;协商通过《2018年县政协工作要点》;协商通过《2018年县政协协商计划》;协商通过2018年县政协各次常委会议主要议题安排;协商通过设立政协长兴县委员会委员活动小组的有关情况;书面通报县政协主席会议成员分工调整情况;书面通报《县委县政府领导领办2018年县政协重点提案安排》;书面通报《县政协关于深化开展“双提十攻坚”行动专项民主监督活动的工作方案》;书面通报《2018年县政协“五下乡”活动方案》。县纪委第一派驻纪检组乔越飞副组长列席全部议程。

第7次　7月30日召开。会议听取长兴县县长杨中校通报长兴县政府2018年上半年经济运行情况和重点提案办理情况;听取长兴县科创委关于长兴县全面创新改革试验区建设情况的汇报;通报县政协2018年上半年工作情况和下半年重点工作安排(书面);围绕上半年经济运行情况和全面创新改革试验区建设情况开展分组讨论,各组召集人汇报交流讨论情况;县政协领导讲话。部分政协委员列席会议全部议程;县政府办负责人、县科创委负责人列席会议相关议程。

第8次　10月25日召开。会议学习传达全省政协主席暑期读书会和全省政协系统党的建设工作会议精神;听取县农办关于长兴县打造乡村振兴先行示范区情况的汇报;书面审议《关于进一步发挥政协委员主体作用的意见》;围绕“打造乡村振兴先行示范区”主题开展常委会议专题议政协商;围绕学习研讨习近平总书记关于加强和改进人民政协工作重要思想以及全国、省市政协关于政协工作高质量发展的要求,结合2018年度履职情况,务虚探讨2019年度政协高质量履职工作;听取县政协九届三次全体会议筹备工作方案建议;审议通过有关人事事项。部分政协委员列席会议全部议程,县农办负责人、县委统战部负责人列席部分议程。

第9次　12月28日召开。会议听取县政协九届三次会议筹备工作情况汇报;审议通过县政协九届三次会议日程安排;审议通过《关于召开中国人民政治协商会议第九届长兴县委员会第三次会议的决定》;审议通过《政协第九届长兴县委员会第三次会议关于提案截止时间的决定》；审议通过2019年长兴县政协重点工作“履职菜单”；审议通过2017—2018年度优秀委员、2017—2018年度优秀提案、2018年度信息工作先进单位和先进个人表彰名单；协商讨论县政协九届常委会工作报告（征求意见稿）和提案工作报告（征求意见稿），并协商确定报告人；分组讨论；县政协领导讲话。

【县政协第九届委员会主席会议】 年内，县政协第九届委员会共举行主席会议9次。

第8次 1月22日召开。会议协商讨论县政协九届二次会提案截止时间；协商讨论县政协常委会工作报告（征求意见稿）和提案工作报告（征求意见稿），并确定报告人；协商讨论有关人事事项；协商拟定县政协九届五次常委会议议题；审议通过2017年委派民主监督建议书（书面）。统战部负责人列席有关人事事项讨论议题。

第9次 3月7日召开。会议协商通过主席会议成员分工调整安排；协商讨论《2018年县政协工作要点》及任务分解方案（征求意见稿）；协商讨论《2018年县政协协商工作计划》（征求意见稿）；协商讨论2018年县政协各次常委会主要议题安排（建议）；协商讨论《县政协关于深化开展“双提十攻坚”行动专项民主监督活动的工作方案》（征求意见稿）；协商讨论《2018年县政协“五下乡”活动方案》（征求意见稿）；协商讨论政协长兴县委员会重点提案产生与办理办法（试行）和九届二次会议重点提案安排建议；协商讨论委员活动小组分组情况安排和各专门委员会联系界别、委员组成人员调整情况。

第10次 4月3日召开。会议学习传达全国“两会”和湖州市“两会”精神；协商讨论县委书记、县长与政协委员“面对面”专题协商活动实施方案（征求意见稿）；协商讨论《2018年委派民主监督小组工作实施方案》（征求意见稿）；协商讨论关于开展“纪念改革开放四十周年，我为改革发展献一计”活动方案；协商讨论反映社情民意信息工作管理办法、特邀信息员管理办法、社情民意信息评选表彰办法；听取各委室2018年以来工作情况和下一步工作打算。

第11次 4月23日召开。会议讨论并通过《长兴县政协关于贯彻落实省市政协开展“城乡生活垃圾分类处理”三级政协联动专项集体民主监督的实施方案》。

第12次 6月11日召开。会议学习传达省政协主席葛慧君在省政协二次常委会上的讲话精神；听取县政协2018年“五下乡”活动开展情况的汇报；协商讨论《政协长兴县委员会关于加强全会闭会期间提案工作的规定》（征求意见稿）；协商讨论《关于建立民情恳谈协商制度的意见（试行）》（征求意见稿）；各委室交流5月份工作和下一步工作打算、双提十攻坚各民主监督小组交流5月份监督情况。

第13次 7月10日召开。会议听取县政协2018年上半年工作总结和下半年工作安排；协商拟定县政协第七次常委会议议题安排；各委室交流6月份工作和下一步工作打算、双提十攻坚各民主监督小组交流二季度监督情况；开展“习近平总书记关于加强和改进人民政协工作重要思想”学习研讨。

第14次 10月11日召开。会议听取各委室交流9月份工作、下一步工作打算和2018年度履职实施情况，双提十攻坚各民主监督小组交流9月份监督情况；协商讨论《关于进一步发挥政协委员主体作用的意见》（征求意见稿）；听取县政协九届三次全体会议筹备工作方案建议；协商讨论2019年重点履职议题和重点提案线索征集分组调研安排建议；协商讨论县政协九届三次会议大会发言准备工作；协商拟定县政协九届八次常委会议议程和日程；协商讨论有关人事事项；协商讨论县政协社情民意信息稿费发放建议。

第15次 12月17日召开。会议听取县政协九届三次会议筹备工作情况汇报；协商讨论九届三次会议日程安排（草案）；协商讨论《关于召开中国人民政治协商会议第九届长兴县委员会第三次会议的决定》；协商讨论县政协九届三次会提案截止时间；听取2019年县政协重点工作“履职菜单”汇报；协商讨论重点提案办理专项民主监督实施办法；协商拟定县政协九届九次常委会议议题；审议通过2018年委派民主监督建议书（书面）。

第16次 12月27日召开。会议协商讨论并通过优秀提案、优秀政协委员、信息工作先进单位和先进个人表彰名单。

## 政治协商

【概况】 年内，县政协认真履行参政议政职能，围绕提升效益品质等全县经济社会发展中的重大问题主动协商议政。全年共开展各类协商活动34次，其中全体会议协商1次，专题协商2次，常委会议协商2次，民情恳谈协商4次，各类协商活动25次，构建具有长兴特色的“1224+X”协商议政新格局，推动协商民主层次更加丰富、体系更加健全。

【全会协商】 县政协九届二次会议期间，围绕县委周卫兵书记的重要讲话、政府工作报告、政协常委会工作报告、提案工作情况报告以及其他报告，组织全体委员和列席人员先后四次进行分组讨论，梳理出委员意见建议83条，分别报送县委、县政府以及县法院、县检察院。其中，有关实体经济振兴方面建议16条，全面改革创新方面建议11条，乡村振兴方面建议13条，美丽城镇建设方面建议12条，民生改善方面建议22，社会治理方面建议9条。

【专题协商】 年内，围绕“深化最多跑一次改革，全面推动长兴县改革创新工作”主题，开展县委书记与政协委员“面对面”专题协商，17名政协委员就推进“标准地”报备审批服务改革、长兴政务“一网通办”等11个专题，提出52条具体对策建议，相关建议在部门工作推进中得到采纳。围绕“打好污染防治攻坚战，建设更高水平美丽长兴”主题，做好县长与政协委员“面对面”活动，组织12个界别18名政协委员，基层开展调研，对标先进经验做法，形成加快喷水织机整治集聚、现代渔业绿色发展、严格环境执法等18篇建议报告，以书面形式报送县政府主要领导参考。

【常委会协商】 年内，围绕“全面创新改革试验区”“打造乡村振兴先行示范区”主题，开展常委会议专题议政协商，从制造业“一企一策”精准服务、科技型中小微企业创新标准体系、完善农业产业化政策、加强美丽乡村建设规划管理等方面，提出46条针对性强、可操作性的意见建议。

【民情恳谈协商】 年内，县政协探索建立“长兴政协·民情恳谈”协商平台，制定出台《长兴县政协民情恳谈协商意见》，对协商主题确定程序、协商活动的准备和议程，以及协商意见的跟踪落实进行规范。就加强物业公司规范化管理、助力扩大残疾人就业、加强城市公共体育设施建设维护管理等群众关注的热点问题，邀请县政府领导、部门负责人和群众代表，以座谈会形式，广泛听取民声，深入协商恳谈，提出41条举措，助推相关问题解决。其中关于“龙之梦如何带动周边群众增收”的恳谈活动，省政协官方微信公众号“同心苑”进行专门报道。

【提案办理协商】 年内，县政协致力于打造“6+6”提案办理协商特色亮点，在全县上下广泛开展“六个征集”（县领导点、乡镇部门提、社会各界征、党派团体集、政协委员报、各专委会访），不断完善“六个协商”机制。全年共收到以提案形式提出的意见建议150件，经审查立案137件。其中，重点提案11件、集体提案23件、委员联名提案18件；属于A类（已解决或采纳吸收）的91件、占66.4%，属于B类（列入计划拟解决）的42件、占30.7%，属于C类（留作参考）的4件、占2.9%。137件提案的办理全部由承办单位主要领导或分管领导领办，11件重点提案全部由县领导领办，均做到亲自参加视察调研、主持办理协商会、审定办理答复。涉及承办单位40个，均已办复。委员评价满意的占95.6%，基本满意的占4.4%。

## 民主监督

【概况】 年内，县政协认真履行民主监督职能，围绕“双提十攻坚”等重大决策部署落实开展民主监督。全年向4个单位委派民主监督小组，发出4份《民主监督建议书》；围绕“双提十攻坚”等重大决策部署开展中心工作民主监督；参与省政协开展的专项民主监督。

【委派民主监督】 年内，继续开展委派民主监督小组工作，召开专题动员会，制订下发《2018年县政协委派民主监督小组工作实施方案》，县政协主席会议成员牵头各专委会，选派有关政协委员，向县司法局、县国土局、县文广新局、县水利局4个单位委派民主监督小组，确定“加强公共法律服务平台建设”“废弃矿山复绿”“推进书香长兴建设”“加强水利工程管护”4个监督主题，共发出4份《民主监督建议书》。

【中心工作民主监督】 年内，根据县委统一部署，县政协将“双提十攻坚”中的经济发展攻坚民主监督作为全年履职重点，由主席会议成员牵头成立项目招引、项目推进、实体振兴、乡村振兴、深化改革5个民主监督小组，深入项目一线、工地现场、企业车间实地调研、明察暗访、座谈交流，通过一月一督查、一季一评议、年度大调研，做到真查、真督、真评议。全年共开展监督评议通报3次，上报督查专报6期、形成年度调研报告5份。

【专项集体民主监督】 年内，积极参与省政协开展的“城乡生活垃圾分类处理”专项集体民主监督，组织省市县三级政协委员成立17个监督组，全面开展“一镇一界别、一村一委员”参与式监督，以问题为导向，以暗访为手段，查找薄弱环节，累计汇总梳理问题73个，提出意见建议86条次。省政协《联谊报》在头版对长兴政协深入一线开展民主监督的经验做法予以宣传报道。

## 参政议政

【概况】 年内，县政协围绕政治、经济、文化和社会生活中的重要问题以及人民群众普遍关心的问题，深入开展调查研究，反映社情民意，进行协商讨论。共提交调研视察监督报告38篇，编发社情民意信息专报12期。通过调研报告、提案、建议案或其他形式，向党委、政府提出意见和建议。

【调研视察】 年内，选择“长兴融入大湾区大花园大通道大都市区建设”主题，分析长兴融入全省“四大”建设机遇挑战和优势短板，建议打造长三角协同发展核心区，提出全力打造联结沪皖、贯通杭宁的重要枢纽门户，长三角高端产业承接转移示范区和长三角一流营商环境高地等八个方面的路径选择。在2017年提出划定全县工业平台“一张图”基础上，进一步提出实施“一主三副”工业平台建议。围绕时尚精品产业发展、打造全域旅游振兴乡村经济、电子行业转型升级、接轨“一带一路”大力支持企业走出去等课题开展深度调研，着力谋

5月23日，湖州市政协副主席高东、竺鸽带队到长兴围绕“全力推进滨湖一体化，加快建设南太湖绿色发展新区”开展调研 （政协办 供）

务实之举、建有用直言。较好地完成县委交办的全域土地综合整治、农村经营权改革等调研任务。围绕改进全县考评工作，从健全考核体系、科学下达目标任务、完善考评激励结果运用等8个方面提出建议，均为县委采纳。围绕“十百千万”帮扶行动开展广泛、深入调研，组织委员分17个界别组走进17个乡镇（街道、园区）98个行政村220户低收入农户家中查实情、听实话，收到各类意见建议反馈121条，形成《关于长兴县“十百千万”帮扶行动的调研报告》，为县委、县政府推进低收入农户增收致富工作提供依据。县政协全年共提交调研视察监督报告38篇，县委主要领导批示16次，为县委、县政府科学民主决策提供有益参考。

【社情民意信息】 年内，发挥社情民意直通车作用，围绕乡村民宿业发展、医保基金监管、教育信息化建设等专题开展信息调研。全年共收到社情民意信息300余条，编发社情民意300余条，编发社情民意信息专报12期，上报省市政协178条。其中《建议农家乐集聚区推行食品安全责任强制保险，助力我省乡村民宿经济发展》等94篇被采纳，得到省、市、县领导批示11次，为各级党委、政府了解民意、汇集舆情提供参考。

【服务民生】 年内，打响5月“为民服务月”民生特色品牌，全年共组织市、县两级政协委员100多人，开展医疗义诊、茶艺表演、名师授课、科普宣传、法律咨询等活动20多场次，服务群众5500人次。引导委员参与“红色星期五”无偿献血、爱心助学、志愿服务等各类公益活动。在主席会议成员带领下，政协机关干部开展结对帮扶行动，共联系结对低收入农户34户，走访300人次，解决实际问题11个。开展10月“民情收集月”活动，深入乡镇部门、各民主党派、界别、基层群众等，听民身、察民情、汇民意，累计收集各类线索336条，梳理汇总履职参考议题88个、提案线索137条。

（潘颖川）

5月10日，县政协领导带队赴水口乡徽州庄开展“五下乡——茶文化进乡村”活动 （政协办 供）

# 中共长兴县纪律检查委员会·长兴县监察委员会

## 综　述

2018年，长兴县纪委监委机关内设办公室、干部室、党风政风监督室、信访室、案件监督管理室、第一纪检监察室、第二纪检监察室、第三纪检监察室、第四纪检监察室、第五纪检监察室、案件审理室等11个室，年末在编人员48人，编外人员5人。年末，共有派驻机构15家，其中正科级派驻纪检监察组7家；共有纪检监察干部47人，其中组长15人(正科级8人、副科级7人)，副组长16人。共有乡镇(街道、园区)纪(工)委17家，配备纪检监察干部90人，其中纪(工)委书记17人，专职副书记18人，专职纪委委员17人。2018年，长兴县纪检监察工作呈现高质量发展的良好态势，在全市区县纪委监委工作综合考评中获第一名。

服务保障中心。年内，开展“强落实、正作风、优环境”专项整治行动，以“最多跑一次”改革、护航优化营商环境和民营经济发展等为重点，开展监督检查。完善全县机关工作人员“不作为慢作为乱作为”责任追究暂行办法，共追责不作为慢作为乱作为党员干部113人。协助县委完成中央环保督查的49件信访交办单，全国集中式饮用水源地专项行动、全国自然保护地专项督查、全国大气污染防治督查等方面问题全部整改到位。协助县委对24个乡镇(街道)党委、县级机关部门党组织主体责任落实情况开展检查，强化“一案双查”，问责9人，党内警告处分1人。

聚焦主责主业。年内，持续保持惩治腐败高压态势，全年共受理信访举报368件(次)，比上年下降29.5%；立案190件190人，比上年上升9.2%，其中乡科级9件9人；结案185件，比上年上升12.1%；给予党纪政务处分181人，比上年上升9.7%，其中党纪处分167人、政务处分23人；挽回直接经济损失2646.90万元。高标准执行中央八项规定及其实施细则精神，推行“一季一主题、一月一立项”监督检查机制，开展巡回执纪监督3轮，查处违反中央八项规定精神问题11起15人，点名道姓通报曝光典型案例4起。开展领导干部违规房产交易、违规借贷、“小金库”等专项治理，集中整治形式主义、官僚主义，共查处12起16人，通报曝光典型案例2起。

深化巡察监督。年内，制定十四届县委巡察工作规划，成立县委巡察办，全面启动2018年度县委巡察工作，组建3个巡察组，分两轮对29家单位开展巡察，共发现问题920个，提出整改意见236条。出台村级巡察实施办法，建立县委巡察办组织实施、乡镇和职能部门党组织支持配合的机制，推动巡察向村(居)延伸。协助做好省委第二巡视组到湖州巡视相关工作，共处理问题线索7件35人。协助县委制定持续深化落实省委“十大整改行动”相关工作方案，十个方面具体整改任务取得明显成效。

持续深化改革。年内，加强与司法、执法等部门的协调，建立问题线索移送“快速通道”，在资源力量整合、措施手段运用上更加协同高效，共移送违纪违法问题线索88件，涉及公职人员9件9人，均得到及时处置。加强对公职人员依法履职、秉公用权、廉洁从政从业及道德操守等情况的监察监督，全要素使用监察措施，对12名被调查对象采取留置措施，移送起诉12人，查办案件涉案金额2.90亿元。实现乡镇(街道)监察办公室全覆盖，与乡镇(街道)纪委合署办公，授予部分监察职能，运用第一种形态处理110人次，其中诫勉30人次。谋划推进派驻机构改革，强化派驻机构监察职能，协同驻在单位给予党纪政务处分16人。

夯实基层基础。年内，协助县委出台《关于建设清廉乡村为打造乡村振兴先行示范区提供坚强保障的实施意见》，编制乡村基层小微权力清单和流程图，形成以“1+N”制度为框架的村级事务管理模式。把清廉乡村建设同群众反映强烈的突出问题整治结合起来，开展扶贫领域专项检查及农村危旧房改造、失地农民社会保障等专项检查5次，发现问题5个，党纪政务处分7人。把扫黑除恶专项斗争与“拍蝇”结合起来，查处党员

紧盯惠农政策领域开展专题监督，通过走一线、访农户、听意见等方式，严肃查纠政策落实不到位、资金拨付不及时等问题。图为该县林城镇纪委联合镇农办，委托第三方进行实地测量，对2018年规模种粮大户申报的补贴面积进行抽查　（纪委监委 供）

干部涉黑涉恶案件6起6人，其中公职人员3起3人，已开除党籍并开除公职1人、党内严重警告1人。至年末，农村基层作风巡查工作实现三年全覆盖，三年共立案13件，给予党纪处分11人、组织处理82人。

加强队伍建设。年内，推进“两学一做”学习教育常态化制度化，开展“大学习大调研大抓落实”活动，制定县纪委监委进一步改进作风“十六条举措”等文件，开展“扬优势补短板促发展”活动，查找问题短板17条，制定整改措施20条。强化纪检监察系统党风廉政建设主体责任，落实“五张清单一张网”制度，签订责任书和承诺书150份。完善内控机制，严格执行重要事项报告、参与巡视巡察和审查调查等专项工作“两书”风险防控制度，坚决防止“灯下黑”。

## 重要会议

**【概况】** 年内，县纪委监委共召开县纪委全会1次，县纪委常委会30次，县监委委务会议29次。

**【全体会议】** 3月8日，县纪委十四届三次全会在县行政会议中心302室召开。会议分两个阶段进行，第一阶段共三项议程，先由杨中校传达学习中央、省、市纪委全会精神，接着，由县委书记周卫兵讲话，最后，由县委常委、县纪委书记王勇作工作报告。周卫兵充分肯定2017年全县纪检监察工作，指出在服务大局、责任落实、改革创新、纪律约束、正风反腐等五个方面更加有力。对2018年工作提出要坚定坚决讲政治、不折不扣抓落实、从严从紧正作风、强势强力反腐败、常态长效强责任等五个要求。王勇作《全面贯彻落实党的十九大精神奋力谱写新时代全面从严治党新篇章》工作报告。会议第二阶段由县纪委委员及全体纪检监察干部参加，主要议程是审议通过全会工作报告，并对2018年重点工作进行具体部署。

**【县纪委常委会、县监委委务会议】** 年内，按照每半月召开一次的要求，县纪委监委机关定期召开县纪委常委会和县监委委务会议，通常两类会议合并召开。全年共召开十四届县纪委常委会30次，召开县监委委务会议29次。内容主要围绕上级纪委有关会议、讲话精神的学习，听取并通过相关党纪政务立案、审查调查、党纪政务处分等情况汇报，审议通过相关制度、文件，人事变动等方面。

## 政治巡察

**【概况】** 年内，按照上级关于巡视巡察相关工作要求，制定十四届县委巡察工作规划，出台巡察实施办法，成立县委巡察办，组建人才库。组建3个巡察组，分两轮对29家单位开展整治巡查，共发现问题920个，提出整改意见236条。8月至9月，省委

3月8日，中国共产党长兴县第十四届纪律检查委员会第三次全体(扩大)会议召开　（纪委监委 供）

第二巡视组到湖州开展巡视工作。期间,配合完成省委巡视组交办的各项工作,共配合处理问题线索7件35人。

【县委巡察办设立】 6月,经县机构编制委员会研究,报县委同意,并由市机构编制委员会办公室批复,设立中共长兴县委巡察工作领导小组办公室(简称县委巡察办)。县委巡察办内设综合科和督查科,核增行政编制3人,设主任1人,副主任1人,中层职数2人。县委巡察办作为县委巡察工作领导小组的日常办事机构,列党委工作机构,设在县纪委,机构规格为正科级。

【村级巡察实施办法出台】 10月,根据推动巡察工作向村(居)党组织延伸的要求,长兴制定出台《长兴县村级巡察工作实施办法(试行)》,明确在县委一届任期内对所管辖的村(居)党组织全面巡察,实现常态化、全覆盖。年末,共对8个行政村开展巡察,发现问题212个。

## 执纪办案

【概况】 年内,持续保持惩治腐败高压态势,共受理信访举报368件(次),处置问题线索709件,立案190件190人,其中乡科级9件9人;给予党纪政务处分181人,其中党纪处分167人、政务处分23人、双重处分9人;挽回直接经济损失2646.90万元。采取留置措施13人,移送审查起诉12人。

【信访流程规范】 年内,根据中纪办《关于做好新形势下纪检监察信访举报工作的若干意见(试行)》和浙纪办关于《浙江省纪检监察机关办理实名举报暂行办法》精神,制定长兴县纪委监委《关于规范纪检监察信访举报工作流程》。明确由县纪委监委信访室归口受理,案件监督管理室、纪检监察室、派驻机构、乡镇(街道、园区)纪(工)委等单位具体承办的工作流程。全年受理信访举报368件次,比上年下降23.5%,其中,本级受理135件次,比上年下降29.7%,上级转办233件次,比上年下降19.4%;实名举报95件次。全年信访举报件中,本级自办85件次、交办111件次、转办31件次、其他处理141件次。到年末,办结300件次,办结率为81.5%。

【"四种形态"规范运用】 年内,深化运用监督执纪"四种形态",加强问题线索集中管理、动态更新和集体会商,综合运用谈话函询、组织处理、纪律处分等方式分类处置。制定《长兴县运用监督执纪"第一种形态"实施细则(试行)》,处置问题线索709件,比上年上升77.3%,运用"四种形态"处理693人次,其中第一、第二、第三、第四种形态分别占71.7%、18.8%、6.2%、3.3%。

【乡镇(街道)监察"全覆盖"】 年内,县监察委员会向全县15个乡镇(街道)和2个园区(太湖图影、旅游度假区管理委员会和湖州南太湖产业集聚区长兴分区管委会)派出监察办公室,与乡镇(街道、园区)纪(工)委合署办公,实行一套工作机构、两块牌子。机构名称统一为"长兴县监察委员会派出XX乡镇(街道、园区)监察办公室",同时撤销原已设立的乡镇(街道)监察室。监察办公室设主任、副主任和监察员,主任由乡镇(街道、园区)纪(工)委书记兼任;副主任由纪(工)委副书记兼任;监察员由其他纪委委员(含兼职委员)兼任。至7月20日,17个乡镇(街道、园区)全部完成监察办公室设置和人员任命工作,共任命监察办公室主任17人、副主任21人、监察员51人,实现乡镇(街道)监察"全覆盖"。

## 作风建设

【概况】 年内,高标准执行中央八项规定及其实施细则精神、省委"36条办法",推动党风政风社会风气持续向好。根据市纪委有关要求,开展领导干部违规房产交易、违规借贷、"小金库"等专项治理。建立"一季一主题、一月一立项"监督检查机制,开展巡回执纪监督。由县纪委监委党风政风监督室牵头,每季度确定一个监督检查的重点,以分组连片、巡回执纪监督的方式开展监督检查。第一季度主题是县直属部门本级巡回执纪专项督查;第二季度主题是部门下属企(事)业单位、平台公司及县属国企巡回执纪专项督查;乡镇(街道、园区)及下属平台公司巡回执纪专项督查;第三季度主题是扶贫领域腐败和作风问题专项督查以及县委"双提十攻坚"护航行动专项督查;第四季度主题是"最多跑一次"等各项改革攻坚任务落实情况专项督查,共查处违反中央八项规定精神问题11起15人,点名道姓通报曝光4起,查处形式主义官僚主义问题12起16人,通报曝光典型案例2起。

(许慧祺)

# 民主党派

## 民革长兴县基层委员会

【概况】 民革长兴县基层委员会前身为成立于1987年3月的民革长兴县支部。2009年1月升格为民革长兴县总支，2015年1月成立民革长兴县基层委员会，下设第一、第二、第三3个支部。2018年年末，有党员71人。年内被县政协评为"反映社情民意信息工作先进单位"。

【思想建设】 年内，举办"拥抱新时代 实现新作为"演讲比赛，党员以演讲形式弘扬民革奋发向上的正能量。组织党员参与县委、县委统战部、市民革、省民革组织的多种形式的歌咏会、联谊会、红色纪念活动等；组织3个支部开展各类主题实践活动，一支部赴安吉余村开展"践行两山理论 共话美好家园"主题教育活动；二支部赴五峰水库和太湖沿岸开展"预防溺水珍爱生命 关注青少年身心健康"为主题的宣传教育活动；三支部赴槐坎抗日勇士川军之墓开展"不忘初心 缅怀先烈"清明祭祀活动；二、三支部共赴南京开展中共"五一口号"发布70周年暨民革成立70周年主题纪念活动。

【参政议政】 年内，做好提案建议和撰写社情民意工作。在市人大、政协会议上，提交提议案、建议件共8件，其中《关于加快推进宁杭生态经济发展带（湖州）规划和建议的议案》被评为优秀建议件。在县人大、政协会议上，共提交提议案26篇，大会发言调研报告6篇。其中，《矿山开发与治理的建议》为民革长兴基层委的大会口头发言文章，《关于进一步优化高层次人才服务软环境的建议》被列为2018年县政协重点提案。

【社会服务】 年内，继续与和平镇便民桥村结对，深化"同心共建"品牌，共同打好脱贫攻坚战。通过重组四个社会服务工作小组（农业组、经济组、民生组、公共事业组），成立企业家与贫困户一一对接爱心涌动小组，倾心倾力，精准扶贫。走访慰问特困户10户，送上慰问品与慰问金共计2万余元。为便民桥村引进公共建设项目资金20万元，并开展"送文化"进村活动，向便民桥村赠送书籍100余套。选取县技师职业学院为垃圾分类精细化、资源化项目的运行地点，为学校免费提供专门放置纸张及塑料的垃圾箱45个，分类纸张和塑料垃圾售卖后费用全部纳入学校绿色爱心基金。

【组织建设】 年内，择优发展工作能力强、思想素质高的新党员6人，平均年龄35岁，其中机关干部3人、企业高管2人、主任律师1人。坚持政治学习与参政议政、调研活动相结合，尽可能地提高学习效率。三个支部每月围绕"学什么""调研什么""成果是什么"向基层委汇报工作。试推行全面预算制度，提高工作效率，调动党员积极性。

## 民盟长兴县基层委员会

【概况】 民盟长兴县基层委员会前身为成立于1987年3月的民盟长兴县支部。2004年11月升格为民盟长兴县总支，2014年11月成立民盟长兴县基层委员会，下设3个支部。2018年末，有盟员82人。年内，盟员周明明获"全国五一劳动奖章"和"浙江省劳动模范"两项荣誉，为全省电池行业唯一获此殊荣的企业家。

【思想建设】 年内，制定《关于贯彻市委两个主题教育文件的实施意见》，结合长兴民盟成立30周年，各支部发动盟员在各个人自学的基础上撰写纪念"五一口号"发布70周年体会及论文。3月29日，在浙北律师事务所六楼会议室进行《见证·初心》经典朗读节目彩排与选拔活动。5月8日，结合主题教育活动，基层委完成《风雨同舟——纪念长兴民盟成立30周年》组织史的会审、定稿和编印。

【参政议政】 年内，在市、县"两会"

上共提交提案26件，其中市“两会”提案3篇、县“两会”提案23件。王强撰写的《关于加强县乡村全科医生队伍建设的建议》在县“两会”上作专题发言。邱荣珍撰写的《关于在合溪水库上游地区发展生态林以消除农业面临污染的建议》作即兴发言。

【社会服务】 6月1日，民盟长兴基层委同心·蓝天实践基地挂牌。6月14日，组织特色教学组为蓝天学生传承民俗文化，制香囊、剪纸、绘创想画等，体验端午气氛，感受中华传统节日的内涵与文化。6月21日，组织蓝天学校进行游泳安全、防溺水事故和食品安全讲座，发放安全手册。10月22日，民盟长兴基层委组织老盟员参观七彩北汤，40余位盟员参加活动；9月10日，民盟长兴基层委到结对帮扶的同心·蓝天学校开展慰问教师和座谈活动，向全体教师赠送中秋月饼，助推“烛光”行动。

【组织建设】 年内，成立基层委参政议政专门工作委员会，提升参政议政工作实效。充分发挥专委会的履职职能，围绕中心，关注改革发展中的重大问题、事关人民群众切身利益的基本民生问题和社会热点问题，在乡村振兴战略、生态环境保护等方面做好选题指导，把握提案质量。从基层委到各支部均开设微信群，交流信息，加强沟通，对没上微信的老盟员经常采用电话联系、上门看望。定期召开支部活动，结合课题调研，组织支部盟员到林城北汤村参观新农村建设。组织学习“宪法修改的重点内容及重大历史意义”，学习《全面落实深化党和国家机构改革各项部署》。

## 民建长兴县基层委员会

【概况】 民建长兴县基层委员会前身为成立于1987年的民建长兴县支部。2007年6月升格为民建长兴县总支，2013年5月更名为民建长兴县基层委员会，下设2个支部。2018年末，有会员63人。

【思想建设】 年内，组织会员先后学习中共十九大及十九届一中、二中全会精神、“习近平总书记系列重要讲话”、市县两会等会议精神，围绕中心工作，把学习贯彻会议精神与各项会务工作相结合，找准履职切入点、结合点、着力点，努力提升政治素养。组织会员参加市委会组织的“五一口号”发布70周年知识竞赛，4月中旬，先后三次组织会员参加纪念“五一口号”爱国主义教育实践活动、专题学习会、长兴县民主党派纪念“五一口号”发布70周年红色行等活动。

【参政议政】 年内，在市、县“两会”上，共提交提案7件、议案4件。县政协大会上，郝晓彬会员就加强画溪新能源小镇建设作口头发言。高婕、周鲁彬、唐亮、郝晓彬、潘惠敏、陈富强等会员参加县政协组织的“城乡生活垃圾分类处理”三级政协联动专项集体民主监督活动，定期到各自所在小组开展监督检查，向乡镇、村(居)提出建设性意见、建议，认真履行好职责。

【社会服务】 年内，结合“五水共治”碧水行动，基层委建立太湖图影旅游度假区小沉渎村联系点，明确基层委主委为河长、三个支部主委为小河长，对总长4公里的河道水面和河岸保洁开展服务和监督，累计开展活动3次。5月8日，在第71个世界红十字日，基层委组织会员到虹星桥镇宋高村举行活动，参加宋高村红十字会成立大会，与宋高村5户困难户代表签订结对帮扶意向协议。基层委发动会员热心捐资助学活动，其中周清泉对困难学生进行减免学杂费共50万元，杨文龙积极参加“民建助你上大学”爱心捐助活动，企业盛发纺织公司建立“1+1”关爱资金，每年筹措20多万资助困难职工，会员凌国强、胡志宏积极响应市委会“民建助你上大学”活动，捐助资金共计10000元，其他会员先后与25个贫困户结对帮扶。

【组织建设】 年内，基层委通过强化组织建设，送出去参加培训、请进来讲座培训和经常性开展自我教育培训等活动，不断加强自身建设。3月7日，基层委组织女会员到虹星桥镇和吕山乡，分别参观湖州东盛光伏农业科技园和会员企业长兴永盛牧业公司。6月8日，杨文龙参加长兴县新的社会阶层人士联谊会第二次会员代表大会，并当选为联谊会会长。组织会员参加羽毛球赛、乒乓球赛等各类比赛；基层委先后与南浔基层委、吴兴区朝阳支部、安徽芜湖民建综合二支部等开展交流活动。

## 民进长兴县基层委员会

【概况】 民进长兴县基层委前身为成立于2013年12月的民进长兴县支部委员会。2018年8月，民进长兴县支部完成换届，并更名为民进长兴县基层委，下设3个支部。年末，共有会员31人。

【思想建设】 年内，持续推进学习教育活动常态化、制度化，以长兴“民进之家”为依托每月组织召开一次会员例会，全年共召开例会12次。根据不同阶段组织开展各类主题的学习活动，组织全体会员深入学习贯彻习近平新时代中国特色社会主义思想、全国、省、市和县两会精神和统战会议精神、“八八战略”及民进湖州市委会议精神等。

【参政议政】 年内，共有9人次先后参与县委书记和县长面对面的活动，参加人员之多在各党派中始终名列前茅。在长兴县第九届委员会第三次会议上，会员施宏杰代表长兴民进作专题发言，会员倪峰作即兴发言，会员陆凤林作书面发言。会员吴佳菁撰写的《建议将“中国制造2025”试点地区率先纳入科创企业投贷联动试点》的社情民意被省政协单篇采用，《建议将“绿贷通”企业在线融资服务平台在全国进行推广》的社情民意被市政协采用。参与全县招商引资工作，协助引进杭兴智慧科技落户长兴开发区，获市委统战部“金苹果”奖。

【社会服务】 年内，开展认领“微心愿”活动；组织会员在新春佳节开展送春联活动等，会员毛国平、都永斌每年315消费者权益日期间开展法律咨询援助活动；会员累计参加社会服务活动20余次。深化社会服务工作，在虹星桥镇金塘湾农业园建立实践基地。持续开展“爱心助学”活动，组织会员募捐“爱心助学”基金，设立爱心助学基金，共募得会员捐赠22500元，用于资助贫困学生3人，其中1名受助对象已参加工作并成为湖州爱山小学的一名教师。民进长兴县支部成立以来，一直坚持开展贫困助学活动，累计资助金额达47600元，所有资金全部由会员捐赠。

【组织建设】 8月，民进长兴县支部换届暨基层委员会成立大会召开，会员到会率100%，选举产生新的基层委班子，班子成员均全票当选。建立机关综合、医卫经济新阶层、文化教育3个支部，分别召开成立大会，选举支部主委、副主委、联络员，明确支部各项制度和工作目标，修改和完善相关的学习、活动、调研、财务报销、组织建设等制度。年内，制定出台《民进长兴县基层委“优秀会员”评选办法》，表彰首批“优秀会员”6人。坚持“人才兴会、人才强会”的指导思想，严把会员入会关，坚持班子成员结对入会积极分子培养机制；会员双岗建功成绩显著。会员倪峰在省委会骨干会员培训中被评为“优秀学员”；会员吴秋景被提拔为县农业农村局局长，正全力致力于大棚房整治工作；会员施宏杰全力致力于夹浦地区喷水织机整治工作。全年共接待民进金华市委会、农工党湖州市委会、农工党安吉市委会等到长兴考察调研。

10月17日，农工党长兴支部赴水口乡为老年人义诊 （统战部 供）

## 农工党长兴县支部委员会

【概况】 农工党长兴县支部委员会成立于2014年12月。2018年年末，共有党员29人。

【思想建设】 年内，组织党员深入学习党章，了解农工历史，不断反思实践做法。多次组织党员参加各种活动。开展“微言大义农工情”新党员演讲活动，为加深党员对党派的认识，新入党的党员立足岗位，围绕“加入农工为什么？我为农工做什么？”两大追问，用PPT形式展示与农工结缘、与农工一路相随的故事，增强党员的责任意识和主人翁意识。举办“庆祝改革开放40周年——一个农工党员镜头下的长兴”摄影展；农工党建党85周年庆祝活动，集体诗歌朗诵《光荣与梦想》；激情献党95周年大合唱；自创手语歌《让世界充满爱》参加“五一”歌咏活动；开展“缅怀革命先烈，重温红色记忆”系列活动。

【参政议政】 年内，党员陈贤在县政协大会上作《关于深化基层医保方式改革的建议》的口头发言，县委书记现场给予批示。钱立群代表县政协在市政协大会上作《打造新时代滨湖旅游经济强市的建议》的口头发言。支委会被县政协评为2018年度反映社情民意信息工作先进单位；郭小霞被省委会评为参政议政先进个人；钱立群、郭小霞、卢文燕、陈贤被市委会、县政协评为参政议政先进个人，县反映社情民意先进个人。

【社会服务】 年内，推进与农工党湖州市委会、农工党浙江农林大学支委会共建的“十里银杏.美丽长兴共建基地”建设，开展结对工作，发挥生态保护、科技、医疗、卫生、食品、法律等领域的自身优势，做好深度服务。响应“双扶”行动，扶持低收入农户，助力酿就水口村“甜蜜的事业”，帮扶水口村开启一条精准扶贫的新途径。重阳节上午，农工党员们在水口村举行重阳节送健康咨询义诊活动，活动共组织脑外科、心内科、呼吸科、中医科、外科等多名党员参加,为水口村400多名70周岁以上老人送上零距离关怀。

【组织建设】 年内,按照"注重素质,爱党情怀"的原则,重视新党员的发展工作。发展高层次的医卫界和其他方面的代表性人士,将社会上的优秀人才吸收进组织,保证组织建设健康发展。在市委会星级支部考核中荣获五星级。

## 九三学社长兴县基层委员会

【概况】 九三学社长兴县基层委员会前身为成立于1988年4月的九三学社长兴县小组。1989年5月,成立九三学社长兴县支社。2007年12月换届更名为九三学社长兴县基层委员会,下设科技农业支社、人民医院支社和中医院支社3个支社。2018年末,有社员65人。长兴基层委被九三浙江省委会评为社会服务先进集体;社员金美娟荣获九三省委会社会服务先进个人。

【思想建设】 年内,坚持社员分散自学、集中培训相结合等形式开展各方面学习。退休社员已形成季度例会制度,召集组织全体社员学习4次,传达学习全国及省、市、县两会有关会议;九三学社中央十四届二中全会和九三学社浙江省第三十五次思想政治工作会议及组织工作会议;湖州市民主党派领导人暑期读书会及全县统一战线读书会等一系列会议精神。5月,基层委主委李彩琴参加由社市委组织前往九三学社发源地重庆开展"回望历史,携手共进"传统教育和参观历史陈列馆。沈月峰社员获2018年九三学社中央"我与改革开放40年——九三学社的故事"征文活动优秀奖;社市委纪念"五一口号"发布70周年征文活动一等奖,费红社员获2018年九三学社中央"我与改革开放40年——九三学社的故事"征文参与奖;黄晓华社员获2018年九三学社中央"天下·苍生——九三人眼里的改革开放40年"摄影作品参与奖;毛晓梅获2017年度浙江省农业技术推广贡献奖;许敏社员获社市委纪念"五一口号"发布70周年征文活动三等奖;陆英社员获在全县改革开放四十年主题征文活动特等奖。

【参政议政】 年内,基层委有市、县政协委员、人大代表共21人,其中县政协副主席1人、政协常委2人、政协委员11人;县人大代表2人,其中常委1人;市政协委员1人,市人大代表4人。市、县"两会"期间,提交提案、议案13件。毛晓梅《关于打造长兴特色田园综合体的建议》、邱飞《关于县城区生活垃圾分类的调研和思考》、许敏《积极接轨"一带一路"大力支持长兴企业走出去》3篇调研报告被列入政协大会发言。《关于进一步发展残疾人事业的建议》《关于现代服务业转型提升的建议》《关于县城区生活垃圾分类的若干问题和建议》集体提案3件。

【社会服务】 1月,广大社员各自参加社区、街道、小区铲冰除雪,为社区居民群众出行排忧解难;农业科技社员毛晓梅在遭受严重的雨雪冰冻灾害期间,两次到农业基地作抗灾自救和防冻保蔬措施技术指导工作。4月4日,基层委人民医院、中医院支社九三社员到泗安显圣寺为寺庙工作人员及香客进行义诊;4月15日上午,在和文化广场举行第24届全国肿瘤防治宣传周暨首个"中国抗癌日"启动仪式上进行义诊。10月13日,在重阳节到来之际赴北汤村开展"关爱老人,情暖重阳",对村民进行健康体检和义诊等大型活动三次。年内,共25次约100余人次走进医共体共建单位、街道、园区、学校、企业、部队及乡村社区卫生服务站,为当地百姓和居民提供法律咨询、高血压防治与肾病、糖尿病防治及健康饮食、乳腺癌筛查、慢病防治—运动与健身、意外伤害的急救、夏季如何养生、健康生活方式等健康知识讲座和巡诊、义诊、现场咨询、家庭医生签约及健康体检报告解读和病情咨询等活动。健康讲座、义诊服务等受益人数达1500余人次。

【组织建设】 2月3日,九三学社长兴基层委召开2017年度工作总结暨联谊大会,市、县有关领导及九三长广同仁,基层委在职、退休社员计60多人参加年会。2月4日,基层委组织社员加盟林城镇北汤村春晚演出。3月11日,二十余位女社员参加由基层委准备的"浓情三八节、巧手共制作"活动。6月29日,部分九三社员参加统一战线合唱团在长兴县纪念中国共产党成立97周年歌咏会活动。10月9日,基层委主要领导陪同退休社员一行20余人,到安吉"两山理论"发源地余村和鲁家村考察。10月20日,基层委组建15人为长兴队,参加社市委为纪念改革开放四十周年暨"八八战略"实施15周年举办的趣味运动会,并荣获三等奖。

(钟　翔)

# 社会团体

## 长兴县总工会

【概况】 2018年，长兴县总工会内设组宣部、经济部、维权部（职工服务中心）和办公室（财务部），下属县工人文化宫和工会干部学校2个事业单位，以及经审办和女职委办2个办事机构、1个驻会产业工会（财贸工会）。年末县总工会在职干部职工39人，其中公务员12人，工勤人员1人，事业编制人员16人，编外人员10人。全县共有乡镇（街道、园区）工会（委）17家，其中建立总工会12家；产业（行业）工会（委）5家。年末，全县基层工会单建工会1384家，联合工会139家（覆盖企业1984家），其中全县规模以上企业工会组建覆盖率达到82%，共计498家，职工数147928人，会员数143227人，组建率和入会率分别达到96.7%、96.8%。年内，县总工会在全县机关部门综合考评“一等奖”、一人获得全国优秀工会积极分子、一人获得浙江省五一劳动奖章和省级优秀工会工作者。

【劳动技能竞赛】 年内，组织指导全县各乡镇（街道、园区）和产业（行业）工会（委）先后开展叉车工、电焊工、档车工打结和芦笋包装等技能比武46场次，有880家企业（班组）开展了各类工种的岗位练兵、技能比武活动，开展各类技能培训职工2.60万人次、班组长培训460人次，晋级5800名，先后获得全省市劳动技能竞赛大赛一等奖、省二等奖5个，荣获省“金蓝领”称号1人，并代表湖州市参加全省、全国数控机床装调维修比赛等。进一步抓好职工创新创业导师团队伍建设，新培育市级职工创新创业基地3家，市级职工创新驿站3个；培育职工创客10名，创新驿站（创新班组，创新工作室）20个，创新成果125项。新培育创新创业服务中心1家，申报市创新创业发展基金扶持项目1个。新建立职工职业技能培训基地示范点1个，开展好名师带高徒一对一结对活动，共结对650对。新组建2支绿色智能制造职工技术志愿服务队，并上门开展技术服务和技术交流活动45场次368人次参与，技能巡查8场次，解决企业难题59项。会同县人社局协助县政府完成第三届37名“长兴工匠”的评选表彰，有4名职工获湖州市首批“南太湖工匠”；获湖州市“五一劳动奖章（状）”各2个、省“五一劳动奖章”1个，荣获全国“五一劳动奖章”、全国工人先锋号各1个，省、市工人先锋号各2个，表彰县级工人先锋号10个。

【维权帮扶】 年内，开展工资集体协商，向全县企业发出要约285家，回应要约285家，签订合同285家。区域性发出要约17家，覆盖企业1498

4月25日，长兴县总工会在长兴大剧院举办庆“五一”活动暨“劳动托起中国梦”职工才艺会演。会演前，对2017年度长兴县优秀工会干部、县最美班组、县工人先锋号、县示范型职工之家进行表彰

（总工会 供）

家。行业性发出要约6家，覆盖企业499家。开展在建工程建设项目进行工资发放情况、“12345”热线和领导批示信访件反映情况和劳动关系法律服务站收集到的情况专项督查以及季度监督“欠薪”7次，发放工会劳动法律监督意见书1份。建立县劳动关系法律服务站，下发《长兴县进一步推进劳动关系预警调处机制建设实施方案》。聘用律师8人、工会法律服务队12人，与县人社部门合署办公，累计受理咨询并登记在册379起，法律援助54起，涉及职工465人。为职工线上线下免费解答法律咨询89余人次，化解职工涉法涉诉上访案件4起，参与化解职工涉法涉权案件8起，免费为职工追讨工资、经济补偿金、社会保险工伤待遇20余万元。开展《中华人民共和国宪法》《中华人民共和国劳动法》《中华人民共和国工会法》和《浙江省工会劳动法律监督条例》等法律知识宣传、培训40场次，参加职工16550人次、现场解答各类咨询问题120起、发放各类宣传资料1.6万余份。

年内，成立县慈善总会工会分会并募集资金241.21万元，制定出台《长兴县困难职工帮扶实施办法(试行)》，全年慰问困难职工(劳模)212人，累计发放慰问金75.1万元。完善《2018年度长兴县职工疗休养本地行活动专项资金筹集使用办法》，有效推动非公企业职工疗休养本地行活动，累计安排使用本地行奖励资金40余万元；获评市级职工疗休养示范基地3家。投入60万元组织全县3万名职工(会员)开展“龙之梦”观摩体验活动。深化在职职工住院医疗互助活动，实施第八期医疗报销9817人次，发放补助金504万元，完成第九期在职职工住院医疗互助活动67635人，比上期净增4000余人。积极筹建工会志愿者队伍，并制定县工会志愿者管理办法，累计开展志愿服务活动36场次300余人次。牵头搭建“姻为有你，缘聚长兴”未婚青年职工相亲平台，全年组织开展活动14场次，成功牵手22对。投入38万元，开展为一线职工高温送清凉等活动。

【女职工劳动保护】 年内，开展客房，餐饮一系列的技能比武和各种文体活动。结合“职工大讲堂”活动载体，在全县女职工中开展素质技能提升和《女职工劳动保护特别规定》《艾滋病防治条例》《中华人民共和国未成年人保护法》《浙江省预防和制止家庭暴力条例》等相关法律法规免费培训。全年共培训6000多名女职工。年内，集中在非公企业中开展以“情系外来女职工健康月”为主题的免费妇科体检活动，600多人次参与免费体检。并对检查出有问题的外来女职工建立疾病档案，进行跟踪服务，有效地防预女职工妇科大病的发生，提高女职工身体素质。

【“基层基础规范年”活动】 年内，开展“基层基础规范年”活动，新组建工会66家，发展会员6250人，各级工会到届换届125家。同时，加大全县区域性职工之家等服务职工活动阵地建设力度，共下拨各类项目制补助资金391.40万元。完成年初制定针对换届乡镇等在内的500人以上培训计划。按照重点改革项目推进基层群团改革试点单位市级试点(雉城街道)、县级试点(李家巷镇、煤山镇、画溪新能源小镇)的改革工作。扎实推进全县13家“妈咪暖心小屋”巩固提升。抓好工“惠”总动员·中德职工文化活动、工会商会1+1职工服务项目的实施，完成职工子女暑期活动成长计划“小候鸟”班2期。积极做好各级“职工书屋”创建，全年申报省级职工书屋示范点4个、市自建工会职工书屋8个。组织全县首届职工气排球混合团体赛，35支代表队、300多名参赛队员参加。年内，共有1500多家基层工会和8万多名会员进入平台实名制管理系统，考核验收全县349家非公企业基层工会组织和会员实名制管理工作。开发整合组织管理、会员管理、网上入会、医疗义诊、法律援助、相亲交友、职工疗休养、医疗互助等10个应用系统。

(杨家胜)

## 共青团长兴县委员会

【概况】 2018年，中国共产主义青年团长兴县委员会(简称团县委)下设办公室、基层工作部、志愿服务部3个部(室)，一个下属事业单位为长兴县青少年宫。年末，共有工作人员7人，其中书记1人。全县共有团员18647人，全县共有团组织959个，其中团(工)委40个，团总支14个，团支部905个；直属团组织57个，包括乡镇(街道、园区)团委18个，机关事业单位团组织31个，非公、两新团组织8个。

年内，广泛开展“高举团旗跟党走”等主题教育活动，举办集体入队、入团等仪式教育活动近百场。推出《长兴精神·青年力量》宣传片，开设“青年大讲堂”，开展“传承长兴精神·争做最美90后”“新时代美德少年”等活动，挖掘出身边青少年典型200名。以共青团改革为重点，全省率先推进乡镇团干部“领办项目 公开竞聘”工作，选聘兼挂职团干部120个，在团县委和县青联换届中吸收“新鲜血液”；健全工作考核评价机制，对各直属团组织中全面引入“书记述职青年评议”制度；强调团员先进性，限额发展团员1990人，初中毕业班团学比例下降到27%。团县委机关获评浙江省五四红旗团委，承接团中央首批12355未成年人心理健康服务台、“双零社区”和团省委“政治吸纳”、少先队改革等试点，举办全省团县(市、区)委书记片区工作交流活动，多项工作被《浙江日报》《中国青年报》《中国共青团》等报道。

【共青团长兴县第十九次代表大会】 5月3日至4日，共青团长兴县第十九次代表大会召开。出席代表199人，特邀代表60人，列席代表38人。

团县委书记潘宇欢代表十八届团委员会作题为《深化改革谋发展 勇立潮头立新功 团结带领全县广大青年奋战攻坚一线 为加快打造高水平全面小康社会县域典范贡献青春力量》的工作报告。选举产生团县委第十九届委员会，委员27人、候补委员13人。十九届一次全委会选举产生常务委员9人，其中书记1人、专职副书记2人、挂职副书记1人、兼职副书记2人，潘宇欢当选为书记，陈舒、孟晓天当选为专职副书记，陈旻当选为挂职副书记，张佳男、王菲当选为兼职副书记。

**【新青年移风易俗行动】** 年内，发布全省共青团首个《青年婚事风俗调查报告》，举办2018年长兴县青年新式集体婚礼，10对新人参与，直播阅读量突破2万余人次。推出以“乡村婚礼、草坪婚礼、旅行婚礼”等为主题的新式婚礼套餐，为7对新人“私人定制”新式婚礼。打响擦亮“亲青恋”品牌，在太湖图影湿地等地成立“亲青恋”基地3个，开展“亲青恋”青年联谊交友系列活动8场，服务单身青年480余人，牵手成功25对，引导广大青年群众自觉践行婚事新办、移风易俗。

**【“新青年乡村振兴”专项行动】** 年内，全面营造人文、创业、自然“三大环境”，助力打造长兴“乡村振兴”先行示范区。重点打造“蜂情小镇”、澜山农场等青创农场10个，获农业农村部、团中央调研肯定；举办“新农人”“农创客”等创业论坛沙龙、培训交流活动32场次，跟踪孵化涉农创业项目20个。成立“农小青”扶贫帮帮团，定期前往虹星桥华盛绿能基地、吕山益丰芦笋合作社等扶贫基地，为低收入农户开展义务种植、技术指导等服务。

**【新青年人才引育创业创新行动】** 年内，深化推进“三个一批”青年人才引育行动，大力实施“招才引智”走出去发展战略，远赴江西、甘肃、青海、贵州等地举办高校巡回推介会9场次，建立14家大学生到长兴就业创业联络站，聘任89名省外长兴籍大学生担任来长就业创业宣传联络员，新建立大学生实习基地5家。组织30余名青年企业家赴深圳到腾讯、大疆无人机、优必选机器人等公司考察学习。以采取牵头组建、联合共建模式，促成奥利尔水家电众创空间、长兴青年能创空间落地。深化银团合作，联合农商行成立全省首家“青年银行”（青年创业金融服务中心），累计提供“青创贷”2.60亿元，举办“5·28”青创贷对接会，现场达成贷款意向281笔9275万元，切实解决初创型青年融资难题。

9月30日，“倡树文明婚俗 今生缘定太湖”青年新式集体婚礼活动在洪桥镇举行

（共青团 供）

**【“小团长”志愿服务提升行动】** 3月4日，举办第二届长兴县学雷锋志愿博会，开展“星级学雷锋志愿服务站”创建活动，升级激励兑换机制，新增“志愿汇”28万余小时信用时长。常态化开展“高铁站365天”“青春助力双禁”“河小青治水”“护航地信大会·平安巡防”等志愿服务活动1600余场。组织2000名志愿者服务省运会、环湖赛等大型赛会。开展两轮“百个微心愿 百个圆梦人”关爱活动助力“双扶”专项行动，广泛动员青联、青企协会员、“快递小哥”以及社会爱心人士为200余名困境青少年送去温暖，累计捐赠物资8万余元。

**【“青年领办项目 公开竞聘选拔”】** 年内，以“青年领办项目 公开竞聘选拔”为路径，着力推动改革向基层延伸，全县18个乡镇（街道、园区）团委全部完成基层服务型团组织建设和组织格局创新，共选聘兼挂职团干部120个，其中副书记岗位56个、委员岗位64个，其间吸引社会各界优秀青年503人报名，经初审375名参与竞聘，建立共青团功能性服务阵地18个，引入项目服务团队134个，该做法被团省委在全省推广，被《浙江日报》专题报道。

**【长兴县青年联合会第三届委员会第一次全体会议】** 4月2日，长兴县青年联合会第三届委员会第一次全体会议召开。第三届委员会委员共计123人，新增技能人才、新社会阶层界别。潘宇欢作题为《助力双提十攻坚 助推高质量发展 为加快打造高水平全面小康社会县域典范贡献青春力量》的工作报告。选举产生县青联三届常务委员会常委24人，其中主席1人、副主席5人，潘宇欢当选为主席，李光凤、张佳男、陈舒、徐珏、徐安军当选为副主席。

【长兴青少年宫】 位于雉城街道太湖中路210号。1997年1月建成，占地面积1万平方米，建筑面积4895平方米，隶属于团县委主管。年内，青少年宫以“活动育人、实践育人，把最宝贵的东西给予孩子”为育人宗旨，围绕实践体验、创意创新为重点，组织青少年开展思想道德、科技体育、文化艺术、社会实践、文化交流等校外教育实践活动。同时，负责少先队组织的建设和指导，吸引6万人次以上青少年参加各类群众性主题教育活动和阵地活动，吸引2万人次青少年参加各类兴趣培训活动；面向全县青少年组织成立俱乐部、文学社、合唱团、舞蹈团等7个社团，学员荣获国家级、省级、县市级大赛320个。全年共开设班级875个，参加各类培训19486人次。其中，包括风铃站和水木站的96个班、2304人次，小课18个班、311人次；春季开设290个班、6456人次，夏季开设313个班、7042人次，秋季开设272个班、5988人次。全年获奖学员达到557人次，其中省级150人次、市级82人次、县级88人次、宫级237人次。全年贫困家庭、特殊家庭的子女获免费学习共75人次，免培训费45000元。全年开展专项活动、主题活动、阵地活动、网络活动、综合实践活动及教育教学共138次，活动参与达到31341人次。

（茆琪辉）

## 长兴县妇女联合会

【概况】 2018年，长兴县妇女联合会（简称县妇联）内设办公室、城乡妇女发展部、妇女儿童工作部3个职能部室，下属县妇女儿童发展中心1个事业单位，年末在编人员11人，其中公务员8人、工勤人员1人、事业编制2人，主席1人、副主席2人、党组成员1人；编外人员1人。年末，全县共有行政村妇女组织213个、村改居妇女组织28个，社区妇女组织24个、乡镇（街道、园区）妇联17个、综合妇联1个，新建两新妇联组织8家。

年内，县妇联继续开展妇女就业创业帮扶，促进妇女发展，维护妇女儿童权益，建设美丽家园，夯实组织基础工作。全年争取省妇女儿童发展专项经费12万元，新创建巾帼文明岗市级7个，创建全国最美家庭1户，省最美家庭3户，省十佳特色家庭1户，省绿色家庭5户，市最美家庭4户，市绿色家庭40户，县绿色家庭100户。各级妇联组织接待信访183起，调解婚姻案件2075件，筹集帮扶资金30.50万元，救助困难妇女儿童300余人。年内，县婚调委荣获司法部坚持发展“枫桥经验”实现矛盾不上交试点工作表现突出集体，长兴县获评浙江省实施妇女儿童发展“十三五”规划示范县。

【巾帼建功】 年内，加快妇女创业就业帮扶、岗位建功等工作；做好服务女企业家等工作。扎实推进女性创业贷款工作，联合农商银行为1197名创业妇女提供创业小额贷款1.94亿元，向52名妇女发放小额贷款贴息30.38万元。联合人社局等部门举行“春风行动”和夏季大型人力资源招聘会，达成初步就业意向的女性4000余人；联合县人社局等部门举办长兴县首届“天鹅杯”月嫂之星技能大赛。培育建立“画溪巾帼众创空间”和“南太湖巾帼创业驿站”，为妇女就业创业提供孵化平台。由县妇联推荐的两个项目分别荣获市巾帼创业创新（电商）大赛创业类项目一等奖和创意类金点奖。

年内，先后举办政策对接会、长兴·杭州西湖区女企业家交流洽谈会，组织女企业家赴深圳参观学习考察，选派的7名参加女性创业能力开发项目培训的女企业家顺利毕业。开展走访慰问活动，共走访慰问女企业家和浙商家属73人。制定下发《关于开展“岗岗回头看 巾帼展风采”系列活动的通知》《关于在全县开展“岗村牵手 共促发展”结对共建活动的通知》《县级“巾帼文明岗”评审工作方案》等文件通知，健全完善巾帼文明岗创建工作机制。推进民宿、旅游行业和两新组织的岗位创建，加强对各级文明岗的检查评审，对争创岗位强化培训与指导，对已创岗位开展复查与巡检，同时开展岗位现场交流、异地观摩学习，推进岗村结对等，提升创建水平。年内，全县成功创建省级岗4个、市级岗7个、县级岗19个。

【双学双比】 年内，发挥好妇女在社会生活和家庭生活中的两个独特作

3月7日，县妇联举办长兴县纪念国际三八妇女节108周年暨妇联改革成果展示活动

（妇联 供）

用，推进妇女助力乡村振兴，推进社会主义核心价值观真正落实到每个家庭。深入推进“我爱我家·垃圾分家”主题实践活动。全县265个村（居、社区）妇联均建立由村妇联主席、妇联执委和其他妇女群众组成的“巾帼先行队”，形成“1名巾帼先行队员带动几户家庭、1支巾帼先行队带动1个村”的工作模式，农村户分正确率达到95%以上。对文明家庭、绿色家庭、书香家庭、最美家庭等特色家庭创建工作进行梳理整合。全县获评全国最美家庭1户，省最美家庭3户，省绿色家庭5户，市最美家庭4户，市绿色家庭40户。配合县文明办做好双禁宣传、勤俭办酒等移风易俗宣传工作。年内，关心关注在长兴的高科技人才的婚恋问题，开展大龄单身青年婚恋状况专题调研，实施“姻为有你·缘聚长兴”项目。相继举办“浪漫咖啡时光”“三生三世 城山桃花”“今天我是大家长”“恰同学少年联谊会”“相约久久”等主题特色活动10场，参与联谊活动的青年男女共计534人。精准推出“漫步古道赏长兴醉美秋色”“柿子之夜”“七夕，我在海信遇见你”三场企业专场交友联谊活动。全年共有23对情侣成功牵手。

**【维权帮扶】** 年内，联合县法院、县司法局探索实施一庭一室四员家事纠纷化解工作机制。从村（社区）中选取5名热爱社会公益事业、具有家事纠纷调解经验人员派驻人民法庭的“和谐家园工作室”，从事家事审判辅助工作。家事审判庭的相关做法被《中国妇女报》头版刊登。分片召开法庭与乡镇妇联家事纠纷联合化解机制推进会。组织县政策文件性别平等咨询评估工作专家组现场调研女性平等就业权利保障工作情况。探索建立《家暴警情处置和家庭纠纷化解联合工作机制》，该机制在城东派出所试运行期间，共化解家庭纠纷67起；家暴警情16起，发放家暴告诫书16份，其中成功调解8起。充分利用“互联网+”优势，推荐律政巾帼志愿服务团作为妇联系统人民调解组织进驻省在线矛盾纠纷多元化解平台，通过互联网向当事人免费提供咨询、调解、诉讼等在线纠纷解决服务。深化律政巾帼志愿服务团队伍，成立爱伊行公益法律公益服务中心开展公益性普法宣传，承接政府购买服务等业务。继续完善“1+1”婚姻家庭辅导室和婚调委工作，1至11月份，辅导室共对479对离婚夫妇进行调解，劝和134对，有效劝解率达到30%；婚调委共调解案件1929件，劝和287对，调处率达100%。年内，针对困境妇女儿童，启动“认领式”爱心志愿活动，共帮助17名困境妈妈、8名困境儿童实现她们的微心愿。抓住“母亲节”“儿童节”等节日契机，开展关心关爱贫困母亲、贫困儿童慰问行动，充分发挥妇女儿童关爱基金的作用，总共慰问47位特困母亲，32位特困儿童，慰问金额共计6万余元。女企业家们以小组为单位，通过上门慰问、结对帮扶等形式开展关爱活动，共计送出慰问金、慰问品15000余元。开展爱心助学项目，女企协会会长为10名学生出资爱心助学金20万元，向新疆柯坪的姐妹捐资3万元助发展。

**【加强妇联组织建设】** 年内，进一步加强机关部门妇联改革工作，下发《关于进一步加强和改进机关妇联组织建设的意见》，努力实现妇联组织和妇女工作在机关单位的全覆盖。制定下发《关于在县直属部门妇女组织开展分组活动的通知》《关于开展机关妇女组织与基层妇联组织结对共建工作的通知》等系列文件通知，实现部门妇联、行业妇联和乡镇妇联深入互动。拓展在国有企业、上市企业（天能、超威）、行业协会（洪桥镇轻纺行业）、城市商圈（浙北商圈）中新建两新妇联组织8家，在助力移风易俗、巾帼志愿、职工关爱、贫困帮扶、就业支持等方面开展一系列丰富多彩的活动，成效明显。

**【社会资本认购创投项目】** 年内，召开首届长兴县妇女儿童公益创投项目路演会，在全省第一家创新形式（除大型基金外），以社会资本购买社会组织公益服务，共有6个项目被认领，购买金额近30万元。该项工作被《中国妇女报》刊登。逐步打造出原生艺术绘画项目、康乃馨妈妈加油站、“小候鸟”益家社团项目等一批女性社会组织品牌化服务项目。在全市率先起草市级地方标准——《社会组织综合妇联工作规范》，已经市妇联审核并送市质监局审批。

（叶小舟）

## 长兴县科学技术协会

**【概况】** 2018年，长兴县科学技术协会（简称县科协）内设办公室（学会部）、科普部，下属县企业科技创新服务中心1个事业单位。年末，在编人员10人，其中行政编制8人、事业编制2人，主席1人、副主席2人、秘书长1人；编外人员3人。全县有乡镇科协、街道科协18个，开发区科协1个、园区科协2个，会员1550人。有农村专业技术协会36个，会员1900人；企业科协47家。

年内，县科协聚焦服务乡村振兴、科技强县、创新强县和“双提十攻坚”等中心工作，在聚才引贤智库建设、学会活动助力产业发展、引进重大科技项目、精准科普提升全民科学素质和加强自身建设等方面取得明显成效，荣获国家级荣誉4项、省级荣誉14项，市级荣誉35项。其中，县科协连续五年获评“全国科普日活动优秀组织单位”，长兴县科协和长兴灰岩国家级地质遗迹保护区（长兴金钉子地质博物馆）科普教育基地作为先进典型组织入选浙江省科协成立六十周年“60组织”，并荣获2018年度全省科协工作先进单位。

**【科技服务助推发展】** 年内，通过中国化工学会国家级学会服务站“引智不引人”的务实对接，汇聚高端智力助力长兴新能源产业发展。开展专家实地考察活动3次，院士专家专题讲座3次，与企业面对面技术对接活动5次，解决技术难题12项，达成产学研项目3个，开发新产品5项，申请专利5项。中国化工学会服务站实施的浙江(长兴)新型电池技术创新体系建设与产业化项目入选为2018年中国科协创新驱动助力工程示范项目。7月20—22日，举办“2018中国长兴新能源技术和产业高峰论坛暨浙江‘千人计划’专家峰会”。11月2日，中国科协创新驱动助力工程——“浙江(长兴)新型电池”技术创新体系建设与产业化项目研讨会在长兴召开。11月9日，中国可再生能源学会和长兴县政府在2018“才聚南太湖·智赢新时代”南太湖精英峰会上签订建立国家级学会服务站的框架协议，在合作方向和合作事项等方面达成初步意向。围绕产业科技需要，组织开展院士专家长兴行活动18次，院士专家来长指导产业发展205人次。浙江省能源研究会在长兴建立新能源创新驿站，市机械工程学会与林城镇电炉行业开展地校合作项目。“不漂不色生态面料技术开发”“光唇鱼池塘循环水养殖技术攻关”“彩色繁花苗木栽培技术示范与推广”等5个项目入选湖州市第二十四批金桥工程重点项目。超威创元研发微型纯电动汽车用锂离子电池系统144伏120安，被评为2018年湖州市自然科学优秀成果一等奖。继续推动实施院士专家工作站三年行动计划，新建金三发、达峰汽车、浙矿重工3家市级院士专家工作站，盛发纺织获评国家模范院士专家工作站，新增诺力股份省级院士专家工作站。至2018年年末，全县共有国家示范(模范)院士专家工作站3家，省级院士专家工作站6家，市级院士专家工作站17家。全年县级学会共开展村(企)会协作项目28个，学会专家服务村(企)达80余批、700多人次。县蜂业协会发挥协会优势承办第二届蜂旅文化节，举办各类培训班，对接贫困户送蜂种送技术，助力乡村振兴。县青少年科技教育协会在吕山小学开展LDM创客空间助力工程项目，提供智力支撑和技术帮扶。县医学会、中医学会、县抗癌协会与乡镇卫生院签订义务协助协议，在开展系统讲座培训、定期派名医义务就诊、学术交流、挂职培养等方面开展协助，全年培训1500余人次、名医下乡义诊150人次。

【科普宣传】 年内，开展一季一主题科普活动，其中一季度“双禁”科普宣传，二季度宣传垃圾分类，三季度突出灾害性天气应对，四季度移风易俗倡导文明新风。围绕生态文明建设邀请省专家在煤山镇举办合溪水库上游水源地环境保护科普报告会。在合溪水库上游地区的煤山镇中小学中开展“小手大牵手行动”，动员全民参与饮用水水源地区水资源环境保护。举办2018年“科技活动周·全

## 2018年长兴县院士专家工作站建设情况

表4

| 院士专家工作站 | 类 别 | 建设年月 |
|---|---|---|
| 天能集团 | 国家示范、省级、市级 | 2010年7月 |
| 超威集团 | 国家示范、省级、市级 | 2013年1月 |
| 浙江盛发纺织印染有限公司 | 国家模范、省级、市级 | 2013年4月 |
| 浙江茶乾坤食品股份有限公司 | 省级、市级 | 2011年1月 |
| 浙江中山化工集团股份有限公司 | 省级、市级 | 2014年3月 |
| 诺力智能装备股份有限公司 | 省级、市级 | 2013年5月 |
| 浙江万享科技股份有限公司 | 市级 | 2014年7月 |
| 长兴国泰康复医院 | 市级 | 2015年6月 |
| 浙江长安仁恒科技股份有限公司 | 市级 | 2015年8月 |
| 长兴县“金钉子”国家级自然保护区管理处 | 市级 | 2016年6月 |
| 浙江天能能源科技股份有限公司 | 市级 | 2016年6月 |
| 长兴制药股份有限公司 | 市级 | 2017年3月 |
| 浙江长兴中俄新能源材料技术研究院有限公司 | 市级 | 2017年3月 |
| 浙江润格木业科技有限公司 | 市级 | 2017年4月 |
| 浙江达峰汽车技术有限公司 | 市级 | 2018年1月 |
| 浙江金三发非织造布有限公司 | 市级 | 2017年12月 |
| 浙江浙矿重工股份有限公司 | 市级 | 2017年8月 |

9月12日，2018年湖州市暨长兴县全国科普日启动仪式在太湖龙之梦举行

（科协 供）

国科技工作日”活动，以“关心关爱科技人才活动、科技助力创新驱动活动、科普惠及民生实事”三大系列和科技活动周、科技人才大走访、科技工作者座谈会、科技下乡、星期一夜校科普大讲堂等15项子活动为载体广泛开展科普活动，制作专题片宣传第四届“长兴县十佳科技工作者”获得者和提名奖获得者事迹，召开6次科技工作者座谈会，邀请县领导和相关部门参加，收集整理上报建言献策15条。开展青少年科普活动，先后开展用眼卫生、反邪教、地质科学、生态保护、科普大篷车、科技嘉年华、校园科普e站网络知识等科普宣传，组织第13届七巧科技竞赛、第十届青少年科技创新大赛、第三届中小学科学实验操作竞赛、中国科学院老科学家科普报告会、科普大篷车进校园、市级科技创新创客学校评选等系列科技科普活动。开展农村农民科普活动，省农函大长兴分校共招生31个班，开办花卉苗木、茶叶、水产养殖、蔬菜等共12个专业，培训学员1700人。参与“科普文化进万家”专项行动，服务农村文化礼堂“科普点餐制”活动，为21个行政村农村文化礼堂点餐服务。推动科普信息化建设，建立科普中国校园e站、科普中国乡村e站、科普中国社区e站等新科普传播渠道，推进开展“科普中国百千万行动”，新增虹星桥镇宋高村、画溪街道长桥村等8个科普信息化全媒体屏联网应用示范点，新增科普中国APP应用管理员700人；吕山乡中心小学少年科学院成立揭牌，入选“科普中国·百城千校万村行动优秀典型案例”，编入中国科协《科普中国·百城千校万村行动优秀典型案例汇编精选》。

【科普专业场馆建设】 年内，县科协在县“两会”上提报“关于加强青少年科普教育，强化科普阵地建设的建议”提案，建议在县教育实践中心建设一座面积约600平方米的校园科技馆，填补全县科普宣传主阵地空白；建议组建一个以教育实践中心专职教师和各中小学兼职教师为主体，融合县内外高端知识分子和科技人才技的义务科普讲师团，以解决场所和人才问题。助力太湖龙之梦科普群馆建设，2018年湖州市暨长兴县全国科普日启动仪式在龙之梦钻石酒店前草坪上举行。参与省级特色小镇长兴（画溪）新能源小镇科技馆项目，建筑面积5000平方米，作为新能源小镇文化游学、科普展示的重点工作加以推进。指导华能长兴电厂、长兴意蜂蜂业科技有限公司、李家巷镇小学3家成功创建市级科普教育基地，指导太湖龙之梦乐园、南太湖海洋公园、长兴县气象台气象科普教育基地3家成功创建省级科普教育基地。至2018年年末，全县有全国科普教育基地4家，省级科普教育基地6家，市级科普教育基地8家，县级5家。

## 2018年长兴县各级各类科普教育基地情况

表5

| 科普教育基地 | 类　别 | 获评年月 |
| --- | --- | --- |
| 长兴灰岩国家级地质遗迹保护区 | 国家级 | 2012年10月 |
| 浙江长兴扬子鳄自然保护区 | 国家级 | 2012年10月 |
| 浙江大学（长兴）农业科技园 | 国家级 | 2010年12月 |
| 长兴泗安仙山湖湿地保护区 | 国家级 | 2015年5月 |
| 湖州清泉文武学校自然科学探索园 | 省级 | 2010年12月 |
| 天能集团绿色能源科普馆 | 省级 | 2015年12月 |
| 超威集团绿色能源科普馆 | 省级 | 2015年12月 |

续表5

| 科普教育基地 | 类　别 | 获评年月 |
| --- | --- | --- |
| 长兴县气象台气象科普基地 | 省级 | 2018年12月 |
| 嘉兆实业有限公司南太湖海洋公园 | 省级 | 2018年12月 |
| 长兴太湖图影生态湿地文化园 | 省级 | 2018年12月 |
| 长兴县青少年宫 | 市级 | 2005年12月 |
| 小浦古银杏长廊自然保护区 | 市级 | 2002年12月 |
| 长兴县教育实践中心基地 | 市级 | 2013年3月 |
| 长兴泗安台盛薰衣草有限公司泗安薰衣草风情园 | 市级 | 2014年9月 |
| 浙江岘盛文化发展有限公司中国太湖石博览园 | 市级 | 2016年12月 |
| 华能国际电力股份有限公司长兴电厂电力科普教育基地 | 市级 | 2018年6月 |
| 长兴意蜂蜂业科技有限公司蜂状元蜜蜂文化科普教育基地 | 市级 | 2018年6月 |
| 李家巷镇中心小学气象科普教育基地 | 市级 | 2018年6月 |
| 长兴顾渚茶文化旅游发展有限公司长兴顾渚茶文化基地 | 县级 | 2015年9月 |
| 长兴东方梅园有限公司东方梅园古森林博物园科普教育基地 | 县级 | 2016年12月 |
| 浙江绿野仙踪生态农业发展有限公司生态农业科普教育基地 | 县级 | 2016年12月 |
| 长兴巨丰葡萄专业合作社联合社葡萄科普教育基地 | 县级 | 2016年12月 |
| 长兴轩乐诗农业发展有限公司火龙果种植科普教育基地 | 县级 | 2016年12月 |

【学会活动】 2018年年末，县科协在册县级学会有9个、会员3076人，县级协会有12个、会员1364人。年内，县级学（协）会举办国家级学术活动4次，省级学术活动8次，市县级学术活动20次，参加对象1800余人次，其中急诊创伤与感染诊治培训、第二十四届癌症防治宣传周、中医文化节、科普进农村文化礼堂等活动，广接地气，深受基层欢迎。组织学会“三进三送”活动36次，科技人员送科技下乡指导服务2800余人次，发放宣传资料4500余份，药膳节、志愿服务健康义诊、心肺复苏急救培训等活动，学会活动与群众生活紧密联系极具生命力和影响力。县紫砂陶艺协会召开理事会4次，出台《长兴紫砂行业操作考试办法与评分标准》，协助组织大师和优秀会员参加各类紫砂展4次，推荐会员2人进入浙江省“新峰计划”，协助联系武汉、北京国家级专业检测机构，对7种长兴紫砂陶土的矿物成分进行检测，进一步精确长兴紫砂的组成成分，掌握和改进紫砂性能。

## 2018年年末长兴县科协所属县级学（协）会情况

表6　　单位：人

| 学(协)会名称 | 成立时间 | 会员人数 | 学(协)会名称 | 成立时间 | 会员人数 |
| --- | --- | --- | --- | --- | --- |
| 长兴县交通学会 | 1988年9月 | 265 | 长兴县茶叶协会 | 1999年2月 | 212 |
| 长兴县统计学会 | 1988年11月 | 70 | 长兴县花卉苗木协会 | 2000年9月 | 71 |
| 长兴县医学会 | 1980年3月 | 191 | 长兴县反邪教协会 | 2010年12月 | 50 |
| 长兴县中医学会 | 1985年3月 | 397 | 长兴县水产协会 | 2000年12月 | 92 |
| 长兴县护理学会 | 1986年3月 | 1425 | 长兴县青少年科技教育协会 | 2002年5月 | 113 |
| 长兴县预防医学会 | 2007年4月 | 362 | 长兴县紫砂陶艺协会 | 2002年9月 | 71 |
| 长兴县药学会 | 1992年12月 | 208 | 长兴县老科技工作者协会 | 2011年10月 | 63 |
| 长兴县成人教育学会 | 1983年1月 | 88 | 长兴县抗癌协会 | 2006年6月 | 260 |
| 长兴县林学会 | 2000年9月 | 68 | 长兴县企业科技工作者协会 | 2007年8月 | 216 |
| 长兴县水利学会 | 1985年1月 | 72 | 长兴县中草药民间秘方协会 | 2010年3月 | 71 |
| 长兴县蜂业协会 | 1990年12月 | 75 | — | — | — |

（夏　鑫）

# 长兴县工商业联合会

【概况】 2018年,长兴县工商业联合会(简称县工商联)内设办公室、会员科、非公经济服务中心,年末有在职10人,其中主席1人(兼),副主席、党组书记1人,副主席1人,党组成员1人。全县有行业商会2个,乡镇商会11个,街道商会3个,园区商会3个,异地商会10个;有工商联会员单位4116个,其中企业会员4027个、团体会员31个、个人会员58个。

【参政议政】 年内,围绕探索改善民营企业发展环境、促进民营企业转型升级、建立"亲""清"新型政商关系等方面内容进行调研。引导和动员非公经济领域人大代表、政协委员围绕县委、县政府工作重点和群众关心的问题,积极反映社情民意,组织企业代表参与打造全国营商环境最优县征求意见活动。在2018年的两会上,该会及会员中的政协委员和人大代表共上交提案、议案26件,其中《发挥本地长商作用,助推长兴经济发展》列入县政协重点提案,并已圆满办结。8月15日,县工商联组织10名企业家代表参加《关于打造全国营商环境最优县的实施意见》征求意见座谈会,座谈会上,企业家们提出各类建议10余条,为政府决策提供参考。

【经济发展服务】 3月1日,县工商联召开工作会议,对"长兴精神"学习进行部署,要求将"长兴精神"的学习在基层商会、异地商会中推开。5月20日,县工商联、县检察院联合在县检察院会议室召开服务非公经济座谈会,会议邀请在企人大代表、政协委员、50强企业代表、县检察院双联企业代表、涉案企业代表等参加,听取企业的法律诉求,通报法律服务情况。10月20日,2018中国·太湖明珠——长兴国际投资贸易洽谈会暨国际绿色发展论坛开幕式在长兴大剧院举行。来自浙江、北京、上海、广东、香港、江苏、安徽、北京、重庆等地的嘉宾齐聚长兴,共商长兴未来发展大计。同日,在传媒集团演播厅召开第四届长商大会,邀请100余名在外长商参加。会上,举行十佳在外长商颁奖仪式,大会还听取县工商联(总商会)工作报告和长兴近年来文化产业项目发展情况及未来规划等介绍。

【交流合作】 年内,县工商联先后到上海、杭州、深圳、南京、安徽等友好商会进行工作交流,走访长兴驻广州商会,应邀参加广东省湖州商会2018新春联谊会暨湖州莫干山高新区产业、人才推介会。走访天能广州销售服务中心、广州电力机车有限公司等在外长商企业,听取对商会建设和发展的建议与意见,就完善长兴驻广州商会各项制度建设、发挥商会作用、服务当地经济建设和长兴经济发展与商会会长进行交流座谈。2月,安徽省宣州市宣城区工商联到长兴考察并签订友好工商联协议。4月份,平湖市工商联组织"工商联界政协委员"到长兴座谈交流。7月份,组织县政协工商联界别委员赴宣城、广德地区学习考察。江苏溧水工商联、安徽蒙城工商联、南通通州区工商联、广西壮族自治区工商联新生代企业家到长兴考察。

【扶贫帮困】 年内,重点帮扶集体经济后进村合溪村和结对帮扶方岩村低收入农户,扶持养蜂产业促进增收。同时,在全县"双扶"行动中,更多企业就近帮扶,各基层商会纷纷成立教育和扶贫基金。夹浦镇捐助资金1502万元,和平镇捐助资金386万元,小浦镇捐助资金729万元,水口乡商会购买农产品帮扶,李家巷镇帮扶助学资金达1450万元。全县各类捐助资金达4000多万元,受助个人1930人,受助单位33家。异地商会及长商捐款、捐资总计达500多万元。组织2家企业参加在四川广元召开的浙川东西协作对接会;与丽水庆元县结对帮扶,落实7家企业参加与庆元等县区10个行政村的产业帮扶。与吉林临江对口合作,按照《长兴县与临江市对口合作工作实施方案》,加强与对方工商联(总商会)联系对接,落实3家企业到临江市对接洽谈。天能、超威、诺力、中山、浙矿、国泰、中远等对县外帮扶资金达500万元,天能扶贫资金历年累计超4000万元。

【基层商会】 年内,围绕基层商会工作职能,要求做到有组织、有阵地、有活动、有经费、有任务、有服务、有培训、有选资、有公益、有关爱"十个有",把工作的重点放在如何发挥商会组织作用,服务会员企业发展,推动实体经济发展,助力招商引资上。

12月8日,杭州长兴商会第二次会员大会在盘石杭州总部召开 (工商联 供)

3—4月,联机关开展走访调研企业大活动,走访执委以上的企业家35家,乡镇商会走访所有会员企业,收集企业意见及问题44条。召开基层商会工作会议,部署基层商会工作,对2017年先进基层商会和先进个人进行表彰。

【“创二代”培育】 年初,召开座谈会,充分听取会员的意见和建议。5月下旬,与组织部、团县委、县妇联在深圳共同举办长兴县新生代企业家培训班,全县新生代企业家、青年企业家骨干30余人参加培训;加强交流学习,分别与到长考察的台湾青年企业家、宁波市北仑区新生代进行交流座谈。

【异地商会】 2月12日,2018年在外长商新春座谈会举行,8个异地商会会长及会员等共计100余人参加。3月1日杭州长兴商会第二次理事会会议在杭州召开,研究商会2018年工作。3月23日,县委书记周卫兵带队赴宁波开展招商活动,并主持召开宁波长兴商会座谈会。座谈会上,在场企业家各自汇报企业自身的发展现状及未来返乡投资相关设想。4月26日,长兴经济社会发展恳谈会暨上海长兴商会一届四次会议在上海举行,总结上海长兴商会一年来的工作情况。6月17日上午,杭州长兴商会在长兴举行“商会长兴会所”落成典礼暨半年度工作会议。12月8日,杭州长兴商会第二次会员大会在盘石杭州总部召开。12月16日下午,长兴县驻南京商会成立大会暨第一次会员大会在南京举行。

(武　艳)

## 长兴县文学艺术界联合会

【概况】 2018年,长兴县文学艺术界联合会(简称县文联)内设办公室1个职能科室,下属辖长兴县艺术馆1个事业单位,公安文联1个行业文联,泗安镇和和平镇2个乡镇文联,9个专业文艺协(学)会,性质均为民政登记的社会团体,分别为作家协会(少年作家分会)、书法家协会、美术家协会、音乐舞蹈家协会、戏剧曲艺家协会、摄影家协会、民间文艺家协会、诗词学会、合唱协会。年末,县文联在编人员3人,其中参公人员3人;编外人员7人。主席1人、副主席1人,均为兼职;秘书长1人。

【文艺志愿服务】 年内,县文联围绕文明实践,推进文艺志愿服务。开展“文艺家八进”农村文化礼堂活动,助力“学雷锋”志愿服务博览会,开展书评大赛、故事会和举办公益文学讲座活动30场。开展“文艺家八进”农村文化礼堂活动80余次,组织各相关门类文艺家协会开展34家礼堂的楹联、村歌、图片、美术和书法作品的创作任务,全力服务新建农村文化礼堂和已建成文化礼堂的长效管理工作。开展茶文化进乡村、书法家进悬臼岕、画家进八都岕、戏曲家进小浦夹浦、摄影家走乡村等活动,全力服务长兴文化旅游、美丽乡村建设。组织各协会协助县政协成功举办茶文化进乡村活动3场。县摄协组织30多名会员服务全县“学雷锋”志愿服务博览会,相关图片和信息被人民网、新华网、光明网、中国文明网、中国文艺网等录用。县民协、戏协在东鱼坊组织开展迎端午传统民俗活动,市委书记马晓辉、县委书记周卫兵等领导前往观看;组织作协、书协、民协、诗词学会,开展书评大赛、故事会和举办公益文学讲座活动30场,推进全民阅读,参与书香城市创建。推动县图书馆“浙江作家书库”的建设与完善。

【文艺活动】 年内,县文联围绕机制创新,开展文艺活动。艺术馆举办8场公益展,展出艺术作品900余件,观展人数7000余人。承办省文联到长调研、省文联组联会、省作协到长调研、市文联读书会等大型会议7场。文艺家“八进”农村文化礼堂活动80余次,举办第19届师生文学大赛和其他大型文艺活动40余场。为乡镇学校、文化礼堂、部门机关举办公益文学、文艺讲座32场。承办全省文联组联工作暨文艺志愿服务工作现场会,县文联在会上作典型经验交流。加强与省内外兄弟县区的结对共建与文艺走亲活动,举办“西湖太湖·西溪箬溪”两地摄影联展、“锦绣长兴·大美西湖”跨区域摄影走亲展和两地茶文化交流活动;开展长兴与淳安诗歌活动、长兴与桐庐书法活动;长兴与义乌诗词交流等活动12

4月24日,长兴县文联2018年文艺家八进文化礼堂动员会在长兴艺术馆召开(文联 供)

场。开展对外文化交流活动，七月赴香港参加“一带一路”世界合唱节活动，获开幕式表演白金奖、最佳服装奖、民歌组金奖、成人组金奖及成人组冠军。县艺术馆公众微信编发文艺动态、文艺作品、文艺人才类微信142条，点击近6万余次，被中国文艺网转载共10条，被浙江作家网、浙江文艺网等转载共20条；少年作家微信号全年发布原创资讯63条，粉丝10450人，总点击量45825次；出版《少年作家》报10期，发行量7.60万份，发表作品3500篇。

【文艺人才培养】 年内，县文联围绕人才培养，实施名家培训计划。实施《新增名家申报计划》《名家来长培训计划》《文艺名家提升计划》3个专项计划，新扶持培育3个宣传思想文化创新团队，全年新增国家级会员1人，新增省级会员（含省级四新人才）21人。完成2017年新增名家和文艺家服务基层奖励。推进长兴少年作家、江南小延安美术创新团队、画溪合唱团、小浦小京班等优秀文艺品牌的培育和建设，新扶持培育长兴作家团队、摄影家团队、茶文艺团队3个宣传思想文化创新团队。柔性引进的著名作家李朝全获批湖州高端文化人才，“田家村文学工作室”获批市宣传思想文化工作系统领军人才工作室。年内，新增国家级会员（中国美协）1人；新增省级会员（含省级四新人才）21人，其中省作协会员1人、省美协会员4人、省摄协会员4人、省音协会员4人、省曲艺协会会员2人、省戏协会员1人、省书协会员4人、省新峰计划1人。至2018年年末，各协会会员总数858人，其中国家级专业文艺协会会员46人、省级专业文艺协会会员128人。

**2018年长兴县文联所属协会、学会情况**

表7　　单位：人

| 协(学)会名称 | 成立时间 | 成立时会员人数 | 2018年会员人数 | | |
|---|---|---|---|---|---|
| | | | 总数 | 国家级会员 | 省级会员 |
| 长兴县作家协会 | 1998年1月 | 27 | 83 | 4 | 16 |
| 长兴县美术家协会 | 1998年12月 | 32 | 74 | 2 | 18 |
| 长兴县书法家协会 | 1998年12月 | 43 | 151 | 5 | 31 |
| 长兴县摄影家协会 | 1998年6月 | 32 | 134 | 16 | 26 |
| 长兴县戏剧曲艺家协会 | 1998年6月 | 36 | 73 | 1 | 10 |
| 长兴县音乐舞蹈家协会 | 1998年9月 | 28 | 130 | 2 | 11 |
| 长兴县民间文艺家协会 | 1998年9月 | 16 | 58 | 3 | 10 |
| 长兴县诗词学会 | 1995年9月 | 27 | 89 | 13 | 5 |
| 长兴县合唱协会 | 2014年3月 | 50 | 66 | — | 1 |

（周凌燕）

## 长兴县残疾人联合会

【概况】 2018年，长兴县残疾人联合会（简称县残联）内设办公室、综合部、康复部，下属事业单位长兴县残疾人劳动就业服务所。年末有在编人员15人，其中参公人员9人、工勤人员1人、事业编制5人；党组书记、理事长1人，副理事长2人，党组成员4人。编外人员9人。全县共有各类残疾人约4万人，其中持证残疾人19613人，包括视力持证残疾人2413人、听力持证残疾人2414人、言语持证残疾人236人、肢体持证残疾人10672人、智力持证残疾人1424人、精神残疾持证残疾人1916人、多重残疾持证残疾538人。有乡镇（街道）残疾人联合会16个，村（社区）残疾人协会269个，残疾人专门协会5个。年内，县残联着眼于高水平扶持低收入残疾人实现全面小康的目标，对贫困残疾人实行保障、康复、就业、教育扶持，提升残联组织的服务能力和管理水平，推进残疾人社会保障体系和服务体系建设，近2万名残疾人得到生活、康复、就业、教育等方面的救助和服务。

【残疾人社会保障】 年内，实施重度残疾人基本生活保障工程，将残疾人低保户中1451名重度残疾人及智力、精神一至四级残疾人补贴标准提到最高标准，每人每月681元。为5126名残疾人实施困难残疾人生活补贴1045.40万元，为6110名残疾人实施重度残疾人护理补贴1329.20万元。实现残疾人城乡居民医疗保险全覆盖，除参加职工医疗保险外，免费为持证残疾人出资购买城乡居民医疗保险。推行残疾人城乡居民基本养老保险全覆盖，对二级以上重度残疾人的城乡居民养老保险个人出资部分由县财政承担，在此基础上逐

## 2018年长兴县持证残疾人情况

表8　　　　单位:人

| 地区 | 总人数 | 男 | 女 | 视力残疾 | 听力残疾 | 言语残疾 | 肢体残疾 | 智力残疾 | 精神残疾 | 多重残疾 |
|---|---|---|---|---|---|---|---|---|---|---|
| 洪桥镇 | 1143 | 637 | 506 | 140 | 137 | 14 | 605 | 55 | 151 | 41 |
| 李家巷镇 | 839 | 502 | 337 | 83 | 83 | 12 | 486 | 83 | 70 | 22 |
| 夹浦镇 | 1257 | 698 | 559 | 170 | 232 | 15 | 647 | 62 | 112 | 19 |
| 林城镇 | 1696 | 1003 | 693 | 185 | 208 | 19 | 886 | 142 | 201 | 55 |
| 泗安镇 | 1908 | 1130 | 778 | 266 | 223 | 35 | 1025 | 161 | 149 | 49 |
| 虹星桥镇 | 1380 | 841 | 539 | 197 | 174 | 16 | 730 | 105 | 126 | 32 |
| 和平镇 | 1557 | 938 | 619 | 187 | 162 | 20 | 831 | 167 | 147 | 43 |
| 小浦镇 | 1127 | 666 | 461 | 138 | 202 | 9 | 606 | 59 | 85 | 28 |
| 煤山镇 | 2287 | 1378 | 909 | 303 | 225 | 19 | 1326 | 148 | 196 | 70 |
| 水口乡 | 734 | 428 | 306 | 104 | 124 | 10 | 347 | 43 | 88 | 18 |
| 吕山乡 | 641 | 380 | 261 | 76 | 73 | 7 | 371 | 41 | 65 | 8 |
| 画溪街道 | 1455 | 830 | 625 | 162 | 196 | 16 | 804 | 85 | 144 | 48 |
| 雉城街道 | 1347 | 806 | 541 | 147 | 142 | 18 | 736 | 106 | 146 | 52 |
| 龙山街道 | 684 | 407 | 277 | 90 | 73 | 7 | 378 | 56 | 57 | 23 |
| 太湖街道 | 1212 | 694 | 518 | 122 | 137 | 17 | 715 | 83 | 116 | 22 |
| 太湖图影 | 346 | 211 | 135 | 43 | 23 | 2 | 179 | 28 | 63 | 8 |
| 合　计 | 19613 | 11549 | 8064 | 2413 | 2414 | 236 | 10672 | 1424 | 1916 | 538 |

步推行由财政承担经费的残疾人参加城乡居民基本养老保险普惠制。实施残疾人意外伤害保险和大病保险再保险全覆盖。为15家残疾人机构购买残疾人服务综合机构责任保险。对因重大疾病、因自然灾害、因意外伤害导致残疾人家庭基本生活面临困难的给予特殊救助,救助资金27.60万元。年内,结合《长兴县社户对接助农增收"十百千万"帮扶行动实施方案》和"残疾人就业创业提升年"活动,通过对象精准、项目精准、服务精准"三个精准",扶助低收入残疾人增收。优先扶持残疾人帮扶基地和帮助残疾人就业创业的项目,建成残疾人产业帮扶基地51个,提供设施、种苗、技术指导服务756人次。鼓励引导合作社吸纳残疾人或就近帮扶,各级农合联组织、合作社和企业根据帮扶对象的情况提供合适的工作岗位。专业合作社帮扶低收入残疾人313名。举办爱心义卖、企业爱心认购等活动11次,新增水果内供销售企业75家,残疾人人均增收6000元。年内全县帮扶低收入残疾人504户527人,低收入残疾人人均增收万元。

【残疾人康复服务】 全年共为19402名残疾人提供基本康复服务,为435名残疾人提供辅具适配服务;落实残疾儿童基本康复服务60人,助听助明助行194人,精神残疾人免费服药及康复医疗救助1539人。推进省社区残疾人精准康复服务试点工作和家庭责任医生签约服务,全县已签约19164人,其中三类重点签约6202人,签约服务率达100%。创建6个长兴县省级无障碍社区。组织开展残疾预防与康复宣教活动18次,发放宣传资料3500余份。全县新建康复辅具共享站点11家。成立星宁自闭症康复中心,为19名残疾儿童提供康复训练、特殊教育、心理辅导等服务。实施重度残疾人家庭无障碍设施改造,为110户有需求的重度残疾人改造无障碍设施。为所有持证残疾人办理大病医疗保险残疾人再保险,年内152人得到理赔救助,理赔金额64万元。

【残疾人就业创业】 年内新增残疾人就业创业152人。落实补助25家福利企业为残疾职工缴纳社会保险费用的50%及安置残疾职工超25%以外的一月工资奖励政策,全年补贴奖励资金507.40万元。为87名残疾人创业一次性奖励扶持资金22.20万元;为92名残疾人个体经营户社保补贴资金29.90万元;为45名残疾人个体经营户小额贴息贷款补贴9.59万元。规范化建设残疾人扶贫基地12个(其中1家为市级基地),安置残

5月15日上午，2018年长兴县“最美助残人”表彰大会暨浙江达峰残疾人阳光庇护中心启动仪式举行，与会领导触摸水晶球宣布庇护中心正式启动　　（残联　供）

疾人就业100人。对未按比例安置残疾人就业的单位实施残疾人就业保障金地税统一按月征收制度。建立残疾人庇护中心16家，共为330名智力、精神和二级重度残疾人提供辅助就业、职业康复、文化娱乐、生活照料等服务。举办电子商务、种养殖业等职业技能培训25期，培训残疾人734人。与人社部门共同举办春、夏2场人力资源招聘交流大会，273名残疾人参加。年内，将雉城街道大西门、北门、高阳桥三个庇护中心纳入长兴制药股份有限公司管理。对三个社区庇护中心实行企业与社区的双向管理机制，雉城街道负责免费提供庇护车间场地，所属社区的社会组织负责为三个庇护中心各招聘一名专职管理人员。所有符合工疗条件的残疾职工与长兴制药签订《自愿就业协议》和《劳动合同》，享受福利企业职工待遇。

**【残疾人教育扶助与维权】** 年内，按照《长兴县扶残助学实施办法》（长残发〔2017〕22号），做到残疾人教育全覆盖。在对残疾学生和低保残疾人子女考取高等教育实行扶持奖励基础上，实行对残疾人本人在校读书、学前教育（3—5周岁）、义务教育及高中段每年补助1000元（学前教育享受省残联补助资金除外）。对参加非全日制教育取得大专以上文凭的残疾人及低保残疾人家庭子女给予每人2000元奖励。将残疾人义务教育纳入基本公共服务体系，全县6—16周岁残疾少年儿童全部都纳入学籍，接受义务教育率达到99%以上。从残疾人就业保障金中安排一定的资金用于培智学校教育，每生每学年补助3000元。全年共扶持384名残疾人接受学前、初、中、高等教育，助学资金78.85万元。年内，共为1800人办理残疾人证，其中组织医生上门鉴定200人次。开展残疾人信访维稳工作，共受理信访件2件，12345投诉14件，均予以妥善答复和解决，未发生越级上访和重复访事件。

**【残疾人社会参与】** 年内，多形式开展残疾人文体活动，营造社会助残氛围。实施文化助残“五个一”工程，以乡镇（街道、园区）、村（社区）开展群众性的文化助残活动为主要形式，结合残疾人相对集中的（村）社区和福利企业，因地制宜开展读好一本书、看好一份报刊、游好一次公园、参观好一次展览、参加好一次文化活动的文化助残“五个一”活动。年内，共组织全县残疾人参加活动10000人次，其中重度和困难残疾人500人次。共组织文化助残特殊艺术下乡巡演8场，为残疾人赠送书籍2000册，举办残疾人画展1场，组织残疾人游览公园200次。依托县志愿者协会成立助残志愿者服务队，结合“全国助残日”等各项残疾人节日活动开展助残志愿服务工作。全县已注册助残志愿者500人，年内为残疾人提供日常照料、就业支持、文体活动、爱心捐赠、会场服务和手语翻译等公益服务达10000人次。开展省市县“最美助残人”评选活动，评选出长兴县“最美助残人”10人，其中夹浦镇朱海良夫

10月25日，长兴特奥运动员（左三、左四）在浙江省第十届残疾人运动会上获得金牌

妇、雉城街道孙霞被评为湖州市“最美助残人”。泗安镇残疾人唐春洪被评为“浙江好人榜”诚实守信好人。

【残疾人运动员参加国家及省比赛获佳绩】 年内,23名残疾人运动员在10月23日至10月26日浙江省第十届残疾人运动会上获得七金七银九铜。残疾人运动员吴云龙在11月5日至11月13日全国残疾人赛艇皮划艇锦标赛中获得两枚金牌和一枚银牌。残疾人运动员王顺利在6月8—13日全国残疾人网球锦标赛中获得一枚金牌。残疾人运动员李记在10月6—13日于印度尼西亚首都雅加达举行的亚洲残疾人运动会射箭项目上获得金牌和银牌各一枚。

(田　静)

## 长兴县红十字会

【概况】 2018年,长兴县红十字会内设综合科、业务科2个职能科室,核定事业编制3人。办公地址搬迁至雉城街道金陵中路662号(原城管大楼)5楼。年末,全县17个乡镇(街道、园区)均建立红十字会,有30个村(社区)、63所中小学校和1家大型企业、4家民营医院建立红十字会组织。年内,召开第四次会员代表大会,依法选举产生县红十字会第四届理事会和第一届监事会。县红十字会被列为浙江省基层组织建设示范化和会员管理规范化21个试点单位之一,制定工作方案,选定试点单位,制定出台一系列工作制度,明确乡镇(街道)和村(居、企)两个层面红十字会、红十字服务站建设标准和工作(服务)内容,搭建“博爱家园”“博爱学堂”“博爱便民通道”等多种形式的红十字服务平台。宋高村作为全省唯一的基层红十字组织代表在中国红十字会“红十字在社区”工作推进会上交流发言。

【应急救援和救护培训】 年内,组织红十字救援队经常性开展专业化培训,提升水上救援的能力。县红十字会选派1名救护培训师资赴北京总会参加了师资提高班学习,组织2名师资参加省红十字会的一级师资考核。组队参加市红十字会举办的师资技能比赛和救护员技能比赛。深入推进应急救护培训“进社区、进农村、进学校、进机关、进企(事)业”活动,全年开展红十字应急救护普及培训16112人次,培训救护员1955人。

【人道主义传播和生命关爱活动】 年内,制作《长兴红十字》宣传片,宣传“人道、博爱、奉献”的红十字精神。结合“5·8世界红十字日、5·12防灾减灾日、9月“世界急救日”、第二届志愿服务博览会、机关文化节和太湖图影半程马拉松活动,开展红十字法、红十字运动、防灾减灾知识、无偿献血知识、造血干细胞及人体器官捐献、应急救护等知识普及活动,发放宣传资料10000余份。在县级以上新闻媒体刊播宣传稿件信息40篇。完成造血干细胞捐献志愿者血样采集入库132人份,实现1例32个月儿童的遗体捐献。至年末,全县累计实现造血干细胞捐献1人、遗体捐献4人、器官捐献4人、眼角膜捐献8人。捐献造血干细胞的章秀娟获2018年全国“最美家庭”荣誉称号。

【志愿服务和红十字青少年活动】 年内,县、乡镇(街道)红十字会上下联动,围绕“三救三献”核心业务提供红十字志愿服务,开展红十字法、红十字知识、应急救护知识网络答题竞赛、救护员培训、救护知识讲座等一系列宣传教育活动。到养老院、福利院开展义诊、健康咨询等关爱生命志愿服务。开展慰问帮扶工作,了解结对村、社区产业发展现状和结对低收入农户具体情况,研究制定帮扶措施。常态化开展路段长责任制活动、文明劝导、垃圾分类、“双防”宣传等志愿服务活动,助推文明城市复评工作。雉城中学获市红十字示范校称号。

【红十字博爱公益项目】 年内,争取爱心人士的支持,建立“红十字·博爱宋高”“红十字·维多利生命关爱”“红十字·王金博爱资金”等博爱项目,筹资49.58万元;为3名白血病儿童争取小天使基金救助资金9万元,博爱助学10名大学生5万元,博爱助医9名重疾患者3.50万元。开展红十字博爱送万家和红十字博爱项目人道救助,为特殊群体拨付救助款项50.88万元。

(杨姝美)

# 法治·军事

## 政 法

【概况】 2018年，中共长兴县委政法委员会（简称县委政法委）内设办公室、政治处、执法监督科、维护稳定科、综合协调指导科5个职能科室（下属事业单位）。年末在编人员16人，其中公务员14人，事业编制人员2人；编外人员4人。年内，县委政法委贯彻落实十九大精神，紧盯平安长兴"十三连冠""创星级金鼎"总目标，积极发挥职能作用，推进平安长兴、法治长兴、过硬队伍和智能化建设，维护全县大局稳定，保障人民安居乐业。全县社会治安良好，刑事发案同比下降10.8%，破获各类刑事案件919起，批准逮捕228件，提起公诉758件，审理刑事案件745件，火灾事故发生数同比下降33.1%，除火灾事故外累计发生各类生产经营事故起数、死亡人数、直接经济损失同比上年分别下降27.5%、25%、19.4%；未发生一次死亡3人以上较大事故。根据第三方测评，长兴平安建设群众知晓率、参与率以及安全感满意率分别为90.9%、67.4%、97.5%，分别高于全市平均数6.8%、14.5%、1.1%，均位居全市第一，实现平安长兴"十三连冠"。

【服务发展大局】 年内，坚持超前谋划、统筹推进，圆满完成十九届三中全会、首届上海进博会、"枫桥经验"纪念大会、第五届世界互联网大会、联合国地信大会等45场次重大安保和警卫任务。及时妥善处置涉军、三峡移民、涉众型经济案件投资人"维权"等各类重大维稳事件；排查新老积案353件，化解344件，化解率达98%；开展矛盾纠纷化解工作，共排查受理11174件，成功调处11115件，调解成功率99.5%，为全县改革发展稳定营造和谐安定的社会环境。反恐、反渗透、反间谍等工作成效明显，有力维护国家政治安全。开展工程领域综合整治、打击恶意逃废债、通信网络诈骗、流动非法加油点等系列专项行动，依法维护市场秩序。推进"守青山、护绿水"行动，破获食药环案件17起，摧毁犯罪窝点13处，持续开展龙之梦项目、吉利项目、县域码头整治等重大决策风险评估60件，办理公益诉讼44件，有效服务保障项目建设、治水治气治矿等工作，为推动经济转型创造良好法治环境。制订《长兴县打造全国营商环境最优县"法治诚信大提档"三年行动计划》，加大知识产权保护力度，建立多元化商事纠纷解决机制，推进"执转破"常态化建设，优化营商法治环境。围绕扫黑除恶十类打击重点，以"铁拳"系列为转抓手，全年侦办涉黑恶案件60宗301人，摧毁22个团伙，破获3起省督和3起市督涉黑恶案件。

11月6日，县委书记周卫兵维稳县公安局扫黑工作专班　　（政法委 供）

【平安综治工作】 年内,围绕平安长兴"十三连冠"的目标,明确责任、夯实基础、加强督导、广泛宣传,提高平安创建水平。深化改革工作,探索基层社会治理的新经验,提升社会治理的科学化水平。围绕社会治安、安全生产、信访维稳三大平安创建重点领域,开展"三百"攻坚行动,通过"月晒""季考"等方式推动工作落实。全年共排查发现各类问题隐患1951处,整治完成1951处。部署开展全县防道路交通安全事故、防通信网络诈骗"双防"宣传攻坚行动,经统计,2018年度全县道路交通死亡事故和死亡人数同比分别下降18.6%、18.1%,通信网络诈骗发案同比下降30%。开展非法加油点整治,取缔非法储油窝点8个,摧毁非法经营成品油的犯罪团伙6个。

【社会治理创新】 年内,坚持和发展"枫桥经验",创新推行"互联网+"出租房管理新模式,在太湖街道陈塘村试点推行安装出租房智慧门锁,实现实名登记、手机开锁、租客信息自动报送等功能,全年共安装2852把,使用人数4810人次。探索实践社会组织和社会组织党组织同步培育的"双培育"模式,建立县级社会组织联合工会和社会组织综合妇联、社会组织统战工作站。出台"一中心一扩面一提升"法治文化阵地建设工程,建设以中心村为落户地的法治文化阵地10个。加快推进 "雪亮工程"建设,全县重点公共区域视频监控覆盖率及联网率达到98%。深入开展基层治理信息化建设,在全国率先建成城乡一体化信息栅格,即CIG信息资源共享服务平台,实现信息数据的互联互通,共建共享,被中国智慧城市发展联盟授予"智慧城市样板"和"全国首创县域治理现代化示范县"称号。

【政法队伍建设】 年内,全县政法机关牢牢把握新时代党的建设的总要求,将学习贯彻十九大精神和习近平新时代中国特色社会主义思想摆在首要任务。7月23日至29日全县共60名政法综治干部在厦门大学参加平安长兴培训班。年初,县委政法委多次协调县委组织、人社部门,对平安创建中的12家集体三等功、15名个人三等功、115名个人嘉奖予以集中表彰,政治上的真情关爱极大程度点燃政法干警工作激情。全年政法系统获省、市以上先进集体31个、先进个人109人。

(吕　琳)

## 公　安

【概况】 2018年,长兴县公安局有内设机构25个,下辖派出所14个(含长广分局),共有民警632人、辅警1236人。年内,全县公安各项重点工作有力推进,维稳、打击、防范、管理和队伍建设效能不断提升,有力维护全县社会政治治安大局的持续稳定。全年刑事案件发案2201起,同比下降10.8%,破案919起,同比上升5.8%,现发2起命案全部告破。共移诉815件1349人,同比上升16.1%,其中涉黑恶移诉数188人,同比上升95.8%。行政拘留2946人,同比上升46.3%。共侦查立案各类经济犯罪案件130起,破获59起,抓获犯罪嫌疑人121名,移送起诉37起58人,挽回经济损失6317.50万元。未发生群死群伤的交通事故,未发生火灾亡人事故。年内,县公安系统共获集体三等功8次;民警获个人二等功4人、获个人三等功21人、获个人嘉奖61人,被评为市公安局"防范之星"54人;县看守所连续6年被公安部评为全国一级所,实现监所连续30年安全无事故。

【社会治安管理】 2018年,围绕首届联合国地理信息大会、改革开放40周年系列活动、第五届世界互联网大会、"枫桥经验"纪念大会、中国国际进口博览会、各级"两会"等重大活动和重要时间节点,会同主管部门检查各类单位3000余家次,处罚300余家,对县内15家反恐重要目标单位下发整改意见书6份。全年核查涉恐关注人员425人次(重点地区占75%),长兴地区社会面涉恐关注人员从14人降至5人。坚持发展"枫桥经验",深化"和文化"实践,充分利用网格警力和社会资源,开展矛盾纠纷大排查大化解行动,共调解各类矛盾纠纷4260起,化解各类不安定因素113件;开展"清初访、查重访、化积案"工作,县公安局领导共开门接访约访49次,接待处理群众来信来访369件,化解348件,化解率94%。全年登记在册流动人口172703人,同比上升14.1%,登记在册出租房屋24428户,同比上升17.2%,旅馆住宿登记262.40万人,同比上升14.1%,户籍人口实际居住地采集率90.8%,同住人员关系信息采集率95.8%。派出所模块内标准地址200506处、人户一致519666人、场所单位16326家、从业人员118063人,同比分别上升4.3%、4.7%、42.4%、165.7%。全年停业整改娱乐场所83家,查处娱乐场所内发生案件132起,刑事打击8人,治安拘留198人,案件查处率100%,查处率同比上升72%,娱乐场所警情同比下降36.3%。开展洗浴足浴场所治安秩序重建,召集成立洗浴足浴协会,采集洗浴足浴场所从业人员信息1379人,停业整顿96家次,取缔低小散沿街足浴店46家。对全县287家旅馆开展全面整治。围绕群防群治,增强群众参与社会治理力度,志愿者队伍持续壮大。全县登记在册平安志愿者46000余人,246个行政村均组建护村队,"护村""护企"队伍有成员4980人。全年开展各类活动1500余次,发放宣传资料30余万份,发现和消除各类安全隐患300余处,协破各类刑事、治安案件10起,6个团队12名个人获得市公安局"平安志愿者防范之星"称号。

【平安示范区打造】 年内,对"盗抢骗"坚持打本地、打团伙、打现行,全县侵财类刑事案件(剥离通信网络诈骗)破案393起,同比上升12.6%,破获系列性案件43串,摧毁犯罪团伙12个。抓获涉毒刑事犯罪嫌疑人118人,查处吸毒人员400人,强制戒毒91人,打掉3人团伙5个、6人团伙3个,打掉公安部目标案件1起和省目标案件2起,查获冰毒1.78公斤;对于未列管的新型毒品笑气及时介入,分别以非法经营罪和非法使用危险物质行为对相关人员予以处罚。开展打击网络贩枪行动,核查涉枪线索105条,刑事打击3人,行政处罚5人,缴获气枪10支、气枪弹(钢珠弹)1573颗。开展农村赌博违法犯罪活动集中打击整治和洗浴场所、站街女、微信招嫖涉黄重点打击,全县共查破黄赌案件418起,处罚1685人,其中刑事打击67人、治安拘留733人,农村赌博现象得到有效改观。

【扫黑除恶力度持续加强】 年内,将招投标领域串通投标犯罪作为阶段性攻坚任务,成功收网4个涉黑恶团伙,抓获犯罪嫌疑人41人,破获工程领域串通投标犯罪案件10起,涉案标的额约2亿元,打掉和生公司、汇金公司幕后老板池某父子,将同案17名犯罪嫌疑人追捕归案,查明相关案件74起,涉案金额高达6000余万元;通过对历年警情线索回头打和对现发警情及时打,先后打掉和平镇横涧村高速公路工地强迫交易案、夹浦镇月明村蔡某敲诈勒索案等多起犯罪,同时紧盯苗头性违法行为,特别对治安类寻衅滋事行为坚决查处,立案数同比上升107.5%,行政拘留230人,同比上升147.3%。通过检法会商、专家会诊、集体讨论等多种方式,寻找对于黑恶犯罪的法律适用,让许多以往打不动、打不深的犯罪行为接受法律制裁。共有效侦办黑恶案件60宗,抓获各类涉黑恶人员301人(其中十类涉黑恶人员269名),成功摧毁涉及寻衅滋事、强迫交易、聚众斗殴等违法犯罪的涉黑恶团伙22个,破获3起省督和3起市督涉黑恶案件。尤其是整个“车贷”专案历经一年办理侦查终结,对和生、汇金、鑫鸿、车易贷等四家公司均已以犯罪集团移送起诉。

【“双提十攻坚”服务保障】 年内,开展码头综合整治,配合相关部门对301省道、318国道坚持24小时全天候、高强度治理,查处重型货车违法9000余起,对车辆处罚扣分累计达3078分,驾驶证降级30人。开展全域“双禁”,查处各类烟花爆竹案件40起,行政拘留8人,收缴回收并集中销毁各类烟花爆竹18263箱。开展非法加油点整治,取缔非法储油窝点8个,摧毁非法经营成品油的犯罪团伙6个,采取刑事强制措施43人。开展犬类整治工作,对各类犬类纠纷、疯犬警情快速处置,受理涉犬案件1起,调解纠纷64起,配合收容犬只311条。开展道路交通安全和通信网络诈骗防范“双防”工程,发放宣传单25万份,播放警示教育片7000余次,推广7.60万人购买保险,免费为23万辆电瓶车粘贴反光条,发放头盔4.50万顶,“双防”工程受众45万余人。主动靠前服务重点工作。“项目警官制”“河道警长制”“警企联系制”等制度全面落实到位,零距离服务乡村振兴、城市拆迁改造、五水共治等中心工作和吉利项目、龙之梦等重点项目建设。全县100个重点项目“项目警官”和147名“河道警长”完成配套,常态巡查全县大小河流6007次。“守青山、护绿水”以打开道,破获食药环案件17起,采取强制措施45人,破获公安部督办案件3起和省公安厅督办案件1起,摧毁犯罪窝点13处。全力保障城中村改造“清零”行动,共参与城中村改造161起。对“长治会”、环太湖自行车赛等全县重要活动开展各项保卫活动44次,确保安全事故“零发生”,圆满完成各类节日、春运、雨雪冰冻天气等特殊时期安全保障,全年县内大型安保共出动警力10200余人次。专业集中整治经济犯罪。张某才、吴某江商业贿赂案及省厅督办的天能公司陈飞职务侵占案及时查破,“睿远商城”非法吸收公众存款案立案6起,追回赃款175万元。全年共立案侦查经济犯罪59起,同比上升68.6%,破案40起,同比上升110.5%,破案率67.7%,同比上升23.9个百分点,抓获犯罪嫌疑人83名,同比上升154.8%,移送起诉51人,同比上升88%。

【交通管理】 2018年,全县共发生道路交通事故死亡事故92起,死亡95人,受伤491人,直接经济损失102.4万元,同比分别下降19.3%、18.8%、0.4%、0.5%。年内,排查发现231处

11月23日下午,县公安局援德安保警力圆满完成增援任务胜利归建

(公安局 供)

道路交通隐患全部整改完毕。通过道交办发文,通报乡镇和职能部门对92起死亡事故现场进行专项整改。通过“百千万工程”曝光1200名重点违法驾驶员,排查“两客一危一校一重”等重点车辆11000辆。落实“四必拖”措施(城区主干道违法停车、五条以上违法未处理、消防通道违法停车、长时间停靠公交车站),组织开展“五大行动”(交通违法“现场严管”行动、源头隐患“追违清库”行动、公路安全设施“防护提升”行动、交通安全宣传“进农村进学校进企业”行动、交通安全“综治能力提升”行动),共查处各类违法行为506339起,其中查处醉驾393起,同比上升68.5%,查处电动车违法2.5万余起,同比上升118%,查获逃逸事故2680起,行政拘留53人。以小城镇车乱开整治为契机,制定专项方案27个,已建设实施项目34个,打通断头路9处,规范红绿灯设置,推动各乡镇(街道、园区)建设规范化停车场58个、停车位6165个,建立乡镇道路交通管理数字警务室8处、乡镇交管站26个。深入探索“警保合作”,开展以轻微事故快处、劝导员实体化运作、电动车综合整治与车驾管业务向保险公司延伸为主要内容的交管创新;以城区治堵为重点,在科学投放警力同时增设视频抓拍设备126路,协调学校周边大型停车场在高峰时段免费向家长开放,城区道路通行秩序明显改善。

【户政管理】 2018年,所有“户证业务”实现“一窗通办”,真正做到“进一个门、跑一个窗、办一件事”的一站式服务。农村派出所户籍窗口分步进驻乡镇便民服务中心,同时探索户籍、交警中队窗口融合,打造成复合型的公安办事窗口和服务。年内,全县共登记户籍人口636389人,同比上年增加1903人,其中城镇人口316405人、乡村人口319984人;共办出生登记6001人,死亡登记4330人,迁入3044人,迁出2668人。

年内,制发《长兴县流动人口管理服务提升工程专班名单》《长兴县流动人口管理服务提升工程实施方案》《关于加强全县流动人口管理服务工作的意见》《流动人口管理服务提升工程排名赋分办法》等文件,在太湖街道陈塘村及李家巷镇章浜等8个村推行出租房“旅馆式”管理,在陈塘村探索智能门锁的安装。年内,暂住人口在册总数为163460人,占全县常住人口(2018年12月底全县常住人口为636389人)的25.7%,与上年同期133047人相比,增加30413人,上升22.9%。从流动人口的居住事由看,到长兴的流动人口以务工为主,为140545人,占流动人口总数的86%;其次为投资经商,为3975人,占流动人口总数的2.4%。从流动人口的性别来看:男性流动人口居多,为106004人,占总数的64.9%;女性为48816人,占总数的35.2%。2018年流动人口数超过往年,主要与县内出台招商引资、企业转型升级政策等有关,2018年龙之梦项目开工后,陆续有近万人进场施工;吉利项目的引进、房产等行业急剧升温,使得全县工地开工数较往年增多,流动人口新增量2万人以上。

【出入境管理】 2018年,共受理内地居民办证总量为34711人次,同比上年上升13%。其中,护照18843人次,港澳通行证9952人次,大陆居民来往台湾通行证1810人次,各类签注4106人次。共新增录入国家工作人员1054人次,撤销623人次。新增法定不准出境1267人次,撤销法定不准出境183人次。收取工本费用共4358035元。发挥职能作用,有效服务实战。紧抓执法主业不动摇,由出入境管理部门组织、指导、配合基层所队办理涉外案件。共检查境外人员临时住宿登记7500余人次。共查处非法入境2起2人,非法入境、非法居留6起24人。拘留审查2人,罚款1人,限期出境1人,罚款限期离境1人,拘留审查遣送出境21人。

【监所管理】 年内,共收押量1036人次,较上年同比上升3.4%;日均押量314人,较上年同比上升2.1%;出所797人,其中投牢282人、刑满释放178人、缓刑释放12人、变更强制措施释放325人。拘留所收拘量2892人次,较上年同比上升43.2%;日均拘量79人,较上年同比上升43.6%;其中司法拘留177人,女性在拘人员500人。

【接处警与安全保卫】 2018年,共接有效警情91819起,同比上年83929起上升9.4%;联动服务类警情7913起,同比上年6572起上升20.4%。按警情类别统计最终反馈为刑事类警情2633起,同比上年2319起上升13.5%;治安类警情23274起,同比上年17138起上升35.8%;交通事故类警情40205起,同比上年32895起上升22.2%;火灾及消防救援类警情440起,同比上年305起上升44.3%;联网防盗类警情677起,同比上年1126起下降39.9%;其他报警类警情24590起,同比上年30146起下降18.4%。年内,常态排查统计大型群众性活动底数,及时掌握各类群众性活动、文体演出、节假日娱乐庆祝、商场促销和群众自发聚集等活动情况,维护活动现场安全和治安交通秩序,全年共完成安保活动45场次。严格保安队伍管理,促进保安服务业的健康有序发展,至年末全县共有保安公司8家。

【消防安全管理】 2018年,全县共发生火灾事故127起,死亡0人,受伤0人,直接经济损失98.62万元,同比下降16.5%、100%、持平、35.4%。年内,相继开展百处隐患百日销号、高层建筑综合治理、电动自行车专项整治、出租房排查治理等重点治理。开展出租房整治,对全县4888户居住出租房全面推进“智能预警”系统安装,全县10人以上出租房“智能预警”系统安装率达100%,3人以上出租房安装率达51.4%。开展高层建筑消防安全综合整治，对全县551幢（含住宅）高层建筑全面排查，强化单位自身履职，推广远程监控系统。对省级消防重点街道雉城街道全力保障销号，积极上门指导12次，确保整改方案落实；对新双龙购物广场、水木花都小区、建材城等8家重大火灾隐患单位实行县政府挂牌督办，已全部整改完毕。全年共检查单位12065家，发现并整改各类火灾隐患8996处，下发责令改正通知书4294份，下发行政处罚决定书503份，责令“三停”64家，查封21家，罚款120.90万元。年末，全县共有消防栓1444只，其中城区908只。

（陈彦君）

## 检　察

**【概况】** 2018年，长兴县人民检察院内设侦查监督部、公诉部、刑事执行检察部、民事行政检察部4个业务部门，设有案件管理部1个综合业务部门以及检务保障部、政治部、办公室3个综合部门，其中办公室下设信息管理中心，另有和平检察室、开发区检察室2个乡镇检察室。年内，全院编制人数69人，其中行政编制65人、事业编制4人；招录司法雇员20人。检察人员实行三类人员分类管理，3批共遴选检察官21人，另有检察官助理12人，司法行政人员10人。年内，县检察院坚持“深化法律监督、彰显司法权威、维护公平正义”的检察工作主线，制定“12358”工作思路，认真履行职责，推动长兴检察工作新发展，共获8项市级以上先进荣誉。其中，连续13年被评为“全国检察机关宣传先进单位”，获评全省检察机关信息先进单位，“检察机关法治水平评估指标体系”获评“2018年全省检察机关创新工作成果”。

**【刑事检察】** 年内，依法履行批捕起诉职能，共受理提请批准逮捕各类刑事犯罪案件298件482人，经审查批准逮捕228件345人，受理移送审查起诉案件1006件1504人，经审查提起公诉758件1162人。批捕、起诉故意伤害、抢劫等严重暴力犯罪102件134人。开展扫黑除恶专项斗争，联合县公安局、县法院建立扫黑除恶专项斗争工作衔接机制，依法批捕黑恶势力犯罪17件36人，提起公诉8件79人，1个案件获评全省检察机关扫黑除恶类优秀案例。办理省、市督办案件4件。提前介入，依法引导公安机关侦查重大敏感案件37件。依法打击以民间借贷为名实施犯罪的案件，批准逮捕车贷等“套路贷”犯罪案件8件18人，提起公诉7件64人。切实做好中国国际进口博览会、联合国世界地理信息大会等重大活动期间检察环节维稳安保工作。

**【民事行政检察】** 年内，制定出台《服务保障全县高质量发展的实施意见》《服务保障全县深化开展“双提十攻坚”行动的通知》等措施。联合县法院、县公安局建立打击非法民间借贷协同工作机制，批捕、起诉涉众型经济犯罪、破坏金融秩序犯罪案件22件41人，起诉全市首例洗钱犯罪案件。打击工程建设招投标领域围标串标、恶意竞标等犯罪，批捕、起诉4件27人，提供行贿犯罪档案查询800余次。深入组织实施服务民营企业“五五五”工程，完善检察官“双联”工作机制，依托驻天能集团检察官服务站、驻县工商联检察官联络室等加强与民营企业的常态化联系，联合县工商联每年召开服务民营企业座谈会。依法妥善办理涉企案件23件52人，对企业法定代表人、管理经营人员不批捕、不起诉6人，其余对符合条件的被告人建议法院判处轻缓刑。

年内，批捕、起诉危害食品药品安全犯罪案件27件89人，批捕、起诉破坏生态环境资源犯罪案件15件38人，深入推进专项立案监督活动，监督立案4件，探索违法者承担替代性修复责任的环境赔偿责任机制，成功督促某污染环境企业自愿出资6万元用于水体修复和保护。批捕、起诉假冒伪劣商品犯罪案件8件40人，批捕、起诉“两抢一盗”多发性侵财犯罪案件251件314人，批捕、起诉网络电信诈骗案件4件16人，批捕、起诉交通肇事、醉驾案件344件346人。对近年来办理的此类案件深入分析，形成长兴县《涉电动车交通肇事刑事公诉案件专项分析报告》，向党委政府提出建议。

**【检察监督】** 年内，强化刑事检察监督，监督侦查机关立案12人，建议侦查机关撤回59人，追捕、追诉17人，

6月22日，县检察院驻县公安局检察官办公室正式揭牌成立　（检察院 供）

7月18日,市检察院、县检察院、上海社会科学院法学研究所联合举办检察机关法治水平评估指标体系研究暨长兴检察院法治水平评估报告发布会 (检察院 供)

立案监督、追捕、追诉案件被判处三年以上有期徒刑5人,3个案件获评全省检察机关侦查监督精品案例;审查刑事判决745件,提出刑事抗诉3件,法院现已改判2件;监督判而未执刑事案件37件,经监督已执行29件,监督撤销缓刑收监执行22件,监督纠正财产刑执行13件;办理羁押必要性审查案件34件,依法变更强制措施21件;检察收押犯罪嫌疑人928人次,出所检察920人次,监督办案期限临近催办1334人次;强化刑事申诉检察,办理刑事申诉案件6件6人;强化社区矫正检察,监督社区矫正人员460人次。强化民事检察监督,审查各类民事申诉案件22件,重点加强对民事虚假诉讼的监督,13件虚假诉讼再审检察建议获再审改判,3个案件分别获评全省检察机关刑事执行、控告申诉、虚假诉讼监督优秀案例。

年内,结合长兴县作为行政执法监督规范化建设省试点,联合县法制办完善全县行政执法违法风险防控三三三机制建设,出台《关于加强联动协作共同推进行政执法规范化建设意见》,建立行政执法规范化协作机制。联合县法制办选取行政执法单位行政处罚、行政许可案件67件进行评查,参与对电梯安全和烟花爆竹“双禁”2个专项检查活动。委托华东政法大学开展长兴县行政执法检察监督与政府自身监督协作机制构建研究。完善派驻县环保局、市场监督管理局、社区矫正中心、公安局检察官办公室建设,打造检察环节一线监督阵地。

【公益诉讼】 年内,出台《支持检察机关提起公益诉讼工作若干意见》。县检察院组织召开公益诉讼工作推进会,推动把建立环境保护公益诉讼制度纳入全县深化改革2018年度重点项目。联合县法院出台《关于办理人民检察院提起环境公益诉讼案件的试行规定》,联合县法院、县财政局、县环保局出台《长兴县生态环境公益金暂行办法》。开展公益诉讼“百日会战”行动,对网络外卖平台进行调查,发现问题单位290余家,向有关部门发出检察建议并得到及时整改。按照全省三级院联动要求,挂牌“公益损害与诉讼违法举报中心”,加强与县12345热线联动,拓展案件线索来源,共受理各类举报线索62件。认真排查生态环境和资源保护、国有资产保护等领域案件线索136件,已发出行政诉前检察建议44件。

【办案风险防控】 年内,注重案件质量控制,建立员额检察官联席会议和下行案件集体讨论等制度。注重办案廉政风险,开展检务督察63次,对21件诉判不一案件进行评查。注重办案效果考评,联合上海社科院法学研究所研究构建全国首个检察机关法治水平评估指标体系,构建3级64项指标体系,引入第三方对县检察院开展评估,并召开新闻发布会向社会各界公布评估结果,此项创新做法获评全省检察机关创新成果奖。

【检察改革】 年内,认真落实各项改革要求,深化各项改革举措,完善各项改革机制,努力提升司法公信力。受理县监察委员会移送的职务犯罪案件6件12人,提起公诉7件13人,其中涉及县处级干部2件2人。落实以司法责任制为核心的司法体制各项改革任务,新遴选检察官2人,调整检察官、检察官助理6人,完成首批20名司法雇员招录和培训工作。全面实行员额检察官办案责任制,员额检察官最多办理案件162件179人。

年内,联合侦查机关强化诉侦协同大控方格局,健全重大疑难案件侦查机关听取检察机关意见和建议制度,提前介入案件35件,引导公安机关侦查取证50余次,2个案件获评全市侦查监督提前介入引导侦查优秀案例。健全完善听取辩护人意见和庭前会议制度,听取律师意见280余次。落实庭审实质化要求,推动“四类人员”出庭,提请侦查人员、证人等出庭17件40人。联合县法院出台《关于检察长列席人民法院审判委员会的实施细则》,开展检察长列席法院审判委员会会议工作,依法履行法律监督职能。

(蒋 艳)

## 审 判

【概况】 2018年,长兴县人民法院设有立案庭、刑庭、民一庭、民二庭、行政庭、执行局(执行庭)、执行综合科、执行实施科、审判监督庭、环境资源审判庭及煤山、和平、泗安、长广、太湖5个派出法庭，共计15个业务庭，另有政治处、办公室、审管办、监察室、法警大队5个机构。年末，核定行政编制134人，在编干警131人、缺编3人。核定事业编制12人，在编11人、缺编1人。全院有法官67人（其中员额法官49人），法警26人，法官助理21人，其他人员28人（含事业编制人员11人、工勤人员4人）。研究生学历的干警有16人，本科学历的干警有120人，大专学历的干警有6人。在编中共党员111人，民革1人。年内，县法院以“四项建设”为主抓手，突出问题导向，紧盯人民群众反映强烈的问题和短板，集中力量，奋力攻坚，努力让人民群众在每一个司法案件中感受到公平正义，各项工作取得明显成效。全年新收各类案件17965件，办结18083件，同比分别增长8.3%和10.9%。其中，执行收案6846件，结案6939件，同比分别增长23.6%和35.6%。一线法官人均结案388.46件，高出全省平均数9.2%；诉前化解率和民事调撤率分别达到37.1%和67.1%，高出全省平均数17.06和9.98个百分点，分列全省第7和第10位；实际执行率和执行标的清偿率分别达到74.5%和54.3%，高出全省平均数10.75和17.41个百分点，分列全省第11和第7位。

【刑事审判】 年内，新收刑事案件742件，审结745件，同比分别上升5.3%和2.9%，判处罪犯1154人。依法惩处侵犯人身安全犯罪，审结故意伤害、强奸等案件78件105人。扎实开展扫黑除恶专项斗争，严格贯彻“依法从重从快”方针，审结黑恶势力犯罪案件13件80人，其中以车辆抵押贷款为名的“套路贷”案件6件50人，判处五年以上刑罚21人。依法惩处侵犯民生安全犯罪，审结危害食品药品安全案件10件44人。依法惩处侵犯财产安全犯罪，审结“两抢一盗”、新型网络电信诈骗等案件211件359人。依法惩处涉众型经济犯罪，审结非法集资、组织传销等案件44件112人。依法惩处职务犯罪，审结贪污、贿赂、挪用公款案件7件13人，其中副科级以上领导干部4人。认真办理上级法院指定管辖的案件，审结南浔区原常务副区长姚某、人大常委会原副主任施某受贿案。贯彻宽严相济的刑事政策，对犯罪情节轻微、社会危害性相对较小的492名被告人依法宣告缓刑。充分保障被告人辩护权，全面落实指定辩护要求，对可能判处三年以上有期徒刑的被告人辩护率达100%。

3月7日，长兴法院举行湖州市行政争议调解中心长兴分中心揭牌仪式　（法院 供）

【民商事审判】 年内，新收各类民商事案件9967件，审结9992件，同比分别增长6.2%和4.2%，诉讼标的额38.06亿元。关注民生领域群众诉求，审结劳动就业、教育医疗、人身伤害等与群众生产生活密切相关的案件1279件，其中审结劳动争议案件1236件，及时兑付劳动工资4000余万元。保护家庭关系和谐稳定，审结婚姻、继承等家事案件731件。维护市场交易秩序，审结买卖、租赁、承揽等合同案件1328件。促进房地产、建筑业市场健康发展，审结建设工程、房屋买卖等涉不动产案件339件，涉案标的额6.82亿元。规范民间资本运行，审结民间借贷案件2262件，涉案标的额6.39亿元。稳定金融秩序，审结金融借款、互联网金融等案件339件，涉案标的额4.30亿元。

【行政审判】 年内，强化司法与行政良性互动，联合吴兴法院、县政府法制办签署三方合作备忘录，促进全县行政机关与行政诉讼集中管辖法院间的常态互动；联合县政府召开府院联席会议，提出改进依法行政建议30余件次，促进行政机关提高依法行政水平。注重行政争议源头化解，成立湖州市行政争议调解中心长兴分中心，实质性化解行政争议7件。扎实推进“裁执分离”，审查非诉行政案件194件，准予执行144件，支持行政机关依法行政。

【环境资源审判】 年内，审结涉环境资源类行政非诉案件收案152件，结案152件，裁定准予执行的104件，不准予执行的1件，撤回申请的47件，审结刑事案件4件，民事案件2件。坚持以修复生态环境为核心，探索环境修复新方式，力争在每一起破坏环境资源刑事案件中均启动司法修复程序，做到“一案一修复”。在污染环境类刑事案件中，对于被告人无法自行修复环境的，可根据鉴定意见由其

5月29日，长兴法院举行公众开放日，邀请长兴第六小学学生参观法院诉讼服务中心，旁听案件庭审，并举行模拟法庭活动。图为学生在法院门口合影 （法院 供）

缴纳生态环境公益金；对于未能完成前置修复程序的，在判决后利用生态环境公益金支付污染物的处置及环境修复的相关费用。探索惩治与预防环境资源犯罪新举措，运用“从业禁止”判决不仅防止被告人再次接触犯罪诱因，有效预防该类职业犯罪给生态环境带来的风险，促进行业规范的从严把控，净化营商环境。

**【审判执行攻坚百日大会战】** 年内，开展执行攻坚百日大会战，实施集中拘捕、集中腾房、打击恶意逃废债、打击拒执犯罪、督促特殊主体履行等专项攻坚，攻克一大批执行难案。加大财产查控力度，依托信息化平台，实现对被执行人银行存款、房地产、车辆、理财产品等主要财产的“一网打尽”，累计查控8.20亿余元。加大腾房工作力度，开展集中腾房57次，腾退房地产64处，土地面积53.33公顷，房产面积135.50万平方米，涉及执行标的额约7亿元。加大失信惩戒力度，实施布控1134人，司法拘留178人，纳入失信及限制高消费7628人，移送涉嫌拒执犯罪32件50人，其中6件7人已被判刑追责。

**【司法体制改革】** 年内，完善司法人员分类管理，遴选产生第三批员额法官3人，全院入额法官总数达到49人。推行院庭长办案常态化，院庭长办案数占总数的35%以上。健全案件繁简分流机制，实现简案快审、繁案精审，不断提高审执质效。健全院庭长审判管理监督机制，推动从“人盯人”“人盯案”的微观管理，向流程化、标准化、信息化的全院、全员、全过程的宏观管理转变。出台专业法官会议工作规则，发布法律适用疑难问题解答，统一裁判标准，提高办案水平。深入推进以审判为中心的刑事诉讼制度改革，强化庭审实质化，共有侦查人员、鉴定人等31名证人出庭作证。出台轻微刑事案件“简案快审”流程指引，审结案件230件，平均审限仅8.80天。

（方斯剑）

## 司法行政

**【概况】** 2018年，长兴县司法局（简称县司法局）内设综合科、法制宣传教育科、基层工作指导科、社区矫正工作管理科、律师公证管理科、法律服务综合科职能科室6个，雉城司法所、太湖司法所、龙山司法所、画溪司法所、泗安司法所、和平司法所、煤山司法所、李家巷司法所直属司法所8个，下属事业单位长兴县公证处1个。年末在编人员人50人，其中公务员49人、工勤人员1人；编外人员24人。年内，长兴县公共法律服务中心荣获全省首批规范化公共法律服务中心，被省委、省政府授予全省指导人民调解工作先进集体，国家级民主法治村创建成果验收，先后荣获湖州市司法局表彰集体三等功、市委市政府表彰平安建设示范单位、双提十攻坚基层社会治理先进集体等荣誉。

**【法治宣传教育】** 年内，围绕全县“七五”普法目标任务，抓好全县普法工作，组织开展宪法宣传活动，开展2018年“谁执法谁普法”工作责任制调研检查，法治宣传教育工作取得明显成效。制定出台《2018年全县普治工作要点》；印发《关于组织开展“七五”普法中期检查督导的通知》，举办全县“七五”普法中期检查督导培训班，并于7月3日至10日，县普法办组织县委政法委、县人大法制（内务司法）委、县政协社法委、县政府法制办、县司法局分六小组对全县各乡镇（街道、园区）、72个机关单位开展“七五”普法中期检查督导。组织开展宪法宣传活动，印发《关于开展学习宣传〈中华人民共和国宪法〉的实施方案》《关于组织开展“全民学宪法 奋进新时代”活动的实施方案》等文件，开展宪法巡回宣讲、“宪法乡村行”“宪法进校园”等系列活动，共举办宪法宣讲咨询活动12场次、制作发放宪法宣传资料3000余份；开展“送法下乡”活动，与县政协联合下发《关于开展送法下乡活动的实施方案》，由县政协牵头，组织12家单位共同开展“宪法宣讲乡村行暨走进基层、走进群众，学法、用法、守法”主题宣传活动，先后在李家巷镇、画溪街道、林城镇举办现场法治宣讲咨询活动，共发放各类宣传折页15000余份，展出宣传图板120余块，解答群众咨260余人次。制发《关于开展“谁执法谁普法”工作责任制调研检

8月15日，县司法局组织“宪法宣传日”系列活动在中心广场举行　　（司法局 供）

查的通知》，组织人员对10个单位开展“谁执法谁普法”工作责任制情况进行调研；结合全年普法工作实际，制定下发《关于开展2018年谁执法谁普法工作责任制项目申报工作的通知》，在各单位申报的基础上，由县普法办进行审核把关并及时收集进展情况，其中有60个普法项目被立项通报实施。

**【“三治融合”基层社会治理体系建设】** 年内，制定出台《长兴县自治、法治、德治“三治融合”基层社会治理体系建设推广工程实施方案》。组织开展“三治融合”社会治理体系调研，通过选树市级“民主法治标准化建设示范村”和“民主法治村建设带头人”，推进以“之江法云”微信塔群为重点的法治文化阵地建设，加快“e服务微信群”建设扩大法律宣传服务覆盖面。选择泗安上泗安村、虹星桥港口村、夹浦丁新村等40个村（社区）为“三治融合”创建试点村，举办全县“民主法治村（社区）”创建工作培训班到示范村学习参观。至年末，全县共有县级以上民主法治村（社区）264个，其中国家级3个、省级17个、市级206个、县级38个。市级以上达标率为83.4%，县级以上达标率97.4%。

**【人民调解】** 2018年年末，全县有各类调解组织297个，其中乡镇（街道、园区）17个、村（居、社区）265个、专业人民调解委员会15个。有调解员826人，其中在各村、居委会（社区）配备专职人民调解员729人。年内，大力推广“大数据+人民调解”，启用12348浙江法网人民调解服务，县调委会、人民调解员协会、医调委首次入驻法网，并开始试运行人民调解线上预约线下调解、网络预约线上调解的服务功能。全县所有调解组织及人民调解员均已入库，同步推进法院odr（线上调解）工作，推进诉调执一体化机制。在煤山镇、泗安镇、洪桥镇、吕山乡、水口乡、太湖图影等建立AAAA级景区旅游调委会8个。在泗安镇、南太湖产业园区等特色产业地区培育建立产业人民调解委员会2个。拓宽矛盾纠纷化解渠道。在县法院诉讼服务中心设立律师调解工作室，由受聘为调解员的律师轮流值班，律师调解工作室与驻县法院的法律援助工作室进行职能整合并合署办公。编报《人民调解专报》分析12期，印发《人民调解》杂志2期（总11期），制播《娘舅来了》节目45期（累计播出395期）。全县各级人民调解组织共开展法治宣传232场（次），共排查受理调处各类矛盾纠纷11174件，成功调处11115件，调处率100%，调解成功率99.5%。其中，全县各级人民调解组织共受理信访矛盾纠纷案件124起，有93起得到化解，20起已引导当事人通过其他法律途径解决；全县专业性人民调解组织共调解案件6731件，占比达到60.2%；受理重大疑难纠纷783件，全部调解成功，为当事人挽回经济损失42769.40万元，履行率达100%，没有因调解不成功而引起诉讼或民转刑。雉城司法所拍摄的调解案例《易碎婚姻》于2018年12月3日在中央电视台社会与法频道《小区大事》栏目播出。

**【特殊人群监管】** 年末，县司法局社区矫正工作管理科有工作人员7人；全县共有安置帮教基地16个。五年内刑满释放人员2433人，安置率97.9%，帮教率99.6%，重新犯罪率1.3%。年内，县人民检察院驻社区矫正中心检察官办公室揭牌运行，南湖监狱派驻1名人民警察到县社区矫正中心协助社区矫正工作，全面提升社区矫正标准化建设，县司法局社区矫正社区服务基地正式建立。全年共组织新入矫人员集中学习401人次，处罚人员集中学习178人次，组织专题教育271场次，参加的社区服刑人员4959人次；排查社区服刑人员766人，重点社区服刑人员152人次，新入矫人员388人，审前调查排查人数100人，发现涉枪社区服刑人员6人，涉恶社区服刑人员2人，对该8人落实派出所、村居、综治“三方共管”措施。

**【律师公证管理】** 2018年，县公证处有工作人员8人，其中公证员4人，公证助理员2人，行政管理3人。全年办理各类公证3301件，其中民事公证1401件、经济公证1052件、涉外公证721件，公证收入358万元。全县有律师事务所7家，其中合伙制6家［浙江兴长律师事务所、浙江众成律师事务所、浙江浙杭（长兴）律师事务所、浙江浙北律师事务所、浙江百易律师事务所、浙江湖兴律师事务所],个人所1家(浙江兴熙律师事务所);有律师116人,其中浙江兴长律师事务所22人、浙江众成律师事务所24人、浙江浙杭(长兴)律师事务所24人、浙江湖兴律师事务所14人、浙江百易律师事务所11人、浙江浙北律师事务所12人、浙江兴熙律师事务所9人。全年担任常年法律顾问456家,代理刑事案件664件,代理民事案件2957件,代理经济案件246件。

年内,建成长兴和平新能源产业园、长兴综合物流园和长兴新能源小镇、国家大学科技园四个法律服务站点,通过结对律所定点定期进驻的形式快速服务企业。先后成立龙之梦法律服务团、长兴“一带一路”法律服务中心、湖州市律师协会知识产权及涉外业务委员会长兴工作组,打造建设一批服务优、质量优、品牌优的“三优”专业平台。严格按照省厅和市局部署落实推进律师和基层法律服务的改革措施,完成基层法律服务所撤并整合。推进“三名”工程,引进六合分所;完成兴长所、浙杭所、兴熙所作为法律服务专业优强机构重点培育对象申报。全年共计为企业开展法律体检150次,结对服务绿色小微企业35家,走访审查合同文本500余份,服务企业融资项目10家,发放法律风险知识读本2300余册。建立健全律师办理涉及扫黑除恶案件情况的请示报告制度,制发律师办理涉黑案件报告表实行周报备,全年律师共办理涉黑涉恶案件202件。

【法律援助】 年内,开展公共法律服务体系专项整改,深入推进法律援助审批事项改革。制定更新《长兴县公共法律服务产品指导目录(第一批)》共包含5大类26项公共法律服务产品,该项目纳入2018年长兴县十大民生实事项目。升级改造12348公共法律服务专线,完成与政府热线12345无缝衔接。大力推广“浙江省法律援助微信公众号”服务,构建“实体、网站、热线、微信”“四位一体”的“一站式”公共法律服务民生大平台。在“法润长兴”微信公众号中开设《一周值班律师问答》栏目对典型案例进行一周一宣传。深入推进法律援助审批事项“三减二拓展”,减环节、减材料、减时间,质量从优、宣传从广,提升群众办事便利度。各事项均已进驻县行政服务中心窗口,实行无差别全科受理。全年共为相关弱势群体办理法律援助案件1254件,帮助挽回经济损失324.90余万元,受援人满意率100%,容缺受理案件5起。受理指派民工欠薪和劳动争议群体性案件12批次,涉及人数814人,涉及金额492余万元。

(陈婧玙)

## 人武部工作

【概况】 年内,县人武部按照“铸牢军魂、聚焦打赢、稳中求进、创新发展”的思路,积极适应军队改革大势,扎实推进年度各项工作落实,全面建设有了新的发展。

【征兵及民兵集训工作】 年内,开展征兵宣传进校园活动,完成新兵和直招士官的征集任务,均为高中以上文化程度,其中大学生占征集总人数的77.7%。4月初,在煤山镇江南红村组织为期一周的全县专武干部和民兵连长集训。该次集训以省军区关于加强后备力量军事训练有关指示为指导,以新版《民兵军事训练大纲》为依据,以提高民兵连长军事技能、本职业务和组织指挥训练为重点,采取理论辅导、参观见学、交流发言、现场观摩等方法,解决全县专武干部、民兵连长队伍中存在的法规条令不懂不熟悉、开展武装工作缺乏常识、本职业务技能不精等问题。6月中旬,参加省军区组织的首届民兵岗位练兵比武,洪桥镇武装部专职副部长孙连斌取得个人综合成绩第一、轻武器射击第五名的好成绩,吕山乡基干民兵县应急排一班长朱庆峰取得应急专业第四名的好成绩。

【民兵整组和演练】 2月下旬开始,按照民兵调整改革要求,依次组织民兵调整改革业务培训会、全县基干民兵体格检查和政治考核、集中点验等工作,高标准完成民兵整组任务,民兵连整体建设水平得到质的提升。4月初,在小浦镇组织森林消防演练,共106人参加,动用指挥(运输)车辆2辆、铁扫把15把、风力灭火机5台、便携式高压水泵2台、沙滩车2辆、小型消防车1辆、森林消防高压水泵车

9月13日,在长兴县火车南站组织送西藏、新疆新兵欢送活动 (人武部 供)

9月3日，喜迎青海武警22名退伍老兵返乡　　（人武部 供）

1台、救护车1台，提高民兵的自身防范意识和应急救险技能，全面锻炼和提高组织指挥和民兵应急分队遂行森林灭火任务能力。5月下旬，在泗安镇仙山湖水库集中利用5天时间，组织冲锋舟操作手集训，参训人员共30人，动用冲锋舟9艘、操舟机9台，救生器材若干，提高参训人员冲锋舟的操作水平和遂行抗洪抢险行动的能力。年内，从全县基干民兵中精选300名素质过硬人员与公安民警一起参加德清"地信"大会安保任务。

【退役士兵接移及就业服务】 2018年2月，举行长兴县2017年返乡欢迎仪式暨创业就业专场招聘会，退役士兵参加活动，11名退伍老兵与企业达成初步共识，签订意向书。9月3日，县人武部、县民政局到长兴县高铁站迎接青海武警22名退伍老兵顺利返乡，为他们发放《优抚宣传手册》《退役士兵服务手册》及有关企业招收退役士兵就业简章等，感谢他们为国防和军队现代化国防事业做出的重要贡献和无私奉献。

【国防教育】 7月14日，邀请军事学博士、国防大学教授李莉到长兴作国防教育专题报告会，县级机关部门、乡镇（街道、园区）党委班子成员和全县专武干部共计600余人参加。依托主流媒体开辟"八一光荣榜"，8月3日，40名三等功荣立者、115名优秀士兵的事迹在县电视台新闻频道、长兴新闻、长兴时报同时刊登播出，微视频同步播放，同时为荣立三等功的家庭订阅全年的《中国国防报》。抓好军人荣誉墙文化建设，在全县63所中小学校完善"军人荣誉墙"的基础上，重点抓好"军人荣誉墙"建设向乡村文化大礼堂拓展。

【双拥工作】 年初，开展长兴籍现役军官大走访慰问活动，协调员、服务员，为辖区14家军民融合企业牵线搭桥。扶贫工作组分别到龙山街道川步村、涧塘村和新湖村3名困难退伍老军人家中，开展慰问走访活动。8月1日，县人民武装部、县妇联和县民政局联合举行长兴县第三届"十佳好军嫂"表彰大会。

（胡云飞）

## 人民防空

【概况】 2018年，调整县人民防空指挥部成员单位和17个乡镇（街道、园区）人防办公室成员，完成市人防办下达的新增（更新）固定防空警报、多媒体防空警报及新增竣工人防工程面积等目标责任考核任务。

【人防组织指挥通信】 3月，完成人防专业队整组。4月，组织参加全市人防准军事化集训及民防应急指挥车跨区通信保障演练。4月至5月，完成警报更新维护工作。5月12日，开展"5·12"警报试鸣；部分学校、社区、乡镇机关等单位在防灾减灾周组织开展应急疏散演练50余次，参与人数2万余人次。9月，完成人防警报报知系统接入国家突发事件预警信息发布平台工作，开展"9·18"防空警报试鸣，参加"浙江金盾-18"演习。10月，组织开展城市社区人口临战疏散与接收安置演练。11月，泗安镇民防指挥平台竣工验收，组织开展重点镇（街道）、重要经济目标人防应急预案修订和指挥部成员单位保障方案修订。

【人防工程建设与管理】 6月，开展在建的人防工程安全生产检查和竣工投入使用的人防工程安全生产大检查专项活动。年内，按照"最多跑一次"的要求，梳理并优化人防行政审批办事流程，全面落实施工图联合审查和政府购买服务。继续抓好完成人防行政审批、人防工程质量监督、人防工程竣工备案等工作。

【人民防空宣传教育】 4月，县国教办、县教育局县人防办、在泗安中学联合召开长兴县2018年学校国防（人防）工作布置会议暨总结表彰会议。5月，与县民政局、县气象局、县消防大队、县红十字会、雉城街道在东鱼坊历史文化街区古戏台共同举办"5·12"大型宣传活动。9月，召开2018年学校国防人防工作会议，布置2018学年学校国防（人防）重点工作。11月，对全县63所中小学进行2018年人防教育工作考核。年内，组织开展"百场专题进党校 千所学校齐宣讲"活动，全县51所中小学开展专题活动。全年在国家、省市县各类媒体发表宣传报道32篇，其中《中国国防报》10篇。

（卓考斌）

## 综　述

2018年，围绕“产业兴旺、生态宜居、乡风文明、治理有效、生活富裕”的总要求，重点推进农业七大产业发展、美丽乡村建设、农村生活垃圾分类处理、低收入农户增收、农村电子商务发展、农村综合改革等工作，多项工作在省市有特色、有亮点。全县实现农业产值60.58亿元，现价增幅2.3%，农业增加值34.40亿元，可比增幅3.3%（增速全市三县两区排名第一）。全县农村居民人均可支配收入达到32114元，同比增长9.4%；低收入农户人均可支配收入13399元，同比增长13.5%。全年农作物播种面积66900公顷，农业产值42.73亿元，粮食总产量20.18万吨。现代农业成效明显，粮食生产功能区提标改造1106.67公顷，新发展和改造提升农业七大特色产业1620公顷；吕山湖羊省级特色农业强镇获得认可，创建国家级示范性农民专业合作社1家、市级以上示范性家庭农场15家、市级以上农业龙头企业4家；新增“三品”基地3726.67公顷、产品105只（含绿色食品11只）。农业基础条件明显改善，全年苕溪清水入湖工程完成投入2.60亿元，竣工验收水库2座，整治山塘10座，年末实有固定泵站2293处。农业物质装备水平不断提高，年末拥有农机总动力60.21万千瓦，耕作机械动力8.64万千瓦，机耕面积37900公顷，机收面积32260公顷；全年农林牧渔业用电3396.78万千瓦时。

## 种 植 业

【概况】　年内，长兴县农业局内设办公室、农业科教信息科、政策法规科（行政许可科）、农场管理科、农业产业发展科5个职能科室，下辖长兴县农业行政执法大队、长兴县农业机械监督所、长兴县畜牧兽医局、长兴县农村经营管理站、长兴县农产品质量安全监督管理站、长兴县农业技术推广服务总站、长兴县水产技术推广站、长兴县科教综合站、长兴县农机技术管理站9个事业单位。年末，在编人员109人，其中行政编制12人、参照管理人员30人（含参公工勤）、事业人员67人。年内，坚持“稳粮、优经”，持续构建完善粮经协调发展的种植结构，全年农作物播种面积66900公顷，其中粮食播种面积30888公顷，油菜播种面积4573公顷，蔬菜播种面积13533公顷。全年农业产值42.73亿元，粮食总产量20.19万吨。水稻播种面积16473公顷，单产每公顷8471千克，产量139550吨；大麦播种面积194公顷、产量827吨，小麦播种面积9661公顷、产量43378

1月27日，浙江省农业厅厅长林健东（左二）冒雪到长兴指导防冻抗灾工作，县委书记周卫兵（右一）陪同

（农业农村局　供）

吨;油菜种植面积4573公顷,单产每公顷2400千克,产量10975吨;水果面积7660公顷,产量10.69万吨,其中葡萄面积3333公顷、产量6.17万吨,西瓜面积916公顷、产量2.15万吨,杨梅面积1733公顷、产量11080吨,桃面积1066.70公顷、产量1.8万吨;蔬菜面积13533公顷、产量35.40万吨,产值8.50亿元;茶叶面积1万公顷、产量4100吨,产值13.13亿元。

【粮食生产】 年内,完成粮食高产创建面积认定面积1106公顷。和平镇石泉县级粮食生产功能区等5个粮食生产功能区的110.53公顷达到提标改造验收认定标准;推广稻菜轮作、稻虾共育、稻鸭共育等新型农作制度5310.67公顷;以6个"省级千亩高产示范片"建设为基础,继续"实施水稻绿色高产创建",共建立18个百亩水稻绿色高产核心示范方。在湖州市粮食绿色高产示范竞赛中,由长兴勤农家庭农场实施的洪桥镇排田漾村甬优1540高产示范方以每公顷13204.50千克获二等奖、由长兴新卫红家庭农场实施的虹星桥宋高村浙优18高产攻关田以每公顷13897.50千克获杂交稻攻关田一等奖、由长兴丰磊家庭农场实施的小浦镇长圩村嘉优中科3号高产攻关田以每公顷12706.50千克获得交稻攻关田二等奖、由长兴显农粮油专业合作社实施的林城镇新星村嘉优中科6号高产攻关田以每公顷1248.15千克获交稻攻关田三等奖、由长兴合峰家庭农场实施的龙山街道西峰坝嘉优中科3号高产攻关田以每公顷12613.50千克获交稻攻关田三等奖。

【新品种示范推广】 年内,开展芦笋品种比较和展示,对引进种植16个芦笋新品种持续开展田间对比;引进茄子、西瓜、甜瓜、番茄等蔬菜良种8个,优良水果品种5个,引进抗血液型脓病家蚕品种2对。加强与中国农业科学院、浙江省农业科学院、嘉兴市农业科学院和宁波市农业科学院等科研单位的技术合作,推广甬优1540、甬优538、嘉67、嘉优中科3号等优质高产水稻品种,推广中双11、浙油50、浙油51等"双低"油菜品种,推广苏麦158、杨麦12麦等优质小麦品种,全县主要农作物良种覆盖率99%以上。在长兴卫红家庭农场建立水稻高产品种、优质稻米品种展示示范方,分2组展示23个新品种,高产组杂交稻5只,常规粳稻2只;优质稻米组杂交稻5只,常规粳稻11只。

【病虫害防控】 年内,加强病虫田间系统调查,抓好病虫监测预警,发布病虫情报7期。开展杂草稻、稻田抗性杂草的发生规律和防控技术的研究。推进水稻病虫绿色防控与专业化统防统治融合示范县建设,全县在水稻、蔬菜、茶叶等主要农作物上建立7个绿色防控与专业化统防统治融合核心示范方。继续在和平镇、虹星桥镇等水稻主产区开展水稻病虫无人机"飞防"试点,开展单季晚稻直播田杂草"飞防"试验,实施水稻病虫草害"飞防"面积2000公顷次。绿色防控示范区施药1至2次、用药量每公顷1018.50克,比农户自防区减少2次,用药量减少57.2%,水稻病虫为害损失率控制在3%以下;全县共开展水稻病虫绿色防控示范2100公顷,辐射带动全县推进水稻病虫害绿色防控14000公顷。

(吴文杰)

## 林　业

【概况】 年内,长兴县林业局设办公室、人事教育科、行政许可科(森林资源科、法制科)、绿化造林科4个科室;下辖1个直属单位长兴县森林公安局,营林站、森林病虫防治检疫站、长兴县林业综合行政执法大队、长兴尹家边扬子鳄自然保护区管理处、长兴县仙山湖国家湿地公园管理中心、长兴县林业技术推广中心、长兴县森林消防指挥部办公室7个事业单位;下属1个企业长兴县永绿林业发展中心。年末,共有在编人员59人,其中行政编制18人、事业单位人员38人、参照公务员管理人员2人、工勤人员1人;编外人员21人。

【林业产业】 年末,全县林业总产值 47.74亿元,其中一产花卉苗木销售额24.69亿元、二产9.28亿元、三产19.68亿元。全年木材采伐量4320立方米,毛竹570万根,杂竹9000吨,总

11月4—9日,第11届义乌国际森林产品博览会在义乌国际博览中心举行。图为县有关领导在察看长兴各企业展位
(农业农村局 供)

产值7360万元,商品率88.5%,商品产值6513万元。青梅面积566公顷,产量4250吨,产值3400万元;板栗面积73公顷,产量178吨,产值142万元;白果面积573公顷,产量828吨,产值828万元。林业会展经济凸显,春季花木采购大会采购订单3.70亿元;秋季花木大会产生意向订单3.80亿元;5家长兴涉林企业参加中国义乌国际森林产品博览会,现场成交额5.40万元,订单20.60万元,意向订单共56个、金额为47万元。

## 2018年长兴县林业产业统计情况

表9 单位:万元

| 产 业 类 别 | 总产值 |
|---|---|
| 总 计 | 477362 |
| 一、第一产业 | 187741 |
| (一)涉林产业合计 | 187741 |
| 1. 林木育种和育苗 | 94500 |
| 2. 营造林 | 2385 |
| 3. 木材和竹材采运 | 7360 |
| 4. 经济林产品的种植与采集 | 75925 |
| 5. 花卉及其他观赏植物种植 | 7571 |
| 6. 陆生野生动物繁育与利用 | 0 |
| (二)林业系统非林产业 | 0 |
| 二、第二产业 | 92781 |
| (一)涉林产业合计 | 92781 |
| 1. 木材加工和木、竹、藤、棕、苇制品制造 | 56307 |
| 2. 木、竹、藤家具制造 | 407 |
| 3. 木、竹、苇浆造纸和纸制品 | 27403 |
| 4. 林产化学产品制造 | 664 |
| 5. 木质工艺品和木质文教体育用品制造 | 0 |
| 6. 非木质林产品加工制造业 | 8000 |
| 7. 其他 | 0 |
| (二)林业系统非林产业 | 0 |
| 三、第三产业 | 196840 |
| (一)涉林产业合计 | 154520 |
| 其中:湿地产业 | 0 |
| 1. 林业生产服务 | 0 |
| 2. 林业旅游与休闲服务 | 154520 |
| 3. 林业生态服务 | 0 |
| 4. 林业专业技术服务 | 0 |
| 5. 林业公共管理及其他组织服务 | 0 |
| 6. 林产品、果茶、木竹材及其加工制品批发、零售业 | 0 |
| (二)林业系统非林产业 | 42320 |
| 补充资料:竹产业产值 | 42680 |
| 油茶产业产值 | 0 |
| 林下经济产值 | 230725 |

【绿化造林】 年内，围绕“五年绿化平原水乡，十年建成森林浙江”的部署，贯彻落实省市“一村万树”、“新植1亿株珍贵树”、珍贵彩色树种发展等工作，提升城乡绿化美化水平；全县平原绿化累计总面积达33600公顷，平原绿化林木覆盖率为38.4%。冬春绿化造林共完成城乡绿化造林208.40公顷，完成率141.3%；生态修复等森林质量提升1013.33公顷，完成率127%；新增355.73公顷（新建208.40公顷、提升147.33公顷），完成率152.5%。更新造林完成95.33公顷（人工造林90.67公顷、人工更新4.67公顷），完成率143%；退化林修复590.67公顷，完成率118.1%；森林抚育883.33公顷，完成率132.5%；当年新育苗7.33公顷，完成率110%；免费发送省配容器苗4.60万株。制定印发《长兴县茶园生态修复三年行动实施方案（2018—2020年）》，全年共完成山地茶园生态修复1013.33公顷（其中：25度以上333.33公顷、示范点220公顷）。珍贵彩色森林建设完成900.67公顷，完成率168.9%；新植珍贵树32.80万株，完成率117.1%；珍贵树种局长示范林3片（83.33公顷），珍贵树种示范点和示范单位各3个，完成率100%。制定印发《长兴县一村万树三年行动实施方案（2018—2020）》，全年共完成一村万树建设76个村，其中示范村10个、推进村66个，累计新植树木88.40万株。开展森林系列创建，国家森林城市创建稳步推进，县政府出台国家森林城市创建工作方案文件，并召开全县动员大会。创森系列完成7个乡镇“森林城镇”《规划》编制，组织开展小浦镇“中国最美银杏小镇”申报；林城镇北汤村“浙江省生态文化基地”创建；和平镇省级“森林城镇”创建；洪桥镇、李家巷镇、虹星桥镇等4个乡镇市级“森林城镇”创建；30个“湖州市森林村庄”创建等森林系列创建工作。

（黄盈盈）

## 水产业

【概况】 年内，改善渔业水域环境和恢复渔业资源，继续开展水域清网专项行动和渔业资源增殖放流活动，建立禁渔制度，打击非法电力捕鱼，保障放流成果和保护渔业资源。推进养殖尾水治理工作，外荡、河沟、水库等全面退养，虾蟹类进行生物治理，高密度养殖通过减少集中处理尾水设施、调整养殖品种、退养等方式进一步管控水污染；首次引进澳洲龙纹斑、淡水石斑鱼等水产新品种，推广稻渔综合种养技术，探索池塘循环水养殖模式，促进渔业绿色发展和转型升级。2018年，全县水产养殖面积5852公顷，其中池塘5332公顷、稻田520公顷；水产品产量61991吨，比上年增长10.1%，其中鱼类产量47500吨、甲壳类（虾蟹）产量5468吨、贝壳类产量3848吨、其他类产量5175吨；渔业产值13.84亿元，比上年增长8.4%，实现连续多年稳定增长。养殖产量55701吨，占总产量的89.9%；产值12.59亿元，占渔业产值的91%。全年共放流花白鲢、草鱼夏花鱼苗1650余万尾，投入资金12万元，超额完成省海洋与渔业局下达的699万尾年度增殖放流任务。

【常规水产】 2018年，全县青鱼、草鱼、鲢鱼、鳙鱼、鲤鱼、鲫鱼、鳊鱼等七种水产品产量31856吨，占养殖产量的57.2%；产值3.16亿元，占养殖产值的25.1%。四大家鱼中除青鱼因行情不佳产量下降，其他鱼类均有所增长。受消费习惯和市场的影响，鲫鱼产量增幅较高，主要在休闲垂钓场、循环水跑道进行精养和在传统常规鱼类池塘中混养。

【特种水产】 2018年，全县特种水产产量23845吨，占养殖产量的42.8%；产值9.44亿元，占养殖产值74.9%。黄颡鱼、泥鳅、翘嘴鲌鱼、加州鲈鱼、黑鱼、牛蛙等高密度高污染品种得到有效控制，发展河蟹、青虾、甲鱼等三大主导产业，克氏原螯虾稻虾轮作（共生）模式在林城、和平、虹星桥等地示范推广133.33公顷。引进红螯螯虾、沙塘鳢、淡水石斑鱼、黄尾密鲴、瓯江彩鲤、澳洲龙纹斑、太湖鲂鲌、太阳鱼、黑斑蛙等新品种，丰富渔业资源。

【水产捕捞】 2018年，全县水产捕捞产量8683吨，约占总产量的10.2%；产值0.86亿元，约占渔业产值的6.2%。连续十余年开展渔业资源增殖放流，实施禁渔制度，打击非法捕鱼，捕捞产量有所增加。主要品种为外河、水库等放养的常规水产品和太湖捕捞的梅鲚鱼，也有少量河蟹、青虾、小龙虾、甲鱼等品种。

（吴文杰）

## 畜牧业

【概况】 年内，加快推进畜牧业转型升级，践行畜牧业绿色发展，继续大力发展湖羊、蜜蜂等特色产业，严控生猪、水禽总量。重点开展畜禽养殖污染整治及养殖废弃物资源化利用、重大动物疫病防控及畜产品安全、动物卫生监督执法等方面的工作。年末，全县存栏生猪1.54万头、湖羊9.75万只、家禽136.18万羽、蜜蜂3.12万群；全年牧业产值5.26亿元，其中生猪产值0.88亿元、羊产值1.42亿元元、家禽产值1.87亿元、蜜蜂0.92亿元。

【畜禽养殖污染整治】 6月，县政府出台《2018年生猪养殖场污染整治专项行动实施方案》，再次对全县生猪行业进行污染治理，专项行动期间累计关停退养生猪养殖场219家，其中规上猪场66家、规下153家，拆除面积5.30万平方米。6家限养量500头以上的生猪养殖场完成密闭式集粪棚建设。全年完成县、乡镇、村三级畜禽污染防治网格化巡查超过

4000余场次,发现污染隐患24处,环保立案处理1家。6月份县政府办下发《关于印发长兴县畜禽养殖废弃物高水平资源化利用工作方案的通知》,经与环保联合验收,全县规模化畜禽养殖场配套完善的粪污贮存设施比例达到95%以上,规模养殖场粪污综合利用率达到98%以上。

【畜牧业绿色发展】 年内,开展湖羊产业兴旺发展行动,年末湖羊存栏9.75万只,比上年增长11.3%。屠宰能力达到10万只的湖羊精深加工企业投入运行,举办第三届湖羊啤酒音乐节和第八届湖羊美食文化节,湖羊产业一、二、三产实现融合发展。年末全县存栏蜜蜂3.12万群,其中意蜂2.26万群、中蜂0.86万群,占全市三分之二以上,初步形成“蜜蜂养殖、蜂业技术、产品加工、蜂疗保健和旅游观光”五位一体共同发展的全产业链雏形,举办第二届“5·20”世界蜜蜂日暨长兴县蜂旅文化节,推出一对一蜂农精准扶贫模式,扶持养蜂脱贫农户134户,实现户均增收万元以上。全年共创建省级美丽生态牧场5家,湖羊之乡——吕山乡被省政府授予“浙江省特色农业强镇”,长兴成功创建“省级畜牧业绿色发展示范县”。

【非洲猪瘟防控】 年内,县委、县政府高度重视防控工作,县防治动物疫病指挥部多次召开联席会议,及时成立“非洲猪瘟联防联控领导小组”,执行疫情日报告和零报告制度,建立24小时值班制度,每日通过微信群动态汇总通报各单位工作落实情况。养殖环节实行严格封闭饲养,严禁外来人员车辆进出,严禁饲喂泔水,严禁违规调入种猪仔猪等。流通环节三个省际公路动检站每车、每批、每证必查,设立17个省际临时检查点,查处违规调运生猪及其产品违法案件。防控期间,共查处5起违规贩运行为,罚没违法所得及处罚金合计4万余元,对违规贩运生猪及时扑杀无害化处理,共扑杀94头。屠宰环节暂停煤山、泗安、水口等三个屠宰场点运行,仅保留雉城屠宰场开展屠宰。做好疫情排查抽样及日报告落实到位、泔水喂猪清除到位、私屠滥宰查处到位、病死动物监管到位、猪场整治关停到位几方面工作,确保防控扎实有效。截至12月31日,县内生猪养殖业生产有序,未发现异常情况,疫情防控总体可控。

【病死动物无害化处理】 年内,全县构建覆盖全域的病死动物无害化处理收集网络和服务体系,配备4个病死动物收集点,2辆病死动物收集专用车,形成“点收集、县监管、市处理”的病死动物无害化处理运行管理机制,收集服务网络覆盖全县养殖、屠宰、运输、诊疗等各环节产生的病死动物。年末,全县收集并移交病死动物273.84吨,其中养殖环节179.14吨、屠宰环节74.18吨、运输及其他环节20.52吨。

【公路动物卫生监督检查站】 年内,全县有金夹、二界岭、杭宁高速、申苏浙皖高速4个省际公路动物防疫监督检查站,其中杭宁动检站因苏浙收费站江苏收费口搬迁暂停受理报验业务。全年共查验动物及其产品98118批次,比上年增加29%。其中,查验生猪12919批次,1352075头,比上年下降12%;牛1706批次,41262头,比上年增加12%;羊352批次,86043只,比上年下降52%;禽5098批次,13117097万羽,比上年增加41%;查验动物产品及副产品78039批次,558702吨,比上年增加42%。查获疑似感染重大动物疫病生猪10车。

【湖羊30年冻精配种试验成功】 3月,全国畜牧总站畜禽遗传资源保种中心向湖羊原种场长兴县永盛牧业有限公司提供1988年、1998年制作的细管冻精42剂进行受精试验。经过150天左右的孕期,从9月5日开始,试验母羊陆续生产,共诞生49只小羔羊,其中接受1988年冻精配种的15只母羊,产下小羊羔29只;接受1998年冻精配种的9母羊,产下小羊羔20只。10月23日,全国湖羊冷冻精液和冷冻胚胎羔羊试验鉴定会在长兴召开,经全国畜牧总站专家组鉴定,湖羊精液超低温冷冻长期保存配种试验获成功,此次配种成功对探索珍贵畜种提纯复壮和保种具有重大意义。

(吴文杰)

7月21日,市委副书记、市长钱三雄(左二)来长兴调研现代畜牧业 (农业农村局 供)

## 农业机械化

【概况】 年内，创建农业“机器换人”示范乡镇（林城镇）1个和农业“机器换人”示范基地（长兴培康粮油专业合作社、长兴永盛牧业有限公司）2个。长兴稻丰农机服务专业合作社被确定为2018年省级农机合作社示范社。

【新机具、新技术推广应用】 年内，围绕“乡村振兴、农业绿色发展”主基调，推进农业机械化，加快农业“机器换人”进程，夯实高水平推进农业农村现代化的基础。全年新增联合收割机69台、大中型拖拉机37台、高速插秧机42台、水稻穴直播机1台，粮食烘干机33台、自走式喷杆喷雾机11台、风送喷雾机42台、山地轨道运输机126台、多功能耕作机械4台、无人植保机2架。全年报废更新联合收割机17台。山地轨道运输机已被山农接纳并大量应用，大大降低山农的肥料运送、农产品收集等作业用工成本。全县粮食耕种收机械化率达86.5%。年末，全县农业机械总动力达40.21万千瓦。其中，耕作机械总动力8.57万千瓦，有大中型拖拉机308台、手扶拖拉机6629台、小四轮拖拉机15台；排灌机械总动力11.06万千瓦，有农用水泵29779台；植保机械总动力0.99万千瓦，有机动喷雾（粉）机3511台；收获机械总动力4.30万千瓦，有联合收割机1025台、机动脱粒（打稻）机239台；运输机械总动力0.48万千瓦，有运输型拖拉机300台；其他机械总动力14.80万千瓦，有各类农机具13015台。

### 2018年长兴县主要农机具推广使用情况

表10

| 年份 | 农机总动力（千瓦） | 耕作机械 | | | | 排灌机械 | | 植保机械 | | 收获机械 | | | 运输机械 | | | 其他机械 | |
|---|---|---|---|---|---|---|---|---|---|---|---|---|---|---|---|---|---|
| | | 总动力（千瓦） | 大中型拖拉机（台） | 手扶拖拉机（台） | 小四轮拖拉机（台） | 总动力（千瓦） | 农用水泵（台） | 总动力（千瓦） | 机动喷雾（粉）机（台） | 总动力（千瓦） | 联合收割机（台） | 机动脱粒（打稻）机（台） | 总动力（千瓦） | 农用运输车（台） | 运输型拖拉机（台） | 总动力（千瓦） | 台数 |
| 2018 | 402065.2 | 85691.3 | 308 | 6629 | 15 | 110613.4 | 29779 | 9853.7 | 3511 | 42988.2 | 1025 | 239 | 4834 | | 300 | 148084.6 | 13015 |

（吴文杰）

## 农产品质量

【概况】 年内，县农业局《关于进一步完善食用农产品合格证管理制度的建议》在农业农村部专题会议上作经验交流，全省农产品质量安全监管工作座谈会暨省级放心省创建现场会在长兴召开。全年共完成2.52万批次农产品检测（含定性检测2.40万批次）。其中，种植业农产品定量抽检741批次，合格率99.7%；畜产品定量抽检243批次，合格率98.8%；水产品定量抽检312批次，合格率100%。

【农产品质量安全监管】 年内，参与湖州市国家级农产品质量安全市创建。2月，开展农产品质量安全专项整治行动，全年共出动执法人员1909次，检查主体1683家次。进一步推行农产品质量安全监督、检查、检测“三个全覆盖”，至年末，全县累

10月16日，农业农村部农产品质量安全监管司副巡视员黄修柱（中）带队到长兴调研国家农产品质量安全县创建工作 （农业农村局 供）

计抽检各类上市农产品2.47万批次，合格率达省市要求。长兴忻杰生态农业股份有限公司生产的吕蒙牌芦笋获2018年度湖州市农产品质量奖。开展农产品质量安全可追溯建设，按照乡镇初筛、主体自愿、部门确定的办法，合计建成205家可追溯主体，包括36家全程可追溯、169家主体可追溯；建立健全“长兴县农产品质量安全追溯平台”，拓展名优农产品管理和农产品检测管理等模块，形成长兴可追溯管理的特色。开展农村假冒伪劣食品专项整治，至年末，全县已出动检查人员884人次，检查食品生产主体95个，检查食品经营主体1444个，检查批发市场、集贸市场等各类市场22个，查处假冒伪劣食品案件6起，查处商标侵权假冒案件3起，收缴假冒伪劣的食品数量12千克，吊销食品经营许可证1个，组织开展宣传活动227次。

【农业标准化】 年内，继续开展农业“三品一标”认证管理、粮食生产功能区建设及农业标准化示范等项目。新增无公害农产品94个、绿色食品11个，新认定无公害及绿色食品产地面积3730公顷，长兴意蜂蜂业有限公司成功申报绿色食品，实现湖州市绿色畜牧产品零的突破；推进完成小浦镇镇粮食生产功能区等2个无公害农产品产地整体认证工作和和平镇现代农业综合区等4个无公害农产品产地整体认证复查换证工作。新增“三品”产地面积3730公顷、粮食生产功能区682公顷。全县农业标准化程度达67.1%，其中种植业68%、畜牧业66.9%、水产养殖业66.3%。推进“一品一策”建设，全年共有长兴四合园果蔬专业合作社、长兴宋莎家庭农场等5家实施主体。至年末，全县有效期内的无公害农产品产地453个，面积36740公顷；无公害农产品479个，绿色食品55个，面积1851公顷；有机食品2个，面积60公顷。

（吴文杰）

## 主体培育

【概况】 年内，以农业“大好高”项目建设为契机，分工分业培强育大生产经营主体。坚持“建链、延链、补链、强链”，抓好农业“大好高”项目引推工作。以“高素质、全能型”为目标，加快培育一批“农创客”“农二代”和产业带头人。

【新型职业农民培育】 7月24日印发《关于切实做好2018年新型职业农民培育工作的通知》，探索开展新型职业农民“‘4+X’职业技能提升”培育模式。委托长兴县今明文化培训学校、长兴县悦兴职业技能培训学校和长兴县群英职业技能培训学校3家培训机构各承担150名新型职业农民培育任务。7月，会同县农办、县财政局联合印发《长兴县新型职业农民培育经费使用管理办法》，明确培育经费的使用范围与培训管理。至年末，实际完成新型职业农民培训任务465人。

【农民专业合作社】 年末，全县经工商注册的农民专业合作社604家，其中农民专业合作社联合社12家；全县农民专业合作社入社社员1.47万人，联结基地面积25527.80公顷，带动农户5.36万户；取得国家级、省级、市级示范性农民专业合作社称号的分别为6家、20家、39家。年内，新建农民专业合作社27家，注销19家；新增国家级示范性农民专业合作社1家（长兴林梅苗木专业合作社）。

**2018年长兴县市级以上示范性农民专业合作社情况**

表11

| 合作社名称 | 主营业务 | 注册资本（万元） | 级别 | 获称号年份 |
|---|---|---|---|---|
| 长兴许长蔬菜专业合作社 | 芦笋种植 | 180 | 国家级 | 2014 |
| 长兴绿美苗木专业合作社 | 苗木种植 | 50 | 国家级 | 2014 |
| 长兴和平神塘甲鱼养殖专业合作社 | 甲鱼养殖 | 500 | 国家级 | 2015 |
| 长兴洪桥漾荡牌河蟹专业合作社 | 河蟹养殖 | 5 | 国家级 | 2015 |
| 长兴林梅苗木专业合作社 | 苗木种植 | 100 | 国家级 | 2018 |
| 长兴县显圣稻米专业合作社 | 稻米生产加工 | 30 | 省级 | 2006 |
| 长兴雉城涧塘种鸭养殖专业合作社 | 种鸭养殖 | 30 | 省级 | 2006 |
| 长兴三河葡萄专业合作社 | 葡萄种植 | 50 | 省级 | 2008 |
| 长兴雉城彭城蔬菜专业合作社 | 蔬菜种植 | 5 | 省级 | 2008 |
| 长兴农丰粮油专业合作社 | 稻米生产加工 | 5 | 省级 | 2009 |
| 长兴鼋塘渔村渔业专业合作社 | 中华鳖养殖 | 5 | 省级 | 2009 |

续表 11

| 合作社名称 | 主营业务 | 注册资本（万元） | 级别 | 获称号年份 |
|---|---|---|---|---|
| 长兴夹浦粮食生产全程机械化服务专业合作社 | 稻米生产加工 | 5 | 省级 | 2010 |
| 长兴紫山红杨梅专业合作社 | 杨梅种植 | 180 | 省级 | 2011 |
| 长兴红稔葡萄专业合作社 | 葡萄种植 | 160 | 省级 | 2011 |
| 长兴塘天农机服务专业合作社 | 稻米生产加工 | 120 | 省级 | 2012 |
| 长兴县吕山乡胥仓雪藕生产专业合作社 | 莲藕种植 | 700 | 省级 | 2012 |
| 长兴佛川寺蜜梨专业合作社 | 梨的种植 | 200 | 省级 | 2012 |
| 长兴恒通种鸭养殖专业合作社 | 鸭的养殖 | 50 | 省级 | 2013 |
| 长兴惠农花卉专业合作社 | 鲜切花 | 100 | 省级 | 2013 |
| 长兴龙果芦笋专业合作社 | 芦笋种植 | 100 | 省级 | 2016 |
| 长兴太平桥特种水产专业合作社 | 水产养殖 | 30 | 市级 | 2004 |
| 长兴金星蔬菜专业合作社 | 蔬菜种植 | 50 | 市级 | 2008 |
| 长兴永旺茭白专业合作社 | 茭白种植 | 20 | 市级 | 2008 |
| 长兴彩林青梅专业合作社 | 青梅种植 | 5 | 市级 | 2008 |
| 长兴七里亭奶牛养殖专业合作社 | 奶牛养殖 | 5 | 市级 | 2009 |
| 长兴金土地测土施肥合作社 | 测土配方服务 | 5 | 市级 | 2009 |
| 长兴艺香粮油专业合作社 | 稻米生产加工 | 5 | 市级 | 2010 |
| 长兴绿萌苗木专业合作社 | 苗木种植 | 30 | 市级 | 2010 |
| 长兴西南农机服务合作社 | 农机服务 | 5 | 市级 | 2010 |
| 长兴南庄农机服务专业合作社 | 农机服务 | 200 | 市级 | 2011 |
| 长兴长益食用菌专业合作社 | 食用菌种植 | 18 | 市级 | 2011 |
| 长兴丰收园茶叶专业合作社 | 茶叶种植 | 5 | 市级 | 2012 |
| 长兴水口徽州杨梅专业合作社 | 杨梅种植 | 30 | 市级 | 2012 |
| 长兴林城北汤蔬菜专业合作社 | 芦笋种植 | 100 | 市级 | 2012 |
| 长兴白水国坤特种家禽养殖专业合作社 | 鸡的养殖 | 50 | 市级 | 2013 |
| 长兴林菊葡萄专业合作社 | 葡萄种植 | 50 | 市级 | 2013 |
| 长兴银丰农机服务专业合作社 | 稻米生产加工 | 50 | 市级 | 2013 |
| 长兴玖联粮油专业合作社联合社 | 稻米生产加工 | 100 | 市级 | 2017 |
| 长兴林城绿健蓝莓专业合作社 | 蓝莓种植 | 200 | 市级 | 2017 |
| 长兴和平精作粮油专业合作社联合社 | 稻米生产加工 | 200 | 市级 | 2017 |
| 长兴益丰芦笋专业合作社联合社 | 芦笋种植 | 200 | 市级 | 2017 |
| 长兴六顺农机专业合作社联合社 | 稻米生产加工 | 150 | 市级 | 2017 |

**【家庭农场】** 年末，全县经工商注册登记的家庭农场641家，注册资本37443.60万元，经营土地面积8945公顷，年销售农产品27667.93万元。其中，省级、市级示范性家庭农场分别为36家、50家，2018年新增家庭农场102家，新创省级示范性家庭农场6家、市级示范性家庭农场9家。

## 2018年长兴县省级示范性家庭农场情况

表12

| 家庭农场名称 | 主要经营种类 | 家庭农场名称 | 主要经营种类 |
|---|---|---|---|
| 长兴不凡家庭农场 | 湖羊养殖 | 长兴叶玉家庭农场 | 蔬菜种植 |
| 长兴画溪雪山家庭农场 | 猪的养殖 | 长兴渔林沐风家庭农场 | 甲鱼养殖 |
| 长兴洪桥月琴家庭农场 | 螃蟹养殖 | 长兴虹星桥卫红家庭农场 | 粮油种植 |
| 长兴高氏孔雀养殖家庭农场 | 孔雀养殖 | 长兴布鲁克家庭农场有限公司 | 桃的种植 |
| 长兴四代同堂家庭农场 | 甲鱼养殖 | 长兴九溪家庭农场 | 茶叶种植 |
| 长兴和平银丰家庭农场 | 粮油种植 | 长兴洪桥泽农家庭农场 | 螃蟹养殖 |
| 长兴小浦排齐岭家庭农场 | 驴的养殖 | 长兴水口长乐谷家庭农场 | 蓝莓种植 |
| 长兴林城斌斌家庭农场 | 粮油种植 | 长兴雉城明毅家庭农场 | 苗木种植 |
| 长兴夹浦云娣家庭农场 | 水产养殖 | 长兴画溪沃丰家庭农场 | 葡萄种植 |
| 长兴佰堂家庭农场 | 葡萄种植 | 长兴水口炳其家庭农场 | 芦笋种植 |
| 长兴满园飞家庭农场 | 水产养殖 | 长兴洪桥雷雨家庭农场 | 螃蟹养殖 |
| 长兴和平洪伟家庭农场 | 茶叶种植 | 长兴水口石马头家庭农场 | 茶叶种植 |
| 长兴洪桥星浦家庭农场 | 葡萄种植 | 长兴李家巷吕蒙山家庭农场 | 茶叶种植 |
| 长兴夹浦臧园家庭农场 | 水果种植 | 长兴义力家庭农场 | 水产养殖 |
| 长兴泗安君慧家庭农场 | 苗木种植 | 长兴吕山青竿龙家庭农场 | 芦笋种植 |
| 长兴锦上家庭农场 | 湖羊养殖 | 长兴虹星桥稻丰家庭农场 | 粮油种植 |
| 长兴和平肥猪阁家庭农场 | 猪的养殖 | 长兴宇庭家庭农场 | 水产养殖 |
| 长兴安信家庭农场 | 水果种植 | 长兴小浦伟玲家庭农场 | 茶叶种植 |

【农业龙头企业】 年内,新增浙江长兴新农都实业有限公司、浙江澳凌水产种业科技有限公司、长兴水口瑞专茶场、浙江凤羽农业发展有限公司4家市级重点农业龙头企业。年末,全县县级以上龙头企业合计175家,其中省级12家、市级43家、县级120家。

## 2018年长兴县市级以上农业龙头企业情况

表13　　单位:万元

| 企　业 | 主营业务 | 注册资本 | 级别 | 获称号年份 |
|---|---|---|---|---|
| 长兴农副产品综合批发市场(整体搬迁) | 农副产品批发 | 500 | 省级 | 2001 |
| 长兴梅源食品有限公司 | 蜜饯制作 | 528 | 省级 | 2007 |
| 浙江茶乾坤食品股份有限公司 | 精制茶加工 | 1000 | 省级 | 2013 |
| 长兴县荣耀鹅业有限公司 | 鹅 | 500 | 省级 | 2013 |
| 长兴华宝宠物玩具有限公司 | 宠物玩具制造 | 500 | 省级 | 2013 |
| 长兴天德粮油有限公司 | 稻谷种植 | 1000 | 省级 | 2015 |
| 浙江长兴森大竹木制品有限公司 | 胶合板制造 | 3000 | 省级 | 2015 |
| 浙江万兴来米业股份有限公司 | 大米生产 | 1508 | 省级 | 2015 |
| 长兴经纬竹制品有限公司 | 草及其他制品 | 736 | 省级 | 2017 |
| 长兴城山沟桃源山庄生态农业开发有限公司 | 休闲观光农业 | 150 | 省级 | 2017 |
| 浙江播恩生物技术有限公司 | 饲料 | 5000 | 省级 | 2017 |
| 湖州海皇生物科技有限公司 | 饲料 | 6000 | 省级 | 2017 |
| 浙江金巴开植物制品长兴基地有限公司 | 生物药品制造 | 1500 | 市级 | 2004 |

续表 13

| 企　业 | 主营业务 | 注册资本 | 级别 | 获称号年份 |
|---|---|---|---|---|
| 浙江艾格生物科技股份有限公司 | 蛋品加工 | 1000 | 市级 | 2004 |
| 浙江省长兴泰明食品有限公司 | 吊瓜子 | 300 | 市级 | 2004 |
| 长兴县丁富禽业有限公司 | 肉鸡 | 50 | 市级 | 2005 |
| 长兴东方梅园有限公司 | 花卉种植 | 300 | 市级 | 2006 |
| 浙江湖州威达集团股份有限公司 | 绢纺和丝织加工 | 2000 | 市级 | 2006 |
| 长兴意蜂蜂业科技有限公司 | 蜂产品 | 100 | 市级 | 2007 |
| 浙江农晨饲料有限公司 | 饲料加工 | 500 | 市级 | 2008 |
| 长兴县和平基隆坞茶场 | 精制茶加工 | 50 | 市级 | 2008 |
| 浙江景盛农业科技有限公司 | 脱水蔬菜 | 1457 | 市级 | 2008 |
| 波路梦(长兴)食品有限公司 | 饼干 | 17244 | 市级 | 2009 |
| 浙江冠龙市政园林有限公司 | 园林绿化 | 2260 | 市级 | 2009 |
| 浙江炎宇木业有限公司 | 木制容器制造 | 100 | 市级 | 2010 |
| 浙江味之源食品有限公司 | 蜜饯制作 | 1000 | 市级 | 2011 |
| 长兴农产品营销有限公司 | 农产品营销 | 100 | 市级 | 2011 |
| 湖州大山丰蜂产品有限公司 | 蜂产品 | 56 | 市级 | 2011 |
| 长兴振华粮油有限公司 | 大米加工 | 100 | 市级 | 2012 |
| 长兴果圣生态农业开发有限公司 | 休闲观光农业 | 5000 | 市级 | 2013 |
| 长兴县大唐贡茶有限公司 | 精制茶加工 | 50 | 市级 | 2013 |
| 浙江张老汉生态鳖业股份有限公司 | 中华鳖养殖销售 | 500 | 市级 | 2013 |
| 长兴鑫丰农业发展股份有限公司 | 水果蔬菜 | 50 | 市级 | 2013 |
| 浙江兰特园艺有限公司 | 绿化苗 | 3100 | 市级 | 2014 |
| 长兴花木城投资有限公司 | 林木育苗 | 500 | 市级 | 2014 |
| 浙江绿野仙踪生态农业发展有限公司 | 绿化苗 | 600 | 市级 | 2014 |
| 长兴百姓豆制品有限公司 | 豆制品制造 | 500 | 市级 | 2014 |
| 长兴玉山果生态农业开发中心 | 茶及其他饮料作物 | 500 | 市级 | 2014 |
| 长兴永盛牧业有限公司 | 湖羊养殖 | 100 | 市级 | 2015 |
| 长兴忻杰生态农业股份有限公司 | 特种蔬菜等 | 500 | 市级 | 2015 |
| 浙江欧蓝农业股份有限公司 | 农林 | 50 | 市级 | 2015 |
| 长兴县佛山寺林果场 | 蜜梨,茶 | 10 | 市级 | 2015 |
| 长兴双胞胎饲料有限公司 | 饲料 | 10000 | 市级 | 2015 |
| 浙江长兴百岁爷茶业有限公司 | 精制茶 | 100 | 市级 | 2016 |
| 长兴振华生猪养殖有限公司 | 畜牧 | 50 | 市级 | 2016 |
| 浙江长兴一龙农业科技有限公司 | 畜牧 | 3600 | 市级 | 2016 |
| 长兴县长岗园林绿化工程有限公司 | 苗木 | 50 | 市级 | 2016 |
| 长兴轩乐诗农业发展有限公司 | 花卉种植 | 2000 | 市级 | 2016 |
| 长兴远近农业发展有限公司 | 芦笋湖羊 | 100 | 市级 | 2017 |
| 长兴轩瑞堂茶业有限公司 | 茶叶 | 30 | 市级 | 2017 |
| 浙江湖州荣美浩翔旅游开发有限公司 | 休闲农业 | 1600 | 市级 | 2017 |
| 长兴水口瑞专茶场 | 茶叶 | 10 | 市级 | 2018 |
| 浙江澳凌水产种业科技有限公司 | 蟹 | 1500 | 市级 | 2018 |
| 浙江凤羽农业发展有限公司 | 兰花 | 2000 | 市级 | 2018 |
| 浙江长兴新农都实业有限公司 | 市场 | 10000 | 市级 | 2018 |

【农业园区】 年内,长兴县省级现代农业园区全年投入4亿元,累计完成投资11.70亿元。包括长兴新农都农产品物流中心二期工程建设和园区基础提升,以及首批计划投资1229万元8个重要节点的建设项目。吕山湖羊特色农业强镇以全省最高分通过省级验收。洪桥河蟹特色农业强镇正式列为省级创建点。新增长兴虹星桥明杰甜瓜精品园、长兴虹星桥金唐湾果蔬精品园、长兴和平德润土之园水果精品园、长兴县吕山乡果蔬精品园4个市级农业精品园。

(吴文杰)

## 行政执法与管理服务

【概况】 年内,县农业局、县林业局分别依法履职职能,加强对农资生产经营单位的监督管理,加强对动、植物防疫检疫的监督管理,加大对森林资源、野生动植物的管理与保护。

【农业行政执法】 年内,共出动执法人员350人次,检查农资生产经营单位450家次,完成农业投入品监督抽检108个批次,立案查办各类农业违法行为28起,罚没款75900元,受理"12345"阳光热线等农业投诉14起,均得到妥善处理。全年累计关停淘汰农资店58家,改造提升28家。至年末,全县共有农资生产经营单位259家。其中,农资生产企业12家,分别为化肥生产企业2家、农药生产企业2家、饲料及饲料添加剂生产企业8家;农资批发经营单位9家、零售单位238家,分别为经营农作物种子1家、化肥农药综合经营228家、兽药13家、饲料及饲料添加剂5家。推进农作物秸秆综合利用,年末共利用秸秆20.97万吨,其中秸秆肥料化利用17.19万吨、饲料化利用2.02万吨、能源化利用1.20万吨、原料化利用0.56万吨,秸秆综合利用率96.02%。全年共办理行政许可40件,其中农药经营许可18项,动物防疫条件合格证12项,水产苗种生产许可证3项,动物诊疗许可证2件,兽药经营许可证3件,生猪定点屠宰点证书2件,办结率和好评率均100%。8月23日,与市场监管部门通力合作,通过实行"证照通办"颁发全省第一张"证照通办"农药经营许可证,全年通过"证照通办"共办理核发许可证书8件,"承诺准营"事项1件。

(吴文杰)

【森林资源管理与保护】 年内,县行政服务中心林业窗口共办理各类林业许可事项5632余份,其中林木种子生产经营许可证184份,一般林木采伐许可证113份,森林植物检疫证2821份,木材运输证2514份。全年办理各类使用林地项目98个,其中长期项目93个、临时项目5个,审核林地面积263公顷,向省林业厅争取林地指标257公顷,其中新增指标170公顷,保障全县经济建设用地。林木采伐限额管理严格,全年完成2018年采伐限额指标下达工作;制订林木采伐检查制度,检查皆伐地块及更新造林地块4处。开展2018年森林督查和森林资源"一张图"动态更新工作,检查疑似变化图斑共213个,面积463.68公顷。成功创建盛家漾市级湿地公园,公布县级湿地保护名录12处,完成湿地植被恢复166.67公顷,生态治理800公顷。实施仙山湖国家湿地公园开展开展湿生态修复工程项目,改造鱼塘16.67公顷,完成总投资112万。开展湿地空气负氧离子监测,抽检仙山湖国家湿地公园、盛家漾湿地、太湖图影湿地、扬子鳄自然保护区空气负氧离子和水质质量,监测数据显示,相关区域负氧离子每立方厘米平均提高60个至100个,水质均达到三类以上标准。

年内,坚持"预防为主,科学防控,依法治理,促进健康"的方针,突出重点抓好松材线虫病防控、植物检疫专项执法检查、林业有害生物监测预报工作。组织全县15个乡镇(街道、园区)和永绿林业发展中心开展2018年度松材线虫病除治工作,共抽查疫情发生行政村31个、松林小班91个。全县共完成松林清理除治面积4386公顷,占计划除治任务的101.5%,共清理病、枯死疫木17210株,占计划除治任务的102.1%,抽查山场平均除治率达97.3%,全面完成省、市下达的阶段性除治任务。组织小浦镇林业工作站、泗安镇林业工作站和永绿林业发展中心开展松材线虫病综合防治,完成悬挂松褐天牛诱捕器500盏,投放引诱剂1500瓶;释放花绒寄甲成虫20000头,枯死松木罩网106棵,布放花绒寄甲卵卡80管;聘请专业除治队实施噻虫啉喷粉作业93.33亩/次,共计实施防治面积640公顷,占计划任务的160%。以苗木、毛竹、松林等为主要监测对象,在全县设立11个林业有害生物测报点,落实兼职测报员,对竹螟、竹卵圆蝽、松褐天牛、马尾松毛虫及苗木常见病虫害进行动态监测,共计收集整理监测数据672条,发布虫情预警信息5期,印发防治技术资料800份。组织开展美国白蛾专项监测,对6个乡镇(街道、园区)以花卉苗木市场、交通要道两侧、木材加工厂等周围的阔叶林、苗圃地为重点,设置10个美国白蛾监测点,每个监测点悬挂3至5套美国白蛾性信息素诱捕器。经监测,全年未发现美国白蛾入境。

年内,全县共发生森林火警9起,受灾面积零公顷。其中清明节期间因祭祀烧纸发生6起、其他时间3起,春节、元宵节、国庆节期间实现"零火情"。全县境内生态公益林保护区、重点有林区域未发生一般性或较大森林火灾事故,实现"森林火灾率低于25次/10万公顷,受害率低于0.8‰"的工作目标。全县16个乡镇(街道、园区)和文化旅游集团、国有林场建立18支半专业队伍,有扑火队员891人。并依托夹浦、和平、泗安、煤山四个中心镇应急消防救援站力量,组成专业辅助队伍4支,有队员40人。泗安、林城、图影、林场等乡镇(街道、园区)和单位投入资金20余万元,按每人每年50万元标准,完成500余名扑火队员人身意外保险的续保工作。

【野生动植物保护】 10月,县政府下发《长兴县人民政府关于禁止猎捕陆生野生动物的通告》,开始延续实施新一轮三年禁猎行动。全年开展并组织应急狩猎活动2次,集体射击训练3次;积极开展野生动物救护,救护野生动物20余次,救助野生动物25只;组织开展全县"野生动物保护月""爱鸟周"的活动,悬挂横幅20余条、发放宣传资料500余份;联合市场管理部门开展野生动物经营联合执法3次,出动检查人员36人次,查处非法经营野生动物案件3起。按照《中华人民共和国野生动物保护法》的要求和规定,推出大型野生动物肇事公众责任险,并制定出台《长兴县大型野生动物肇事公众责任险实施办法》。年内,服务太湖龙之梦项目全年审核上报省级以上陆生野生动物25种相关许可审批;完成春秋季野生动物疫源疫病防控,检查野生动物驯养繁殖场所15家,关闭野猪驯养繁殖场1家,并落实禽流感外部血清抽样事项;救助野生动物20余次,救助孔雀、白鹭、猫头鹰等野生动物25只;开展古树名木保护管理,完成20株古树名木救护工作,完成全县古树名木普查工作。

【森林公安与执法大队】 年末,森林公安共有14人,其中在编12人、编外2人;执法大队共有16人,其中在编9人,编外7人。年内,相继开展"2018雷霆行动""春雷2018""绿剑行动"等一系列专项行动,共接处警150余起,通过线索立案77起,其中群众举报16起、执法大队巡查发现4起、护林员发现10起、联合巡查发现5起、110举报2起,移交40起;制止各类涉林违法行为70余起;突击检查综合农贸市场3次、饭店30余家,查获野鸡、野鸭、野兔等野生动物10只。组建无人机森林巡查队伍。林业综合行政执法大队两个片组(泗安和雉城),每组配备1部无人机,丰富巡查方式和手段。完善森林资源远程监控中心建设。在现有600个林区远程监控探头(县公安局接入)基础上,计划在林区重点山峰及重点林区进山入林路口,增设低空监控点位80余个,高空监控点位12个。

【"林长制"全面建立】 3月20日,县政府下发《长兴县"林长制"工作实施方案》,全面建立"林长制",确定三级"林长"的架构,涉及全县17个乡镇单位,村(林区)82个。各乡镇、林区村做到"有文件、有牌子、有台账、有活动"四有。县级林长17个部门、村级巡查队伍402人参与工作,共设立林长制公示牌172块,开展各类森林资源保护相关活动275场次,初步实现县、乡、村、三级林长全覆盖。由县政府分管领导担任总林长,负责指导全县林长制工作;建立由县级林长和17个县直单位组成的县级林长会议制度。成立林长制办公室,由5名人员组成,林业局副局长、森林公安局局长兼任办公室主任。林长办制定《长兴县林长制工作考核办法》《长兴县林长制工作实施细则》《长兴县林长巡查制度》《长兴县林长制工作督查制度》《长兴县林长制工作联系会议制度》。各乡镇(街道、园区)、党政领导任林长和副林长负责指导各自乡(镇)的林长制落实;各村书记、主任任本村林长和副林长负责本辖区内的林长制工作,以点带面,推动林长制的全面落实。年末,全县设立林长243人,其中县级总林长1人,乡(镇)级林长32人,村级林长210人。

【扬子鳄保护区】 长兴县尹家边扬子鳄保护区成立于1982年,位于泗安镇尹家村,距县城19千米。2018年,保护区中心保护基地3.53公顷,养殖地0.20公顷;建立人造池塘3口,计1120平方米。扬子鳄保护区管理处内设办公室、饲养科、绿化科、监测站4个科室,对外加挂长兴县陆生野生动物疫源疫病监测站和长兴县野生动物救护中心牌子。年末,共有人员11人,其中在编人员4人、编外人员7人。年内,全面开展扬子鳄饲喂工作,累计投放牛肉6000余千克,白鲢2万余千克,鲫鱼1450千克,银鱼丝2200余千克,甲鱼0.53万余只,草鱼1800余千克,虾370.5千克,石斑鱼406千克,沙塘鲤171千克,黄尾密鲴鱼350千克,泥鳅700.50千克,黄鳝202千克。调控6至7月扬子鳄交配期,各成年鳄池的雌雄比例系数,有效减少繁殖期间打斗情况的发生,确保幼鳄的顺利孵化,全年扬子鳄繁殖数量为445条。筛选150条优质放归鳄种源,并于7月初完成本年度放归。完成扬子鳄栖息地改建5座,修复8座生态池,年末已竣工验收;砌筑内外河道挡墙500米。扬子鳄栖息地进行绿化种植3.33公顷,结合植被修复开展相应区域的土壤肥力修复与覆土工程。完成1100米护栏网和割草机采购。修复扬子鳄栖息地33.33公顷,完成年度一枝黄花的除治。根据《浙江省人民政府关于调整长兴扬子鳄省级自然保护区范围的批复》,于2月初完成界桩界碑的设定,5月底完成定点落建,6月底完成界碑界桩点现场照片整理归档工作。

【国有林场】 年末,全县林场总面积5300公顷,经营面积5000公顷,其中有林地面积4900公顷,生态公益林面积3800公顷,森林总蓄积量49万立方米,森林覆盖率95.8%,分布在9个乡镇、街道;实行"长兴县林场""永绿中心"一套班子两块牌子管理模式。年内,春季造林完成珍贵树种及经济林造林22.56公顷;珍贵彩色树种补植66.66公顷;完成珍贵树种、毛竹等中幼林抚育271.90公顷;完成苗地抚育66.50公顷。年度采伐指标4820立方米(未追加采伐指标),实际采伐2669.90立方米(不含征占用立方米);完成松材线虫病除治清理死松树384.40吨,配合做好桃花岕等地松线虫生物防治试点工作;完成危旧房改造项目年度任务60%,林区道路硬化9千米。

(黄盈盈)

## 美丽乡村建设

5月15日,省人大常委会副主任史济锡(中)到长兴调研乡村振兴工作

(农业农村局 供)

【概况】 年内,长兴县农业和农村办公室内设秘书科、综合科、农业产业发展科、新农村建设指导科4个职能科室,下设1个事业单位农业农村工作指导站和1个国有企业单位长兴富美好新农村建设有限公司。年末,在职在编工作人员12人,其中行政编制人员8人,事业编制4人。

年内,全县实施乡村振兴战略,重点推进美丽乡村创建、农村生活污水治理、中心村培育建设和农村垃圾分类处理,巩固提升"银杏长廊"和"江南茶乡"实验示范带建设,启动"希望田野"实验示范带,同步推进沿线精品村建设。长兴以综合评分全省第一、群众满意度调查全省第一的"双第一"成绩,成功创建浙江省美丽乡村示范县。创建市级美丽乡村示范乡镇2个,其中1个省级;市级美丽乡村精品特色村11个,其中3个省级。在全市首创开展城镇规划区内行政村村庄环境整治提升工作,全年共完成11个行政村环境整治提升。重点推进6条精品线提升,高标准建成"江南茶乡"顾渚精品线和"梅映乌龙"银杏长廊。全县2018年度计划内确认中心村建房的有9个乡镇(街道)42个村(社区),共建房屋982户(包括已建成需竣工验收户),其中农综项目建房558户、自然集聚424户,管线下埋553户。下达中心村建设基础设施补助资金共计2962.90万元。

### 2018年长兴县美丽乡村创建情况

表14

| 乡镇(街道、园区) | 行政村 | 荣誉 |
|---|---|---|
| 吕山乡 | — | 市级美丽乡村示范乡镇 |
| 虹星桥镇 | — | 省级美丽乡村示范乡镇、市级美丽乡村示范乡镇 |
| | 港口村 | 省级美丽乡村精品特色村、市级美丽乡村精品特色村 |
| 和平镇 | 城山村 | 省级美丽乡村精品特色村、市级美丽乡村精品特色村 |
| | 横山村 | 市级美丽乡村精品特色村 |
| | 长岗村 | 市级美丽乡村精品特色村 |
| 夹浦镇 | 丁新村 | 省级美丽乡村精品特色村、市级美丽乡村精品特色村 |
| 太湖街道 | 南张浜村 | 市级美丽乡村精品特色村 |
| 洪桥镇 | 陈家埭村 | 市级美丽乡村精品特色村 |
| 林城镇 | 连心村 | 市级美丽乡村精品特色村 |
| 泗安镇 | 仙山村 | 市级美丽乡村精品特色村 |
| | 五丰村 | 市级美丽乡村精品特色村 |
| 吕山乡 | 龙溪村 | 市级美丽乡村精品特色村 |

【农村电子商务】 7月，出台《长兴县农村电子商务发展实施方案》，明确2018—2020年度全县农村电商发展的各项工作举措和目标任务，排出示范创建、人才培养、电商扶贫等16项重点工作目标任务，并安排150万元专项资金予以重点扶持。年内，共培育3个农村电子商务示范乡镇、10个市级农村电子商务示范村、1个市级农村电商示范产业基地、1个淘宝村、5家农产品网络旗舰店、20个农村电商创业创新点；农村电商实用人才培训完成633人；新增电子商务应用农业企业128家，49家星级特色民宿及三星级以上正常营业农家乐实现电商化营销；与阿里巴巴淘宝、顺丰快递等公司合作，围绕长兴葡萄、杨梅、河蟹、湖羊等本地生鲜农产品开展一系列销售推广活动；全县农产品实现网络销售额4.66亿元，完成市下达目标任务的108%。联合顺丰快递大力推进杨梅电商销售，创新推出“长兴葡萄”电商达人招募活动，借助微信平台开展长兴农特产品“一元抢购”活动，与阿里巴巴农村淘宝联合举办“浙江省百名村淘精英走进长兴暨长兴农产品网上营销对接活动”，支持县传媒集团开发“掌心生鲜”长兴农产品网络营销平台。

4月21日，中央电视台《焦点访谈》栏目专访水口乡农村生活垃圾分类工作

（农业农村局 供）

【乡村治理】 年内，推进“三治结合”乡村治理工作（三治即德治、自治、法治），开展新时代文明实践户主年会和移风易俗改革试点，健全乡村治理体制。年内，共有18个村获“湖州市乡村治理示范村”称号。洪桥镇自移风易俗改革试点推行以来，自6月至9月底，直接指导简化红白喜事108场，控制和减少生日宴、乔迁宴、买车酒、上学酒各类喜事近230场，间接节省1300余万元。

【历史文化村落保护利用】 年内，完成2个省级历史文化村落保护利用一般村建设任务并启动3个一般村建设（提前完成其中2个村的建设任务），有效推进1个重点村（仰峰村）建设。成功申报第七批重点村1个（石泉村）、一般村1个（胥仓村）。完成建设省级历史文化村落保护利用8个一般村、1个重点村，推进建设2个重点村、4个一般村。

## 2018年长兴县省级历史文化村落保护利用村情况

表15

| 乡镇(街道、园区) | 行政村 | 荣誉 | 创建时间 |
|---|---|---|---|
| 泗安镇 | 上泗安村 | 省级历史文化村落保护利用重点村 | 2015—2017年 |
| | 长中村 | 省级历史文化村落保护利用一般村 | 2014—2016年 |
| 煤山镇 | 仰峰村 | 省级历史文化村落保护利用重点村 | 2017—2019年 |
| 李家巷镇 | 石泉村 | 省级历史文化村落保护利用重点村 | 2019—2021年 |
| 太湖图影旅游度假区 | 小沉渎村 | 省级历史文化村落保护利用一般村 | 2013—2015年 |
| 洪桥镇 | 陈家埭村 | 省级历史文化村落保护利用一般村 | 2014—2016年 |
| | 中道村 | 省级历史文化村落保护利用一般村 | 2018—2020年 |
| 小浦镇 | 方一村 | 省级历史文化村落保护利用一般村 | 2013—2015年 |
| | 潘礼南村 | 省级历史文化村落保护利用一般村 | 2015—2017年 |
| | 方岩村 | 省级历史文化村落保护利用一般村 | 2015—2017年 |
| | 大岕口村 | 省级历史文化村落保护利用一般村 | 2016—2018年 |

续表 15

| 乡镇(街道、园区) | 行政村 | 荣誉 | 创建时间 |
|---|---|---|---|
| 夹浦镇 | 丁新村 | 省级历史文化村落保护利用一般村 | 2016—2018 年 |
| 水口乡 | 顾渚村 | 省级历史文化村落保护利用一般村 | 2018—2020 年 |
| 和平镇 | 长城村 | 省级历史文化村落保护利用一般村 | 2018—2020 年 |
| 吕山乡 | 胥仓村 | 省级历史文化村落保护利用一般村 | 2019—2021 年 |

(周　慧)

## 农村改革发展

【概况】 年内,紧紧围绕深化农村土地制度改革、农村集体产权制度改革和发展壮大村级集体经济,挖掘农村改革新潜力、培育农业发展新动能、拓展农民致富新路径,为实现乡村振兴提供体制机制保障。

【土地承包地确权登记颁证】 年内,按照中央、省、市要求,统筹协调,基本完成土地承包地确权登记颁证工作。截至年底,除20个不确权和暂缓确权村,全县实际确权村227个行政村,涉及农户11.60万户,面积2.96万公顷,承包地测绘率99.29%,合同签字率96.8%,权证发放率95.6%,数据库成果专项质检94分成绩通过,96分成绩通过市综合验收。年初,通过招标确定省第二测绘院为全县土地确权数据库建库单位预算;追加资金对确权档案公开招标,确定上海泰宇信息技术股份有限公司为中标单位。4月初召开推进会,合同回收率91%。5月,组织8家作业单位统一办公,通过1个月集中攻坚建库,6月1日提交质检,6月中旬通过数据库专项质检。7月初,开展土地确权档案整理和自查总结,针对"权证时间印制错误",加盖"长兴县人民政府校对章",纠正权证41746本;8月中旬,县确权办组织相关成员单位成立三个检查组,对全县17个乡镇(街道、园区)检查验收,8月31日通过市级综合验收;9月份后,采取进度通报+抽查方式,督促乡镇发证率90%以上,同时组织勘误纠错,共纠错权证1502本。

【农民负担监督管理】 年内,围绕农民负担持续减轻不反弹这一目标,落实涉农收费文件"审核制"、涉农收费和价格"公示制"、村级组织公费订阅报刊"限额制"、"责任追究制"等"五项"监管制度;下发《2018年全县农民负担监督管理工作要点》《关于开展农民负担专项治理工作专项治理的通知》等4个文件,印发农民负担政策宣传小册子500本,宣传政策到基层;对全县17个乡镇(街道、园区)农民负担工作开展专项治理;完成17个乡镇(街道、园区)、16个涉农收费部门农民负担自查自评,通过省、市农负办的两级检查和考核。

【土地承包经营权流转发证及抵押贷款】 年内,新发放农村土地流转经营权证29本,涉及土地397公顷,累计发放土地流转经营权证1349本,涉及土地8880公顷,变更农村土地流转经营权证4本,土地流转面积37公顷。继续配合县农办、县人民银行等部门做好全国首批农村承包土地经营权抵押贷款试点县工作。至11月底,全县土地流转经营权抵押贷款余额3.11亿元,新增1534万元,比上年新增21%。年内,共为135家经营主体进行土地经营权抵押价值测算,测算价值3.38亿元,涉及流转面积1153公顷;指导1家价值评估中介机构开展评估业务23笔,涉及流转面积84公顷;做好土地经营权他项权证登记管理,全年新发放他项权证323本。

【村级集体经济】 年内,全县落实村级集体经济专项扶持资金2000万元,新增集体经济增收措施391项,立项集体经济发展奖补项目2批共42个,成功列入2019年省级扶持村级集体经济发展试点。全县实现村级集体经济总收入4.40亿元、经营性收入1.80亿元,较上年分别增长17%和31.8%,消除年总收入低于100万元村70个、年经营性收入低于30万元村70个和集体经济发展水平三、四类村66个,整转提升乡村振兴示范带沿线三、四类村20个。

【农村集体"三资"管理】 年内,按照省农业厅等9部门《关于开展农村集体资产清查核实工作的通知》要求,以2017年12月31日为时间点,完成全县239个村农村集体资产清查核实工作。清理资产总额324076万元,经营性资产73553万元,集体土地总面积9.80万公顷,农用地面积8.16万公顷。以和平镇为试点,在清查核实的基础上,形成完整的"三资"台账,按照"一片一物一卡一图"的原则拍照留存,按使用情况明细制成卡片、编号存档。完成全县239个村财务收入审计工作,审计资金总额达313868万元。7月中旬,以2017年年底为时间点,开展村级债权债务清查,全县241个村(居)村债权总额为21178万元,村均债权87.88万元,比2015年减少3620万元,年均降幅7.6%;村级负债总额61287万元,村均负债254.58万元,比2015年增加6944万元,年均增长6.3%。年底,根据市纪委机关、市农业局要求,制定下发《长兴县关于全面推行村级非生产性开支村级公务卡结算制度的实施方案》,为次年全县推行村级公务卡结算打好基础。全年开展农村集体“三资”管理业务培训人次800余人。

（周慧、吴文杰）

【低收入农户精准扶贫】 年内,根据《长兴县社户对接 助农增收“十百千万”帮扶行动实施方案》,发挥农合联会员资源优势,实施全县低收入农户脱贫脱困工作,依托十大产业,发动百家以上农合联会员单位,结对帮扶千户以上低收入农户,实现年户人均增收一万元以上目标。确定帮扶低收入农户1525户,其中从事产业发展的1070户,全部与245家专业合作社结对;314户因身体原因不能从事生产的低收入农户,由合作社、行政村安排合适的工作岗位。年内,由各乡镇(街道、园区)负责兴建“面积20亩以上、入驻低收入农户10户以上、持续帮扶3年以上”具有“造血式”功能的现代农业产业帮扶基地,进行集中帮扶,全年共新建和改建产业帮扶基地55个,面积143.37公顷,入驻低收入农户823户,产业涵盖茶叶、杨梅、葡萄、芦笋、蔬菜、蜂业、精品水果(火龙果、水蜜桃、甜瓜、樱桃、猕猴桃、蜜梨、草莓)、特种水产、粮食、花卉苗木、湖羊养殖等;由46家专业合作社(联合社)、产业农合联就近帮扶185户自主创业的低收入农户。县政府办出台《关于社户对接助农增收十七条政策意见》,对低收入农户、帮扶主体、帮扶基地进行财政补助,全年共补助980多万元。制订针对低收入农户的“兴扶贷”贷款产品,实行“一次授信、随借随用、循环发放”的便捷模式,为低收入农户提供10万元以内的免担保、基准利率贷款服务,授信411户,金额2603.60万元,用信157户,发放贷款1364万元。开展政策性农业保险,探索开办芦笋价格指数保险、湖羊养殖保险、杨梅采摘期降雨气象指数保险等地方特色险种,全年共有5个基地、141户农户参加农业政策性保险,保额22.57万元。至年末,全县共帮扶低收入农户1525户、3825人,其中低保户577户、低保边缘户252户、支出性贫困等其他低收入农户696户;实现助农增收总额3453.86万元,户均增收2.26万元,人均增收9030元。

（卫义成）

## 农事节庆活动

【概况】 2018年,按照全县农业七大特色产业区域布局及发展规划,立足生态特色、乡村特色,结合农产品生产季节,形成“一乡一节、一品一节、一月一节”的农事节庆活动品牌,提升农产品的市场知名度和美誉度,拓宽特色农产品的销售渠道,为全县乡村旅游业发展和农民增收发挥带动作用。年内,举办各类农事节庆活动23次,实现农产品网络销售额4.05亿元。全县休闲农业和乡村旅游接待人次700万人次,实现收入12.50亿元。

【梅花节】 2月26日,2018中国·长兴林城第十三届梅花节在长兴县东方梅园举办。活动以“红梅花儿开”为主题,进一步打响林城梅花“金名片”,为林城镇的生态休闲旅游产业助力前行。活动内容主要包括红梅节开幕式、项目签约仪式、“梅开眼笑”摄影比赛、省文化艺术团演出、拍客拍摄、“流光梅影”美图分享活动等。全县有红梅面积720余公顷,品种60多个,约200万株,惠及农户2000余户。

【首届梅兰节】 3月5日,长兴县首届精品梅兰旅游文化节在龙山街道川步村东方梅园举行。活动由长兴县人民政府主办,龙山街道办事处承办,文旅集团、传媒集团、东方梅园、凤羽兰花园协办。活动内容主要包括梅兰推介、旅游合作签约和全域旅游责任书签订仪式和梅兰义卖。

【花木采购大会暨第三届湖州市花木推介会】 4月12日至13日,2018中国·长兴(泗安)花木采购大会暨第三届湖州市花木推介会在泗安镇富民大酒店隆重举办。活动由湖州市林业局、浙江省花卉协会、中国园林网主办,中国长兴花木城、湖州市花卉协会、长兴县花卉协会承办,杭州市园林绿化行业协会、浙江省花卉协会花木经纪人分会、浙江省工商联园林花木商会协办,得到长兴县林业局、长兴县泗安镇人民政府的支持,得到中国花卉报、湖州日报社等其他媒体等支持。活动以“诚信合作、互利共赢”为主题,邀请花木采购商、花木供应商、经纪人、行业嘉宾、行业领导等约300人参加,活动内容包括领导致辞、播放《花木信用公约》联盟视频、《花木信用公约》签约仪式、容器苗发展前景解析预测、花木采购订单发布会、供需双方现场对接交流会、苗木营销新模式探讨会、花木技术交流会、后资质时代的用苗需求、企业8分钟快速推介会、参观、考察等,为购销双方搭建双赢平台。

【首届风情旅游节暨第十届樱桃节】 4月25日,2018中国(长兴)·泗安镇首届风情旅游节暨第十届樱桃节在泗安镇毛家村樱桃园举行。活动由泗安镇人民政府主办,长兴早红樱桃专业合作社承办,泗安镇农合联、泗安镇综合文化站、毛家村等协办,由湖州广电梅地亚文化艺术中心策划。活动以“樱桃红了,心飞了”为主题,开幕式主要包括双龙表演、播放开场VCR、泗安镇致欢迎词、播放泗安旅游宣传推介片、十佳樱桃评颁奖、樱桃产业扶贫基地结对签约仪式(泗安镇与2名农户签约)等;现场活动主要包括樱桃园寻宝活动(湖州飞虹滑草场,赠送50张门票,安排给帮扶基地,采摘游客寻宝),主题文艺节目表演,主持人进入樱桃园进行采摘体验并微信直播。毛家村樱桃种植面积有133.33公顷,品种3个,每届樱桃节能吸引游客达4万人次以上,农民凭樱桃产业人均增收5000元左右。

【首届盆景艺术展】 5月15日,长兴县首届盆景艺术展在长兴县“和文化”广场举行。活动由中国盆景艺术家协会主办,长兴县林业局、煤山镇人民政府协办,长兴县盆景艺术协会承办。中国盆景艺术家协会——浙江长兴会员活动中心成立,举行颁牌仪式暨长兴县首届盆景艺术展开幕式,参观盆景艺术展,开展关于中国盆景发展史以及盆景欣赏的讲座等活动。长兴粟将园盆景专业合作社成立于2015年2月13日,注册资金2500万元、占地面积7.33公顷。粟将盆景园是长兴县最大的中高端盆景园,主要经营盆景、地景、花卉培育种植、造型及销售,开展盆景技术培训和技术咨询服务,并且提供免费场所帮助周边盆景小户摆放盆景以及管理养护和销售,解决当地百姓一部分劳动力,同时带动长兴盆景产业发展。

【蓝莓采摘节】 5月19日,2018中国·长兴(林城)第五届蓝莓节在林城镇上狮村举办,由林城镇人民政府主办,林城镇上狮村协办。以上阳自然村、中心区域13.33公顷、辐射33.33公顷的水果采摘为中心的旅游休闲农场正式迎客,实现“旅游+产业+乡村+亲子”有效嫁接,带来更多样的采摘体验。活动内容主要包括蓝莓节开幕式、文艺表演、京剧小票友演出、蓝莓采摘等。

【2018中国“5·20世界蜜蜂日”庆典活动暨长兴县第二届蜂旅文化节】 5月20日,2018中国“5·20世界蜜蜂日”暨长兴县第二届蜂旅文化节在长兴县林城镇开幕。活动主题为“践行两山理念 放飞蜂业梦想”,旨在发展蜜蜂产业,传播蜜蜂文化。活动主要包括:蜂农扶贫一对一捐赠仪式;浙医二院长兴院区和湖州市蜂业研究院签约蜂疗合作,开展蜂针疗法,促进全县蜜蜂产业、中医药和旅游产业的融合发展。

【休闲采摘旅游文化节】 5月26日,2018中国·长兴(虹星桥)农园新景第四届休闲采摘旅游文化节在虹星桥镇郑家村举行。活动由虹星桥镇人民政府主办,长兴传媒集团旗下媒体提供支持。活动内容主要包括开幕式、“我是水果狂”采摘套票、“测测我是哪种水果”H5互动游戏、“水果水果我爱你”微直播、微信软文、“果园的秘密”小记者果蔬课堂、“果果我来也”车友会自驾采摘、“爱心水果消”公益扶贫采摘等,助推虹星桥镇现代农业特别是特色水果产业的发展和销售。

5月15日,中国盆景艺术家协会浙江长兴会员活动中心授牌仪式暨长兴县首届盆景艺术展活动在“和文化”广场举行 (农业农村局 供)

【薰衣草风情旅游节】 5月29日,中国(长兴)花开泗安·2018薰衣草风情旅游节开幕式暨“航拍中国走进湖州”醉美泗安森林小城摄影大赛开拍仪式在长兴县泗安镇薰衣草风情园开幕,活动由长兴泗安薰衣草风情园主办,浙江大侠铝业有限公司、浙江长兴前进机械制造有限公司、长兴县泗安镇综合文化站、泗安镇文联协办。开幕式包括开场歌舞、主持人介绍情况、泗安镇领导致辞、县领导宣布开幕、上台共同按动快门,以及启动开拍、小朋友才艺秀表演、独唱、插花秀(插花及伴舞)。开幕式后,开展亲子活动(包括游园寻宝或绘画展示等项目)、摄影采风(摄影爱好者进行自由拍摄)、自助烧烤等活动。

【杨梅节】 6月16日至6月22日,“梅”好长兴等您来——2018中国·长兴第15届渚山杨梅节暨安徽宣城推介活动在安徽省宣城市宣州区星隆国际广场举行。活动由长兴县人民政府主办,龙山街道办事处承办,长兴龙山街道渚山村村民委员会、长兴紫山红杨梅专业合作社、长兴传媒集团协办。活动主要包括杨梅推介活动,龙山旅游、渚山杨梅图片展,设立杨梅品鉴区,现场设摊销售和顺丰快递互动摊位等。龙山街道杨梅种植达253.33公顷,杨梅及杨梅树年产值超2000万元。

【葡萄节】 7月24日,第十届“江南吐鲁番”·长兴(画溪)葡萄节,在画溪街道曹家桥村葡萄交易市场举行。活动由长兴县人民政府主办,长兴县农业局和长兴县画溪街道办事处承办,长兴县旅委、长兴县葡萄协会、画溪街道农合联等协办。画溪“万亩葡萄园”已成为全县规模最大、技术最高、产品最优、效益最好的现代农业示范基地,年产值达1亿多元。产品主要销往上海、江苏、山东、安徽等50多个水果市场,形成画溪葡萄“走出去”的良好态势。全县葡萄种植面积3000公顷，年产量7万吨，年产值已突破5亿元，葡萄产业类经营主体60家，其中专业合作社50多家，种植基地45个。

**【庆丰收农产品展销暨第五届农园新景休闲采摘旅游文化节】** 9月21日至9月23日在虹星桥镇郑家村举行。该次节庆活动由中共长兴县委、长兴县人民政府主办，县发改委、县农业局、县旅委、县文旅集团、县传媒集团协办，中共虹星桥镇党委、虹星桥镇人民政府承办。活动内容主要包括开幕式、特色农产品展销、特色美食节、水幕灯光秀、华盛农业嘉年华、轩乐诗水果派对、金塘湾古法锅糍、荣丰花丛捡鸡蛋等。活动吸引县内外大批游客前来休闲、游玩，进一步提升虹星桥镇农业品牌知名度和美誉度。

**【猕猴桃节】** 9月21—10月21日，2018中国（长兴）·第三届长兴猕猴桃采摘节在浙江澜山农业开发有限公司举行。活动由长兴县人民政府主办，煤山镇人民政府、浙江澜山农业开发有限公司承办，长兴县农民合作经济组织联合会协办。活动以“最忆煤山，醉享澜山”为主题，举行猕猴桃采摘节开幕式，“汇聚爱心助农增收”功勋企业认购猕猴桃授牌仪式，举办猕猴桃及优秀农产品品鉴、供需对接会，观看文艺团下乡和本地民俗文化表演，参观考察澜山农场猕猴桃基地等活动。澜山农场猕猴桃面积23.33公顷，有红、黄、绿三个品种，绿化苗木20公顷，包括朴树、榉树、鸡爪槭、黄山栾树、紫薇、樱花等。澜山农业年产值1100万元左右，为公司所在当地的剩余劳动力提供就业机会，每年支付人工费50万元，土地租金30万元。

**【花木大会】** 10月11—13日，2018中国·长兴（泗安）花木大会暨第二届园林产业新优产品推荐会在泗安镇花木城举行。活动由中国花卉协会绿化观赏苗木分会、浙江省生态文化协会、浙江省花卉协会、中国园林网主办，湖州市林业局和长兴县人民政府承办，浙江省园林花木商会、杭州市园林绿化行业协会、湖州市花卉苗木协会、昆山市园林绿化行业协会、长兴县花卉苗木协会等协办，是浙江省三大花木大会活动之一。活动以“长兴花木 美丽中国”为主题，举行2018中国(长兴)花木大会暨第二届园林产业新优产品推荐会新优品种奖、湖州市花木推介会十佳采购商颁奖，举办盆景培训暨第二届盆景造型大赛、新优产品展示、第二届园林产业新优产品推荐会、采购订单发布会、新产品、新技术企业代表推介会、植物新品种保护相关专业知识专题讲座、本地民俗文化表演等活动。泗安镇花卉苗木种植面积达1.1万多公顷，其中绿化苗木1.07万公顷，直接从事花卉苗木产业人数达16000余人，花卉苗木年产值超15亿元，花卉苗木种植户户均年收入5～10万元。

**【首届“长兴农耕文化旅游节”暨第四届菊花展】** 10月25日，2018年首届“长兴农耕文化旅游节”暨第四届菊花展在林城镇北汤村举办，由林城镇人民政府主办，北汤村承办，围绕农民趣味生活，融入秋收运动会元素，让农民共享丰收喜悦。活动内容主要包括旅游节开幕式、农事体验表演、农民运动会、春晚海选活动等。

**【银杏节】** 11月16日，2018中国·长兴第六届古银杏文化旅游节在小浦镇八都岕举行。活动由中共长兴县委、长兴县人民政府主办，中共小浦镇委员会、小浦镇人民政府承办，长兴县旅委、长兴县文旅集团等协办。活动以“十里古银杏，千年好时光”为主题，进行八都岕对外推介，与上海、南京、杭州、苏州等6个城市重点旅行社签订战略合作协议。中国长三角旅游业联合会授旗“金秋万人游”、长三角六大城市十里古银杏长廊“杏福万人行”。浙江工商大学、浙江省林学会、央视戏曲频道分别授予八都岕乡村振兴实践基地、浙江省最美银杏村落、央视戏曲采风基地。活动还通过“杏福在哪里”开展一系列子活动，吸引更多游客前俩八都岕，开启“杏福之旅”。

**【大闸蟹节】** 11月22—23日，2018中国·长兴（洪桥）第九届漾荡太湖大闸蟹节在杭州农博会现场进行专场推介。活动由长兴县人民政府主办，长兴县农业局、长兴县洪桥镇人民政府、洪桥漾荡牌河蟹专业合作社承办，中国渔业协会河蟹分会、长兴县供销社协办。洪桥镇养殖河蟹933.33公顷，其中高标准鱼塘533.33公顷，外荡、湖泊400公顷，直接从事河蟹养殖产业1100人，年产量1300吨，年产值1.1亿元。

**【湖羊节】** 12月23日，2018浙江·长兴（吕山）第八届湖羊美食文化节暨乡村旅游招商推介会在吕山乡雁陶村文化礼堂举行。活动由长兴县人民政府主办，中共吕山乡委员会、吕山乡人民政府承办，长兴县委宣传部、县委农办、县农业局等单位协办。活动以“为进一步扩大吕山湖羊影响力，提升产业形象”为主题，流程主要有播放吕山乡宣传片《发展的力量》；推荐农旅融合发展；现场连线分会场助农增收义卖活动；现场签约；最美吕山乡人颁奖等，同时配套助农增收之吕山湖羊义卖活动、“美味吕山”厨艺大赛、吕山特色农产品展（湖羊美食展）和美吕山图片展等系列子活动。吕山乡湖羊养殖达5.50万余头，大型养殖场5家。

# 工 业

## 综 述

2018年，长兴县经济与信息化委员会（简称县经信委）内设办公室（财务科）、组宣人事科、产业投资科（行政许可科）、经济运行科（产业发展协调科、政策法规科）、能源与资源综合利用科、中小企业发展服务科、行业管理科、信息化推进与管理科8个职能科室。年末，在编人员38人，其中公务员18人，参公人员15人，事业编制人员5人；编外人员9人。

年内，县经信委按照《2018年全县工业经济工作要点》中所明确的目标任务，聚焦效益品质，聚力改革创新，深入开展“双提十攻坚”行动，加快推进“中国制造2025”浙江行动试点示范县建设，全力提振以制造业为主体的实体经济，推动工业经济高质量发展。成功获批国家新型工业化产业示范基地，成功创建省级绿色电池制造业创新中心，低效企业改造提升和长丝织造印染行业智能化技术改造入选浙江省2019年度工业与信息化重点领域提升发展工作试点，在全省工业有效投资和“机器换人”技术改造工作考核中获得一等奖。2018年，全县完成规模工业产值和规模工业增加值分别比上年增长13.2%和8.9%；规模以上利税比上年增长7.2%，规模以上利润比上年增长2.2%；完成工业税收50亿元，比上年增长26.8%，对全县财政收入贡献达到48.7%。

2月22日，长兴县振兴实体经济暨双提十攻坚动员大会现场，县委书记周卫兵（右一）为长兴企业点赞 （经信局 供）

## 主导产业和新兴产业培育

【概况】 年内，立足现有“4+3”重点产业基础，集中资源、集中力量推进新型电池、新能源汽车及关键零部件、高端装备制造、现代纺织四大主导产业和电子信息、生物医药、新材料三大战略性新兴产业培育发展，加快全县工业经济高质量发展。

【新型电池】 2018年，全县新型电池产业共有企业29家，在建项目5个。其中，铅蓄电池生产企业20家，在建项目2个；锂电池生产企业7家。全年新型电池行业完成规模以上产值159.10亿元，比上年增长1.4%，其中铅蓄电池完成产值143.20亿元，比上年增长2.2%；锂电池完成产值15.40亿元，比上年下降4.6%。

## 2018年长兴县新型电池产业重点企业情况

表16

| 企业名称 | 1-12月产值 | | 1-12月利润 | |
|---|---|---|---|---|
| | 实绩(亿元) | 增幅(%) | 实绩(万元) | 增幅(%) |
| 天能集团(县内) | 116.9 | 12.4 | 130918.9 | 125.3 |
| 超威集团(县内) | 31.4 | -4.0 | 8867.7 | -74.5 |
| 江森自控 | 29.9 | 15.4 | 5356.7 | 20.0 |
| 新大力集团 | 3.2 | -29.4 | -4102.7 | -473.5 |
| 宝能电源 | 1.7 | -56.4 | -3330.9 | 2.52 |
| 铁鹰电气 | 1.6 | -28.2 | -1759.6 | -430.2 |

**【现代纺织】** 2018年,全县拥有纺织业生产和经营单位近4000家,从业人员5~6万人,规上企业290家。全年现代纺织产业完成规模以上产值352.7亿元,比上年增长18.7%,其中化纤制造完成规模以上产值147.4亿元,比上年增长32.9%;织造完成规模以上产值101.4亿元,比上年增长11%;非织造完成规模以上产值22.3万元,比上年增长12.7%;印染产业完成规模以上产值15.9亿元,比上年增长15.6%;家纺产业完成规模以上产值11.1亿元,比上年下降3.3%。

**【高端装备制造】** 2018年,以"特色化、成套化、智能化"为主攻方向,做强智能物流装备,做大智能矿山机械、精密控制阀门以及汽轮机、注塑机等智能化成套装备。全县共有高端装备制造企业87家,全年完成规模以上产值114.2亿元,比上年增长5.6%。其中,纺织机械完成规模以上产值9.9亿元,比上年增长33.5%;智能物流装备完成规模以上产值18.9亿元,比上年增长11.2%。

## 2018年长兴县高端装备制造产业重点企业情况

表17

| 企业名称 | 1—12月产值 | | 1—12月利润 | |
|---|---|---|---|---|
| | 实绩(亿元) | 增幅(%) | 实绩(万元) | 增幅(%) |
| 诺力股份 | 148034 | 11.4 | 15668.80 | 8 |
| 中德科技 | 25730.60 | 22.4 | 2425.10 | 23.3 |
| 万享科技 | 17021.30 | 22.5 | 1586.50 | -16.4 |
| 加力仓储 | 16254.40 | 49.2 | 823.70 | 8.4 |
| 浙矿重工 | 29275.30 | 4.6 | 8326 | 45.8 |
| 丰帆数控 | 46932.20 | 33.5 | 3731 | -8 |
| 冠炯机电 | 14732.70 | 63.9 | 1081.80 | -1.9 |
| 德玛克注塑 | 21524.20 | 92 | -350.30 | - |

**【新能源汽车及关键零部件】** 2018年,全县新能源汽车及关键零部件产业共有规模以上企业25家(不含动力电池)。全年完成规模以上产值34亿元,比上年下降14.1%。年内,投资326亿元的吉利新能源汽车、投资30亿元的磷酸铁锂正极材料项目、投资75亿元的吉利配套产业项目等重特大项目纷纷落户,增长后劲可期。

## 2018年长兴县新能源汽车及关键零部件产业重点企业情况

表18

| 企业名称 | 1—12月产值 | | 1—12月利润 | |
|---|---|---|---|---|
| | 实绩(亿元) | 增幅(%) | 实绩(万元) | 增幅(%) |
| 均胜汽车 | 39236.10 | -61.5 | -8399.80 | - |
| 达峰汽车 | 16405.20 | -64.6 | -2287.60 | - |
| 化药(湖州) | 44715 | 3.9 | 2761.50 | -34.8 |
| 百利得 | 79282.10 | 10 | 4658.80 | -31.9 |
| 凯迪汽配 | 8651.90 | 38.7 | 113.60 | 137.4 |
| 特科拉 | 16566.40 | 12.7 | 4751.70 | -4.6 |

【新材料】 2018年,全县新材料产业工业规模以上企业70家。全年完成规模以上产值87.10亿元,比上年增长18.2%。其中,耐火行业受下游水泥、钢铁等市场回暖,完成规模以上产值43.20亿元,比上年增长37.5%;金属新材完成规模以上产值8.90亿元,比上年增长9.9%。

## 2018年长兴县新材料产业重点企业情况

表19

| 企业名称 | 1—12月产值 | | 1—12月利润 | |
|---|---|---|---|---|
| | 实绩(亿元) | 增幅(%) | 实绩(万元) | 增幅(%) |
| 润阳新材料 | 32489.80 | 89.2 | 9316.60 | 151.1 |
| 博奥铝业 | 64797 | 12.4 | 1279.60 | 32.3 |
| 中钢集团 | 39425.80 | 5 | 4976.90 | 53.5 |
| 盛旺耐火 | 18409 | 27.7 | 1876.70 | -26.1 |
| 宏丰炉料 | 53827.80 | 62.9 | 3730.70 | 43.2 |

【电子信息】 2018年,全县电子信息产业共有规模以上企业20家,主要产品包括LED、电子元器件、电容器等,主要集中在槐坎长兴电子产业园。全年完成规模以上产值10亿元,比上年增长1.1%。

## 2018年长兴县电子信息产业重点企业情况

表20

| 企业名称 | 1—12月产值 | | 1—12月利润 | |
|---|---|---|---|---|
| | 实绩(亿元) | 增幅(%) | 实绩(万元) | 增幅(%) |
| 泛亚照明 | 17318.30 | -0.8 | 1101.80 | -38.4 |
| 七星电容 | 10590.40 | 2.8 | 262.80 | -76.3 |
| 华强电子 | 5456.40 | 1 | 353.40 | -50.3 |

【生物医药】 2018年,全县生物医药产业有3家规模以上生物医药企业、1家规下企业和部分孵化企业,产品主要为原料药、农药、保健品等方面。全年3家规模以上企业完成产值21.60亿元,比上年增长9.5%。

## 2018年长兴县生物医药产业重点企业情况

表21

| 企业名称 | 1—12月产值 | | 1—12月利润 | |
|---|---|---|---|---|
| | 实绩(亿元) | 增幅(%) | 实绩(万元) | 增幅(%) |
| 长兴制药 | 15496.5 | 33.1 | 1816.8 | 13.7 |
| 中山化工 | 177766 | 4.3 | 12553.8 | 141.9 |
| 第一化工 | 22774.4 | 49.9 | -165 | - |

# 传统产业改造提升

【概况】 年内,实施传统制造业“改造提升十法”,持续深入打好转型升级系列组合拳,推动传统制造业改造提升向纵深推进,重点推进水泥、玻璃、耐火、纺织等行业绿色化、智能化改造。

【非金属矿物制品业改造提升】 年内,深化非金属矿物制品制造业改造提升省级试点建设,以小浦—煤山为中心,大力推进水泥行业产能整合,全面完成水泥熟料输送带建设。谋划全县水泥行业布局调整,与南方水泥多次谈判协商,签订战略合作框架协议,计划四年内陆续淘汰湖州南方、煤山南方、小浦南方、长广水泥熟料生产线,在槐坎南方新建一条7500吨国内先进水泥熟料生产线,可腾出能耗空间40万吨标煤。

【纺织行业转型升级】 年内,多次组织全县纺织、印染企业外出学习考察,并在省智能制造专家委员会的指导下,以“智能制造”“小微园区”为切入点,开展全县喷水织机、印染等行业调研,重点谋划夹浦地区喷水织机集聚发展,制订纺织行业转型升级方案,开展纺织智能制造试点。

# “亩均论英雄”改革深化

【概况】 年内,突出“亩均论英雄”这一导向,通过开展低效企业达标提质和“低散乱”行业整治等工作,引导企业聚焦效益品质,更加注重资源效率、环境效率和科技贡献率,全力加快工业经济高质量发展。

【低效企业达标提质】 年内,全面开展低效企业达标提质工作,制订《长兴县深化“亩均论英雄”改革 加快工业低效企业达标提质三年行动计划》,明确实施对象、主要目标及“三个一批”处置任务。5月31日,召开全县深化“亩均论英雄”改革 加快工业低效企业达标提质工作动员大会,进行全面动员部署。各乡镇和相关职能部门纷纷深入企业,组织专门力量进行“一对一”指导,分析企业低效原因,指导企业制定“一企一策”,并签订相关承诺书。年内,全县646家工业低效企业均制定达标提质“一企一策”,全年上缴税收2.60亿元,比上年增长62.5%;有470家企业已完成达标提质工作,完成率为70.4%,完成数在全省所有县(市、区)中位居首位。

【“低散乱”行业整治】 年内,推进废丝、废塑料、大理石加工和琉璃瓦生产等“低散乱”行业集中整治,废丝行业已取缔废丝加工点45个,8家合法保留企业已重组整合为2家企业,生产设备已在调试生产。琉璃瓦行业整治已关停并转琉璃瓦、墙地砖企业24家,剩余9家完成区域重组并通过验收。年内,累计淘汰整治“低散乱”企业417家,淘汰落后设备1566台(套),腾出土地104.67公顷,腾出能耗5.70万吨标煤。开发建设工业企业亩产效益大数据中心,在功能设定上设置绩效评价、项目管理、“五未土地”处置三大核心功能,为“亩均论英雄”改革工作提供实时化、可视化的信息化手段,实时动态掌握工业经济运行状态,科学分析工业企业质量效益。

# 项目引推

【概况】 年内,坚持项目一号工程,开展大好高项目和亿元以上项目引推攻坚,加快更多优质项目落地建设,提高工业投资强度。落实项目引进推进例会、县领导挂钩联系等机制,坚持倒排时间、挂图作战,深入到企业中、深入到工地上抓研究、抓推进;将亿元以上开竣工情况列入乡镇考核体系,重点推进亿元以上项目开竣工工作。率先出台经信系统“最多跑一次”实施方案,并专门开发投资项目节能审查系统,所有数据进入省投资项目在线审批监管平台,实现区域能评网上审批。按对新备案需发施工许可证的项目按照30天要求落实,实施部门联审通过后先赋码,施工图成熟后再备案,全面落实技术改造项目“最多100天”有关工作要求。全年亿元以上开工项目78只,竣工项目28只。

【“大好高”项目引推】 年内,根据市大好高认定标准,制定《长兴县2018年度工业“大好高”项目预认定标准》,推动一批优质“大好高”项目的引进、开工和投产。全年共新认定市工业“大好高”项目32个,完成年度计划的145.5%。其中,首期固定资产投资10亿元至20亿元大项目3个,完成年度计划的150%;20亿元以上项目1个,完成年度计划的100%。开工项目35个,完成年度目标的233.3%;竣工项目15个,完成年度目标的150%。完成投资60.53亿元,完成年度目标的224.2%。

## 绿色智造

【概况】 年内,坚持“绿色智造”这一条主线,加快推进“中国制造2025”浙江行动试点示范县建设,全力打造绿色制造和智能制造的“长兴典范”。

【绿色制造推进】 年内,开展“生态+”行动,以绿色产品、绿色工厂为重点,支持企业争创绿色制造试点示范。全年共有5家企业成功创建国家级绿色工厂,8只产品被评为国家级绿色设计产品,2家企业获评国家级绿色供应链管理示范企业。年末,全县已有五星级绿色工厂7家、四星级21家、三星级93家、二星级261家,总计378家,覆盖率53.5%,提前完成湖州市生态环保重点任务清单下达的50%的覆盖率任务。

【智能制造推进】 年内,在省智能制造专家委员会的指导服务下,起草智能制造发展三年行动计划,明确智能制造发展方向、路径和措施等具体工作。制定并发布铅酸蓄电池智能制造技术规范、锂电池制品行业智能制造等2个智能制造标准;天能的铅炭电池数字化车间试点示范项目入选工信部2018年智能制造试点示范项目,开发区高端装备制造业获批国家标准化试点,天能、德玛克入选2018年省级制造业与互联网融合发展试点示范企业。

## 企业培育与服务

【概况】 年内,大力实施“双十百千”企业培育行动,统筹推进“金象金牛”大企业、上市企业、科技型中小微企业等企业梯队培育工作,进一步加快全县工业企业做大做强。年末,共有规模工业企业729家,完成规模工业总产值1133.06亿元。

【龙头企业培育】 年内,以省“三名”、市“双金”、县“50强”企业为重点,集中优势资源,持续推进大企业、大集团的培育工作。完成“50强”企业动态调整,并印发2018年工业“50强”企业名单。全年全县工业“50强”企业完成产值545.90亿元,比上年增长13.9%。其中,桐昆成功入选“金象”企业,江森入选“金牛”企业。

7月4日,工信部消费品司、省经信委技装处领导到长兴考核天能动力智能制造试点项目

【上市企业培育】 年内,纳尼亚递交上市申请材料;3家企业申请上市辅导备案,其中中山化工于12月初完成辅导验收;新增3家企业挂牌“新三板”,另有1家企业已通过全国中小企业股权转让系统审核通过并准备挂牌;新增42家企业完成股改,41家企业挂牌“太湖科技板”;推动6家企业完成并购重组工作,涉及资金4.60亿元。

【科技型企业培育】 年内,建立50家市工业“双高”培育企业库和35家高新技术企业培育库,新增“双创”企业267家,其中省高成长科技型中小企业10家、省科技型中小企业139家、县科技型中小微企业118家。

【企业服务】 年内,围绕打造“全国营商环境最优县”的总体要求,优化政策框架、实现多口融合,制定出台《长兴县大工业政策三十六条》,聚焦重点方向,加大政策力度,便于企业更加高效的了解政策、掌握政策、使用政策,全年兑现政策资金3.50亿元。有效落实国家和省市各项减负政策,统筹推进企业减负降本,全年共减轻企业负担45亿元。重点实施面向科技型小微企业的“企业助飞计划”,打造具有长兴特色的中小企业服务平台,已对100家企业进行现场调研,初步形成调研报告。积极与航天八院、航天五院等单位对接,加快推进“军转民”和“民参军”。全年共新增军民融合企业4家,新增军民融合项目19个,军民融合相关产品产值63.80亿元,比上年增长35.2%。

## 长兴工业“50强”

【概况】 5月,出台《关于公布2017

年度长兴县工业“50强”企业名单的通知》，动态调整产生新的“50强”企业。持续推进王牌“50强”、对话企业家等电视栏目，提升企业影响力。全年，省“三名”、市“双金”、县“50强”企业完成产值603.90亿元，比上年增长19.7%，占全县规模以上工业产值的46.2%。

天能集团　是中国新能源电池龙头企业，创始于1986年，是一家以电动车环保动力电池为主、集锂离子电池、风能太阳能储能电池以及再生铅资源回收、循环利用等新能源的研发、生产、销售为一体的实业集团。已成为拥有30家国内全资子公司、3家境外公司，员工2万余名，跨浙、苏、皖、豫四省八大生产基地，总资产近100亿元。2007年6月11日，以中国动力电池第一股在香港主板成功上市。集团综合实力位居全球新能源企业500强、中国企业500强、中国民营企业500强、中国电池工业十强。2018年，集团公司县内实现产值116.90亿元，比上年增长12.4%；利税19.20亿元。

超威集团　创办于1998年，主营动力型和储能型锂离子电池和铅蓄电池，集团为在全国7个省拥有18家子分公司、2万多名员工、销售额突破1000亿元的行业龙头企业，香港主板上市公司，国家重点高新技术企业。公司建有“浙江省重点企业研究院”“浙江省超威电源企业研究院”“省级企业技术中心”“国家级博士后科研工作站”等大型科研平台，超威集团连续六年荣登中国500强，排名第163位，制造业500强排名第66位。2018年，集团公司县内实现产值31.40亿元，利税1.90亿元。

浙江诺力机械股份有限公司　成立于2002年，是国内A股主板上市企业，拥有十余年的仓储物流搬运车辆研发和生产经验。主要从事轻小型搬运车辆及电动仓储车辆的研发、生产和销售，主营业务归属于工业车辆行业。2018年，诺力参与投资的产业并购基金完成对法国SAVOYE公司全部股权的收购，极大地强化了诺力在物流系统集成技术和软件服务方面的能力。2018年，实现公司产值20.40亿元，比上年增长1.2%，利税2.70亿元，比上年增长19%。

桐昆集团浙江恒腾差别化纤维有限公司　成立于2012年5月，注册资本26000万美元，是桐昆集团旗下最大的子公司之一。公司主要产品为半消光POY，品种100余种，在国内化纤市场上拥有良好的知名度和美誉度。公司拟建四期30万吨绿色纤维项目，投资10亿元，新建14条纺丝生产线，主要纺丝设备均从德国、日本引进，代表国际最先进技术水平。2018年，公司实现产值115.50亿元，比上年增长41.3%；利税7.68亿元，增长21.1%。

浙江江森自控电池有限公司　是由美国江森自控有限公司投资、组建的全资子公司，成立于2008年。总投资21522.88万美元，年组装800万只高容量全密封免维护铅酸蓄电池及150万只新型大容量密封铅酸蓄电池（AGM），产品适用于汽车、工程车、农用车、工程机械、柴油机、柴油车、发动机、船舶及工业等领域，力争打造全球最先进的动力蓄电池制造和服务基地。2018年，公司实现产值21.90亿元，比上年增长34.8%；销售收入29.90亿元，比上年增长15.4%；利税1.94亿元。

金三发集团　创建于1987年，下设浙江金三发黏合衬有限公司、浙江金三发非织造布有限公司、浙江金三发新材科技有限公司、湖州优全护理用品科技有限公司、长兴金科进出口有限公司五个子公司，是专业生产高档服装黏合衬、里布、非织造布（无纺布）、无纺布个人护理用品的全国高新技术企业。公司生产的服装黏合衬主要用于名牌服装企业，军警、公安等制式服装企业；非织造布产品主要应用于婴儿卫生用品、妇女卫生用品、医疗卫生用品、成人卫生用品以及其他生活卫生用品；无纺布护理制品覆盖婴儿、医疗、女性、家庭及更多用途的个人护理用品。2018年，公司实现产值14.90亿元，比上年增长8.9%；利税1.50亿元。

浙江永达实业集团有限公司　前身为和平镇乡镇企业——长兴县电力电杆厂，始建于1981年，1997年年底改制，2005年实行股份制改造，2009年正式注册成立，占地面积为300多亩。企业经营范围包括：塑料外壳、电子线路器材塑料保护管、电力电缆套管（PVC）、通讯护套塑料管（PE螺旋管）、塑料管材管件生产、销售；水泥制品、五金制品、金属材料（除贵、稀及放射性金属）销售；实业投资、企业管理咨询，投资咨询；自有厂房及机械设备租赁；货物进出口、技术进出口。2018年，集团实现产值1.10亿元，利税430万元。

浙江中山化工集团股份有限公司　成立于1998年，为工信部核准的农药定点生产企业，是一家集研究、开发、生产、销售多头并进的国家高新技术企业，为国内三嗪类除草剂品种规格最全、产量规模最大、产品质量最优的专业制造商。2018年实现产值17.80亿元，比上年增长4.3%；利税1.40亿元，比上年增长106.6%。

浙江浙矿重工股份有限公司　成立于2003年，是以圆锥破碎机、颚式破碎机、振动筛、洗选机等大型矿山机械设备制造为主，集设备智能化和矿山智慧化技术的开发和应用为一体的综合性企业。公司设有3个生产基地、1个售后服务中心及1家控股子公司，总占地面积150余亩，员工300余人。公司是国家火炬计划重点高新技术企业、浙江省专利示范企业、浙江省绿色企业。2018年，公司实现产值2.9亿元，比上年增长4.6%，利税1.01亿元，比上年增幅32.0%。

海信（浙江）空调有限公司　成立于2005年4月，总投资5亿元，专业从事家用空调器、环境电器产品及关联产品的制造和销售。公司占地面积340亩，厂房面积9万平方米，员工1500人。公司拥有国内技术先进的变频空调生产基地，设立热交换器加工、钣金加工与喷涂、整机生产线等生产车间，产品覆盖分体挂机、分体柜机等全系列空调及空气净化器，具备年产260万套变频空调和50万台空气净化器的生产能力。2018年，公司实现产值28.9亿元，利税563.6万元。

浙江盛发纺织印染有限公司　是一家以织造、印染、家纺、军品及研发等为一体的大型民营纺织企业，主要从事各类纺织面料织造、染色、印花及高档阻燃、防水防霉、抗静电等功能性面料的生产加工销售。现为总后二级军品采购供应商，是军工保密单位。拥有自营进出口权，产品远销美国、法国、日本、韩国等20多个国家和地区。并为纪念抗日战争胜利70周年阅兵部队提供装备面料。2018年实现产值3.70亿元，比上年增长7.5%；利税4113.60万元，比上年增长43.8%。

高田(长兴)汽车安全装置有限公司　成立于2005年12月，由全球汽车安全装置第二大生产商日本高田株式会社投资，注册资本2537万美元，总投资6112万美元。公司主要生产汽车安全气囊用气体发生器及气体发生器用产气药，客户对象主要有大众、通用、马自达、尼桑、本田、日产、丰田等知名汽车厂家。公司有汽车安全气囊气体发生器组装生产线11条，员工367人。2018年，实现产值3.90亿元。

湖州老恒和酒业有限公司　位于林城工业园区，成立于2010年。公司占地面积为6.13公顷，现有年产6万吨优质传统黄酒生产能力。2018年，公司实现产值3.54亿元，利税8223.90万元。

浙江七星电容器有限公司　成立于1994年，是一家集薄膜电容器研发、生产和销售于一体的地方行业龙头企业。公司占地面积4.2公顷，建筑面积5.5公顷，注册资金2000万元。公司主导产品为薄膜电容器、金属化电容蒸镀膜、环氧粉末电子包封料、低频无极灯，其中薄膜电容器在国内行业市场占有率排名前5位。公司现为国家重点扶持高新技术企业、浙江省成长型中小企业和浙江省专利示范企业。2018年，公司实现产值1.10亿元，比上年增长2.8%，利税673.30万元。

浙江中德自控科技股份有限公司　创立于1992年，是一家集研发、生产、销售、服务于一体的专业控制阀供应商，拥有国家A级特种设备制造许可证，为新三板挂牌上市企业。公司生产的气、电、液动金属硬密封高性能三偏心蝶阀、高温蝶阀、金属硬密封高性能球阀、高温耐磨球阀、快速切断闸阀等产品广泛应用于石油、化工、天然气、煤化工等领域，是中石油、中石化、中海油、煤化工企业的一级供应商。2018年，公司实现产值2.60亿元，比上年增长22.4%，利税4285.80万元，比上年增长24.5%。

浙江长安仁恒科技股份有限公司　成立于2000年12月，是一家集自有矿山开采、自主研发、精深加工、终端客户销售为一体的膨润土精深加工企业，在全国膨润土助留剂细分行业中排名第一，拥有自主知识产权的国家发明专利13项和1座优质膨润土矿产。2015年成功在香港创业板上市。2018年，集团实现产值7825.60万元，利税453.80万元，比上年增长32.6%。

浙江中晶科技股份有限公司　位于长兴县经济技术开发区，项目总投资2亿元，注册资金6710万元。企业主要经营晶体硅、电子元器件制造、销售，晶体硅及其制品、电子元器件及新型节能材料的开发、技术咨询及技术转让，电气机械设备设计及销售。2018年公司实现产值1亿元，比上年增长3.9%；利税6219.30万元，比上年增长24.4%。

浙江长兴前进机械铸造有限公司　成立于2003年，由杭州前进齿轮箱集团有限公司和杭州锋盛机械有限公司共同出资组建，注册资本3100万元，占地面积11.8公顷，是一家专门从事船用、工程机械变速箱、重型汽车变速箱等箱体类铸件生产的企业，职工600名，其中专业技术、管理人员50余名。企业下设6个生产车间，配备OBLF直读光谱分析仪及其他各种理化检验设备。2018年，公司实现产值2.30亿元，比上年增长12.5%，利税2335.20万元，比上年增长26.5%。

湖州南方水泥有限公司　成立于2009年8月，是中国建材旗下南方水泥有限公司的核心企业，是国家大型水泥、熟料制造企业之一。公司下属15家全资子公司，拥有资产62亿元，员工3700余人。公司所有生产线均采用先进的新型干法工艺，技术装备在国内同行中处于领先水平。已投产7条5000吨/天、7条2500吨/天和2条1500吨/天新型干法熟料生产线，可年产优质熟料1800余万吨，水泥500余万吨。2018年，实现产值49.20亿元，比上年增长38.2%，利税24.40亿元，比上年增长69.6%。

浙江铁狮高温材料有限公司　成立于1994年，位于煤山镇工业园区，占地面积3.33公顷，拥有中高级技术人员32人，是一家专业从事中间包锆质水口系列、铝碳三大件和氧化锆新材料的研究、生产和销售的民营股份制高新技术企业。公司拥有中间包锆质水口生产线九条、连铸三大件生产线一条，是国内规模最大的中间包锆质水口生产厂家，中间包锆质水口被评为国家重点新产品、浙江省高新技术产品。2018年实现产值1.80亿元，比上年增长11.2%，利税2181.50万元。

莱美科技股份有限公司　创建于2000年，2015年10月新三板股改上市更名为莱美科技股份有限公司，现有总资产1.8亿元，占地面积4公顷，员工300多人，其中大中专学历人员70人，工程师9名，中级、初级职称技术研发人员共29人。公司是一家专注于印染产品研发、生产及销售的民营印染企业，公司先后被授予“国家级高新技术企业”“浙江省著名商标”“浙江名牌产品”“浙江省出口名牌”“浙江省科技型企业”“中国产业用纺织品行业协会副会长单位”“湖州市重点骨干企业”“长兴县重点工业企业”“长兴县人才工作先进企业二等奖”等称号。2018年，公司实现产值1.79亿元，比上年增长10.3%，利税1633.20万元，比上年增长24.1%。

长兴华强电子有限公司　成立于2001年，是一家生产有机薄膜电容器的专业公司。公司占地面积3.6公顷，建筑面积1.5公顷，资产总额5500万元。生产的产品主要有箔式有感系列、无感系列、金属化系列电容器。广泛应用于家电产品、通信设备、荧光灯镇流器、节能灯、音响分频、充电器、点火器等直流和脉动电器中。2018年，实现产值5456.40万元，比上年增长1%，利税678.50万元。

浙江达峰汽车技术有限公司　位于长兴县开发区，项目总投资1.50亿元，注册资金0.30亿元。企业经营范围包括：汽车排放系统及其零部件的制造、加工、销售；商用车及九座以上乘用车销售；汽车排放系统的技术开发；货物进出口、技术进出口等。公司占地面积为3.13公顷，具有年产汽油机尾气净化器80万套、柴油机尾气净化器50万套的生产能力。2018年，公司实现产值1.60亿元。

浙江兄弟路标涂料有限公司　成立于2003年，位于长兴县虹星桥镇工业园区，占地面积16公顷，职工180人，是一家集路面标线涂料研究与生产、道路标线设备开发与制造、道路标线工程施工服务与培训于一体的行业龙头企业，先后获国家级高新企业、浙江省科技型企业、浙江省企业研发中心、浙江省著名商标、浙江省名牌产品等荣誉，拥有发明专利24项。公司综合实力和产品生产与销量在国内行业中均排名第一。2018年，公司实现产值4.60亿元，比上年增长25.2%；利税6138.90万元，比上年增长47%。

湖州纳尼亚实业股份有限公司　成立于2002年，注册资本10185万元，总资产达到3.50亿元，是一家集纺织、印染、家纺的研发、加工、生产、销售为一体的国家重点扶持高新技术企业、自营出口先进企业、浙江省科技型企业。公司通过互联网+数字控制对原本传统的制造业进行提升重组，现已拥有先进完备的印染加工生产线和纺织生产线，并接入ERP数字控制系统管理，将企业计划资源、技术资源、仓储资源、质量资源、财务资源、客户资源等纳入数字化管理。产品远销美国、日本、缅甸、菲律宾、东欧及南美、中东等国家和地区。2018年实现产值3.30亿元，比上年增长55.5%；利税3952.10万元，比上年增长124.1%。

浙江汉维通信器材有限公司　成立于1985年5月，注册资本7200万元，是集研发、制造、施工、服务为一体的专业型通信光缆、通信电缆、宽带数据电缆和特种电缆等产品的省级线缆企业。公司占地面积3公顷，厂房面积0.7公顷，固定资产3.8亿元，先后获浙江省“五个一批”企业、浙江省著名商标、浙江省名牌产品等称号，被中国企业评价中心评为最佳经济效益、最大经营规模的省级先进企业。2018年，实现产值3.70亿元，比上年增长11.1%，利税7119.20万元。

浙江万享科技股份有限公司　位于长兴县经济技术开发区，项目总投资1.06亿元，注册资金3000万元，占地面积为5.33公顷。企业经营范围包括：制冷设备及配件研发、制造、销售；机电销售；压力容器设计、制造、安装、修理、销售；压力管道设计、安装；本公司自产产品安装服务；货物进出口等。2018年公司实现产值1.70亿元，比上年增长22.5%；利税2729.20万元。

浙江宏丰炉料有限公司　成立于1998年4月，是一家以生产镁碳质耐火材料为主的民营企业，主要产品为镁碳砖，钢水净化剂，产品主要销往国内各地钢厂。2018年实现产值5.40亿元，比上年增长62.9%，利税5600.90万元，比上年增长21.8%。

浙江长兴巨源机械有限公司　成立于1996年，是国内大型轴类盘类生产制造基地之一，主要承制小型汽轮机机组和大型电站汽轮机、工业汽轮机、燃气机、电机等高科技核心产品，是浙江省机械协会成员单位，全国工商联科技装备业商会会员单位，国家级高新技术企业。2018年，公司实现产值7662万元，比上年增长30%。

浙江锦诚耐火材料有限公司　始建于1998年，公司占地面积3.06公顷，建筑面积2.51公顷，总资产16000余万元。主要生产不定形耐火材料，是浙江省规模最大、品种最多的水泥生产线配套不定形耐火材料专业生产商，是国内著名的冶金耐材供应商。2018年，公司实现产值8687.10万元，比上年增长11.9%，利税1829.40万元。

浙江丰帆数控机械有限公司　成立于2006年，由诸暨市丰足电脑针织有限公司和长兴亿帆电脑袜机有限公司共同出资创办，注册资本5000万，占地4.33公顷，拥有各类高层次人才14人。主要生产各种规格多功能全电脑横机及零配件，行销国内各地毛衫制造厂及家庭工业户。企业拥有专利22项，其中发明专利4项，并获得国家高新技术企业称号。2018年，公司实现产值4.70亿元，比上年增长33.5%；利税5406.70万元。

长兴旗滨玻璃有限公司　成立于2013年6月，前身为浙江玻璃股份有限公司控股子公司浙江长兴玻璃有限公司，由株洲旗滨集团股份有限公司携手战略投资者注册成立，项目总投资18亿元，注册资金4亿元。企业经主要生产和销售节能玻璃、超薄电子玻璃、汽车玻璃和超厚玻璃等。公司占地面积为64公顷，现有年产1800万重量箱生产能力。2018年公司实现产值13.70亿元，比上年增长22.9%；利税3.20亿元。

浙江茶乾坤食品股份有限公司　是一家集茶叶研发、加工、销售于一体的现代农业科技企业。公司建立3万多亩生态茶园基地，为公司提供安全优质的茶叶原料；拥有40台各类袋泡茶机，成为中国袋泡茶主要的研发加工企业,产品已进入日本、欧美等发达国家市场;拥有二条具有自主知识产权的全自动茶叶精加工生产线,成为世界知名饮料厂家的合作伙伴。2018年,公司实现产值9244.4万元,利税1490.1万元。

浙江凯瑞博科技有限公司　是国内外最早和规模最大的专业商标印刷材料生产厂商。公司产品系列齐全,覆盖尼龙带、切边缎带、织边带、聚酯带、涤棉带、醋酸带、棉带、不干胶、热熔胶、无纺布、杜邦纸等系列产品。应用领域已经从传统的服装、家纺等纺织行业拓展到食品、医药、化工、电子、户外运动品、汽车等行业。2018年,公司实现产值9244.40万元,利税1490.10万元。

浙江湖州威达纺织集团有限公司　创建于1985年,是一家现代、新型纺纱企业,现有员工300余人,总资产2亿多元。公司有"气流纺、涡流纺"两大生产基地,主要纺纱设备有瑞士立达气流纺生产线和日本村田涡流纺生产线,年生产能力3万余吨纱线。主营产品有:气流纺本白粘胶系列纱,气流纺色纺系列纱;涡流纺本白粘胶系列纱,涡流纺色纺系列纱及各类混纺纱线。公司主要品牌"长欣"已被评为"国家免检产品""浙江省名牌产品",并通过ISO质量管理体系,6S管理体系和清洁生产管理等体系认证。2018年,公司实现产值1.50亿元;利税1473.50万元。

浙江多蒙佳乐服饰有限公司　是一家法商独资的大型企业,专业生产牛仔、女式时装等系列服饰,组建于2003年3月。公司注册资金600万欧元,占地面积9.67公顷,现有员工1300名。公司集生产与营销于一体,拥有牛仔服饰的车缝、手擦、水洗等工艺的整套设备,年加工服装400多万件,产品远销中东、南美、东南亚、西欧等20多个国家和中国港、澳地区,年出口创汇达5000万美金,已成为一家具有一定规模的出口创汇企业。公司内销品牌碧淑黛芙在全国开设有300多家门店,年销售额达2.50亿元,初步形成规模。2018年,公司实现产值2.60亿元;利税3273.60万元。

长兴东正纺织有限公司　成立于2009年,是一家集中高档围巾的研发、生产、销售于一体的企业,产品大部分出口。企业多次被评为长兴县出口贸易先进企业、AA级信用等级企业、国家安全标准生产型企业、长兴县重点企业、长兴县重合同守信用单位。2018年,公司实现产值2823万元,利税328万元。

浙江博奥铝业有限公司　成立于2007年,是专业从事建筑用门窗、幕墙铝合金型材设计、生产、销售和各种工业铝型材深加工的大型民营股份企业。公司占地面积8公顷,员工500余人,总资产逾5亿元。公司拥有先进挤压机生产线12条(3000t–600t);进口立式喷涂(氟碳喷涂和粉末喷涂)生产线2条,卧式喷涂线2条;断桥隔热型材生产线6条;氧化生产线1条;木纹生产线1条;氟碳生产线1条。可年产各类铝型材6万吨。2018年,公司实现产值6.50亿元,比上年增长12.4%,利税2412.70万元,比上年增长37.8%。

浙江创为智能装备股份有限公司　创建于1999年(前身为浙江小浦煤矿机械厂),注册资本金350万元,主要生产全自动极板包片配组机、极板称重分选机、自动装槽机、蓄电池解剖机、极板自动刷片机等铅酸蓄电池生产用自动化装备。产品在超威集团、天能集团、四川南都国舰等国内蓄电池制造龙头企业得到广泛使用。2018年,实现产值3226.70万元,利税1014.50万元。

浙江海悦自动化机械设备有限公司　创建于2009年4月,注册资本6000万元,占地面积6.52公顷,员工351人,是一家专业研发、生产、销售铅酸蓄电池自动化设备的企业,主要客户包括天能动力、超威动力、南都电源及理士国际等境内外上市企业。公司自主研发的全自动铸焊机填补铅酸蓄电池行业空白,淘汰劳动力密集型手工烧焊工艺。2018年,公司实现产值3267.70万元。

浙江省长兴丝绸有限公司　成立于1997年,注册资金3600万元,现拥有进口经编机60台、加弹机8台、喷织机400余台,年产2.50万吨针织面料和8000万米机织化纤布,广泛应用于运动、正装服饰里料、雨伞布、箱包布、车辆内饰、家居装饰等。企业通过ISO 9001、14001质量和环境体系认证,并取得发明、实用新型、外观等专利24项,同时,在墨西哥、巴西、秘鲁等国家和中国内地、香港地区成立销售公司并完成当地商标注册,获得"浙江出口名牌"等荣誉称号。2018年,公司实现产值5亿元,比上年增长19.5%,利税4757.60万元,比上年增长54.5%。

长兴明天炉料有限公司　成立于2003年,是一家专业从事炼铁高炉出铁场耐火材料研发和生产的企业,主要生产炼铁高炉出铁沟浇注料系列产品。公司占地面积2.67公顷,拥有中高级工程技术人员13人,是国家级"高新技术企业"。2018年实现产值6733.50万元,比上年增长15.0%,利税79.70万元。

化药(湖州)安全器材有限公司　成立于2006年,由日本化药株式会社独资设立,注册资本2680万美元,总投资6050万美元,占地面积7公顷。公司主要生产汽车安全气囊用气体发生器和安全带收紧器用气体发生器,服务的客户包括日产、丰田、本田、大众、通用、一气、上汽、三菱、铃木、现代等数十家国内外汽车厂家。拥有IF生产线3条,MGG生产线2条,GG生产线2条。2018年,公司实现产值4.50亿元,比上年增长3.9%;利税3746.2万元。

浙江泉能纺织有限公司　成立于2008年,注册资金3680万元,拥有60台德国进口先进经编机,14台宏源1000型加弹机配套,14台经编整经机。外包委托加工800台喷水织机。公司主要产品有经编有光平布,仿棉绒,(氨纶)不倒绒,丝光绒,超柔绒，网眼布等各类经编布，还有特宽磨毛布，条子布，格子布，有光色丁等家纺面料。2018年实现产值3.10亿元，比上年增长20.2%；利税1956.90万元，比上年增长109.8%。

长兴制药有限公司　成立于1984年，主要从事冬虫夏草生物发酵技术产品生产，为省级新药研究开发中心，先后获得浙江省企业技术中心、浙江省先进民营企业、湖州市“成长之星”企业等称号。公司有国药准字号产品12个，胶囊剂和原料药均通过国家GMP认证。2018年实现产值1.50亿元，比上年增长33.1%；利税3089.40万元，比上年增长13.4%。

浙江新大力电光源集团股份有限公司　始建于1980年，前身为长兴县塑料包装厂。母公司及各子公司产业涉及动力蓄电池、蓄电池极板、塑料包装、注塑产品等多个领域。子公司长兴新大力电源科技有限公司搬迁项目总投资1.20亿元，形成年组装800万只电动助力车用密封铅酸蓄电池生产能力。公司被授予省高新技术企业、湖州市重点骨干企业、湖州市科技示范企业、湖州市星火示范企业等。2018年集团县内企业实现产值3.20亿元。

浙江艾格生物科技股份有限公司　创办于1998年10月，以民营资本为投资主体，以江南大学、北京化工大学等为技术依托，主要从事蛋制品生产与销售。公司在蛋源上公司对配套的养鸡场实行严格管理，对农残药残进行了有效的控制。公司相继通过了ISO 9001：2008，HACCP，国家出口商检认证，SC和HALAL的认证。获得国家重点支持高新技术企业、“省高新技术企业”“创新试点企业”等荣誉称号，已达到20000吨鲜蛋每年的处理量。2018年，实现产值5853.20万元，比上年增长21%；利税737万元。

浙江青松轻纺股份有限公司　创立于2002年，是一家专业生产各类中高档家纺面料、家纺床垫面料、经编面料、服装面料的自营进出口现代民营企业。公司主要产品有磨毛布、斜纹磨毛布、提花磨毛布、经编布、钻石绒、春亚纺、色丁布等家纺面料和家纺床垫面料，以及不倒绒、仿棉绒、金光绒、丝光绒、圈绒、弹力布、氨纶泳装面料等各类经编产品，产品远销欧美、韩国、中东等世界各地，深受国内外客户的好评。2018年，实现产值2亿元，利税812.60万元。

浙江四达新材料股份有限公司　是中国知名的SMC&BMC材料，模压制品，绝缘板材供应商。产品广泛应用于电工电气、汽车、卡车、农业机械设备、轨道交通、建材、卫浴、休闲运动用品等领域。公司拥有丰富的研发资源，出众的化学工程技术。四达在中国国内已建立了浙江长兴、江苏扬州、四川绵阳三大生产基地，产品出口到美国、法国、意大利、日本、澳大利亚、巴西、土耳其等10多个国家和地区，拥有了全球营销网络。2018年，实现产值8776.90万元，利税1520.70万元。

浙江润阳新材料科技股份有限公司　于2012年10月落户在吕山乡，是一家专业从事辐照交联系列产品研发、生产及销售为一体的国家高新技术企业，2015年在新三板挂牌。公司拥有发明专利20余项，产品以江浙沪为销售中心，辐射全国各省市，远销美国、加拿大、日本、德国、英国等多个国家，其中电子辐照聚乙烯(IXPE)作为公司核心产品输出，目前产能全国前列。2018年，实现产值3.20亿元，比上年增长89.2%；利税1.1亿元，比上年增长151.1%。

浙江盛旺耐火材料股份有限公司　是一家集研发、设计、制造、检测为一体的省科技型企业，目前核心主营业务包括脱硝用SCR蜂窝式催化剂的研发、制造、再生处理及其他相关业务；各种锅炉用耐火、保温材料的研发、生产及安装、砌筑、修炉、烘炉工程等。公司现有厂区面积75000平方米，职工500余人。2018年，实现产值1.80亿元，比上年增长27.7%；利税3325.9万元。

长兴泛亚照明电器有限公司　始创于2001年，是一家集研究研发、制造、销售于一体、国内规模较大的LED技术研发与产品生产的骨干企业之一。公司拥有一支专业的服务精英团队，通过多年努力，营销网络已初步形成全球化布局，成功在30多个国家和地区建立完善产品售前、售中、售后服务体系，全方位地为客户及合作伙伴提供专业性的建议和个性化的服务。2018年，实现产值1.70亿元，利税1962万元。

长兴新城环保有限公司　主要从事城市生活垃圾综合处理和开发利用，垃圾再生制品的生产和销售。2018年，实现产值1.70亿元，比上年增长8.5%；利税5301.50万元，比上年增长17.3%。

浙江太湖远大新材料股份有限公司　成立于2004年2月，注册资金2000万元。现有员工130余名，其中技术研发人员30余名。主打产品有“太湖远大”牌交联聚乙烯电缆用系列材料，硅烷交联聚乙烯电缆用系列材料，低烟无卤阻燃电缆用系列材料，以及其他规格电缆用特种系列产品，亦可根据客户要求研发具有特殊性能的高分子材料。2018年，实现产值5.50亿元，比上年增长44.7%；利税4686.10万元，比上年增长30%。

浙江宇清热工科技股份有限公司　是专业从事热工装备研发、制造和销售的装备制造企业。先后与国防科技工业科技成果转化研究中心、国家机械设计五院、东华大学、电子科技大学等大专院校和有关科研单位长期开展产学研合作及技术交流，拥有发明和实用新型专利40多项，是工业炉测温锥国家标准的主起草单位。2018年，实现产值8301.70万元。

（方　菲）

# 建筑与房地产

## 建筑业

【概况】 2018年,全县共完成建筑业总产值101.91亿元,比上年同期增长18.77%;竣工产值54.99亿元;全县房屋建筑施工面积443.70万平方米。全县超亿元建筑企业26家,完成建筑业产值87.88亿元。年末,全县有建筑业资质企业共计117家,其中一级企业7家(总承包4家、专业承包3家),二级企业25家(总承包11家、专业承包14家),三级企业77家(总承包68家、专业承包9家),预拌混凝土企业8家;工程监理、造价咨询、招标代理等中介服务机构9家,其中监理企业4家(甲级资质2家、乙级资质2家),工程造价咨询企业3家(甲级资质3家),招标代理机构2 家(甲级资质3家);一级、二级注册建造师972人,注册监理工程师155人,注册造价工程师52人。全年共有28个建设项目获市“飞英杯”和县“银杏杯”优质工程奖。

**2018年长兴县建设项目获湖州市“飞英杯”优质工程情况**

表22

| 工程名称 | 建设单位 | 施工单位 | 监理单位 |
|---|---|---|---|
| 长兴县林城镇中心幼儿园迁建工程 | 长兴县林城镇人民政府 | 浙江长虹建设工程有限公司 | 浙江天元项目管理有限公司 |
| 长兴县中心粮库迁建工程 | 长兴县粮食收储有限公司 | 长兴中海建设工程有限公司 | 浙江建友工程咨询有限公司 |
| 长兴县金陵停车场人防工程 | 长兴城市建设有限公司 | 长兴中海建设工程有限公司 | 浙江宏泰工程项目管理有限公司 |
| 长兴县解放中路改造工程 | 长兴城市建设有限公司 | 杭州华水市政工程有限公司 | 浙江天成项目管理有限公司 |
| 长兴县龙山新区学苑路道路改造工程 | 长兴县永兴建设开发有限公司 | 长兴中海建设工程有限公司 | 浙江天成项目管理有限公司 |
| 新塘花园二期室外配套工程 | 浙江太湖新城实业投资有限公司 | 浙江长兴荣欣建设工程有限公司 | 浙江天元项目管理有限公司 |

**2018年长兴县建设项目获长兴县“银杏杯”优质工程情况**

表23

| 工程名称 | 建设单位 | 施工单位 | 监理单位 |
|---|---|---|---|
| 太湖博览园及基础设施配套工程 | 长兴浙建投资有限公司 | 浙江省建工集团有限责任公司。参建单位:浙江中信设备安装有限公司(张江波)、浙江省武林建筑装饰集团有限公司(张志浩) | 浙江五洲工程项目管理有限公司 |

续表23

| 工程名称 | 建设单位 | 施工单位 | 监理单位 |
|---|---|---|---|
| 长兴历史文化街区工程 | 浙江长兴滨河实业有限公司 | 浙江长兴荣欣建设工程有限公司。参建单位:浙江省武林建筑装饰集团有限公司(张志浩)、长兴中海建设工程有限公司(陈春雷) | 浙江东南建设管理有限公司 |
| 长兴县中医院二期医疗综合楼 | 长兴县中医院 | 浙江省三建建设集团有限公司。参建单位:浙江解放装饰工程有限公司(韩文权)、浙江省广播电视工程公司(裘永军) | 浙江东南建设管理有限公司 |
| 长兴新能源小镇城市客厅工程 | 长兴雉城新兴城镇建设服务有限公司 | 华煜建设集团有限公司 | 浙江天元项目管理有限公司 |
| 长兴县实验幼儿园异地改建工程(教学综合楼) | 长兴县实验幼儿园 | 浙江长兴云达建设工程有限公司。参建单位:浙江长兴荣欣建设工程有限公司(丁志红) | 浙江天元项目管理有限公司 |
| 龙山街道社区卫生服务中心工程 | 长兴县永兴建设开发有限公司 | 浙江嘉晨建设有限公司。参建单位:浙江长兴精诚建设有限公司(朱继新) | 浙江天成项目管理有限公司 |
| 长兴县教育实践中心改建教学和生活用房工程 | 长兴县教育实践中心 | 长兴中海建设工程有限公司。参建单位:长兴中海建设工程有限公司 | 浙江天元项目管理有限公司 |
| 太湖之滨农耕文化园项目农耕文化展示馆 | 浙江长兴复兴农耕文化旅游发展有限公司 | 浙江长兴盛超建设工程有限公司。参建单位:浙江长兴盛超建设工程有限公司(陈照斌) | 浙江天元项目管理有限公司 |
| 太湖新城新塘花园三期建安工程 | 浙江太湖新城实业投资有限公司 | 浙江长兴荣欣建设工程有限公司 | 德清县建设监理有限公司 |
| 浙江中晶科技股份有限公司新建宿舍楼工程 | 浙江中晶科技股份有限公司 | 长兴越烽建设工程有限公司 | 浙江伟民建设项目管理有限公司 |
| 浙江艾格生物科技股份有限公司1#厂房工程 | 浙江艾格生物科技股份有限公司 | 浙江长兴汇丰建设工程有限公司 | 浙江天成项目管理有限公司 |
| 长兴县历史文化街区(老剧院地块)项目宜春桥、下穿通道及河道驳坎工程 | 浙江长兴滨河实业有限公司 | 浙江长兴荣欣建设工程有限公司 | 浙江东南建设管理有限公司 |
| 长兴县县前街改造工程及中心城区交通治理工程——画溪大道道路改造工程 | 长兴城市建设有限公司 | 杭州华水市政工程有限公司 | 浙江宏泰工程项目管理有限公司 |
| 长兴历史文化街区工程室外配套工程 | 浙江长兴滨河实业有限公司 | 浙江长兴市政建设有限公司 | 浙江东南建设管理有限公司 |
| 长兴综合福利中心老年休养中心及配套设施市政配套工程 | 长兴县永兴建设开发有限公司 | 浙江长兴天工建设有限公司 | 浙江天元项目管理有限公司 |
| 长兴县会议中心地下公共停车场工程 | 长兴县永兴建设开发有限公司 | 浙江长兴荣欣建设工程有限公司 | 浙江建友工程咨询有限公司 |
| 长兴县海兴路改造工程 | 长兴城市建设有限公司 | 杭州萧宏建设环境集团有限公司 | 浙江建友工程咨询有限公司 |
| 长兴县殡仪服务中心建设项目市政管网配套工程 | 长兴县汤家山殡仪服务中心 | 浙江长兴宏远建设有限公司 | 浙江天元项目管理有限公司 |
| 长兴县第六小学扩建工程室外配套工程 | 长兴县第六小学 | 浙江长兴精诚建设有限公司 | 浙江天元项目管理有限公司 |

续表23

| 工程名称 | 建设单位 | 施工单位 | 监理单位 |
|---|---|---|---|
| 长兴老小区(城北小区东区)基础设施改造工程 | 长兴县城市建设发展中心 | 浙江长兴市政建设有限公司 | 浙江建效工程监理有限公司 |
| 长兴老小区(城北小区西区)基础设施改造工程 | 长兴县城市建设发展中心 | 长兴中海建设工程有限公司 | 浙江建效工程监理有限公司 |
| 太湖之滨农耕文化园——市政管网工程 | 浙江长兴复兴农耕文化旅游发展有限公司 | 浙江长兴盛超建设工程有限公司 | 浙江天元项目管理有限公司 |

【建筑市场管理】 年内,创新建立建筑工程质量安全技术专家库,制定出台《长兴县建筑工程施工质量安全技术专家库管理办法(试行)》,采用"买服务"的方式,充分发挥行业技术人才特长参与日常检查。组织开展建设施工合同履约检查工作,共检查建筑企业8家,发出整改通知书8份;开展绿色建筑、节能、设计勘察和建筑工业化专项检查,共检查建筑企业12家,发出整改通知书10份;开展新型墙体材料应用情况专项检查,共检查建筑企业5家,发出整改通知书4份;开展混凝土企业安全生产以及违规使用海砂情况检查,共检查混凝土企业8家,发现问题42处,全部限期完成整改。全年核发施工许可217项,建筑面积537.48万平方米,涉及工程造价73.42亿元。继续推进建筑市场监管与诚信信息平台建设,采集企业、人员数据500余条。创成县级文明标化工地26个、市级文明标化工地10个。全年处理建筑施工领域农民工工资问题22起,涉及金额877.30万元,涉及工人255人。

【建设工程质量监督】 年内,新增建设工程质量监督项目218个、面积558万平方米,其中土建类188个、市政类(含小区及公建配套市政)30个。竣工备案项目130个,其中土建类104个(面积198.23万平方米)、市政类26个,建设工程竣工铭牌设置率100%。对建设工程各环节验收监督784次,下发《工程实体质量监督检查记录》784份,其中竣工验收监督抽查161次。审核各类工程资料833份,出具《资料审核告知书》833份。办结建设工程质量监督方面的行政处罚案件1起,处以罚款金额21万元。

【建设工程安全监督】 4月,召开全县建筑业安全生产大会,与局属企事业单位、局十一个安全生产专项组以及县域范围内房地产开发、建筑施工、监理企业签订安全生产责任书。6月13日,在橡树庄园工地现场开展消防应急演练。6月15日,结合2018长兴县"安全生产月"主题咨询活动,通过安全知识展板展示、发放安全手册、现场咨询等形式,宣传普及建筑安全知识。6月27日,在橡树庄园三期工地举办施工现场安全生产文明施工观摩会,中心城区在建项目负责人(项目总监)以及建筑施工、监理企业等相关负责人130余人参加。年内,共开展安全生产大检查及安全专项检查9次,下发整改通知书294份(限期整改通知书234份、停工整改通知书26份、局部停工整改通知书34份),对存在违规行为碧桂园·城央名邸、银杏庄园、五金城二期、齐山庄园等4个项目的8家参建单位予以立案和行政处罚,共处罚款9万元。全年办理开工条件审查173项次,起重设备备案785台次。

【建筑节能】 年内,贯彻实施《浙江省绿色建筑条例》,节能设计审查备案登记的建设项目(除工业项目外)67项,总建筑面积320万平方米。新建建筑节能强制性标准执行率为100%,城镇新建绿色建筑比例达98%。已审查备案登记的建设项目中有7个项目达到二星级绿色建筑设计标准,二星级绿色建筑占比达10%。推进新建建筑屋顶光伏工程建设,全年建成屋顶光伏5500平方米,折算户数1650户,完成市建设局下达任务的130%;新增民用建筑屋顶光伏审查1.90万平方米,折算户数5700户,完成市建设局下达任务的360%。完成浙江长兴永时康生物科技有限公司生物医药研发平台、长兴县第二小学改扩建工程等2个既有公共建筑节能改造2.65万平方米。

【建筑工地扬尘治理】 年内,按照《湖州市打赢蓝天保卫战三年行动计划(2018—2020年)》《长兴县2018年大气污染防治"1+3"百日坚实施方案》的要求,突出建筑工地扬尘污染治理,严格落实建筑施工现场围挡设置、车辆冲洗、外脚手架安全网、主干道硬化等"7个100%"措施。所有在建工地全部落实"工地长",由专职安全员担任。对全县建筑工地进行全面排查整治,开展在建项目扬尘专项检查429个次,发现并整改问题855个,发出整改通知书235份,停工整改通知书45份,对五金城二期、莱茵河畔、华府锦苑等3个项目全县通报批评,对18家企业预警约谈,对欧洲花园项目行政立案处罚。不断完善现场技防设施,全县103个建筑面积在1万平方米以上的在建工地全部安装视频监控。采用新型降尘措施,全县17个建筑面积10万平方米以上的在建工地全部安装颗粒物在线监测设备，共有29个高层建筑项目的102幢高层建筑单体外脚手架全数安装喷淋装置，36个项目安装细微颗粒监测仪，8个项目安装塔吊喷淋系统，购置投入使用112台高压降尘雾炮机，建筑工地扬尘防治效果明显。

【新型建筑工业化】 年内，新开工建设装配式建筑项目51个、建筑面积122万平方米，其中钢结构工业厂房项目46个、总建筑面积83万平方米，装配式住宅和公共建筑项目5个、总建筑面积39万平方米。落实《湖州市人民政府办公室关于促进中心城区房地产市场持续平稳健康发展的意见》有关规定，落实8个住宅全装修项目，总面积约30万平方米，主要集中在恒大、碧桂园等项目。

钢构件企业 年内，长兴本地企业有31家申请钢结构工程专业承包资质被审核批准。至12月底，全县上规模的钢构件生产企业8家，分别是华鑫、天鑫、广诚、荣欣、厚德、陆氏、华星、万航。每家企业年生产钢构件可达5000吨，全县全年钢构件的生产能力在5万吨左右。位于林城镇的华鑫正扩大产能，预计可实现年生产钢构件2万吨。

混凝土预制构件生产基地 年内，长兴本地有3家混凝土预制构件生产基地，分别是浙江瑞高绿建科技有限公司、浙江发恩集成房屋有限公司、浙江山鹰顺达工程材料有限公司。浙江瑞高绿建科技有限公司位于长兴经济技术开发区，主要生产外墙，年产能8万平方米，多应用于高端公建类建筑。浙江发恩集成房屋有限公司位于长兴经济技术开发区，主要生产叠合板和楼梯，年产能5万立方米。浙江山鹰顺达工程材料有限公司位于煤山镇，主要生产叠合板和楼梯，年产能2万立方米。

## 房地产业

【概况】 年末，全县在售房地产项目共计96个，其中中心城区63个、乡镇33个。全年完成房地产开发投资76.27亿元，比上年同期增长48%；商品房新开工面积140.33万平方米，比上年同期增长28%；竣工面积94.40万平方米，比上年同期下降18%；销售商品房9392套，总面积135.67万平方米，比上年同期增长17%；全县普通住宅销售均价8300元/平方米，中心城区普通商品住房销售均价8800元/平方米。全面完成第二次全县城镇房屋调查登记。

【房地产业管理】 年末，全县共有房地产开发企业123家，其中一级2家、二级1家、三级6家、四级99家、暂定级25家。6月4日起，按照省建设厅2018年度随机抽查工作计划和“双随机”抽查监管要求，县建设局牵头联合市场监督管理局、物价局、公积金中心、人行长兴支行开展整顿规范房地产开发经营行为和中介行为“双随机”检查活动，共检查开发企业、中介机构48家，发现企业资质人员配置不符合资质等级要求、证照公示不全、明码标价不规范、虚假违规广告、预售资金进账出账不规范等问题72条，发放整改通知书72份；约谈企业资质人员配置不符合核准资质等级要求、预售资金部分未进监管账户、未取得预售证擅自进行商品房销售收取预付款的企业负责人5名，责令限期整改，并对符合立案条件的予以立案查处1例。完善房地产经纪机构备案制度，全年注册备案76家，备案从业人员104人。严格商品房预售监管，全年共审批办理商品房预售证65件，批准预售商品房8740套、面积1322298平方米，其中预售商品住宅面积1172897平方米。

### 2018年长兴县主要竣工楼盘情况

表24

| 房地产开发企业名称 | 楼盘名称及范围 | 面积（平方米） | 竣工时间 |
|---|---|---|---|
| 湖州嘉兆实业有限公司 | 长兴海洋城二期1#、3#、4#、5#、6#楼、地下室 | 126508.78 | 1月3日 |
| 长兴中科五金机电城发展有限公司 | 长兴五金城建设项目A区块1#—7#楼 | 30064.79 | 1月25日 |
| 长兴中翔投资有限公司 | 和平·中心广场（中翔商业广场） | 24834.78 | 2月2日 |
| 浙江禾峰置业有限公司 | 禾峰乾庄建设项目 | 65395.31 | 3月6日 |
| 长兴佳源房地产开发有限公司 | 长兴佳源·英伦都市二期工程地下室、14#—16#楼 | 42969.57 | 4月13日 |
| 浙江和而生实业有限公司 | 长兴县第二人民医院配套用房1#—6#楼、泵房（和康嘉苑） | 18763.45 | 5月10日 |
| 长兴美都置业有限公司 | “美都铭座”建设项目 | 67047.83 | 5月29日 |
| 浙江盛地房地产开发有限公司 | 西城时代二期1#、2#、6#、7#楼、1#地下室 | 14723.52 | 6月22日 |
| 长兴欣诺房地产开发有限公司 | 香悦四季花园1-21幢、磨盘山路66号、磨盘山路70号 | 25946.4 | 8月17日 |

续表24

| 房地产开发企业名称 | 楼盘名称及范围 | 面积(平方米) | 竣工时间 |
|---|---|---|---|
| 长兴万城房地产开发有限公司 | 万城湖滨商业广场 | 2866.67 | 8月17日 |
| 长兴利时建设开发有限公司 | 长兴利时广场建设项目二期续建裙房14#楼及地下室 | 110906.11 | 8月22日 |
| 长兴溪美物资贸易有限公司 | 白溪大厦 | 27028.52 | 8月23日 |
| 湖州国柱置业有限公司 | 龙湾斗公寓1#—11#楼 | 5472.52 | 10月9日 |
| 长兴县金中房地产开发有限公司 | 泗安镇18#地块二期4#—6#楼、三期7#—9#楼拆迁安置房工程 | 21553.97 | 10月24日 |
| 长兴华锦置业有限公司 | 华府锦苑1#、4#、5#、6#楼 | 48671.65 | 11月5日 |
| 浙江云厦集团有限公司长兴房地产公司 | 香堤雅墅(东侧地块)D组团1#—5#楼,E、F组团E1#—E6#、F1#—F7#楼 | 20972.96 | 11月8日 |
| 长兴绿城房地产开发有限公司 | 长兴中心商务区D地块二期 | 40079.04 | 11月23日 |
| 长兴富民房地产开发有限公司 | 香樟苑二期建设项目14#、17#—21#楼 | 17321.92 | 12月4日 |
| 长兴恒通房地产开发有限公司 | 绿城长兴玉兰花园二期1#—2#、4#—5#、7#—8#、11#—13#楼及地下室、幼儿园 | 54479.86 | 12月14日 |
| 长兴吕缘房地产开发有限公司 | 吕蒙商业街1#—5#楼 | 16518.81 | 12月17日 |
| 长兴利时建设开发有限公司 | 长兴·利时广场建设项目一期(住宅部分)1#—2#、5#—6#、9#—12#楼及地下室 | 128306.87 | 12月19日 |
| 湖州晟泰实业投资有限公司 | 林城商贸新城二期合景苑1#—3#、5#、7#、10#楼及紫竹苑1#—2#、4#、6#楼 | 28145.62 | 12月27日 |

**【房地产业政策】** 年内,出台《2018年单位、个人购买新建商业、办公商品房契税补贴实施细则》。从2月6日起,对单位、个人在长兴县内购买新建商业、办公商品房实施契税补贴,按所缴纳的契税(以完税凭证为准)地方分成部分给予全额补贴。年末,享受新政奖励总计125套、面积2.87万平方米,发放奖励金额503.37万元。

**【第十八届房地产博览会】** 10月26至28日,长兴县第十八届房地产博览会在和文化广场举行,共有20家房地产企业、30个楼盘参展。房博会共接待意向客户1585组,成交商品房238套。

(卓考斌)

10月26日,2018长兴县第十八届房地产博览会开幕 (建设局 供)

# 商贸物流

## 综　述

2018年，长兴县商务局内设办公室、组宣人事科、综合科、招商管理科、项目管理科、外资管理科、外经贸管理科、商贸发展科、市场管理科、电子商务科、行政许可科、粮食管理科12个职能科室，下属屠宰服务中心、粮食收储有限公司、商业（集团）有限公司、汽车回收公司4个单位。年末，有领导班子成员11人（其中派驻纪检监察组组长1人），有工作人员48人（不包括派驻纪检监察组4人），其中行政编制22人、事业编制12人、聘用人员14人，借到其他部门2人。

年内，紧紧围绕"大商贸、大市场、大流通"建设目标，抓规划引导、建载体平台、优管理服务，在经济新常态下商贸流通业迎难而进，总体呈现稳步发展良好态势。全县累计实现社会消费品零售总额282.41亿元，比2017年增长10.1%。限额以上批零贸易业实现销售额1329.84亿元，比2017年增长20%。限额以上住宿餐饮业实现营业额4.92亿元，比2017年增长7%。汽车4S销售服务企业累计实现销售额23.64亿元，比2017年下降1.9%。全县限额以上批零贸易、餐饮企业187家，商品交易市场40个（其中亿元以上商品交易市场18个）；5000平方米以上的商贸零售网点有22个（其中1万平方米以上网点16个）；营业收入5000万以上的商业企业有87家（其中亿元以上商业企业61家）；累计建成商业营业面积138.50万平方米，人均商业面积2.18平方米。全县网络零售规模创新高，实现网络零售额55.46亿元，比2017年增长35.3%，增幅全市第一。全县共有电商应用企业及个人网商6000多家，其中规上企业电商应用600余家。2018年省级电商创新发展试点考核中被评为优秀。湖州得威电子商务有限公司获评浙江省电子商务百强企业，浙江优全护理用品科技股份有限公司、浙江橙果科技股份有限公司和长兴电子商务物流产业园荣获市电子商务示范单位。

## 商贸流通

**【概况】** 年内，继续深入推进省级流通业综合改革试点工作，在执行商贸规划、夯实产业基础、繁荣消费市场、打造新兴业态、提升城市服务等方面取得新突破，长兴东鱼坊历史文化街区、九汇城、利时广场等大型商业网点相继开张营业，城区商业氛围日益浓厚。全县累计实现社会消费品零售总额282.41亿元，比上年增长10.1%，增幅排名全市第二。实现商贸业增加值总量87.67亿元，比上年增长6.4%。全年限上批发业企业93家，实现销售额1284.25亿元，比上年增长20.6%；限上零售业企业56家，实现销售额45.59亿元，比上年增长5.1%；限上住宿业企业16家，实现营业额3.23亿元，比上年增长3.5%；限上餐饮业企业20家，实现营业额1.69亿元，比上年增长14.4%。

**【主要商品销售稳中有降】** 年内，从九大商品类别来看，仅粮油食品类和家用电器类增幅相比半年度有所提高，其余七大类均有不同程度下降。刚需类商品增速放缓。2018年，全县服装、鞋帽、针纺织品类增长11.7%，相比半年度下降5.4个百分点；日用品类增长0.6%，相比半年度下降3.7个百分点。出行类商品增速下滑。2018年石油及制品类受油价多次连续下降以及个别加油站关停的影响，石油及制品类实现零售额1.10亿元，同比下降28.7%，增幅相比半年度回落29.40个百分点。汽车类销售持续走低，2018年汽车类实现零售额24.10亿元，同比增长1.2%，增幅相比半年度回落4.10个百分点。

**【商贸流通基础设施建设】** 年内，加快推进商贸基础设施建设，全县7个市商贸重点项目计划总投资77亿元，年度计划投资14.80亿元，已完成投资15.60亿元，完成年度投资计划的105.4%。2个商业综合体项目项目年内按计划竣工，其中利时广场于8月18日对外营业，九汇城于9月30

日开张营业;龙之梦太湖古镇项目西区主体结构完成80%,东区主体结构完成92%,总体进展顺利。

【商贸新兴业态加快推进】 年内,加快乡镇农贸市场提升发展,完成图影、新塘农贸市场的改造建设。传统商品交易市场转型提升,金百尚与居然之家合作于10月1日开张营业,实现统一收银运营管理模式,有效提升家具专业市场品牌价值。中科五金城A区顺利竣工,于8月26日对外营业。充分发挥乡镇自身产业特色,推进以白茶文化为核心的和平镇、以特色工业文化风情街为核心的煤山镇、以长兴轻纺城为核心的夹浦镇和以湖羊风情特色为亮点的吕山乡等乡镇商贸振兴发展。

## 2018年长兴县商贸行业完成情况

表25

| 项　目 | 本年金额(亿元) | 上年金额(亿元) | 比上年增长% |
|---|---|---|---|
| 限额以上批发业 | 12842510.30 | 10645755.20 | 20.6 |
| 限额以上零售业 | 455890.10 | 433707.90 | 5.1 |
| 限额以上住宿业 | 32319.80 | 31217.60 | 3.5 |
| 限额以上餐饮业 | 16882.20 | 14755.70 | 14.4 |

## 2018年度全县商贸业增加值、税收完成情况

表26

| 商贸业增加值 | 总量(亿元) | 比上年增长(%) | 占服务业增加值比重(%) | 占GDP比重(%) |
|---|---|---|---|---|
| | 87.67 | 6.4 | 31.8 | 14.4 |
| 商贸业税收 | 总量(亿元) | 比上年增长(%) | 占服务业税收比重(%) | 占全县财政总收入比重(%) |
| | 10.43 | -2.2 | 28.0 | 10.2 |

【市场建设】 年末,经登记在册的各类商品交易市场40个,其中生产资料市场8个。全县亿元以上商品交易市场18个,全年全县商品交易市场总成交额191亿元,比上年增长5.2%。

## 2018年长兴县专业市场基本情况

表27

| 名称 | 地址 | 经营范围 | 总营业额(万元) | 比上年增长(%) |
|---|---|---|---|---|
| 长兴县浙北建材市场有限公司 | 长兴县环城南路58号 | 家居建材 | 19980 | 0.9 |
| 浙江金百尚实业有限公司 | 长兴县长洪路88号 | 家居建材 | 2000 | -83.3 |
| 长兴家之窗现代家居广场 | 长兴县经三路与陆汇路交叉口 | 家居建材 | 20000 | -2.2 |
| 长兴建材城 | 长兴县图影大道与长吕大道交叉口 | 家居建材 | 6998 | 48.2 |
| 长兴轻纺城市场 | 长兴县长兴轻纺城15幢41号 | 轻纺产品 | 260242 | 2.8 |
| 浙北二手车交易市场 | 长兴县五里桥 | 二手车 | 67800 | 3.5 |
| 长兴农副产品综合批发市场 | 长兴县雉城镇104国道与318国道交叉口 | 农副产品 | 14500 | -97.7 |
| 长兴金陵商城发展有限公司 | 长兴县雉城镇城南路81-83号 | 综合市场 | 283815 | 持平 |

【节会消费活动】 年内，组织举办“五一全城购”“金秋购物节”“消费促进月”等主题促销活动。国庆黄金周期间，企业创新促销活动，大力营造消费氛围，呈现购销两旺态势，县内24家定点监测企业共实现销售2.30亿元，比2017年增长8.4%。举办年货节、两届家具建材博会、两届车博会，参展商近400家，展会期间累计实现成交额约2.22亿元，有效地满足市民消费需求，拉动消费快速增长。

2018年长兴县节会消费活动情况

表28

| 名称 | 时间 | 参与商家(家) | 促销范围 | 成交额(万元) |
|---|---|---|---|---|
| 第九届家具建材博会 | 1.13—1.14 | 45 | 家装、建材 | 1150 |
| 第四届年货节 | 2.2—2.11 | 268 | 土特产、年货 | 1350 |
| 第二十五届车博会 | 4.13—4.15 | 20 | 汽车 | 8350 |
| 第十届家具建材博会 | 8.17—8.19 | 42 | 家装、建材 | 1730 |
| 第二十五届车博会 | 12.8—12.10 | 19 | 汽车 | 9620 |

2018年长兴县企业拥有老字号情况

表29

| 企业商品名称 | 商标名称 | 认定时间 | 商品类别 |
|---|---|---|---|
| 长兴县紫笋名茶开发公司 | 紫笋茶 | 2010年8月25日 | 浙江省老字号 |
| 长兴雉城装池书画舫 | 殷氏书画舫 | 2010年8月26日 | 浙江省老字号 |
| 浙江百叶龙文化发展股份有限公司 | 百叶龙 | 2010年8月27日 | 浙江省老字号 |
| 长兴虹星桥刘井舞狮有限公司 | 刘井舞狮 | 2013年12月26日 | 浙江省老字号 |

## 电子商务

【概况】 年内，全县网络零售快速增长，全县网络零售额实现55.46亿元，比上年增长35.3%，增幅排名全市第一，网零总量排名全省各县区第59名；新增电商应用企业155家，其中跨境电商应用企业39家；电子商务专业村升级3家，培育9家。新建及改造村级服务站80个；新建社区智能投递终端20个；电子商务技能评定1584人。

【省级电商创新发展试点】 年初，围绕2018年浙江省电商创新发展试点工作任务，制定《长兴县电商创新发展试点2018年工作方案》《省电子商务创新发展试点县专项资金管理办法》，明确试点内容和项目扶持办法。规划10大试点项目，其中农产品网上销售体系建设规划特色长兴馆、农村淘宝等5个项目，产业集群跨境电商规划跨境电子商务产业园等3个项目，电商公共仓储规划星网云仓等2个项目，以项目建设带动试点建设。年末，试点工作考核被省商务厅评为优秀。

【农村电子商务】 年内，以“电子商务进万村”工程为载体，加快推动农村电商发展。完成基础电子商务人才培训4100人次，电子商务技能评定1584人。龙溪村、洪桥村、杨吴村、陈家埭村、环沉村、抛渎村服务站荣获湖州市电子商务示范服务站；谭家村、水口村、环沉村、北汤村、杨湾村5个村荣获省级电子商务专业村，杨湾村入选中国淘宝村。洪桥镇、虹星桥镇、吕山乡被评为湖州市“一乡一品”示范乡镇；王彩红、胡凌花被评为湖州市农村电子商务示范带头人。全县农村淘宝线上成交订单量78万单，线上成交金额1.14亿元，综合排名位列浙江省各县区前列。

【跨境电商】 年内，全县新增跨境电商应用企业39家，269家企业依托阿里巴巴国际站、敦煌网、环球资源网等第三方平台应用跨境电商。依托县内纺织产业的集群优势，120家纺织企业开通阿里巴巴国际站来发展跨境电商业务。全县跨境电商交易额完成4800万元(其中全之脉8、9、10月跨境交易额实现2000万美元)，比上年增长220%。

## 粮食购销与储备

【概况】 年内,全面落实粮食安全责任制,做好粮食购销工作和仓储设施建设,推进放心粮油示范县建设,完成1家"放心粮油"加工示范企业和17家"放心粮油"示范店创建工作,通过省粮食局验收,成为全省首批20个"放心粮油示范县"之一。

【粮食流通管理】 年内,落实县级储备粮油规模39055吨,其品种结构为:小麦17930吨、早籼谷3100吨、晚籼谷4370吨、晚粳谷12500吨、成品粮晚粳米600吨(折原粮800吨)、菜油355吨。规范开展储备粮油轮换,通过网上粮食市场竞价完成15500吨县级储备粮油轮换出库任务(包括小麦3000吨、早籼谷3400吨、杂交谷2400吨、晚粳谷5900吨、晚粳米600吨、豆油200吨);通过网上粮食市场竞价完成2900吨小麦、3100吨早籼谷、2300吨杂交谷、600吨晚粳米(全年轮换二次)、200吨菜油的补库任务。做好"订单粮食"收购工作,县粮食收储公司与县内种植面积在16.67公顷以上的174户种粮大户签订6400吨晚粳稻订单协议,通过"订单晚稻"收购完成6400吨晚粳谷的补库任务。为保护粮农种粮积极性,经县政府同意,对部分种粮大户种植的"甬优538"等籼粳杂交稻在订单范围内予以政策性收购,共收购籼粳杂交稻3440吨;严格监管储备粮油安全,开展"一符四无"粮仓季度鉴定,鉴定合格率达100%;履行军粮供应职能,保质保量完成军供任务。

【粮食仓储设施建设】 年内,在全面启用新中心粮库,逐步做好地面二次成型、试运行和完善粮食仓储智能化系统的基础上,向省粮食局、财政厅申报粮食仓储设施改造建设项目计划,主要包括虹星桥中心二库烘干中心改造项目(新增120吨烘干机及其配套房屋和辅助设备)和中心粮库功能提升项目(安装粮库仓储专用空调22组、搭建仓间纹罩棚1400平方米等)。通过申报和现场评审,该改造提升项目被省粮食局、财政厅列入2018年度粮食仓储设施建设省财政重点支持市县名单,项目已全部完成。中心粮库智能化升级改造项目顺利完成验收,成为全市首个"智慧粮库",能够实现粮情检测、虫情监测、智能安防、出入库智能化、结算便捷化等功能,实现粮食从入库到出库的全程信息化管理。

(李传虎)

## 供销合作

【概况】 长兴县供销合作社联合社(简称县供销社)是县委、县政府领导下的群团机构,同时承担县农民合作经济组织联合会(简称县农合联)执委会工作职能。2018年,县供销社机关有办公室、组宣人事科、综合业务科3个内设机构。县农合联执委会依托县供销社机关成立,有办公室、生产服务部、供销服务部、信用服务部、财务审计部和资产经营公司内设机构。下属公益一类事业单位一家县"三农"服务中心。年末,共有在职人员24人。其中,编内人员18人,编外人员4人,其他人员2人;主任1人,副主任3人。全系统实现销售收入35.50亿元,比上年增长12.8%;利润总额1863万元,比上年增长10.4%;连锁销售额3.3亿元,比上年增长10.7%;农副产品市场交易额24.30亿元,比上年增长19.2%。获全省供销社系统综合业绩考核优秀单位,全市供销社系统区县综合业绩考核优秀单位,全县综合考评一等奖。

【农合联改革】 年内,深化"三位一体"改革,继续推进乡镇(街道、园区)农合联组织体系规范化建设;发挥改革成果,组织实施全县社户对接、产业扶贫"十百千万"助农增收工作;稳步推进特色产业农合联和农民专业合作社建设,切实做好"三农"服务工作。年内,县农合联指导乡镇(街道、园区)农合联、特色产业农合联按照"有阵地、有人员、有制度、有经费、有活动、有服务"的"六有"标准开展组织体系建设;制订《长兴县社户对接助农增收"十百千万"帮扶行动实施方案》并组织实施;制订长兴县农民专业合作社(联合社)会员星级评定办法,对农合联会员中的农民专业合作社(联合社)会员开展星级评定,认定星级会员149家;成立"三农"服务中心,配备人员,负责全系统为农服务事宜。各乡镇(街道、园区)农合联

7月27日,长兴蜂产业农合联成立大会在农商银行会议室召开 (供销社 供)

按要求开展规范化建设,年末,和平、虹星桥、吕山三家农合联被评为第二批示范性乡镇农合联,洪桥、泗安两家农合联获评湖州市基层服务示范窗口荣誉称号,乡镇级农合联规范化率达到百分百;承担“十百千万”助农增收帮扶主要工作,新建和改建集中帮扶基地55个,帮扶低收入农户1525户,基本完成年初制订的帮扶目标任务。按照《长兴县特色产业农合联年度发展培育计划》,新办紫笋茶、蜂业两个特色产业农合联,吸收会员148个;至年末,特色产业农合联总数达5家,分别为葡萄产业农合联、芦笋产业农合联、大闸蟹产业农合联、紫笋茶产业农合联、蜂产业农合联。新办“全天候水果”和“史家果蔬”2家农民专业合作社,领办、参办的农民专业合作社总数达到154家;新增注册商标2只。

【农资供应服务】 2018年,农资货源充足,春耕备耕期间,组织、采购、储备各类化肥5370吨,农药111吨;与县农业局联合开展“绿剑”农资执法行动,规范农资市场秩序;新增农资销售网点3家。开展送科技下乡服务活动,完成农民实用技能培训680人次,发放资料2800份;免费为专业合作社开展测土配方施肥37次,面积52公顷;优惠供应化肥180吨,让利2.70万元;全年供应各类化肥2.69万吨,比上年下降31.5%,农药101吨,比上年下降69.4%,农膜1410吨,比上年增加6%。

【生产服务】 年内,新增连锁网点5个,新建庄稼医院1家,改建葡萄、苗木两家专业庄稼医院;在葡萄、茶叶、农资、农机等方面开展农民技能培训共计217人次,其中全县葡萄主栽品种生产技术交流会,全县100多位葡萄种植人员、专业合作社参加;“惠农气象直通车”服务平台面向包括芦笋、葡萄、紫笋茶、蜜蜂、大闸蟹等产业600余人及时推送精准气象信息,覆盖率达95%以上。产业农合联在开展技术指导的同时,分别开展农产品地方性生产标准的制订、会员统购包销、机器换人和农产品品质提升等服务活动。

【供销服务】 年内,开展农产品展示展销服务,组织18家农产品销售企业、专业合作社等参加湖州名特优农产品新春大联展,销售额达61万元;领办、协办农事节庆活动,推动农旅对接;葡萄产业农合联葡萄集中交易区全年进场交易葡萄近5000吨;芦笋产业农合联继续实行包销会员芦笋办法,全年共收购销售会员芦笋1500吨,销售额1500万元;大闸蟹产业农合联销售大闸蟹4吨,销售额370万元;县乡两级农合联主办和承办樱桃、葡萄、杨梅等25个农事节庆活动。在“十百千万”助农增收攻坚行动中,实施“低收入农户自行销售为主、农合联及其会员负责包销兜底”的办法,313家农合联生产型会员单位为1070户从事产业发展的低收入农户提供销售帮助。

（卫义成）

9月14日,县供销社实施“十百千万”助农增收攻坚行动,图为对农户葡萄修剪技术指导

（供销社 供）

## 专卖专营

【概况】 年内,县域全面实行烟花爆竹禁止销售、禁止燃放,加强烟草市场行政管理,实行盐业管理政企分开。年末,全县有加油站(点)85座,全年成品油销售量实现27.80万吨。

【烟草】 长兴县烟草专卖局(湖州市烟草公司长兴分公司)为法定政企合一的县级机构,主要职能为县域烟草市场行政管理、涉烟案件稽查,并为全县5800余户卷烟零售客户提供卷烟批发、配送及市场营销等服务。2018年内设专卖监督管理科、业务科、财务科和办公室4个科室,下辖雉城、夹浦、李家巷、和平、泗安、煤山6个烟草专卖管理所及2个专卖稽查中队、3个市场部,年末员工总数141人。全年完成卷烟销量3.19万箱,实现卷烟销售额16.12亿元,年税利总额达4.72亿元,销量、销售额、单箱销售额等指标均居湖州三县第一。共查获各类违法案件420起,查获涉案卷烟3.80万条,总案值达756.95万元,市场净化率保持在99%以上。创新浙北国道高速卡口监管方式,继续完善与宜兴烟草、广德烟草、高速交警等部门的执法协作机制,查获“10·18”全市地区首起专业改装车运销假烟大案。年内有3个室外吸烟亭、500个吸烟桶投入使用,文明吸烟环境建设受到地方肯定。

（周　丹）

12月,县烟草局专卖稽查大队在二界岭卡点查获一批流入长兴县的非法卷烟

(烟草局 供)

【盐业】 年内,浙江省盐业集团湖州市盐业有限公司长兴分公司是县内唯一具有食盐批发资质的国有独资企业,承担政府食盐储备职能。长兴分公司采取直接配送的共货方式直达食盐零售终端户,并与食盐零售商签订《食盐安全保障供应协议》。供应盐品种20种,其中小包装口食盐有低、中、高端产品14种,既满足不同群体的需求,又丰富盐品市场。全年共组织调运各盐产品6100吨,销售盐产品6051吨,其中小包装口食盐1896吨、食品加工腌制盐2256吨、渔业用盐360吨、工业用盐1539吨,不含税销售收入1065万元。年末,盐务管理局牌子摘除,彻底实行政企分开。

(邵玉堂)

【成品油管理】 年内,全县有加油站(点)85座,其中加油站62座、加油点23座。按照投资主体分,其中中石化39座(包含4座高速加油站)、中石油19座、社会27座。全县在建成品油库1座,即中球冠集团投资的中山油库项目,批复库容12000立方米。全年成品油销售量实现27.80万吨,比上年增长4.5%。做好加油下油罐防渗改造工作,完成防渗改造加油站62座,完成改造任务的98.4%。全县加油站已全部实行车用汽油、车用柴油国六标准供应。

(李传虎)

【烟花爆竹】 根据县政府部署,1月1日起城区及重要路段实行烟花爆竹禁止销售、禁止燃放的"双禁"工作,6月1日起实行县境全域"双禁"。年内,全面开展烟花爆竹"双禁"工作,指导和协助烟花爆竹公司做好"双禁"宣传、商品回收和货款退付工作。共回收烟花爆竹商品1万箱,支付货款100余万元,清退零售网点预收货款290万元,与15名在职职工解除劳动合同关系,圆满完成"双禁"工作。至2017年年末,全县有烟花爆竹批发企业2家,其中长兴县烟花爆竹有限公司为县供销社下属全资企业、吉利烟花爆竹有限公司为股份制企业,有烟花爆竹零售店600余家,全年销售额1958万元。2003—2017年,县烟花爆竹有限公司销售总额16953.70万元。

【长兴县烟花爆竹有限公司】 1998年10月,县供销社在县日用杂品总公司破产时,将总公司原经营的烟花爆竹批发销售业务划出,成立长兴县烟花爆竹有限公司,注册资金200万元,其中县供销社占股51%,员工占股49%,实行承包经营责任制。2003年,县社决定收回职工股份,同年7月,公司变为县社独资企业,委派机关人员担任法人代表。2005年,公司选址和平镇石泉村金山北坡建造标准仓库,至2007年,占地0.87公顷、建筑面积1065平方米、总投资300多万元的新仓库一个A3级库、两个C级库全部竣工落成,并通过县、市、省三级验收,投入使用。2018年年初,

**2003—2017年长兴县烟花爆竹销售情况**

表30　　单位:万元

| 年　份 | 销售额 | 年　份 | 销售额 | 年　份 | 销售额 |
|---|---|---|---|---|---|
| 2003 | 320.60 | 2008 | 780.90 | 2013 | 1528 |
| 2004 | 540.90 | 2009 | 916.80 | 2014 | 1388 |
| 2005 | 551.30 | 2010 | 1064.20 | 2015 | 2341 |
| 2006 | 587.20 | 2011 | 1210 | 2016 | 1740 |
| 2007 | 644 | 2012 | 1382.80 | 2017 | 1958 |

说明:1998—2002年烟花爆竹有限公司由原职工承包,数字未作统计

(卫义成)

公司有在职职工18人。实行“双禁”后，公司积极回收货物，清退预收款，对回收和库存商品退回厂家，至10月，上述工作全部完成，随后妥善安置职工，至12月，1名职工退休，2名职工考取编外和事业单位，15名职工协议解除劳动合同。至此，“双禁”工作圆满结束。公司从1998年成立至2018年结束，先后租赁原南门雉城粮管所、原冷冻食品厂、金莲桥原村委会、高山岭原村委会作为公司经营和办公地址，“双禁”结束后，公司不再经营，自有的仓库、车辆等资产未作处理。

（卫义成）

## 现代物流

**【概况】** 年内，浙江兴一物流有限公司从AAA级升为AAAA级物流企业，新增长兴鑫华物流有限公司1家AAA级物流企业。至年末，全县共有冠名物流企业610家，个体工商户4023家，其中AA级及以上物流企业27家。全县实现物流业增加值38.06亿元，比上年增长9.6%，占全县服务业增加值和GDP的比重分别为13.8%和6.2%。

**【长兴综合物流园区】** 位于湖州南太湖产业集聚区长兴分区，西靠长湖申航道，东面与104国道相接，北侧与318国道相连，南侧通过城市支路与104国道“丁”字相接，距杭宁高速路口仅500米，区域交通便利。园区规划总占地面积159.87公顷，计划总投资29.03亿元，分A、B、C三区三阶段进行建设。第一阶段已建成投入使用工程区为A区，称“物流服务区”，占地25.67公顷，总建筑面积20余万平方米，总投资4.83亿元，主要功能为零担配载中心、仓储加工中心。已入驻第三方物流、专线、零担配载等公路运输型物流企业300余家。长兴综合物流园区与传化智联股份有限公司签订“公路港”委托经营合作框架协议，2018年，长兴传化公路港物流有限公司正式接管运营长兴综合物流园A区，已经和园区90%以上的企业签订合作协议。第二阶段在建工程为B区，称“多式联运区”，占地109.27公顷，计划总投资19.20亿元，主要规划为内河码头物流园、铁路物流园、制造业配送中心等功能区块，已完成铁路主货场及配套区一期、华东白色家电配送中心、鑫华物流配送中心等区块建设，建筑面积超15万平方米；在建制造业配送中心、鑫达公铁联运集装箱分拨中心，建筑面积超10万平方米。第三阶段未来发展区为C区，占地24.92公顷，还在设计规划中。

制造业配送中心　项目占地8.33公顷，计划总投资5亿元，由5家规模物流企业联合开发、统一规划建设。规划建设以白色家电、蓄电池、纺织、耐火材料等制造企业为主的华东仓储配送中心。于2016年2月开工建设，计划至2019年完成。至2018年末，制造业配送中心项目德玛物流工程已竣工并通过验收；天邦中德工程主体建筑已施工完成，现进行验收资料收集。场外配套开始路面浇筑施工；越顺物流工程办公楼、食堂已竣工，仓库主体已结顶，粉刷已完成，现进行油漆及安装施工，场外配套路面浇筑已完成80%；荣威工地办公楼外墙干挂已施工完成、内部装修已进场施工；仓库地坪浇筑和墙面油漆已完成，现进行内部安装施工，场外配套已完成管道铺设，开始路面平整。

鑫达公铁联运集装箱集散中心　占地面积4.22公顷，计划总投资2.5亿元，主要建设综合楼、仓储中心、配送中心、散挂运输平台等功能为一体的公铁联运集装箱集散中心。于2017年3月开工建设，计划至2019年完成。至2018年年末，鑫达公铁项目工程1号、2号办公楼主体已结顶，墙体砌砖、粉刷已完成，开始油漆。仓库钢结构屋面板已安装完成，场外配套已开始管道铺设，配电房、水泵房、传达室已完成结构施工。

湖州南方物流输送带项目　中转仓储及输送工程，计划总投资6.30亿元，建设年输送能力为1050万吨熟料的长胶带输送及仓储系统，输送带总长22千米。于2015年8月开工建设，2018年8月投入运行。

（潘　伟）

鑫达公铁联运集装箱集散中心　（交通局 供）

# 开放型经济

## 综 述

年内,主动顺应经济全球化和区域一体化趋势,鼓励企业参与“一带一路”建设,推进“走出去”“引进来”,持续拓展国际市场,主要指标走在前列,市“大好高”项目、实到外资、浙商回归省外到位资金三项指标均居全市第一,合同外资全市第二。全县完成进出口总额191亿元,比2017年增长23.7%;其中,完成出口157亿元,比2017年增长15.1%,增速高于全国8个百分点、高于全省6.1个百分点。出口占全省的比重为7.4‰,比2017年提高0.4个千分点。完成境外投资项目报批12个,中方投资总额7077.19万美元,完成外经营业额1869万美元。签约项目屡创新高,全年共签约亿元以上项目101个,总投资1028亿元。完成合同外资6.6亿美元,完成实到外资2.4亿美元,完成报送浙商回归省外到位资金112.37亿元。

## 对外贸易

**【概况】** 年内,大力实施“开放兴县”战略,鼓励企业参与“一带一路”建设,修改完善开放型政策和县对乡镇外经贸考评办法;引导企业大力拓展市场,安排2018年重点支持类境内外展会50个,组织境内外参观展企业1200家次,展位550个。2018年,全县累计完成进出口总额191.28亿元,比上年增长23.7%;其中完成出口157.22亿元,比上年增长15.1%,出口占全省份额7.4‰,高于上年0.4个千分点;完成进口34.06亿元,比上年增长88.8%。主要出口行业中,纺织服装出口93.2亿元,比上年增长20.6%;机械电子出口29.1亿元,比上年下降3.1%;化工出口13.9亿元,比上年增长11.1%。全县外贸依存度、出口依存度分别为31.4%和25.8%。

**【出口商品结构】** 年内,传统产业增幅平稳,新兴产业出口提速。全县三大出口主导产业中,纺织服装完成出口93.2亿元,比上年增长20.6%;机电产品完成出口29.1亿元,比上年下降3.1%;化工产品完成出口13.9亿元,比上年增长11.1%,三大产业出口占比87%,拉高全县增幅12个百分点。其中纺织行业出口增势较快,出口占比59.5%,比上年同期提高2.90个百分点。高新技术产品出口比上年增长32.1%,占比2017年底提高0.50个百分点。新能源、塑料制品和箱包等新兴产业出口增幅保持平稳增长,新能源产品比上年增长35%、塑料产品比上年增长94.1%,箱包产品比上年增长38.7%。

### 2018年长兴县主要出口商品情况

表31

| 名称 | 出口额(万元) | 比上年增长(%) | 产业出口占比(%) |
|---|---|---|---|
| 纺织服装 | 931622 | 20.6 | 59.5 |
| 纺织面料 | 850541 | 24.3 | 54.3 |
| 服装 | 40822 | 6.3 | 2.6 |
| 家居家纺 | 40259 | -19 | 2.6 |
| 机电 | 290628 | -3.1 | 18.6 |
| 机电设备 | 194097 | 19.1 | 12.4 |

续表31

| 名称 | 出口额(万元) | 比上年增长(%) | 产业出口占比(%) |
|---|---|---|---|
| 车辆及配件 | 73157 | -37.5 | 4.7 |
| 贱金属制品 | 23374 | 17 | 1.5 |
| 化工 | 139124 | 11.1 | 8.9 |
| 家具及竹木制品 | 94289 | 15.2 | 6 |
| 玻璃及建材 | 15802 | 3 | 1 |
| 箱包及皮革 | 14020 | 38.7 | 0.9 |
| 塑料制品 | 48972 | 94.1 | 3.1 |
| 农产品 | 5929 | -13.7 | 0.4 |
| 高新技术产品 | 64127 | 31.3 | 4.1 |

## 2018年长兴县商品贸易方式情况

表32

| 贸易方式 | 出口额(万元) | 比上年增长(%) | 进口额(万元) | 比上年增长(%) |
|---|---|---|---|---|
| 一般贸易 | 1514349 | 20.6 | 321772 | 120.7 |
| 加工贸易 | 51667 | -50.6 | 18574 | -45.5 |
| 来料加工 | 3253 | 61 | 1853 | 64.5 |
| 进料加工 | 48414 | -52.8 | 16721 | -49.2 |
| 其他贸易 | 34 | -17.3 | 250 | -58.5 |

【出口市场】 年内,出口市场稳步拓展,全县出口贸易扩展到全球171个国家和地区。对传统市场出口475912万元,比上年增长4.7%。美国市场出口表现活跃,1至12月累计完成出口208106万元,比上年增长13.2%,增幅较上月相比提高3.3个百分点,其中12月单月对美出口24710万元,增速较上月相比提高15.2个百分点,单月出口额创历史新高,企业赶在美方加征关税前抢出口效应较为明显。对新兴市场出口1090138万元,比上年增长20.3%,拉高全县出口13.5个百分点。加快拓展"一带一路"沿线国家新兴市场,全县向"一带一路"沿线64个国家(地区)出口56.44亿元,比上年增长24.4%,拉动全县出口8.1个百分点,占全县出口总额的36%。与"一带一路"沿线国家和地区有对外直接贸易的企业413家,占全县出口企业总数的66.6%。

## 2018年长兴县商品对各大洲出口情况

表33

| 国别地区 | 出口额(万元) | 比上年增长(%) | 出口占比(%) |
|---|---|---|---|
| 亚洲 | 549878 | 18.3 | 35.1 |
| 欧洲 | 297170 | 12.2 | 19.0 |
| 拉丁美洲 | 279521 | 16.8 | 17.8 |
| 北美洲 | 225156 | 13.8 | 14.4 |
| 非洲 | 191929 | 18.2 | 12.3 |
| 大洋洲 | 22397 | -28.8 | 1.4 |

【出口企业结构】 年内,全县有出口实绩企业达到620家。新增有出口实绩企业90家,新增企业累计出口36739万元,拉动全县出口增幅2.7个百分点。前30强企业合计出口759399万元,比上年增长12.8%,占

全县比重达到48.5%。其中,民营出口1161571万元,比上年增长22.6%;外资企业出口200941万元,比上年下降21.1%;流通企业出口203538万元,比上年增长28.4%。

## 2018年长兴县出口30强企业情况

表34

| 乡镇 | 企业名称 | 出口额(万元) | 比上年增减% |
|---|---|---|---|
| 小浦镇 | 浙江中山化工集团股份有限公司 | 112651 | 5.5 |
| | 浙江中山化工集团股份有限公司 | 100141 | 6.1 |
| | 浙江省长兴县中山进出口有限公司 | 12510 | 1.3 |
| 开发区 | 诺力智能装备股份有限公司 | 83847 | 13.1 |
| 李家巷 | 浙江省长兴丝绸有限公司 | 60706 | 29.9 |
| | 浙江省长兴丝绸有限公司 | 45792 | 22.2 |
| | 浙江寰丰纺织有限公司 | 14914 | 60.9 |
| 开发区 | 浙江金三发集团有限公司 | 51254 | 9.5 |
| | 浙江优全护理用品科技有限公司 | 3515 | 11.4 |
| | 长兴金科进出口有限公司 | 21301 | -23.4 |
| | 浙江金三发非织造布有限公司 | 15410 | 88.5 |
| | 浙江金三发粘合衬有限公司 | 11028 | 44.2 |
| 和平镇 | 百利得(湖州)汽车安全系统有限公司 | 36142 | 22.9 |
| 南太湖 | 桐昆集团浙江恒腾差别化纤维有限公司 | 29536 | 30.9 |
| 夹浦镇 | 浙江凯瑞博科技有限公司 | 28043 | 0.3 |
| | 浙江凯瑞博科技有限公司 | 28027 | 382.3 |
| | 湖州凯恩涂层有限公司 | 15 | -99.9 |
| 煤山镇 | 浙江长兴森大竹木制品有限公司 | 22970 | 55.7 |
| 煤山镇 | 浙江奇达纺织有限公司 | 21888 | -17.1 |
| 开发区 | 浙江多蒙佳乐服饰有限公司 | 20889 | 0.6 |
| 李家巷 | 长兴华隆丝绸有限公司 | 19584 | -7.1 |
| 李家巷 | 长兴县超强丝绸有限公司 | 19326 | 2.9 |
| 和平镇 | 长兴一鼎电源有限公司 | 18807 | 19.2 |
| 泗安镇 | 浙江利帆家具有限公司 | 18725 | 14.3 |
| 洪桥镇 | 长兴丽伟纺织有限公司 | 16475 | 56.4 |
| 开发区 | 长兴煜宇纺织有限公司 | 15977 | 102.2 |
| 画溪街道 | 浙江慧德新材料有限公司 | 15837 | 19.3 |
| | 浙江慧德新材料有限公司 | 15045 | 32.9 |
| | 长兴慧德进出口有限公司 | 792 | -59.4 |
| 夹浦镇 | 长兴金发纺织有限公司 | 15747 | 52.3 |
| 夹浦镇 | 浙江兆新织造有限公司 | 15179 | 2.3 |
| 画溪街道 | 长兴泛亚照明电器有限公司 | 14441 | 87.8 |
| 虹星桥 | 高田(长兴)汽车安全装置有限公司 | 13968 | -78.7 |
| 小浦镇 | 浙江省长兴第一化工有限公司 | 13513 | 163.7 |
| 煤山镇 | 长兴鼎强纺织有限公司 | 12407 | 10.8 |
| 李家巷 | 湖州市长兴隆昌丝绸有限公司 | 12323 | 34.7 |

续表 34

| 乡镇 | 企业名称 | 出口额(万元) | 比上年增减% |
|---|---|---|---|
| 虹星桥 | 浙江王金非织造布有限公司 | 11880 | 662.7 |
| 泗安镇 | 湖州全之脉电子商务有限公司* | 11758 | 100 |
| 开发区 | 浙江湖州森富机电有限责任公司 | 11647 | -2.2 |
| 夹浦镇 | 浙江青松轻纺股份有限公司 | 11294 | 8.9 |
| 夹浦镇 | 浙江盛发纺织印染有限公司 | 11261 | 75.2 |
| 画溪街道 | 湖州天乙纺织有限公司 | 11155 | 1055.2 |
| 合　计 | | 759229 | 12.5 |

【进口贸易】 年内,全县进口340596万元,比上年增长88.8%,其中一般贸易进口321772万元,比上年增长120.7%,主要是桐昆集团进口175491万元,拉高全县进口增幅92.1个百分点。加工贸易进口完成18574万元,比上年下降45.5%。

【出口品牌培育】 年内,推动企业争创省市出口名牌,新增湖州纳尼亚和浙江青松轻纺股份有限公司为省级出口名牌2个;新增2018年度“湖州出口名牌”3家,为长兴泛亚照明电器有限公司、长兴金发纺织有限公司和长兴一鼎电源有限公司。全县累计“浙江出口名牌”企业9家,“湖州市出口名牌”企业29家,省首批“品质浙货”出口领军企业2家。

## “浙江出口名牌”长兴企业情况(排名不分先后)

表 35

| 序号 | 品牌 | 企业名称 | 产业类别 | 年度 |
|---|---|---|---|---|
| 1 | NOBLIFT | 诺力智能装备股份有限公司 | 机械电子 | 2008年度 |
| 2 | BUGAO | 浙江中山化工集团股份有限公司 | 化工医保 | 2012年度 |
| 3 | SHENG CAI | 浙江盛发纺织印染有限公司 | 纺织服装 | 2015年度 |
| 4 | XSILK | 浙江省长兴丝绸有限公司 | 纺织服装 | 2015年度 |
| 5 | 金三发 | 浙江金三发集团有限公司 | 纺织服装 | 2016年度 |
| 6 | LF LIFAN FURNITURE | 浙江利帆家具有限公司 | 轻工工艺 | 2016年度 |
| 7 | 天能 | 天能电池集团有限公司 | 机械电子 | 2017年度 |
| 8 | ANiA | 湖州纳尼亚实业有限公司 | 纺织服装 | 2018年度 |
| 9 | QINGSONG | 浙江青松轻纺股份有限公司 | 纺织服装 | 2018年度 |

## “湖州市出口名牌”长兴企业情况(排名不分先后)

表36

| 序号 | 品牌 | 企业名称 | 产业类别 | 年度 |
|---|---|---|---|---|
| 1 | NOBLIFT | 诺力智能装备股份有限公司 | 机械电子 | 2008年度 |
| 2 | 富亿达 | 浙江富亿达科技股份有限公司 | 纺织服装 | 2010年度 |
| 3 | BUGAO | 浙江中山化工集团股份有限公司 | 化工医保 | 2011年度 |
| 4 | 金三发 | 浙江金三发粘合衬有限公司 | 纺织服装 | 2011年度 |
| 5 | sb 盛宝 | 莱美科技股份有限公司 | 纺织服装 | 2011年度 |
| 6 | TOPMONDIAL | 浙江多蒙佳乐服饰有限公司 | 纺织服装 | 2011年度 |
| 7 | CDD | 浙江凯迪汽车部件工业有限公司 | 机械电子 | 2011年度 |
| 8 | 茶乾坤 | 浙江茶乾坤食品股份有限公司 | 农副产品 | 2012年度 |
| 9 | fuzone | 爱侣健康科技有限公司 | 化工医保 | 2013年度 |
| 10 | 傢宝 Kabao | 浙江长兴家宝电子股份有限公司 | 照明器材 | 2013年度 |
| 11 | TIANNENG | 天能电池集团有限公司 | 机械电子 | 2014年度 |
| 12 | SHENG CAI | 浙江盛发纺织印染有限公司 | 纺织服装 | 2014年度 |
| 13 | LF LIFAN FURNITURE | 浙江利帆家具有限公司 | 轻工工艺 | 2014年度 |
| 14 | XSILK | 浙江省长兴丝绸有限公司 | 纺织服装 | 2014年度 |
| 15 | SCVE | 浙江湖州森富机电有限责任公司 | 机械电子 | 2014年度 |

续表 36

| 序号 | 品牌 | 企业名称 | 产业类别 | 年度 |
|---|---|---|---|---|
| 16 | | 长兴华宝宠物玩具有限公司 | 轻工工艺 | 2015 年度 |
| 17 | | 浙江利佳运动器材有限公司 | 运动器材 | 2015 年度 |
| 18 | 慧德 | 浙江慧德新材料有限公司 | 纺织服装 | 2015 年度 |
| 19 | 兆新 ZHAOXIN | 浙江兆新织造有限公司 | 纺织服装 | 2015 年度 |
| 20 | | 长兴宏峰科技股份有限公司 | 纺织服装 | 2016 年度 |
| 21 | XINGHUALONG | 长兴华隆丝绸有限公司 | 纺织服装 | 2016 年度 |
| 22 | | 湖州凯恩涂层有限公司 | 纺织服装 | 2016 年度 |
| 23 | ANiA | 湖州纳尼亚实业有限公司 | 纺织服装 | 2017 年度 |
| 24 | AULiNE | 湖州欧丽卫生材料有限公司 | 纺织服装 | 2017 年度 |
| 25 | QINGSONG | 浙江青松轻纺股份有限公司 | 纺织服装 | 2017 年度 |
| 26 | 超威 CHILWEE | 超威电源有限公司 | 机械电子 | 2017 年度 |
| 27 | FANBEOR 泛邦照明 | 长兴泛亚照明电器有限公司 | 机械电子 | 2018 年度 |
| 28 | 金发纺织 JIN FA FANG ZHI | 长兴金发纺织有限公司 | 纺织服装 | 2018 年度 |
| 29 | Haijiu | 长兴一鼎电源有限公司 | 机械电子 | 2018 年度 |

## 利用外资

【概况】 年内，共签约亿元以上外资项目 11 个，累计认定市外资“大好高”项目 4 个。全年完成合同外资 6.60 亿美元，完成实到外资 2.40 亿美元，分别完成全年县任务（3.50 亿元和 1.80 亿元）的 188.6% 和 133.3%，完成全年市任务（5 亿元和 2.15 亿元）的 132% 和 111.6%，合同外资排名全市第二、实到外资排名全市第一。

【“长洽会”】 10 月 20 日，2018 中国·太湖明珠——长兴国际投资贸易洽谈会暨国际绿色发展论坛举行开幕式。按照“1+2”的模式进行，分开幕式当天主体活动和“节会推介版块”“项目开竣工版块”2 个子活动版块，共涉及 25 项活动。在县委、县政府及活动组委会的统一领导下，在各工作组、各乡镇（街道、园区）及有关部门的精心组织和密切配合下，开幕式暨国际绿色发展论坛、第四届长商大会、绿色发展子论坛等该次大会的主体活动圆满结束。共邀请嘉宾近 320 人，其中长商大会嘉宾 113 人，项目客商代表 150 人，参会嘉宾基本上都是董事长、总经理或分管投资的企业高层，另邀请知名媒体 40 家。共集中签约 41 个项目，涉及总投资 201.90 亿元，其中亿元以上项目 33 个、科技中小微项目 6 个、战略合作项目 2 个，投资额 50 亿元以上的项目 1 个、20 亿元以上的项目 2 个、10 亿元以上的项目7个;项目涉及新能源汽车及关键零部件产业、新能源产业、生物医药、装备制造等多个领域,特别是符合“4+3”产业定位项目占到全部项目的90%以上。开竣工项目共107个,其中开工项目50个、竣工项目57个,农业项目1个、基础设施项目5个、工业项目89个、服务业项目12个。

## 对外合作

【概况】 2018年,全县完成境外投资项目12个,累计中方投资总额7077.19万美元,外经营业额完成1869万美元。全县累计“走出去”企业53家,境外投资项目91个,境外投资遍及全球30多个国家和地区,其中美国、德国、澳大利亚、加拿大、新加坡等发达国家和中国香港地区占60.2%,墨西哥、安哥拉、秘鲁、柬埔寨等新兴市场约占39.8%。

### 2018年长兴县境外投资企业情况

表37

| 投资主体 | 批准时间 | 设立方式 | 国别 | 中方出资额(万美元) | 中方控股(%) |
|---|---|---|---|---|---|
| 长兴鸿运织造有限公司 | 2018年1月 | 新设 | 美国 | 150 | 100 |
| 浙江长兴菁阑进出口有限公司 | 2018年1月 | 并购 | 印度 | 49 | 49 |
| 浙江金三发集团有限公司 | 2018年11月 | 新设 | 香港 | 300 | 100 |
| 浙江中山化工集团有限公司 | 2018年11月 | 新设 | 加纳 | 100 | 100 |
| 浙江宝仕电源有限公司 | 2018年11月 | 新设 | 孟加拉 | 50 | 100 |
| 浙江七星青和电子科技有限公司 | 2018年12月 | 新设 | 韩国 | 102 | 51 |
| 长兴祥和再生资源有限公司 | 2018年2月 | 新设 | 巴基斯坦 | 140 | 100 |
| 浙江超威动力能源有限公司 | 2018年2月 | 新设 | 俄罗斯 | 150 | 50 |
| 浙江凯瑞博科技有限公司 | 2018年3月 | 增资 | 香港 | 319.05 | 100 |
| 浙江众缘贸易有限公司 | 2018年3月 | 新设 | 印度 | 150 | 100 |
| 浙江中山化工集团有限公司 | 2018年6月 | 增资 | 印尼 | 67.81 | 96.7 |
| 长兴麟诚企业管理咨询有限公司 | 2018年9月 | 并购 | 法国 | 5499.33 | 100 |

【“一带一路”建设】 年内,通过政府搭台的形式,鼓励支持企业积极到海外投资发展11月22日,召开“支持企业‘走出去’暨‘一带一路’部分国家投资环境推介会”,活动邀请印度驻上海总领事馆总领事、埃塞俄比亚驻上海总领事馆副总领事、市商务局、市贸促会、中信保等有关领导嘉宾出席,全县各乡镇(街道、园区)、相关部门领导及“走出去”企业代表共120余人次参加。在全年完成的12个境外投资项目中,有6个是投向“一带一路”国家,中方投资总额606.80万美元,项目数占全县的50%。

【境外国际营销网络】 年内,县内企业继续在境外营销设点拓市场,全年

11月22日,长兴召开支持企业“走出去”暨“一带一路”部分国家投资环境推介会,县政府与中信保湖州营业部签署《全面合作协议》并进行“湖州市‘一带一路’法律服务长兴中心”的授牌仪式

(商务局 供)

新增营销网络项目5个,境外营销机构累计达到67家,占境外投资项目总数的73.6%,通过外经带动外贸交易额1.30亿美元,全县出口前三十强企业中有三分之二的企业在境外设立营销机构,境外营销网络已成为长兴企业获取外贸订单的重要途径。

【服务贸易】 年内,在浙江省国际服务贸易统计监测交易系统中新注册入库企业36家。全县完成服务贸易进出口总额14.04亿元,增幅9.5%。在商务部服务外包管理信息系统中新注册入库企业8家。全县完成服务外包执行总额46242万元,比上年增8.3%,有实绩企业26家,其中22家企业有离岸服务外包实绩,完成离岸服务外包执行额30116万元,比上年增长12.3%。

## 选商引资

【概况】 年内,统筹抓好选商引资各项工作,选商引资主要指标稳中有升,签约项目屡创新高,全年共签约亿元以上项目101个,总投资1028亿元。其中,一产项目11个,二产项目104个,三产项目24个;内资项目90个,外资项目11个。累计认定市"大好高"项目51个,认定总数排名全市第一,完成年度任务170%,工业"大好高"认定32个,排名全市第一。认定外资大好高项目4个。县项目办预认定"大好高"项目共82个(其中工业50个、服务业18个、农业14个),完成全年任务的136.7%。完成报送浙商回归省外到位资金112.37亿元,完成县全年任务(100亿元)的112.4%。

【招商管理】 年内,以驻点招商为主体,选拔县派招商干部42名,强化上海片和浙江片人员配备(两大片区占到总人数的62%)。主要平台加强自派招商,各平台专职队伍均由原来的5名左右增加到10人以上。统筹全县招商力量围绕六大平台产业布局,紧盯上海、杭州等地产业转移,精准招引重点产业项目。实施多元化招商模式。坚持"一把手"招商,统筹安排县领导外出招商和接待重要客商考察。精心搭建活动载体,组织参与吉利长兴汽车配套产业园招商推介会及上海、杭州城市招商推介等县内外重大招商活动。圆满完成长洽会集中签约项目41个,总投资201.90亿元,其中亿元以上项目33个,科技项目6个,战略合作项目2个。

【项目评审】 年内,改变以往主要采取集中统一组织会议预评审的方式,根据项目投资规模大小,项目准入评审新增网上联审功能,与项目后续审批无缝接轨。牵头建立选商引资项目准入预评审微信群,实现项目申报方、评审方、后台管理方以及网络支持方四方即时联动,及时交流解决有关问题,有效保证网上评审顺畅高效运行,全年共组织重点项目研判会26次、召开项目评审会17次,合计研判和评审项目173只,否决不符合产业导向或高能耗高污染低效益项目26个。

【项目服务】 年内,对招商员从单纯的管理向为招商员提供深层次服务转变,按照项目推进服务"一盘棋"原则,围绕六大平台产业定位,统筹安排项目客商考察;设计《工业项目计分表》,让招商员对跟踪项目的科技含量、产出效益、落地成熟度等要素进行自评。对于较为成熟的项目信息,提交项目研判分析例会把关审核;统筹全县层面的项目首报,组建重点部门微信群,为招商员提供项目在线预评审服务,遇到涉及环保、能耗、安监、用地量较大等问题,直接在群里给出能否落地的意见,无须招商员各个部门逐一咨询。严把重大平台项目准入关,从源头上确保项目高质量,签约项目规模不断增大,产业导向更加明晰,全年共签约亿元以上项目101个,符合县内"4+3"产业定位的项目共81个,占比为80.2%,其中新能源汽车及关键零部件项目27个。

【第四届长商大会】 10月20日,第四届长商主旨大会举行。会议作工作报告、文化产业推荐及十佳在外长商颁奖仪式,并颁发长商VIP卡。长商回归项目和长商引进项目累计已达53个,其中在外长商回归和引进项目20个、本地长商以商引商项目21个,新长商以商引商项目12个,总投资136亿元。在该届长洽会签约的长商项目有6个,总投资12亿元。

(李传虎)

# 园区建设

## 国家级长兴经济技术开发区

【概况】 长兴经济技术开发区（以下简称开发区）位于长兴县东部，辖区范围东至滨湖大道，南至104国道，西至明珠路，北至盛家漾，行政面积54.50平方千米。1992年成立，1994年经省政府批准为省级开发区，2010年被国务院列为浙江省首家设在县域的国家级经济技术开发区。2015年，进一步理顺体制机制，形成在开发区党委统一领导下，开发委本级抓经济工作、太湖街道办抓社会事业、国家大学科技园抓科技创新的“1+2”工作架构总体规划。2018年年末，县开发区管委会共设党政办公室、党群服务办公室、财政办公室（招投标中心）、总部经济服务分局（太湖资本广场管理办公室）、招商一分局、招商二分局、外商投资促进局、投资服务分局、项目服务分局、企业服务分局、规划建设服务分局、人力社保服务分局、公共安全监督管理中心等13个科室（分局），核定投资服务中心、公共安全监督管理中心2个事业机构。总编制数62人，其中行政编制36人、事业编制26人，年末实际用编61人，其中行政编制35人、事业编制26人；编外干部61人。全年完成财政收入16.21亿元，比上年增长27.2%，其中国税9.66亿元，比上年增长28.1%；地税6.55亿元，比上年增长25.9%。规模工业企业101家，完成规模以上工业增加值增幅8.5%，完成高新技术产业增加值增幅13.9%。完成固定资产投资43.01亿元，比上年增长28.5%；完成工业性投入21.24亿元，比上年增长30.5%；完成县“大好高”项目认定16个，市“大好高”项目认定12个，科技小微项目31个；完成合同外资13931万美元，完成实到外资7578万美元。获国家高端装备制造业标准化试点、科技创新创业公共服务平台省级标准化试点、市重点建设工作先进集体、市利用外资先进开发区等荣誉称号。

【选商引资】 2月11日，总投资326亿元的吉利新能源汽车项目签约落户长兴经济技术开发区。年内，共引进亿元以上项目21个，总投资420亿元，其中超100亿项目2个。依托中德国际产业合作园和美东工业村两大平台，共引进普锐特、尔吉其、英拓环境等8个外资项目，总投资1.01亿美元。以国家大学科技园和太湖资本广场为载体，共引进飞鹿新能源、中特互联、舜鸿等科技小微企业31家；引进优质金融新业态项目129家，注册资本及认缴出资额132余亿元，实到资本新增53.30亿元。

【项目建设】 年内，共推进项目110个，其中二产（包括技改）项目80个，三产（包括房地产）项目17个，基础

11月8日，在上海举办的第六届英中贸易协会中国境外投资大会上，长兴经济技术开发区和伦敦皇家码头区、ABP总部基地皇家阿尔伯特码头签订谅解备忘录 （开发区 供）

设施项目9个，科技园孵化类项目4个；完成新开工项目20个，竣工投产项目20个。吉利自动变速器项目桩基工程稳步推进；整车项目宕渣回填工程完成，发运中心桩基工程完成；博泰车联网项目于12月底启动试桩工程。奥昆、华夏易能项目已投产；爱朵、德尔福项目已部分试生产；华普永明、新立、安力项目正在设备安装调试；中建投、阳光城项目施工稳步推进。2017年入库的27个亿元以上项目中已有21个项目投产或进入试生产阶段，2018年入库的16个亿元以上项目已有7个项目开工。至年末，中德（长兴）国际产业合作园一期已引进7家外资企业，二期续建4.40万平方米厂房已完成70%工程量；美东工业村主体工程于6月动工，一期四栋约2.80万平方米单层厂房、二期约2.80万平方米厂房，年末已签约1家德资企业入驻。

【企业培育】 年内，中晶科技、德玛克注塑、优全护理、汉维通信等企业上市工作有序推进，全年完成新三板挂牌企业1家（天宏锂电）、长兴科技板4家（微巴科技、红谱科技、芯科物联、政通咨询）。已认定省科技型中小企业26家，申报国家高新技术企业9家，市“双高”培育入库企业15家，全年高新技术产业增加值增幅达13.9%；完成新增产学研项目20个，新申报省级专利示范企业2家，完成专利申报1156件、授权706件。入选省“千人计划”1人，引进“千人计划”专家5人，培育“国家创新人才推进计划”1人、省“万人计划”2人。年内，制定《开发区企业老旧厂房改造提升实施方案》，全年安排资金1000万元专项用于高标准厂房改造和立面形象提升；全力开展低效企业达标提质行动，对77家亩均税收5万元以下的低效企业进行达标提质，低效企业亩均税收达到6.71万元，125.33公顷土地完成亩均效益提升；55家企业共投入15亿元完成技改提升。

【产业发展】 年内，坚持“产业强区、城市新区”的定位，围绕“实力倍增、跨越发展”的目标，通过整合提升、外引内育，逐步培育新能源汽车及关键零部件产业、智能装备制造产业、生物医药（大健康）和金融新业态为主的“3+1”产业集群。

新能源汽车及关键零部件产业 年内，按照“整车带动、配套驱动”发展路径，开发区已形成以车用动力及储能电池为支持，以纯电动整车生产为引领，以新能源汽车控制系统、驱动系统、汽车底盘、车身等为配套，集研发、设计、制造、贸易和运营为一体的产业集群。

智能装备制造产业 年末，开发区拥有诺力机械、恒星传动、八环轴承、红旗仪表、吉祥铝业、德玛克科技、中德机械、天衣机械等细分行业龙头企业25家，涉及搬运设备、电机制造、驱动部件、纺织机械、金属制品、电气电缆等产品门类。其中诺力机械已主板上市，是国内仓储物流装备行业的主要生产基地之一，手动液压搬运车辆占据全球市场份额的35%，连续多年位居行业第一。同时，开发区还是长三角最大的白色家电制造基地之一，现有海信空调和海信洗衣机2家龙头企业及青岛国恩、恒邦家电等近30家配套企业，具备年产200万台高端洗衣机和250万套变频空调的生产能力。

生物医药大健康产业 开发区生物医药产业起步较晚，但发展态势较快。2018年，三叶草、永时康等项目推进顺利，其中永时康项目室内装修基本完成，进行家具安装、项目零星扫尾施工等；三叶草项目所有设备已到位，研发楼装修工程完成50%，洁净车间施工完成60%。

金融新业态产业 年末，太湖资本广场引进各类金融新业态机构600余家，股权投资县内的实体企业32家，总额10.60亿元。

【吉利自动变速器项目开工】 7月31日，吉利自动变速器项目开工仪式在县开发区举行，标志着长兴吉利自动变速器项目全面进入施工建设阶段。该项目为建设60万台新能源变速器生产基地，规划用地面积约31.93公顷，项目总投资102亿元人民币，计划于2020年9月投产。至年底，吉利自动变速器项目完成打桩约23万米，完成总量的65%左右。

【长兴经济技术开发区商会成立】 11月30日，长兴经济技术开发区商会成立大会暨第一次会员大会举行。审议并通过《长兴经济技术开发区商会章程》《长兴经济技术开发区商会第一届会员大会选举办法》，选举产生会长、常务副会长、副会长、监事长、秘书长和理事。该届商会共有158家企业加入，由诺力智能装备股份有限公司董事长丁毅担任会长。

（陈卫华、张艳嫣）

## 湖州南太湖产业集聚区长兴分区

【概况】 湖州南太湖产业集聚区长兴分区（简称南太湖长兴分区）位于长兴县东南部，东至104国道、杭宁高速，西至长湖申航道，北至老318国道，南至吕山乡金村村。2018年，区域面积27.32平方千米，辖5个行政村，74个自然村，农村户籍人口11750人。全年经济总量25.30亿元，增长12.5%；实现财政收入41007.56万元，增长46.45%，提前4个月完成年度任务。固定资产投资完成12.43亿元，增长36.6%；工业性投入完成10.79亿元，增长76.1%；规上工业增加值和高新技术产业增加值分别增长22.3%和58.6%。先后获全国废弃矿区生态环境综合恢复治理先进单位、中国物流与采购联合会科技进步奖、中国物流实验基地、浙江省交通物流行业十大货运场站、浙江长兴综合物流园区创新标杆企业、南太湖物流园区省级产学研基地、浙江省小企业创业示范基地、湖州市城中村改造集体三等功等荣誉称号。

【工业经济】 年内,紧盯新能源汽车及关键零部件主导产业,开展精准招商,产业招商,全年引进亿元以上项目10个,总投资近100亿元,项目体量、数量和投资总量均创历史之最;以吉利生态数据产业园为代表的一批优质主导产业项目纷纷签约,新能源汽车及关键零部件产业集群优势逐渐显现;全年共有开工项目6个,竣工项目1个,5个项目列入百个重点项目,完成工业项目投资21.27亿元,完成年度任务的142.7%。完成五未土地处置31宗103.3公顷;创新采用PPP、EPC等投融建模式参与万亩平台开发及科技港项目建设;万亩大平台被列入湖州市重点规划建设的11个万亩千亿大平台之一,荣获"浙江省矿地综合开发利用试点"称号。全年企业新申请专利268件;规模企业R&D经费支出1597万元,R&D研发人员数32人;入选高新技术企业1家,完成认定省科技型中小企业3家;招引紧缺专业人才95名、高级人才11人。

【服务业发展】 年内,项目固投、税收及多式联运中心货运量全面完成年度目标,制造业配送中心、"铁公水"港口项目等一批优质项目顺利推进。启动电商物流产业园建设,全年引进电商企业50家,实现跨境线上交易额1010万美元,国内线上交易额5000万元。"铁公水"多式联运中心货物运输量完成1195万吨,完成既定目标的84.4%,比上年增长19.4%;其中铁路运输量全年任务220万吨,完成184.07万吨,完成既定目标的83.7%,比上年增长16.8%。新增限额以上单位5家;新引进服务业"大好高"项目1个;服务业人才引进28人。新增股改上市企业1家;新增电商应用企业10家,其中跨境电商6家。服务业增加值完成30862万元,比上年增长11.4%;服务业税收完成10287.60万元,比上年增长19.5%。

【重点工程建设】 年内,完成老虎洞村白鹤岭地块、鸡山罗卜山地块以及李家巷镇青草坞村的土地征用,总计100余公顷;完成原二矿资产的政策处理以及原庄基村横山矿场平工程的扫尾工作,腾出可用土地33.33余公顷;配合县国土局做好二矿地质灾害点环境综合治理项目,完成项目内的政策处理,全封闭围墙的修筑等工作;共安置户数208户,安置面积53580平方米,完成资金拨付6000余万元;完成美丽经济走廊范围内涉及的房屋拆迁签约34户,腾空拆除34户,拆除面积3500平方米;完成综合物流园区B区海关商检监管区地块征地工作,共计征地面积9.13余公顷;废弃矿地综合治理PPP项目位于绿色智能制造产业园西平台,总规划面积185.47公顷。

【"铁公水"港口项目动工】 12月28日,"铁公水"港口项目开始施工。该项目位于长兴综合物流园区B区西侧、长湖申线航道东岸,项目规划占地约26公顷,共规划建设10个500吨级泊位,其中5个多用途泊位、5个件杂货泊位,设计年通过能力327万吨。项目总投资6.20亿元,按"一次规划、分期建设"的原则实施,其中一期和三期为码头作业区、二期为仓储区,建成后将与长兴综合物流园区的铁路、公路货场共同构建成铁公水联运枢纽,助推浙苏皖省际区域物流中心的建设。

【电商物流产业园启动建设】 年内,利用长兴县创建浙江省电子商务试点县的契机,立足园区物流仓储优势以及现有的电商发展基础,启动电商物流产业园建设。确定德玛现代化智能电商公共仓储、德洋科技海外仓、跨境电商孵化基地和公共服务中心、村淘农产品上行等创新试点项目,引进电商产业园运营团队对电商总部大楼进行运营管理,推动实现综合物流园区业态模式的进一步丰富和创新。至年末,共招引电商企业40家,其中跨境电商27家,实现跨境线上交易额700万美元,国内线上交易额4208.28万元。举办电商实操培训36场,共培训750人次。帮助150家制造业企业拓展电商销售模式,新改造1公顷电商仓储项目并启用,共服务电商企业15家,发货单量超600万元。

6月28日上午,中国矿业联合会组织的"2018中国矿业循环经济暨绿色矿业发展论坛"嘉宾200余人到南太湖考察绿色智能制造产业园调研 (南太湖 供)

**【万亩大平台初展雄姿】** 年内，紧扣“奋战七百天，建成大平台”的目标，加速推进绿色智能制造产业园建设。年末，西平台185.67公顷场平工程已完成工程量的65%，东平台74.67公顷场平工程完成60%，累计向开发区吉利项目提供石料679万吨。整个平台被列入湖州市重点规划建设的11个万亩千亿大平台之一，荣获“浙江省矿地综合开发利用试点”称号。

**【南太湖长兴分区管理体制改革】** 10月9日，十四届县委常委会第50次会议研究决定，对湖州南太湖产业集聚区长兴分区、李家巷镇、吕山乡管理体制进行改革，重新组建湖州南太湖产业集聚区长兴分区党工委，受县委委托领导南太湖产业集聚区长兴分区管委会和李家巷镇党委、政府；陈家浜村、广福桥村、老虎洞村、石泉村、计家浜村5个行政村划归李家巷镇管理，湖州南太湖产业集聚区长兴分区党工委不再直接管理。湖州南太湖产业集聚区长兴分区管委会主要负责李家巷镇辖区范围内的园区开发建设和管理，二、三产业发展、项目引推和企业服务，代管吕山乡工业平台开发边界内的工业经济发展工作；李家巷镇党委、政府不再承担工业经济发展职能，主要负责李家巷镇辖区范围内的基层党建、民生事业发展、社会管理、生态环境、农业农村等工作，负责集镇范围内第三产业的培育和发展工作，承担县委、县政府和湖州南太湖产业集聚区长兴分区党工委交办的工作任务；吕山乡行政区划不调整，吕山乡党委、政府不再承担所辖工业平台开发边界内的园区建设、产业发展、项目引推和企业管理，协助湖州南太湖产业集聚区长兴分区管委会协调处理辖区内平台建设和企业管理过程中与当地村居的关系。明确2018年经济社会发展和各项考核仍按照原机制运行。11月2日，深化湖州南太湖产业集聚区长兴分区管理体制改革动员大会召开。

（徐　云）

## 长兴太湖图影省级旅游度假区

**【概况】** 长兴太湖图影旅游度假区位于长三角腹地，东临太湖，与苏州、无锡隔湖相望，西起申苏浙皖高速公路，南起弁山山脊，北至横山港，是环太湖区域水陆交通的重要枢纽。于2008年正式启动开发建设，2010年6月成立长兴县西太湖旅游度假区管理委员会，代管洪桥镇7个村、1个居委会和126个村民组。2011年3月，更名为浙江太湖图影旅游度假区管理委员会。2012年4月，经省政府批复成立长兴太湖图影省级旅游度假区，成为全县首个、全省第22个省级旅游度假区。2018年，全区规划面积23.80平方千米，下辖7个行政村、1个居委会，总人口约1.30万人。年内，财政总收入9758.78万元，比上年增长约51%，完成全年任务125.8%；大好高项目引进5个，完成全年任务的166%；科技型小微企业引进3个；浙商回归完成36亿元，完成全年任务的125%；实到外资475万美元；服务业增加值15500万元，完成全年任务的100%；旅游总人数68万人次，旅游总收入2亿元。蝉联县对乡镇综合考核一等奖，列分组考核第一名，先后荣获浙江省五一劳动奖状、湖州市重点项目建设先进集体、湖州市先进基层武装部、湖州市2018年度科协工作先进单位等荣誉，有36个人分别获得省、市、县先进个人和立功嘉奖。国家级媒体报道图影36篇，省级媒体34篇，市级媒体98篇，境外媒体3篇。

11月2日，园区召开深化湖州南太湖产业集聚区长兴分区管理体制改革动员大会

（南太湖　供）

**【项目建设】** 年内，度假区各项工作有序推进，尤其是龙之梦项目推进顺利。度假区始终坚持“项目为王”，按照县委县政府的统一部署，提前谋划、靠前服务，成立10个项目组全程跟踪服务项目，坚持实施日碰头、周交流、月督查、季亮晒，集中人力物力财力推进项目建设，班子成员、科室干部、项目业主和施工单位等投入大量的时间和精力，确保龙之梦项目顺利推进，为项目引推“长兴速度”提供“图影样板”，得到省市县领导的高度评价。

**【集体经济发展】** 年内，根据县集体经济发展任务要求，结合图影各村实际以做好村级集体经济增收文章。

7月16日,“湖通四海 浙运生机”浙江省第十六届省运会分火种采集(长兴)仪式在太湖龙之梦乐园举行。图为采火棒授予采火员

(图影 供)

12月2日,上午7时30分,2018龙之梦太湖图影国际半程马拉松比赛在太湖边鸣枪起跑。来自世界各地的选手参赛

(图影 供)

陈湾村购买政府性融资产品及物业出租,增加经营性收入70.50万元;碧岩村出租物业,增加收入60万元;大荡漾村购买政府性融资产品,增加收入15.20万元;图影村投资3000万元新建近1公顷的商业步行街,在年底完工并出租届时可新增收入70万元;水产村与湿地公园合作,发展水乡文化渔猎观光(鸬鹚捕鱼)、游船游览等项目合作,新增收入13万元;此外由管委会牵头,与京兴物业成立图兴劳务公司,承揽龙之梦项目服务外包业务,同时以各个村以6%至8%不等入股的形式,参与利润分配,年底每个行政村增加村级集体经济收入10万元至15万元。年末,5个村9项发展指标均已提前或超额完成。

【镇村建设】 年内,继续完善度假区“全域美丽”工作,排摸区域环境提升的盲点问题,针对性进行提升和完善,做好与村庄综合环境管理工作与“污水零直排”工作结合,常态化运维农村生活污水治理工作。年末,弁山路路基全部完成,桥梁工程基本完成,路面工程完成65%,陈湾漾路路基及管道工程完成85%,桥梁工程完成85%,碧岩寺路路基填筑完成85%,管道工程完成85%,湖长二通道工程总投资4.50亿元,2018年完成投资约1.20亿元,路基工程(包括土石方、管涵及管道)全部完成,大荡漾路路基填筑完成70%,全年完成土地征收44公顷,保障各项工程顺利推进,新增建设用地报批60个地块,总面积33.73公顷,全年共完成土地供地面积83.20公顷;农村宅基地确权发证工作总户数为3783户,已发房产证2308本。

【社会民生】 年内,垃圾分类成效显著,共计产生垃圾约2800吨,其中其他垃圾约1460吨、餐厨垃圾1320吨(度假区垃圾分类处理站处理可腐烂垃圾200余吨、产出有机肥6吨)、可回收物约12吨、有害垃圾约0.30吨。村庄环境全面美化,小沉渎村成功创建浙江省AAA旅游村庄;拆除存量违法建筑45.46万平方米,完成县下达拆违任务12万平方米的378.9%;完成城中村改造(横山集镇拆迁、村庄综合整治)33.50万平方米;完成旧住宅区改造20.42万平方米。四边三化、污水运维、大气污染防治等工作有序推进,“和美乡镇”创建排名全县第一;污水零直排区作为全县试点,圆满通过验收;河长制工作成效全县第一,北横港被省水利厅评为省级美丽河湖。深入推进“双扶”工作,帮扶低收入农户71户人均增收1万元。全年技能培训人数累计超过1600人,到龙之梦就业累计超过500人。年末共有文化礼堂2个,小沉渎村农村文化礼堂共组织举办35场次活动,年度获评长兴县五星级文化礼堂,图影村文化礼堂改建项目顺利验收;举办6场乡村趣味运动会、参与县级篮球联赛、配合保障第九届国际自行车赛,圆满完成第四届太湖图影国际半程马拉松赛的举办。有学校2所,其中幼儿园1所、在校学生318人、在校教职工38人,小学1所、在校学生635人、在校教职工55人,全年共支付小学78.90万元,支付幼儿园97.73万元。有卫生机构1所,床位20张,主治医师4个、执业医师3个、医师助理2个。

【太湖龙之梦乐园项目建设】 年内,继续全力服务太湖龙之梦乐园项目加快建设。至年末,已累计完成投资171亿元,完成土建工程量约90%。

## 2018年太湖龙之梦乐园项目及配套工程建设情况

表38

| 序号 | 项目名称 | 计划投资（亿元） | 建设年限 | 建设内容 | 工作进度 |
|---|---|---|---|---|---|
| 1 | 钻石酒店、国际会议中心 | 21 | 2016—2019 | 2578间客房，1600个演艺席位 | 酒店主楼部分客房对外营业，温泉吧、会议中心幕墙施工收尾 |
| 2 | 陆生动物科普教育培训中心 | 4.95 | 2016—2019 | 引进野生动物约425种、11500余头只，集野生动物展示、科学研究、保护教育和互动体验为一体的大型野生动物园 | 基本完成建设 |
| 3 | 太湖古镇 | 30 | 2016—2019 | 总建筑面积约70万平方米，包含11个大型剧院，合计约2万个演艺席位；集非遗展示、购物、街艺表演等功能于一体，合计长度达7千米的老街；面积达5万平方米，包含2万个餐位的鲤鱼门餐饮区；面积达5万平方米，包含2万个座位的酒吧一条街；水域面积达4万平方米的大型水秀；5000间客栈 | 基本完成建设 |
| 4 | 动物世界酒店 | 13.50 | 2016—2019 | 总建筑面积约29.05万平方米，客房数达3360间的五星级酒店 | 基本完成建设 |
| 5 | 水上运动教育培训中心 | 8 | 2016—2019 | 建设室内室外结合的特色水上主题公园 | 基本完成建设 |
| 6 | 雅仕酒店 | 11 | 2016—2019 | 总建筑面积约21.34万平方米，为客房数达4000间的三星级酒店 | 完成建设 |
| 7 | 大马戏 | 15 | 2016—2019 | 总建筑面积约3.60万平方米，引进国际化演艺团队及顶级精品节目 | 完成建设 |
| 8 | 瑞峰太湖古镇酒店 | 10 | 2016—2019 | 总建筑面积约27.95万平方米客房数达4000间的五星级酒店 | 完成精装 |
| 9 | 龙之梦太湖古镇大酒店 | 10 | 2016—2019 | 总建筑面积约32.27万平方米，客房数达3400间的四星级酒店 | 完成精装 |
| 10 | 欢乐世界酒店 | 10.60 | 2016—2019 | 建筑面积约28万平方米，客房数4000间的四星级酒店 | 完成建设 |
| 11 | 轩峰岛墅酒店 | 2 | 2016—2019 | 总建筑面积约0.9万平方米，为30栋、客房总数约140间的岛墅五星级酒店，为游客提供高端管家式服务 | 完成建设 |
| 12 | 水生动物科普教育培训中心 | 14.80 | 2016—2019 | 整合珍稀的海洋动物、顶级的游乐设备和新奇的大型演艺，全力打造世界顶级、游乐设施最丰富也是最富有想象力的海洋动物为主题的休闲公园 | 完成场馆建设，引进部分海洋动物 |
| 13 | 科技探索体验中心 | 8 | 2016—2019 | 引进数十种观赏体验项目及商业辅助性服务配套设施，游乐设备、各类场馆、特色表演、主题商品，为游客餐饮、购物、游玩提供全方位的便利 | 完成游乐设备安装与调试 |

续表 38

| 序号 | 项目名称 | 计划投资(亿元) | 建设年限 | 建设内容 | 工作进度 |
|---|---|---|---|---|---|
| 14 | 农夫集市 | 2 | 2016—2019 | 特色农产品批发 | 基本完成建设 |
| 15 | 快乐农场 | 3 | 2016—2019 | 集果品蔬菜生产、水产品养殖、休闲旅游、科普示范、娱乐健身于一体的新型现代农业基地 | 基本完成建设 |
| 16 | 太湖图影重点项目基础设施及配套工程 | 4.47 | 2017—2019 | 弁山路长5千米，宽32米；碧岩寺路长1.50千米，宽15米；陈湾漾路长0.80千米，宽15米，大荡漾路长2.40千米，宽15米 | 除碧岩路外，其他道路、桥梁主体基本完成 |
| 17 | 购物中心 | 15 | 2018—2020 | 总建筑面积37.60万平方米，由购物中心和2栋青年旅舍组成 | 主体结构建设 |
| 18 | 太湖药师道场 | 20 | 2019—2021 | 包括宗教旅游、禅修养生等业态 | 未动工 |
| 19 | 养老公寓 | 35 | 2019—2021 | 1.50万个床位的养生养老公寓 | 未动工 |

## 2018年长兴太湖图影旅游度假区项目进展情况

表 39

| 项目名称 | 启动时间 | 计划投资 | 完成进度 |
|---|---|---|---|
| 颐兴置业酒店 | 2013年5月 | 9亿元 | 酒店主楼主体结构施工至3层楼面，公寓式酒店1号楼二次结构施工，公寓式酒店2号楼主体结构施工至4层楼面 |
| 美合房车项目 | | | 与长峰集团签订股权收购协议和债务清偿协议，正式完成收购 |
| 朗诗会绿色建筑研发基地项目 | 2012年6月 | 6亿元 | 2018年12月底全部完工。建设内容包括会议培训中心、布鲁克被动房体验中心、空气实验室、绿色材料实验中心、建材实验楼、综合办公楼、低密度实验楼 |
| 颐和项目 | 2012年10月 | 5亿元 | 高层区完成建设，别墅区主体结构封顶 |
| 融创湖山赋项目 | 2018年4月 | 5.20亿元 | 建筑主体已完成80% |
| 光明小镇项目 | | 55亿元 | 已完成土地出让，设计方案已通过县政府规划例会审批 |
| 骏业房产项目 | | 5亿元 | 正在进行方案设计 |
| 太湖图影旅游度假区集贸市场工程 | 2018年1月 | 2016.86万元 | 已完成 |
| 长兴太湖图影卫生院工程 | 2018年1月 | 2566万元 | 已完成 |
| 太湖图影综合执法中心工程 | 2018年1月 | 6500万元 | 土建施工已全部完成，市政施工完成60% |
| 长兴山湖花园二期安置房工程 | 2017年12月 | 90746.65万元 | 地下室等基础施工已全部完成，住宅共27幢楼，其中1#、6#、16#、18#、19#、20#楼浇筑完成楼面二层；15#、21#、22#楼浇筑完成楼面三层；14#楼浇筑完成楼面四层；13#楼浇筑完成楼面六层；23#、24#、26#楼浇筑完成楼面七层；25#、27#楼浇筑完成楼面八层 |

**【龙之梦演艺首秀《梦幻钻石》面世】**

11月18日，太湖龙之梦演艺首秀《梦幻钻石》面世首演。同日晚，来自19个国家的56名外籍演员，在龙之梦钻石演艺中心，用歌舞和杂技等形式，让1000余名来自全国各地的游客，尽情徜徉在浪漫异国风情之中，感受原汁原味的异域风韵。龙之梦钻石演艺中心，位于太湖龙之梦乐园钻石酒店一楼，合计拥有1040个演艺席位，圆形设计，让观众360度无死角全景欣赏演出。同日上演的大型歌舞秀《梦幻钻石》，由来自19个国家56名外籍演员共同完成，是整个太湖龙之梦乐园45个演艺场点中首场面世的演出。至年末，该演艺中心大型歌舞秀《梦幻钻石》共演出50余场，观看观众近4万人次，接待考察团近500批次。

9月11日，"首届中国·湖州国际滨湖旅游节"走进龙之梦活动在龙之梦乐园钻石酒店成功举办　（图影　供）

## 2018年太湖图影旅游度假区各村（居、社区）基本情况

表40

| 村（社区）名称 | 面积（平方千米） | 户数（户） | 户籍人口（人） | 集体经济总收入（万元） | 经营性收入（万元） | 自然村（小区）个数 | 自然村（小区）名称 |
|---|---|---|---|---|---|---|---|
| 大荡漾 | 2.10 | 385 | 1365 | 198.98 | 28000 | 6 | 朱家浜村、姚潭村、仲家田村、邱家荡村、水荡村、孟家墩村 |
| 横山桥 | 3.80 | 673 | 2355 | 144.41 | 30000 | 14 | 仲家坝、陆家渎、包家渎、高大𡊄、西仁、北仁、东仁、草田港、四百亩𡊄、李家角、叶家角、温家𡊄、王家𡊄、温家桥 |
| 图影 | 4 | 861 | 2854 | 115.04 | 30000 | 8 | 大公𡊄、万里桥、陈和𡊄、陈家港、金家𡊄、三家村、顾家湾、北张 |
| 水产 | 0.07 | 126 | 409 | 104.59 | 27900 | 2 | 洪桥新村、横山新村 |
| 陈湾 | 8 | 485 | 1707 | 103.82 | 32000 | 7 | 蒋家墩、董家浜、陈湾、章家浜、杨家渎、火田墩、徐家田 |
| 碧岩 | 6.95 | 557 | 1981 | 116.89 | 32000 | 9 | 陈家巷、稻场、后城、涧湾、前城大、王家浜、徐加角、油车浜、竹桥 |
| 小沉渎 | 2.20 | 611 | 1948 | 114.36 | 30000 | 12 | 板桥、荡湾、杭叶𡊄、宅里、田畈里、东墙门、北墙门、王家港、陆家渎、强家浜、扶栏桥、小沉渎 |

（陈　晨）

# 旅　游

## 综　述

2018年，长兴县旅游委员会内设办公室、产业规划科、行业监管科、市场推广科4个科室；下设长兴县旅游质量监督管理所、长兴县乡村旅游事业发展中心2个事业单位。年末，有在职干部职工27人，其中编内17人、编外10人。

年末，全县共有国家AAAA级旅游景区6个；AAA级旅游景区5个；省AAA景区村庄12家；省级旅游度假区1个；省级乡村旅游产业集聚区1个；省级旅游类特色小镇2个；省旅游风情小镇1家。星级酒店8家，其中四星级酒店2家、三星级酒店6家；省白金级民宿1家；金宿级民宿2家；银宿级民宿6家农家客栈(民宿)500余家，农家客栈(民宿)床位2.50万张，餐位数2.70万个。旅行社共22家，其中省级四星级旅行社7家，三星级旅行社2家。

全县全年累计接待游客2686.59万人次，同比增长28.3%，旅游总收入275.38亿元，同比增长31.13%。2017年全县实现旅游业增加值47.32亿元，占GDP比重为8.6%。全县45个旅游重点项目总投资339亿元，计划完成70亿元，已完成89.15亿元，完成年度投资计划127.4%。获评浙江省全域疗休养发展十佳县、2017年度浙江旅游总评榜组委会特别推荐旅游发展突出县等荣誉称号。12月，长兴被省委、省政府命名为浙江省全域旅游示范县(首批)。

5月19日，“文明旅游、绿色出行”浙江启动仪式暨“湖州旅游月月红”之“5•19中国旅游日”长兴旅游惠民嘉年华活动在东鱼坊历史文化街区举行　　(文广旅体局　供)

## 旅游项目建设

**【概况】**　年内，制定《长兴县旅游项目预评审机制(试行)》，全力推进重点项目攻坚。出台《长兴县2018年度旅游项目选商引资工作管理办法》，梳理可以用作旅游项目招商的地块资源、地块红线范围、地块现状照片等进行备案。本年度入选浙江省重点项目“建设实施一批”1个(龙之梦购物中心)，浙江省“4+1”重大项目建设计划2018年实施计划1个(太湖龙之梦乐园项目)，省服务业重大项目4个(农耕文化园、龙之梦海洋世界、大马戏、太湖古镇)，市重点项目21个(龙之梦太湖古镇、动物世界、海洋世界、大马戏、购物中心、农夫集市、快乐农场、欢乐世界、嬉水世界、开元丛林谷、大唐四期、逃牛岭葡萄酒庄、雅仕酒店、动物世界酒店、瑞峰太湖古镇酒店、龙之梦太湖古镇大酒店、欢乐世界酒店、轩峰岛墅酒店、公寓式酒店、钻石酒店及会议中心)，2018年湖州市服务业重点项目“双百计划”项目3个(太湖龙之梦乐园、大唐四期、太湖博物馆)，市领导联系项目3个(太湖龙之梦乐园、太湖博物馆、农耕文化园），2018年湖州市服务业“大好高”项目7个（龙之梦动物世界、嬉水世界、龙之梦研学旅行基地——科技探索中心、龙之梦动物世界大酒店、原乡硒谷养生村、大唐贡茶养生小镇、绣云里安生斋居项目）。

【旅游停缓建项目盘活】　年内，全县7个停缓建旅游项目已盘活6个。龙山泰景项目最终与开元旅业集团签订合作协议，顺利盘活，正式更名为开元名都大酒店。银杏山庄项目已经于5月8日开工；花间堂项目内装施工中；国际文化交流中心项目个别基础施工；颐兴置业酒店项目已全面复工；房车营地项目已与长峰集团签订收购协议；小川吉舍项目资产评估已完成。

## 旅游景区

【概况】　年内，通过完善旅游景区的游客中心、旅游厕所、标识标牌等旅游基础配套设施，不断丰富景区业态产品推动向上争取创建。培育龙之梦创国家AAAAA级景区，完成太湖图影景区扩容。小浦十里银杏长廊已通过国家AAAA级景区景观质量评估，吕山荷博园、新能源小镇完成国家AAA级景区创建。至2018年年末，有国家AAAA级景区6家，AAA级景区5家。

【村庄景区化】　年内，小浦、太湖图影、龙山、泗安、煤山、林城、虹星桥等乡镇（街道、园区），不断丰富景区村庄业态产品，推进景区村庄长效管理。2018年，已完成创建省AAA级景区村庄7家，A级景区村庄37家。

【太湖图影生态湿地文化园】　国家AAAA级旅游景区。东临太湖，三面环山，总面积333.33余公顷。景区是典型的湖泊型湿地其水域与太湖联通，属太湖水系，水质清澈，涟漪潋滟，以大荡漾、陈湾漾、周渡漾、鸭兰漾四大荡漾景观为主体，结合鱼塘、河道、芦苇丛、纵横阡陌的河网港汊及20余个岛屿，天然形成了“野趣、清幽、闲逸”的意境。区内原生态环境良好，分布各种水生动植物、树种及鸟类，是一本动植物的百科全书。一期开发的白鹭洲与农耕岛既包括农田景观区、观鸟区、荷塘秀色等美景，还有水上游船、千年贡茶、特色菱桶表演等参与互动项目，是集原生态展示、文化宣讲、旅游观光、休闲度假于一体的综合性文化旅游景区。

【仙山湖国家湿地公园】　国家AAAA级旅游景区。全国科普教育基地，位于太湖上游、长三角腹地——苏浙皖三省交界处的浙江省长兴县泗安镇，区位交通条件优越，申苏浙皖、杭长扬高速在此汇集，出入口距离仙山湖仅4公里。仙山湖由“仙山”和“仙湖”两个自然的山水组成，总面积2269.20公顷。仙山高162米，建有古刹显圣寺，距今已有1000多年历史，是地藏王菩萨祖庭，历来有“先有仙山、后有九华”的说法。仙湖位于仙山脚下，水域面积7公顷，有着浙北最大的湿地，仙湖景观独特，水鸟云集。湿地内，植被覆盖度大，种类繁多，还有丰富的野生动物资源：珍稀鸟类、水禽、鱼类、陆生野生动物等；水中杨树林，景观奇特，类似中国的“亚马逊”。仙湖水质清澈，湖区分布上千亩的森林沼泽和草本湿地，是长三角地区最具生物多样性和生态原始性的湿地生态系统，也是自然湿地与人工湖泊湿地生态系统的典型代表。游名山名寺、亲自然山水、赏湿地风光、品农家土菜已成为仙山湖的旅游特色。

【水口茶文化景区】　国家AAAA级景区。位于长兴县西北部，三面环山，东临太湖，距离长兴县城10公里。景区包括水口村、金山村、顾渚村，共计16.80公顷。景区内顾渚山风景秀丽，岗峦叠翠，空气清新，自然环境优美。人文历史悠久，拥有大唐贡茶院、吉祥寺、寿圣寺、陆羽阁、霸王潭、清风楼遗址、摩崖石刻等高等级的人文旅游资源，禅茶文化底蕴深厚，历来以唐代贡品——紫笋茶、金沙泉而闻名，有“茶文化圣地”之美誉。其中主要景区是大唐贡茶院，中国茶文化精髓在此凝聚，茶圣陆羽旷世著作《茶经》在此写就，中国历史上第一座皇家茶厂坐落于此。

【金钉子远古世界】　国家AAAA级旅游景区。2005年8月景区被国家正式批准为地质遗迹国家级保护区，拥有世界地质学界至高无上的全球二叠系——三叠系界线层型剖面，记载着古老地球的沧海桑田，蕴藏着惊世骇俗的无穷奥秘；金钉子展馆和世界标准剖面的直观展露、户外拓展以及4D动感的拟真体验，带游客穿越时空隧道，感悟远古生命的神奇演绎。CS彩弹项目让游客在欢乐中体验真枪实战的刺激。

【新四军苏浙军区纪念馆】　国家AAAA级旅游景区。全国青少年爱国主义教育基地；15处全国重点文物保护单位组成完整的新四军苏浙军区抗战指挥、宣传教育、后勤保障体系，被誉为“江南小延安”。

【中国扬子鳄村】　国家AAAA级旅游景区，拥有自然繁育的“动物活化石”扬子鳄和“楼台亭阁、廊桥轩舫”的江南古园林建筑，是人类与扬子鳄零距离互动的绝佳平台，是集科研教育、生态旅游、文化交流于一体的多元化综合性自然保护区。

【城山沟风景区】　国家AAA级旅游景区、全国农业旅游示范点，景区内桃园种植面积666.67余公顷，东有13.33公顷的桃花湖，西有千年历史的城山清凉禅寺。景区风景秀丽、环境优美，是集生态休闲、摄影垂钓、农事体验与宗教旅游于一体的度假胜地。

【绿野仙踪】 国家AAA级景区，坐落在浙江长兴茶文化景区的一条幽静山谷里，山谷富含硒，植被保护完好，四周均为国家公益林，是天然氧吧。绿野仙踪二期将农业与旅游业深度融合，建有独幢木屋、森林酒吧、水疗中心、竹林瑜伽、生态餐饮、户外烧烤、露营基地、人造温泉、茶叶制作体验中心等设施。客房总数为50多间，餐饮可接纳500人以上，是一个集住宿、用餐、娱乐、休闲于一体的综合性旅游度假村。

【新能源小镇】 国家级AAA景区，长兴新能源小镇位于长兴县画溪街道，小镇规划面积3.30公顷，景区核心面积1.67公顷，景区以一个中心、两个景区、五大区块组成的新能源特色工业游为主，休闲旅游，城市旅游为辅。一个中心即小镇客厅，小镇客厅内外装修皆进入扫尾阶段，即将对外开放；两大景区即已经获批工业旅游点的超威集团景区和天能集团景区，这两大景区接待大量来自国内外的旅游团队和专家学者的来访，赢得广泛赞誉和好评，获得各类机构和专家的认可，景区开业以来游客满意度达到88%以上；五大区块即新能源知识科普区、新能源互动体验区、新能源工业制造生产观摩区、新能源产品体验区和特色企业文化展示区，将以全新的视野诠释新能源的前世今生与未来。

【东方梅园】 国家级AAA景区，以红梅为特色，占地20多公顷，梅树品种众多，有美人梅、绿梅、重瓣垂枝梅等八个品种。该梅园依托梅花等林业特色产业基础，走“生态、养生、健康”之路，致力打造一个能提供身心双养的森林养生地。浙江长兴也因东方梅园，获评“中国红梅之乡”的荣誉。

【荷博园】 国家级AAA景区，位于苏浙皖沪交汇处太湖之滨长兴县东南平原的吕山乡。景区依托太湖流域独特的水乡田原风貌和深厚的江南鱼米农桑文化，打造赏荷胜地；乡村民俗体验佳隅；荷塘蹦蹦蛙亲子乐园。吕山荷博园景区2018年成功创建国家AAA级景区，园内具备棋牌、烧烤、土灶头，乒乓球、篝火K歌等多种娱乐项目。

## 旅游经营服务

【概况】 年内，围绕旅游厕所革命、旅游标识标牌、旅游大数据中心、旅游咨询点等方面推进旅游公共基础设施建设完善。重点围绕水口、图影、小浦、泗安、龙山等重要节点，在建设上严格执行“一审、二推、三指导”。年内，在长兴国省道新安装各类标识牌31块，龙之梦项目周边新设置旅游标识牌12块。新增智慧旅游大数据中龙之梦扇区数据，对龙之梦的基站扇区进行预估。

【星级饭店】 2018年，全县共有星级饭店7家，其中四星级饭店2家、三星级饭店5家；从业人员580人；拥有客房883间、床位1405张、餐位8300个。全县星级饭店营业收入总额2.28亿元。

### 2018年长兴县星级旅游饭店情况

表41

| 饭店名称 | 星级 | 地址 | 开业时间 | 星级评定时间 | 客房间数（间） | 床位数（个） | 餐位数（个） | 营业收入（万元） |
|---|---|---|---|---|---|---|---|---|
| 长兴新紫金大酒店 | 四星级 | 长兴县明珠路1268号 | 2013.12 | 2013.12 | 188 | 290 | 2000 | 6063 |
| 长兴国际大酒店 | 四星级 | 长兴县太湖街道太湖东路1号 | 2004.01 | 2009.02 | 296 | 436 | 1500 | 6008 |
| 长兴金陵大酒店 | 三星级 | 长兴县雉城街道金陵南路89号 | 1997.11 | 2000.06 | 106 | 171 | 1000 | 2163 |
| 长兴紫金大酒店 | 三星级 | 长兴县雉城街道县前中街328号 | 2002.07 | 2004.04 | 76 | 131 | 1500 | 2774 |
| 长兴维多利亚大酒店 | 三星级 | 长兴县龙山大道179号 | 2009.09 | 2010.11 | 75 | 119 | 300 | 3800 |
| 泗安富民宾馆 | 三星 | 泗安镇浙皖大道967号 | 2017.01 | 2017.05 | 80 | 160 | 1000 | 400 |
| 泗安假日大酒店 | 三星 | 湖州市长兴县浙皖大道1056号 | 2017.09 | 2017.06 | 62 | 98 | 1000 | 1545 |

【旅行社】 2018年，全县共有旅行社22家，均为国内旅行社，含有3家出境资质的旅行社。其中，省四星级品质旅行社7家、三星级2家；从业人员260人；实现国内旅游营业收入19205万元。

## 2018年长兴县旅行社情况

表42

| 名称 | 成立时间 | 类别 | 2018年旅游营业收入（万元） | 地址 | 等级 |
|---|---|---|---|---|---|
| 湖州春秋国际旅行社 | 2005年3月 | 国内/出境社 | 4220 | 长兴县雉城镇金陵北路22号 | 四星 |
| 长兴中青旅旅游有限公司 | 2008年6月 | 国内/出境社 | 2049 | 金陵北路70号 | 四星 |
| 长兴康辉旅行社 | 2007年5月 | 国内社 | 1030 | 金陵中路61号450-452 | 四星 |
| 浙江省中国旅行社集团长兴有限公司 | 2012年5月 | 国内/出境社 | 3296 | 龙山街道金莲桥路355号 | 四星 |
| 长兴天马旅行社 | 2001年11月 | 国内社 | 2000 | 雉城镇县前街20号 | 四星 |
| 长兴万宏交通旅行社 | 2003年6月 | 国内社 | 2487 | 雉城镇县前中街49号 | 四星 |
| 长兴天宏旅行社 | 2012年2月 | 国内社 | 545 | 雉城镇明珠二路14-16号 | 四星 |
| 长兴光大旅行社 | 2007年5月 | 国内社 | 954 | 雉城镇金陵中路450-452号 | 三星 |
| 长兴锦绣旅行社 | 2012年5月 | 国内社 | 501 | 雉城镇金陵北路188号 | 三星 |
| 长兴阳光旅行社 | 2004年5月 | 国内社 |  | 雉城镇花菇山路5号 | — |
| 长兴新世界旅行社 | 2008年5月 | 国内社 | 328 | 雉城镇县前中街299-301号 | — |
| 长兴恒玥旅行社 | 2008年9月 | 国内社 | 166 | 雉城镇解放东路73号 | — |
| 长兴五一旅行社 | 2010年2月 | 国内社 | 50 | 雉城镇龙山大道215-217号 | — |
| 长兴山水假期旅行社 | 2014年7月 | 国内社 |  | 长兴县解放西路87号 | — |
| 长兴心自由旅行社 | 2015年12月 | 国内社 | 540 | 长兴县水口乡顾渚村 | — |
| 湖州明珠假日旅行社 | 2016年10月 | 国内社 | 45 | 长兴县雉城街道明珠路334号 | — |
| 湖州新国际旅行社(长兴)有限公司 | 2016年7月 | 国内社 | 310 | 雉城街道县前西街497号201室 | — |
| 长兴美景旅行社 | 2016年8月 | 国内社 | 620 | 浙江省湖州市长兴县雉城街道太湖中路168号 | — |
| 长兴行游天下旅行社 | 2017年3月 | 国内社 | 64 | 长兴县雉城街道长海路295号 | — |
| 长兴蒲公英旅行社 | 2017年11月 | 国内社 |  | 长兴县龙山大道270号 | — |
| 长兴全域旅行社 | 2017年 | 国内社 |  | 长兴县林城镇 | — |
| 长兴走耳又研学旅行社 | 2018年4月 | 国内社 |  | 长兴县龙山街道龙山大道431号202室 | — |

**【全域旅游咨询点】** 年内，在全县所有乡镇(街道、园区)及所辖村、居、社区，以各级便民服务中心为依托，设置280个全域旅游咨询点，为市民和游客做好“参谋”，同时也方便游客全面了解景区景点、酒店民宿、线路交通等情况，更好地展示长兴形象。整合长兴旅游惠民卡的办理和咨询功能，丰富旅游咨询点的功能。县内全域旅游咨询点的全覆盖也为正在全力推动的全域旅游建设万村景区化打下了基础，村庄成为景区以后，全域旅游咨询点也将升级为游客服务中心。年末，全县共有A级及以上旅游厕所42座，其中AAA级18座、AA级12座。

## 2018年长兴县A级及以上旅游厕所情况

表43

| 乡镇(街道、园区) | 名称 | 等级 |
|---|---|---|
| 小浦镇 | 八都岕古银杏长廊景区游客中心西侧旅游厕所 | A |
| | 方一村橡树门公园旅游厕所 | AAA |
| | 小浦镇古银杏公园旅游厕所 | AAA |
| 开发区 | 陈武帝故宫大悲殿西侧鼓楼下旅游厕所 | A |
| 水口乡 | 大唐贡茶院停车场西侧旅游厕所 | A |
| | 旅游商品市场旅游厕所 | A |
| | 徽州庄村庄景区旅游厕所 | A |
| | 金山村庄景区旅游厕所 | AA |
| | 龙山村旅游厕所 | AA |
| | 后坟村旅游厕所 | AA |
| | 水口茶文化旅游景区游客中心东侧旅游厕所 | AAA |
| | 水口茶文化景区旅游厕所 | AAA |
| 林城镇 | 中国扬子鳄村二期孔雀园北侧旅游厕所 | A |
| | 中国扬子鳄村一二期交界处旅游厕所 | A |
| | 中国扬子鳄村一期入口西侧旅游厕所 | AA |
| | 从前慢生态农场旅游厕所 | AA |
| | 林城七彩农林休闲园区旅游厕所 | AAA |
| | 林城东方梅园旅游厕所 | AAA |
| | 林城镇周吴岕村旅游厕所 | AAA |
| 太湖图影 | 太湖图影小沉渎村生态停车场旅游厕所 | AAA |
| | 图影生态湿地文化园景区游客中心东南侧旅游厕所 | AAA |
| 煤山镇 | 仰峰村庄景区旅游厕所 | AA |
| | 新源村旅游厕所 | AA |
| | 金钉子远古世界景区停车场旅游厕所 | AAA |
| 泗安镇 | 上泗安村庄景区旅游厕所 | A |
| | 毛家村樱桃园旅游厕所 | A |
| | 仙山村旅游厕所 | AA |
| | 仙山湖国家湿地公园景区荷博园码头旅游厕所 | AA |
| 洪桥镇 | 荷塘人家旅游厕所 | A |
| 吕山乡 | 吕蒙山旅游厕所 | A |
| | 吕山荷博园旅游厕所 | AAA |
| | 吕山雁陶村旅游厕所 | AAA |
| 龙山街道 | 梅香飘舞旅游厕所 | AA |
| | 龙山街道川步长桥涧驿站旅游厕所 | AAA |
| 虹星桥镇 | 金唐湾家庭农场旅游厕所 | AA |
| 夹浦镇 | 丁新村旅游厕所 | AA |
| | 北川村旅游厕所 | AAA |
| 和平镇 | 方家庄村庄景区旅游厕所 | A |
| | 城山村旅游厕所 | AAA |
| 李家巷镇 | 南太湖石泉村旅游厕所 | AAA |
| | 青草坞村旅游厕所 | AAA |
| 画溪街道 | 新能源小镇旅游厕所 | AAA |

### 2018年长兴旅游咨询点分布情况

表44

| 乡镇(街道、园区) | 旅游咨询点个数 | 乡镇(街道、园区) | 旅游咨询点个数 |
|---|---|---|---|
| 开发区(太湖街道) | 24 | 煤山镇 | 25 |
| 南太湖 | 6 | 李家巷镇 | 8 |
| 太湖图影 | 4 | 小浦镇 | 13 |
| 雉城街道 | 26 | 夹浦镇 | 14 |
| 龙山街道 | 13 | 林城镇 | 21 |
| 画溪街道 | 16 | 洪桥镇 | 16 |
| 泗安镇 | 33 | 虹星桥镇 | 18 |
| 和平镇 | 24 | 水口乡 | 9 |
| 吕山乡 | 10 | | |

【旅游惠民“五送”服务】 年内,面向整个湖州三县三区全面发行长兴旅游惠民单人卡,扩大惠民卡适用范围,共发行惠民卡超过6万人次,景区刷卡量突破19万人次。面向重点企业给全县万名一线“先模”送政策、送产品、送推介、送服务、送福利。针对到长兴实习大学生,制作“旅游护照”,使实习生在暑假期间免费畅游各大景区。另外全面推进职工疗休养工作,在宁波、舟山、绍兴等地举行职工疗休养专题推介会。7月,长兴县被评为浙江省全域疗休养发展十佳县。全年到长兴疗休养住宿人数达2.50万人。

## 旅游营销

【概况】 年内,通过举办2018“上海村”过大年活动、上海高铁嘉年华、“诗画浙江”国际航拍大赛、国际滨湖旅游节、“5·19中国旅游日”长兴旅游惠民嘉年华等活动强化活动营销。在杭州、南京、舟山、台湾等城市,举办15场推介活动推广“龙之梦”为核心的长兴旅游品牌。选择合作媒体,对接中国旅游报、浙江之声、浙江日报等主流媒体,各类媒体刊播长兴旅游相关报道261篇,其中在中央电视台、中国旅游报等国家级媒体刊播39篇,在浙江日报、浙江卫视等省级媒体刊播65篇,推送原创微信289篇,其中有36周进入浙江旅游榜微信每周榜单。推出“12306”铁路短信,开展产品及品牌的精准宣传推广。街面灯箱、星级酒店资料架、电子触摸屏、墙面广告等渠道宣传“上海村”过大年、旅游惠民、全域旅游创建等内容。

【龙之梦运营前期宣传】 年内,成立龙之梦项目运营服务组,及时了解龙之梦各子项目进展情况,推进龙之梦项目开业运营碰到的相关困难问题,专门出台龙之梦宣传方案,组织以“龙之梦”为重点的产品品牌宣传推介15次,举办“首届中国·湖州国际滨湖旅游节”走进龙之梦活动、湖州市加快打造滨湖旅游城市大会等活动,在对外运营前营造氛围打响龙之梦品牌。

## 行业监管

【概况】 年内,研究制定《全面落实旅游安全监管“一岗双责”责任制》等规范文件。开展安全检查90余次,检查企业500余家次,发现并整改隐患65起;制定印发《全国文明城市旅游企业常态化管理要点》,利用“3·15”“5·19”活动及日常检查向公众及旅游企业开展《中华人民共和国旅游法》《旅行社条例》等法律法规的宣贯。

【旅行社及导游管理】 年内,县旅委、县旅游协会、旅行社协会,研究制定《旅行社及导游人员管理暂行办法(试行)》,规范全县旅行社及导游人员的管理工作。并将旅行社的检查纳入旅游质量暗访,结合旅游企业诚信“红黑榜”等工作机制,规范旅行社及导游人员经营服务行为,强化诚信服务意识,提升服务质量,促进旅游市场健康发展。年末,全县有旅行社22家,其中星级旅行社9家。

【旅游综合执法体系试点】 年内,在各乡镇旅游巡回审判庭全覆盖的基础上,在全县所有AAAA级景区和省级旅游度假区内建立专门的旅游巡回审判点。联合工商部门指导县内新创建的AAA级景区开展消费者维权站所的建立。仙山湖景区成功创建全市首批“1+3+N”旅游综合执法示范点。至年末,全县旅游警察接出警500余起,市场监管旅游分局受理旅游咨询服务30余起,旅游巡回法庭受理各类涉旅纠纷案件6件,涉及金额120余万元。

(徐　栩)

# 金　融

## 综　述

年内,长兴县人民政府金融工作办公室内设综合科、金融发展科、资本市场科、金融监管服务科(金融招商科)4个科室,年末在职17人,其中主任1人、副主任2人,中层岗位职数7人。年内,全县新增直接融资117.16亿元,社会融资总量余额同比增幅12.1%,超过既定年度目标。到2018年年底全县银行机构存贷款余额已达1529.85亿元,居三县第一。绿色金融改革方面,绿贷通平台累计注册认证企业322家,授信金额合计10.44亿元。新增农商银行绿色专营支行等4家小微企业专营支行,绿色信贷余额144.13亿元;绿色保费收入1811.65万元,总量居三县第一。

## 现代金融

**【概况】** 年内,着力将太湖资本广场打造成为浙北地区最好的金融业态集聚中心,借助财富管理、基金投资、资产管理、融资租赁、互联网金融、民融服务以、金融控股、金融中介等各类金融业态,为县外的金融机构到长兴开拓业务创造更加优质的环境,搭建好金融机构与企业的"零距离"直接互动平台,优化改善融资结构,为长兴经济和企业的发展创造更加广阔的平台和空间。

**【太湖资本广场】** 2018年,新增金融新业态机构92家,已累计引进812家金融新业态机构,注册资本超300亿元,管理资金规模超千亿元。纳税达3.92亿元。

**【浙江长兴金融控股集团有限公司】** 成立于2017年2月16日,是一家由县委县政府成立、由县财政局出资的国资金融企业(以下简称"长兴金控集团"),注册资本10亿元。长兴金控集团已经成立浙江长兴金控控股股份有限公司、浙江兴长资产管理有限公司、长兴鑫长贸易有限公司等多家下属子公司,通过走访企业、各大银行,与多家金融机构达成战略合作意向。集团总资产已经达到420多亿,投资涉足包括新能源、环境保护、证券基金、医药产业等具备高科技、新理念、低风险、高利润因素的行业企业。截至2018年年底,全县政府产业基金管理总规模10.54亿元,完成投资金额8.40亿元,均为三年期以上长期投资;市场化投资合计投资24.34亿元,其中固定收益类出资8.29亿元,均为三年期以下中短期投资,股权类16.05亿元,均为三年以上长期投资,供应链金融业务敞口在1至2亿元。

## 金融监管

**【概况】** 年内,长兴县人民政府金融工作办公室(简称县金融办)、中国人民银行长兴支行(简称县人民银行)、中国银行业监督管理委员会长兴监管办事处(简称县银监办)、国家外汇管理局长兴县支局(简称县外汇管理局)承担全县金融服务和监管职能。

**【长兴县金融工作办公室】** 2018年机构改革,长兴县金融工作办公室更名为长兴县人民政府金融工作办公室,从原来的县政府直属的事业单位调整为县政府工作部门,机构规格仍为正科级。设主任1人、副主任2人;中层岗位职数7人,年末在职17人。

**【长兴县金融新业态风险防范与化解联席会议办公室】** 年内,防范金融新业态和涉企金融风险。组织有关部门和乡镇深入排查,对重点涉险机构开展联合调查,做到底数清、情况明。至年末,经排查共发现涉嫌非法集资线索18条,研判确定9家类金融企业涉嫌非法集资。

**【中国人民银行长兴县支行】** 县人民银行为中央银行派出分支机构,属正科级行政单位,2018年内设办公室、货币信贷管理部、金融服务部、外汇管理部4个部室,年末在职人员24人。年内,县人民银行积极贯彻落实货币政策和宏观审慎政策,在服务实体经济、防控金融风险、推进金融改革创新、提升金融服务质量等方面取得积极成效。

【中国银行保险业监督管理委员会长兴监管办事处】 2003年年底与人行分设正式挂牌成立,属湖州银监分局的派出机构,共3名办公人员。截至年末,全县银行业不良贷款58657万元,比年初减少7426万元;不良贷款比率0.8%,比年初下降0.25个百分点;累计处置不良贷款59504万元。全年参加现场检查项目5个,累计投入60个工作日。对辖内3家银行机构就迁址事项进行现场勘察;对辖内4家银行4名拟任高管人员、1名董事任职资格进行任职资格谈话并出具初审意见。

【国家外汇管理局长兴县支局】 2018年,县外汇管理局坚定不移深化外汇管理改革,不断提升外汇管理服务实体经济的能力,建立健"宏观审慎+微观监管"两位一体管理框架,在构建全面开放新格局进程中不断提高开放经济宏观管理能力,提升服务实体经济能力。

## 2018年长兴县外汇数据情况

表45

| 名称 | 数量 | 增幅(%) |
|---|---|---|
| 新登记名录企业 | 185家 | 13.5 |
| 国际收支总额 | 28.92亿美元 | 28 |
| 结售汇总额 | 22.35亿美元 | 47 |
| 新登记外商投资企业 | 30家 | -9 |
| 新登记外商企业投资总额 | 7.38亿美元 | -6 |
| 新登记外商企业注册资本 | 5.40亿美元 | 11 |
| 实到外资 | 7505万美元 | 50 |
| 借入外债 | 9149万美元 | 132 |
| 对外投资 | 5708万美元 | 109 |

# 股改上市

【概况】 年内,全县推动企业利用多层次资本市场发展,重点抓好企业上市和并购重组工作。至年末,全县累计共有境内外证券市场上市企业4家,包括上交所主板1家,香港联交所主板2家、创业板1家;全国中小企业股份转让系统(新三板)挂牌企业37家;浙江股权交易中心挂牌企业"长兴科技板"144家。

2月1日,长兴太湖资本广场举行汉维通信香港上市启动会暨集中签约仪式

(金融办 供)

【上市企业扶持】 2月,出台《长兴县人民政府关于印发长兴县大工业政策三十六条的通知》,进一步加强对挂牌上市企业的扶持力度。对照上市标准,加强排摸、分析,优选出15家重点培育上市企业纳入全县拟上市企业梯队,对重点培育上市企业进行动态督导,加快推进上市进度。截至年末,全县新增上报材料企业1家;申报辅导备案企业3家,其中完成辅导验收企业2家。

【太湖科技板】 10月,浙江省股权服务集团与长兴县人民政府重新签订服务协议,板块更名为"太湖科技板",扩大服务范畴,深化双方合作,全力打造"县域股交+实体经济"新模式。年末,新增"太湖科技板"挂牌企业41家,累计挂牌企业144家,其中完成股改企业89家。

【资本运作】 年内,共组织举办并购税务培训会、绿色金改主题培训班、绿色金融和科技融合创新发展论坛、董秘培训班、融资路演活动等各类培训路演活动30余场。推动全县14家企业股权融资10.28亿元，5家企业完成并购重组，涉及金额4.60亿元。

## 至2018年末长兴县挂牌上市企业情况

表46

| 企业名称(代码) | 所属板块 | 挂牌上市时间 |
|---|---|---|
| 超威动力控股有限公司(00951) | 港交所主板 | 2010年7月 |
| 天能动力国际有限公司(00819) | 港交所主板 | 2007年6月 |
| 浙江诺力机械股份有限公司(603611) | 上交所主板 | 2015年1月 |
| 浙江长安仁恒科技股份有限公司(08139) | 港交所主板 | 2015年1月 |
| 浙江中晶科技股份有限公司(已摘牌) | 新三板 | 2014年10月 |
| 浙江茶乾坤食品股份有限公司 | 新三板 | 2014年8月 |
| 浙江维涅斯装饰材料股份有限公司 | 新三板 | 2014年10月 |
| 浙江中德自控科技股份有限公司 | 新三板 | 2014年11月 |
| 浙江万享科技股份有限公司 | 新三板 | 2015年8月 |
| 浙江瑞虹空调配件股份有限公司 | 新三板 | 2015年8月 |
| 长兴科迪光电股份有限公司 | 新三板 | 2015年9月 |
| 长兴华强电子股份有限公司 | 新三板 | 2015年10月 |
| 浙江大川新材料股份有限公司 | 新三板 | 2015年10月 |
| 浙江润阳新材料科技股份有限公司(2017年11月15日摘牌) | 新三板 | 2015年11月 |
| 浙江弘晨印染科技股份有限公司 | 新三板 | 2015年11月 |
| 长兴艾飞特科技股份有限公司 | 新三板 | 2015年12月 |
| 长兴制药股份有限公司 | 新三板 | 2015年12月 |
| 浙江湖州威达集团股份有限公司 | 新三板 | 2015年12月 |
| 爱侣健康科技股份有限公司 | 新三板 | 2015年12月 |
| 莱美科技股份有限公司 | 新三板 | 2016年1月 |
| 浙江长兴日月环境科技股份有限公司 | 新三板 | 2016年2月 |
| 浙江红宇新材料股份有限公司 | 新三板 | 2016年2月 |
| 浙江四达新材料股份有限公司 | 新三板 | 2016年2月 |
| 浙江加力仓储设备股份有限公司 | 新三板 | 2016年3月 |
| 浙江海悦自动化机械股份有限公司 | 新三板 | 2016年3月 |
| 湖州纳尼亚实业股份有限公司(2018年8月17日摘牌) | 新三板 | 2016年3月 |
| 浙江兴海能源科技股份有限公司 | 新三板 | 2016年4月 |
| 浙江省长兴艾格生物制品股份有限公司 | 新三板 | 2016年6月 |
| 长兴明旺橡塑科技股份有限公司 | 新三板 | 2016年7月 |
| 浙江宇清热工科技股份有限公司 | 新三板 | 2016年7月 |
| 浙江富亿达科技股份有限公司 | 新三板 | 2016年7月 |
| 浙江创为智能装备股份有限公司 | 新三板 | 2016年7月 |
| 浙江长兴家宝电子股份有限公司(2018年8月17日摘牌) | 新三板 | 2016年9月 |
| 浙江越顺物流股份有限公司 | 新三板 | 2016年11月 |
| 浙江锦诚新材料股份有限公司 | 新三板 | 2016年11月 |
| 浙江新天龙科技股份有限公司 | 新三板 | 2017年5月 |

续表46

| 企业名称(代码) | 所属板块 | 挂牌上市时间 |
|---|---|---|
| 浙江百叶龙文化发展股份有限公司 | 新三板 | 2017年7月 |
| 浙江努奥罗暖通科技股份有限公司 | 新三板 | 2017年11月 |
| 浙江东宇电气股份有限公司 | 新三板 | 2017年12月 |
| 湖州浙宝钙业股份有限公司 | 新三板 | 2018年1月 |
| 大唐贡茶院文化发展股份有限公司 | 新三板 | 2018年2月 |

## 银　行

【概况】 年末，全县共有政策性银行1家，国有商业银行4家，股份制商业银行5家，城市商业银行6家，地方法人银行2家。年末，金融机构本外币各项存款余额831.49亿元，比上年增长13.4%，其中住户存款余额338.67亿元，比上年增长12.5%。年末，本外币各项贷款余额698.36亿元，比上年增长15.2%，其中住户贷款余额280.76亿元，比上年增长14.6%；非金融企业及机关团体贷款余额417.58亿元，比上年增长15.7%。

【中国银行股份有限公司长兴县支行】 成立于1993年3月。2018年，内设综合管理部、公司业务部、个人金融部、营业部，下设绿城广场支行、开发区支行、金陵北路支行等3家支行，有5家自助银行和离行ATM机。年末，实现本外币存款余额31.92亿元，比年初新增6.49亿元，其中对公存款18.55亿元、比年初新增4.74亿元，对私存款13.38亿元、比年初新增1.75亿元；各项本外币贷款余额36.61亿元，比年初新增3.39亿元，其中公司金融贷款17.65亿元、比年初新增1.10亿元，个金贷款余额18.96亿

### 2018年长兴县金融机构人民币存贷款情况

表47　　单位：万元

| 机构名称 | 存款 | | 贷款 | |
|---|---|---|---|---|
| | 余额 | 比年初增减 | 余额 | 比年初增减 |
| 农发银行 | 162545 | 56629 | 485496 | 120132 |
| 工商银行 | 752312 | 11778 | 589681 | -74116 |
| 农业银行 | 920245 | 146217 | 782878 | 223015 |
| 中国银行 | 308706 | 61122 | 365609 | 33544 |
| 建设银行 | 752764 | 89874 | 554533 | 24058 |
| 交通银行 | 114523 | -48328 | 246401 | -10915 |
| 浦发银行 | 212734 | 13633 | 298338 | 42950 |
| 中信银行 | 262000 | 49167 | 319611 | 96802 |
| 招商银行 | 157145 | 3994 | 179214 | 10017 |
| 华夏银行 | 153593 | -2977 | 212582 | 25057 |
| 邮储银行 | 630426 | 78706 | 182306 | 24422 |
| 湖州银行 | 277723 | 34991 | 247576 | 26712 |
| 嘉兴银行 | 109341 | 21299 | 100616 | 19354 |
| 泰隆银行 | 22032 | 9447 | 36842 | 13166 |
| 稠州银行 | 88293 | 21513 | 61490 | 26805 |
| 台州银行 | 29736 | -2677 | 77536 | 29711 |
| 农商银行 | 2748173 | 363436 | 1773010 | 260587 |
| 村镇银行 | 395993 | -14804 | 469900 | 32410 |
| 其他 | 216619 | 89842 | — | — |
| 总计 | 8314902 | 982862 | 6983619 | 923711 |

元、比年初新增2.29亿元,本外币不良贷款余额1856万元,不良率为5.1‰。

【中国农业银行股份有限公司长兴县支行】 位于太湖街道明珠路1238-1号。1979年恢复成立。2018年,内设综合管理部、运营财会部、风险管理部、个人金融部、公司业务部、国际业务部6个部门,下设煤山、和平、泗安3个重点集镇网点,明珠路、龙山、金陵南路、城中、雉城5个城区网点和1个营业中心;有自助银行20家;人员175人。年末,本外币各项存款余额92.02亿元,比上年增加14.62亿元。其中,对公存款余额比年初增加9.58亿元,个人存款比年初增加5.04亿元;本外币各项贷款余额78.29亿元,比上年增加22.30亿元。其中个人贷款余额比年初增加2.36亿元。全年实现中间业务收入6350万元。

【中国工商银行股份有限公司长兴县支行】 位于雉城街道金陵中路218号。1984年4月1日成立。2018年,内设综合管理部、公司业务部、个人业务部等三个部门,下辖支行营业部、煤山支行、龙山支行、金陵支行、明珠路支行、长海路支行、北城支行等7个营业网点,7个网点均配置智能化服务机具;下辖5个自助银行和18个自助服务点,配置46台自助柜员机;共有人员134人。年末,本外币各项存款余额75.03亿元,比上年减少1.19亿元;其中,对公存款比年初增加3.42亿元,储蓄存款比年初增加2.32亿元。本外币各项贷款余额58.97亿元,较年初减少7.41万元。其中,公司贷款余额36.79亿元,比年初下降7.98亿元;个人贷款余额22.18亿元,其中个人按揭贷款余额20.26亿元,比年初增加1.66亿元。新发银行卡8753张,新增对公结算账户743户,新增企业网上银行客户684户,签约结算套餐568户,法人理财日均达2.06亿元,票据池入池业务量达62.79亿元,贵金属交易额10.56亿元,融e行客户净增10945户。

【中国建设银行股份有限公司长兴县支行】 位于雉城街道县前西街18号。1987年2月4日成立。2018年,内设办公室、公司客户部、个人客户部、业务管理部、营业部,下设明珠支行、发电厂支行、城南支行、城北支行、煤山支行、李家巷支行等6家支行,有17家自助银行,其中离行式10家,附行式7家,共有人员118人。年末,本外币存款余额75.28元,存款比年初新增8.99亿元,其中,企业存款余额44.63亿元,新增7.33亿元,个人存款30.61亿元,新增1.64亿元。各项贷款余额55.45亿元,新增2.41亿元。全年国际结算量31692万美元。年内,被评为2017年度浙江省铁路公积金信贷工作先进单位二等奖、2017年度长兴县银行业金融机构综合评价A等行、2017年度长兴县级机关部门绩效考核一等奖、2018年度浙江省分行“开门红”旺季营销活动“优秀支行”、2018年度湖州市分行“开门红”旺季营销活动“综合优胜支行”。

【交通银行股份有限公司湖州长兴县支行】 位于雉城街道解放西路9号。2008年12月24日成立。2018年,内设行长室、综合管理部、公司业务部、个人金融部、营业部,下设长海路支行1家支行,有6 家自助银行,共有正式员工人员23人。年末,本外币贷款余额24.64亿元,各项存款余额11.40亿元,表外融资余额46.98亿元,国际结算量完成5060万元,完成存量风险资产清收4295万元,新增“云闪付”1120户,表内外融资余额及“云闪付”数量均位居湖州交行系统第一位。作为联席主承销商完成长兴地区首单PPN(定向债务融资工具)的落地,拓宽当地企业融资渠道。

【招商银行股份有限公司湖州长兴县支行】 位于龙山街道金陵北路134号。2011年10月8日成立。2018年,内设零售银行部、运营部,公司客户二部(驻)、长兴零售信贷分部(驻)。长兴县仅1家网点,共有人员31人。年末,本外币存款余额15.67万元,比年初新增0.38亿元,其中公司存款余额12.21亿元,较年初新增0.04亿元;零售存款余额3.46万元,较年初新增0.34亿元。各项贷款余额17.92亿元,较年初新增1.00万元。加快投行领域业务的拓展,上半年在债券市场极其困难的情况下成功发行超威超短融资债券3亿元。在投行中还尝试境外分红以及股权直投业务,6月底克服重重困难,完成对天能集团内保外贷境外分红资金投放。

【嘉兴银行股份有限公司湖州长兴县支行】 位于雉城街道明珠路511-517号。2013年6月25日成立。2018年,内设综合管理部、业务部、营业部,共有人员25人。年末,各项存款余额101243万元,比年初新增13713万元;各项贷款余额100616万元,比年初新增19354万元。供应链批量项目顺利运行,累计完成授信5025万元,授信户数达180余户;加强金融产品创新力度,2018年推出线上贷款业务,大大提高贷款发放效率。

【湖州银行股份有限公司长兴县支行】 位于雉城街道县前中街199号。2001年7月成立。2018年,内设办公室、风险管理部、运营管理部、业务发展部、营业部,下设水木花都支行、雉城支行、泗安小微企业专营支行、金陵社区支行等4家支行,有1家自助银行,共有人员68人。年末,各项存款余额277723万元,比上年新增34991万元,增长14.4%;各项贷款余额247576万元,比上年新增26712万元,增长12.1%;其中个人贷款余额54424万元,比上年新增4037万元。

【华夏银行长兴县支行】 位于雉城街道明珠路108-1至108-8号。2013年8月20日成立。2018年,内设公司客户部、小微企业客户部、个人客户部、营业室,下设1家水木花都社区支行,有6家自助银行及离行式ATM

机，共有人员30人。年末，本外币各项存款余额15.36亿元，本外币各项贷款余额21.26亿元，表外累计引进各项融资27.30亿元。

【浙江稠州商业银行股份有限公司湖州长兴县支行】 位于雉城街道县前东街133号。2016年4月12日成立。2018年，内设风险管理部（办公室）、小微金融一部、小微金融二部、营业部，下设泗安支行，2家附行式自助银行，共有人员43人。年末，各项存款余额9.10亿元（其中对公存款7.10亿元，储蓄存款2亿元），存款日均9.20亿元；贷款余额6.15亿元，贷款户数784户，其中小微贷款余额3.65亿元，户数773户。年内，积极对接总分行资管部门及稠州银行金租公司，完成长兴南太湖投资开发有限公司1亿元企业债项目和1.40亿元融资租赁项目，开业以来，累计完成各类项目金额13.40亿元，业绩在分行内综合排名第一。新筹建和平小微企业专营支行。

【中国农业发展银行长兴县支行】 位于太湖街道明珠路1238-1号。于1979年恢复成立。2018年，内设综合管理部、运营财会部、风险管理部、个人金融部、公司业务部、国际业务部6个部门，下设煤山、和平、泗安3个重点集镇网点，明珠路、龙山、金陵南路、城中、雉城5个城区网点和1个营业中心；有20家自助银行；共有人员175人。年末，本外币各项存款余额92.02亿元，比上年增加14.62亿元。其中，对公存款余额比年初增加9.58亿元，个人存款比年初增加5.04亿元；本外币各项贷款余额78.29亿元，比上年增加22.30亿元。其中，个人贷款余额比年初增加2.36亿元。全年实现中间业务收入6350万元。

【上海浦东发展银行长兴支行】 位于雉城街道金陵北路298-304号。2010年12月3日成立。2018年，内设业务管理部、公司银行一部、二部（绿色金融事业部）、零售银行业务部、营业部，下设绿城广场社区支行，有3家自助银行，共有人员28人。年末，各项贷款余额298337万元，较上年新增50322万元，其中个人贷款31518万元，较上年新增9201万元。对公贷款余额266819万元，较上年新增41121万元。充分发挥票据池业务的优势，累计票据托收量35亿元。

【台州银行长兴支行】 位于雉城镇县前东街181号。2016年9月27日成立。2018年，内设前台业务部、业务一部、业务二部、业务三部、小额信贷拓展部，下设夹浦小微专营支行、和平小微专营支行2家支行，共有人员51人。年末存款余额3亿，贷款余额7.60亿。

【浙江泰隆商业银行股份有限公司长兴支行】 位于雉城街道道园路143号。2015年11月02日成立。2018年，内设普惠业务部、小企业部、营业部，共有人员32人。年末，各项存款余额22032.33万元，各项表内外贷款余额36842.09万元，总户数2000户，户均18.42万元。其中，小微贷款余额19752.86万元，占比53.6%；绿色产业贷款余额3861.70万元，占比10.5%。

【中国邮政储蓄银行股份有限公司长兴县支行】 位于雉城街道米行北弄18号。2008年5月19日成立。2018年，内设综合管理部、公司业务部、个人金融部，下设营业部、龙山支行、槐坎支行、和平支行等4家自营网点，有2家自助银行，共有人员73人，全辖代理网点22家。年末，各项存款余额9.13亿元，比上年增长0.16%。各项贷款余额18.22亿元，比上年增加2.29亿元。全年新增个人网上银行6388户。

【中信银行股份有限公司湖州长兴支行】 位于雉城街道解放东路1号。2012年10月24日成立。2018年，内设办公室、公司银行部、公司业务一部、公司业务二部、零售银行部、营业部，有2家离行式自助银行，1家附行式自助银行，1家警银亭自助设备，共有人员28人。年末，各项存款余额26.20亿元，较年初增加4.92亿元，其中对公一般性存款余额21.45亿元，个人存款余额4.75亿元。各项贷款余额31.96亿元，较年初增加9.68亿元，其中对公贷款25.85亿元，个人贷款6.11亿元。资产不良率0.01%，较年初下降0.02%。

【浙江长兴联合村镇银行股份有限公司】 位于太湖街道中央大道2787号。2008年5月27日成立。2018年，内设综合管理部、计划财务部、风险管理部、内审部、业务管理部、运行管理部，除总行营业部外，下设城东支行、金陵支行等2家城区支行，和平支行、李家巷支行、夹浦支行、煤山支行、泗安支行、洪桥支行、林城支行、虹星桥支行、小浦支行等9家乡镇支行，有3家离行式自助银行、12家附行式自助银行，共有人员226人。年末，各项存款余额39.60亿元，日均存款40.60亿元，比年初增加1.51亿元；各项贷款46.99亿元，比年初增加3.24亿元，其中涉农贷款余额46.14亿元，比上年增加3.27亿元，占各项贷款的98.2%；小微贷款余额38.59亿元，比上年增长7.5%。实现各项业务收入3.38亿元。新增联合借记卡（含社保卡、银杏小额贷款卡）2万余张，新增手机银行5600余户。

【长兴农商银行】 位于太湖街道明珠路1298号。2016年5月18日成立。2018年，内设业务管理部、绿色金融事业部、办公室、授信管理部等17个部室，下设金陵路支行、经开区绿色专营支行、城南支行等36家支行；建设各类丰收驿站209家，投放助农终端133台、助农POS76台，布放ATM机151台；共有人员652人。年末，各项存款余额274.82亿元，比上年增加36.34亿元，增幅15.24%；各项贷款余额177.30亿元，比上年增加26.06亿元，增幅17.2%，同比多增

11.60亿元。年内,完善丰收驿站服务功能,拓展跨界业务种类,全年累计受理各类金融交易2.52亿元,点月均交易343笔,为农村和社区百姓提供家门口的基础金融和非金融服务。

## 保　险

【概况】 年内,全县共有保险公司29家,全年完成保费收入17.38亿元,其中财险保费收入6.43亿元、比上年增长6.1%,寿险保费收入10.89亿元、比上年增长9.3%,保险行业全年税收贡献额3958.77万元。

### 2018年长兴县保险公司及保费收入情况

表48

| 序号 | 公司名称 | 财险保费收入(万元) | 比上年增长(%) | 财险赔付金额 | 财险赔付率(%) | 序号 | 公司名称 | 寿险保费收入(万元) | 比上年增长(%) |
|---|---|---|---|---|---|---|---|---|---|
| 1 | 人保财险 | 30655.52 | 10.93 | 17620.88 | 57.48 | 1 | 中国人寿 | 47898.22 | 15.38 |
| 2 | 太保财险 | 5390.64 | 13.10 | 2710.99 | 50.29 | 2 | 太保寿险 | 21793.31 | 28.47 |
| 3 | 平安财险 | 7014.74 | 24.80 | 3732.74 | 53.21 | 3 | 平安人寿 | 6693.00 | 24.76 |
| 4 | 天安财险 | 1413.76 | -10.05 | 1072.98 | 75.90 | 4 | 泰康人寿 | 3187.50 | -12.68 |
| 5 | 中华保险 | 2494.45 | -16.19 | 2150.98 | 86.23 | 5 | 新华人寿 | 2129.04 | 41.48 |
| 6 | 华安保险 | 708.41 | -9.88 | 697.40 | 98.45 | 6 | 太平人寿 | 2756.76 | 6.33 |
| 7 | 大地保险 | 2506.25 | 3.14 | 1366.40 | 54.52 | 7 | 民生人寿 | 1010.34 | 1.24 |
| 8 | 都邦保险 | 474.13 | 30.27 | 226.77 | 47.83 | 8 | 生命人寿 | 2655.93 | 53.53 |
| 9 | 安邦保险 | 525.94 | -44.31 | 616.40 | 117.20 | 9 | 华泰人寿 | 262.60 | 1.16 |
| 10 | 阳光财险 | 3105.44 | -4.35 | 2233.41 | 71.92 | 10 | 人民人寿 | 13784.02 | -27.02 |
| 11 | 国寿财险 | 6860.16 | 0.91 | 4570.69 | 66.63 | 11 | 农银人寿 | 2232.64 | 16.33 |
| 12 | 浙商财险 | 444.01 | -30.01 | 338.24 | 76.18 | 12 | 信泰人寿 | 756.22 | 3.68 |
| 13 | 长安责任 | 1405.91 | 8.19 | 776.61 | 55.24 | 13 | 阳光人寿 | 2786.06 | 6.58 |
| 14 | 太平财险 | 1265.27 | -16.92 | 874.70 | 69.13 | 14 | 合众人寿 | 285.33 | 58.25 |
| — | — | — | — | — | — | 15 | 中韩人寿 | 664.06 | -5.06 |
| 合计 | | 64264.63 | 6.06 | 38989.20 | 60.67 | 合计 | | 108895.03 | 9.33 |

【中国人寿保险股份有限公司长兴支公司】 位于雉城镇解放西路177号。成立于1997年4月23日。2018年,内设综合管理科、客户服务科、理赔科、车商渠道科、交叉渠道科、非车险业务科、个代业务科,年末员工23人。年末,总保费收入48839.34万元,比上年增长16%。保障型业务完成2196.81万元,比上年增长54.6%;短期险保费3240.66万,比上年增长25.6%。

【中国人民财产保险股份有限公司长兴支公司】 位于雉城街道金陵南路128号。成立于1997年5月4日。2018年,内设综合管理科、客户服务科、理赔科、车商渠道科、交叉渠道科、非车险业务科、个代业务科,年末员工118人。年内,推进新兴商非突破战略、警保合作创新战略方面,长兴电动车保险成为全国标杆项目,全市第一,走在全省前列。年末,实现保费收入34301.97万元,比上年增长10.2%;车险保费收入26409.78万元;比上年增长5.4%;非车险保费收入6336万元,比上年增长32%;农险保费收入1556.19万元,全年赔款19079.59万元。

【中国人寿财产保险股份有限公司长兴县支公司】 位于雉城镇太湖街道太湖东路国际花园1-6号营业房。成立于2008年3月19日成立。2018年,内设经理室、综合管理部、客户服务部、理赔分中心、银保部、直销部、和平营销部(筹)、煤山部、泗安营销服务部、互动部、车商部、电子部等,年末员工40余人,其中党员8人、预备党员3人。年末,完成签单保费8026万元,完成保费收入7820万元,比上年增长2.2%,其中车险业务6186万,非车险(含政保合作安责险、环污险、电动车保险等)1633万元,业务总量位居市场前三,全年共赔款支出5038万元。

【富德生命人寿保险股份有限公司长兴营销服务部】 位于雉城街道金陵中路70号二楼230-236室。成立于2006年8月1日。2018年,内设个险、银保、收展三大渠道,设营服经理岗、综合内勤岗、组训岗、收展专员岗，年末员工5人，个险渠道在册人力174人。年末，个险完成首年标保678.45万元，同比减少9.3%。

**【中国太平洋财产保险股份有限公司长兴支公司】** 位于雉城街道县前东街191号。成立于2003年5月28日。2018年内设综合管理科、客户服务科、理赔科、车商渠道科、交叉渠道科、非车险业务科、个代业务科，年末员工23人。年末，实现保费收入5845.63万元，比上年增长11.7%；车险保费收入4993.29万元，比上年增长12.4%；非车险保费收入852.34万元，比上年增长8.3%；全年赔款2924.95万元。

**【中国太平洋人寿保险股份有限公司长兴支公司】** 位于太湖街道中央大道2669号。成立于2002年9月11日。2009年10月变更为中国太平洋人寿保险股份有限公司长兴支公司。2018年，有员工13人。年末，实现保费收入22498.17万元，比上年增长17.4%，全年赔款553.92万元。

**【阳光财产保险股份有限公司长兴支公司】** 位于雉城镇轻纺城24幢23、25、27号。成立于2007年09月26日。2018年，内设综合管理部、客服服务部、理赔部、车商渠道部、交叉渠道部、直销业务部，年末员工15人。年末，实现保费收入2600.69万元，比上年下降20.7%；车险实现保费收入2318.12万元，比上年下降21.1%；非车险保费收入282.56万元，比上年下降28.3%；全年赔款2146.14万元。

**【长安责任保险股份有限公司长兴支公司】** 位于太湖街道格兰国际广场8楼801室。成立于2015年7月9日。2018年，内设经理室，综合办，营业部，客服中心，年末员工19人。为县内第一家专业责任保险公司，主要以责任保险为特色，经营范围还涵盖财产损失保险、信用保险、保证保险、短期健康保险和意外伤害保险等。全县财产险排名第八位，市场占比3.6%。年末，实现保费收入1650万元，车险保费收入1373万元，非车险保费收入277万元，理赔支出1200多万元。

**【中国平安财产保险股份有限公司长兴支公司】** 位于县前西街街道541号。成立于2002年9月13日。2018年，内设综合管理部、文化产业业务部、车商业务部、个代业务部、运营中心、线客中心、泗安营销部，年末员工26人。年内，实现保费收入7993.03万，比上年增长19.3%；车险保费完成7065.65万元，比上年增长18.7%；非车险保费收入927.38，比上年增长24.3%。全年赔款3999.49万元，赔付率50.04%。

**【新华保险湖州中支】** 位于湖州市劳动路567号东吴国际广场龙鼎大厦。成立于2002年4月15日。下设县区级支公司及营业部(四级机构)5家，年末员工92人。年末，中支全渠道保费收入4.28亿元，其中，个险期交达成1.12亿元，比上年增长10.3%，年度任务达成率116%，健康险期缴保费占比持续提升，达到65%。一年期附加险从上年的225万元增长至1343万元。同时，中支个险继续率达成95.4%，同比提升2.9%，收费目标达成率100.9%，保单品质向好。

**【阳光财产保险股份有限公司长兴支公司】** 位于雉城镇轻纺城24幢23、25、27号。成立于2007年09月26日。2018年，内设综合管理部、客服服务部、理赔部、车商渠道部、交叉渠道部、直销业务部，年末员工15人。年末，实现保费收入2600.69万元，比上年下降20.7%；车险实现保费收入2318.12万元，比上年下降21.1%；非车险保费收入282.56万元，比上年下降28.3%；全年赔款2146.14万元。

## 证　券

**【概况】** 2018年，全县有证券公司6家，工作人员170人，全年累计贡献税收近4万元。

**【中信证券股份有限公司长兴明珠路证券营业部】** 位于雉城街道明珠路562、564号。2002年6月11日成立。主要经营证券经纪，证券投资咨询，证券投资基金代销，融资融券，代销金融产品，与证券交易、证券投资活动有关的财务顾问、为期货公司提供中间介绍业务，证券承销与保荐(仅限项目承揽、项目信息传递与推荐、客户关系维护等辅助工作)，证券资产管理(仅限项目承揽、项目信息传递与推荐、客户关系维护等辅助工作)。2018年年末，共有员工23人，其中客户经理16人。客户总资产达24.09亿，客户数36879户。

**【中国银河证券长兴金陵北路营业部】** 位于龙山街道金陵北路310、312号一层、二层。2007年03月15日成立。主要经营证券经纪，证券投资咨询，证券投资基金代销，融资融券，与证券交易、证券投资活动有关的财务顾问，代销金融产品，销售贵金属制品，为期货公司提供中间介绍业务等。年内，营业部主要积极拓展协同业务，加快私募产品，新三板项目、债券承揽的储备工作等。2018年末，共有员工12人，其中理财经理4人、客户经理3人、中后台员工5人。客户总资产达7.97亿，客户数20916户，产品销售额达0.40亿。全年实现营业收入597.23万元，营业利润为230.31万元。

**【财富证券长兴营业部】** 位于雉城街道道园路165号、道园路171-204号。2016年12月28日成立。主要经营证券投资咨询、证券投资基金代销、融资融券、证券投资活动相关的财务顾问、代销金融产品、证券资产管理、证券承销与保荐。2018年末，共有员工15人，其中理财经理6人，经纪人5人。客户总资产达2.90亿，客户数1374户，产品销售额达0.40亿。

【财通证券长兴营业部】 位于雉城街道金陵北路375号。1993年5月成立。2018年末，共有员工23人，其中经纪人17人。客户总资产达26亿元，年累计股基市占率0.07‰；新开户2930户，产品销售达3.80亿元，实现考核利润123万元。

【新华保险湖州中支】 位于湖州市劳动路567号东吴国际广场龙鼎大厦。2002年4月15日成立。2018年，内设个险营销部、银行业务部、团险业务部、客户服务部、人力资源部、财务部、保费部、综合行政部，下设县区级支公司及营业部(四级机构)5家，有员工92人。年末，中支全渠道保费收入4.28亿元，其中，个险期交达成1.12亿元，比上年增长10.3%，年度任务达成率116%，健康险期缴保费占比持续提升，达到65%。一年期附加险从上年的225万元增长至1343万元。同时，中支个险继续率达成95.4%，比上年提升2.9%，收费目标达成率100.9%。

【富德生命人寿保险股份有限公司长兴营销服务部】 位于雉城街道金陵中路70号二楼230-236室。2006年8月1日成立。2018年，内设个险、银保、收展三大渠道，设营服经理岗、综合内勤岗、组训岗、收展专员岗，年末员工5人，个险渠道在册人力174人。年末，个险完成首年标保678.45万元，比上年减少9.3%。

## 其他金融业

【概况】 自上年省级机构改革改革以来，金融办的职能发生根本性转变，机构改革针对地方金融监管的部署中，明确"7+4"类机构监管范围。即金融办负责对小额贷款公司、融资担保公司、区域性股权市场、典当行、融资租赁、商业保理、地方资产管理公司、投资公司、农民专业合作社、社会众筹机构、地方各类交易所、民间融资等"7+4+1"业态的监管工作。

【长兴民间融资服务中心】 位于雉城街道明珠路955号。2017年10月29日开业。由天能集团、升华集团、长兴金控集团发起成立，为政府批准、市场运作、公司制管理的民间投融资管理服务平台，为浙江省金融创新试点单位。年末，中心有员工17人，信贷业务余额4.46亿元，理财业务余额3.96亿元。

【长兴金融服务中心】 位于龙山街道明珠路565号。2017年7月18日成立。由杭州华盛达金融控股集团有限公司控股，浙江长兴金控控股股份有限公司注资。主要为企业和个体经营户在实际经营中，对原材料涨价，土地证分割，贷款抵押物变更、银行不良资产盘活、准上市企业账户调整等方面资金需求提供服务。2018年，中心有员工7人。全年累计发生业务186739万元。从支持的企业分类分析，全年支持制造业64户213笔105671万元，纺织业31户111笔42342万元，公共事业类10户20笔5970万元，农业零售批发等20户45笔17875万元；共支持新三板企业3户6笔4060万元，高新企业14户34笔26125万元，新三板+高新企业2户4笔1840万元，高新企业+上市企业1户8笔9740万元，香港联交所上市企业换证1户1笔2000万元。

【典当】 年内，全县有典当经营企业2家，其中典当公司、典当分公司各1家。年末，长兴盛源典当有限责任公司开展典当业务5笔，典当金额380万元；浙江丰源典当有限责任公司长兴分公司开展典当业务701笔，典当金额685.60万元。

【小额贷款】 年末，全县共有4家小额贷款公司，注册资本合计5.84亿元。全年累计发放贷款3.07亿元，贷款余额5.49亿元，贷款加权平均年化利率10.9%。

### 至2018年年末长兴县小额贷款公司情况

表49

| 公司 | 法人代表 | 成立时间 | 注册资本 | 2018年度贷款金额 | 2018年年末贷款余额 |
|---|---|---|---|---|---|
| 长兴诺力小额贷款有限责任公司 | 丁　毅 | 2008年12月10日 | 1.25亿元 | 13514万元 | 12447万元 |
| 长兴恒力小额贷款有限公司 | 吴爱霞 | 2010年5月28日 | 1.5亿元 | 4315万元 | 10791万元 |
| 长兴永鑫小额贷款有限公司 | 张坤南 | 2011年7月1日 | 1.09亿元 | 2775万元 | 9270万元 |
| 长兴中高科创小额贷款有限公司 | 王佳平 | 2012年12月21日 | 2亿元 | 10065万元 | 22356万元 |

【融资担保】 年内，全县共有湖州荣兴中小企业服务有限公司、长兴通润金融服务有限公司、长兴金融服务中心、长兴德恩金服投资管理有限公司4家在册转贷机构为466家中小微企业提供转贷851笔，转贷26.99亿元；长兴县诚信中小企业科技担保有限公司、长兴县农业发展担保有限公司2家政策性担保公司为全县43户中小微企业提供融资担保52笔，融资担保金额1.34亿元。

(叶碧盈)

# 交通运输·邮政

## 交通建设

【概况】 2018年，长兴县交通运输局内设办公室、组宣人事科、财务科、法制科、运输安全科、物流发展科、交通规划科、建设管理科（行政许可科）、铁路建设办公室等9个职能科（室），下辖县公路管理局、县港航管理局、县道路运输管理局3个副科级事业单位，5个股级事业单位：县农村公路应急抢险养护管理中心、县交通建设发展中心、县交通工程质量安全监督站、县交通勘测设计所、县乡公路管理组。年末，交通运输系统在编298人，其中公务员14人；编外79人。年内，全县交通运输系统重点推进公交客运、规范运输市场秩序、公路和铁路边“三化”“两路两侧”整治、公路“国检”、水运结构调整、交通运输行政审批制度改革、物流行业管理、城市治堵（牵头）等重点工作。获浙江省交通运输行政执法评议考核优秀单位荣誉称号。

【重点工程建设】 年内，组织实施申嘉湖西延工程等9项交通基础设施项目，计划投资18.22亿元，完成投资20.96亿元，占全年计划的115%。

申嘉湖西延工程，长兴段全长12.03千米，计划总投资16亿元，建设年限为2016年至2019年。2018年计划完成5亿元，实际完成投资5.30亿元，完成全年计划的106%。

杭宁高速拓宽工程，高速公路拓宽约27千米，计划总投资6亿元，建设年限为2017年至2019年。2018年计划完成3亿元，实际完成投资2.60亿元，完成全年计划的86.7%。

商合杭高铁长兴段，高铁13.20千米，计划总投资19.80亿元，建设年限为2016年至2020年。2018年计划完成4亿元，实际完成投资4.20亿元，完成全年计划的105%。

南太湖产业集聚区长兴县长桥至虹星桥公路工程，全长8.12千米，为一级公路标准，计划总投资6.38亿元，建设年限为2017年至2019年。2018年计划完成1亿元，实际完成投资3.40万元，完成全年计划的341.5%。

湖州南太湖产业集聚区长兴分区码头至吕山公路工程，全长5.25千米，为一级公路标准，计划总投资2.76亿元，建设年限为2016年至2018年。2018年计划完成0.52亿元，实际完成投资0.61亿元，完成全年计划的117.8%。

长湖申西延航道整治工程，四级航道，全长18.46千米，计划总投资2.4亿元，建设年限为2017年至2019年。2018年计划完成1亿元，实际完成投资1.01亿元，完成全年计划的101%。

长兴高铁站至洪桥公路工程，全长7.78千米，计划总投资5.36亿元，建设年限为2018年到2020年。2018年计划完成1亿元，实际完成投资1.10亿元，完成全年计划的110%。

申苏浙皖高速湖州太湖旅游度假区增设互通及连接线工程，长兴段连接线长3.31千米，一级公路，兼顾城市道路功能。建设年限为2016年

香樟国道看最美长兴 （邹宏辉 摄）

到2019年，计划总投资4.19亿元。2018年计划完成1.20亿元，实际完成投资1.22亿元，完成全年计划的101.7%。

宣杭铁路电气化改造工程，长兴段铁路电气化改造44千米，计划总投资5.40亿元，建设年限为2016年到2019年。2018年计划完成1.50亿元，实际完成投资1.50亿元，完成全年计划的100%。

【“四好农村路”建设】 全年完成通自然村14.40千米，完成投资1337万元；低等级道路改造25千米，完成投资7538万元；路面维修100.20千米，完成投资9960万元；安防工程30.4千米，完成投资193万元；危桥改造6座，完成投资3060万元；普通公路服务站10个，完成投资735万元；示范乡镇2个，完成投资4452万元；规范化农养站创建3个，完成投资778万元。

## 公路运输

【概况】 2018年，县境内有国道、省道、县道、乡道、村道、专用道共1003条(含高速公路)，公路总里程2261.43千米，每百平方千米公路密度158.03千米。按公路性质分：国道159.02千米(其中高速公路81.29千米)，省道87.92千米(其中高速公路38.18千米)，县道424.81千米，乡道318.89千米，专用道0.14千米，村道1270.66千米。按公路等级分：高速公路119.47千米，一级公路167.22千米，二级公路213.60千米，三级公路171.41千米，四级公路1589.74千米。3条高速公路分别为杭宁、杭长、申苏浙皖高速，共有9个高速公路出口。2条国道分别为104国道、318国道。公路绿化里程1781.76千米。公路桥梁1109座，其中特大型桥梁7座，大型桥梁127座，中型桥梁377座，小型桥梁598座，桥梁总长达75910.49延米。全年完成道路客运量2363.75万人，比上年下降9.6%，客运周转量16397.69万人千米，比上年下降9.3%；道路货运量4651万吨，比上年增长19.6%，货运周转量421867万吨千米，比上年增长23.3%。

【道路客运】 年末，全县共有营业性载客汽车765辆，旅游包车42辆，班线客车37辆，城市公交车148辆，其中天然气92辆、纯电动公交车56辆；城乡公交93辆，其中天然气17辆、纯电动4辆；双燃料出租车345辆，纯电动网约车100辆；校车112辆。辖区内未发生一起有责死亡事故，各项安全指标均在控制范围内，全县道路运输安全生产形势平稳有序，完成“零死亡事故”年度目标任务。

年内，全县共有班线客车37辆，开通客运班车线路19条，运营里程2934公路，日发86.5班次。其中，跨省客运班车9条，运营里程1429公路，日发20.5班次；跨市客运班车6条，运营里程1264公路，日发17班次；跨县(市)客运班车4条，运营里程241公路，日发49班次。共有旅游包车42辆，客位1612座。共开通城市公交线路27条，城乡公交线路66条(参见“社会生活”类目“公共交通”)。共有出租车公司5家，出租汽车445辆，从业人员575人(参见“社会生活”类目“公共交通”)。

【道路货运】 年末，全县有营业性载货汽车5824辆，比上年增加1292辆，增加28.5%；载重79986.2吨位，比上年增加31630.2吨位，增加65.4%。其中，货车2862辆，占比49.1%，吨位26060.60吨；挂车1696辆，占比29.1%，吨位53925.60吨；牵引车1266辆，占比21.8%。全县货物运输业户2199户，其中物流企业476户。

## 铁路运输

【概况】 2018年，县境内有铁路4条，总里程为118.40千米，其中宁杭高铁29.10千米、宣杭铁路44.40千米、长牛铁路20.75千米、新长铁路24.15千米，设长兴火车南站、宁杭高铁长兴站2个客运站。

【铁路客运】 年内，铁路客运平时每天109列，其中长兴站每天66列，南站每天43列；2017年春运期间每天图定118列，临客10列，其中长兴站每天图定67列，临客2列，长兴南站每天图定51列，临客8列。2018年，铁路全年客运发送187.78万人次，到达180.38万人次。

【铁路货运】 年内，铁路货运发送4.08万车，到达2.70万车。2018年，铁路全年货运发送175.98万吨，到达56.66万吨。

## 水路运输

【概况】 年内，县境内有定级航道40条，有长湖申线干线航道及梅湖线、李湖线、泗湖线支线航道，其他支线及矿区航道36条，航道总里程266.18千米，其中三级航道11.83千米；四级航道33.06千米；五级航道30.27千米；六级航道17.25千米；七级航道27.77千米；七级以下级航道146千米。至年末，全县水路货运量3351.06万吨，比上年上升7.7%，周转量474116.35万吨千米，比上年上升6.1%；水上客运量50.89万人次，比上年增加4.95%，旅客周转量251.61万人千米，比上年增长8.5%。

【水路客运】 年内，全县在册客船25艘，1074客位。其中，仙山湖景区客船13艘，582客位；太湖图影度假区客船12艘，492客位。

【水路货运】 年内，全县在册货船1731艘，载重87.71万吨。集装箱运输箱量达7.67万标箱，比上年增长近99.9%。

## 行业管理

【概况】 2018年，县交通系统重点加快公交客运发展，深化交通运输行政审批改革，规范交通运输市场秩序，提升运输服务能力，提高公路养护管理水平，改善交通生态环境；推进城市治堵、公路和铁路边“三化”“两路两侧”整治等中心工作，方便城乡群众出行，服务经济社会发展。

【道路运输管理】 年内，开展各类专项整治行动80余次，检查企业457家次，发现并督促企业整改安全生产隐患44处，其中一般隐患44起，安全约谈3家。共办理行政许可案件856起，共查实黑车268辆；其他客运违章案件19起；查处货运类案件626起；查处维驾类案件26起，未落实安全管理制度8起；共受理行政案件955起，无一错案发生；申请法院强制执行案件31起；12345投诉咨询749起，投诉回复率100%，回复满意率99%以上。完善安全管理机制，督促和指导道路运输企业严格执行安全生产相关法律法规、标准规范。全面推进货运场站改革，开展全县货运场站基数摸底，共梳理出2家需要换证的货运场站，206家货运代理备案，并配合省局完成对长兴综合物流园区的站级评定工作。认真履行行业监管职责，对货运站场、寄递物流企业开展货运实名制、消防安全专项整治。

【维修、驾培和出租车管理】 年内，县交通运输局按照规定，加强对维修、驾培和出租车行业的管理。完成全县76家在营二类以上维修企业系统对接并上传维修数据，指导驾培行业由16家驾校整合整合为14家，完成辖区内涉及喷漆作业63家机动车维修企业的整治提升。加大出租车行业稽查力度，规范出租车从业人员经营行为，全年共受理出租车投诉317起，其中对驾驶员作出批评、教育、停车学习有150余人次，作出行政处罚5起，企业信用考核扣分30余次。

【公路管理】 年内，县公路局以养护管理和路政执法工作为中心，以四好农村路和美丽经济交通走廊为重点，着力构建通达、便捷、经济、舒美、安全的公路路网体系。顺利完成交通运输部的“国检”工作。在省半年度和市局二季度养护检查中，均获得全市第一的成绩。全面加强小修保养工作，全年公路小修保养共完成坑洞修补24010平方米、沥青灌缝82648米、侧石修复2811米、示警桩修复与更换812个、清理边沟14400米等，全年累计完成小修金额约1559万元。14个乡级农村公路管理站完成省级农村公路规范化养护站创建。落实三级路长制，完成公路边省市级重点问题点位14处整改；积极开展小城镇穿镇公路专项整治、桥下空间整治、百日治超专项行动、大气污染和扬尘治理等专项行动。完成5.10万平方米桥下空间绿化工程；7月份，318国道治超非现场执法设备启用，违法超限运输行为得到有效控制，全年共查处超限车辆1817辆，卸载货物22786吨。年内，路政共上路巡查10199人次，办理行政许可31件，发现违章案件1319件，查处1319件，办理路政处罚案件1881件。

【港航水运及海事管理】 年内，扎实开展水上水下作业工程船舶专项整治、危化品船舶专项整治、船舶进出港报告专项整治、AIS专项整治、船舶防污染专项整治、301省道沿线码头专项整治及全县黑码头整治等一系列行动，查处不遵守航行通告规定271艘次，未正常报港119艘次，船舶防污染违规行为52艘次，超载运输货物20艘次。深入推进码头整治，协助乡镇街道园区对9家经营性码头按照“一企一策”方案进行全面管控，规范其经营行为；督促辖区33家企业自备码头逐步进行环境提升。加强水环境治理，督促船舶污染物接收上岸工作，启动100至400总吨本港货运船舶生活污水储存柜加装工作，已受理912艘、安装437艘。9家码头的船舶生活污水接收处置设施和吕山服务区船舶生活污水公共接收站建设完成。完成11套智能一体化岸电桩安装和调试。

（潘　伟）

烈日下的养路工　（交通局 供）

## 邮 政 业

【概况】 长兴县邮政管理局为湖州市邮政管理局的派出机构,承担全县邮政普遍服务和特殊服务、快递市场的监管职能。机构规格为正科级。2018年,下设办公室、普遍服务科、市场监管科(挂安全监控中心)3个内设机构,1个公益一类事业机构长兴县邮政业发展服务中心。年末,在岗人员22人,其中领导班子成员3人,借调行政编制2人;发展服务中心事业编制6人,编外人员11人。办公地点位于县公安局大楼。

【邮政网络与业务】 年末,全县有邮政公司普遍服务营业场所23个,村邮站221个;邮政速递、顺丰、“四通一达”等品牌快递企业9家,分支机构、邮政网点共86家,从业人员约1000人,协议客户854家。全年全县快递业务量1139.50万件,比上年增长29.3%。

### 2018年长兴县邮政公司主要邮政网络情况

表50

| 年份 | 邮政局所(个) | 其中 | | 邮路(条/千米) | 汽车邮路长度(千米) | 农村投递线路(千米) | 邮筒信箱(个) | 城市投递段道(段) | 农村投递段道(段) | 邮票代售处(处) |
|---|---|---|---|---|---|---|---|---|---|---|
| | | 邮政支局、所(个) | 邮政代办所(个) | | | | | | | |
| 2018 | 27 | 25 | 2 | 9 | 515 | 3080 | 46 | 43 | 44 | 0 |

### 2018年长兴县快递企业及网络情况

表51

| 快递企业 | 分支机构(家) | 网点(家) | 从业人员(人) | 协议客户(家) | 进港量(万件) | 出港量(万件) |
|---|---|---|---|---|---|---|
| 长兴园通速递服务有限公司 | 17 | 0 | 73 | 80 | 520 | 210 |
| 长兴申通快递有限公司 | 19 | 0 | 98 | 190 | 310 | 230 |
| 长兴中穗快递有限公司 | 10 | 2 | 89 | 4 | 490 | 270 |
| 长兴奇达快递有限公司 | 8 | 2 | 70 | 40 | 320 | 240 |
| 长兴天庆快递有限公司 | 4 | 0 | 29 | 0 | 100 | 30 |
| 湖州万鑫国际货运代理有限公司 | 0 | 0 | 5 | 20 | 0 | 84 |
| 长兴汇通速递服务有限公司 | 3 | 0 | 50 | 15 | 300 | 120 |
| 长兴速尔快递有限公司 | 0 | 0 | 10 | 21 | 11 | 10 |
| 德邦物流长兴分公司 | 0 | 0 | 16 | 5 | 20 | 18 |

### 2018年长兴县邮政业务情况

表52

| 指标名称 | 单位 | 2018年完成情况 | 比上年同期增长(%) |
|---|---|---|---|
| 一、邮政行业业务收入 | 亿元 | 2.25 | 19.8 |
| 1. 邮政寄递服务 | 亿元 | 0.19 | 8.3 |
| 2. 快递业务 | 亿元 | 1.14 | 24 |
| 二、邮政行业业务总量 | 亿元 | 3.86 | 25.3 |
| 1. 邮政寄递服务 | 万件 | 1372.86 | 2.7 |
| 其中:函件 | 万件 | 7.04 | -78.7 |
| 包裹 | 万件 | 0.69 | 40.8 |

续表 52

| 指标名称 | 单位 | 2018 年完成情况 | 比上年同期增长(%) |
|---|---|---|---|
| 订销报纸累计数 | 万份 | 999.54 | -2.5 |
| 订销杂志累计数 | 万份 | 28.59 | -16.8 |
| 汇兑 | 万笔 | 0.31 | -39.2 |
| 2. 快递业务 | 万件 | 1139.59 | 29.3 |
| 其中:同城 | 万件 | 72.10 | 49 |
| 异地 | 万件 | 1065.03 | 28.5 |
| 国际/港澳台 | 万件 | 2.46 | -39.1 |

【邮政市场监管】 年内,对新开设的快递企业及其网点,严格坚持21条标准,只要一条不符要求,一律不予通过。以三项制度为核心,督导全县各快递企业严格执行收寄验视制度。开展“标准化建设年”活动,以“美丽快递”为抓手推进快递示范化企业、标准化网点建设,塑造寄递行业“优质、高效、安全、便民”的整体形象。明确企业法人、安全管理员职责,围绕重大活动寄递安保,开展“查补短板、强基护安”专项活动、消防安全专项检查、普服新标宣贯专项检查等排查整治活动。先后与县公安局、市场监管局和林业局等部门联合制发各类合作机制,为加强联合执法、合作共赢提供制度保障。全年共审核企业36家次,不予通过14家次;出动明察暗访次1370余人次,检查企业及网点630余家次,停业整顿16家次,查封1家,行政处罚2家次,约谈11人次,开展集体约谈活动2次,下发整改通知书39份,发现问题258处,整改258处,整改率100%;共接入视频监控280路,至年末在线率98%。共视频巡查网点3500点位,发现问题120起,其中违反实名收寄36起,违反收寄验视12起,既违反实名收寄、又违反收寄验视4起,未发现邮政企业及各网点违反三项制度案件。全县快递门店实名登记信息系统安装率100%,视频监控安装率100%,分拣场所X光安检机配备率100%;会同县烟草部门先后开展联合执法139次,查获各类香烟1807.80条,价值48.60万元;配合公安部门查处相关案件3起;组织湖州市快递行业应急救援演练1次。

【通邮服务】 年内,分别开展建制村通邮率调查、村邮站调研系列活动,形成《长兴县村邮站调研报告》。根据调查,全县建制村通邮率稳步保持在100%,党报党刊当日见报率保持100%。推进末端投递服务全面升级,邮政集团长兴分公司投递汽车28辆,三轮车12辆,基本完成邮政县、乡、村三级物流配送体系。助力邮政企业构建“警医邮”代办点7个,覆盖城乡,开展交通管理业务便民服务,方便群众就近办理交通业务。开展“放心消费工程”专项治理,集中开展“不着地、不抛件、不摆地摊”专项整治活动,鼓励企业加大技改投入,购置储物柜、箱等用以放置邮件,并对投递人员进行相关教育培训。促进行业信用体系建设,加强企业内部管理,保护从业人员合法权益。

【长兴县快递行业协会】 10月18日,长兴县快递行业协会成立大会召开。大会审议通过《长兴县快递行业协会章程(草案)》《长兴县快递行业协会会费缴纳及管理办法(草案)》和《长兴县快递行业协会选举办法(草案)》,选举产生长兴县快递行业协会第一届会长、副会长、秘书长、理事、监事长、监事。

(黄永泉)

10月18日,长兴县快递行业协会成立大会胜利召开。湖州市快递行业协会理事长,长兴邮政管理局领导、民政局相关领导和长兴县邮政分公司、顺丰等12家协会会员单位代表,共计40多人参加成立大会 (邮政管理局 供)

# 城乡建设与管理

## 综　述

2018年,长兴县住房和城乡建设局(长兴县规划局〈测绘与地理信息局〉、长兴县人民防空办公室〈民防局〉)(简称县建设局)内设11个职能科室、下设4个派驻机构、下辖14个事业单位,局机关办公地点位于雉城街道明珠路689号长兴建设大楼。年末,在编人员279人,其中公务员21人、事业编制258人;编外用工162人(不含下属事业单位劳务派遣人员)。年内,县建设局以开展建设系统“五大攻坚”和“五大活动”为抓手,狠抓重点领域攻坚破难,深入推进城乡统筹发展,住房城乡建设各项事业取得新成效。县建设局先后获评城中村改造攻坚专项行动集体二等功等十余项先进荣誉。年末,中心城市建成区面积达到48平方千米,城市框架达到80平方千米,中心城区空间协调范围220平方千米。

## 规划与测绘地理信息

【概况】　年内,加强规划管理和规划编制工作,县域总体规划修编和“多规合一”规划编制工作进展顺利。加强测绘与地理信息行业管理,开展《测绘法》宣传和测绘资质专项巡查,启动“多规合一”业务协同平台建设。

【规划管理】　年内,严格例会审批、“两书两证”(建设项目选址意见书、建设用地规划许可证、建设工程规划许可证、建设工程规划核实确认书)等规划管理制度,规范项目申报程序和规划核实。10月31日,县政府办印发《长兴县主城区集体土地危房改造审批办法》。年内,共核发建设项目选址意见书3件,建设用地规划许可证143件、用地面积274.90万平方米,建设工程规划许可证186件、建筑面积572.14万平方米,建设工程规划核实确认书42件,完成工业项目土地复核验收31件。出具城区及乡镇经营性出让用地红线及设计要求152件、土地面积187万平方米,出具城区、乡镇工业土地出让红线及设计要求139宗、土地面积143万平方米。组织召开建设项目方案专家内审会议17次,审议方案类项目71件。配合县政府办召开规划例会7次,审议方案类项目38件,选址类项目6件。召开房地产开发项目方案变更联审会议6次,审议项目调整方案18件。配合长兴县综合行政执法局对58个擅自违反规划审批和许可的项目立案及行政处罚进行违法认定,并移交违法线索4件。严格维修审批程序,规划区内批准办理房屋维修5件。完成《县城近期停车设施规划方案及南部四平方千米规划》规划编制,完成《2018年县城绿道网规划设计》研究成果。由长兴县规划设计室编制的《南太湖石泉村美丽乡村精品村项目》获市优秀规划设计项目一等奖,《长兴县城品质提升工程专题研究》获市优秀规划设计项目二等奖,《长兴仰峰村历史文化村落保护利用规划》获市优秀规划设计项目三等奖。

【基础测绘】　3月,基础测绘计划列入长兴县国民经济和社会发展年度计划工作,基础测绘实施经费纳入县财政预算,基础测绘项目预算资金250万元。7月1日起,县建设局空间数据和信息化系统全面采用2000国家大地坐标系。11月,长兴县境内省级一、二等永久性测量标志普查发现23处测量标志损毁严重,及时上报省测绘与地理信息局备案。年内,发放测量标志保管员补助资金4300元,中心城区60平方千米范围内的1∶500数字化地形图和综合管线数据实现动态更新。

【测绘行业管理】　8月,完成对全县10家测绘单位测绘资质巡查,对2家测绘单位人员情况存在的隐患问题给予指导并责令限期改正。对测绘资质单位和领取涉密测绘成果资料的部门(单位)进行保密检查,检查部门(单位)12家,未发现泄露秘密数据。年内,办理申请使用基础测绘成果审批案卷10项,办理测绘处罚案件1项,办理企业申请丁级测绘资质受理事项2件,办理测绘单位资质信息变更4家,年末全县注册测绘资质的企业共有12家。建立县级测绘与地理信息行业中介服务名录库，同时纳入省、市两级测绘地理信息行业中介服务名录库，实现“联合测绘，多测合一”服务于建设项目。完成测绘与地理信息群众和企业到政府部门“最多跑一次”“八统一”事项办理时间和办理材料精简，梳理出“跑一次”事项6项、“零上门”事项6项，实现“跑一次”事项100%“零上门”，建立县级测绘地理信息部门“最多跑一次”事项目录清单。

## 城市建设

【概况】 年内，攻坚推进重点工程建设，东鱼坊历史文化街区顺利开街，东门大桥建成通车，长兴第三污水处理厂一期工程基本建成。重点抓好城市有机更新、国有土地房屋征收、“三改一拆”“无违建”创建等工作。

【重点项目建设】 2017年12月国企改革，组建城投集团、交投集团、文旅集团、金控集团等四大国有企业集团后，原由县建设局负责实施的在建工程全部移交给城投集团，县建设局不再承担工程建设项目的具体建设工作。年内，城投集团实施推进15项重点项目建设。

### 2018年长兴县城投集团重点项目建设情况

表53

| 项目名称 | 性质 | 建设内容及规模 | 建设年限 | 年末进展情况 |
|---|---|---|---|---|
| 城区公共停车泊位建设 | 新建 | 新增公共停车泊位1000个 | 2016—2020 | 完成建设，已交付使用 |
| AAAA景区创建提升配套工程 | 新建 | 龙山新区AAAA景区创建配套工程 | 2018 | 完成建设 |
| 长兴县应急生活垃圾卫生填埋场渗滤液处理提标改造工程 | 新建 | 初沉池、氨吸收塔、生化池、中控室改造、地下水质监测井工程、纳滤反渗透膜、电气、自控设备、工艺管道安装 | 2018.06—2018.09 | 设备安装已完成，目前进行调试阶段 |
| 实验幼儿园扩建 | 续建 | 实验幼儿园总体异地建设教学、办公、生活用房6320平方米 | 2017.07—2018.08 | 完成建设，已交付使用 |
| 太湖高级中学 | 续建 | 新建教学、办公、生活用房81509平方米 | 2016.04—2018.08 | 完成建设，已交付使用 |
| 长兴县综合福利中心老年休养中心及配套设施工程 | 续建 | 包括老年休养中心19093.44平方米（床位556张）；培智学校5895.20平方米（床位80张）；儿童福利院2293.50平方米（床位58张）；其他配套建筑2453.50平方米。总建设规模为29735.64平方米 | 2017.03—2018.08 | 完成建设 |
| 长兴县中医院迁建工程二期综合楼 | 续建 | 总建筑面积33595平方米，其中医疗综合楼建筑面积32853平方米（含地下5453平方米），室外连廊742平方米。主楼十五层、裙房四层、地下一层 | 2016.02—2018.10 | 完成竣工验收，正在办理移交手续 |
| 东门大桥改造工程 | 续建 | 拆建长约62米，宽31米，采用单跨钢箱梁结构 | 2018.03—2018.12 | 完成建设，已通车 |
| 长兴县水口乡原水管道工程 | 新建 | 新建DN600供水管6.10千米，起点为合川公路与长达线交叉口，终点为水口水厂 | 2018 | 完成建设 |
| 长兴县人民医院改扩建工程二期住院综合楼（PPP项目） | 续建 | 长兴县人民医院改扩建工程二期住院综合楼，病房、手术室、中心供应室、ICU、药库药房等综合楼，规模：设置病床600张，建筑面积约45000平方米；同时，原住院大楼4至5层改为教学用房、中心实验室、住院医师规培基地等，改造后床位400张 | 2017.04—2019.11 | 主体结顶，内部墙体砌筑 |

续表53

| 项目名称 | 性质 | 建设内容及规模 | 建设年限 | 年末进展情况 |
|---|---|---|---|---|
| 第二小学扩建 | 续建 | 长兴二小扩建教学、办公、生活用房26893平方米 | 2018.02—2021.02 | 完成主体工程建设 |
| 龙之梦项目供排水配套工程 | 新建 | 新建DN800供水主管道18.90千米,起终点为长兴第二水厂至太湖图影供水加压泵房 | 2018.06—2019.06 | 完成供水管网建设10500米,完成排水管网建设5800米 |
| 第三污水处理厂(一期)工程 | 续建 | 采用PPP模式,建设5万吨/日污水处理厂一座,一期先建设3万吨/日。新建综合办公用房1幢以及一期相关水处理构筑物和配套功能用房 | 2017.11—2018.12 | 进入调试和试运行,厂区道路基层砼完成 |
| 气象路(规划路) | 续建 | 改造气象路430米,新建江景云庐北侧规划道路960米 | 2017.01—2018.12 | 气象路雨水主管开挖施工,顶管班组进场开始施工;规划路开始污水主管开挖埋设施工 |
| 回龙山新区路网工程 | 续建 | 新建太湖中学北侧规划道路800米、技师学院西侧规划道路400米 | 2017.02—2018.12 | 启动招投标程序,完成后立即进场施工 |

【东门大桥工程】 该桥梁位于明珠路,连接长兴港两侧,桥梁长62米、宽31米。自2017年11月21日开始全封闭重建施工,建设内容主要包括老桥拆除、新桥建设、路幅断面调整等。2018年12月3日,东门大桥正式通车。建成后的东门大桥为双向四车道,桥面宽度由原来的27米加宽至31米,有效缓解明珠路南北方向的交通压力。此外,大桥还新增行人专用通道,并且使用绿化隔离带将非机动车道与人行道分离,彻底解决行人与非机动车混行问题,大幅提升桥梁路面的通行能力及安全性。

【长兴第三污水处理厂一期工程】 该工程位于长兴县洪桥镇亭子桥村,杨家浦港东侧,图影大道南侧,总用地面积44279平方米。项目以PPP模式进行投资、建设、运营及维护。2017年12月动工建设,2018年12月底进行试运行。

【东鱼坊——长兴历史文化街区工程】 该项目是省重点项目,位于长兴老剧院地块,属主城区核心地段,地块东起护城河,西至长春花苑小区,南起解放中路,北至县前中街。项目总用地面积5.90万平方米,总建筑面积14.70万平方米,其中地上建筑7.50万平方米、地下建筑7.20万平方米,总投资17.80亿元。该项目采用“两轴一环五广场”(历史文化轴、民俗文化轴,600米商业环道,东南西北中五个广场)的规划手法布局,由20幢1至4层的多层建筑和1幢12层的高层建筑组成,包括主体建筑及装饰(仿古建筑和仿古装饰)、室外配套(景观绿化、室外广场、景观桥、道路、综合管线、水系净化系统等)、建筑智能化系统、亮化照明等,项目重点挖掘长兴人文历史、商业文化、城市记忆文化及非物质文化遗产,致力打造长兴首个“历史传承+城市功能”的复合业态,成为丰富群众文化生活和长兴对外形象展示的重要窗口。项目于2012年12月正式启动规划设计工作,2016年3月全面完成征拆工作并举行开工仪式,5月27日第一根桩基施工。2017年5月街区部分(1至20号楼)主体结构全面结顶,8月商户陆续进场装修,12月基本完成工程建设和商户装修。2018年2月3日,县委、县政府举行东鱼坊历史文化街区开街仪式。

【城市有机更新】 年内,制定《长兴县2018年治危拆违攻坚行动实施方案》和《治危拆违百日攻坚专项行动实施方案》。全面推进城镇危旧房动态监测、撤离腾空、维修加固、拆除重建等工作。截至12月底,已完成国有土地房屋征收项目3项,共计征收房屋建筑面积11608平方米、征收户59户,其中何家桥地块征收房屋建筑面积2100平方米、征收户14户,费家边地块征收房屋建筑面积3400平方米、征收户13户,泗安塘地块征收房屋建筑面积6108平方米、征收户32户;还在进行中的房屋征收项目1项(老农批市场地块),共计征收建筑面积20323平方米、征收户120户。同时,综合采用收购、翻建、加固等形式持续推进城镇C、D级危旧房屋的集中治理。完成城镇危旧房治理622户,其中收购治理403户、腾空治理65户、拆除翻建治理186户、加固8户,完成年度治理任务的124%。

【“三改一拆”“四边三化”行动】 年内,印发《长兴县2018年“三改一拆”工作实施方案》和《长兴县2018年“四边三化”工作要点》。大力推进“无违建”创建和城中村改造工作。

1月26日，建成后的东鱼坊历史文化街区雪天夜景　（建设局 供）

省市下达的城中村拆迁改造和综合整治任务全面完成，长兴县“拆违”工作排名位列全省县（市、区）第一。年内，完成“三改一拆”1499.55万平方米，完成省市下达任务的405%。其中，“三改”623.54万平方米（“三改”中的城中村改造，年内共完成改造3324户、建筑面积80.73万平方米，完成年度市下达目标任务的100%），“一拆”876.01万平方米，拆后土地利用率达到97%。至2018年年末，全县历年累计完成“三改一拆”总量5560.45万平方米，其中“三改”3386.04万平方米、“一拆”2174.41万平方米。年内，对照道路沿线两侧可视范围内“十无”标准，认真落实动态排查机制，积极推进路长制、销号制等模式。17处省级重点问题点位、16处市级问题点位、380处县自查自纠问题点位全部完成整治。不断提升道路沿线绿化美化水平，完成绿化43.3千米、387.36公顷，分别完成年度目标任务的101%和100%。12月5日，省验评组到长兴对长达线创建省级精品示范路进行验收。

【“无违建”创建】 1月16日，浙江卫视《今日聚焦》栏目曝光水口乡徐旺村村委会旁新增大体量违法建筑的情况。曝光后，县委、县政府高度重视，第一时间要求属地乡镇立即整改，水口乡于1月17日上午开始腾空并组织拆除，一周后拆除全部新增违法建筑。年内，全县结合“三改一拆”继续狠抓违法建筑拆除，严控新增违建、削减存量违建，继续争创“无违建”县。10月8—11日，市“三改一拆”督察组到长兴开展“无违建乡镇（街道）”考核验收及“回头看”工作。10月11日，省考核验收组到长兴开展“基本无违建县”创建复查工作。

## 镇村建设

【概况】 年内，加快实施美丽城镇项目建设，坚持时间服从质量，严格按照项目建设程序、质量要求，认真组织施工，强化要素保障，压实责任进度。年内，小城镇环境综合整治实施项目146个、竣工项目146个，累计投资1亿元，全面完成2018年计划达标乡镇的省级考核验收工作。改造农村危旧房2462户、农村公厕488座。水口顾渚村等5个美丽宜居示范村创建通过省级考核验收。

【小城镇环境综合整治】 年内，坚持生产、生活和生态融合发展理念，围绕“功能齐全、布局合理、环境优美、宜居宜业”的总体目标，强势推进小城镇环境综合整治工作。排定整治项目146个，计划投入资金1亿元，计划达标整治对象12个（李家巷镇、林城镇、虹星桥镇、小浦镇、水口乡、画溪街道、煤山访贤集镇、煤山新槐集镇、泗安仙山集镇、和平小溪口集镇、夹浦丁新集镇、虹星桥里塘集镇）。3月13日，省整治办“线乱拉”副组长方炜到长兴调研指导。7月3日，省整治办综合组组长何青峰到长兴调研指导。9月12日，省委组织部副部长胡旭阳到长兴检查小城镇环境综合整治工作。年内，持续开展“线乱拉”“道乱占”专项治理，全面推进以长效管理为重点的整治，逐步从突击整治向常态化管理转变，累计整治六乱点位5165处、上改下100千米、整治低小散90家、新增停车位6320个。年末，计划达标的12个整治对象全部通过省考核验收，其中林城镇、李家巷镇、画溪街道被列为省级整治样板。

【农村危旧房治理改造】 年内，对照省农村房屋结构安全排查技术导则要求，按照“一幢不漏、一楼不落、一户不少”的治理要求和治理计划，年内完成治理改造2462幢，其中农村困难群众危旧房治理109户，完成年度目标的109%。

【农村公厕改造】 年内，根据2018年度省政府十方面民生实事工作任务和《浙江省农村公厕改造工作实施方案》要求，切实做好农村公厕改造工作。年末，完成农村公厕改造488座，完成年度任务数的102%，累计投资1252万元，完成年度计划的1001%；申报市级“农村美丽公厕”23座。完成省智慧督查系统信息数据录入。

【省美丽宜居示范村创建】 7月，第五批美丽宜居示范村（小浦方岩村、大岕口村、泗安二界岭村）、第六批（虹星桥镇郑家村、水口乡顾渚村）共5个美丽宜居示范村通过省级考核验收。年末，共投入资金7000多万元，完成拆除违章建筑（构筑物）12.60万平方米,拆除破旧房屋10590平方米,立面整治355户,绿化改造5.85万平方米,新建集中污水处理13座、纳管300户,河道内水体清淤整治9.75万立方米,改造庭院绿化380户。

【历史建筑保护】 年内,加强古建筑的保护与管理,维护历史文化古村落风貌,传承优秀的传统建筑文化,继承优秀历史文化遗产。9月25日,根据《浙江省历史建筑保护利用导则》《长兴县古建筑保护管理办法》,县政府发文公布第一批57处历史建筑,按性质分为公共建筑类、民居类和近现代产业类。年末,57处历史建筑保护图则全部完成编制并统一制作保护牌。

(卓考斌)

## 城市管理

【概况】 2018年,长兴县综合行政执法局内设办公室、组织人事科、法制科、综合协调科、行政许可科5个职能科室,下属3个直属中队、16个派出中队(南太湖并入李家巷)。年末在编在职人员125人,其中公安编制6个、行政编制7人、参公编制104人、事业编制8人,编外435人。年内,全县城市管理工作围绕“全国文明城市”复检工作,开展污染防治攻坚、美丽城镇攻坚、小城镇环境综合整治、工程运输车辆“三化”管理、中心城区摊位自治、犬类管理等工作。

【市容秩序整治】 年内,狠抓工地扬尘管控、工程车辆“三化”长效管理、秸秆和露天垃圾禁烧、餐饮油烟污染治理、餐饮集中区“污水零直排”创建及黄土桥港“河长制”工作,查处在建工地扬尘问题 410个,立案查处44起;开展工程车整治18次,查处违法运行工程车93辆;查处露天垃圾焚烧和秸秆焚烧行为71起,立案查处8起;实现餐饮油烟治理乡镇全覆盖,开展整治24次,督促落实定期清洗制度445家。召开全县餐饮集中区“污水零直排”创建工作现场推进会,完成中心城区东鱼坊、南门新天地、水木花都和职教路王山新村四个餐饮集中区104家涉水三产行业“污水零直排”创建任务,指导煤山、水口等6个乡镇完成创建任务;落实黄土桥港“河长制”工作,清理各类垃圾5吨,清理废弃船2艘,收缴无证渔网90余只。开展301省道沿线环境综合整治,出动1120余人次,检查工程车辆8300余辆,查处各种违规车辆1670起。整治乱摆摊700余次,乱堆放125次,车辆乱停放324次,整治乱挖乱接20余次。以金陵路为试点,推进龙山大道、画溪大道、太湖中路、县前中街、解放中路5条道路严管街,将93个路段长制单位纳入数字城管统一考核,开展专项整治84次,新增许可专用停车泊位263只。

年内,在美丽城镇攻坚行动和小城市环境综合整治中工作中,主要负责配合治危拆违和小城市环境综合整治两项工作。在治危拆违整治中,完成中心城区国有土地自行组织拆违63次,涉及的点位83处,出动人次471人次,拆除面积为5320平方米。配合乡镇(街道园区)拆违共14次,拆除面积10525平方米。对17个乡镇(街道、园区)“三级巡查”防违控违工作实行月考核,乡镇巡查人数254人,村社巡查人数940人,发现问题529个,处置问题488个。落实“一户一档”信息行政村数量231个,户数为1322360户,处理“一户多宅” 586户。在小城市环境综合整治中,县12个乡镇街道(即27个整治对象)共完成六乱治理5165个,整治道路里程长达146.12千米,涉及主次干道及其他道路共计120条,完成整治道路120条,完成比例占100%。

【工程运输车辆管理】 年内,继续深化工程运输车 “三化”管理,突出抓宣传、巡查、整治、处罚四个重点环节,建立完善日常巡查、实时监控、证照办理、部门联审、联合执法等长效管理机制。将工作重心向乡镇延伸,实现工程车辆“三化”管理全县覆盖。全县共成立工程车运输公司16家,配备新型环保工程车350辆;开展工程运输车专项整治388次,检查车辆2969余辆,查处违规车辆1380辆,立案查处密闭措施不到位的违法行为24起。全年因工程车运行造成的城市道路污染和城市扬尘问题明显降低,因工程车引起的信访投诉问题明显减少。

【中心城区摊位自治和记分制管理】 年内,修订完善便民摊位业主委员会制度和便民摊位“记分式”管理办法,对城区145个便民摊位实行定时定点定人管理,建立摊主文明经营、执法部门有序监管、业主委员会跟踪服务的管理模式。在全市范围内率先实行便民摊位信息卡制度,统一更新改造城区43个便民修理摊位、皮擦摊位的货架设施,张挂信息齐全、便于监管的摊位信息卡145张。停止注册年审中心城区夜宵摊位,吊销前期核发的“临时经营性占道许可证”,7月底停止22个夜间摊位经营活动并移除摊位设施。

【犬类管理】 10月,《湖州市文明行为促进条例》正式实施。为规范文明养犬行为,共开展电视宣传8次,媒体报刊刊登5篇,张贴、发放通告17000余份,悬挂横幅1200余条,LED屏幕播放数800余次,发送短信、农民信箱51000余条,推送文明养犬宣传微信公众号文章22篇。全县17个乡镇(街道、园区)共设置接种免疫点21个,指定办理养犬登记证村(居)社区设立点274个。共完成犬只排查38000余只,完成犬只免疫20277只,完成犬只信息登记15653只,发放犬只信息号牌8401块。开展流浪犬专项整治行动54次,收容流浪犬数385只,对市民携犬出户未用牵引带进行劝导700余人次,查处违反《湖州市文明行为促进条例》行为2起。

(卢立梅)

# 住房保障

【概况】 年内，坚持“实物保障”和“货币保障”并进，年内，制定完善2018年度公租房实物配租、租赁补贴和经济适用房货币补贴方案等政策并组织实施，累计发放各类住房保障补贴1164.90万元。年末，累计建成各类保障性住房36949套、289.50万平方米。其中经济适用住房（含货币补贴家庭）3751套、26.20万平方米，公共租赁住房（含廉租住房）8631套、41.55万平方米，棚户区（含城中村及城市危旧房）改造安置用房19896套、184.96万平方米，旧住宅区综合整治4671套、36.79万平方米。在建保障性住房2010套、18.50万平方米。新开工棚户区改造2705套（全部为货币化安置），基本建成保障性安居工程住房3284套，新增发放公共租赁住房补贴家庭租赁补贴76户，竣工保障性安居工程住房3810套（含棚改货币化安置2705套），新增经济适用住房货币补贴51户。

（卓考斌）

11月10日，“公积金缴存新市民乐居”新市民个人缴存托管专题宣传党员志愿服务行动
（公积金分中心 供）

# 住房公积金管理

【概况】 2018年，湖州市住房公积金管理中心长兴县分中心（简称县公积金分中心）内设综合（管理）科、业务科。年末，在编人员9人，其中主任1人、副主任2人。年内，县公积金分中心重点在提高制度覆盖面、“最多跑一次”改革、支持基本住房消费、风险防控建设、人员队伍建设等方面发力，全县住房公积金总体运行良好，各项工作目标任务全面完成。2018年，全县住房公积金全年新增24535人，累计开户131699人，年末活跃人数71949人。全年发放1662户，累计发放17949户，正常还贷10232户。全年归集103896.98万元、提取69131.91万元，累计归集708865.77万元、提取433602.65万元；全年发放54735.06万元、回收35442.47万元，累计发放508737.06万元、回收216936.29万元。

【公积金归集使用】 2018年，全县住房公积金归集10.39亿元，同比增长23.4%，公积金归集余额27.53亿元，累计归集总额达70.89亿元。全年提取住房公积金6.91亿元，同比增长17.3%，累计提取总额达43.36亿元。全年发放住房公积金贷款1622户，金额5.47亿元，同比分别减少14.7%和19.2%。年末，住房公积金贷款余额（不含置换性贷款金额）29.18亿元，同比增长7.1%，存贷比为106%，累计发放贷款总额达50.87亿元。全年实现住房公积金增值收益4086.65万元，完成全年计划的112.4%。累计发放个人住房公积金贷款17949户，正常还贷10232户，无一笔逾期贷款，资产优质率为100%。

## 2018年度长兴县公积金归集使用情况

表54

| 项目 | | 2018年完成数（万元） | 上年同期数（万元） | 同比增减（%） | 2018年计划数（万元） | 完成率（%） |
|---|---|---|---|---|---|---|
| 归集情况 | 本年归集 | 103896.98 | 84209.06 | 23.38 | 85000 | 122.23 |
| | 本年提取 | 69131.91 | 58963.05 | 17.25 | 60000 | 115.22 |
| | 归集余额 | 275263.02 | 240497.95 | 14.46 | | 103.68 |
| 使用情况 | 本年发放 | 54735.06 | 67725.90 | −19.18 | 50000 | 109.47 |
| | 本年回收 | 35442.47 | 30930.95 | 14.59 | 31000 | 114.33 |
| | 贷款余额 | 291800.74 | 272508.15 | 7.08 | | 100.01 |

续表 54

| 项　目 | | 2018 年完成数（万元） | 上年同期数（万元） | 同比增减（%） | 2018 年计划数（万元） | 完成率（%） |
|---|---|---|---|---|---|---|
| 业务收支情况 | 业务收入 | 9603.19 | 8706.10 | 10.30 | 9100 | 105.53 |
| | 业务支出 | 5516.54 | 4819.55 | 14.46 | 5465 | 100.94 |
| | 增值收益 | 4086.05 | 3886.55 | 280.45 | 3635 | 112.43 |
| 存贷比率% | | 106.01 | 113.31 | -6.44 | — | — |

【公积金扩面】 4月，集中开展政策法规宣传月活动，共发放宣传资料1500余份，营造良好的宣传氛围。5月份起开展扩面宣传专项行动，实现所有规模以上企业上门宣传一次以上，对重点扩面企业进行多次上门宣传，并实行重点企业"一企一策"，推动重点企业新增人数出现较大突破，其中桐昆集团一次性新增670人、长兴丝绸一次性新增150人、湖州威达集团一次性新增27人、山鹰化纤一次性新增135人。同时，选择龙山街道作为新市民缴存试点，制定新市民缴存试点实施方案，在现有政策框架不做大突破的前提下，进一步简化收件材料，将缴存范围由原来的572元扩大至266～2856元供新市民选择，加强对新市民群体的吸引力；试点期间共吸引277名新市民个人缴存。至年末，全县新增人数、净增人数、归集额再创历史新高，扩面新增24535人，完成市政府下达任务10050人的244.1%；净增10713人，完成目标任务3700人的289.5%；扩面新增、净增总量全市第一。各乡镇完成新增扩面19585人，完成12000人任务数的165.5%，较上年增长65.6%；规模以上企业净增8576人，完成6000人任务的142.9%，较上年增长72%。全县17个乡镇均完成全年扩面目标任务。

（王素芳）

## 园林绿化

【概况】 4月，县园林管理局根据县政府《关于龙山街道与永兴公司职能划分有关事宜协调会议纪要》要求，正式接管龙山新区61.92万平方米的绿化管养。年内，积极做好城区绿化和太湖风情带及周边管辖绿地养护管理，累计投入资金620余万元，完成春季绿化提升改造、画溪春天山体复绿、零星绿地提升改造、城区时花更换及维护等工程，提升绿地及复绿面积64000平方米、增加行道树130棵。龙山新区公共绿地管养项目等8个标段获得2018年度"湖州市园林优秀管理奖"（养护管理类）。加强绿化行业管理，创成浙江省园林式居住区3个、优质综合公园1个、绿化美化示范路1条、街容示范街1条。

【绿化养护管理】 年内，县园林管理局管辖城区绿地面积达500万平方米。投入资金137万元用于老城区范围内的绿化维修、设施更换，修剪乔木3500余株、草坪及灌木80万平方米，2000余株法国梧桐除虫、抹芽，5500余棵银杏树摘果处理。完成龙山新区新接管绿地现场复核和绿地养护管理项目招投标，全年养护费用约240万元；投入资金115万元完成龙山新区公园基础设施维修改造。投入资金1744万元用于太湖风情带及周边管辖绿地的日常养护管理、设施维修和水面保洁等工作（投入情况见下表）。其中，中央大道景观绿化养护项目、滨湖大道绿化养护项目和龙山新区公共绿地管养项目等8个标段获得2018年度"湖州市园林优秀管理奖"（养护管理类）。

【绿化行业管理】 年内，完成建设项目规划绿地率指标复核受理5项、办理完成13项，建设项目配套景观绿化方案审查备案受理20项、组织例会4次、审核项目14项、完成备案8项，建设项目竣工核实备案受理22项、完成备案21项，公共绿地移交备案2项。创建浙江省园林式居住区3个（张家村花园、绿城·玉兰花园一期、得力御龙湾小区），优质综合公园1个（画溪湿地公园），绿化美化示范路1条（滨湖大道），街容示范街1条（金陵中路）。完成树木挖掘审批41起，涉及易地绿化补偿费833882，处理由交通事故等引起绿化损坏赔偿45起，收取赔偿金76095元。

（卓考斌）

# 水利

## 综述

2018年，长兴县水利局机关内设办公室、财务审计科、行政许可科、计划建设科4个科室，有下属单位16个，其中参照公务员法管理类事业单位2个（防汛办、水政监察大队），财务独立核算事业单位9个（太湖局、水文站、排灌站、设计所、苕溪河道堤防管理所、合溪水库管理局、和平水库管理所、二界岭水库管理所、泗安水库管理所）；其他事业单位5个［河道管理站、农村水利管理所、水资源办（水土保持监督管理站）、农村饮用水管理办公室、水利水电工程质量监督站］。年末，共有领导班子成员12人（其中派驻纪检组长1人），在职干部职工148人（其中派驻纪检组4人）；在编干部职工96人，行政（含参照管理）20人、事业76人；编外职工49人。

## 防汛防台抗旱

【概况】 4月15日入汛，10月15日出汛，汛期总降雨量915毫米，降雨量正常但分布不均匀，梅雨不典型，以局部短时强降雨为主，雨量与多年平均基本持平。6月20日入梅，7月9日出梅，梅台汛期，先后经历6次台风及2次强降雨，县防指和成员单位在省市防指和县委、县政府的领导下，积极应对，科学防御，平稳度过梅台汛期。

【台风】 年内，先后有8号“玛莉亚”、10号“安比”、12号“云雀”、14号“摩羯”、18号“温比亚”、25号台风“康尼”六次台风，但均为外围影响，风雨较小。受台风影响期间，全县河网水位总体略有所上涨，但均未超过警戒水位，全县小(2)型以上水库蓄水率略有提高，仅个别水库略超汛限水位外，均在汛限水位以下。

【强降雨】 7月6日，受强回波影响，长兴县中北部地区出现强降雨，其中煤山、水口等地降雨较大。据水文部门监测，7月6日16时到21时，全县面雨量24.50毫米。9月16日8时至17日12时，全县平均降雨85.60毫米。其中，较大的有水口外岗244毫米、江排204毫米。受强降雨影响，全县部分乡镇出现城镇短时20~30厘米积水、农田局部内涝等情况。春节后，县防指成立7个指导服务组，对全县17个乡镇（街道、园区）、13个防指成员单位及部分重点工程进行复查，共梳理出防汛安全隐患39项。至4月30日，39项防汛隐患已全部完成整改或落实管控措施。5月初，开展水库及重要山塘安全度汛专项行动。多次开展明察暗访，确保水库山塘安全度汛。

6月1日，湖州市暨长兴县防汛应急演练在泗安水库举行，此次演练分为技能展示、水上搜救、水上救援、被困转移、应急抢险和应急排涝等六个科目 （水利局 供）

【防汛责任落实】 年内,按照“统一指挥、分级负责、属地管理”的原则,全面落实以行政首长负责制为核心的防汛防台抗旱各项责任制。县委、县政府同各乡镇(街道、园区)签订防汛目标责任书;落实全县水库、重要山塘、环湖大堤等重要防汛责任人,已上报上级防指,并于4月13日在《长兴新闻》专版公布;各乡镇(街道、园区)、行政村(社区)层层落实基层防汛责任人2801人,并在“浙江省基层防汛防台体系信息管理系统”完成更新入库,做到基层防汛责任人的“动态管理”。组织开展“2018年全县基层防汛能力培训班”,对镇、村基层350余名主要防汛责任人开展防汛业务培训。开展湖州市暨长兴县防汛应急演练,分冲锋舟技能展示、水上搜救、水上救援、被困转移、应急抢险、应急排涝六个科目,提高基层防汛应急抢险能力。

【工程度汛】 年初,对照《浙江省防汛防台抗旱预案管理实施细则》,修订《长兴县防汛防台抗旱应急预案》和《长兴县水利局防汛防台组织指挥工作方案》,各乡镇(街道、园区)及时完善辖区内预案,提升预案的操作性、适用性。编制和平、二界岭水库控制运用计划,经市局审批同意。对水库、山塘、涵闸泵站等各类防洪工程,以及遥测雨量站、水位站等防汛信息化系统进行维护保养,确保汛期正常运行。对以清水入湖、泗安塘流域综合整治、泗安水库除险加固为代表的各类在建水利工程,以及在建交通、建设、国土等涉水在建基础设施工程,督促项目业主和责任单位及时制定度汛方案,落实好防汛责任、物资、队伍和措施,确保施工度汛双安全。

【防汛物资和队伍】 年内,全县通过县、乡镇、村(圩)三级储备的形式,储备必要的防汛物资。县防汛仓库储备编织袋57万只,桩木420立方米,潜水泵1100台套;各乡镇(街道、园区)专门落实镇级防汛物资专用仓库,并对照定额更新、储备实物物资,镇、村两级共实物(协议)储备编织袋176万只、桩木2069余方、潜水泵240台套及砂石料、发电照明、机械等设备;大中型水库及重点在建水利工程也储备防汛物资。抢险队伍方面,县防指落实以人武部民兵抢险机动应急连为主的抢险队伍,各乡镇(街道、园区)建立30~50人的民兵应急分队,各村也相应成立抢险组织,全县共落实各类抢险队伍5000余人。

年内,17个乡镇(街道、园区)、265个行政村(社区)开展村级防汛防台形势图编制工作,进一步明确危险区域、转移对象、转移责任人、转移路线、避灾安置地点等,实现村级防汛预案的“图表化”。完成防汛责任人APP注册与安装工作,结合防台Ⅳ级应急响应,及时启用防汛APP,并下发三次关于应急响应期间防汛管理APP使用情况的通报,有效提高防汛APP使用率,确保基层防汛防台体系正常运转。

## 水利工程建设

【概况】 年内,推进苕溪清水入湖河道整治、泗安水库除险加固工程、泗安塘流域综合整治工程(泗安水库坝址—林城集镇)、东风斧水库除险加固工程、圩区整治工程、山塘整治等重点工程建设,完成合溪新港黄泥圩至东庄段治理工程、合溪水库工程、第六批小型农田水利重点县工程等工程竣工验收。全年全县完成水利工程投资8.98亿元,投资完成量位列全市第一,泗安水库除险加固工程、苕溪清水入湖工程基本完成主体工程建设;泗安塘流域综合治理工程、圩区整治、山塘水库除险加固等工程完成年度目标任务。

### 2018年长兴县水利重点工程推进情况

表55

| 项目名称 | 项目简介 | 计划投资(万元) | 完成投资(万元) |
|---|---|---|---|
| 苕溪清水入湖工程 | 苕溪清水入湖河道整治工程项目总投资28.94亿元,主要建设内容包括整治河道长度61.18千米,加高加固及新建堤防113.13千米;新建桥梁21座,拆除老桥29座;新建泵站25座、节制闸23座 | 26918 | 26918 |
| 泗安水库除险加固 | 泗安水库除险加固工程总投资1.20亿元,主要建设内容包括:①主坝坝体、坝肩、坝基防渗加固;②主坝上、下游护坡、背坡拼宽放坡及坝顶改造;③泄洪闸拆除重建;④将非常溢洪道加固改造;⑤增设大坝监测系统;⑥新建管理房及防汛道路;⑦水库标准化建设 | 9000 | 9000 |
| 东风斧水库除险加固 | 东风斧水库除险加固总投资700万元,工程主要包括大坝防渗加固,大坝上下游护坡加固及改造,新建输水涵洞,老放水涵管封堵,溢洪道加固与改造,新建上坝道路,白蚁防治,水库标准化建设等内容 | 700 | 700 |

续表55

| 项目名称 | 项目简介 | 计划投资（万元） | 完成投资（万元） |
|---|---|---|---|
| 泗安塘流域综合治理 | 泗安塘流域综合治理PPP项目总投资10.20万元，主要建设内容包括泗安塘干流整治河道21.87千米（泗安水库坝址至林城集镇）、泗安塘支流及小流域整治（包括潘家山港、汪家山港、清东涧、长潮涧、宿子岭涧、周吴涧）、沿线镇区低洼易涝区整治（包括泗安片、泗安南片、新丰片） | 43600 | 43600 |
| 农村饮水安全提升工程 | 提升小浦、林城、泗安等农村供水受益人口3.45万人 | 2250 | 2250 |
| 圩区整治工程 | 整治虹星桥龙从圩区，吕山郑家斗圩区，泗安管埭圩区、虾斗圩区，泗安、林城黄巢联合斗共计2666.67公顷 | 6352 | 6352 |
| 节水灌溉改造工程 | 推广和平镇、泗安镇、夹浦镇、水口、太湖街道高效节水灌溉共计200公顷 | 480 | 480 |
| 山塘整治 | 整治泗安镇、和平镇、煤山镇病险山塘共计10座 | 500 | 500 |

## 农田排灌

【概况】 县内山丘区农田灌溉主要依赖于山塘水库蓄水自流灌溉，平原地区农田灌溉则使用提水设施从河网取水。年末，共有山塘1083只，堰坝125座，圩区282个，堤防总长1397千米，涵闸1200多处，灌排两用沟渠4400千米，泵站3000多座（总装机3.40万千瓦），高效节水灌溉面积2384公顷。2018年，以圩区整治、高标准农田建设、粮食功能区建设为抓手，新（重）建泵站（排灌站、机埠）61座，新修建灌排两用沟渠35千米，小型堰坝15座。推广节水灌溉工程，新增和平镇、泗安镇、夹浦镇、水口、太湖街道高效节水灌溉面积共计200公顷。继续实施自2015年开始的小型水利工程建设与管理体制改革，加强小型水利设施管理，至2018年年底，累计对全县2059座泵站颁发所有权证书，明确工程权属、管护职责、工程管护边界和管理责任主体。

## 河长制管理

【概况】 年末，全县共有河道1064条（段），总长1659千米，其中省级河道1条、市级河道2条、县级河道23条、镇级河道203条（段）、村级河道835条（段）；共有湖泊60个，总面积2006公顷，其中省级湖泊1个，市级湖泊2个，县级湖泊6个，镇级湖泊13个，村级湖泊38个；各类小微水体9435个。年内，各河道、湖泊及小微水体均已纳入“河（湖）长制”管理，共落实河长527人，湖长116人，小微水体塘长、渠长、涧长2029人，共设置河（湖）长公示牌1469块。同时，各单位各司其职，协助各级河长推进河长制各项工作，公安部门落实“河道警长”486人，县妇联设立“巾帼护水岗”192个。年内，河长日志上报率99.95%，巡河达标率99.98%，事件结案率为100%，均居全市前列。“河长日志上报率”“巡河达标率”“事件结案率”全部实现100%的乡镇有11个，分别是和平镇、洪桥镇、虹星桥镇、画溪街道、太湖图影、太湖街道、林城镇、龙山街道、雉城街道、水口乡、吕山乡。扎实开展河湖长主题活动，推动工作落实。一季度组织“迎新春共护水”活动，在新年伊始组织全县河长及志愿者开展义务劳动，营造人人爱水护水的浓烈氛围；二季度组织“保洁垃圾规范堆放”专项检查

红领巾小河长参与河岸保洁 （水利局 供）

活动,对各乡镇的保洁工作提出了更高的要求;三季度组织开展"剿灭水葫芦,河长在行动"活动,在水草最容易暴长的季节,要求各级河长加大巡查力度,做到早发现、早处理;四季度开展"自查督查双管齐下,携手助力碧水行动"活动,首先要求河长进行自查自改,再联合人大、政协、纪委、水利等多部门以问题为导向,以暗访为手段,深入查找薄弱环节,累计汇总梳理问题161个,已全部整改到位。年内,全国首个河长制展示馆建成开馆,展示面积630平方米,分7个展示区,于1月动工建设,5月完工。

7月23至24日,合溪水库移民安置竣工验收会议在长兴召开,合溪水库成为新规范要求下省内第一座通过移民终验的大中型水库工程 (水利局 供)

## 水利行业管理

【概况】 年内,落实水利设施物业化管理,对小型以上水库、5万方以上山塘、国家水文测站、骨干堤防(环湖大堤)等水利设施实行物业化管理、专业化管护;开展水利工程"第三方"专业化监管机制,对县重点水利工程、水土保持、水资源管理等项目实施第三方专业化监管服务;加强水利建设市场的管理,公开114家从业单位、3596名从业人员的3763条信用信息,发布良好行为记录6条、不良行为记录2条,公布50家水利建设市场主体信用等级评价结果。

【水资源管理】 年内,严格落实取水许可、计划、计量、收费等基本制度,全年共征收水资源费1201万元;组织开展无证取水专项治理行动,梳理全县无证取水企业164家,通过整治取缔84家,审批发证80家。长兴县被评为全省水资源管理先进集体,并代表浙江省接受国家对浙江省最严格水资源管理考核,多次在全省会议上介绍水资源管理工作经验,成为全省的标杆。

【河道管理】 年内,全面落实河道保洁管理制度,实现全县1659千米河道保洁全覆盖;完成16个入湖排污口登记备案公布工作,并规范入河排污口监督管理;制定出台《长兴县占用水域补偿工程验收办法》,完成5个平台区域洪评审查并通过县政府批复;制定出台《长兴县泗安塘堤防管理养护实施办法(试行)》,对泗安塘18.30千米河道堤防巡查、涵闸维护、修剪堤坡草坪、管护护堤林木、养护堤顶道路和修补堤防微小缺损、堤防保洁工作及白蚁防治等方面进行明确;完成涉河审批13个,并加强批后监管;开展城区河道生态配水水27次,累计更换城区河道水体460万立方米,改善城区水生态环境。

【合溪水库运行管理】 长兴县合溪水库管理局负责该水库的日常运行管理,年末在职工作人员14人,其中在编10人。年内,编制完成2018年试运行控制运用计划、防汛预案、泄水预案,全年泄洪18次,泄水量15374余万立方米,保障安全供水3800万立方米,日均供水10.4万立方米。

10月18至19日,省水利厅主持召开合溪水库工程竣工验收会议,省水利厅、水利部太湖流域管理局、省发展改革委基综办、市水利局等相关单位领导、专家出席竣工验收会议。验收期间,竣工验收委员会现场考察合溪水库工程,查阅相关资料,观看工程建设影像资料,听取相关工程报告,经过充分讨论,一致同意合溪水库工程通过竣工验收。11月,省水利厅下发《关于印发长兴县合溪水库工程竣工验收鉴定书的通知》,同意合溪水库工程通过竣工验收。合溪水库位于合溪干流,距长兴县城约12千米,集雨面积235平方千米,总库容1.11亿立方米。该工程是2004年4月国务院确定的"十五"期间全国大型水库建设项目,工程总投资140800万元,于2007年12月24日动工建设,2011年8月16日通过浙江省水利厅蓄水验收,2011年10月22日举行工程建成仪式。该水库为大(2)型水库,建成后合溪中下游、合溪新港和长兴平原的防洪能力大幅提高,长兴平原及城市防洪能力提高到50年一遇,受益人口为21.70万人。水库设计供水规模20.70万立方米/天,可向城镇及周边8个乡镇提供生活、工业用水清洁水源,供水保证率达到95%,受益人口38.60万人。

(曹美玲)

# 生态环境保护

## 综　述

2018年，长兴县环境保护局内设办公室、宣传教育科、法制科、生态科、行政许可科、污染防治科6个职能科室，下辖环境监察大队、环境应急中心、环境监测站及和平、煤山、泗安、夹浦、李家巷、洪桥、开发区（太湖街道）、画溪、虹星桥、林城、小浦、吕山、水口、雉城、龙山、南太湖16个基层环保所（分局）。年末，在编96人，编外49人。

年内，推进生态机制创新，严格环境执法监管，各项环保工作有序开展，群众对生态环境的获得感不断增强。在全省跨行政区域河流交接断面水质考核中，长兴县为优秀；全县市控及市控以上地表水监测断面中，Ⅰ~Ⅲ类断面比例保持在100%，功能区达标率为93.8%，集中式饮用水源水质达标率100%；全县空气质量优良率为79.5%，比上年下降2.8个百分点，$PM_{2.5}$平均浓度38微克/立方米，比上年下降9.5%。

## 环境质量

【概况】　2018年，全县水质总体情况比2017年有所好转。全年环境空气优良率79.5%，比上年下降2.8%；$PM_{2.5}$平均浓度为38微克/立方米，下降9.5%，主要以尘类污染为主；区域环境噪声符合标准限值，下降1.90分贝。

【水环境质量】　2018年，全县16个县控以上地表水监测断面水质类别符合Ⅰ－Ⅱ类、Ⅲ类、Ⅳ类以上比例分别为43.75%、56.25%、0%，满足功能区要求断面比例为93.8%。市控及市控以上地表水监测断面中，Ⅰ－Ⅲ类断面比例为100%，与上年持平。全县5个出境交接断面（南潘、新塘、金村埠、东村桥、合溪、杨家浦）、2个入境交接断面（荆湾、东村桥）中，所有的交接断面达标率为100%，与上年度持平，考核结果为优秀。全县主要集中式饮用水源地（合溪水库、包漾河）水质达标率为100%。全县12个乡镇饮用水源中，11个达到Ⅲ类水质标准，劣Ⅴ类水质1个，达到功能区标准的饮用水源占91.7%。主要超标项目是pH值（青山水库）。

### 2018年长兴县乡镇饮用水源水质状况情况

表56

| 年份 | 水源地名称 | 水质状况 | 总氮评价 | 年份 | 水源地名称 | 水质状况 | 总氮评价 |
|---|---|---|---|---|---|---|---|
| 2018 | 周吴水库 | Ⅰ | 劣Ⅴ | 2018 | 二界岭水库 | Ⅱ | Ⅳ |
| 2017 |  | Ⅰ | 劣Ⅴ | 2017 |  | Ⅲ | Ⅳ |
| 2018 | （合溪新港）小浦水厂 | Ⅱ | — | 2018 | 和平水库 | Ⅰ | 劣Ⅴ |
| 2017 |  | Ⅱ | — | 2017 |  | Ⅱ | 劣Ⅴ |
| 2018 | （合溪北涧）煤山水厂 | Ⅰ | — | 2018 | 泗安水库 | Ⅲ | Ⅴ |
| 2017 |  | Ⅱ | — | 2017 |  | Ⅲ | Ⅳ |
| 2018 | 青山水库 | 劣Ⅴ | 劣Ⅴ | 2018 | 水口港 | Ⅰ | — |
| 2017 |  | 劣Ⅴ | 劣Ⅴ | 2017 |  | Ⅰ | — |
| 2018 | 横岕水库 | Ⅱ | Ⅴ | 2018 | 晓墅港 | Ⅱ | — |
| 2018 | 宿子岭水库 | Ⅱ | 劣Ⅴ | 2018 | 西苕溪 | Ⅱ | — |

【环境空气质量】 2018年,全县环境空气质量AQI统计结果为优91天,良199天,全年有效监测365天,优良率为79.5%,$PM_{2.5}$全年平均浓度38微克/立方米,比上年下降9.5%(在全省58个县级城市排名第54位,相较上年上升1位)。超标的75天中,$PM_{2.5}$、$O_3$、$PM_{10}$为首要污染物的天数分别为27天(占36%)、28天(占50.7%)、10天(占13.3%)。全县酸雨污染仍较严重。全年共采集降水样品104个,总降水量1264.5毫米,得监测数据420个。降水pH值范围为4.74~5.72,年均值5.30。其中pH值小于5.6的酸雨样品101个,酸雨率为9.7%,酸雨量为99.2%。相比2017年,酸雨频次有所下降,酸度上升。

【声环境质量】 2018年,全县区域环境噪声监测点位为149个,区域环境噪声值为45.7分贝,符合区域环境噪声55分贝的标准。

### 长兴县2018年度降水中化学成分平均值

表57　　　　单位:mg/L

| 年份 | $SO_4^{2-}$ | $NO_3^-$ | $NH_4^+$ | $Ca^{2+}$ | $Cl^-$ | $Mg^{2+}$ | $K^+$ | $Na^+$ | $F^-$ |
|---|---|---|---|---|---|---|---|---|---|
| 2018 | 2.63 | 0.671 | 0.142 | 1.13 | 1.52 | 0.062 | 0.296 | 0.120 | 0.040 |
| 2017 | 3.92 | 0.955 | 0.156 | 1.18 | 1.46 | 0.109 | 0.442 | 0.662 | 0.199 |

## 环境综合治理

【概况】 年内,全县环境治理工作主要以完成大气污染防治、水污染防治、土壤及重金属污染防治和固废与辐射源管理四大重点内容为着力点,深化工业企业治污转型。

【大气污染防治】 年内,全面实施"1861"治气攻坚。排定1700项涉气点源清单,分解落实到各责任部门和乡镇(街道、园区),制定下发2018年大气污染防治考核办法。实施大气污染防治"1+3"百日攻坚行动、制定落实《2018年夏季臭氧污染治理百日攻坚行动实施方案》,开展春夏季涉VOCs专项执法检查,制订落实《2018年长兴县秋冬季大气污染防治百日攻坚实施方案》。实施涉气"散乱污"综合治理,牵头开展废塑料加工行业专项整治工作,全县废塑料加工企业47家,关停35家、转产1家、整治提升11家,消减VOCs排放量200多吨。配合开展废丝造粒、琉璃瓦、大理石行业整治,现已累计关停企业249家、搬迁入园企业89家、原地规范提升企业71家,淘汰各类落后产能(设备)1431台套。深化工业VOCs整治,完成4家VOCs治理示范企业治理。深化VOCs治理与减排,完成40家VOCs整治企业减排工作,107家涉VOCs企业基本淘汰单一低效治理设施。全市率先完成建设1家化纤企业VOCs在线监测。完成重点园区空气VOCs监测站建设,完成4座清新空气监测站建设,完成4家企业环保用电智能监管建设。加强机动车污染防治工作,已检测机动车67938辆,复检合格67592辆,合格率99.5%。淘汰老旧车辆664辆,老旧摩托车196辆。

【水污染防治】 年内,加强饮水保护,对县域内饮用水源开展调查评估和隐患排查。完成自然资源审计饮用水源保护工作问题进行限期整改。牵头配合完成生态环境部饮用水源地两轮专项督查。截至2018年11月底,长兴县3个县级以上饮用水源地环境问题("长牛铁路穿越合溪水库库区,防护设施不到位""合溪新村农村生活污水面源污染问题""合溪水库二级保护区内4家企业")整改工作全面完成,并上报省生态环境厅申请销号。定期开展水源水质监测,合溪水库及包漾河集中式饮用水源地每月1次常规监测,并且每季度增加33项有机物监测一次(2、5、8、11月),对全县其他主要饮用水源地每年分别监测6次(3、4、7、8、11、12月)。推进合溪水库饮用水源地保护,牵头开展合溪水库上游生态建设,重点开展森林生态保护工程、污水治理一体化工程、农业面源污染治理工程、水土保持及小流域治理工程、危化物使用和运输管理、水库水质监测和库区管理等六大工程,落实对上游四个交界断面和水库入口处、库中、泄洪处三个监测断面每月两次人工水质监测。完成4个工业园区污水零直排创建工作。督促完成开发区王浜头3000吨/天中水回用站及配套污水收集和回用管网建设。5月7日,经省直属部门审核认定、考核组现场考核、省治水办审核,长兴县被授予2017年度浙江省"五水共治"(河长制)工作优秀县(市、区)"大禹鼎",这是2015年以来长兴第二次夺得治水"大禹鼎"。

【土壤及重金属污染防治】 年内,完成农用地土壤详查样品采集和实验室检测分析,基本完成农用地土壤污染状况详查工作;完成重点行业企业用地详查基本信息入企调查工作;启动长兴历年来关闭铅蓄电池企业原址地块土壤状况调查工作。委托省环科院编制完成《长兴县重金属及土壤污染防治实施方案(2017年)》,完成2017年度13260万元中央重金属专项资金的分配和下拨;完成重金属污染防治及风险防控示范区创建宣传视频拍摄;重点推进重金属在线监测监控、危废全过程监管工程、小浦镇园区污水厂排放河道生态保护工程等项目。

【固废与辐射源管理】 年内,完成279家工业企业危险废物管理计划申报备案工作;完成长江经济带危险废物、一般工业固体废物及处置能力大排查工作。完成持久性有机污染物统计工作。排查突出风险隐患,加强分类处理指导,完成危险废物"动态清零"工作。制订《2018年度长兴县危险废物规范化管理督查考核工作方案》,以"各所自查考核,局抽查考核"的方式,完成危险废物规范化管理考核达标率达92%以上考核目标。推进固体废物利用处置基础设施建设,完成省环保厅下达的2018年年度目标任务。加强对4家放射源使用企业、35家医疗放射源单位及3家金属熔炼企业的检查,完成放射源企业监督性监测,并开展核安全文化宣贯。在桐昆集团浙江恒腾差别化纤维有限公司内开展2018年全市突发辐射事故应急演练,提升应对辐射事故的应急处置能力。

【第二次全国污染源普查】 年内,开展第二次全国污染源普查,完成6280家污染源的入户调查、电子表录入、系统导入及地理位置信息采集等工作,其中工业源5755家、农业源34家、集中式污染治理设施435家、移动源56家。

## 2018年长兴县放射源及射线装置单位情况

表58

| 分类 | 序号 | 单位 |
|---|---|---|
| 放射源使用企业 | 1 | 桐昆集团浙江恒腾差别化纤维有限公司 |
| | 2 | 浙江天能能源科技福分有限公司 |
| | 3 | 浙江超威创元实业有限公司 |
| | 4 | 浙江长兴鼎昌金属制品有限公司 |
| 工业射线装置使用单位 | 5 | 浙江万享科技股份有限公司 |
| | 6 | 浙江天创环境科技有限公司 |
| | 7 | 浙江铁狮高温材料有限公司 |
| | 8 | 湖州鑫宏润辐照技术有限公司 |
| 医疗射线使用单位 | 9 | 长兴县白岘乡社区卫生服务中心 |
| | 10 | 长兴县林城镇卫生院 |
| | 11 | 长兴县画溪街道社区卫生服务中心 |
| | 12 | 长兴县虹星桥镇卫生院 |
| | 13 | 长兴博厚口腔医院 |
| | 14 | 长兴县夹浦镇卫生院 |
| | 15 | 长兴国泰康复医院有限公司 |
| | 16 | 长兴县李家巷镇卫生院 |
| | 17 | 浙江省医疗健康集团长兴医院(浙江省医疗健康集团长兴职业病防治所) |
| | 18 | 长兴雉州医院 |
| | 19 | 长兴雉城何氏口腔诊所 |
| | 20 | 长兴李家巷康复护理医院 |
| | 21 | 长兴县泗安镇社区卫生服务中心 |
| | 22 | 浙江超威创元实业有限公司 |
| | 23 | 长兴县妇幼保健院 |
| | 24 | 长兴县水口乡卫生院 |
| | 25 | 长兴县中医院 |
| | 26 | 长兴县洪桥镇卫生院 |

续表58

| 分类 | 序号 | 单位 |
|---|---|---|
| | 28 | 长兴县小浦镇卫生院 |
| | 29 | 长兴县槐坎乡卫生院 |
| | 30 | 长兴骨科医院 |
| | 31 | 长兴县人民医院 |
| | 32 | 长兴博济医院有限公司 |
| | 33 | 长兴县龙山街道社区卫生服务中心 |
| | 34 | 长兴雉城雅正口腔诊所 |
| | 35 | 长兴雉城伤牙科诊所 |
| | 36 | 长兴县第三人民医院 |
| | 37 | 长兴画溪姚家桥康健口腔诊所 |
| | 38 | 长兴县吕山乡卫生院 |
| | 39 | 长兴第二医院 |

## “五水共治”

【概况】 2018年，全面推进治水十大行动55项工程，全年累计完成投资15.98亿元，完成计划投资的121.8%。全省农村生活污水处理设施运维管理培训班现场教学活动、全省农田氮磷生态拦截沟渠系统建设等一批现场会在长兴县举行，群众治水满意度测评全市排名第一。完成4个乡镇（园区）和16个建设单元“污水零直排区”建设，新建改造雨污管网35.8千米，市控及以上断面水质功能区达标率、集中式饮用水源水质达标率均为100%。将“五水共治”碧水工作纳入全县污染防治攻坚行动，实行“每月监测、每季评价、年度考核”的机制。年末，全县共设河长（湖长）646人，进一步强化河湖常态长效监管。成功创建市级“美丽河湖”2条，完成全县200条“美丽生态河道”建设。深化“互联网+治水”理念，建成“河长制”管理大数据平台，实现河道水质、污染点源、农村生活污水终端水质等信息共享。

### 2018年长兴县“五水共治”重点工程建设情况

表59

| 项目名称 | 完成情况 |
|---|---|
| 推进“污水零直排”建设 | 全面推进省市下达的4个工业园区、4个餐饮集中区、8个居民小区和4个乡镇“污水零直排区”建设任务，累计完成投资1.44亿元。完成企业管网整改325家，餐饮、美发、足浴等三产经营户污水预处理设施整改805家，完成8个居民小区阳台水和雨污分流改造工作 |
| 治污基础设施建设 | 进一步深化治污基础设施的排查及改造工作，结合气象路、回龙山新区路网工程等改造项目，持续推进管网建设，累计新建改造污水管网48.20千米。提升污水处理能力，按照准Ⅳ类标准建设第三污水处理厂，完成泗安污水厂0.50万吨/日扩建工程。实施农村生活污水治理提标改造项目76个，涉及受益农户6008户，完成5座终端设施试点改造。加大落后产能淘汰力度，整治淘汰低小散341家，淘汰落后设备1566台套；完成王浜头3000吨/日中水回用站建设，实现区域内730余台喷水织机废水全部集中处理及回用；全力推进金属表面处理企业整治，完成6家企业现场整改工作；加快开展加油站油罐防渗改造工作，62家加油站已完成改造；有序推进11家污水处理厂进水在线监测设施安装和6家污水处理厂一级A验收工作。加速推进渔业尾水治理，完成治理面积3026.67公顷，建成20条养鱼跑道；推广稻渔综合种养510.80公顷，推进洪桥七斗漾河蟹主导示范园区建设，创建23家市级美丽渔场，均达到验收标准。实施太湖流域1333.33公顷农业面源污染治理项目，6个子标段已全部动工，已完成投资1800万元 |

续表59

| 项目名称 | 完成情况 |
|---|---|
| 防洪排涝工程建设 | 重点推进4大重点水利工程项目建设，苕溪清水入湖河道整治工程年度投资2.69亿元；推进泗安塘流域综合整治工程，完成投资4.36亿元，河道应急段整治13.70千米；完成东风岕水库、泗安水库除险加固任务；完成圩区整治813.33公顷。新增平原绿化359.67公顷、造林更新95.33公顷、恢复各类湿地植166.67公顷、治理湿地面积800公顷、完成重点公益林优质林分建设19533.33公顷。新建排水管网16.42千米，完成雨污分流改造、管网提标改造12.45千米，排水管网清淤180千米，完成积水点改造1处。推进县域暴雨精细化监测预报预警工程建设，新建4套区域自动站 |
| 落实供水节水项目建设 | 优化供水基础设施建设运行，新建改造供水管网47.76千米。全面提升农村饮水安全，完成3.45万人饮水条件提升工程。持续推进节水设施建设，新增高效节水灌溉面积200公顷，完成一户一表改造600户、节水器具改造4000套，建设屋顶雨水收集系统50处 |

## 主要污染物减排

【概况】 2018年，全县四项主要污染物减排情况良好。其中，二氧化硫减排1243吨，减排率7.5%（目标5.0%），氮氧化物2116吨，减排率7.6%（目标7.0%），化学需氧量减排184.27吨，减排率3.5%（目标2.0%），氨氮37.83吨，减排率3.8 %（目标2.0%），完成全年减排目标。

【减排工程建设】 年内，实施农村生活污水治理提标改造项目76个，涉及受益农户6008户。按照准Ⅳ类标准建设第三污水处理厂，完成泗安污水厂0.50万吨/日扩建工程。开展大气减排，淘汰单段式煤气发生炉64座并完成县级验收；检查小锅炉97台，注销淘汰停用的燃煤和生物质锅炉11台；将全县划定为Ⅱ类（较严）以上高污染燃料禁燃区，工业用煤量减少10万吨。开展畜禽养殖场整治工作，关停和拆除保留养殖场117户、转产33户，退养黑户养殖户68户，累计退养生猪约1.50万头；完成渔业尾水治理面积3026.67公顷，建成20条养鱼跑道；推广稻渔综合种养510.80公顷，推进洪桥七斗漾河蟹主导示范园区建设，创建23家市级美丽渔场；实施太湖流域1333.33公顷农业面源污染治理项目，6个子标段已全部动工。

【减排管理】 年内，积极推进排污许可证核发工作，完成屠宰及肉类加工、合成材料、陶瓷制品等6个行业核发工作，核发排污许可证16家；实施排污权有偿使用和交易项目78个，到位资金14183万元。

## 生态建设

【概况】 年内，全县生态建设以创建国家生态文明建设示范县为目标，开展绿色细胞系列生态创建，加强农村环境综合整治，稳步推进美丽长兴建设。7月17日，省政府下发《关于认定第二批省级生态文明建设示范市、县（市、区）的通知》，长兴被命名为省级生态文明建设示范县。

【生态文明建设试点示范】 年内，推进生态文明示范创建工作，有3个单位分别入选市级生态文明建设示范乡镇（村）、“两山”实践创新乡镇（村）、“两山”转化示范点，待命名；开展寻找“美丽浙江十大特色体验地”活动，有6个单位（案例）进入全省终选名单。制定2018年生态文明体制改革实施方案，明确“区域环评+环境标准”改革、建立健全环境保护公益诉讼制度、深化国家生态文明标准化示范区建设、建立国有森林资源有偿使用制度、省河长制工作示范县等6项改革任务，湖州南太湖产业集聚区长兴分区、国家级长兴经济技术开发区等5个平台规划环评均已完成编制和评审，“区域环评 + 环境标准”改革实施方案均已经县政府批复同意，区域内正式开始实施“区域环评+环境标准改革”，已有23家企业享受改革红利。

【美丽长兴建设】 年初，根据《2018年度长兴县美丽湖州建设工作任务书考核评分标准》，制定县对部门、乡镇美丽长兴建设工作目标责任书，将任务进行分解，明确工作职责。加快工作推进，全面完成美丽湖州建设目标任务。制订《长兴县生态文明示范创建（污染防治攻坚）行动计划（2018—2022）》和《进一步加强合溪水库上游生态建设保护的实施办法（2018—2022）》，由县两办印发。合溪水库水质Ⅱ类水达标率为100%，其中Ⅰ类水达标率占78.3%。

【生态创建】 年内,配合县教育局创建长兴县第一小学、长兴县和平镇中心小学2所省级绿色学校,创建县级绿色学校9所;配合妇联创建5户省级绿色家庭,市级绿色家庭40户,县级绿色家庭100户。2018年公众对生态环境质量满意度达到86.89%,比上年提高1.4%,排名全市第一。

【农村环境综合整治】 年内,配合县农办、县建设局做好全县农村生活污水处理设施建设与长效运维工作,组织对全县437套10吨以上农村生活污水终端进出水按规定比例组织抽测,共抽测21套,出水水质达标的有19套,出水水质达标率90.5%;参与水口乡农家乐和八都岕景区整治提升工作,水口乡农家乐共有570家,基本达到环保要求的为475家。

4月2日,全县第一张环保税税票开出　　(环境局 供)

## 环境监管

【概况】 年内,以环境执法为主要手段,以环境监测为依据,以自动监测站管理为支撑,强化环境行政执法与刑事司法联动。全年共立案查处208件,移交公安追究刑事责任7件,刑事拘留21人,移交公安行政拘留12件,行政拘留7人;受理日常各类环境信访1671件,处理率100%;中央环保督察组交办信访件49件全部完成整改。

【环境执法】 年内,共组织出动执法人员20180余人次,检查企业8829余家次,其中,开展专项行动9次,共组织出动执法人员6404人次,检查企业2992家次,立案处罚企业60家;实施随机抽查,组织13个随机抽查检查组26名执法人员,随机检查企业394家,责令整改企业36家。开展跨部门双随机联合抽查共开展6次,出动联合执法人员26人次,共检查企业(点位)10家(个),发现问题企业(点位)1家(个);采取“5+2”、“白加黑”错时执法模式,夜间和节假日共出动检查57次,出动执法人员905人次,检查企业546家次。全年共立案查处208件,罚款1404.57万元加强与公、检、法部门在环境执法工作中的衔接配合,移交公安追究刑事责任7件,刑事拘留21人,移交公安行政拘留12件,行政拘留7人。

【环境监测】 年内,完成日常监测、监督性监测和违法案件及应急监测工作,出具各类报告1143份,其中监测报告847份,检测报告211份,比对报告85份,完成废水重点排污单位监督监测41家次,完成污水厂监督监测156家次,完成废气重点排污单位监督监测41家次,完成重金属重点排污单位监督监测39家次,完成医疗机构重点排污单位监督监测4家次,完成挥发性有机物重点排污单位监督监测4家次;完成废气重点排污单位监督性比对监测31家次,废水比对监测54家次。气站方面,完成4个清新空气站建设,做好2座省控空气站和16座乡镇小型气站的运维工作;水站建设方面,完成东村桥水站建设,基本完成包漾河水站,完成合溪新港、长兴港、杨家浦港三个国控水站的上收改造工作。

(严宇扬)

## 财　政

【概况】　2018年，长兴县财政局（国资办）由县财政局和县国有资产监督管理办公室两个单位组成，一个党委班子，内设办公室（挂“科研科”牌子）、政策法规科、人事教育科（监察科）、预算局、预算执行局（挂“国库科”牌子）、经济建设科、社会保障科（挂“政府采购监管科”牌子）、农业科、企业科（挂“外债金融科”牌子）、财政监督局、绩效管理科、会计管理科（挂“行政许可科”牌子）、信息化管理科、企业改革与产权管理科、人事管理与绩效考核科、行政事业资产管理科16个科室。年末，共有在编人员110人，其中领导班子成员5人、中层干部43人，编外人员24人。年内，县财政局服务经济发展大局，加强财政收支管理，在预算绩效管理、对上争取资金、财政资金竞争性存放、库款考核、债务管理、农业财政管理、财政监督等方面走在全省、市前列，各项财政工作获得上级充分肯定。获得各级领导批示表扬6篇次。年内，财政综合管理工作被评为全省15个县（市、区）级优秀单位之一，荣获全省财政系统先进集体。《积极探索土地预算管理模式》调研报告获得省厅全省财政系统调研报告评审一等奖；长兴县作为化债样板县完成《长兴县防范化解地方政府性债务风险专项行动实施方案》编制工作，形成专报上报浙江省政府，获得省长袁家军批示肯定。

【财政收入】　年内，全县完成财政总收入102.68亿元，比上年增长18%，其中一般公共预算收入59.37亿元，比上年增长19.9　%；税收收入完成93.43亿元，比上年增长17.4%，其中一般公共预算税收收入50.12亿元，比上年增长19.2%。

年内，优化收入结构，提升收入质量，地方财政收入占财政总收入的比重为57.8%，比上年同期上升0.9个百分点，税收收入占财政总收入比重达到91%，实现财政收入总量和质量双提升。

【财政支出】　年内，全县一般公共预算支出完成71.58亿元，同口径增长13.5%。其中，一般公共服务支出6.95亿元，同口径增长23%；公共安全支出5.21亿元，同口径增长19.6%；教育支出13.88亿元，同口径增长7.1%；科学技术支出3.14亿元，同口径增长22.2%；文化体育与传媒支出1.06亿元，同口径增长0.3%；医疗卫生与计生支出5.19亿元，同口径增长10.7%；社会保障和就业支出7.16亿元，同口径增长27.4%；安排农林水支出9.19亿元，同口径增长4.6%；节能环保支出4.42亿元，同口径增长46.3%。

年内，用于民生方面支出52.90亿元，同口径增长11.9%，确保新增

3月1日，全县财政地税国资系统工作会议召开　　（财政局　供）

## 2018年长兴县一般公共预算收入执行情况

表60

| 项　目 | 2018年执行数(万元) | 完成预算(%) | 比上年±(%) |
|---|---|---|---|
| 财政总收入合计 | 1026788 | 109.2 | 18.0 |
| 一、上划中央"四税"收入 | 433113 | 104.3 | 15.4 |
| (一)增值税 | 150746 | 98.7 | 1.1 |
| (二)改征增值税及营业税 | 68346 | 139.3 | 42.8 |
| (三)消费税 | 46886 | 90.1 | 32.2 |
| (四)企业所得税(60%部分) | 116156 | 121.8 | 45.2 |
| (五)个人所得税(60%部分) | 50979 | 77.2 | -19.0 |
| 二、一般公共预算收入 | 593675 | 113.2 | 19.9 |
| (一)税收收入小计 | 501145 | 107.8 | 19.2 |
| 1.增值税 | 150746 | 98.7 | 1.1 |
| 2.改征增值税及营业税 | 68346 | 139.3 | 42.8 |
| 3.企业所得税(40%部分) | 77437 | 121.8 | 45.2 |
| 4.个人所得税(40%部分) | 33986 | 77.2 | -19.0 |
| 5.城市维护建设税 | 30448 | 106.1 | 22.3 |
| 6.其他地方各税 | 95692 | 100.1 | 30.4 |
| 7.耕地占用税 | 10889 | 136.1 | 40.6 |
| 8.契税 | 33601 | 146.1 | 50.6 |
| (二)非税收入小计 | 92530 | 154.2 | 24.3 |
| 1.专项收入 | 41923 | 137.0 | 40.6 |
| 其中:教育费附加收入 | 17319 | 127.3 | 33.0 |
| 其他专项收入 | 24604 | 144.7 | 46.4 |
| 2.罚没收入 | 12111 | 161.5 | 65.7 |
| 3.其他收入 | 38496 | 175.8 | 3.2 |

说明:1.财政总收入包括上划中央"四税"收入、一般公共预算收入;2.一般公共预算收入即地方财政收入,包括税收收入、非税收入

财力的三分之二用在民生事业发展方面,其中教育支出占全县一般公共预算支出的19.4%、医疗卫生支出占7.3%、社会保障和就业投入占8.03%、农林水支出占12.8%、环保支出占6.1%。

年内,在助力民营经济发展、落实财政优惠政策、向上财政资金资源向长兴县倾斜等方面积极发挥财政职能,助推全县经济高质量发展。1月,出台《发挥财税职能全面振兴实体经济实施方案》,充分发挥财政资金对民营经济发展的保障支撑和引导带动作用,推进县内主导产业稳步壮大,提振民营经济发展信心。落实税收优惠和清费减负政策,清理取消、停征收费项目,全年减免税16.20亿元。统筹优化"1+6"大工业政策,重点培育"50强"企业,支持民营经济发展壮大。支持化解过剩产能和淘汰落后产能,助推蓄电池、粉体、纺织、印染、工业炉、耐火、非织造布等多个行业转型升级。全年兑现工业质量奖、开放型经济、电子商务发展、物流企业发展、科技与人才等各类政策资金6.40亿元。主动加强与上级财政等部门的业务联动,全年全县共争取资金17.80亿元,其中财政各科室参与争取资金11.90亿元,县财政局争取资金2.90亿元。支持科技创新,安排科技创新政策资金、科技型企业孵化器专项扶持经费、科技创新创业大赛奖金等资金7000万元,受益企业430家。服务人才引育,落实《长兴县人才新政二十条》、"南太湖精英计划"、人才开发政策资金和人才购房补助等资金2000万元。

## 2018年长兴县一般公共预算支出执行情况

表61

| 项 目 | 2018年执行数(万元) | 完成调整预算(%) | 比上年(同口径)±(%) |
|---|---|---|---|
| 合计 | 715779 | 103.9 | 13.5 |
| 一、一般公共服务支出 | 69537 | 102 | 23 |
| 二、公共安全支出 | 52123 | 104.2 | 19.6 |
| 三、教育支出 | 138825 | 104.5 | 7.1 |
| 四、科学技术支出 | 31368 | 104.2 | 22.2 |
| 五、文化体育与传媒支出 | 10642 | 103.3 | 0.3 |
| 六、社会保障和就业支出 | 71579 | 104.8 | 27.4 |
| 七、医疗卫生与计划生育支出 | 51885 | 104.8 | 10.7 |
| 八、节能环保支出 | 44244 | 104.1 | 46.3 |
| 九、城乡社区支出 | 35343 | 104 | -14 |
| 十、农林水支出 | 91885 | 104.4 | 4.6 |
| 十一、交通运输支出 | 23605 | 104.4 | -8.5 |
| 十二、资源勘探信息等支出 | 21900 | 104.3 | 48.9 |
| 十三、商业服务业等支出 | 10549 | 103.4 | -16.2 |
| 十四、国土海洋气象等支出 | 13942 | 104.8 | 64.3 |
| 十五、住房保障支出 | 789 | 105.2 | -1.6 |
| 十六、粮油物资储备支出 | 1989 | 103.1 | -4.8 |
| 十七、其他支出 | 2751 | 101.9 | 33 |
| 十八、债务付息支出 | 42820 | 100 | 19.2 |
| 十九、债务发行费用支出 | 3 | — | -98.6 |

**【预算管理】** 年内,严格贯彻落实新《中华人民共和国预算法》及深化财税体制改革各项要求,深化预算管理改革,强化预算约束,规范部门预算编制,推进预决算公开。3月,出台《长兴县财政预算追加管理办法》,严控预算追加,对县本级纳入部门预算项目支出的年度执行率与部门预算项目安排相挂钩,对预算执行率较低的部门在安排中实行分档压缩,2017年年初预算执行率低于91%且2018年年初预算1至9月执行率低于75%的单位,2019年初预算经费压缩5%。年内,规范2019年部门预算编制,细化单位经济分类科目。强化项目支出预算管理,加强存量资金盘活管理,推进中期财政规划管理,选取试点单位试编县级预算单位三年滚动财政规划,深化2019年部门预算编制管理改革,完善政府采购预算,提高政府采购的预算约束力。规范部门预算公开范围、表式,做好2018年政府预决算及2018年部门预算信息公开工作。对县级部门预决算公开情况进行专项检查,提高透明度。

**【乡镇财政】** 2018年,乡镇财政总收入完成786701.63万元,比上年增长28.1%。其中,原国税收入566796.47万元,比上年增长25.3%,原地税收入219905.16万元,比上年增长36.1%。年内,落实县人大常委会《关于加强乡镇人大预算审查监督的指导意见》的要求,严格乡镇财政预算编制、调整、决算审查程序,规范预算编制,扎实有效推进乡镇民主参与式预算审查向深度、广度拓展。以加强乡镇财政资金监管为重点,对乡镇财政财务内控机制、收支管理、资金使用等进行检查,推进乡镇财政规范化建设。根据上级完善乡镇财政管理体制及《长兴县乡镇(街道、园区)财政管理体制实施办法》的要求,进一步完善县与乡镇(街道、园区)的财政利益分配机制,规范和加强乡镇财政管理,至年末县级财政共兑付资金82750.83万元。

## 2018年长兴县各乡镇(街道、园区)财政收入执行情况

表62

单位:万元

| 单位 | 财政总收入 | | | | | | | | | 其中 | | | | | | | | | | | | | | | |
|---|---|---|---|---|---|---|---|---|---|---|---|---|---|---|---|---|---|---|---|---|---|---|---|---|---|
| | | | | | | | | | | 原地税 | | | | | | | | 原国税 | | | | | | | |
| | 计划 | | | 累计收入数 | 完成率% | | 上年同期收入数 | 增幅情况 | | 计划 | | | 累计收入数 | 完成率% | | 上年同期收入数 | 比上年同期增长% | 计划 | | | 累计收入数 | 完成率% | | 上年同期收入数 | 比上年同期增长% |
| | 1-12月计划 | 年度计划 | 计划增速(%) | | 1-12月 | 年度 | | 比上年同期增长% | 名次 | 1-12月计划 | 年度计划 | 计划增速(%) | | 1-12月 | 年度 | | | 1-12月计划 | 年度计划 | 计划增速(%) | | 1-12月 | 年度 | | |
| 合计 | 727181 | 727181 | 18 | 786701.63 | 108.19 | 108.19 | 613955.79 | 28.14 | | 191343 | 191343 | 18.14 | 219905.16 | 114.93 | 114.93 | 161571.76 | 36.10 | 535838 | 535838 | 17.95 | 566796.47 | 105.78 | 105.78 | 452384.03 | 25.29 |
| 太湖图影 | 7756 | 7756 | 20 | 9758.78 | 125.82 | 125.82 | 6464.63 | 50.96 | 1 | 3501 | 3501 | 39.98 | 4834.25 | 138.08 | 138.08 | 2501.56 | 93.25 | 4255 | 4255 | 7.36 | 4924.53 | 115.74 | 115.74 | 3963.07 | 24.26 |
| 南太湖 | 33041 | 33041 | 18 | 41007.56 | 124.11 | 124.11 | 28001.74 | 46.45 | 2 | 5704 | 5704 | 8.48 | 7651.37 | 134.14 | 134.14 | 5258.56 | 45.50 | 27337 | 27337 | 20.19 | 33356.19 | 122.02 | 122.02 | 22743.18 | 46.66 |
| 吕山 | 9680 | 9680 | 18 | 11994.32 | 123.91 | 123.91 | 8203.49 | 46.21 | 3 | 1528 | 1528 | 18 | 2047.96 | 134.03 | 134.03 | 1294.41 | 58.22 | 8152 | 8152 | 18 | 9946.36 | 122.01 | 122.01 | 6909.08 | 43.96 |
| 洪桥 | 17550 | 17550 | 18 | 20219.99 | 115.21 | 115.21 | 15074.24 | 34.14 | 6 | 4450 | 4450 | 18 | 5465.67 | 122.82 | 122.82 | 3971.51 | 37.62 | 13100 | 13100 | 18 | 14754.32 | 112.63 | 112.63 | 11102.73 | 32.89 |
| 李家巷 | 40021 | 40021 | 18 | 45926.07 | 114.75 | 114.75 | 33916.69 | 35.41 | 4 | 10039 | 10039 | 18 | 11784.38 | 117.39 | 117.39 | 8508.12 | 38.51 | 29982 | 29982 | 18 | 34141.69 | 113.87 | 113.87 | 25408.57 | 34.37 |
| 水口 | 12260 | 12260 | 18 | 14020.17 | 114.36 | 114.36 | 10390.66 | 34.93 | 5 | 2127 | 2127 | 18 | 2682.12 | 126.10 | 126.10 | 1802.39 | 48.81 | 10133 | 10133 | 18 | 11338.05 | 111.89 | 111.89 | 8588.27 | 32.02 |
| 龙山 | 12828 | 12828 | 16 | 14667.89 | 114.34 | 114.34 | 11059.68 | 32.62 | 9 | 2484 | 2484 | 16 | 3006.46 | 121.03 | 121.03 | 2142.44 | 40.33 | 10344 | 10344 | 16 | 11661.43 | 112.74 | 112.74 | 8917.24 | 30.77 |
| 小浦 | 30640 | 30640 | 18 | 34398.68 | 112.27 | 112.27 | 25866.02 | 32.99 | 8 | 7445 | 7445 | 18 | 9581.69 | 128.70 | 128.70 | 6209.10 | 54.32 | 23195 | 23195 | 18 | 24816.99 | 106.99 | 106.99 | 19656.92 | 26.25 |
| 和平 | 75506 | 75506 | 20 | 83958.41 | 111.19 | 111.19 | 62922.23 | 33.43 | 7 | 12736 | 12736 | 15.47 | 15445.43 | 121.27 | 121.27 | 11030.60 | 40.02 | 62770 | 62770 | 20.96 | 68512.98 | 109.15 | 109.15 | 51891.63 | 32.03 |
| 煤山 | 109628 | 109628 | 18 | 120718.02 | 110.12 | 110.12 | 92905.11 | 29.94 | 10 | 26533 | 26533 | 18 | 30965.29 | 116.70 | 116.70 | 22484.34 | 37.72 | 83095 | 83095 | 18 | 89752.73 | 108.01 | 108.01 | 70420.77 | 27.45 |
| 泗安 | 27646 | 27646 | 18 | 30306.52 | 109.62 | 109.62 | 23899.75 | 26.81 | 16 | 8183 | 8183 | 25.68 | 9825.69 | 120.07 | 120.07 | 6981.24 | 40.74 | 19463 | 19463 | 15.04 | 20480.83 | 105.23 | 105.23 | 16918.51 | 21.06 |
| 雉城 | 23906 | 23906 | 16 | 26165.69 | 109.45 | 109.45 | 20609.44 | 26.96 | 14 | 8529 | 8529 | 16 | 9941.71 | 116.56 | 116.56 | 7353.50 | 35.20 | 15377 | 15377 | 16 | 16223.98 | 105.51 | 105.51 | 13255.94 | 22.39 |
| 虹星桥 | 22320 | 22320 | 18 | 24251.86 | 108.66 | 108.66 | 19116.99 | 26.86 | 15 | 4549 | 4549 | 18 | 5378.13 | 118.23 | 118.23 | 4056.72 | 32.57 | 17771 | 17771 | 18 | 18873.73 | 106.21 | 106.21 | 15060.27 | 25.32 |
| 夹浦 | 39248 | 39248 | 18 | 42551.84 | 108.42 | 108.42 | 33261.20 | 27.93 | 11 | 9239 | 9239 | 24.75 | 11520.09 | 124.69 | 124.69 | 7405.76 | 55.56 | 30009 | 30009 | 16.06 | 31031.75 | 103.41 | 103.41 | 25855.44 | 20.02 |
| 林城 | 19875 | 19875 | 18 | 21479.16 | 108.07 | 108.07 | 16843.92 | 27.52 | 12 | 4940 | 4940 | 18 | 5968.73 | 120.82 | 120.82 | 4187.25 | 42.55 | 14935 | 14935 | 18 | 15510.43 | 103.85 | 103.85 | 12656.67 | 22.55 |
| 开发区 | 152880 | 152880 | 20 | 162054.54 | 106.00 | 106.00 | 127400.27 | 27.20 | 13 | 62400 | 62400 | 20 | 65466.52 | 104.91 | 104.91 | 52000.19 | 25.90 | 90480 | 90480 | 20 | 96588.02 | 106.75 | 106.75 | 75400.08 | 28.10 |
| 画溪 | 92396 | 92396 | 18 | 83222.13 | 90.07 | 90.07 | 78019.73 | 6.67 | 17 | 16956 | 16956 | 18 | 18339.67 | 108.16 | 108.16 | 14384.07 | 27.50 | 75440 | 75440 | 15.10 | 64882.46 | 86.01 | 86.01 | 63635.66 | 1.96 |

【政府性基金管理】 2018年,全县政府性基金收入完成712807万元,比上年增长57.2%,其中国有土地出让金收入529554万元,比上年增长51.9%。全县政府性基金支出完成703665万元,比上年增长68.9%,其中国有土地出让金支出503846万元,比上年增长51.6%。

## 2018年长兴县政府性基金收入情况

表63

| 项　目 | 2018年执行数(万元) | 比上年±% |
|---|---|---|
| 合　计 | 712807 | 57.2 |
| 一、国有土地使用权出让收入 | 529554 | 51.9 |
| 二、国有土地收益基金收入 | 18316 | 47.6 |
| 三、农业土地开发资金收入 | 1467 | 22.9 |
| 四、城市基础设施配套费收入 | 16668 | 173.4 |
| 五、污水处理费收入 | 3726 | — |
| 六、彩票公益金收入 | 2310 | 53.9 |
| 七、其他政府性基金收入 | 140766 | 68.4 |

## 2018年长兴县政府性基金支出情况

表64

| 项　目 | 2018年执行数(万元) | 比上年(同口径)±% |
|---|---|---|
| 合　计 | 703665 | 68.9 |
| 一、社会保障和就业支出 | 3460 | 154.4 |
| 大中型水库移民后期扶持基金支出 | 3457 | 163.5 |
| 小型水库移民扶助基金及对应专项债务收入安排的支出 | 3 | -93.8 |
| 二、城乡社区支出 | 525386 | 54.0 |
| 国有土地使用权出让收入及对应专项债务收入安排的支出 | 503846 | 51.6 |
| 国有土地收益基金及对应专项债务收入安排的支出 | 13880 | 476.2 |
| 农业土地开发资金及对应专项债务收入安排的支出 | 63 | -18.2 |
| 城市基础设施配套费及对应专项债务收入安排的支出 | 4604 | -26.0 |
| 污水处理费及对应专项债务收入安排的支出 | 2993 | — |
| 三、农林水支出 | 104 | 225.0 |
| 大中型库区基金及对应专项债务收入安排的支出 | 104 | 225.0 |
| 四、文化体育与传媒支出 | 5 | — |
| 国家电影事业发展专项资金及对应专项债务收入安排的支出 | 5 | — |
| 五、商业服务业等支出 | 53 | — |
| 旅游发展基金支出 | 53 | — |
| 六、其他支出 | 167200 | 151.4 |
| 彩票公益金及对应专项债务收入安排的 | 3365 | 5.2 |
| 其他政府性基金及对应专项债务收入安排的支出 | 163835 | 158.8 |
| 七、地方政府专项债务付息支出 | 7457 | 0.0 |

【社会保障基金管理】 2018年,全县社会保险基金收入完成437116万元,比上年下降1.8%。社会保险基金支出完成489602万元,比上年增长14%。社会保险基金本年收支相抵,当年赤字52486万元;滚存结余435758万元。

## 2018年长兴县社会保障基金支出情况

表65

| 项　目 | 2018年执行数(万元) | 比上年±(%) |
|---|---|---|
| 社会保险基金支出合计 | 489602 | 14.0 |
| 其中:社会保险待遇支出 | 478157 | 14.9 |
| 其他支出 | 2251 | -44.8 |
| 转移支出 | 2722 | 58.7 |
| 上解上级支出 | 6472 | -15.4 |
| 一、企业职工基本养老保险基金支出 | 268731 | 13.6 |
| 其中:基本养老金支出 | 260487 | 14.5 |
| 转移支出 | 2049 | 36.4 |
| 上解上级支出 | 6195 | -17.3 |
| 二、失业保险基金支出 | 3128 | 28.0 |
| 其中:失业保险金支出 | 2774 | 24.1 |
| 转移支出 | 77 | 57.1 |
| 上解上级支出 | 277 | 74.2 |
| 三、城镇职工基本医疗保险基金支出 | 106786 | 16.0 |
| 其中:基本医疗保险待遇支出 | 105327 | 16.0 |
| 其他支出 | 1229 | 8.5 |
| 转移支出 | 230 | 40.2 |
| 四、工伤保险基金支出 | 6298 | 13.0 |
| 其中:工伤保险待遇支出 | 6298 | 13.0 |
| 其他支出 | — | — |
| 五、生育保险基金支出 | 3777 | 27.9 |
| 其中:生育保险待遇支出 | 3777 | 27.9 |
| 六、居民社会养老保险基金支出 | 19495 | 7.9 |
| 其中:基本养老金支出 | 19490 | 18.4 |
| 其他支出 | 4 | -99.8 |
| 转移支出 | 1 | — |
| 七、城乡居民基本医疗保险基金支出 | 35001 | 23.1 |
| 其中:基本医疗保险待遇支出 | 33983 | 25.5 |
| 其他支出 | 1018 | -24.1 |
| 八、机关事业基本养老保险基金支出 | 46386 | 6.6 |
| 其中:保险金支出 | 46021 | 5.8 |
| 转移支出 | 365 | — |

说明:1.社会保险基金支出2018年总体增长的原因企业退休人员养老待遇提高,以及人口老龄化趋势显现带来的各项支出增加;2.失业保险金支出增加是由于农民工享受失业保险同等待遇,增加支出500万元;3.因2018年是生育高峰,生育保险基金支出增加1000万元

## 2018年长兴县社会保障基金收入情况

表66

| 项　目 | 2018年执行数(万元) | 比上年±% |
|---|---|---|
| 社会保险基金收入合计 | 437116 | -1.8 |
| 其中:保险费收入 | 353470 | -2.4 |
| 财政补贴收入 | 69199 | 23.7 |
| 利息收入 | 10040 | -58.2 |
| 转移收入 | 4407 | 47.2 |
| 一、企业职工基本养老保险基金收入 | 219284 | -8.9 |
| 其中:保险费收入 | 204774 | -8.2 |
| 财政补贴收入 | 3159 | 310.3 |
| 利息收入 | 8188 | -42.1 |
| 转移收入 | 3163 | 13.3 |
| 二、失业保险基金收入 | 5444 | -8.1 |
| 其中:保险费收入 | 4619 | 74.4 |
| 财政补贴收入 | 796 | — |
| 利息收入 | 29 | -99.1 |
| 转移收入 | — | -100.0 |
| 三、城镇职工基本医疗保险基金收入 | 92640 | -2.2 |
| 其中:保险费收入 | 91370 | 0.8 |
| 利息收入 | 1070 | -73.0 |
| 转移收入 | 200 | 25.0 |
| 四、工伤保险基金收入 | 6430 | 19.4 |
| 其中:保险费收入 | 6300 | 30.9 |
| 利息收入 | 130 | -77.3 |
| 五、生育保险基金收入 | 3610 | 53.4 |
| 其中:保险费收入 | 3600 | 57.9 |
| 利息收入 | 10 | -86.5 |
| 六、居民社会养老保险基金收入 | 20114 | 9.3 |
| 其中:保险费收入 | 1004 | -4.6 |
| 财政补贴收入 | 18635 | 15.8 |
| 利息收入 | 472 | -62.6 |
| 转移收入 | 3 | — |
| 七、城乡居民基本医疗保险基金收入 | 41130 | 22.4 |
| 其中:保险费收入 | 11389 | 19.7 |
| 财政补贴收入 | 29609 | 26.9 |
| 利息收入 | 132 | -82.4 |
| 八、机关事业单位基本养老保险基金收入 | 48464 | 10.2 |
| 其中:保险费收入 | 30414 | 7.8 |
| 财政补贴收入 | 17000 | 7.9 |
| 利息收入 | 9 | -62.5 |
| 转移收入 | 1041 | 25925.0 |

说明：1.2018年社保基金费收入下降1.8%，主要原因：一是企业养老2018年一次性补缴约5653人，比2017年一次性补缴人数11990人，减少6337人，减少收入约3.40亿元。二是当年征收增加1.60亿元。三是财政补助收入增加1.30亿元。2.企业养老保险基金收入下降8.9%，主要原因：一是2018年一次性补缴约5653人，比2017年一次性补缴人数11990人，减少6337人，减少收入约3.4亿元。二是因上年定期存款到期一次性付息，减少利息收入0.60亿元。三是当年收入征收增加1.60亿元。四是财政补助收入增加0.20亿元。3.失业保险费收入增加：主要是扩大失业金征缴范围，所有企业全员参保，增加收入1500万元。4.城镇职工医疗保险基金收入下降2.2%，主要原因：一是2018年补缴2503人（0.68亿元），比2017年一次性补缴（7699人），减少1.40亿元。二是当年征收增加收入近1.60亿元。5.工伤保险基金收入增加，主要是18年大工程多，农民工工伤保险收入1470万元所致（17年700万元）。6.生育保险基金收入增加：主要是扩大生育金征缴范围，所有企业对全员参保，增加收入1200万元。7.城乡居民医疗收入增加：主要是提高筹资标准，财政补贴从710元/人提高到940元/人，增加收入6300万元

【财政监督】 年初，梳理报送上年预算单位项目资金使用情况，确定监督检查工作的重点，将国土、建设、农业、水利、民政、人社等部门管理的6项专项资金列入年度检查计划；8月，成立财政专项资金检查小组，委托中介机构抽查涉及部门专项资金的8个乡镇和1个事业单位，分别对专项资金使用、项目实施及财务管理等方面开展实地检查。按照财政内部控制建设工作要求，全面梳理并建立风险防控办法和操作规程，并于4月成立县财政局内部控制委员会和内部控制委员会办公室，制定内部控制委员会议事规则，明确内控委会议议决事项及程序。加强财政支出绩效管理和评价，完成省厅联动项目的绩效评价工作，委托湖州金陵永达会计师事务所对2015—2017年度浙江省旅游发展专项资金政策实施情况开展绩效评价，委托湖州天衡联合会计师事务所开展2016年度长兴县教育品牌建设专项资金支出项目的重点绩效评价。对上年度2017年已经实施或正在实施的50万元以上县级财政支出项目开展绩效评价，完成70个项目，其中产业发展项目8个、交通和建设项目15个、环保和安监项目7个、农林水项目20个、社保民政项目6个、科技文化卫生项目10个、其他项目4个，共涉及财政项目资金8.19亿元。

【会计管理】 年末，全县共有会计人员11881人，其中初级会计职称2526人、中级会计职称为593人、高级会计职称为49人，执业注册会计师28人，大专及以下9017人，本科2797人，硕士研究生67人。做好对全县会计从业人员的管理、服务、人才培育、挖掘工作，对专业会计人员的继续教育工作。10月，县财政局在浙江财经大学举办政府会计制度培训会，培训内容包括会计行政事业单位内部控制制度建设、政府会计制度、人工智能、区块链与财务金融的未来，全县67个行政事业单位、17个乡镇街道园区的财务负责人、主办会计共89人参加。扩大预算资金国库集中支付比率，至年末纳入国库集中支付的预算单位共有228家，国库集中支付业务67148笔，资金51.46亿元，比上年同期增长19.72亿元，其中直接支付52227笔、资金49.91亿元，授权支付14921笔、资金1.55亿元。规范预算单位财务行为，指导报账会计做好业务工作。规范预算项目用途，专款专用，杜绝在专项项目经费中列支人员经费。严格对照中央八项规定精神，按照规范津补贴、政府采购、差旅费、会议费、培训费、公务接待、公车改革、夜餐补助等管理办法规定进行支付审核，规范预算单位的各项报销标准。年末，全县共退回违规支付业务1797笔。

【会计师事务所】 年末，全县共有会计师事务所5家，分别为湖州天衡联合会计师事务所，湖州立天会计师事务所，湖州金陵永达会计师事务所，湖州金平会计师事务所，新中进会计师事务所。全年完成总营业收入1375万元。

## 2018年长兴县会计师事务所情况

表67

| 名称 | 成立时间 | 地址 | 从业人员人数 | 注册会计师人数 |
|---|---|---|---|---|
| 湖州天衡联合会计师事务所 | 2003-10-24 | 长兴县雉城镇明珠路892号国际金座6幢401室 | 24 | 8 |
| 湖州立天会计师事务所 | 2007-10-22 | 浙江省湖州市长兴县太湖街道明珠商务大厦601室 | 22 | 7 |
| 湖州金陵永达会计师事务所 | 2009-02-18 | 浙江省长兴县龙山街道滨河大道939号 | 13 | 3 |
| 湖州金平会计师事务所 | 2007-09-14 | 湖州市长兴县太湖西路一号银行楼上五楼 | 21 | 7 |
| 新中进会计师事务所 | 2014-02-28 | 湖州市长兴国际大酒店三期商务楼10F03室 | 9 | 3 |

（赵　莹）

# 税　务

【概况】 2018年，按照中办、国办印发《国税地税征管体制改革方案》要求，全面启动国地税征管体制改革。7月20日，县国税、地税机构正式合并，国家税务总局长兴县税务局（简称县税务局）挂牌成立，同时撤销原国、地税征管机构。县税务局下设机构共有21个，包括办公室、法制股、税政一股、税政二股、社会保险费和非税收入股、收入核算股、纳税服务股、征收管理股、税收风险管理股、人事教育股、税源管理股和机关党委（党建工作股）13个内设机构，第一税务所（办税服务厅）、第二税务所、泗安税务分局、煤山税务分局、雉城税务所、李家巷税务所和和平税务所7个派出机构，1个事业单位信息中心。年末，有在编人员256人，其中公务员编制246人、事业编制9人、工人编制1人，编外人员92人；领导班子成员10人。全年累计完成税费总收入（不含出口退税）135.70亿元，比上年增长9.7%。其中，税收收入96.04亿元，比上年增长15.3%，中央级税收完成45.54亿元，比上年增长12.1%，地方级税收完成50.50亿元，同比增长18.3%。税收收入占全县财政总收入102.68亿元的91%，为县财政收入在全市率先破百亿做出贡献。县税务局办税服务厅被评为全国“工人先锋号”、省级“模范职工小家”。

【税款征收】 7月县税务局成立后，负责全县增值税、消费税、企业所得税、车辆购置税、个人所得税、房产税、车船使用税、印花税、土地增值税、城市维护建设税、城镇土地使用税、契税、环境保护税、资源税、耕地占用税共计15个税种的征收，其中原国税4个税种、原地税12个税种。全年共组织税收收入960366万元，比上年增长18.3%。其中，国税收入644102万元，比上年增长14.9%；地税收入316264万元，比上年增长16.1%。

【社会保险费和非税收入】 2018年县税务局负责征收的社会保险费和非税收入共有14种，其中社会保险费有基本养老保险金（包括企业职工基本养老保险基金和机关事业单位基本养老保险基金）、基本医疗保险基金、失业保险基金、工伤保险基金、生育保险基金、其他保险基金（机关事业单位职业年金）6种，非税收入有教育费附加、地方教育附加、残疾人就业保障金、水利基金、文化事业建设费、废弃电器电子产品处理基金、工会经费、税务部门罚没收入8种。全年累计征收社会保险费和非税收入396662万元，比上年下降1.8%。其中，社会保险费358053万元，比上年下降6.3%；非税收入38609万元，比上年增长75.2%。

## 2018年长兴县税务局社会保险费和非费收入征收情况

表68　　单位：万元

| 年份 | 社会保险费 | | | | | | | 非税收入 | | | | | | | | 合计 |
|---|---|---|---|---|---|---|---|---|---|---|---|---|---|---|---|---|
| | 基本养老保险 | | 基本医疗保险 | 失业保险 | 工伤保险 | 生育保险 | 机关事业单位职业年金 | 教育费附加 | 地方教育附加 | 残疾人就业保障金 | 水利基金 | 文化事业建设费 | 废弃电器电子产品处理基金 | 工会经费 | 罚没收入 | |
| | 企业职工 | 机关事业单位 | | | | | | | | | | | | | | |
| 2018 | 205038 | 42568 | 95928 | 4619 | 6300 | 3600 | 13195 | 19244 | 12373 | 4318 | 127 | 347 | 1780 | 2736 | 419 | 396662 |

【征收管理】 年内，继续开展“强征管、促公平”工作，加强基础税源管理和分析，重点做好中小税源风险控管，强化所得税汇算清缴管理和风险分析应对，努力营造公平、公正的良好税收环境。全年稽查、评估累计查补税款、滞纳金1.40亿元。

【税收优惠】 年内，贯彻落实国务院7项减税政策和优化营商环境10项硬举措，全年落实各类税费减免优惠超过20亿元，比上年增长10.7%。其中，改善民生减免4.60亿元；扶持高新技术企业减免3.76亿元；小微企业减免税2.40亿元；支持节能环保减免3亿元。全年因税率下调减轻纳税人增值税负担约1.20亿元，分三批次为29户企业办理增值税留抵退税1.76亿元。全面落实降低增值税税率、增值税留抵退税、小微企业所得税优惠等新出台的税收优惠政策，累计为纳税人减轻税收负担共计53560万元；统一增值税一般纳税人标准，进一步支持中小微企业发展。至12月31日，全县有227户符合的条件一般纳税人转为小规模纳税人，在一定程度上减轻小微企业税收负担。执行出口退税工作规范，优化退税服务，加快出口退税进度，促进外贸经济发展，全年共审核出口货物退（免）税22.25亿元，其中退税17.10亿元、免抵税额5.15亿元。

（邱　革）

# 综合管理与监督

## 发展规划

【概况】 2018年,长兴县发展和改革委员会挂县物价局、县对外合作交流办、县生态文明办牌子(简称县发改委),内设办公室(组宣人事科)、国民经济综合科、政策法规科、综合改革科、服务业管理科、价格管理科(收费管理科)、物价检查所(价格监测与成本调查科)、对外合作交流科、行政许可科(投资科)、能源管理科、生态文明建设科,重大项目稽察特派员办公室14个行政科室,重点工程办公室、价格认证中心2个事业单位。年末,共有干部职工54人,其中公务员24人、参公人员2人、事业编制11人、机关工勤人员3人、编外用工14人;主任1人,副主任3人,稽察特派员1人,派驻纪检组长1人,党委委员2人。年内,县发改委获2018年度获得县级机关部门考核一等奖。全年向上争取省级以上补助资金2.53亿元,成功获得核准境外债6亿美元、国有企业公司债11.7亿元。获得省级以上各类重点计划124个。

【规划管理】 年内,按照县人大部署要求,对县十五届人大五次会议审议批准的《长兴县国民经济和社会发展第十三个五年规划纲要》和列入全县"十三五"规划编制目录的13个县政府印发实施的重点专项规划开展中期评估工作,起草《长兴县"十三五"规划纲要实施情况中期评估报告》。聚焦"一带一路"、长江经济带、长三角一体化、大湾区大花园大通道大都市区、宁杭生态经济带等多重战略,举办"接沪融杭、联通苏皖"专家咨询会,协调推进南太湖新区、长三角产业合作示范区等规划建设,参与起草《长兴融入大湾区大花园大通道大都市区建设的思考》,提供关于开展长三角协同发展核心区规划研究的建议、关于湖州中心城区轨道交通规划方案的有关建议。按照县第十四次党代会提出的力推园区布局由分散式向集约式转变的要求,制定出台重大平台项目准入管理、工业平台边界划分等实施意见,提高项目准入门槛,优化县域生产力空间布局,着力打造"1+3+2"六大平台,研究起草关于科学实施水口工业腾退转移推进全域旅游发展的实施方案。高标准推进南太湖绿色智能制造产业园、长兴经济技术开发区两个万亩大平台建设,积极争创全省"万亩千亿"大平台。深化湖州南太湖产业集聚区长兴分区管理体制改革,完善园区平台管理体制,推进经济高质量发展。

【固定资产投资】 年内,研究制定《2018年长兴县重点建设项目计划安排》《2018年长兴县政府投资项目计划安排》,牵头开展"双提十攻坚"中项目推进攻坚行动,创新实施亿元以上签约项目开竣工百日攻坚行动,排定省市县长项目计划(列入省市县长项目工程19个,计划总投资786.74亿元)、全市"四新"主题活动项目清单(预排项目37个,计划总投资1119.40亿元)。2018年,全县固定资产投资比上年增长5.5%,民间投资增长,交通投资,高新技术产业,生态环保分别增长8.4%、131.3%、35.9%。全年完成备案项目324个,计划总投资315.17亿元,核准项目5个,计划总投资7.55亿元,审批项目23个,计划总投资18.45亿元。集中精力开展百个项目推进、签约项目落地和停缓建项目盘活攻坚行动,全年全县百个重点项目完成投资234.60亿元,完成年度投资计划的104.6%,超过时序进度4.6个百分点;76个市重点项目完成投资211.90亿元,完成年度计划的124.9%,所有项目全部开工建设;32个省重大产业项目和省重点项目完成投资75.20亿元,完成年度计划的104.7%。16个停缓建项目均取得比较理想的进展;57个政府性投资项目完成投资29.90亿元,达到年度计划99.7%。

【生态文明先行示范区建设】 年内,根据《2018年湖州市生态文明先行示范区建设工作方案》,生态文明先行示范区建设提速,在"区域环评+环境标准"、环境公益诉讼制度、"污水零直排区"建设、自然资源统一确权登记试点、生态文明标准化建设等几个方面开展生态文明体制改革工作。

推进绿色家庭、绿色学校、绿色饭店、节约型机关等“绿色细胞”创建。开展绿色出行专项试点，举办践行“两山”理念建设生态文明专题研讨班，“绿色出行，生态长兴——8·15生态文明日”等各类品牌环保公益活动。长兴县画溪新能源近零碳排放园区成功入选近零碳排放园区试点，成为全省唯一一家入选的园区。画溪新能源园区近零碳排放试点创建围绕“源网荷储售”的新能源发展核心，积极打造近零能源、近零产业、近零建筑、近零交通、近零生活和近零生态等试点项目。重点研究推进绿色发展，根据省统计局最新公布的生态文明建设绿色发展指数，长兴位居全省县（市、区）排名第5位，居全市第一。

【能源综合管理】 年内，严控煤炭消费总量，严控审批35蒸吨/小时以下高污染燃料锅炉，不定期开展生物质锅炉使用情况检查，严厉查处已改造锅炉复燃、混燃煤炭行为，规范推进居民光伏，2018年已并网居民家庭屋顶光伏844户；另村集体建筑屋顶项目5个（577千瓦）受益农户5123户；其他公共建筑屋顶项目3个（677.44千瓦），折算户数1355户，合计全县新发展居民屋顶光伏7322户。

【油气管道安全】 年内，全县共有4条油气管道管线过境，分别是川气东送、西气东输、省天然气管道和甬沪宁原油管道，涉及夹浦镇、开发区、太湖街道、和平镇、洪桥镇、李家巷镇、南太湖和吕山乡，管道全长103.60千米。全年共进行督察巡查活动6轮24次，发现问题11处，均整改到位。

（沈倩倩）

## 统计工作

【概况】 2018年，长兴县统计局内设办公室（行政许可科）、综合科、工业

8月30日，第四次经济普查综合试点入户调查 （统计局 供）

投资科（能源科）、农业科、社会调查科（服务业科）、法制科（执法大队）6个职能科室。年末，有行政编制11人，参照公务员管理编制13人。其中，局长1人、副局长2人，总统计师1人，农调队队长1人，党组成员1人；高级职称2人，中级职称8人。年内，县统计局围绕开展农业、工业、服务业、投资、能源、科技等常规性统计调查和“下转上”入库工作，努力做到精准统计、精准服务、精准管理。

【统计基础规范化建设】 年末，共创建统计基础规范化建设省级示范点乡镇2家、市级示范点乡镇（街道、园区）5家、市级统计诚信企业20家，创建数量列湖州市县区第一位。一季度，共调研乡镇（街道、园区）17个、走访企业100多家，查找到统计队伍思想、运行现状、组织领导等短板问题30多项，为加强规范化建设夯实工作基础。

【业务指导与检查督促】 年内，坚持做好结合文章，利用工业产值、效益、科技、投资等各类专业培训会及统计例会现场比看等，加大对规范化建设的培训辅导力度，加大对省市防范数据造假、举一反三等相关文件精神传达宣传力度，引导乡镇（街道、园区）、企业以规范提质量、促发展，全年职能科室辅导规范化建设培训3次、2次现场比看参观规范化企业5家。切实加大对统计数据的检查力度，全年共对108家工业企业开展产值数据自查、157家工业企业开展能耗数据自查、35个项目开展投资自查、94家商贸业企业开展销售额数据自查，并实地检查100余家工业企业、30余个重点项目，“双随机”检查企业38家、立案处罚7家。营造依法统计、诚信统计的良好氛围，全年利用统计公众号共发布统计微信47条，发放《领导干部统计法律读本》160本，向企业宣传统计法律法规750人次。

（潘 玲）

## 审计工作

【概况】 2018年，长兴县审计局内设办公室、法规科、财政金融审计科、经济贸易审计科、固定资产投资审计科、审计整改督查科、经济责任审计分局7个职能科室，下属长兴县国家建设项目审计中心、长兴县电子数据审计中心2个事业单位。有工作人员34人，其中行政编制17人（1人被县委组织部抽调到县苕溪清水入湖河道整治工程建设指挥部办公室工

作),事业编制7人,工勤编制1人,聘用人员9人;局长1人,副局长3人,总审计师1人,党组成员1人。年内,县审计局以审计项目为载体,强化"审计监督、保障和服务"三项职责,坚定不移地贯彻好落实好县委、县政府和上级审计部门的决策决定,更好服务全县改革发展大局。全年共完成审计项目166个,查处违规违纪金额71万元,查出管理不规范金额16729万元,上缴财政资金70万元,核减工程款16623.38万元。荣获2018年度全国审计宣传工作先进单位。

【财政审计】 3月至5月,组织开展2017年度县本级预算执行和其他财政收支审计。重点关注公共预算执行情况、政府性基金预算执行情况、社会保险基金预算执行情况、国有资本经营预算执行情况等5个方面。针对审计发现的预算管理不够规范、财政收入未按规定及时入库、预算执行率较低、部分专项资金管理不规范等5方面问题,提出进一步完善预算编制,强化预算管理,提高预算安排的科学合理性、进一步强化财政对支出的监管等5方面审计建议。

【政府投资审计】 年内,完成洪桥镇敬老院迁建工程竣工财务决算审计、全县老小区基础设施改建工程专项审计调查和李家巷镇蒙山雅苑建设项目(建安及配套工程)等150个政府投资建设项目结算审计。结算项目送审金额135816.64万元,核减16623.38万元,综合核减率12.2%。推动县政府修订出台《长兴县政府投资项目审计监督实施细则》、长兴县公共资源交易管理办公室出台《长兴县工程建设项目招标代理机构考评办法的通知》等3个办法,以及县交通局等相关行业主管部门出台《长兴县农村公路工程(小项目)试验检测管理办法》等5个建设工程管理办法。县政府重新修订出台《长兴县政府投资项目审计监督实施细则》;县审计局重新修订《长兴县审计局政府投资项目组织中介机构审计管理办法》等3个配套办法,在制度上对今后深化政府投资项目审计监督的方式做规范。

【财政财务收支审计】 年内,完成县人大交办的县农业局、县住房和城乡建设局换届以来的单位财政收支审计。重点关注预决算管理情况、财政收支管理情况、局内部控制及内部审计情况等。针对审计发现的预算编制不够规范、工会经费提取不足、上交不及时等6方面问题,提出加快历年结转专项资金的使用、进一步细化部门预算等5方面审计建议。

【经济责任审计】 年内,科学制定审计方案和合理配置审计力量,对县发改委、县人社局、县行政服务中心、小浦镇、虹星桥镇、画溪街道等6个单位、9名领导干部任期经济责任履行情况进行审计。通过审计,共查出违规及管理不规范金额5857.58万元。9月至10月,对虹星桥镇开展自然资源资产离任审计,重点关注贯彻落实中央和省市县重大决策部署、履行自然资源资产管理和环境保护责任等情况。8月8日,长兴县出台《党政领导干部生态环境损害责任追究实施办法(试行)》,将领导干部自然资源资产离任审计结论纳入领导干部生态环境损害责任追究范围。8月20日,长兴县出台《编制自然资源资产负债表工作方案》,要求通过编制自然资源资产负债表,客观体现全县当期自然资源资产变化状况,准确把握经济主体对自然资源资产的占有、使用、消耗、恢复等活动,全面反映经济社会发展的资源消耗、环境代价和生态效益等情况。

【公务支出公款消费审计】 年内,根据《浙江省审计厅关于做好全省2018年公务支出公款消费审计工作的通知》,结合领导干部经济责任审计、部门预算执行审计、单位财政财务收支审计等项目,对县发改委等8家一级预算单位和15家下属单位的2017年度公务支出公款消费情况进行专项审计,重点关注因公出国(境)费、公务接待费、公务用车购置及运行维护费、会议费、培训费等内容。

【政策跟踪审计】 2018年,县审计局对全县政府产业基金的管理使用情况开展专项审计调查,重点对2015年6月1日至2017年12月31日期间,各主管部门管理、使用的政府产业基金投资业务情况作审计调查,针对审计发现的主管部门未对县产业基金开展有效的监督和指导工作、各基金法人机构未建立有效的绩效评价机制等14方面19个问题,提出健全完善政府产业基金相关制度、在运作机制上优化政府产业基金的治理模式等4方面审计建议。相关报告、信息等被县主要领导批示7篇次。

【内部审计】 2018年,全县乡镇(街道、园区)共有内部审计机构18个,内审人员35人;县国有平台公司共有内部审计机构2个,内审人员6人;部门共有内部审计机构32个,内审人员57人。年内,县审计局组织各乡镇(街道、园区)内审机构同步开展2018年度政府投资项目专项调查,与城投集团、交投集团等四大县国有平台公司内审力量联合开展国有企业资产负债损益的专项调查,加大内部审计成果利用,推进审计全覆盖。选派审计业务骨干,主动深入内审单位一线,采取"以审代训"的方式,通过召开座谈会、深入现场审计、指导档案整理等,"手把手"指导内审单位开展项目审计,强化内审指导监督,提升内部审计人员业务素质,推进提高内部审计工作质量。

(卢佳欢)

## 国有资产监督管理

【概况】 2018年,把握"政企分开、政资分开"的国有企业改革方向,组建县级四大集团、三大园区，加快将优质资产注入国企集团，提高资产质量。推进"4+3"国企集团通过入股、参股、跟投、合作等途径，强化投资和运营功能，突出规模效益和发展主业，推进国有企业市场化运行，增强国有企业综合实力和化债能力。年末，全县共有国有企业80户，其中一级企业18户、二级三级企业62户。年内，产权转让45项，其中资产转让账面价值5.14亿元。股权公开拍卖1项，成交1项，账面值1517.21万元，评估价格1638.16万元，成交价1638.16万元。无偿划转203项，其中资产无偿划转171项、账面值54058.13万元，股权无偿划转32项、账面值217466万元。资产租赁6项，公开信息招租成交24.09万元，产权登记新增企业3家，变动29家，注销5家。全年国有资本预算总额为795.20万元，实际收缴801万元，比上年增长8.1%。

**2018年长兴县国有资本经营性收入情况**

表69

| 项　目 | 2018年执行数(万元) | 比上年增减% |
|---|---|---|
| 一、利润收入 | 666 | 37.9 |
| 投资服务企业利润收入 | — | — |
| 纺织轻工企业利润收入 | — | — |
| 建筑施工企业利润收入 | — | — |
| 其他国有企业利润收入 | 666 | 37.9 |
| 二、股利、股息收入 | 135 | -47.7 |
| 国有控股公司股利、股息收入 | 95 | -63.2 |
| 国有参股公司股利、股息收入 | — | — |
| 其他国有资本经营预算企业股利、股息收入 | 40 | — |
| 三、产权转让收入 | — | — |
| 其他国有资本经营预算企业产权转让收入 | — | — |
| 四、清算收入 | — | — |
| 五、其他国有资本经营预算收入 | — | — |
| 本年收入合计 | 801 | 8.1 |

（赵　莹）

## 物价管理

【概况】　2018年，将健全政府定价机制和规范市场价格行为有效结合，依法全面履行价格监管和监测职责，提高价格执法工作的法制化、规范化水平，强化价格服务。

【重点领域和水资源价格改革】　年内，继续深化公立医院医疗服务价格改革，按照"总量控制、结构调整、有升有降、逐步到位"的原则，对三家县级公立医院第一轮改革成果，每季进行改造评估；提出下一轮县级公立医院基本医疗服务价格调整建议方案，重点在减少不合理检查、化验项目上腾空间，用于调整医技类项目医疗服务价格，合理让利患者。县皮肤病防治院列入县级公立专科医院管理后，参照县级公立医院综合改革的要求，对门诊诊查费、住院诊查费和等级护理费等收入情况进行测算，提出医疗服务价格参照《关于全面推进县级公立医院医药价格改革的指导意见》文件执行（二级以下）。完善差别化停车收费政策，3月起开展城市道路公共停车泊位机动车停放实行差别化收费调研，9月底印发《关于长兴县城区公共停车泊位实行差别化收取停车服务费的通知》。有序推进农业水价综合改革，根据省政府关于农业水价综合改革总体实施方案，9月建立《长兴县农业水价综合改革成本监审和价格核定管理办法（试行）》，明确长兴县农业水价综合改革执行水价（试行）标准。粮食作物，提水渠灌为每公顷585元，低压管灌为每公顷615元，自流灌溉为每公顷315元；经济作物，喷微灌为每公顷600元，自流灌溉为每公顷315元，低压管灌为每公顷615元；水产养殖，提水渠灌为每公顷585元，自流灌溉为每公顷315元。

【政府定价行为规范】　5月，出台社区卫生服务及预防保健项目收费标准。规范旅游景点门票，核定龙山绿道玻璃悬索桥景区门票价格、景区交通服务费收费标准。推进国有景区门票降价工作，经成本调查和广泛征求社会各界意见的基础上,降低金钉子景区门票价格,平均降幅25%。完善洪桥镇供水价格,县城投集团收购原洪桥自来水厂后,由于经营主体、资产组成及原水等发生变化,经成本监审、价格听证,完善洪桥镇供水价格。规范转供电环节电价加价行为,8月起在全县商业综合体、产业园区、物业、写字楼等存在转供电环节的用户排摸,至9月底,全县转供电主体单位有193家,其中53家已签订"一户一表"改造,继续实行转供电的商业综合体、物业、写字楼等124家、小微企业园16家,对继续实行转供电主体单位发放《关于清理规范转供电环节价格政策告知书》。

【收费行为监管】 上半年完成2017年度行政事业性收费统计分析和报告工作,重点掌握分析行政事业性收费总量及收费项目变化情况并对行政事业性收费政策执行情况及实施效果跟踪和评估,利用"长兴县收费动态监管系统"平台,推进收费单位情况和其收支状况信息化管理,实现信息网上在线报告,实行"未公示、不得收费"的管理机制。落实清费减负降成本政策,落实好"煤改气"企业用气价格执行"门站价格加0.60元/立方米"优惠政策。全县37家"煤改气"企业用气量约1.2亿万立方米,享受天然气用气优惠约4920万元。降低一般工商业用电价格,4月以来一般工商业用户目录电价每度平均降价0.84角,降价金额要求全部传导到转供电终端用户;全年一般工商业用户耗电约9.97亿千瓦时,年电价降价可减轻企业负担约8370万元。落实电力直接交易用户价格,全县约1200家企业用电大户享受直接交易优惠政策,年交易优惠电量约30亿万千瓦时,年优惠金额近4000万元。全年减轻企业用能成本1.73亿元。

【价格监测服务】 年内,探索网格化监管方式,加强对粮油、液化气、肉禽蛋奶菜等生活必需品及基本蔬菜品种、当地居民日常消费特色食品的市场及价格信息的动态监测、跟踪分析。完成《居民生活消费品零售价格监测》12期,《生猪肉类产品价格监测》12期,特色农产品价格监测20期;依法履行好涉纪检案件、涉刑事案件等业务职能,严格依法行政,依法认证,共完成价格认定案件296件,比上年下降8.4%,涉案金额320余万元;受理价格投诉举报咨询案件248件,办结率100%,满意率100%。完成价格认定案件296件,比上年下降8.4%,涉案金额320万元。优化价格调查点清单,对价格调查点进行分类梳理,整理出涵盖电动车、手机、家电、金店、苗木等九大类行业的清单,共35家价格调查点。

(史会明)

## 政务服务管理

【概况】 2018年,长兴县政务服务管理办公室(公共资源交易管理办公室)(简称县政务办)内设综合服务科、政务管理科、政务督查科、政策法规科、信息管理科、交易监管科6个职能科室,县公共资源交易中心、县政府采购中心、县投资项目审批受理代办服务中心、县建设工程招标投标管理站、县公共资源交易监管服务中心5个直属事业单位。年末在编人员38人,其中公务员9人、事业编制人员29人;编外人员19人;劳务派遣6人。年内,县政务办持续发力,深入推进"最多跑一次"改革,在全省率先开展乡镇便民服务中心"无差别受理"和便民服务事项"移动办",打造"无证明社区"、建成24小时自助服务区等改革样板,获得"全省'放管服'改革暨'最多跑一次'改革先进集体"、市级"2018年重大中心工作('最多跑一次'改革)先进集体"。

【"最多跑一次"事项管理】 年内,全县"最多跑一次"事项共梳理部门企业和群众到政府办事底数688项,实现"最多跑一次"事项684项,除省定例外事项外"最多跑一次"覆盖率达100%。除涉密事项外,开通网上申报率100%。除省定不宜进驻事项外,政务办事项进驻县政务服务中心率达100%;全县已形成一支由62人组成的"专业服务队",年内共代办项目210个,其中50亿元以上的项目4个。

【便民服务】 年内,构建"最多跑一次"便民服务网,银行、邮政、汽车4S店等92个网点纳入政务服务体系。

6月23日,县领导参加"最多跑一次"党员志愿服务活动　　(政务办 供)

梳理“一件事情”办事事项65件，其中单层级53项，跨层级12项。乡镇便民服务中心及政务服务大厅(含分中心)11个板块实行“无差别全科受理”。24小时自助服务区投入使用，设置11个部门(单位)18台自助服务机，提供户籍、公积金、不动产证明查询、社保、税务、医疗挂号、高铁购(取)票等生活关联度高、办事频率高的业务，做到应进尽进。在全省率先开展乡镇便民服务中心“无差别受理”试点，坚持整合归并、联动办理原则，分别梳理出一般乡镇无差别受理事项285项，涵盖19个部门，中心镇无差别受理事项294项，涵盖22个部门，街道无差别受理事项234项，涵盖18个部门，已实现便民服务事项100%全平台无差别全科受理。首创运用“治惠掌心”APP通过村级网格员代办的方式实现45项便民服务事项“移动办”，红色代办、巾帼代办、团先锋代办等各类代办队伍应运而生活跃在基层一线，办件量已达31000余件。以“浙里办”APP为抓手，启动打造“移动办事之城”试点工作，做到村村有宣传点，各单位有推广点，各村(居、社区)阵地有宣传内容，营造“最多跑一次”改革提升便民服务、增加百姓获得感的良好氛围。“浙里办”获得广泛认可，注册使用率稳步提升，可办事项已达到216项。创新打造“无证明社区”，全面梳理涉乡镇(街道、园区)、村(社区)证明事项，针对76项证明清单，通过数据共享、格式文书、内部核验等举措，变“要证明”为“有证明”，按照“取消一批、替代一批、共享一批、保留一批”等方式，最终确定保留证明13项，仅占17.1%，切实减轻群众办事负担。对于确需保留的，通过工作人员代跑等方式，让办事群众少跑腿，实现打造“无证明社区”工作目标。相关做法由市跑改办正式发文确定为样板，为全市各县区相关工作提供长兴经验。

**【惠企服务】** 年内，推行“标准地+承诺制”改革、涉审中介市场化改革，深化全程代办机制，为企业提供“一窗服务+全程代办”“店小二”服务模式，全面实现一般投资项目开工前审批“最多100天”，竣工前“最多跑一次”。全县有17个企业投资项目进入承诺制试点通道，承诺制项目占比达68%，完成市下达目标任务的136%，实现开发区、南太湖产业集聚区、省际示范区、画溪新能源小镇等4个省级及以上园区承诺制项目全覆盖。“标准地”全覆盖工作，累计成交“标准地”49宗216.95公顷，宗数和面积均占比100%，居全市第一。开展对涉及审批中介机构的市场化改革，解决部分中介机构服务效率低下、竞争无序、诚信违约等突出问题，破解制约行政审批提速提效的“梗阻”，深化中介机构ABCD信用等级评价制度，网上“中介超市”平台全面上线，实现涉审中介资质审查、事项管理、业务查询、信用评价四维一体的监督模式，高效透明服务项目和企业，已实现网上中介超市备案187家。设立企业投资项目“一窗服务”综合窗口，实现“一窗咨询、一窗收文、一窗出件”，实现企业投资项目审批全流程网上申请、网上办理模式；年内，全县一般工业项目开工前审批全流程已压缩至100天(自然日)，其中部门审批时间为10个工作日。深化“全程代办”“店小二”服务，从项目立项到施工许可，所有审批事项全部由代办员全程代办；全县共有专职代办员45人，并在各涉企审批部门设置1名联络员，负责项目审批部门间资料流转、问题协调以及对省市条线部门的对接沟通等工作。

**【公共资源交易管理】** 年内，共完成建设项目交易520项，累计交易金额约50.10亿元，节约资金约4.90亿元；完成政府采购项目46个，协议供货61批次，完成项目金额4330万元，新增网上超市交易额为2103万元，节约资金652万元；完成公共招标项目监管419项，预算价为40.01亿元，中标金额37.88亿元，节省投资2.13亿元，平均下浮5.3%。年内，调整县政府采购项目交易监管职能，县政府采购办成建制回归县财政局管理；转变县政府投资项目招标事务处职能，将依法必须招标的政府投资项目招标代理业务推向社会，建立县公共资源交易监管服务中心，加强公共资源交易事中事后监管。新增县政府投资电力工程建设项目的交易监管职能，划转项目审批部门对工程建设项目招标范围、招标方式、招标组织形式的审批、核准职能，由县公管办负责审批、核准。实现全流程电子招投标，积极推进“以场所服务为核心”到“以电子招标投标交易平台为核心”的转变，交易主体从改革前的跑多次减少到只需派代表参加开标活动即可，真正实现交易主体少跑腿和“零上门”。完善政府采购交易平台，实现采购信息从“政采云”平台向省公共资源平台和县级交易平台“双线”推送，所有项目交易流程已实行“政采云”平台操作，通过三次征集网上超市供应商，全年共有103家供应商入库，商品审核总次数达108967件。加强对工程建设项目招投中恶意竞标等违法行为的查处，共立案4起，结案2起，行政处罚企业5家，10人涉案，共处罚金22390元，另对其他47家未予以行政处罚的企业给予不良行为记录。

(陶吴滢)

## 国土资源管理

**【概况】** 2018年，长兴县国土资源局内设办公室、组宣人事科、法规监察科、规划科、耕地保护科、行政许可科(地籍管理科)、纪检监察室、矿产资源管理科、财务科9个行政科室，下属土地勘测中心、土地储备中心、地质环境管理站、矿产资源勘查管理站、土地市场管理所、土地开发征地事务所、土地开发整理中心、长兴“金钉子”国家级自然保护区管理处、不动产登记中心9个事业单位和长兴县国土资源监察大队1个参公事业单位,另辖16个乡镇国土资源所(参公事业单位)。年末,全系统在编122人,其中公务员14人、参公事业人员60人、事业人员48人;编外127人。

【耕地保护】 年末,全县耕地保有面积47900公顷,标准农田面积32466.67公顷(任务27786.67公顷、储备4680公顷)。全年共发放耕地保护补偿资金2527.62万元,其中县财政补助2387.65万元、乡镇配套139.97万元,补偿耕地面积为31105.4公顷,其中永久基本农田(含示范区)25074.13公顷。开展"大棚房"专项整治行动,上报3宗已整改完成,2017年卫片执法检查整改103宗,整改率99%,卫片违法耕占比4.3%。全年农村土地综合整治工程中的13个计划完成项目已全部完成工程量,新增耕地133.87公顷。完成复垦造耕地项目23个,新增耕地166.67公顷。全年共建成高标准农田4040公顷,其中历年结转1106.53公顷、认定类1101.27公顷、提升类1832.80公顷,占年度任务的131%。全年共实施旱改水项目5个,已全面完成验收,新增水田774亩,占年度任务的155%。

【建设用地与管理】 年内,全县共经批准建设用地418.69公顷,其中国有建设用地402.57公顷(耕地137.53公顷、非耕地265.04公顷)、集体建设用地16.12公顷(耕地12.90公顷、非耕地3.22公顷)。全县共完成土地供应498宗851.8万公顷,成交金额90.54亿元。其中,工业用地244宗469.73公顷,成交金额16.49亿元;经营性用地202宗242.2公顷,成交金额73.05亿元(其中房地产用地44宗91.73公顷,成交金额56.56亿元);基础设施类用地52宗139.87公顷,成交金额1亿元。吉利新能源、龙之梦、爱康科技等重点"大好高"项目建设用地有效保障。

年内,"五未"土地处置任务640公顷,制定《长兴县节约集约利用土地暨"五未一中心"专项行动考核办法》,完成"五未"土地处置1167公顷,完成率182%,其中批而未供537.07公顷、供而未用130.26公顷、用而未尽164.93公顷、建而未投123.60公顷、投而未达标211.13公顷。盘活存量建设用地任务133.33公顷,完成274.40公顷,完成率206%;城镇低效用地再开发任务133.33公顷,完成204.40公顷,完成率153%。全年"六重"工作任务(为省级以上园区工业用地100%实施"标准地"出让、"五未"土地处置640公顷、盘活存量建设用地133.33公顷、城镇低效用地再开发133.33公顷)共完成"标准地"出让58宗235.13公顷,省级以上园区全部实施"标准地"出让;完成"五未"土地处置1167公顷、盘活存量建设用地274.40公顷、城镇低效用地再开发204.40公顷,全部超额完成目标任务。实施差别化地价供地32宗100.47公顷,成交金额26216万元,比市场评估价减少11235万元;降低工业项目履约保证金228宗436.8公顷,由总成交价的7%减少到5%,共减少3064万元。

## 2018年长兴县国有土地有偿使用情况

表70

| 年份 | 国有土地使用权出让 | | | 国有土地使用权转让 | | | 国有土地使用权抵押 | | |
|---|---|---|---|---|---|---|---|---|---|
| | 宗地(宗) | 面积(公顷) | 金额(万元) | 宗地(宗) | 面积(公顷) | 金额(万元) | 宗地(宗) | 面积(公顷) | 金额(万元) |
| 2018 | 423 | 664.27 | 860446.4 | 677 | 113689.88 | 138500 | 206 | 329.16 | 544967.7 |

【第三次全县土地调查】 5月31日,县政府发布《长兴县人民政府关于开展第三次全县土地调查的通知》,标志着长兴县全面启动第三次全国国土调查。全县面积1431.34平方千米,图斑总量13.28万个。12月10日国家下发第三次国土调查图斑,其中国家提取的建城区3个,不一致图斑3.2162万个,面积2.82万公顷。

## 2018年长兴县土地使用分类情况

表71

单位:公顷

| 年份 | 土地总面积 | 农用地 | | | | | 建设用地 | | | | 其他土地 |
|---|---|---|---|---|---|---|---|---|---|---|---|
| | | 小计 | 耕地 | 林地 | 园地 | 草地 | 小计 | 城镇村及工矿用地 | 交通用地 | 水域及水利设施用地 | |
| 2018 | 143134.23 | 104865.92 | 46959.80 | 46991.83 | 10151.68 | 762.61 | 37311.66 | 20010.22 | 20010.22 | 11578.50 | 956.65 |

【不动产与自然资源登记】 年内，共办理不动产登记74180件，其中发放不动产权证39971本，不动产登记证明19942张，另公开查询35110人次。完成农村房地统一确权登记11951本，全县累计完成房地合一登记发证率84%。不动产数据整合工作共计完成清理整合房产数据29.11万条，土地数据27.92万条，房地挂接率93%。

年内，继续开展自然资源统一确权登记试点工作。作为全国首个获批的湖州建设生态文明先行示范区的自然资源统一确权登记试点单位。4月底，完成全县40个自然资源登记单元的预登记工作；开发自然资源统一确权登记核心软件系统，与不动产登记管理平台实现数据共享。6月底，通过市生态文明办和市局验收，并作为典型经验获省体改办推广；制定全国首个自然资源统一确权登记县级标准化，包括《自然资源登记簿样式》和《自然资源统一确权登记分类与编码》。

【矿政管理】 年内，根据动态监测数据及核定年开采总量，全年休产3家（上建矿、小石山矿、创达矿），对2家即将到达年开采规模的矿山企业发出提示，要求企业合理安排生产规模，到量休产。全年关闭3家在产矿山（和平锦国矿、泗安群鑫矿、煤山长广矿），全县矿山由年初的20家减少至17家，并已全部开展生态环境恢复治理，全部建成绿色矿山，创建率达100%。

## 2018年年末长兴县矿产资源开发情况

表72

| 矿产企业 | 开采量(万吨) | 矿产企业总产值(万元) |
|---|---|---|
| 德宁矿 | 263.29 | 21063 |
| 博力矿 | 55.65 | 3617 |
| 创达矿 | 0 | 0 |
| 大煤山矿 | 648.13 | 9365 |
| 船茅介矿 | 243.09 | 3513 |
| 狮子山矿 | 113.2 | 1636 |
| 小石山矿 | 1.06 | 15 |
| 锦龙矿 | 307.96 | 4450 |
| 老虎塘矿 | 368.2 | 5320 |
| 震平矿 | 49.06 | 736 |
| 康华矿 | 21.94 | 1316 |
| 久翔矿 | 122.32 | 3425 |
| 浙宝矿 | 82.74 | 7033 |
| 通润矿 | 106.2 | 5841 |
| 白象硅灰石矿（地下矿） | 8.54 | 1068 |
| 上建矿 | 0 | 0 |
| 新明华矿 | 260.17 | 19513 |
| 锦国矿（关闭） | 61.55 | 3693 |
| 群鑫矿（关闭） | 18.43 | 1106 |
| 长广矿（关闭） | 14.63 | 211 |

说明：矿产企业总产值采用开采量×市场平均单价计算得出

【地质灾害防治】 年内，制发《长兴县2018年地质灾害防治方案》《长兴县国土资源局地质灾害防治应急预案》和《长兴县突发性地质灾害气象风险预（警）报2018年工作方案》。对全县31处不稳定斜坡按年度进行分类处置、分年实施，全年完成58个在易发区内建设项目的地质灾害危险性评估，为610个建设项目出具不易发区证明表；完成19份农民切坡建房地质灾害危险性评估表。完成全县不稳定斜坡综合治理项目8个，完成不稳定斜坡工程治理5个，完成避让搬迁3个。

【土地宣传与执法监察】 年内,借助4·22世界地球日、6·25全国土地日等,组织开展宣传周、宣传月普法宣传活动,在全县范围普及国土资源法律法规知识。制发《关于开展法治宣教月活动的通知》,采取举行讲座、组织研讨、走村访户等多种形式,发放国土资源各类宣传资料13000余份。完成卫片执法检查违法用地图斑整改103宗,面积13.07公顷,整改率99%。完成2018年例行督察下发新增违法用地整改工作,涉及图斑114个,面积23.25公顷,耕地11.49公顷。通过日常巡查、卫片执法数据梳理,共梳理农村违法用地突出问题48宗,其中重点案件10宗;通过微信公众号、权威媒体公开举报热线,落实专人审核受理举报线索33宗。开展"大棚房"问题项目清理整治,共排查全县设施农业23391个,总面积1420.20公顷,上报违法违规项目3宗,总面积0.99公顷,已全部完成整改。

(张振杰)

## 市场监督管理

【概况】 2018年,长兴县市场监督管理局挂长兴县工商行政管理局、长兴县质量技术监督局、长兴县食品药品监督管理局、长兴县食品安全委员会办公室牌子,内设办公室、组宣人事科、政策法规科、食品安全综合协调科、行政审批科、个体私营经济监督管理科、食品生产与流通监督管理科、消费者权益保护科、餐饮服务监督管理科、市场合同监督管理科、网络经营监督管理科、商标广告监督管理科、药品医疗器械监督管理科、计量与产品质量监督科、质量标准管理科、特种设备安全监察科16个科室;下设雉城所、画溪所、太湖所、龙山所、煤山所、小浦所、夹浦所、水口所、李家巷所、洪桥所、吕山所、图影所、泗安所、林城所、和平所、虹星桥所16个派出机构;另有稽查大队参公事业单位1个,长兴县食品药品检验检测中心、长兴县质量技术监督检测中心、长兴县国家动力电池产品质量监督检验中心、长兴县消费者权益保护委员会秘书处4个事业单位。年末,全系统有干部职工399人,其中公务员193人、事业编制25人,参公编制34人,工勤人员4人,编外用工143人;领导班子成员11人。年内,圆满完成省食品安全县创建工作,食品安全满意度达86.90分,列全省第九、全市第一,11月顺利通过公示并由省市场监管局正式命名。获2018年度长兴县"双提十攻坚"先进集体、2018年度县区局目标责任制考核二等奖。

【标准化管理】 年内,在全国率先创立长兴县标准化管理委员会,建立政府主导制定的标准与市场自主制定的标准协同发展、协调配套的新兴标准体系,形成政府引导、市场驱动、社会参与、协同推进的标准化工作格局。引导企业参与国际、国家(行业)标准制定、标准领跑者等各类标准化活动,其中《科技型中小微企业技术创新体系建设和评价指南》获省级地方标准立项。年内,共制定并发布国家标准17项,发布"浙江制造"标准13项,完成绿色团体标准立项2项,建成绿色发展循环经济标准化示范带2条;成功建立全国标准化技术委员会工作组2家(金三发、诺力);获批2018年湖州市生态文明标准化示范点6个,县经济技术开发区成功获批国家高端装备制造业标准化试点项目。规模以上制造业企业产品标准自我声明公开比例达到100%,采标率达72.7%。

【品牌培育】 年内,推动企业申报省、市级名牌产品。全年新增省名牌产品15只,占全市40%,创历史新高;新增市名牌23只;新增"品字标企业"6家,其中诺力机械在德国汉诺威工业博览会上获"品字标浙江制造—SGS双认证证书";创建湖州首批绿色产品认证企业2家(莱美、盛发)。对新型电池、现代纺织、特色机电等60家培育企业进行集中宣贯、集中培训、集中制标、集中认证。完成"浙江制造"标准13项。推动天能能源、超威创元、中德自控开展"品字标"品牌自我声明,其中天能能源科技已获得省品联会授权。开展省知名商号的申报工作,共有18家企业作为培育对象。年内,新增商标申请1960余件,其中注册商标核准量1710件,全县注册商标存量达10350件;新增集体商标2件,分别为"十里芦荡"、"泗安花木"。继续开展境外商标注册活动,全年共向马德里体系注册20件,涉及20个国家(地区),累计共有境外商标934件。指导省重点项目"太湖龙之梦"通过湖州受理窗口申请商标120余件,指导和协助长兴文旅集团制订实施"远方的家"品牌保护战略。全县电子商务企业申请商标300余件,发放国际商标注册指导160份,新增国际商标注册101件。实施"名品"培育工程,推动县内龙头企业争创驰名商标和示范企业,成功申报认定省级商标品牌示范企业2家(诺力和盛发),申报认定省级商标示范乡镇1个(煤山镇),成功认定驰名商标1件("老恒和")。指导申报特色小镇名称商标注册,指导画溪街道牵头完成"新能源小镇"商标申请10个、服务类别(10件)。对"三名"培育试点企业行政保护,天能、超威、诺力纳入"三名"工程保护库企业。加百列、超悦、晨旭3家小微企业纳入"湖州成长型商标品牌防御性保护名录"。此外,制定长兴县广告发布新标准,有效降低违法广告发生率。省广告协会及省市场监管局对长兴标准高度肯定,根据长兴县标准,制订《浙江省广告发布业务管理规范(省级标准)》在全省推广。

中国驰名商标 年内,新认定中国驰名商标1件。至年末共有中国驰名商标行政认定9件,其中工业企业8件、服务业企业1件。

## 2018年年末长兴县企业获“中国驰名商标”情况

表73

| 企业名称 | 注册商标 | 使用商品 | 认定方式 | 认定时间 |
|---|---|---|---|---|
| 浙江诺力机械股份有限公司 | 诺力 | 液压搬运车 | 行政认定 | 2006年 |
| 天能电池集团有限公司 | 天能 | 蓄电池 蓄电池箱、电池 | 行政认定 | 2010年 |
| 超威电源有限公司 | 超威 | 车辆用蓄电池 | 行政认定 | 2012年 |
| 长兴百叶龙演出有限公司 | 百叶龙 | 演出 | 行政认定 | 2014年 |
| 超威电源有限公司 | 超威 | 车辆用蓄电池 | 行政认定 | 2014年 |
| 浙江兄弟路标涂料有限公司 | 新星 | 路面标线涂料 | 行政认定 | 2015年 |
| 浙江永达电力实业股份有限公司 | 永达 | 水泥电杆 | 行政认定 | 2015年 |
| 瑞高(浙江)建筑系统有限公司 | RINCON | 非金属建筑壁板；非金属建筑材料；建筑非金属墙砖 | 行政认定 | 2016年 |
| 湖州老恒和酒业有限公司 | 老恒和 | 30/调味品；酱油 | 行政认定 | 2018年 |

名牌产品　年内，新增名牌产品38个，其中浙江省名牌产品15个、湖州市名牌产品23个。至年末，全县共有有效浙江省名牌产品71个，其中工业41个、农业24个、服务业6个；共有有效湖州市名牌产品114个，其中工业57个、农业44个、服务业12个、传统手工业1个。

## 2018年年末长兴县企业获“浙江省名牌产品”称号情况

表74

| 生产企业 | 产品名称 | 认定年份 |
|---|---|---|
| 浙江长兴铁鹰电气有限公司 | 电动助力车用密封铅酸蓄电池 | 2010年(新创)2013年(复评)2016年(复评) |
| 浙江永达电力实业股份有限公司 | 环形混凝土电杆 | 2011年(新创)2014年(复评)2017年(复评) |
| 浙江金三发集团有限公司 | 非织造布 | 2007年(新创)2010年(复评)2013年(复评)2016年(复评) |
| 浙江金三发集团有限公司 | 黏合衬(服装用衬布) | 1999年(新创)2002年(复评)2005年(复评)2008年(复评)2011年(复评)2014年(复评)2017年(复评) |
| 超威电源有限公司 | 电动助力车用密封铅酸蓄电池 | 2006年(新创)2009年(延期)2010年(复评)2014年(复评)2017年(复评) |
| 超威电源有限公司 | 电动汽车用铅酸蓄电池 | 2015年(新创)2018年(复评) |
| 超威电源有限公司 | 储能用铅酸蓄电池 | 2016年(新创) |
| 浙江超威创元实业有限公司 | 车用锂离子电池 | 2017年(新创) |
| 天能电池集团有限公司 | 电动助力车用密封铅酸蓄电池 | 2003年(新创)　2006年(复评)2009年(延期)2010年(复评)2013年(复评)2016年(复评) |
| 天能电池集团有限公司 | 储能用铅酸蓄电池 | 2014年(新创)2017年(复评) |
| 天能电池集团有限公司 | 镍氢电池 | 2009年(新创)2012年(复评)2015年(复评)2018年(复评) |
| 天能电池集团有限公司 | 电动汽车用密封阀控式铅蓄电池 | 2015年(新创)2018年(复评) |
| 浙江天能能源科技股份有限公司 | 锂离子电池 | 2012年(新创)2015年(复评)2018年(复评) |
| 浙江天能能源科技股份有限公司 | 电动汽车用锂离子电池 | 2016年(新创) |

续表 74

| 生产企业 | 产品名称 | 认定年份 |
| --- | --- | --- |
| 浙江天能能源科技股份有限公司 | 电动自行车用锂离子电池 | 2017 年（新创） |
| 长兴县显圣稻米专业合作社 | 大米 | 2007 年（新创）2010 年（复评）2013 年（复评）2016 年（复评） |
| 长兴县天地瓜类研究开发中心 | 西瓜 | 2007 年（新创）2010 年（复评）2013 年（复评）2016 年（复评） |
| 长兴洪桥漾荡牌河蟹专业合作社 | 河蟹 | 2006 年（新创）2009 年（延期）2010 年（复评）2013 年（复评）2016 年（复评） |
| 浙江兴一物流有限公司 | 物流服务 | 2011 年（新创）2014 年（复评）2017 年（复评） |
| 湖州广和物流有限公司 | 物流服务 | 2011 年（新创）2014 年（复评）2017 年（复评） |
| 浙江兄弟路标涂料有限公司 | 路面标线涂料 | 2008 年（新创）2011 年（复评）2014 年（复评）2017 年（复评） |
| 浙江兄弟路标涂料有限公司 | 路标机械 | 2018 年（新创） |
| 长兴县新塘为农综合服务站 | 茄子 | 2005 年（新创）2008 年（复评）2011 年（复评）2014 年（复评）2017 年（复评） |
| 长兴县永绿林业发展中心 | 银杏 | 2005 年（新创）2008 年（复评）2011 年（复评）2014 年（复评）2017 年（复评） |
| 长兴交通投资集团汽车运输有限公司 | 出租车客运 | 2012 年（新创）2015 年（复评）2018 年（复评） |
| 诺力智能装备股份有限公司 | 液压搬运车 | 2005 年（新创）2012 年（复评）2015 年（复评）2018 年（复评） |
| 诺力智能装备股份有限公司 | 蓄电池托盘堆垛车 | 2016 年（新创） |
| 诺力智能装备股份有限公司 | 蓄电池托盘搬运车 | 2018 年（新创） |
| 长兴县虹星桥如兴养殖场 | 中华鳖 | 2009 年（新创）2012 年（复评）2015 年（复评）2018 年（复评） |
| 长兴县兴藤葡萄研究所 | 葡萄 | 2009 年（新创）2012 年（复评）2015 年（复评）2018 年（复评） |
| 浙江百叶龙文化发展股份有限公司 | 百叶龙文艺创作与表演 | 2009 年（新创）2012 年（复评）2015 年（复评）2018 年（复评） |
| 长兴和平神塘甲鱼养殖专业合作社 | 中华鳖 | 2014 年（新创）2017 年（复评） |
| 长兴大唐贡茶院文化发展股份有限公司 | 休闲观光 | 2018 年（新创） |
| 浙江远大高分子材料有限公司 | 交联聚乙烯电缆用绝缘料 | 2013 年（新创）2016 年（复评） |
| 长兴茶乾坤食品有限公司 | 袋泡茶 | 2018 年（新创） |
| 长兴意蜂蜂业科技有限公司 | 蜂王浆 | 2015 年（新创）2018 年（复评） |
| 浙江盛发纺织印染有限公司 | 家纺面料 | 2014 年（新创）2017 年（复评） |
| 浙江盛发纺织印染有限公司 | 印花面料 | 2018 年（新创） |
| 浙江中山化工集团股份有限公司 | 除草剂 | 2013 年（新创）2016 年（复评） |
| 浙江中山化工集团股份有限公司 | 莠去津 | 2017 年（新创） |
| 长兴龙青特种水产养殖有限公司 | 中华鳖 | 2017 年（新创） |
| 浙江铁狮高温材料有限公司 | 镶嵌高锆水口砖 | 2014 年（新创）2017 年（复评） |
| 长兴华强电子有限公司 | 有机薄膜电容器 | 2018 年（新创） |
| 长兴蜂硕蜂业有限公司 | 蜂蜜 | 2017 年（新创） |
| 长兴县和平基隆坞茶场（普通合伙） | 紫笋茶 | 2015 年（新创）2018 年（复评） |
| 长兴县和平基隆坞茶场（普通合伙） | 白茶 | 2016 年（新创） |

续表 74

| 生产企业 | 产品名称 | 认定年份 |
| --- | --- | --- |
| 长兴新明华化工建材有限公司 | 白色硅酸盐水泥 | 2017 年(新创) |
| 浙江海悦自动化机械股份有限公司 | 全自动铸焊机 | 2014 年(新创)2017 年(复评) |
| 浙江七星电容器有限公司 | 薄膜电容器 | 2016 年(新创) |
| 湖州三金特种纺织股份有限公司 | 衬布 | 2016 年(新创) |
| 浙江长兴百岁爷茶业有限公司 | 茶叶 | 2017 年(新创) |
| 浙江长兴龙果芦笋专业合作社 | 芦笋 | 2017 年(新创) |
| 浙江鑫涛纺织科技有限公司 | 遮光窗帘布 | 2017 年(新创) |
| 长兴许长蔬菜专业合作社 | 芦笋 | 2016 年(新创) |
| 浙江长兴万兴来米业有限公司 | 大米 | 2017 年(新创) |
| 长兴永盛牧业有限公司 | 羊肉 | 2018 年(新创) |
| 浙江宏泰工程项目管理有限公司 | 工程监理服务 | 2015 年(新创)2018 年(复评) |
| 浙江浙矿重工股份有限公司 | 圆锥破碎机 | 2015 年(新创)2018 年(复评) |
| 长兴佛川寺蜜梨专业合作社 | 梨 | 2015 年(新创)2018 年(复评) |
| 长兴县佛山寺林果场 | 梨 | 2017 年(新创) |
| 浙江长兴金太阳电源有限公司 | 电动助力车用密封铅酸蓄电池 | 2016 年(新创) |
| 长兴永鑫纺织印染有限公司 | 家纺面料 | 2017 年(新创) |
| 长兴超越动力科技有限公司 | 阀控式密封型免维护铅酸蓄电池 | 2017 年(新创) |
| 浙江优全护理用品科技有限公司 | 婴儿尿裤湿巾 | 2018 年(新创) |
| 长兴忻杰生态农业开发有限公司 | 绿芦笋 | 2018 年(新创) |
| 桐昆集团浙江恒腾差别化纤维有限公司 | POY 半消光涤纶长丝 | 2018 年(新创) |
| 浙江青松轻纺股份有限公司 | 丝光绒经编面料 | 2018 年(新创) |
| 长兴绿荫苗木专业合作社 | 苗木 | 2018 年(新创) |
| 长兴东方梅园有限公司 | 红梅 | 2018 年(新创) |
| 湖州纳尼亚实业有限公司 | 功能性家纺面料 | 2018 年(新创) |
| 长兴县和平基隆坞茶场(普通合伙) | 紫笋茶 | 2018 年(新创) |

## 2018 年年末长兴县获“湖州市名牌产品”称号情况

表 75

| 生产企业 | 产品名称 | 认定年份 |
| --- | --- | --- |
| 超威电源有限公司 | 电动汽车用密封阀控式铅酸蓄电池 | 2015 年(新创)2018 年(复评) |
| 浙江天能能源科技股份有限公司 | 3C 数码(产品)用锂离子电池 | 2018 年(新创) |
| 浙江天能动力能源有限公司 | 高性能环保型储能备用电源电池 | 2016 年(新创) |
| 浙江昌盛玻璃有限公司 | 玻璃制品 | 2008 年(新创)2013 年(复评)2016 年(取消)2017(新评) |
| 浙江长兴家宝电子有限公司 | 节能灯 | 2014 年(新创)2017 年(复评) |
| 浙江湖州威达纺织集团有限公司 | 转杯纺彩色粘胶纱 | 2015 年(新创)2018 年(复评) |

续表 75

| 生产企业 | 产品名称 | 认定年份 |
| --- | --- | --- |
| 长兴县永绿林业发展中心 | 青梅 | 2006年(新创)2009年(复评)2012年(复评)2015年(复评)2018年(复评) |
| 长兴县张岭茶场 | 茶叶 | 2010年(新创)2013年(复评)2016年(复评) |
| 长兴三河葡萄专业合作社 | 葡萄 | 2010年(新创)2013年(复评)2016年(复评) |
| 长兴紫山红杨梅专业合作社 | 杨梅 | 2010年(新创)2013年(复评)2016年(复评) |
| 长兴太平桥特种水产专业合作社 | 青虾 | 2007年(新创)2010年(复评)2013年(复评)2016年(复评) |
| 浙江省长兴艾格生物制品有限公司 | 蛋黄免疫球蛋白 | 2007年(新创)2010年(复评)2013年(复评)2016年(复评) |
| 浙江太湖远大新材料股份有限公司 | 硅烷交联聚乙烯绝缘料 | 2017年(新创) |
| 浙江中科兴环能设备有限公司 | 生物质输送机 | 2011年(新创)2014年(复评)2017年(复评) |
| 浙江宝仕电源有限公司 | 铅酸蓄电池 | 2017年(新创) |
| 浙江长兴绿色动力能源科技有限公司 | 检验检测服务 | 2011年(新创)2014年(复评)2017年(复评) |
| 长兴县意蜂蜂种场 | 蜂王浆 | 2008年(复评)2011年(复评)2014年(复评)2017年(复评) |
| 浙江省长兴泰明食品有限公司 | 栝楼子 | 2008年(新创)2011年(复评)2014年(复评)2017年(复评) |
| 浙江湖州森富机电有限责任公司 | 管状电机 | 2012年(新创)2015年(复评)2018年(复评) |
| 浙江盛邦化纤有限公司 | 差别化纤维 | 2012年(新创)2015年(复评)2018年(复评) |
| 浙江富亿达科技股份有限公司 | 家用纺织品 | 2009年(新创)2012年(复评)2015年(复评)2018年(复评) |
| 浙江莱美纺织印染科技有限公司 | 家纺面料 | 2012年(新创)2015年(复评)2018年(复评) |
| 浙江中山化工集团股份有限公司 | 除草剂 | 2017年(新创) |
| 长兴红稔葡萄专业合作社 | 葡萄 | 2012年(新创)2015年(复评)2018年(复评) |
| 浙江铁狮高温材料有限公司 | 致密氧化锆定径水口 | 2016年(新创) |
| 长兴华强电子股份有限公司 | 有机薄膜电容器 | 2018年(新创) |
| 长兴蜂硕蜂业有限公司 | 蜂王浆 | 2009年(新创)2012年(复评)2015年(取消)2018年(新创) |
| 长兴城山沟桃源山庄生态农业开发有限公司 | 休闲旅游 | 2009年(新创)2012年(复评)2015年(复评)2018年(复评) |
| 长兴城山沟桃源山庄生态农业开发有限公司 | 桃 | 2013年(新创)2016年(复评) |
| 浙江海悦自动化机械股份有限公司 | 全自动包片机 | 2014年(新创)2017年(复评) |
| 瑞高(浙江)建筑系统有限公司 | 陶制产品 | 2013年(新创)2016年(复评) |
| 长兴明天炉料有限公司 | 铁口高炉出铁主沟 | 2013年(新创)2016年(复评) |
| 浙江三志纺织有限公司 | 功能性家纺面料 | 2013年(新创)2016年(复评) |
| 浙江创为智能装备股份有限公司 | 全自动蓄电池包片机 | 2013年(新创)2016年(复评) |
| 长兴县荣耀鹅业有限公司 | 鹅产品 | 2013年(新创)2016年(复评) |
| 长兴夹浦奇红葡萄专业合作社 | 葡萄 | 2013年(新创)2016年(复评) |
| 长兴水红葡萄专业合作社 | 葡萄 | 2013年(新创)2016年(复评) |
| 长兴湖港渔业专业合作社 | 河蟹 | 2013年(新创)2016年(复评) |

续表 75

| 生产企业 | 产品名称 | 认定年份 |
| --- | --- | --- |
| 浙江长兴田川物流有限公司 | 物流服务 | 2013年(新创)2016年(复评) |
| 浙江兴海能源科技有限公司 | 锂离子电池 | 2014年(新创)2017年(复评) |
| 湖州华顺炉业有限公司 | 工业炉 | 2014年(新创)2017年(复评) |
| 长兴兰红手工艺绣品厂 | 纯手工编织品(传统文化特色产品) | 2014年(新创)2017年(复评) |
| 长兴馨意草莓专业合作社 | 草莓 | 2014年(新创)2017年(复评) |
| 浙江京兴物业管理有限公司 | 物业管理 | 2014年(新创)2017年(复评) |
| 长兴夹浦红珠葡萄有限公司 | 葡萄 | 2015年(新创)2018年(复评) |
| 长兴县大唐贡茶有限公司 | 紫笋茶 | 2015年(新创)2018年(复评) |
| 浙江农晨饲料有限公司 | 饲料用原料鸡油 | 2015年(新创)2018年(复评) |
| 浙江万享科技股份有限公司 | 新型板式闭式冷却塔 | 2017年(新创) |
| 浙江新高包装有限公司 | 高强度交叉复合膜 | 2016年(新创)2018年(复评) |
| 浙江中德自控科技股份有限公司 | 自控阀门 | 2015年(新创)2018年(复评) |
| 浙江博奥铝业有限公司 | 铝合金型材 | 2015年(新创)2018年(复评) |
| 浙江达峰汽车技术有限公司 | 汽油车尾气催化净化器 | 2016年(新创) |
| 浙江科艺纺织有限公司 | 涤纶化纤丝 | 2016年(新创) |
| 浙江畅通科技有限公司 | 动力电池用新型复合超细致玻璃纤维隔板 | 2016年(新创) |
| 长兴县志纬服装辅料有限公司 | 衬布 | 2016年(新创) |
| 浙江兆新织造有限公司 | 家纺面料 | 2016年(新创) |
| 浙江长安仁恒科技股份有限公司 | 二元微粒助留助滤剂用膨润土 | 2016年(新创) |
| 浙江四达新材料股份有限公司 | 片状模塑料(SMC) | 2016年(新创) |
| 长兴发达水泥制品有限公司 | 环形混凝土电杆 | 2016年(新创) |
| 湖州港口船业有限公司 | 船舶 | 2016年(新创) |
| 浙江张老汉生态鳖业股份有限公司 | 中华鳖 | 2016年(新创) |
| 浙江欧蓝农业股份有限公司 | 蓝莓 | 2016年(新创) |
| 长兴丰收园茶叶专业合作社 | 紫笋茶 | 2016年(新创) |
| 长兴兴德生物科技有限公司 | 精制有机肥 | 2016年(新创) |
| 长兴百益芦笋专业合作社 | 芦笋 | 2016年(新创) |
| 长兴虹星桥香乡西瓜专业合作社 | 西瓜 | 2016年(新创) |
| 浙江贝贝香食品有限公司 | 吊瓜子 | 2016年(新创) |
| 湖州天佑检测校准有限公司 | 中介服务 | 2016年(新创) |
| 台荣建材(湖州)有限公司 | 非金属建筑材料 | 2017年(新创) |
| 长兴云峰炉料有限公司 | 高炉出铁沟浇注料 | 2017年(新创) |
| 长兴圣帆纺织有限公司 | 环保黏合衬基布 | 2017年(新创) |
| 长兴制药股份有限公司 | 至灵胶囊 | 2017年(新创) |
| 德玛克(长兴)包装机械有限公司 | 全自动高速吹瓶机 | 2017年(新创) |
| 浙江威泰汽配有限公司 | 滤清器 | 2017年(新创) |
| 浙江金汇华特种耐火材料有限公司 | 镁碳砖 | 2017年(新创) |
| 湖州欧丽卫生材料有限公司 | 水刺无纺布 | 2017年(新创) |

续表75

| 生产企业 | 产品名称 | 认定年份 |
|---|---|---|
| 长兴宏峰纺织印染有限公司 | 家纺面料 | 2017年(新创) |
| 湖州诚鑫纺织印染有限公司 | 家纺面料 | 2017年(新创) |
| 浙江宇鑫纺织印染有限公司 | 家纺面料 | 2017年(新创) |
| 长兴炎字木业有限公司 | 木质包装、托盘 | 2017年(新创) |
| 湖州海皇生物科技有限公司 | 水产饲料 | 2017年(新创) |
| 长兴益丰芦笋专业合作社联合社 | 芦笋 | 2017年(新创) |
| 长兴思雨茶叶有限公司 | 白茶 | 2017年(新创) |
| 长兴思雨茶叶有限公司 | 红茶 | 2018年(新创) |
| 长兴龙湖农业发展有限公司 | 葡萄 | 2017年(新创) |
| 长兴晨旭食品有限公司 | 酱卤肉 | 2017年(新创) |
| 浙江味之源食品有限公司 | 蜜饯 | 2017年(新创) |
| 长兴海华葡萄专业合作社 | 葡萄 | 2017年(新创) |
| 长兴九条岗茶场 | 白茶 | 2017年(新创) |
| 浙江百惠生物科技有限公司 | 青梅精 | 2017年(新创) |
| 长兴中青旅旅游有限公司 | 旅行社服务 | 2017年(新创) |
| 浙江泓天凯广告传媒有限公司 | 户外广告服务 | 2017年(新创) |
| 长兴三通大药房有限责任公司 | 医药零售 | 2017年(新创) |
| 长兴仙山湖旅游投资开发有限公司 | 休闲旅游 | 2017年(新创) |
| 长兴联创信息科技有限公司 | 信息技术管理咨询 | 2017年(新创) |
| 浙江省长兴丝绸有限公司 | 全涤化纤面料 | 2018年(新创) |
| 浙江润阳新材料科技股份有限公司 | 辐照交联聚乙烯发泡卷材 | 2018年(新创) |
| 今朝联合有限公司 | 汽车电气连接器 | 2018年(新创) |
| 浙江加力仓储设备股份有限公司 | 仓储物流设备 | 2018年(新创) |
| 浙江昊能科技有限公司 | 高性能复合纤维 | 2018年(新创) |
| 浙江帝亚制冷设备有限公司 | 制冷设备 | 2018年(新创) |
| 红旗仪表(长兴)有限公司 | 压力表 | 2018年(新创) |
| 浙江父子岭特种耐火有限公司 | 镁碳砖 | 2018年(新创) |
| 浙江丰帆数控机械有限公司 | 电脑(针织)横机 | 2018年(新创) |
| 浙江科特高温新材料有限公司 | 钢包透气砖 | 2018年(新创) |
| 长兴科迪光电股份有限公司 | 功率型超薄表面贴装LED | 2018年(新创) |
| 长兴聚丰果蔬专业合作社 | 芦笋 | 2018年(新创) |
| 浙江长兴古银杏食品科技有限公司 | 银杏果粉 | 2018年(新创) |
| 长兴银丰农机服务专业合作社 | 大米 | 2018年(新创) |
| 长兴鼎新水果专业合作社 | 珍珠枣油桃 | 2018年(新创) |
| 浙江长兴韵之农业科技发展有限公司 | 帝皇菊 | 2018年(新创) |
| 浙江天元项目管理有限公司 | 工程管理服务 | 2018年(新创) |
| 长兴维多利外语培训学校 | 教育培训 | 2018年(新创) |
| 湖州砥砺企业管理咨询有限公司 | 中介(现代服务业) | 2018年(新创) |

政府质量奖　年内,浙江中德自控科技股份有限公司、浙江盛发纺织印染有限公司2家企业获湖州市第九届政府质量奖,浙江优全护理用品科技有限公司、桐昆集团浙江恒腾差别化纤维有限公司、浙江青松轻纺股份有限公司、湖州浙宝钙业科技股份有限公司、浙江省长兴丝绸有限公司5家企业获县政府质量奖。

## 2018年年末长兴县企业获“湖州市政府质量奖”情况

表76

| 湖州市政府质量奖 | 获奖长兴企业 | 评选时间 |
| --- | --- | --- |
| 第一届湖州市政府质量奖 | 天能电池集团有限公司 | 2010 |
| 第二届湖州市政府质量奖 | 浙江诺力机械股份有限公司 | 2011 |
| 第三届湖州市政府质量奖 | 浙江金三发新纺织集团有限公司 | 2012 |
| 第四届湖州市政府质量奖 | 超威电源有限公司 | 2013 |
| 第五届湖州市政府质量奖 | 浙江永达电力实业有限公司 | 2014 |
| 第七届湖州市政府质量奖 | 浙江中山化工集团股份有限公司 | 2016 |
| 第八届湖州市政府质量奖 | 浙江天能能源科技股份有限公司 | 2017 |
| 第九届湖州市政府质量奖 | 浙江中德自控科技股份有限公司、浙江盛发纺织印染有限公司 | 2018 |

## 2018年年末长兴县“县长质量奖”评选情况

表77

| 届 次 | 获奖企业 | 评选时间 |
| --- | --- | --- |
| 第一届长兴县“县长质量奖” | 天能电池集团有限公司、浙江昌盛电气有限公司 | 2008 |
| 第二届长兴县“县长质量奖” | 浙江金三发新纺织集团有限公司、浙江永达电力实业股份有限公司 | 2009 |
| 第三届长兴县“县长质量奖” | 浙江湖州威达纺织集团有限公司、诺力智能装备股份有限公司 | 2010 |
| 第四届长兴县“县长质量奖” | 浙江振龙电源股份有限公司、浙江锦诚耐火材料有限公司 | 2011 |
| 第五届长兴县“县长质量奖” | 超威电源有限公司(工业)、浙江盛邦化纤有限公司 | 2012 |
| 第六届长兴县“县政府质量奖” | 浙江长兴市政工程有限公司、浙江京兴物业管理有限公司、浙江天跃物流有限公司、浙江三志纺织有限公司、浙江七星电子股份有限公司、浙江汉维通信器材有限公司、浙江浙矿重工股份有限公司 | 2013 |
| 第七届长兴县“县政府质量奖” | 浙江中山化工集团股份有限公司、浙江凯迪汽车部件工业有限公司、浙江中德自控科技股份有限公司、瑞高(浙江)环保新材料科技有限公司、浙江宏泰工程项目管理有限公司、长兴百叶龙演出有限公司、浙江金巴开植物制品长兴基地有限公司 | 2014 |
| 第八届长兴县“县政府质量奖” | 浙江铁狮高温材料有限公司、浙江盛发纺织印染有限公司、莱美科技股份有限公司、浙江兴一物流有限公司、浙江天元项目管理有限公司、湖州广和物流有限公司、浙江茶乾坤食品股份有限公司 | 2015 |
| 第九届长兴县“县政府质量奖” | 浙江超威创元实业有限公司、浙江天能能源科技股份有限公司、浙江长兴前进机械有限公司、湖州纳尼亚实业股份有限公司、浙江长兴荣欣建设工程有限公司、浙江艾格生物科技股份有限公司 | 2016 |
| 第十届长兴县“县政府质量奖” | 浙江威泰汽配有限公司、浙江太湖远大新材料股份有限公司、长兴华强电子股份有限公司 | 2017 |
| 第十一届长兴县“县政府质量奖” | 浙江优全护理用品科技股份有限公司、桐昆集团浙江恒腾差别化纤维有限公司、浙江青松轻纺股份有限公司、湖州浙宝钙业科技股份有限公司、浙江省长兴丝绸有限公司 | 2018 |

浙江制造　年内,新发布"浙江制造"标准7项,新增"品字标"产品6个。年末,全县共共发布"浙江制造"标准11项,共有"品字标"产品10个。

## 2018年年末长兴县企业发布"浙江制造"标准情况

表78

| 企业名称 | 标准名称 | 发布时间 |
|---|---|---|
| 天能电池集团有限公司 | 电动助力车用密封铅酸蓄电池 | 2016.08.12 |
| 超威电源有限公司 | 电动道路车辆用铅酸蓄电池 | 2016.08.19 |
| 诺力智能装备股份有限公司 | 蓄电池托盘搬运车 | 2017.09.01 |
| 浙江超威创元实业有限公司 | 电动汽车用三元材料锂离子蓄电池 | 2017.12.15 |
| 浙江金三发非织造布有限公司 | 湿巾用水刺非织造布 | 2018.05.25 |
| 红旗仪表(长兴)有限公司 | 耐震精密压力表 | 2018.05.31 |
| 浙江威泰汽配有限公司 | 汽车复合材料型机油滤清器滤芯 | 2018.08.31 |
| 浙江浙矿重工股份有限公司 | 单缸液压圆锥破碎机 | 2018.09.28 |
| 浙江盛发纺织印染有限公司 | 500D涤纶高强户外多用途面料 | 2018.12.24 |
| 浙江万享科技股份有限公司 | 制冷系统用蒸发式冷凝器 | 2018.12.24 |
| 长兴三伟热熔胶有限公司 | 防反渗型服装衬用无粉基浆 | 2018.12.24 |

## 2018年年末长兴县"品字标"产品情况

表79

| 企业名称 | 产品名称 | 获证时间 |
|---|---|---|
| 天能电池集团有限公司 | 电动助力车用密封铅酸蓄电池 | 2017.05.05 |
| 天能电池集团有限公司 | 电动道路车辆用铅酸蓄电池 | 2017.06.23 |
| 超威电源有限公司 | 电动助力车用密封铅酸蓄电池 | 2017.06.14 |
| 超威电源有限公司 | 电动道路车辆用铅酸蓄电池 | 2017.10.16 |
| 诺力智能装备股份有限公司 | 蓄电池托盘搬运车 | 2018.04.02 |
| 浙江中德自控科技股份有限公司 | 石油、石化、天然气及相关工业用钢制闸阀 | 2018.09.28 |
| 浙江金三发非织造布有限公司 | 湿巾用水刺非织造布 | 2018.11.09 |
| 浙江天能能源科技股份有限公司 | 电动自行车用三元材料锂离子蓄电池 | 2018.09.20 |
| 浙江威泰汽配有限公司 | 机油滤芯 | 2018.10.29 |
| 浙江茶乾坤食品股份有限公司 | 茶 | 2018.09.21 |

**【企业登记管理】**　年内,新登记内资企业326家,至年末各类内资企业共1641家,注册资本5851907.11万元,其中法人企业13236家;新登记外商投资企业86家,至年末共有外商投资企业430家,注册资本1148976万美元;新登记个体工商户6737户,至年末共有个体工商户57324户,注册资金551767.14万元;新登记私营企业4091家,至年末共有私营企业18084家,其中独资企业2759家、合伙企业1148家、有限公司13236家,注册资本金15107250.47万元。年内,完成"个转企"479家,完成任务数的103%,其中转型为公司的461家,占比96.2%。先后出台《长兴县人民政府办公室开展吊销未注销企业宣告注销试点工作的通知》《长兴县市场监督管理局吊销未注销企业宣告注销管理办法(试行)》等文件,全年合计强制退出长期吊销未注销企业1469家,占年内在册企业数7%,引导吊销未注销企业主动办理注销13家,探索吊销未注销企业退出机制,盘活行政资源。完成企业年报工作,企业年报率达到89.6%,个体户年报率达到85.8%;农专社工作年报率达到86%。依法对未年报企业2205家,农专社136,列入经营异常名录,并通过国家企业信用信息公

示系统对外公示。11340家个体工商户标识经营异常状态并对外公示。全年共引导企业通过主动注销和补报年报等方式移出经营异常名录479家(次)。启动新一轮小微企业三年成长计划(2018—2020年),组织开展"帮困解难提信心"小微企业走访活动。

【广告与婚庆礼仪】 年末,全县有广告经营单位575家,其中国有事业单位2家、私营企业242家、个体户190户,具有国家二级经营资质的广告企业13家;从业人员3811人;年营业额23200万元。全县经市场监管部门登记注册的婚庆礼仪机构有50家,年营业额1250万元。

【食品安全监管】 年内,成功创建省级食品安全县,食品安全满意度达86.9%。全年共抽检食品生产与流通环节973批次食品。其中,抽检县内生产企业食品205批次,覆盖所有在产企业和产品类别,不合格1批次,合格率99.5%;抽检加工小作坊食品共87批次,覆盖所有正常营业的小作坊,1批次不合格,合格率98.9%。抽检流通环节食用农产品381批次,7批次不合格,合格率98.2%。抽检流通环节校园食品、预包装食品等300批次,14批次不合格,合格率95.3%。日常巡查食地产食品企业780多家次,发现并排除食品安全隐患140条;食品监督抽检覆盖全县116家食品生产企业和73家食品加工小作坊;严格规范网络订餐行为,责令下架50家无资质入网餐饮单位。完成7家大型商超、174家农村食品安全示范店、6家特色示范小作坊、20家农村家宴放心厨房、36家放心消费示范餐饮单位和"双十佳"药店药师的创建任务,全面启动"厨房革命"三年行动。实现全县276个村(居)的食品安全监管全覆盖,共解决矛盾隐患200余起。开展食品、保健食品欺诈和虚假宣传专项整治,出动执法人员7083人次,检查生产经营主体10716家次,发现问题129条,责令整改94家。监测各类食品保健食品广告1855条次,责令停播3条次。立案查处违法违规案件74件,移送公安部门3起,典型大案要案3起。抽检学校周边"三无""五毛"食品预包装和散装食品及相关自制食品等65批次。

【药品安全监管】 年末,全县有涉药单位共516家,其中药品生产企业2家、医疗器械生产企业4家,药品批发企业1家、药品零售连锁总部2家、药品零售企业190家,各级医疗机构317家。年内,建立"药品零售企业质量互查制度",引入药学专业人员,会同监管干部组成互查组,对全县药品零售企业进行"双随机互查",共发现主要缺陷项目86项、一般缺陷项目213项,并推动所有问题整改到位。完成全县药品经营企业和各级医疗机构的全覆盖监督检查,共出动执法检查2400余人次,发现违法违规单位72家,责令整改41家。对2016年通过验收的96家医疗机构药房进行规范化复评,对2017年末通过验收的医疗机构进行规范化药房评定,复评通过90家,收回6家,新通过3家。

2月7日,执法人员在农贸市场抽检农产品　　(市场监管局 供)

【特种设备安全监管】 年末,全县在用特种设备办理使用登记共14306台(不含气瓶),其中锅炉244台、压力容器4333、电梯3755台(其中住宅小区电梯2174台)、起重机械2317台、游乐设施17台(套)以及压力管道58条,37千米,各类钢瓶29980多万只,分布在全县3253余家工矿企业、公共场所及千家万户。年内,对全县270家特种设备使用单位进行监督检查,组织开展特种设备综合管理信息"百日清理攻坚",锅炉、压力容器和叉车三类特种设备安全等专项整治行动,清理特种设备使用单位228家,更正使用单位信息1504家,清理特种设备378台,公告注销停用特种设备246台,核查处置"超期未检"特种设备216台,普查工业管道38.3千米,补发特种设备使用登记证2450张,补发特种设备使用标志495张,开设企业服务平台账号813家,发出安全监察指令书94份,立案处罚49起,罚没款153万元,全年未发生重特大事故。严查未上牌叉车和土制简易升降机,共排查隐患251个,逐个核查销号整改到位,下达监察指令书21份,责令停用设备7台,拆除设备5台,查封设备5台,移交立案查处3起。共举办各类培训班5次,培训作业人员392人。新增检

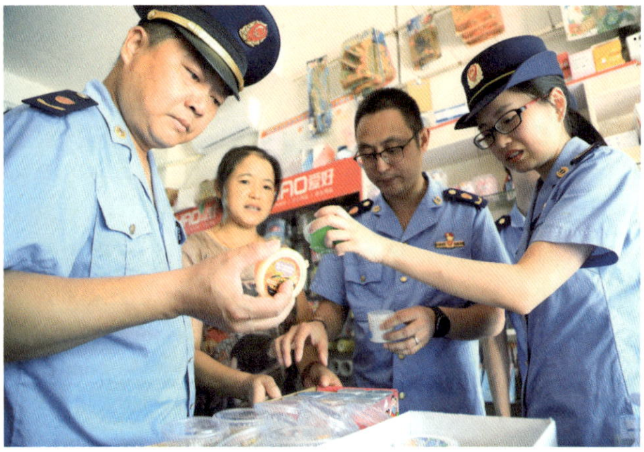

9月5日,开学季开展校园周边小食杂店检查(市场监管局 供)

9月7日,基层所执法人员对食品生产企业进行检查(市场监管局 供)

测、上牌场(厂)内机动车辆481台,新办理起重机械登记证357台。推行电梯安全责任保险,开展《湖州市电梯使用安全条例》宣传活动,全县2120台公众聚集场所和住宅小区电梯保险投保率已达70%以上。

【产品质量监管】 年内,共完成21类产品、146个批次的监督抽查,合格率为96.1%。完成电热水器等14类产品的监督抽查,井盖、耐火材料产品专项监督抽查和电线电缆生产许可证企业的事中事后监督检查,对不合格产品全部进行不合格后处理。推进耐火、纺织印染行业两大产业产品质量提升行动,通过"品字标浙江制造"、CNAS测量管理体系认证、行业团体标准修订、绿色产品认证等质量基础设施建设,提高产业产品市场竞争力。引导即热式电热水器行业创建省级产品质量保险推广示范区,15家企业全部参保,参保率100%。完成18家检验检测机构的日常监督检查并完成整改;开展计量惠民宣传服务活动2次;完成2家放心农贸市场在用衡器强制检定。检定和校准各类企业600余家次,检定校准各类计量器具10000余台件,出具证书29617张。选择桐昆、恒腾两家公司开展能源计量示范工程活动,其所承担的清洁生产持续改善综合节能项目被确定为2018年度浙江省工业企业能源计量示范工程。开放实验室5次、共享设备资源300余台次。开展科普教育基地申报及科普活动。免费服务企业120家次,为企业清减检验和研发经费80余万元。完成工业产品生产许可证新发证及换发证企业9家,其中新发证7家,一企一证变更1家,企业迁址换证1家。长兴县祺峰包装率先完成"双证合一",成为全市第一家"一企一证"企业。光宇电缆通过"G60一网通"办理异地注销生产许可证手续,取得生产许可证。

【稽查执法】 年内,重点开展"红盾网剑""反不正当竞争百日执法行动"、会议营销、网络销售假药、医疗器械等专项整治10次,共查办案件551件、罚没款1111.13万元,其中大要案件161件,移送公安8起。会同公安、街道组织联合清查行动6次,遣散涉传人员121人次,解救被困人员6人次,查办14起传销案件,未发生因传销引起的重特大事件。牵头开展大理石加工企业整治工作,全县274家大理石加工企业中,关停158家,原地提升4家,112家企业整合提升为81家并入驻画溪、和平、小浦三个集聚点。启用网络市场智能监测系统,清理建档异常数据300多条,检查发现标识异常73条,已建档各类网络经营主体1086家(比半年度减少134家),其中网店726家,企业一级域名网站360家,一级域名网站已标识360家。组织召开网络订餐第三方平台约谈会,集中约谈美团外卖、百度、饿了么等三大平台长兴地区负责人。开展网络宣传定向监测、网络市场夏季促销定向监测、双"11"双"12"定向监测、"红盾护网"8号、2018年网络市场监管(网剑)等一系列专项执法行动,全年查处网络案件36起,其中大案24起,移送公安5起,罚没款234.79万元,严某刷单炒信案入选2018年浙江省"红盾网剑"行动十大典型案例。

【市场创建培育】 年内,仓前街、林城、画溪、夹浦4家市场成功创建省级放心市场,林城、煤山2家市场成功创建省三星级市场,新农都市场达规范化A级要求,19家农贸市场全部建成双体系和快检室向公众免费开放。通过新增信用评价打分,全县16家农贸市场全面落实"积分制"信用评价制度,推选诚信经营户517家,建立诚信经营档案517户。和平、虹星桥、李家巷、林城、小浦、水口、画溪、槐坎诚鑫综合市场8家农贸市场列入小城镇综合整治,对家之窗、浙北建材批发市场、金陵商城、长兴建材城、五金城、二手车交易市场等专业市场开展整治。对全县相关生产企业、批发市场、集贸市场等场所是否存在生产、销售和使用超薄塑料购物袋或不按规定加贴(印)合格塑料购物袋产品标志的行为进行检查，共检查生产企业7家次、商场（超市）71家次、零售市场38家次、农贸市场25家次、宾馆（饭店）194家次。排查生产单位1家，销售单位43家，发现问题18处，已责令其停止生产、销售，进行整改。对“八大类合同格式条款”全面实行企业备案制度。联合县住建局落实新版商品房买卖合同示范文本备案工作。年内，共检查备案企业108家，备案合同222份，对企业报备的合同格式条款的审查率及违法格式条款的修改率，达到100%。已办理动产抵押登记179家，抵押金额187546.13万元。深化“守合同重信用”申报工作，公示AAAA级企业4家、AAA级企业33家，AA级企业7家、A级企业13家。共查处市场违法案件36件。全县服务业发展数5263家（其中法人单位3631家）；年内，新增服务业发展数2747家（其中法人单位1787家），新增从业人员850人。

## 2018年长兴县城乡农贸市场情况

表80

| 市场名称 | 创办时间（年月） | 投资总额（万元） | 占地面积（平方米） | 建筑面积（平方米） | 摊位数（个） | 2018年成交额（万元） | 市场举办单位 |
|---|---|---|---|---|---|---|---|
| 长兴农副产品综合批发市场 | 2000.08 | 1300 | 146000 | 86450 | 890 | 14500 | 浙江长兴市场经营发展有限公司 |
| 长兴中心农贸市场 | 2008.06 | 25500 | 29807.18 | 25804 | 1103 | 253605 | 长兴县龙山建设开发有限公司 |
| 长兴县城北综合市场 | 2000.03 | 844 | 13900 | 6540 | 585 | 25500 | 长兴县城北综合市场发展有限公司 |
| 长兴县仓前街市场 | 1999.10 | 800 | 4000 | 4000 | 320 | 46000 | 长兴仓前街综合市场发展有限公司 |
| 长兴水木花都农贸市场 | 2010.10 | 200 | 2000 | 1480 | 192 | 8700 | 长兴诚信市场管理有限公司 |
| 长兴县龙山新区农贸市场 | 2016.06 | 500 | 12315 | 10490.38 | 144 | 6500 | 长兴紫金酒店管理有限公司 |
| 长兴县画溪农贸市场 | 2018.05 | 450 | 4670 | 2300 | 103 | 1853 | 湖州农耕果蔬有限公司 |
| 长兴翡翠名都综合农贸市场 | 2011.04 | 700 | 616.16 | 1050.23 | 73 | 3820 | 长兴蓝科网络工程有限公司 |
| 洪桥集贸市场 | 2006.11 | 1000 | 3641 | 2052 | 250 | 1500 | 长兴洪桥富邦农贸市场开发有限公司 |
| 李家巷农贸市场 | 1994.03 | 200 | 5865 | 2600 | 292 | 4550 | 长兴县益龙农贸市场有限公司 |
| 夹浦农贸市场 | 1999.03 | 2958 | 8312 | 4841 | 147 | 5600 | 长兴金地农贸市场管理有限公司 |
| 泗安浙皖综合市场 | 1994.03 | 261.8 | 5716.13 | 5702.66 | 677 | 25000 | 长兴县泗安浙皖综合市场服务有限公司 |
| 管埭农贸市场 | 1998.01 | 37 | 1700 | 1340 | 70 | 400 | 长兴金乡实业有限公司 |
| 虹星桥农贸市场 | 1994.03 | 7500 | 15594 | 18917.63 | 126 | 5820 | 长兴双桥置业有限公司 |
| 和平农贸市场 | 1998.04 | 480 | 7390 | 5290 | 280 | 34000 | 长兴永达农贸市场发展有限公司 |
| 林城农贸市场 | 1991.3 | 42 | 1333 | 666 | 140 | 12000 | 长兴林城农之星农业发展有限公司 |
| 小浦综合农贸市场 | 1994.03 | 298.8 | 6400 | 1100 | 330 | 16668 | 长兴县市场开发中心 |
| 槐坎诚鑫综合市场 | 2010.01 | 800 | 2005.1 | 1688.13 | 220 | 2341 | 长兴诚鑫综合市场发展有限公司 |
| 煤山综合市场 | 2004.10 | 380 | 3000 | 2855 | 360 | 16760 | 长兴煤山永鑫综合市场有限公司 |
| 水口综合农贸市场 | 2010.01 | 100 | 5800 | 2989 | 168 | 9780 | 浙江长兴绿宇经营管理有限公司 |
| 水口顾渚农贸市场 | 2017.07 | 4000 | 7878 | 7235 | 99 | 16500 | 浙江长兴复兴农耕文化旅游发展有限公司 |
| 浙江新农都长兴农副产品批发市场 | 2018.02 | 100000 | 200767 | 175285.4 | 557 | 596000 | 浙江长兴新农都实业有限公司 |
| 长兴和平小溪口农贸市场 | 2018.11 | 1000 | 987.91 | 987.91 | 71 | 900 | 长兴永逸市场开发有限公司 |

（王旭懿）

## 安全生产监督管理

【概况】 2018年,长兴县安全生产监督管理局内设办公室、综合安全监督管理科(挂应急管理科牌子)、矿山安全监察科、危化化学品安全监督管理科(挂行政许可科牌子)、职业健康安全监督管理科、法制科6个职能科室,下属1个事业单位安全生产监察大队。年末,有人员52人,其中行政编制11人、参公24人、编外用工17人。年内,全县除火灾事故外累计发生各类生产经营性事故37起、死亡39人、直接经济损失336.10万元;事故起数、死亡人数、直接经济损失同比上年分别下降27.5%、25%、19.4%;未发生一次死亡3人以上较大事故。其中工矿商贸领域共发生生产安全事故7起,死亡8人,比上年分别下降30%和20%;道路交通领域发生生产经营性事故29起,死亡30人,比上年分别下降29.3%、28.6%;水上交通领域发生生产经营性事故1起,死亡1人,全面完成上级要求事故三项指标下降14%的要求。

【安全生产责任体系建设】 年内,重点推进《中共中央国务院关于推进安全生产领域改革发展的意见》及《浙江省安全生产综合治理三年行动计划》的学习贯彻落实。6月30日,县安全生产领导调整为县委常委、常务副县长担任,全县18个乡镇(街道、园区)安全生产分管领导全部调整到位,均由本级党委常委中政府领导担任,共计调整15人。将原有"1+8"的责任体系调整为"1+11","11"别为:工矿企业、消防、道路交通、建筑和城市公共设施、通信和邮政、农林水民政、文教卫体旅民宗、商贸和特种设备、油气管道、电力、水上交通。

【隐患排查治理】 年内,道路交通领域,开展"压事故、保畅通、百千万工程"专项行动,针对百个道路安全隐患点、千名重点违法驾驶员及万辆重点隐患车辆进行全面整治,整治道路隐患100处,排查"两客一危、一校一重"等重点车辆与失驾、脱检、十条以上交通违法未处理等车辆11000辆,全力推进"双防"宣传攻坚行动,投入资金600余万元,整治完成省、市挂牌事故多发点2处,县挂牌道路隐患211处,查处各类电动车违法8673次。建设领域,开展建筑施工安全生产专项检查行动,检查在建项目461处(次),整改隐患2732条,责令停工整改46家。着力开展城镇燃气管理安全检查,对全县所有小区天然气使用情况逐个入户检查检修。特种设备领域,开展通过"百日清理攻坚"行动,更正使用单位信息1504家,清理设备378台,公告注销停用设备246台,查处超期未检设备216台,普查工业管道38.3千米,补发特种设备使用标志495张,开设企业服务平台账号813家,查处违法案件19起,罚款38.7万元。旅游领域,开展旅游质量监督暗访行动,下发旅游服务质量监督通报11期,整改问题30余处。结合黄金周、灾害天气及节庆活动等重要时节点,联合检查95次,检查企业530余家次,发现并整改隐患68处。全力开展平安旅游创建、"四打三整治"和"利剑—1"等专项工作,在仙山湖景区率先组建县"1+3"基层集中执法中心,并获"全市首批'1+3+N'旅游综合执法示范点"称号,将安全生产纳入全域旅游主题培训班课程,共计培训500余人次。扎实开展安全教育培训。针对学生防溺水开展"百千万"工程,即"百所学校动员、千名教师上阵、万个家庭参与",全力筑牢防溺水安全网。落实实验区安全课程,各校每班每两周不少于1课时的安全课程。深化校园消防创建,全县所有中小学消防安全标准化管理达标创建率已达100%,所有学生宿舍已全部安装独立式感烟报警器,新建(扩建)微型消防站25个。年内,首次将安全生产过程性指标列入全县综合考核"季考"模块,全年共完成重点单位(场所)排查3012处,发现各类隐患4822处,全部整改完毕;完成智慧用电安装2121套;持续巩固深化重大隐患挂牌督办工作,严把"上报"和"验收"两个关口,全年完成市级挂牌24处,县级挂牌126处,全部按时完成整治,挂牌的质量、数量都大幅度提高。常态化开展重点隐患的排查治理行动,全年共开展两轮"双百行动",整治完成各行业领域重点隐患205处,特别是像新双龙商业广场等一批难以整治的综合性隐患得以根治。

3月12日,县委书记周卫兵(左四)带队检查双禁工作　　(应急管理局 供)

【工贸行业安全生产专项治理】 年内，组织学习国家新下发的《工贸行业领域重大生产安全事故隐患评判标准》，前后开展3轮排查治理，共排查涉及企业1094家，排查治理重大隐患447条。开展涉燃爆粉尘企业专项整治行动，全县40家涉燃爆粉尘企业，共排查隐患83处，全部完成整改，挂牌督办37家，全部按时整治完毕，其中责令停产2家。开展打击假冒特种作业操作证行动，共排查涉及特种作业企业482家，特种设备使用单位2579家，建筑工地141家；排摸出特种作业操作证4904张，共发现假证32张，立案查处7起，移交公安追究刑事责任1起，罚款18.60万元。开展有限空间作业条件再确认行动，共排查出有限空间作业企业117家，其中附属污水处理系统企业76家、酱腌菜生产企业2家、其他企业39家，共发现隐患单位10家，下发责令限期整改文书7份，立案处罚3家。开展危险化学品使用企业整治行动，梳理危化品企业263家，就"浙江省危化品风险防控大数据平台一图一表系统录入"工作开展专项培训3次，已审核通过169家。开展委外作业安全专项整治行动，共发放《企业外包项目安全管理告知书》1597份，走访排查企业1837家，填报《工贸企业外包项目安全管理备案表》108份，集中排查整治企业48家，下发限期整改文书46份，处罚企业2家。

【矿山危化安全监管】 年内，矿山、危化企业未发生安全生产事故，充分吸取张家口"11·28"重大事故教训对辖区范围内所有危化企业组织筛式体检；对全县危化品运输容量以及可能发生的风险做整体科学评估；对全县液化气储备站、储存经营企业、燃气充装点组织专项检查行动，避免报警装置失灵；开展易燃易爆储存场所周边地区专项整治行动，重点突出周边地区违规停放车辆的现象，严格督促企业落实周边停放车辆的强制性保护措施。年内，回收烟花爆竹经营单位许可证296家（含2家批发公司），妥善做好烟花爆竹余货处置工作，聘请第三方评估、清点2家批发公司库存，共计13.03万箱，已全部完成退货返厂工作；组织回收零售店余货、动员群众主动上交余货，共计回收28890箱，协同公安部门集中销毁18000余箱，其余均退还厂家。矿山、危险化学品、冶金、民爆领域已实现高危企业投保全覆盖，交通、水利等领域开展试点。全县危险因素较大的27家危化品企业（含14家纳入危化管理的企业）、17家矿山企业全部完成危险因素辨识。

【安全生产监察执法】 年内，全县工矿企业共立案238起，罚款736万元，比上年分别上升80.8%、81.5%。加大事前处罚的力度，事前立案查处216起，罚款359万元，比上年分别上升87.8%、120.5%。年内，每季度对各乡镇（街道、园区）和局执法计划的执行情况和规范程度进行通报，并纳入责任制考核。建立健全"双随机一公开"抽查机制，建立矿山、危险化学品、"三场所三企业"等专项抽查库，确定每种类型企业的抽查比例。帮扶企业建立健全安全生产机制，县乡两级共走访、帮扶、检查企业1782次，重点企业负责人承诺率达100%。严格按市要求着力开展企业主体责任的专项检查与执法行动，共检查企业5687家次，排查隐患6868处，全部整改完成，共运用主体责任条款处罚42起，罚款92万元。

【安全生产培训】 年内，依托"安全生产大讲堂"，组织成立专业宣讲队伍，开展宣讲46次，覆盖企业3000余家。6月，开展安全生产月活动，做好安全生产"七进"工作，累计培训企业主要负责人、安全管理人员、特种作业人员2000余人，受教从业人员1700余人，全员培训23000余人。完善应急辅助决策平台，将全县所有高危行业相关企业、易发生事故的重点单位的数据进行录入，全县各部门间的应急联动响应机制逐步成型，各乡镇（街道、园区）和消防、教育、商贸、建设、文教等部门分别组织各类专项演练75次。

（顾秉康）

## 科技工作

【概况】 2018年,长兴县科技创新委员(县科创委)内设办公室(行政许可科、财务室、法制科)、综合计划科(人才工作科)、高新技术与工业科、农业与社会发展科(地震科)、科技合作与成果科、科技金融科、知识产权管理科7个科室;下属县知识产权维权中心、县科技信息中心和县科技开发服务中心3个事业单位。共有干部职工34人,其中行政在编9人、事业在编16人、编外人员9人。年内,先后修订《长兴县关于深入推进技术创新体系建设助推全面创新改革试验的政策意见》《长兴县创新券实施管理办法》《长兴县创新券使用及兑现实施细则》《长兴县科技型中小微企业认定暂行办法》《关于扶持科技银行发展促进科技型企业壮大的政策意见》,多项工作取得突破性进展。全县高新技术产业投资比上年增长35.9%,高新技术产业增加值增长10%,新产品产值率达到42%。率先探索牵头起草的《科技型中小微企业技术创新体系建设和评价指南》(DB33/T2190—2019)省级地方标准已公示;入围县域知识产权影响力50强,居全市第一、全省第四、全国第十三;11月,长兴入选科技部首批国家创新型县(市)建设名单。

【科技体制改革】 年内,对照省委、省政府部署的新10项改革试点任务,以科技创新改革为核心,全面推进经济、科技、政府管理等各领域创新改革。强化“县知识产权保护综合服务平台”建设整合县知识产权司法保护服务中心、维权援助中心和人民调解中心力量,打造知识产权保护全国最优县域。建立知识产权保护联席会议制度,实施专利执法维权“护航”“雷霆”专项行动,打击侵犯知识产权和制售假冒伪劣产品行为,全年共查处知识产权违法案件255件,其中侵权案件190件、假冒案件65件。联合中国计量大学编制《科技型中小微企业技术创新体系建设和评价指南》省级地方标准已公示;组织260余家企业进行研发费用175%加计扣除政策培训,其中135家企业通过评价进入国家科技型中小企业库,数量全市领先。年内,4只科技类基金总规模达到4.40亿元,完成股权投资9038万元。开发科技贷款管理系统,科技银行贷款贴息实现电子化操作。至年底,4家科技银行已累计发放科技银行贷款25.38亿元;全县100多家科技型企业获得年度科技银行贷款贴息补助281.70万元。兑现2017年度企业知识产权补助经费603.94万元,其中专利授权奖励498.49万元,专利权质押贷款40.45万元。帮助企业办理专利权价值评估和质押登记手续,年内共完成质押登记22笔,为企业发放专利权质押贷款金额2.25亿元。

【科技型企业】 年内,制定出台科技型企业“百企攀高”、科技型中小微企业提质达标、科技服务业扩面提质三大行动。全年新认定国家重点扶持高新技术企业37家、省级科技型中小企业139家、省级高成长科技型中小企业10家、“瞪羚”企业25家;新认定科技型中小微企业118家;长兴县生态循环农业科技园区被新列入省级农业科技园区创建培育单位,新认定长兴玉山果生态农业开发中心、浙江澳凌水产种业科技有限公司、长兴昌达羊业有限公司为省级农业科技型企业,认定湖州海皇生物科技有限公司为省级农业科技研发中心,认定聚丰创业之家、华盛绿能(长兴)众创田园为市级众创田园。

## 2018年长兴县新认定国家重点扶持高新技术企业情况

表81

| 序号 | 企业名称 | 序号 | 企业名称 |
|---|---|---|---|
| 1 | 德玛克(长兴)注塑系统有限公司 | 20 | 浙江长兴西林链条链轮股份有限公司 |
| 2 | 德玛克(长兴)自动化系统有限公司 | 21 | 长兴鼎峰铸材科技股份有限公司 |
| 3 | 红旗仪表(长兴)有限公司 | 22 | 长兴县志纬服装辅料有限公司 |
| 4 | 八环轴承(长兴)有限公司 | 23 | 长兴吉成工业炉有限公司 |
| 5 | 长兴新城环保有限公司 | 24 | 长兴山鹰化纤有限公司 |
| 6 | 松德刀具(长兴)科技有限公司 | 25 | 湖州讯腾电缆材料科技有限公司 |
| 7 | 浙江赫克力能源有限公司 | 26 | 浙江科特高温新材料有限公司 |
| 8 | 浙江天奇新材料科技股份有限公司 | 27 | 浙江宏泰工程项目管理有限公司 |
| 9 | 浙江亿帆自动化设备有限公司 | 28 | 浙江加百列生物科技有限公司 |
| 10 | 浙江长兴求是膜技术有限公司 | 29 | 长兴佰菲特机械有限公司 |
| 11 | 浙江钙科机械设备有限公司 | 30 | 湖州欧丽卫生材料有限公司 |
| 12 | 浙江捷凯实业有限公司 | 31 | 浙江长兴奥利尔科技股份有限公司 |
| 13 | 浙江瑞迈不锈钢管有限公司 | 32 | 浙江久鼎机械有限公司 |
| 14 | 浙江长兴惠龙医疗科技有限公司 | 33 | 浙江正豪耐火材料股份有限公司 |
| 15 | 长兴制药股份有限公司 | 34 | 浙江尚鼎工业炉有限公司 |
| 16 | 浙江鑫涛科技股份有限公司 | 35 | 浙江帝亚制冷设备有限公司 |
| 17 | 长兴德田工程机械股份有限公司 | 36 | 长兴正发热电耐火材料有限公司 |
| 18 | 长兴县中泰耐火材料有限公司 | 37 | 浙江物产长鹏化工实业有限公司 |
| 19 | 浙江惠通全成重工机械科技有限公司 | | |

## 2018年长兴县新认定省级科技型中小企业情况

表82

| 序号 | 企业名称 | 序号 | 企业名称 |
|---|---|---|---|
| 1 | 浙江华普永明科技有限公司 | 17 | 浙江发恩集成房屋有限公司 |
| 2 | 浙江金麦特自动化系统有限公司 | 18 | 浙江景盛农业科技有限公司 |
| 3 | 浙江唯至德科技有限公司 | 19 | 浙江艾布特纺织科技有限公司 |
| 4 | 浙江埃芮克环保科技有限公司 | 20 | 湖州德尔福汽车部件有限公司 |
| 5 | 松德刀具(长兴)科技有限公司 | 21 | 德玛克(长兴)注塑系统有限公司 |
| 6 | 长兴制药股份有限公司 | 22 | 湖州优立工业自动化设备有限公司 |
| 7 | 阿尔贝斯(长兴)科技有限公司 | 23 | 浙江隆凯生物科技有限公司 |
| 8 | 长兴佰菲特机械有限公司 | 24 | 长兴绿能生物能源有限公司 |
| 9 | 浙江高成绿能科技有限公司 | 25 | 长兴兴德生物科技有限公司 |
| 10 | 浙江长兴求是膜技术有限公司 | 26 | 浙江星华反光材料有限公司 |
| 11 | 浙江长兴普华金属科技有限公司 | 27 | 浙江赫克力能源有限公司 |
| 12 | 浙江长兴惠龙医疗科技有限公司 | 28 | 长兴一鼎电源有限公司 |
| 13 | 浙江艾默可科技有限公司 | 29 | 长兴江美包装有限公司 |
| 14 | 长兴罗卡节能科技有限公司 | 30 | 湖州吉和包装制品有限公司 |
| 15 | 长兴普艾尔环境科技有限公司 | 31 | 浙江卓立金属制品有限公司 |
| 16 | 德玛克(长兴)自动化系统有限公司 | 32 | 湖州吉豪非织造布有限公司 |

续表 82

| 序号 | 企业名称 | 序号 | 企业名称 |
|---|---|---|---|
| 33 | 长兴飞祥钣金科技有限公司 | 75 | 浙江博创测控技术有限公司 |
| 34 | 浙江清大粉体材料有限公司 | 76 | 浙江华领科技有限公司 |
| 35 | 浙江澳凌水产种业科技有限公司 | 77 | 浙江格恩电源有限公司 |
| 36 | 长兴宏兴实业有限公司 | 78 | 长兴强盛机械有限公司 |
| 37 | 湖州法涂士涂料有限公司 | 79 | 浙江鸣华金属制品有限公司 |
| 38 | 浙江圣奥耐火材料有限公司 | 80 | 长兴威代空气净化设备有限公司 |
| 39 | 长兴鸿运织造有限公司 | 81 | 长兴德立科技有限公司 |
| 40 | 长兴沪虹环保助剂材料有限公司 | 82 | 浙江晶正光电科技有限公司 |
| 41 | 长兴远华皮革机械股份有限公司 | 83 | 长兴创达电子科技有限公司 |
| 42 | 长兴恒绵塑业有限公司 | 84 | 长兴鼎鑫橡塑科技有限公司 |
| 43 | 浙江长兴宏诚橡胶制品有限公司 | 85 | 长兴溪谷智能装备有限公司 |
| 44 | 长兴鼎峰铸材科技股份有限公司 | 86 | 长兴永盛印刷股份有限公司 |
| 45 | 浙江长兴维美丝特衬布有限公司 | 87 | 长兴上拓环境科技有限公司 |
| 46 | 长兴远佳纺织有限公司 | 88 | 长兴海德纺织科技有限公司 |
| 47 | 长兴鹏盛纺织品有限公司 | 89 | 长兴长恒耐火材料股份有限公司 |
| 48 | 长兴德弘机械有限公司 | 90 | 长兴佳瑞清洁用品有限公司 |
| 49 | 长兴宏泰耐火器材有限公司 | 91 | 长兴天意道路设施有限公司 |
| 50 | 湖州多玛节能科技有限公司 | 92 | 长兴德威波尔能源科技有限公司 |
| 51 | 长兴华海纺织有限公司 | 93 | 浙江招通高温材料有限公司 |
| 52 | 长兴胜越纺织科技有限公司 | 94 | 长兴佳辉炉业有限公司 |
| 53 | 长兴盛隆耐火材料有限公司 | 95 | 长兴智能纺织有限公司 |
| 54 | 长兴巨久模具有限公司 | 96 | 浙江日盛环保机械有限公司 |
| 55 | 长兴思瑞电子科技有限公司 | 97 | 浙江环悦纺织有限公司 |
| 56 | 浙江长兴中俄新能源材料技术研究院有限公司 | 98 | 浙江长兴久鑫耐火材料科技股份有限公司 |
| 57 | 浙江金泰科新材料有限公司 | 99 | 浙江凯尼真空设备有限公司 |
| 58 | 长兴天誉包装股份有限公司 | 100 | 浙江帝亚制冷设备有限公司 |
| 59 | 长兴吉成工业炉有限公司 | 101 | 浙江天浩新材料有限公司 |
| 60 | 长兴长龙环保科技有限公司 | 102 | 浙江峰赫纺织有限公司 |
| 61 | 浙江贝瑞医疗科技有限公司 | 103 | 长兴欧立亚新型建材有限公司 |
| 62 | 长兴天晟能源科技有限公司 | 104 | 浙江长兴紫丰食品有限公司 |
| 63 | 长兴科瑞照明电器有限公司 | 105 | 长兴大河造船有限公司 |
| 64 | 浙江功夫龙电动车有限公司 | 106 | 湖州长宜建设有限公司 |
| 65 | 长兴么么派宠物用品有限公司 | 107 | 长兴金新电子有限公司 |
| 66 | 浙江创达纺织有限公司 | 108 | 浙江长兴层颉机械制造有限公司 |
| 67 | 长兴鑫跃新材料科技有限公司 | 109 | 长兴鑫鼎耐火材料厂 |
| 68 | 湖州绿蒙纺织科技有限公司 | 110 | 长兴立峰电子有限公司 |
| 69 | 长兴县耀龙建陶有限公司 | 111 | 长兴丰收园茶叶有限公司 |
| 70 | 浙江大成网络科技有限公司 | 112 | 长兴索菲特电子股份有限公司 |
| 71 | 浙江金诺纺织科技有限公司 | 113 | 浙江国盛耐火材料有限公司 |
| 72 | 长兴中远纺织有限公司 | 114 | 长兴隆翔电子有限公司 |
| 73 | 长兴兴浦纺织有限公司 | 115 | 浙江亚德复合材料有限公司 |
| 74 | 长兴县诚泽水务有限公司 | 116 | 长兴永欣木业有限公司 |

续表82

| 序号 | 企业名称 | 序号 | 企业名称 |
| --- | --- | --- | --- |
| 117 | 浙江省长兴县新华陶器有限公司 | 129 | 浙江惠通全成重工机械科技有限公司 |
| 118 | 浙江八比实业有限公司 | 130 | 浙江班萘特复合材料股份有限公司 |
| 119 | 长兴宝福织造有限公司 | 131 | 长兴发达水泥制品有限公司 |
| 120 | 浙江全瑞本科技股份有限公司 | 132 | 浙江钱江伟岸干燥设备有限公司 |
| 121 | 长兴县金沙泉有限公司 | 133 | 湖州普瑞管业有限公司 |
| 122 | 浙江永能塑业有限公司 | 134 | 浙江物产汽车安全科技有限公司 |
| 123 | 浙江坚塔商砼构件有限公司 | 135 | 浙江中山电源有限公司 |
| 124 | 奥林精密机械科技(长兴)有限公司 | 136 | 长兴理光包装印刷有限公司 |
| 125 | 湖州裕尚卫浴有限公司 | 137 | 长兴中宇科技股份有限公司 |
| 126 | 浙江老铁匠实业有限公司 | 139 | 长兴小浦铸钢有限公司 |
| 127 | 长兴博易环保科技有限公司 | 139 | 长兴长丰新材料有限公司 |
| 128 | 巨余(长兴)生物技术 有限公司 | | |

## 2018年长兴县新认定省级高成长科技型中小企业情况

表83

| 序号 | 企业名称 | 序号 | 企业名称 |
| --- | --- | --- | --- |
| 1 | 浙江亿帆自动化设备有限公司 | 6 | 长兴迈福龙新材料科技有限公司 |
| 2 | 湖州讯腾电缆材料科技有限公司 | 7 | 浙江正豪耐火材料股份有限公司 |
| 3 | 浙江诺力车库设备制造有限公司 | 8 | 浙江昀邦电池有限公司 |
| 4 | 长兴德田工程机械股份有限公司 | 9 | 长兴宏利五金股份有限公司 |
| 5 | 浙江中屹纺织机械科技有限公司 | 10 | 浙江铭锐金属制品有限公司 |

**【科技创新平台】** 年内，推进长兴新能源产业创新服务综合体，打造“中国绿色智慧能源生态谷”。推进以太湖资本广场为核心，以国家大学科技园、画溪智慧创业谷、泗安西湖科创园、和平科技创业园、煤山南太湖青年创业园为支撑，莱克空间等一批众创空间为补充的“1+5+N”科技创业孵化平台体系以及研发机构建设，出台《关于进一步加快孵化器建设和众创空间发展的若干意见(试行)》。至年末，投资3.60亿元、面积3.80万平方米的长兴新能源产业创新服务综合体大楼主体建设已基本完成。全年新增众创空间6家，其中新认定市级众创空间2家、推荐申报省级科技企业孵化器2家；申报省级星创天地2家，新认定市级星创天地(市级也称众创田园)2家。已累计建成各类众创空间11家，其中省级众创空间3家、市级众创空间6家，空间总孵化面积达5万平方米，在孵科技型小微企业和创业团队130余个，创业人数达到1000多人。全年新增省级企业研究院4家(浙江省天能动力能源分布式储能与起停电池系统研究院、浙江省长兴制药工业生物催化研究院、浙江省中钢新型先进碳材料研究院、浙江省泛亚智慧照明技术研究院)、省级高新技术企业研发中心9家(今朝汽车电器产品省级高新技术企业研究开发中心、高成绿能燃料电池省级高新技术企业研究开发中心、冠炯机电绣花机装置省级高新技术企业研究开发中心、利帆高分子材料新型加工应用技术省级高新技术企业研究开发中心、博奥铝业多功能铝合金型材省级高新技术企业研究开发中心、奇碟高效率高强度离合器研发省级高新技术企业研究开发中心、万享蒸发式冷却<冷凝>器省级高新技术企业研究开发中心、天创环保节能装备省级高新技术企业研究开发中心、均胜<长兴>安全气囊气体发生器省级高新技术企业研究开发中心)。

**【科技项目】** 年内，优化升级科技大市场，促进技术成果交易，走访各类科技型企业130余家次，排摸有效技术需求107项，举办行业专场对接会27场次，邀请专家上门对接45人次。举办2018中国·长兴政产学研合作大会，新增产学研合作项目135项。全年新增市级及以上科技计划项目404项，其中省级重点研发计划项目4项、省级网上技术市场成交产业化项目2项、省级新产品试剂计划368项、市级农业攻关项目5项、市级公益性一般项目25项。

## 2018年长兴县新列省级计划项目情况

表84

| 类别 | 项目名称 | 承担单位 |
|---|---|---|
| 省级重点研发计划项目 | 高性能燃料电池发动机研发及应用-高性能长寿命燃料电池发动机系统的开发研制及应用 | 超威电源有限公司 |
| | 分布式配电网智能调控技术研究及应用-基于复合储能及电-气转换的分布式配电网协调调控技术研究与应用 | 浙江天能动力能源有限公司 |
| | 珍贵中药材原材料工厂化生产技术及功能食品开发-人参、银杏等中药材功能成分提取与精准深加工技术研究及功能食品研发 | 浙江惠远生物科技有限公司 |
| | 小麦田绿色环保除草剂关键技术开发及产业化 | 浙江中山化工集团股份有限公司 |

**【科技成果】** 年内,全县获省级科学技术奖6项,其中二等奖2项、三等奖4项。

## 2018年长兴县获省级科学技术进步奖情况

表85

| 类别 | 项目名称 | 依托单位 |
|---|---|---|
| 二等奖 | 高能量石墨烯复合改性铅基动力电池关键技术及产业化 | 天能电池集团有限公司 |
| | 电力储能用铅炭电池2V1000 | 超威电源集团有限公司 |
| 三等奖 | 基于智能控制的四向堆高车 | 诺力智能装备股份有限公司 |
| | 汽油车尾气净化用高稳定性催化剂浆料 | 浙江达峰汽车技术有限公司 |
| | MRC450高效节能多缸液压圆锥破碎机 | 浙江浙矿重工股份有限公司 |
| | 湖州地区流行性感冒流行病学监测与病原学特征分析动态研究 | 湖州市第一人民医院、湖州市疾病预防控制中心、湖州师范学院医学院、湖州市长兴县疾病预防控制中心 |

**【科技人才】** 年内,全县新入选国家“创新人才推进计划”1人,为诺力智能装备股份有限公司丁毅;浙江省“万人计划”3人,分别是浙江超威创元实业有限公司孙延先、诺力智能装备股份有限公司丁毅、浙江中晶科技股份有限公司徐一俊;“南太湖精英计划”领军型创新团队3,南太湖特支计划8人,遴选第2批“科技镇长团”5人。年内,县内先后组织3场科技创新创业大赛,共593个项目参与比赛活动。经专家评审、项目路演,共评选出24个获奖项目,其中,第一场获奖项目10个,第二场获奖项目6个,第三场获奖项目8个。

## 2018年长兴县入选湖州市领军型创新团队企业情况

表86

| 企业名称 | 项目名称 | 团队负责人 | 备注 |
|---|---|---|---|
| 长兴制药股份有限公司 | 一步法生物合成左旋多巴原料药的关键技术研究及产业化 | 祁瑛 | “南太湖精英计划”领军型创新团队 |
| 惠松浙江长兴制药有限公司 | 中药(复方)配方颗粒制剂工艺及产业化 | 郑猛 | “南太湖精英计划”领军型创新团队 |
| 浙江长兴中俄新能源材料技术研究院有限公司 | “高孔系准固态聚合物锂离子动力电池”关键技术的研发 | 王庆生 | “南太湖精英计划”领军型创新团队 |

## 2018年长兴县入选南太湖特支计划企业情况

表 87

| 姓名 | 企业名称 | 备注 |
| --- | --- | --- |
| 方明学 | 天能电池集团有限公司 | 科技创新领军人才 |
| 刘光胜 | 诺力智能装备股份有限公司 | 科技创新领军人才 |
| 刘孝伟 | 超威电源有限公司 | 科技创新领军人才 |
| 施利勇 | 浙江天能能源科技股份有限公司 | 科技创新领军人才 |
| 郭桥生 | 浙江昊能科技有限公司 | 科技创新领军人才 |
| 陈利华 | 浙江浙矿重工股份有限公司 | 科技创业领军人才 |
| 徐一俊 | 浙江中晶科技股份有限公司 | 科技创业领军人才 |
| 周勇涛 | 长兴泛亚照明电器有限公司 | 科技创业领军人才 |

【国家领军型企业】 年内，新增国家领军型企业10家。分别是天能电池集团有限公司(省级)、超威电源有限公司(省级)、诺力智能装备股份有限公司、浙江天能能源科技股份有限公司、浙江超威创元实业有限公司、浙江中山化工集团股份有限公司、浙江达峰汽车技术有限公司、浙江丰帆数控机械有限公司、浙江金三发非织造布有限公司、浙江太湖远大新材料股份有限公司。

【知识产权工作】 年内，新认定浙江海悦自动化机械股份有限公司、浙江锦诚新材料股份有限公司2家国家级知识产权优势企业，新列省级专利示范企业7家、市级专利示范企业6家，超威电源有限公司、天能电池集团有限公司、浙江天能动力能源有限公司3家企业各有1项发明专利获中国专利优秀奖，通过知识产权贯标认证企业14家。至年末，全县专利申请总量6869件，其中发明专利申请2806件，占比达40.9%。专利授权3911件，其中发明授权529件。

## 2018年长兴县新列省级专利示范企业情况

表 88

| 专利级别 | 企业名称 | | 企业名称 |
| --- | --- | --- | --- |
| 1 | 长兴明天炉料有限公司 | 5 | 浙江畅通科技有限公司 |
| 2 | 湖州丰盛新材料有限公司 | 6 | 湖州诚鑫纺织印染有限公司 |
| 3 | 桐昆集团浙江恒腾差别化纤维有限公司 | 7 | 浙江长兴家宝电子股份有限公司 |
| 4 | 浙江中德自控科技股份有限公司 | | |

## 2018年长兴县新列市级专利示范企业情况

表 89

| 序号 | 企业名称 | 序号 | 企业名称 |
| --- | --- | --- | --- |
| 1 | 浙江中德自控科技股份有限公司 | 4 | 浙江鑫涛科技股份有限公司 |
| 2 | 湖州海皇生物科技有限公司 | 5 | 湖州冠炯机电科技有限公司 |
| 3 | 浙江青松轻纺股份有限公司 | 6 | 长兴金发纺织有限公司 |

## 2018年长兴县知识产权贯标认证企业情况

表 90

| 序号 | 企业名称 | 序号 | 企业名称 |
| --- | --- | --- | --- |
| 1 | 湖州冠炯机电科技有限公司 | 3 | 湖州丰盛新材料有限公司 |
| 2 | 长兴艾飞特科技股份有限公司 | 4 | 浙江长兴家宝电子股份有限公司 |

续表 90

| 序号 | 企业名称 | 序号 | 企业名称 |
|---|---|---|---|
| 5 | 桐昆集团浙江恒腾差别化纤维有限公司 | 10 | 长兴明天炉料有限公司 |
| 6 | 湖州诚鑫纺织印染有限公司 | 11 | 浙江宇清热工科技股份有限公司 |
| 7 | 浙江中德自控科技股份有限公司 | 12 | 浙江超威创元实业有限公司 |
| 8 | 长兴泛亚照明电器有限公司 | 13 | 浙江科特高温新材料有限公司 |
| 9 | 湖州海皇生物科技有限公司 | 14 | 浙江金麦特自动化系统有限公司 |

(黄 炜)

【防震减灾】 年内,加强科普宣传,在防震减灾宣传周期间,联系机关事务管理局在行政中心大楼电梯口LED宣传屏播放地震科普视频,联合画溪街道社区,组织开展“5·12”防震减灾宣传活动。开展示范创建,全年联系7家防震减灾科普示范学校(社区),提供《寻源小南海》等地震科普宣传片5个以上,发放《防震减灾从我做起》等一批宣传图册1100余份。

(黄 炜)

## 长兴国家大学科技园

【概况】 长兴国家大学科技园(以下简称“长兴大科园”)是以国内知名高校为依托,充分利用高校科研院所、科研团队在科技、人才、实验等方面的综合资源优势,而建立的从事科学技术创新、科技成果转化与产业化、科创型企业孵化、创新创业人才培育集聚的基地。由长兴县人民政府主办,2015年5月正式开园,是湖州市首个国家大学科技园。位于县经济技术开发区,紧邻风景秀丽的太湖畔,距离高铁长兴站150米,交通便捷。2018年年末,在编人员12人,编外人员11人,内设办公室、招商科、产业发展科、融资服务科4个职能科室。规划建设面积26万平方米,已建成13.28万平方米,实际管理17.28万平方米,划为1个总部、2个分部、1个“加速器”、1个“飞地孵化器”。年内,长兴大科园获评“2017年度国家级科技企业孵化器考核优秀等级”“省级双创示范基地”“浙江‘千人计划’长兴产业园”“湖州市重才爱才先进单位”,是省内优秀国家级科技企业孵化器之一。

【企业引育】 年内,坚持以“培育高新技术企业、推进科技成果转化、培养创新创业人才、促进区域经济发展”为目标,以政府政策导入为推力,以大学合作优势为依托,借助扩展园区空间、搭建服务平台、推进飞地孵化模式、强化科技金融融合等方法,为科研成果转化和知识性创业提供适宜的发展环境和优质的服务,助推县域内以智能装备制造为主的中小科技型企业发展。至年末,新增小升规企业7家,园区工业总产值突破3.5亿元,利税1200万元。累计引进县科技型小微企业130家,其中自主培育国家高新技术企业3家、省科技型中小企业19家、市最具成长性小微企业5家、市最具创新活力小微企业4家、县重点扶持科技型小微企业2家;提供就业岗位1405个。累计引进合作重点高校和地方院校15家,硕士及以上高层次人才166人,其中院士1人、“国千”4人、“省千”4人,入选市“南太湖精英计划”项目20个。经审核,向园区在孵企业共发放“科创贷”33笔,总额达2610万元;园区“启航”天使基金完成投资2家,共计400万元。

【杭州飞地孵化器运营】 年内,“Uni-科创森林”杭州飞地孵化器运营稳步推进,承载空间持续扩容,配套功能不断完善,服务体系日趋成熟,已满足入驻项目不同成长阶段的需求。该孵化器由长兴大科园受县政府委托,为吸引大城市的优质项目,于2016年10月在杭州西湖科技园成立,为全市首家离湖孵化器,创造了“注册在长兴、孵化在杭州、最终回流长兴产业化”的飞地孵化新模式。成立以来,充分利用承办长兴海外高层次人才创新创业大赛、长兴

11月8日,长兴国家大学科技园获批“浙江‘千人计划’长兴产业园” (科技园 供)

（杭州）招商推介会等活动机会做好宣传和推介，杭州飞地孵化器品牌影响力明显提升。至年末，已累计入驻高科技企业23家，引进高层次人才45名，多为欧美海归博士、复旦、交大、浙大等高校创业团队，拥有自主知识产权26项。通过前期园区利用房租减免、税收优惠、基金扶持等要素扶持，飞地企业产业化进程加快。

【融资服务】 年内，积极探索和构建多元化、多层次、多渠道的科技投融资体系，努力搭建"资本"与"智本"的长效对接平台，帮助科技型小微企业健康成长。至年末，累计向园区在孵企业共发放"科创贷"33笔，总额达2610万元；贴息额度从上年度的20%提升至50%。按照"政府引导、市场运作、专业管理、把控风险"的原则，推动设立规模3000万元的启航天使投资基金（以下简称"启航天使基金"），已完成投资2家，共计400万元。

（钱玥萍）

## 气象服务

【概况】 2018年，长兴县气象局内设办公室（县雷电防御管理办公室、行政许可科）、气象减灾科（县人工影响天气办公室）、长兴县气象台（长兴县气象观测站、长兴县气象服务中心）、长兴县防雷中心、长兴县气象灾害防御技术服务中心5个职能科室（下属事业单位）。年末在编人员25人，其中参公人员3人、事业编制人员6人；编外人员16人。年内，县气象局按照"安全、生态、民生、智慧"气象理念，积极融入乡村振兴战略，扎实推进气象现代化建设，强化气象防灾减灾和公共气象服务工作，推动长兴气象事业又好又快发展。被湖州市气象局评为气象服务先进集体，年度目标考核优秀。

【气象监测预报预警】 年内，有序开展县暴雨突发预警发布系统平台建设，完成暴雨精细化监测预报预警工程任务，新建、升级改造8套自动气象站，建成暴雨灾害监测信息平台，实现气象、水利等部门暴雨监测信息的汇总与共享显示。在全县各乡镇、重点部门安装多媒体显示屏23台，逐步建立局预警信息发布端与各预警信息接收终端的快速信息传输通道，通过网站、短信、微博、微信、电视、广播、固定电话、大喇叭、电子显示屏等多渠道向社会快速传播气象监测预警信息。

【气象防灾减灾服务】 年内，做好各类灾害性天气过程的决策气象服务，加强与相关部门的沟通对接，联合做好地质灾害、空气污染的预报预警和风险提醒。重点做好对寒潮、降雪、大风、冰冻、雷电和暴雨等各类灾害性天气过程的决策气象服务工作。完成春运、梅汛期、台汛期、高考以及长洽会、国际环太湖自行车赛、太湖国际半程马拉松赛、葡萄节、杨梅节等县内重大活动的气象专项服务保障工作。制作发布气象内参88期，领导汇报材料136期，决策服务短信285条（23万条余次）；发布各类预警信号53次。不断建立健全"网格化管理、直通式服务、多元化参与"的气象防灾减灾救灾基层网格化组织体系。全年指导完成8个省级气象防灾减灾标准化村（社区）和10个气象灾害应急准备工作认证单位建设。加强与农业、水利、国土、环保、建设等部门的沟通对接，联合做好地质灾害、空气污染的预报预警和风险提醒工作。联合环保和人防办通过国突平台发布预警信息3条，短临预警服务短信31条，与国土局联合发布地质灾害气象风险预警11次，发布专题气象服务25期。联合县教育局在长兴县第二实验小学建立全县首个校园气象防灾减灾实践基地，协办2018年长兴县安全生产综合应急演练。完成全县气象预警信息发布用户库更新工作。与南京信息工程大学合作，完成长兴县精细化气候区划及气候图集制作工作。与科协对接，完成省级气象科普实践基地申报。利用"3·23"气象日、"5·12"减灾日等契机，与减灾委联合开展形式多样的科普宣传活动，提升全社会防范气象灾害风险能力。

【"乡村振兴"气象服务】 年内，深入乡村开展"强化气象保障助力乡村振兴"课题调研，推动气象服务全面融入现代高效农业，建成"直通式"预警短信平台和微信服务群，面向新型农业经营主体包括芦笋、葡萄、紫笋茶、蜜蜂、大闸蟹等产业600余人及时推送精准的气象信息，覆盖率达95%以上。逐步扩大和完善农业气象指数保险，长兴县杨梅气象保险指数通过评审并完成首次赔付。完成晚稻（农鼎天大米）气候品质优质认证工作。结合"精准扶贫"积极为帮扶对象争取政府优惠政策，开展个性化、针对性的气象服务和农业气象知识培训。制作和发布农气周报44期、农气月报10期、农气专题服务12期，重要农气预报14期，发布惠农气象直通车短信143条。年内，建成集农业气象观测、实用技术试验、特色农业服务示范、农业气象科普宣传等为一体的现代农业气象综合基地。基地内主要设置"六区一室"功能区块，主要包括气象服务站业务楼、示范基地农业气象观测站、人影标准化作业点、气象服务站等。10月30日，长兴县现代农业示范基地项目顺利通过省局考核验收。

【人工影响天气作业】 年内，完成烟炉设备购置和作业点选址，为在西北部地形云易生成山区开展AgI烟炉作业方式打下基础，基本建成以火箭弹为主，AgI烟炉为辅的空地一体化人工影响天气作业系统。积极开展人工增雨作业，清明期间，在龙山新区渚山村开展人工增雨作业；强化人工影响天气工作，在森林防火重点区域和现代农业园区开展人工增雨作业选址及建设工作,初步建成标准化示范区1个;与林业局合作成立人工影响天气作业队,开展专业人影知识培训;建立人工增雨作业安全机制以及长效机制。

【防雷安全监管】 年内,积极推动地方各级政府依法履行防雷监管职责,实施防雷监管属地化管理方式。县编委办下发《关于明确乡镇(街道、园区)有关气象工作职责的通知》,明确各乡镇(街道、园区)承担"负责承担本辖区内防雷安全生产监督管理"职责。先后印发《长兴县易燃易爆场危化场所防雷安全监管办法》《长兴县气象局长兴县旅游委员会关于加强A级旅游景区防雷安全工作的通知》《长兴县气象局2018年防雷安全"双随机、一公开"监管工作年度检查计划》等一系列文件,与安监、旅委等多部门合作开展易燃易爆、危化品场所等防雷安全专项检查和全县"A级以上景区"防雷安全普查。全市"AAA级以上景区"防雷安全标准化建设现场会在长兴召开。与高等院校、科研机构广泛开展雷电监测预警科研建设合作,开展三维闪电监测预警防御综合系统建设,为雷电预测预报和气象科研提供基础数据支持。《长兴县基于GIS技术的VLF/LF三维闪电监测预警技术方法研究》课题在湖州市科技局立项。

(许　杰)

## 中国电信长兴分公司

【概况】 中国电信长兴分公司隶属中国电信股份有限公司,2018年下设4个部门、8个支局(2个城镇支局、6个农村支局)、12个邮电所、165个合作门店。年末有在职合同制员工178人,外包员工72人,离退休员工117人。全年长兴电信完成主营收入12355万元,宽带用户数达100165户,移动手机用户数达150071户,天翼ITV用户数达63836户。

【无线网络及光网建设】 年内,无线网络建设长兴完成专项投资1000万元,新建成30个4G基站建设,在城镇及乡村进行信号补盲,通过新开通在网LTE基站扩展4G覆盖面,至年末全县共有4G基站650个、3G基站350个、室内分布260个,基本实现城镇全覆盖,农村覆盖率达99%以上。"光网长兴"专项长兴城区及镇区范围内实现全光网络覆盖,家庭宽带接入速率最高可达千兆,互联网出口带宽达到1.5T(1500G),通过电信"智能组网"模式,为家庭用户提供家庭智能信息化的全盘指导意见和技术手段,大幅提升用户宽带速率及应用感知。

【综合信息服务】 年内,利用物联网、云、大数据等转型业务助推全县信息化、智能化新型城市建设,在政务管理、智慧水利、智慧农业、智慧教育、信息安全安防、环保等领域培育和建设新型服务模式,持续引入"互联网+"概念,利用信息通信技术及互联网平台实现互联网业务与传统行业深度融合,完成全县2000余家企事业单位的综合通信接入,累计为全县20余万客户提供宽带、通讯、数据、信息化服务。

(徐媛媛)

## 中国移动长兴分公司

【概况】 中国移动长兴分公司隶属中国移动通信集团浙江有限公司,成立于1997年7月。2018年下设综合部、市场部、网络部、政企客户部四个部门和雉城、城东、城北、泗安、煤山、和平6个区域营销部。设海兴路、明珠北路、夹浦镇、泗安镇、林城镇、和平镇、虹星桥镇、煤山镇、小浦镇、洪桥镇、李家巷镇、水口乡、吕山乡、槐坎14家营业厅;在金陵中路、金陵北路、洪桥镇、李家巷镇、泗安镇等地新建8家加盟厅,有华顺、和力、天音、志诚、音信、优信等手机大卖场60家,共有营业服务网点200个。年末,公司有员工133人。全年公司运营收入4.69亿元,通话用户数59.11万户,4G终端用户数44.80万户,宽带用户数10万户,服务6000余家集团客户。

【4G基站建设】 年内,规划新建4G基站47个,4G小微站及室内分布149个,完成总投资6000万元。至年末,全县共有4G基站1306个、室内分布系统475个、2G基站798个,实现城镇覆盖率100%,农村覆盖率99%。

(何　慧)

## 中国联通长兴分公司

【概况】 中国联合网络通信有限公司长兴县分公司隶属中国联合网络通信有限公司浙江省分公司,成立于1998年11月。2018年,公司下设3个部门、4个综合区域、3家自有营业厅,共有员工80人。年末,公司主营业务收入6630万元,移动通话用户数6.83万户,固定电话用户数1.05万户,宽带用户数2.80万户。共有移动基站558个,室内分布250套,基本实现城镇全覆盖,农村覆盖率达99%以上。

(翁光剑)

# 教育

## 综 述

2018年，长兴县教育局内设办公室、组宣科、人事科、计财科、基础教育科、职成科、督导室、安全教育科、监察室9个职能科室；下属语言文字办公室、教育工会、服务中心、教研中心、考试中心、技术中心、核算中心、退教协会、团工委、女工委。是年，全县共有普通中学20所（其中高中5所、初中15所）、职业学校4所、中心小学36所、教育实践中心1所、特殊教育学校1所、幼儿园41所、乡镇成人文化技术学校12所，各类民办培训机构31家。全年招收新生25395人，毕业学生23621人，在校学生90291人。年内，全县教育围绕坚持"教育高质量发展"这一核心目标，不断深化"五个年"系列活动，进一步扩大"学在长兴"教育品牌影响力，各项工作全面推进，获得"省教育科学和谐发展先进单位""全国义务教育优质均衡发展县"省级评估。

保障教育经费投入　2018年，全县公办学校教师绩效工资、公用经费、建设经费、教师培训经费以及各专项资金全部纳入财政预算。2018年财政安排幼儿园、小学、初中、普通高中、中职学校日常生均公用经费分别达到960元/人·年、740元/人·年、1000元/人·年、1745元/人·年、3153元/人·年。出台《长兴县发展学前教育第三轮行动计划（2018—2020年）》，县财政对乡镇（街道、园区）新建、扩建中心幼儿园园舍，从原来的1200元/平方米提高到按照1800元/平方米进行补助，新建、扩建幼儿园村教学点，从原来的800元/平方米提高到按照1200元/平方米进行补助，改建公办幼儿园园舍按照300元/平方米给予补助。县财政每年分别安排500万元、300万元、200万元专项资金用于公办幼儿园园舍维修、设备购置和教玩具配备。县财政对创建浙江省一级、二级、三级幼儿园，分别按照2万元/班、1.50万元/班、1万元/班进行奖励。

教育布局规划完善　年内，《长兴县学前教育近期布点规划（2018—2020年）》编制完成并组织实施。长兴县人民政府相继出台《关于鼓励社会力量兴办学前教育促进学前教育健康发展的实施办法（试行）》《关于鼓励社会力量兴办中小学促进民办教育健康发展的若干意见》，新增"政府对社会力量投资新建规模以上民办幼儿园进行奖补"等相关内容。进一步优化城区中小学布局规划，太湖高级中学完成搬迁任务，后洋中学并入雉城中学办学，对后洋中学原校址进行改建后，计划将长兴五小搬入，长兴五小原校址提供给蓝天学校办学。

重点基础设施建设　2018年，全县教育系统重点工程共13个，计划总投资97658万元，其中教育局组织实施建设项目有9个，分别是太湖高中迁建、教育实践中心扩建、实验幼儿园迁建、长兴六小扩建、职教中心实训大楼、技师学院实训大楼、长兴二小扩建、泗安中学和小浦小学市政建设，计划总投资78958万元。乡镇组织实施建设项目有4个，分别是水口中心幼儿园、和平中心幼儿园、小浦中心幼儿园迁建和泗安幼儿园分园新建工程，计划总投资18700万元。截至12月底，太湖高中迁建、教育实践中心扩建、实验幼儿园迁建、水口中心幼儿园迁建、和平中心幼儿园迁建、长兴六小扩建一期、泗安中学和小浦小学市政建设等8个项目已经竣工并投入使用；职教中心实训大楼、技师学院实训大楼、长兴二小扩建等3个项目已经结构封顶；小浦中心幼儿园迁建和泗安幼儿园分园新建等2个项目完成基础施工。

落实教育资助政策　年内，贫困学生就学做到"应助尽助""应免尽免"。外来务工人员子女、残疾人等受教育权利和机会得到全面保障。全面实行"一日一餐"制的家庭经济困难学生免费营养餐制度，坚持每周为家庭经济困难学生免费提供5餐营养餐，为贫困学生补助餐费1000元/生·年。高中段学校家庭经济困难在校学生的国家助学金标准为2000元/生·年。对城乡家庭经济困难寄宿生给予生活费补助，小学、初中补助标准分别为1000元/生·年和1250元/生·年。对长兴籍学生在读大学期间助学贷款利息全部由财政全额补贴。

平安校园建设　年内，全面实施“安全教育实验区”建设。加大对“三防”的投入，提高保安人员待遇由原来的33600元/人·年提高到42000元/人·年，新增校门口防冲撞三角架600余米，寄宿制学校寝室全部安装经外报警装置，3所幼儿园开展通道式门禁系统试点，视频监控、访客系统、电子巡更系统全覆盖。开展消防安全三年翻身仗行动，各校积极安装智能充电桩。全县共有学校食堂90家，学校食堂量化B级及以上比率达到100%，学校食品配送率达100%，新创省级示范型放心消费餐饮单位(学校食堂)20家，湖州市“厨房革命”试点2家。校车接送工作安全、稳定、有序，共涉及28所小学，159条线路，595个站点，投放接送车辆112辆，每天接送小学生6216人。

## 学前教育

【概况】　12月，出台《长兴县发展学前教育第三轮三年行动计划》。年内，全县共有幼儿园41所，其中公办29所、民办12所。公办幼儿园中，省一级幼儿园12所、二级18所、三级11所；民办幼儿园中，省二级3所、三级9所。全县有等级幼儿园41所，等级幼儿园占比100%，普惠性幼儿园39所，普惠性幼儿园占比95.1%。全县共有幼儿教职工2040人，其中园长41人，专任教师1263人，保健员45人，保育员459人，其他后勤员人员232人；教职工中在编人员409人，专任教师幼教高级及以上职称84人；专任教师持证率达100%，大专以上学历占99.2%；园长上岗证持证率达100%。财政性学前经费占财政性教育投入的比例为8.1%。一级幼儿园非编教师待遇达到在编的80%，其他幼儿园人均待遇达到在编的60%以上。

【幼儿园覆盖面扩大】　2018年，全县学前三年入园率达99.6%；100%乡镇(街道、园区)中心幼儿园为公办园，100%乡镇(街道、园区)中心园为等级幼儿园；乡镇中心幼儿园省二级以上比例达95.2%。省三级以上覆盖率为100%。省三级以上幼儿园在园儿童数占幼儿园在园儿童总数的比例达98.9%。出台并实施《长兴县学前教育近期布点规划(2018—2020)》和《长兴县学前教育补短提升工程实施方案》，加快基础建设，全年共新建、改扩建实验、和平、水口3所幼儿园及天平、北杨、明门、刘家渡、计家浜5个教学点。2018年开发区龙溪御庭分园、和平镇中心幼儿园分别顺利通过浙江省二级幼儿园新评与复核，林城镇中心幼儿园天平园区、林城镇中心幼儿园笕桥园区、开发区中心幼儿园翡翠名都分园、李家巷镇中心幼儿园计家浜分园、泗安镇中心幼儿园玉泉分园、煤山镇中心幼儿园新川分园、画溪街道包桥中心幼儿园明门分园、吕山乡中心幼儿园龙溪分园、夹浦镇中心幼儿园鼎甲桥分园9所公办园的分园，大自然艺术幼儿园1所民办园，成功创建浙江省三级幼儿园。

【幼儿教育质量】　年内，全面推进幼儿园课程改革，制定并实施《长兴县学前教育课程发展方案》。利用学习共同体平台，邀请专家分别对各幼儿园课程实施方案进行论证，开展评比活动。深化与华东师范大学的两项合作项目，即“幼儿园课程生活化研究”“长兴县幼儿教师专业化能力培训”项目。2018年5月，成功承办教育部PCK课题全国交流研讨会。2018年秋季开启《幼儿园多元阅读和幼儿阅读能力培养研究》《基于情境的早期儿童数学学习与评价研究》两项国家级课题研究之路，机关幼儿园等8所幼儿园被确定为实验幼儿园，分别在2018下半年开展暑期专题培训与四次专题汇报展示活动。梳理课程生活化工作三年研究成果，开展课程生活化优质课、游戏案例、课程故事等评比活动，2019年1月中旬将举办总结表彰大会。

## 基础教育

【概况】　年内，全县有小学学校36所，在校学生35865人，专任教师1983人；普通中学20所，其中初级中学15所，普通高中5所，在校学生分别为17721人和9196人，专任教师分别为1497人和888人。全县义务教育阶段的入学率达到100%，巩固率达到100%；三残儿童入学率达100%；初中升高中段比例达到99%，普职比为1∶0.91。

【义务教育】　年内，进一步增强教育服务能力，在小学施行早上推迟上学工作，在城区小学推行小学生放学后校内托管服务工作，有效解决学生上下学接送困难。进一步规范学校体育特色项目建设与县少体校体育项目建设的融合，制定《长兴县规范城区学校体育特色项目建设实施意见(试行)》。制定《长兴县义务教育阶段学生学籍管理办法实施细则》《长兴县全日制普通高中学生学籍管理办法实施细则》，学籍管理人籍一致工作得到进一步落实。深化义务教育课程改革工作，组织开展长兴县第二届义务教育“精品课程”评比活动，长兴县第一小学《玩转长兴》和长兴县李家巷中学《绿色无公害蔬菜种植学习和创新》等18项精品课程分获一、二等奖。初中学校国家基础课程分层走班教学改革工作有序推进，七、八年级课内分层教学、九年级分层走班教学的课改模式在积极探索中。中考考试招生制度进一步完善，出台《关于进一步规范中考录取优待服务政策的通知》，对军人、烈士、公安民警、少数民族、港澳台籍等考生在中招中考中所享受的有关政策作出具体规定。出台《长兴县初中阶段学生综合素质评价实施办法(试行)》,启动初中阶段学生综合素质评价工作,从2018年秋季入学的初中一年级学生开始施行。心理健康教育工作进一步强化,新增金陵高中等3所学校为省中小学心理健康教育示范点、长兴泗安中学等21所省中小学心理健康教育标准化学校,标准化完成率达到78.2%。启动利用管理系统做好《义务教育学校管理标准》实施推进工作。残儿入学,义务段持证残疾儿童入学率达到99.52%。安排11281名外来务工随迁子女学生就读,在公办学校就读比例为92.96%。

**【学校德育】** 年内,学校德育品牌建设成果初显。职教中心"寝室导师制"荣获浙江省德育品牌,吕山小学、泗安小学、包桥小学获国家少工委颁发的全国动感中队称号。传统文化教育得到进一步深化,大力推进"戏曲进校园"活动,其中,小浦小学荣获"全国中小学中华优秀文化艺术传承学校"。国防(人防)教育进一步深入,槐坎小学荣获全国"国防教育示范学校",泗安中学、太湖高中、职教中心荣获全国"国防教育特色学校"。班主任能力建设得到进一步加强,职教中心吴欢等6人荣获市班主任能力大赛精英赛一等奖,朱敏等12人获普及赛一等奖,成绩居全市第一。实验中学钱伟艳获省班主任能力大赛二等奖、王柳红、林媛媛获省三等奖。法治教育进一步拓展,长兴县教育局荣获第二届全国青少年学生法治知识网络大赛教育行政单位(区县级)优秀组织奖,长兴县第二实验小学、林城中学等2所学校荣获学校优秀组织奖,长兴县和平镇中心小学等9所学校荣获学校组织奖。组织开展宪法等法律的普及工作,古城中学张心童等多名学生在湖州市"我与宪法"演讲比赛中获奖。在禁毒教育进一步发展,职教中心荣获"全国青少年毒品预防教育'6·27'工程示范学校"。推进"垃圾分类"进校园工作,开展"两山"思想的教育,多篇征文在湖州市获奖,并选送30名"两山少年"参与市级评比。

**【科技教育】** 年内,组织学校参加县科技节系列活动。4月至12月,教育局、科协会同湖州市科协科开展科普大篷车进校园活动,共八场,6576名学生参与活动;9月27日,邀请中科院老科学家进校园作科普报告八场,3120位学生聆听报告。9月至12月,组织开展青少年科技创新发明、科技论文、科技实践活动、科幻画等竞赛活动,共申报项目346项,其中一项荣获省一等奖,五项获省二等奖,三项获省三等奖。11月全县六所学校被评为首批"湖州市科技创新教育特色示范学校"。12月,组织全县中小学生信息学竞赛,共人参与。

**【学校体育教育】** 年内,组织开展长兴县第十届体育节,学生100%参与。吕山小学被命名为全国青少年足球特色学校,煤山中学、虹星桥中学、华盛高级中学被命名为省青少年足球特色试点学校。全县所有公办学校全部向社会开放。全县100%中小学校完成学生体质健康水平测试,合格以上比例达到98%及以上。在林城小学、夹浦中学建成笼式足球场。实验初中获湖州市中学生篮球比赛冠军;长兴中学获得湖州市中小学生田径运动会团体总分第一名;长兴八小荣获2018年浙江省青少年阳光体育(体育传统项目学校)小学生篮球比赛男子乙组第六名;长兴中学荣获ZS B L浙江省第十一届中学生篮球联赛晋级赛(甲组)高中组男子组二等奖。

**【学校艺术教育】** 年内,组织举办长兴县第十六届中小学艺术节,其中表演类分戏剧、舞蹈、器乐、声乐、朗诵等137个节目,绘画类分国画、西画、儿童画共406人参加,书法类分毛笔书法、钢笔书法、篆刻共447人参加。在县级比赛的基础上,选送艺术表演类节目19个,美术类作品59件、美育改革创新优秀案例、学生艺术实践工作坊20个参加2018年湖州市中小学生艺术节。选送4个节目参加2018年湖州市中小学生艺术节现场朗诵比赛并分获一、二等奖。长兴二小苏卢奕《福妮儿》推送参加省赛获一等奖。目前该节目入围报送全国展演的候选名单。10月在义乌举办的2018年浙江省中小学艺术节的决赛中,艺术高中《渔阳鼙鼓动地来、一窝雀》获得2018年浙江省中小学生艺术节现场展演中学组声乐类一等奖,小浦小学《包龙图打坐开封府》获得2018年浙江省中小学生艺术节现场展演小学组戏剧类一等奖,长兴县第二实验小学《老上海·街头》获得2018年浙江省中小学生艺术节小学组舞蹈类一等奖。2018年浙江省中小学艺术节上长兴县艺术高中被评为优秀组织奖。12月选拔9个节目参加湖州市元旦文艺会演,获一等奖5个,二等奖4个。组织参加第三届湖笔书法比赛,钱溢妍等245名学生获一等奖。在"守护未来·我是国防小卫士"全国青少年书画征集展示活动中,实验小学胡丰馨等3名学生获书法一等奖、6人获二等奖。

**【招生考试】** 年内,深化招生考试制度改革,全面实施招生考试"阳光工程",制定《2018年长兴县小学招生实施办法》《2018年长兴县初中招生实施办法》。全县体育与文化考试都是5376人参考。17个考点,186个试场。2018年全县高考普通类第一段上线785人,上线率27.3%,刷新历史纪录;全县高职上线498人,上线率92.6%,其中本科50人。长兴中学胥嘉政以711分获全省第三(全市第一),5人进入市前十名,4人被北大清华录取。

**【现代教育技术】** 年内,全县普通中小学教育技术装备经费总投入5479.51万元,生均教育技术装备经费投入881.63元。至年末,全县教育系统共配备计算机18689台,其中当年新增电脑987台,计算机总值达8439.68万元,全县普通中小学生机比为3.33∶1,有效生机比为4.72∶1。全县所有普通中小学(含民工子弟学校和民办学校)校园网拥有率为100%。全县已千兆接入省教育计算机网的学校(除教学点和民办学校)为100%,全县所有普通中小学(含民工子弟学校和民办学校)教室多媒体占有率达到100%。学校多媒体总数2717套,其中交互式多媒体1932套,交互率为71.1%。至2018年年底,全县普通中小学无线网络全覆盖,建有创新实验室45间,移动终端进一步扩面。历年累计藏书总金额2468.7万元,总藏书量(不含电子图书)258.4万册,生均藏书量41.46册。全县共建有录播教室50间。"三云"工程全部完工。2018年配备心理健康示范校3所,心理健康标准化学校34所。5月,浙江省网络学习空间应用培训活动在长兴县举办,长兴县两名教师进入之江汇省级讲师团,有5个空间应用案例入选省级案例。

## 职业教育与成人教育

【概况】 2018年,全县有长兴职教中心、长兴技师学院、湖州中等卫生专业学校、湖州清泉职业高中等4所职业学校。全日制在校学生8806人,年内招生2862人,其中新疆班新生83人,职普比持续保持1∶1,全县应届中职毕业生2809人,就业1747人,升学1062人,就业率100%,95%以上的学生在本地企业就业。成人文化技术学校共有15所(原雉城中心成校分为雉城街道成校、画溪街道成校、龙山街道成校、太湖街道成校),其中省示范成校7所,13所成校达到省标准化成校标准(画溪街道成校成为省标准化成校)。全县有县级社区学院1所,乡镇(街道)社区教育中心15个,村(社区)市民学校247所。长兴县成为省学习型城市,入选2017年度浙江省职业教育绩效挂钩考核发达地区优秀单位,成功创建全国首批数字化学习先行区。

2月11日,省委教育工委委员、教育厅副厅长朱鑫杰(左三)一行到长兴县职教中心,慰问内地新疆班师生 (教育局 供)

【职业教育】 年内,继续开展普职融通班试点,长兴职教中心与华盛高中、长兴技师学院与长兴太湖高中合作各联合招生一个班,一个学期后分流10%到普通高中公费班学校;在"省三名工程"建设方面,第一批三名工程长兴职教中心的省中职名校、霍永红机电名师工作室、新能源汽车优势特色专业,长兴技师学院的机电技术应用品牌专业、方彧胤申报技能大师工作室通过中期验收,长兴职教中心的寝室导师制成为省德育品牌、长兴技师学院的胡勇雄成为省优秀毕业生。现代学徒制深入推进,逐步完善六种现代学徒培养模式:整体推进式、联盟组团式、产业学院嵌入式、成人双元制式、工作坊式、外联内训式。校企合作专业更全面,实行现代学徒制的专业扩展到电气、机电、数控、汽修、烹饪、餐饮服务、护理、药剂、财会、学前教育、电子商务、影视技术、导游等13个专业,32个班级1727名学徒,参与企业43家。在学生技能大赛中,各校开展"面向人人"技能竞赛,做到参与面达到100%。在人人参加技能大赛的基础上,组织学生参加市级以上各类技能大赛,取得优异成绩,其中长兴职教中心机器人技术项目的杨俊、王雨凡同学,液压与气动系统装调与维护项目的徐敏杰、凌澳同学,湖州卫校护理项目的赵小颖同学、长兴技师学院建筑智能化系统安装与调试项目的黄涛涛、徐俊同学代表浙江参加全国技能大赛。徐敏杰同学获全国一等奖,杨俊、王雨凡、凌澳、赵小颖、黄涛涛、徐俊获二等奖。

【成人教育】 年内,全县各成校开展各类实用技术和技能培训163849人次,全县农村劳动力培训率达52.3%;开展成人"双证制"教育培训,全年共新注册学员1602人,毕业956人,超额完成省定目标任务;积极开展扫盲教育培训,共完成扫盲613人,其中残疾人青壮年扫盲完成49人,超额完成年度目标任务,全县总文盲率从5.1%降低到1.3%;家政培养培训2252人;农村预备劳动力培训完成318人;农民大学生培养212人。各乡镇成校积极服务龙之梦项目,开展保安、餐饮服务员、保洁员、动物饲养员、绿化工等培训超过1000人次。煤山成校、夹浦成校成为省现代化成校、雉城成校的农家乐厨师培训项目和泗安成校的园林绿化技能培训项目成为省成教品牌项目。

【社区教育】 年内，全县乡镇成校服务农村文化礼堂的工作在全省交流，“百场送教进文化礼堂”项目成为全国终身学习品牌，泗安成校推荐的童鸣初被评为省学习之星。长兴社区学院的“百场送教进文化礼堂”、“社区教育专职教师专业发展培训”评为省电大系统非学历教育培训品牌。11月，在泗安镇举办第六届全民终身学习活动周启动仪式，评选出“百姓学习之星”10人、县级社区教育优秀志愿者11人。全县开展各类社区教育培训活动，275374人参与社区教育培训活动，完成常住人口的42.9%，老年教育培训54519人次，占老年人数的53.1%。

## 特殊教育

【概况】 年内，保障每个残障儿童的受教育权，加快特殊教育与普通教育的融合，特殊教育已向学前教育和高中教育延伸，形成培智学校集中教育为骨干，普通中小学随班就读为主体，送教上门和卫星班为补充的特殊教育格局。全县残儿入学，持证残疾儿童入学率达到89.9%。全县336名特殊教育学生，在普通学校随班就读145名，送教到家87名，义务段残障儿童的入学率为99.5%。年内，县抽调有运动特长的随班就读学生组成运动队，加强集训，代表湖州市参加省残运会的特奥运动项目，取得6金4银8铜的成绩。全年共完成6562位小学新生的建档与5767位初中、3018位高中新生的迁、建档工作。

## 民办教育

【概况】 年内，全县民办幼儿园12所，在职教职工243人，在园幼儿2707人；义务段民办学校4所，在职教职工511人，招收新生1722人，毕业学生1925人，在校学生8011人；民办普通高中3所、职业高中1所，在职教职工658人，招收新生2219人，毕业学生2090人，在校学生5869人。按照《中华人民共和国民办教育促进法》《浙江省幼儿园申办审批办法（试行）》和《浙江省幼儿园准办标准（试行）》，新批2家民办幼儿园，5月份组织实施民办教育机构的年度检查。9月份，联合各部门对民办幼儿园和民办培训学校进行开学安全工作集中检查。根据教育部办公厅等四部门联合下发的《切实减轻中小学生课外负担开展校外培训机构专项治理行动的通知》《长兴县开展中小学生校外培训机构专项治理“百日攻坚”行动方案》文件精神，帮助机构规范提升22家，通过整改获得许可证34家，取缔关停57家，提升校外培训机构的软硬件设施水平，校外培训机构进入规范运营的新常态。

## 教育管理

【概况】 年内，做好义务段教师校长交流，以及教师职称评定，抓好教师人才队伍建设，学习践行“长兴精神”，强化党员干部队伍建设。

【教师职称评定】 年内，做好义务段教师校长交流工作，全年参与交流的校长教师数108人，名优教师36人。初级职务初定通过419人，中小学高级教师（小学）评审通过11人；中小学高级教师（中学）评审通过43人，中专讲师4人，中小学一级教师（中学）评审通过82人，中小学一级教师（小学）评审通过65人，研究生初定中小学一级教师（中学）11人，其中1人申报正高级职称被湖州市推荐到省参评。

【名师队伍建设】 年内，开展以“养师德潜心育人 建教育‘绿水青山’”为主题的师德师风建设，并进行感动长兴教育人物的评选。加大名优教师引进力度，共柔性引进3位特级教师，新增12个名师工作室。加强特级教师后备人选培养力度，确定第三届省特级教师评选后备重点培养15名。开展县第七届名师名校长评选工作，共评出100名名师和17名名校长。

【督导工作】 年内，完成全国义务教育优质均衡发展县的省级验收工作。2018年9月申报全国中小学校责任督学挂牌督导创新县，并不断推进全国责任督学挂牌督导创新县的迎评创建工作。以专项督导促义务

9月8日，长兴县召开庆祝教师节暨“感动长兴教育人物”颁奖大会，庆祝第34个教师节
（教育局 供）

教育优质均衡发展,5月和9月开展"全县中小学校园文化建设专项督导";6月至7月开展开"学校管理工作年度考核和发展性评价考核工作专项指导"等专项督导。推进长兴县品牌学校创建工作,组织实施各校特色项目的创建与认定和品牌学校的创建与评选工作,评选出4所品牌学校创建先进学校和16个特色项目。

【科研成果】 年内,共立项省级课题10项、市级课题94项、县级规划课题371项,其中2项成果在2018年浙江省教研课题成果评比中获奖,53项成果获得湖州市教育科研优秀研究成果,28项成果获得第十三届湖州市教学研究系统课题研究成果。216篇论文在2018年度湖州市教学研究论文评比中获奖,267篇论文获湖州市教育学会2018学年度教科研成果奖。全年共有263人次获省级以上各类学科竞赛奖,其中48人次获得一等奖。302人次获在第十届浙江省少年文学之星征文比赛获奖,其中一等奖55人。有24名教师在省优质课评比及各类教学类比赛中获奖,其中全国一、二、三等奖分别2人、2人、5人,10人次获省一等奖;468人次在市优质课评比及各类教学类比赛中获奖,其中144人次获一等奖。

## 语言文字工作

【概况】 3月,召开全县区域推动语言文字规范化工作动员大会。5月至7月,组织开展相关人员普通话培训与等级测试工作,232名全县乡镇公务员与公共服务窗口工作人员、92名教师参加培训考试。至11月,长兴县全县所有中小学幼儿园均已达到县级及以上语言文字规范化学校要求,其中国家级1所,省级4所,市级31所,县级54所。太湖街道等8个乡镇(街道)成为全县第一批语言文字规范化乡镇(街道)。开展长兴县2018年县域普通话普及情况调查,采集样本量470余份。

年内,组织全县中小学校开展诗词大会,各校通过校级初赛、县选拔赛、市复赛,有11名学生进入市级总决赛,最终长兴中学张越获得冠军,长兴中学费润苏获得季军。古诗文诵读逐步走向深入,组织长兴县第十届中小学生经典诵读比赛,共计372人参加。长兴一小《卖炭翁》、长兴县艺术高中《我的"自白"书》、长兴职教中心《就是那一只蟋蟀》等获湖州市经典诵读比赛一等奖。组织全县中小学幼儿园参加第21届推普周活动。组织开展2018年长兴县中小学生规范汉字书写大赛,共有作品290余副。选送参加第十届湖州市中小学生规范汉字书写大赛,长兴县和平镇吴山中心小学李万琪等8人获一等奖、长兴县第四小学臧朱妍等16人获二等奖。

## 重点学校选介

【长兴中学】 创办于1940年,1998年被省教委认定为"省一级重点中学"。2009年,学校被中央文明委授予"全国文明单位"称号,2014年4月被授予首批"省一级普通高中特色示范学校"。校园现占地14.40公顷,建筑面积6.10公顷。学校把"以学生的终身发展为本"作为办学理念,坚持"德育为首、教学为主、全面育人"的办学宗旨,致力于培育本土情怀与国际视野相融合的现代文明人。2004年至2016年间,长兴中学学生先后15次获得高考湖州市文理科第一名,其中,2012年学生杨纯子获得浙江省文科第一名,2016年学生张振宇获得浙江省理科第一名,共有47名学生被北大、清华录取。2013年、2014年学校连续获得北京大学"中学校长实名推荐制"资质。

2002年开始推行的"德育导师制",在全国"未成年人思想道德建设工作创新奖"案例评比中获得一等奖,新华社、《人民日报》《光明日报》、中央电视台《新闻联播》栏目等国家级媒体相继进行深入报道。2011年,德育案例《中小学德育导师制的深化和拓展》被教育部评为"全国中小学德育工作优秀案例"。大力开展群众体育活动,培养体育竞技人才,是学校办学的又一大特色。学生男子篮球队实力雄厚,曾三次荣获省级冠军,一次荣获全国冠军;学生女子排球队获2012年浙江省体育特色学校女子排球(高中组)冠军;学校还先后输送周苏红、李荣祥、计凤琴等一大批国家级优秀体育人才。

【长兴职教中心】 2000年7月,县委、县政府将原长兴煤田职工地质学校与原长兴职业技术学校合并,组建成立长兴县职业技术教育中心学校。本部校址位于雉城镇清文路52号,原长兴职业技术学校为城西校区,位于环沉。次年,长兴高级职业中学并入。2007年,城西校区撤并至本部,学校现址为雉城街道职教路136号,占地22.67公顷,建筑面积10公顷,在校学生4000余。先后获得浙江省一级重点职业学校、国家级重点中等职业学校、全国职教先进单位、浙江省先进制造业技能型人才培养培训基地、全国中职学校德育工作先进集体等荣誉称号。

学校坚持以质量求生存、以创新求发展的发展理念,结合学校特色和学生实际,实施一系列具有开创意义的改革举措。学校实施"亲情化、个性化、规范化、社会化"德育工作模式。并逐渐形成"寝室德育导师制""德育实践周""青年志愿者"等一系列在全省具有影响力的德育品牌。学校探索"双师型教师校本培训模式",引起广泛关注。以此为核心开展的课题研究成果,荣获浙江省人民政府颁发的第三届职教成果一等奖。学校还根据实际需要,实施"第三学期制""教室车间化""小导生制""AB班教学"等教学改革举措,取得积极成效。

(黄牛春)

## 综　述

2018年，长兴县文化广电新闻出版局(体育局)内设办公室、文化事业科(非物质文化遗产保护办公室)、体育事业科、行政许可科(文化市场管理科、新闻出版管理科、法制科)、广播电视事业科、文物科、组宣人事科、文化产业科职能科室8个，下辖县文化(体育)市场行政执法大队、县文化馆、县图书馆、县博物馆、县新四军苏浙军区纪念馆、长兴体育中心(县少年儿童业余体校)1个大队及5个直属单位。共有行政编制人员12人，参公管理事业编制12人，事业编制81人，其中局长、党委书记1人，党委委员、副局长5人，副局长1人，党委委员1人；编外用工88人。

年内，全县文化事业和文化产业蓬勃发展，全民健身和竞技体育全面展开，文体共建共享水平不断提升，先后获得多项荣誉。长兴县获得2014—2017周期浙江省竞技体育突出贡献奖的荣誉称号(全省仅十个获奖县区)；长兴县被选为浙江智慧文化云(省级试点)单位；长兴少体校被体育总局排球中心评为“全国排球高水平后备人才基地(2018—2021年)”；新四军纪念馆获评“全国中小学生研学实践教育基地”；长兴图书馆被评为2017年全民阅读先进单位；长兴图书馆(浙江作家文库)被中国图书馆学会阅读推广委员会评为2018年“发现图书馆阅读推广特色人文空间”三等奖，被浙江省图书馆学会评为2018年“发现图书馆阅读推广特色人文空间”二等奖，获2018年“发现图书馆阅读推广特色人文空间”组织奖；两家城市书房对外开放，长兴县公安局警察书屋被公安部评为全国警察书屋建设示范点；“文化礼堂志愿者助力乡村振兴”项目入围省第四批公共文化示范项目创建资格(全省仅7个，全市唯一一个)；长兴县乡村文艺辅导团经过三年创建，获省文化厅颁发“省级基层公共文化服务创新项目”；百叶龙出访埃及；长兴鸳鸯龙进京参与“一带一路”文化交流；太湖街道成功创建浙江省文化强镇，夹浦镇丁新村成功创建浙江省文化示范村。以围甲、马拉松、自行车三大品牌赛事为抓手推进“环太湖赛事之城”品牌打造，中国围棋甲级联赛(长兴专场)蝉联浙江省重点品牌体育赛事，环太湖国际公路自行车赛获浙江省十佳商业体育赛事，太湖(长兴段)获评浙江省十大运动休闲湖泊；县体育局和县少体校在湖州市第十三届全运会表彰会上获2个集体三等功、1名个人三等功、4名个人嘉奖，居三县两区第一；第十六届省运会夺金目标超额完成，共收获金牌83.25枚，力助湖州市收获全省第五的历史最好成绩，长兴县共获得集体二等功2个(其中长兴县获市二等功表彰提名，县区中唯一一个)、个人二等功4人、个人三等功4人、个人嘉奖5人；县体育局被评为2014—2017年度浙江省群众体育工作突出贡献单位；郑福年成功获评第五批国家级非物质文化遗产代表性项目代表性传承人。

## 文化设施

**【概况】** 2018年，全县有县文化馆、县艺术馆、县图书馆、县新华书店各1家；有乡镇(街道、园区)综合文化站15个；245个村(社区)均建有文化活动室，其中省级文化示范村(社区)17个。有农村文化礼堂123家。年内，“书香长兴”五项基础建设稳步推进，新建成城市书房2座并顺利对外开放，完成10家阅读角、10个阅读之家建设和图书馆数字化改造。积极实施公共文化服务“十百千”工程，共确定1个重点乡镇(李家巷镇)、15个重点村进行提升。煤山文体中心已投入使用，和平文体中心建设进入尾声。17个综合文化站完成安装统一文化站标识。泗安、煤山图书馆分馆开馆。

**【长兴县文化馆】** 位于雉城街道台基路9号。建筑面积11048.45平方米，共三层，一楼设351座小剧院、排练厅、视觉艺术展厅，二楼设培训室、录音棚、非物质文化遗产展示厅，三楼为多功能展示厅及办公区域，馆外有一个150平方米的露天舞台。2004年被文化部评为国家一级文化馆。年末，县文化馆有大型活动部、综合业务部、视觉艺术部、艺术培训部、非遗办5个内设机构，工作人员42人。馆内实行免费开放，全天候开放一楼展览厅、小培训室、舞蹈房、排练厅等场地。

1月13—14日，由长兴县文广新局主办、长兴县文化馆（非遗中心）承办的长兴县非物质文化遗产集市在长兴县文化馆的露天舞台举行　　（文广旅体局　供）

**【长兴县艺术馆】**　位于雉城街道台基路99号。2012年12月成立，隶属县文联。事业法人机构，设编外人员7人。馆内使用面积3000平方米，设公益展厅、艺术家沙龙、培训教室。实行公益展览免费开放，开展艺术家创作交流和青少年美术培训活动。

**【长兴县图书馆】**　位于龙山街道植物园路2号。占地面积8公顷，建筑面积11000平方米，有1000多个阅览座位、1000多个网络节点、120个座位报告厅1座、300个席位培训室8间、130个座位电子与多媒体阅览室1间。2010年被评为国家一级图书馆。年末，县图书馆有办公室、采编部、流通部、网络部、少儿部、基层服务部5个内设机构，在编人员21人，编外27人；馆藏文献总量507899册。全年上架新期刊668余种7630余册，报刊84余种，接收新书16597余册，持证读者67523张，图书总流通1021234人次，文献流通1012568册次。新市民天天影院播放免费电影近300场，接待观影者8863人次。全县有乡镇（街道）图书分馆5个。

**【长兴新华书店】**　位于雉城街道解放西路1号，营业面积2000平方米。年末，有营业人员30人，图书音像品种35000种，销售额4750万元。下属泗安直营店1家，有和平、煤山、水口、夹浦、李家巷店和城区北门店、开发区白溪店、龙山街道陈家桥店、东鱼坊店共9家加盟店。

**【乡镇综合文化站】**　年内，全县共有乡镇（街道、园区）综合文化站15个，文化站舍面积4.10万平方米，活动室84个，藏书12.55万册。

## 2018年长兴县各乡镇（街道、园区）综合文化站情况

表91

| 乡镇(街道) | 省级称号 | 文化站舍面积(平方米) | 活动室(个) | 藏书量(册) | 命名单位 |
|---|---|---|---|---|---|
| 洪桥镇 | 浙江“东海文化明珠”(2004年、2009年复评)、省一级文化站(2009年) | 800 | 6 | 19000 | 省文化厅 |
| 泗安镇 | 省特级文化站(1989年)、浙江东海文化明珠(2008年、2009年复评)、省一级文化站(2012年)、省文化强镇(2013年) | 11391 | 10 | 30000 | 省文化厅 |
| 小浦镇 | 浙江“东海文化明珠”(2004年) | 1000 | 5 | 7000 | 省文化厅 |
| 吕山乡 | 浙江“东海文化明珠”(2004年、2009年复评) | 1000 | 4 | 15000 | 省文化厅 |
| 煤山镇 | 浙江“东海文化明珠”(2003年、2009年复评)、省一级文化站(2012年)、省文化强镇(2015年) | 10588 | 10 | 30000 | 省文化厅 |
| 林城镇 | 省特级文化站(1989年)、浙江“东海文化明珠”(2004年、2009年复评) | 1110 | 4 | 10000 | 省文化厅 |
| 虹星桥镇 | 省一级文化站(2012年) | 1500 | 12 | 3000 | 省文化厅 |

续表 91

| 乡镇(街道) | 省级称号 | 文化站舍面积(平方米) | 活动室(个) | 藏书量(册) | 命名单位 |
|---|---|---|---|---|---|
| 夹浦镇 | 浙江“东海文化明珠”(2007年)、省一级文化站(2012年) | 1000 | 4 | 3000 | 省文化厅 |
| 水口乡 | 浙江“东海文化明珠”(2006年、2009年复评)、省一级文化站(2009年) | 1100 | 7 | 8000 | 省文化厅 |
| 和平镇 | 省一级文化站(1989年)、浙江“东海文化明珠”(2001年、2009年复评)、省一级文化站(2012年) | 2500 | 5 | 3000 | 省文化厅 |
| 李家巷镇 | 省一级文化站(1989年)、浙江“东海文化明珠”(2006年、2009年复评) | 1500 | 4 | 3500 | 省文化厅 |
| 画溪街道 | 浙江“东海文化明珠”(2005年、2009年复评)、省一级文化站(2012年) | 2500 | 3 | 10000 | 省文化厅 |
| 太湖街道 | 省文化强镇(2015年) | 2500 | | | 省文化厅 |
| 龙山新区 | 2010年设立 | 2000 | 4 | 6000 | |
| 雉城街道 | 2010年设立 | 500 | 6 | 5000 | |

【农村文化礼堂】 年内，以文化礼堂为代表的村级文化设施得到大力推进，全年续建及新建文化礼堂26家。出台《关于推进农村文化礼堂长效机制建设的实施意见》和《农村文化礼堂长效管理评定补助奖励办法》，着力推进文化礼堂建管用育一体化机制。至年末，全县共建成农村文化礼堂123家。

【长兴(太湖)博物馆】 年末，县博物馆共有在编工作人员21人，编外8人。馆藏文物1万余件，其中登记在册6069件，入总账5668件，计石器390件、玉器94件、陶瓷器1087件、青铜器611件、铁器203件、金银器157件、书画400件、古籍670件、契约证件1239件、钱币182件，杂件635件。已鉴定属国家珍贵文物609件，其中一级24件、二级65件、三级520件。

年内，长兴(太湖)博物馆加快建设，于12月下旬完成竣工验收。总占地面积5.33公顷，建筑面积3.1公顷，总投资2.51亿元.按照国家二级博物馆标准建设，设置环太湖城市联盟展厅、太湖人文历史展厅、太湖自然资源展厅等展厅，叙述发生在太湖流域的各种自然与人文故事，充分展现太湖的自然属性、人文属性、资源属性以及环太湖流域历史、文化、自然、生态、民俗等，是一个兼具文化展示、教育旅游、休闲体验的文化综合体。特别是馆藏文物丰富，文物价值极高，已达1万余件。建筑规模、硬件设施、藏品品质和数量均处于同级博物馆前列，也是目前环太湖流域唯一以太湖为主题的专题类博物馆。

【长兴县新四军苏浙军区纪念馆】 年内，县新四军苏浙军区纪念馆有在编工作人员5人，编外13人。年末，县纪念馆馆藏文物共1077件，基本属革命文物，含珍贵文物285件，其中一级4件、二级16件、三级265件，主要类型为衣物、票证、生产生活用具、武器弹药、地图、公文、通告、字画等。全年接待各地观众151420人次。

## 社会文化

【概况】 2018年，全县有基层文化工作者280人；有业余文艺团队和民间艺术团队300支10000余人，其中有注册民间文艺演出团体31家，演员1336人，全年完成各类演出1000余场，观众达20万人次。全县登记在册的演出团体中有限公司有长兴百叶龙演出有限公司、长兴众艺演艺有限公司、长兴祥程影视传媒有限公司、长兴虹星桥刘井舞狮有限公司、长兴和睦塘文化发展有限公司5家，个人或集体经营的业余文艺团体有26家。

年内，累计组织开展基层群众文化惠民活动4067场，送书下乡23047册，其中送戏下乡100场，送(讲座、展览)60场，各乡镇(街道、园区)综合文化站开展活动469场，开展文化礼堂活动3262场，“瑞犬迎春”文化惠民活动8场，邀请浙江省钱江浪花艺术团及长兴百叶龙艺术团为基层演出10场。将“走出去”和“迎进来”有效结合，开展文化走亲106场。以农村文化礼堂为载体，开展2018乡村春晚46场。浙江艺术职业学院来长开展“助力乡村文化振兴”文化礼堂大巡演和采风活动6场。指导各乡镇(街道、园区)开展文化礼堂活动2711场。“舞动梦想”排舞大赛、乡村春晚等群众文化活动品牌特色彰显。举办长兴与西湖区、淳安县、松阳县、桐庐县、义乌市以及省青年书协、温州市文化馆等多场文化交流活

4月26日上午，执法大队与局文市科、文体经营者总会联合县科技、工商、法院市中院等部门在城区中心八佰伴商场前小广场开展以“护助少年儿童健康成长，拒绝有害出版物及信息”为主题的长兴县“护苗2018．绿书签”系列宣传活动 （文广旅体局 供）

动，组织“大美西湖锦绣长兴”两地摄影展、“紫笋对话龙井”两地茶文化交流活动。日常展览定期举办，如纪念改革开放40周年长兴县油画大展、严伟琪个人展、省青年书协走亲展等。“全民阅读月”全民阅读启动仪式开展以来，共举办共读一本书、阅读沙龙等“五项阅读”系列活动200余场，讲座29场、展览20余场。

【文化培训】 年内，利用浙江职业艺术学院的师资力量，合作开设公共文化服务培训班，一期学员40人，每月2次，为期一年，持续提升局系统年轻干部和基层文化骨干力量的专业水平。农村文化礼堂管理志愿者培训，共四期，每期培训90人次。组织“太湖风”排舞公益培训、全民健身公益培训等，培训群众1万多人次。壮大民间文艺社团，通过政府购买服务，由民间歌友协会、红霞艺术团等13个优秀文艺团队送演出进村进社区45场。

【文艺创作活动】 年内，共创作、规划文艺作品174件，其中表演艺术类24件、视觉艺术类150件。在2018年南太湖艺术节上，有9件表演艺术类作品入围决赛、150件作品参加视觉艺术大展；承办戏剧曲艺专场比赛和水彩粉画大展展览，共获6金14银的好成绩（全市共12枚金牌）；县文广新局获“优秀组织奖”。一批文艺作品入选省市赛事，小品《碇步桥上》获省第二十九届戏剧小品邀请赛银奖；《梅花与桃花》获省新农村建设题材小戏会演入围奖；舞蹈《妈妈的味道》参加省群众舞蹈大赛决赛等，有3名画家创作的美术作品入选庆祝改革开放四十周年弄潮杯浙江省中国画大展。21个表演艺术类作品、10个视觉展览入选湖州市2018—2021文艺创作题材规划。群舞《门神谣》、花鼓摊簧《龙船王》、舞台剧《醉美太湖》申报国家艺术基金项目——2019年度舞台艺术创作资助项目。策划编排舞蹈《面朝大海，春暖花开》、花鼓摊簧《第一村》、音乐快板《长兴精神大家赞》、诵读《四十年的我们》等文艺作品，结合“送戏下乡”进行百场文艺巡演宣传改革开放成果。

（史佳琪）

## 文学艺术

【概况】 年内，县文联围绕时代主题，积极开展文艺创作。完成长篇文学作品（初稿）2部，分别为引进中宣部“四个一批”人才、著名作家李朝全创作的长篇纪实文学《最好的时代》，长兴本土作家田家村创作的长篇儿童文学《神写国》。报告文学《一路同行》获全国报告文学征文大赛二等奖。美术、书法、摄影、民间文艺等艺术门类获全国级别奖项共13次，省级奖项共50余次。

### 2018年长兴县各类文艺作品获全国级奖项情况

表92

| 作　品 | 比赛名称 | 作者/编导 | 奖项名称 |
|---|---|---|---|
| 报告文学《一路同行》 | “我与报告文学”全国征文活动 | 田家村 | 二等奖 |
| 散文《想起不是远方的远》 | 《澳门华文报》 | 王伟卫 | 发表 |
| 《春水赋》 | 第三届全国诗文当代文学精品选大赛现代诗 | 陈美霞 | 一等奖 |
| 诗歌《在一块丝绸上梦西塘》 | “恋恋西塘”全国诗歌大赛 | 陈美霞 | 三等奖 |
| 水彩画《新时代之日日新颜》 | 首届中国（深圳）国际水彩画双年展 | 黄建鑫 | 入选 |
| 水彩画《有诗的日子》 | 首届中国（深圳）国际水彩画双年展 | 严伟琪 | 入选 |
| 油画《在光与电里行走》 | 2018中国油画作品展 | 严伟琪 | 入选 |

续表92

| 作　品 | 比赛名称 | 作者/编导 | 奖项名称 |
|---|---|---|---|
| 油画《巴扎大道》 | 第七届全国(大芬)中青年油画作品展 | 严伟琪 | 入选 |
| 书法 | 第六届全国妇女书法篆刻展 | 包爱珠 | 入展 |
| 书法 | “卫夫人杯”全国妇女书法展 | 包爱珠 | 入展 |
| 书法 | “卫夫人杯”全国妇女书法展 | 赵珍 | 入选 |
| 《色达秘境》 | 第二届亚太国际摄影艺术展 | 高成军 | 金牌 |
| 《刺激》 | 2018“去看世界前．先看百草园”全国摄影大赛 | 高成军 | 二等奖 |
| 《盛会》 | 2018“去看世界前．先看百草园”全国摄影大赛 | 高成军 | 入围 |
| 《堂屋》 | “文化的印记”全国公益摄影展 | 高成军 | 入选 |
| 《秘境》 | 2018第一届珠海国际摄影展览(中国) | 高成军 | 铜牌 |
| 《色达秘境》 | 香港第八届全国摄影艺术展 | 高成军 | 百佳奖 |
| 《开心时刻》 | 第五届丝绸之路国际艺术节摄影展览 | 高成军 | 优秀奖 |
| 《浓浓年味》《落日余晖》 | “摄影小镇——莫干山”全国摄影大展 | 高成军 | 入选 |
| 《如画仙境》 | 2017“中国梦·庐山恋”全国摄影大展 | 高成军 | 入选 |
| 《重庆之恋》《塘鹅汇》 | 中国摄影报“家园”栏目 | 高成军 | 刊登 |
| 《畲乡木偶》 | “新时代·新征程——全国第九届‘群艺杯’摄影艺术展” | 高成军 | 入选 |
| 《贺新春》 | “醉美金华”第二届全国摄影大展 | 高成军 | 入展 |
| 《相敬如宾》 | 2018科尔沁牛业杯摄影大赛 | 高成军 | 二等奖 |
| 《静夜》 | 第八届(IPA)国际摄影艺术展 | 高成军 | 银奖 |
| 《游漓江(组诗)》 | “桂林杯”《中国最美游记》第二届文学艺术全国大赛 | 夏生根 | 入围奖 |
| 《鹧鸪天·太湖图影》 | 2018“中华通韵”诗词创作征集活动 | 周新凤 | 优秀奖 |
| 歌曲《亲疙瘩下河洗衣裳》 | 2018一带一路世界合唱节 | 中国天能合唱团 | 金奖 |
| 歌曲《春晓》 | 2018一带一路世界合唱节 | 中国天能合唱团 | 金奖 |
| 歌曲《Rahu》 | 2018一带一路世界合唱节 | 中国天能合唱团 | 金奖 |
| 歌曲《健康之约》 | 第二届中国基层医生好声音大赛 | 黄梅宝 | 三等奖 |

## 2018年长兴县各类文艺作品获省级奖项情况

表93

| 作　品 | 比赛名称 | 作者/编导 | 奖项名称 |
|---|---|---|---|
| 读书笔记《穿越隧道的小种子》 | 浙江省2018教师读书征文 | 范新萍 | 二等奖 |
| 粉画《梵音》 | “勇立潮头”——浙江省第七届青年美术作品展 | 徐绩 | 优秀奖 |
| 丙烯画《铁汉》 | “勇立潮头”——浙江省第七届青年美术作品展 | 严伟琪 | 入选 |
| 粉画《等风来》 | 2018上海粉画作品展 | 严伟琪 | 入选 |
| 粉画《等风来之一》 | 2018苏州国际粉画双年展 | 严伟琪 | 入选 |
| 油画《有诗的日子》 | 2018浙江省油画作品展 | 严伟琪 | 入选 |
| 丙烯画《窗前》 | 浙江省第二届水彩、粉画写生作品展 | 严伟琪 | 入选 |
| 综合绘画《浩渺之语》 | “勇立潮头”——浙江省第七届青年美术作品展 | 朱霞辉 | 入选 |
| 《印象·雪山·长征》 | 2018浙江城市美术双年展 | 朱霞辉 | 入展 |
| 粉画《华灯初上之静夜思》 | 2018上海粉画作品展 | 严超凡 | 入选 |
| 综合绘画《蝴蝶效应》 | 浙江省群星美术大展 | 钱敏 | 银奖 |
| 山水画《山水清音》 | “弄潮杯”浙江省中国画大展 | 奚伟恕 | 入选 |

续表93

| 作　品 | 比赛名称 | 作者/编导 | 奖项名称 |
|---|---|---|---|
| 《园林计划》 | 2018浙江城市美术双年展 | 奚伟恕 | 入展 |
| 山水画《江南小延安》 | “弄潮杯”浙江省中国画大展 | 李运和 | 入选 |
| 花鸟画《秀影相依黄石公》 | “弄潮杯”浙江省中国画大展 | 吴建平 | 入选 |
| 油画《静静的港湾》 | 新时代新浙江浙江省油画作品展 | 黄益平 | 入选 |
| 粉画《斜阳》 | 浙江省第二届水彩、粉画写生作品展 | 黄益平 | 入选 |
| 粉画《古城遥望》 | “乡村振兴——田园松阳”浙江省美术作品展 | 黄益平 | 入展 |
| 水彩作品《醇香》 | 浙江省第二届水彩、粉画写生作品展 | 朱维云 | 学术奖 |
| 丙烯画《夕暮》 | 浙江省第二届水彩、粉画写生作品展 | 奚忠恕 | 入选 |
| 《痕》 | 2018浙江城市美术双年展 | 奚忠恕 | 入展 |
| 丙烯画《古罗马斗兽场》 | 浙江省第二届水彩、粉画写生作品展 | 黄建鑫 | 入选 |
| 丙烯画《彼岸》 | 浙江省第二届水彩、粉画写生作品展 | 袁建新 | 入选 |
| 《再造系列》 | 2018浙江城市美术双年展 | 袁建新 | 入展 |
| 水彩《初晨·沿坑岭头》 | “乡村振兴——田园松阳”浙江省美术作品展 | 潘吉伟 | 入选 |
| 《与1》 | 2018浙江城市美术双年展 | 钱敏 | 入展 |
| 综合绘画《青春不散场》 | 2018浙江城市美术双年展 | 吴建平 | 入展 |
| 书法 | “2018四川·浙江书法篆刻名家精品交流展” | 骆炜 | 入展 |
| 书法 | “陆维钊奖”第八届浙江省中青年书法篆刻展 | 骆炜 | 优秀作品奖 |
| 书法 | “复兴之路——庆祝改革开放40周年浙江书坛精英精品主题创作系列特展”(书法) | 骆炜 | 入选 |
| 书法 | “陆维钊奖”第八届浙江省中青年书法篆刻展 | 黄俊 | 入展 |
| 书法 | “陆维钊奖”第八届浙江省中青年书法篆刻展 | 包爱珠 | 入展 |
| 书法 | “陆维钊奖”第八届浙江省中青年书法篆刻展 | 吴一奇 | 入展 |
| 书法 | “陆维钊奖”第八届浙江省中青年书法篆刻展 | 蒋耀国 | 入选 |
| 书法 | “陆维钊奖”第八届浙江省中青年书法篆刻展 | 许智勇 | 入选 |
| 书法 | “复兴之路——庆祝改革开放40周年浙江书坛精英精品主题创作系列特展”(篆刻) | 傅一平 | 入选 |
| 《护航》 | 获得2018浙江港航改革开放全省摄影大赛入选 | 朱红军 | 入选 |
| 《光与沙》 | “湖通四海、浙运生机”浙江省第十六届运动会摄影大赛 | 邹黎 | 二等奖 |
| 《亮剑》 | “湖通四海、浙运生机”浙江省第十六届运动会摄影大赛 | 邹黎 | 优胜奖 |
| 《南太湖竞舟》 | “湖通四海、浙运生机”浙江省第十六届运动会摄影大赛 | 邹黎 | 优胜奖 |
| 《山水画游》 | “湖通四海、浙运生机”浙江省第十六届运动会摄影大赛 | 邹黎 | 优胜奖 |
| 《竞速》 | “湖通四海、浙运生机”浙江省第十六届运动会摄影大赛 | 高成军 | 三等奖 |
| 《安保进行时》 | “湖通四海、浙运生机”浙江省第十六届运动会摄影大赛 | 高成军 | 优秀 |
| 《惊艳开幕式》 | “湖通四海、浙运生机”浙江省第十六届运动会摄影大赛 | 高成军 | 优秀 |
| 《热情似火》 | “湖通四海、浙运生机”浙江省第十六届运动会摄影大赛 | 高成军 | 优秀 |
| 舞蹈《味道》 | 浙江省群众舞蹈大赛 | 金芸 | 入围奖 |
| 花鼓滩簧《龙船王》 | 浙江省农村文化礼堂优秀群众文艺(戏剧曲艺) | 卢湘敏 | 金奖 |
| 滩簧《龙船吉祥》 | 浙江省第九届曲艺新作大赛 | 卢湘敏 | 银奖 |
| 花鼓滩簧《龙船王》 | 浙江省群星奖(戏剧、曲艺) | 卢湘敏<br>胡光明 | 入选 |
| 京剧《包龙图打坐在开封府》 | 浙江省艺术节 | 小京班 | 一等奖 |
| 《茶缘壶》 | 第八届中国(浙江)工艺美术精品博览会 | 陈曦 | 金奖 |
| 《精心壶》 | 第八届中国(浙江)工艺美术精品博览会 | 陈峰 | 银奖 |

续表93

| 作　品 | 比赛名称 | 作者/编导 | 奖项名称 |
|---|---|---|---|
| 《外婆家》 | 改革开放四十年"枫林杯"剪纸大赛 | 季爱萍 | 优秀奖 |
| 《创意棕榈编壶系列》 | 2018创意千岛"壶"旅游纪念品大赛 | 王翠萍 | 铜奖 |
| 《喜悦》 | 浙江木雕现场创作大赛暨浙江民间文艺"映山红奖"(木雕)评选活动 | 詹继松 | 入围 |
| 《长兴精神(组诗)》 | 浙江诗联天下——青山绿水都是歌系列(微刊辑选) | 杜使恩<br>唐小英 | 发表 |

**【文艺创作队伍】** 年末,县文联所属各协会会员总数858人,其中国家级专业文艺协会会员46人、省级专业文艺协会会员128人。

## 2018年长兴县文联所属国家、省级协会会员情况

表94

| 类　别 | 会员级别 | 会　员 |
|---|---|---|
| 长兴县作家协会 | 国家级 | 张加强、田家村、陈琳 |
| | 省　级 | 王庆忠、田新潮、胡加平、周克瑾、黄梅宝、尹奇峰、陈美霞、钱爱康、戴国华、沈秋伟、王伟卫、曹秋华、徐侠、李思雨、李永春、丁胜 |
| 长兴县美术家协会 | 国家级 | 钱樟法、奚忠恕 |
| | 省　级 | 傅一平、葛丹、严伟琪、严荣光、郑家统、沈月伟、李运和、黄建鑫、袁建新、奚伟恕、吴建平、黄益平、金晓春、李俊、路基平、朱维云、陈燕平、张弛 |
| 长兴县书法家协会 | 国家级 | 张志敏、傅一平、章庆文、赵珍、骆炜 |
| | 省　级 | 宋炳瑛、张全镇、关键、许智勇、覃建中、谢工、李运和、包爱珠、郑有希、胡建、孙龙根、沈华南、俞新明、章华、黄显庭、曹伦、钱绍森、吴稚雨、周来意、沈月伟、李俊、谢贵民、李春贵、章艺、郑有希、张德新、甘思源、张新星、黄俊、周小闵、蒋建军 |
| 长兴县摄影家协会 | 国家级 | 许要武、周德坤、杨新、钱明鑫、任丽萍、曹世河、钱初生、胡烈刚、马文军、何世红、李兴、蓝毅、陈鲜忠、高成军、徐红英、潘志强 |
| | 省　级 | 夏伯明、施松海、支育、竺志祥、杨苏清、刘湘平、林英群、谢工、黄富成、宗建华、楼琦鑫、曹文汉、孙金富、林权、严旭洪、何剑华、吴斌、丁海俊、吴跃千、蒋培雷、何福林、梁奕建、王文亮、叶玲燕、王健俊、陈海伟 |
| 长兴县戏剧曲艺家协会 | 国家级 | 杨学梅 |
| | 省　级 | 卢湘敏(戏剧、曲艺)、李荣祥、王志坚、孙建康、张秋平、黄梅宝、赵慧仙(戏剧、曲艺)、孟庆岩 |
| 长兴县音乐舞蹈家协会 | 国家级 | 秦杭生、柳世林 |
| | 省　级 | 金芸、张月琴、许明明、郭小庆、左有琴、蒋晓华、张爱忠、薛虔、袁赛、张汉文、钟旭林、陈雪梅 |
| 长兴县民间文艺家协会 | 国家级 | 田家村、傅一平、吴伟华 |
| | 省　级 | 葛丹、程苗根、曹秋华、周丽寅、吴丹、王红英、洪叶、杭鑫、陈峰、陈操 |
| 长兴县诗词学会 | 国家级 | 杜使恩、汪凌星、周新凤、许智勇、曹南雄、徐荣铨、陈佩芬、倪满强、李金标、夏生根、潘伟霞、唐晓英、蒋世荣 |
| | 省　级 | 蒋世荣、沈鹏年、蒋争鸣、戴国华、朱进 |
| 长兴县合唱协会 | 省　级 | 陈雪梅 |

(周凌燕)

## 文化产业

【概况】 年内,文化产业增加值36.51亿元,占GDP比重为6%,比上年增长22.5%。注册文化企业190家,龙头文化企业特色显现,大唐贡茶院继百叶龙后成功在新三板挂牌,御帛1851参加深圳文博会,蒋淦勤大师工作室、湖州一品堂雕刻博物馆、文旅集团百叶龙文创、圆典工艺品等参加义乌文博会,选送参评的8件作品共获得1个金奖、4个银奖和2个铜奖,展示了长兴紫砂制作、玉石雕刻、汉砖菖蒲等文创技艺。在建文化企业龙之梦、太湖渔耕源文化休闲博览园、花间堂禅茶酒店等有序推进。组队赴广州番禺专题学习长隆集团管理模式,积极做好文化演艺内容、项目审批和文化市场监管等服务和指导。成立由产业科、审批科、执法大队组成的长兴龙之梦文化演艺服务推进工作领导小组,与龙之梦演艺组建联席工作小组,随时进行文化演艺类项目内容的联系与沟通。参与全县拟签约项目预评审机制改革,通过网络平台协助审核落地项目。截至12月底,配合审核和平南山漂流、小浦镇漂流、九龙谷梦工厂等文化旅游类、运动休闲类项目14个。主动服务金鼎健身(健身商学院项目)、元一太极馆、飞鸿滑草场等落地项目,营造良好亲商环境。积极招商和对上争取,配合县委宣传部做好第四届长商大会文化产业推介,配合市文广新局做好文化和旅游部第十一届文化产业精品项目暨华东地区文化产业重点项目推介会。积极对上争取,完成中央、省级和县级各项目申报:在2017年浙江省运动休闲基地的基础上申报国家级体育产业示范基地;组织浙江百叶龙文化发展股份有限公司进行省级文化产业示范基地巡检;县图书馆和13个乡镇综合文化站获县级社区服务业发展专项资金91万元。

【文体品牌】 年内,立足新四军纪念馆,发挥爱国主义教育基地作用,组织红色穿越、模拟会师、寻觅情报等活动,创新开发红色运动会趣味教学课程,打造铁军训练营。围绕"环太湖赛事之城"目标,成功举办2018华为手机杯中国围棋甲级联赛、中日韩第二届围棋元老赛、浙江省第26届中老年篮球赛、第九届环太湖国际公路自行车赛等重大赛事,其中中国围棋甲级联赛(长兴专场)蝉联浙江省重点品牌体育赛事,太湖(长兴段)荣获浙江省十大运动休闲湖泊。在2017年"全域运动智能信息服务平台"构建试点成果基础上,排摸完成全县体育产业企业机构名录库构建和长兴县全民健身步道示意图绘制。全县古道集群建设有序进行,2018年重点提升水口乡贡茶、慈云山、九龙山,小浦镇六八、乌龙古道共5条古道,乌龙、六八两条古道已完成全线修复,慈云山—顾渚水库小环线贯通,贡茶古道启动路面修复和景观节点建设,九龙山古道落实土地问题。此外,煤山镇狮子山古道建设完成。

【电影放映】 年内,全县共有7家电影放映单位,其中城区6家,分别为浙江百叶龙文化发展股份有限公司、长兴百叶龙时代电影大世界有限公司、湖州星美影院管理有限公司、长兴明悦电影院有限公司、长兴中影汇和电影院有限公司、杭州拱墅万达电影城有限公司;乡镇1家,为位于泗安镇的长兴泗安百叶龙电影大世界有限公司。其中,浙江百叶龙文化发展股份有限公司(长兴大剧院影城)放映10604场次,观众27728人次,放映收入6821258元;长兴百叶龙时代电影大世界放映12239场次,观众285617人次,放映收入9047313元;长兴泗安百叶龙电影大世界放映7217场次,观众54182人次,放映收入1668905元;长兴明悦电影院(东鱼坊店)于2018年3月31日开业,放映10765场次,观众216679,放映收入6765617元。

【体彩销售】 年末,全县共有体彩销售网点97家(包括5家农村淘宝店),其中竞彩网点45家。共完成彩票销售额3.18亿元,完成目标任务的171.7%,与上年增长70.6%。其中,竞彩销售额1.84亿元,与上年增长140.3%;11选5销售额7315万元,与上年同比增长28.6%。

## 文化遗产保护

【概况】 年内,全县有全国重点文物保护单位4处,省级文物保护单位14处,县级文物保护单位59处,县级文物保护点481处;新四军苏浙军区旧址共有革命遗址18处,其中15处为全国重点文物保护单位,3处为县级文物保护单位。成功申报国家级非遗项目"紫笋茶的制作技艺"传承人郑福年为第五批国家级非遗传承人,启动县级非遗项目申报,建立县级非遗数据库。

【文物保护】 年内,创新文物工作机制,通过下发工作建议书、建立文物安全联防联控机制、完善工作考评办法、建立文物工作月晒制度、出台2018年度项目资金补助管理办法等,夯实文物保护工作基础。指导民办博物馆建设工作,和平镇浙北古人类生活博物馆已建设完成。加大文物维修力度,已经完成国保单位新四军苏浙公学旧址、新四军苏浙军区兵工厂旧址的维修工作,完成清水入湖工程所涉及吕山复兴万安桥、林城潘家卓万安桥的搬迁保护工程,对接吕山乡胥仓桥搬迁事宜。积极做好项目储备,苏南报社旧址维修项目争取国拨资金204.79万元,完成水口摩崖石刻的技术性防护和整体保护规划,启动最高堂(外岗白羊山)的摩崖石刻的修缮工作并顺利通过国家文物局立项,指导各乡镇(街道、园区)申报维修项目19个。加强文物保护宣传,举办《迎新纳福——中国传统木版年画展》《谢云林书画展》《长兴户外文保巡查图片展》,协助参与《东方既白——春秋战国文物联展》《越地宝藏——100件文件讲述浙江故事》专题展。同时以“5·18国际博物馆日”“文化和自然遗产日”等为契机,开展长兴县首届文物宣传微视频大赛、“最美文物人”评选等系列活动,中国文物网、浙江文物网、中国社科网等媒体聚焦长兴文物工作。

## 2018年长兴县省级及以上文物保护单位情况

表95

| 序号 | 名称 | 时代 | 地址 | 级别 | 类别 | 公布时间 |
|---|---|---|---|---|---|---|
| 1 | 新四军苏浙军区旧址(含15个点) | 1945年新四军苏浙军区设此 | 槐坎乡和白岘乡山区 | 国家级 | 近现代重要史迹 | 2001年6月25日 |
| 2 | 顾渚贡茶院遗址及摩崖 | 唐宋时期 | 水口乡西北以顾渚山为中心的顾渚、金山两村 | 国家级 | 摩崖及石刻 | 2006年5月25日 |
| 3 | 城山古城遗址 | 东汉晚期 | 和平镇和平村城山之巅 | 国家级 | 古遗址 | 2013年3月5日 |
| 4 | 七里亭遗址 | 旧石器时代 | 泗安镇白莲村七里亭南侧 | 国家级 | 古遗址 | 2013年3月5日 |
| 5 | 白溪朱氏宗祠 | 明崇祯年间 | 太湖街道白溪居民区 | 省级 | 古建筑 | 2005年3月16日 |
| 6 | 江家山遗址 | 新石器时代至商周时期 | 林城镇大云寺村董村自然村北侧 | 省级 | 古遗址 | 2011年1月7日 |
| 7 | 台基山遗址 | 新石器时代至商周时期 | 雉城街道台基山 | 省级 | 古遗址 | 2011年1月7日 |
| 8 | 空山遗址 | 新石器时代至商周时期 | 泗安镇管埭村与皂山村交界处空山东侧岗地 | 省级 | 古遗址 | 2011年1月7日 |
| 9 | 新安遗址 | 新石器时代至商周时期 | 泗安镇禧祉村新安自然村 | 省级 | 古遗址 | 2011年1月7日 |
| 10 | 张家桥遗址 | 新石器时代至商周时期 | 画溪街道三新村张家桥自然村西岗地 | 省级 | 古遗址 | 2011年1月7日 |
| 11 | 龙山窑址 | 晚商至战国 | 林城镇石英村龙山脚下金鸡塝与荆竹关两自然村 | 省级 | 古窑址 | 2011年1月7日 |
| 12 | 西峰坝东汉画像石墓 | 东汉 | 龙山街道西峰坝村小娜山东南侧 | 省级 | 古墓葬 | 2011年1月7日 |
| 13 | 圣井 | 西晋永嘉年间 | 太湖街道杨湾居委会杨湾自然村天居寺前广场 | 省级 | 古建筑 | 2011年1月7日 |
| 14 | 九龙山窑址 | 唐五代 | 水口乡顾渚村石马头自然村九龙山东北侧山坡 | 省级 | 古窑址 | 2011年1月7日 |
| 15 | 长兴孔庙 | 明嘉靖九年 | 雉城街道人民广场东侧 | 省级 | 古建筑 | 2011年1月7日 |
| 16 | 五里渡斗门群 | 清代 | 泗安镇五里渡村和塔上村交界的泗安塘南岸大堤 | 省级 | 古建筑 | 2011年1月7日 |
| 17 | 光阳桥 | 清 | 太湖街道陆家斗居民区三河斗自然村 | 省级 | 古建筑 | 2017年1月13日 |
| 18 | 钟　楼 | 明 | 雉城街道人民路与解放路交叉口 | 省级 | 古建筑 | 2017年1月13日 |

## 2018年长兴县县级文物保护单位情况

表96

| 序号 | 名称 | 时代 | 地址 | 类别 | 公布时间 |
|---|---|---|---|---|---|
| 1 | 仙山遗址 | 夏—周 | 泗安镇仙山村大环桥自然村泗安水库 | 古遗址 | 1983年3月12日 |
| 2 | 乌龟山遗址 | 商周 | 泗安镇钱庄村十房自然村 | 古遗址 | 2003年8月10日 |

续表 96

| 序号 | 名称 | 时代 | 地址 | 类别 | 公布时间 |
|---|---|---|---|---|---|
| 3 | 凉亭遗址 | 商周 | 泗安镇长丰村半边塘自然村 | 古遗址 | 2010年1月11日 |
| 4 | 高门楼遗址 | 新石器时代 | 林城镇石英村高门楼自然村 | 古遗址 | 1961年5月 |
| 5 | 方山窑址 | 宋—清 | 林城镇方山窑村窑北自然村 | 古遗址 | 2003年8月10日 |
| 6 | 老坟山遗址 | 商周 | 林城镇石英村前志自然村北 | 古遗址 | 2003年8月10日 |
| 7 | 牌坊遗址 | 夏—战国 | 林城镇畎桥村牌坊自然村 | 古遗址 | 2010年1月11日 |
| 8 | 篁墩遗址 | 夏—周 | 虹星桥镇谭家村篁墩自然村 | 古遗址 | 1983年3月12日 |
| 9 | 高家桥遗址 | 新石器时代—商周 | 虹星桥镇午山村环桥自然村高家桥 | 古遗址 | 2010年1月11日 |
| 10 | 狮子山遗址 | 新石器时代 | 和平镇和平村红庙自然村狮子山 | 古遗址 | 2010年1月11日 |
| 11 | 庄家村遗址 | 商—六朝 | 李家巷镇老虎洞村张家村 | 古遗址 | 1983年3月12日 |
| 12 | 步云桥遗址 | 新石器时代—商周 | 雉城街道金莲桥居民区步云桥自然村 | 古遗址 | 1983年3月12日 |
| 13 | 长岭山窑址 | 汉 | 雉城街道高山岭居民区白莲冲 | 古遗址 | 1983年3月12日 |
| 14 | 环沉遗址 | 夏—周 | 夹浦镇环沉村环沉自然村 | 古遗址 | 1961年5月 |
| 15 | 月亮山窑址 | 汉 | 夹浦镇月明村白漾荡自然村 | 古遗址 | 2010年1月11日 |
| 16 | 大干岕古村落遗址 | 宋 | 煤山镇新源村大干岕 | 古遗址 | 2010年1月11日 |
| 17 | 韩彦直墓 | 宋 | 泗安镇云峰村邱家自然村 | 古墓葬 | 1983年3月12日 |
| 18 | 谢安墓 | 南北朝 | 林城镇太傅村太傅庙自然村 | 古墓葬 | 1997年9月 |
| 19 | 横山土墩墓群 | 东周 | 洪桥镇碧岩村扎网山 | 古墓葬 | 2003年8月10日 |
| 20 | 章惇墓 | 宋 | 水口乡顾渚村石马头自然村 | 古墓葬 | 2010年1月11日 |
| 21 | 九女冢 | 东汉 | 小浦镇中山村九女墩自然村 | 古墓葬 | 1983年3月12日 |
| 22 | 太平村太平桥 | 清 | 泗安镇太平村太平自然村 | 古建筑 | 2010年1月12日 |
| 23 | 畎桥 | 清 | 林城镇畎桥村畎桥集镇 | 古建筑 | 1983年3月12日 |
| 24 | 包福桥 | 清 | 林城镇桥南村包家自然村 | 古建筑 | 2010年1月11日 |
| 25 | 周家凉亭 | 清 | 虹星桥镇郑家村郑家自然村 | 古建筑 | 2010年1月11日 |
| 26 | 圣堂桥 | 清 | 虹星桥镇西南村钱家自然村 | 古建筑 | 2010年1月11日 |
| 27 | 西湾里王思高宅 | 清 | 和平镇庄里村西湾里自然村9号 | 古建筑 | 2010年1月11日 |
| 28 | 中和桥 | 清 | 和平镇便民桥村许家自然村 | 古建筑 | 2010年1月11日 |
| 29 | 石泉明代牌坊 | 明 | 李家巷镇石泉村高湾、石泉、石山桥3自然村 | 古建筑 | 2010年1月11日 |
| 30 | 锁界桥 | 清 | 洪桥镇小沉渎村宅里自然村 | 古建筑 | 2003年8月10日 |
| 31 | 三登桥 | 明-民国 | 画溪街道曹家桥村北杨自然村 | 古建筑 | 2010年1月11日 |
| 32 | 生圣桥 | 清 | 太湖街道霞城村童庄殿自然村 | 古建筑 | 2010年1月11日 |
| 33 | 鼎嘉桥 | 清 | 夹浦镇丁新村杨名基自然村 | 古建筑 | 1983年3月12日 |
| 34 | 兴隆桥 | 清 | 夹浦镇夹浦村老街 | 古建筑 | 1983年3月12日 |
| 35 | 小乌桥 | 清 | 夹浦镇夹浦村乌桥自然村 | 古建筑 | 2003年8月10日 |
| 36 | 清仙桥 | 清 | 夹浦镇环沉村环沉自然村 | 古建筑 | 2003年8月10日 |
| 37 | 唐翁桥 | 清 | 水口乡徐旺村王家自然村 | 古建筑 | 2010年1月11日 |
| 38 | 南俞钱宅 | 清 | 小浦镇潘礼南村南俞自然村 | 古建筑 | 2003年8月10日 |
| 39 | 大岕口吴宅 | 清 | 小浦镇大岕口村大岕口自然村 | 古建筑 | 2003年8月10日 |
| 40 | 毛场里凉亭 | 清 | 小浦镇小浦村毛场里自然村 | 古建筑 | 2010年1月11日 |
| 41 | 法海禅寺碑 | 明 | 和平镇吴村村别家里自然村 | 石窟寺及石刻 | 1983年3月12日 |

续表96

| 序号 | 名称 | 时代 | 地址 | 类别 | 公布时间 |
|---|---|---|---|---|---|
| 42 | 董家油坊碾房遗址 | 清—民国 | 虹星桥镇白水村董家自然村 | 近现代建筑 | 2010年1月11日 |
| 43 | 吕山侵华日军炮台工事遗址 | 中华民国 | 吕山乡吕山村吕山山腰 | 近现代建筑 | 2010年1月11日 |
| 44 | 鸿桥 | 中华民国 | 洪桥镇洪桥村集镇老街 | 近现代建筑 | 2010年1月11日 |
| 45 | 六河桥 | 中华民国 | 洪桥镇南阳村北塘自然村 | 近现代建筑 | 2010年1月11日 |
| 46 | 高宁塘桥 | 中华民国 | 洪桥镇金星村斗角自然村 | 近现代建筑 | 2010年1月11日 |
| 47 | 盛家桥 | 1957年 | 太湖街道五里桥居民区冯家墩自然村 | 近现代建筑 | 2010年1月11日 |
| 48 | 蒋埠桥 | 中华民国 | 夹浦镇红旗村蒋埠桥自然村 | 近现代建筑 | 2003年8月10日 |
| 49 | 德盛桥 | 中华民国 | 夹浦镇喜鹊斗村喜鹊㪷自然村 | 近现代建筑 | 2010年1月11日 |
| 50 | 南畲塘桥 | 中华民国 | 夹浦镇红旗村韩家㪷自然村 | 近现代建筑 | 2010年1月11日 |
| 51 | 浣东桥 | 中华民国 | 夹浦镇太平桥村下无胥自然村 | 近现代建筑 | 2010年1月11日 |
| 52 | 大路桥 | 中华民国 | 槐坎乡抛渎岗村抛渎岗自然村 | 近现代建筑 | 2003年8月10日 |
| 53 | 新四军苏浙军区政治部旧址 | 1945年新四军苏浙军区政治部设此 | 槐坎乡仰峰村仰峰自然村 | 清末建筑 | 2002年8月 |
| 54 | 新四军苏浙军区供给部旧址 | 1945年新四军苏浙军区供给部设此 | 槐坎乡仰峰村仰峰自然村 | 清末建筑 | 2002年8月 |
| 55 | 新四军江南银行旧址 | 1945年新四军江南银行设此 | 槐坎乡新槐村温塘自然村 | 清末建筑 | 2012年6月 |
| 56 | 中共长兴县委秘密交通站旧址 | 1940年前后中共长乡县委秘密交通站设此 | 画溪街道竹园村居民区竹园自然村 | 民国建筑 | 2002年8月 |
| 57 | 上泗安古桥群(广安桥、寿星桥、太平高桥、上泗安码头遗址) | 清代 | 泗安镇新联村上泗安自然村 | 古建筑、古遗址 | 2015年7月24日 |
| 58 | 接香塘桥 | 清光绪 | 水口乡后坟村后坟自然村 | 古建筑 | 2015年7月24日 |
| 59 | 高大㪷砖拱桥 | 1967年 | 洪桥镇横山桥村高大㪷自然村 | 近现代重要史迹及代表性建筑 | 2015年7月24日 |

**【非遗传承】** 年内，策划“非遗大过年”“文化与自然遗产日”和以传统节日为主题的非遗文化活动。其中，端午节当天组织龙舟、百叶龙、狮舞、旱船、编制等地方非遗和传统文化在东鱼坊开展民间艺术展演和踩街活动。通过“古老的记忆”优秀非遗项目进文化礼堂系列活动、“非遗让生活更美好”舞台秀、“更诗意地栖居，更美好地生活”文物展等活动，全方位展现全县非遗保护工作成果。成功申报国家级非遗项目“紫笋茶的制作技艺”传承人郑福年为第五批国家级非遗传承人；编撰《湖州市风俗志》长兴篇和《非遗大观》；指导乡镇（街

4月21—22日，长兴县图书馆在开展以“阅读让生活更美好”为主题的少儿县图书漂流活动 （文广旅体局 供）

道、园区)排摸当地非遗文化资源,启动县级非遗项目申报,建立县级非遗数据库,共23个县级项目、5个非遗基地在申报中。组织相关乡镇、部门、学校走进非遗展厅,非遗展厅接待观众10000多人次。

## 文化市场管理

【概况】 2018年,县文体(体育)市场行政执法大队共18人,其中编内14人、编外4人。全县共有登记注册游艺娱乐场所23家,网吧54家,歌舞娱乐场所53家;音像制品经营单位9家,均为个人经营或个人独资;各类书店、报刊亭148家;文印打字经营单位114家;印刷经营单位(其他印刷)36家;印刷经营单位(包装装潢)57家。

年内,共出动执法人员1765人次,检查全县文化经营单位1725家次,查处违规场所137家次,查扣非法音像制品835片,书、报刊376册。查处违法经营案件44起,其中一般程序40起、简易程序4起,共处罚款66600元,警告20家次,停业整顿5家次,吊销许可证2家次,没收非法财物1211件。案件类别有网吧、歌舞娱乐、网络文化、印刷、体育、出版物、地卫等。组织开展"双随机"24次,检查各类经营单位121家,发现违法违规经营1起,排查关停企业24家。针对非法演出活动共组织巡查27次,检查重点区域、场所195处,取缔非法演出9场,其中与公安、城管部门联合执法3次。在辖区各个文化市场经营场所内设置安全宣传板85块,悬挂横幅标语141条,电子屏14块,发送安全生产短信29542条。共召开文体市场安全生产工作会议及培训7次,培训人员达351人次。利用微信公众平台推送安全生产工作相关宣传报道11条,开展集中法制宣传咨询活动3次,设立展板10块,发放宣传手册1637份。

【文化执法】 年内,狠抓"清源""净网""秋风""固边"等扫黄打非系列专项行动,全力推进扫黄打非进基层,进一步强化网格化管理,全面管控演出市场"打违"行动,组织对网络文化经营单位巡查专项行动27次,深入开展"青少年维权岗"创建活动。突出安全生产,与县域范围内文化市场经营场所签订《安全生产目标责任书》200余份,实行安全生产一票否定制,全年共开展文化经营场所安全生产专项行动15次,人员聚集场所检查覆盖率达到100%,督查整改各类消防安全隐患78处,有力保障全县文体市场安全稳定有序。

【"扫黄打非"系列专项行动】 年内,持续推进"清源2018"。加大对报刊亭、文具店等出版物经营场所及印刷复制行业监管力度,开展"印刷专项整治月"行动1次,加大对校园周边报刊亭、文具店等出版物经营场所及印刷复制行业监管力度,严厉打击含有淫秽色情、凶杀暴力、封建迷信等内容的出版物打击各类非法印刷活动。持续推进"净网2018"。强化互联网安全巡查,利用网络监管资源和手段,大力整治互联网、手机媒体淫秽色情和低俗信息,安排专人严密监控百度贴吧、长兴论坛、长兴网、长兴在线、长兴新闻网等网络信息,对县内电信备案登记网站常态化巡查19次,检查网络文化经营单位42家次,及时掌握网站的信息动态,清除有害信息,切实净化全县网络文化环境。对市支队提供的2018年度第二次网络文化集中排查登记清单,对涉及长兴的刘畅(www.yyyinyue.com)、湖州川正文化传播有限公司(小妖直播)、湖州百分百影视制作有限公司(www.bfbtv.com)进行涉嫌网络文化违规专项调查。持续推进"秋风2018""固边2018"。开展打击非法报刊、非法报刊机构和假记者行动1次,组织执法人员对农批市场及周边、邮政系统报刊发行企业、繁华街区、旅游景点等交通枢纽的报刊销售摊点,医院周边等部位的报刊投放点及游商摊贩进行反复集中清查6次,严格收缴时政、军事、宗教、医疗、涉疆、涉藏政治性等各类非法出版物。持续推进"护苗2018"。重点打击网吧及娱乐场所违规接纳未成年人、书店经营盗版教辅教材及非法出版、无证照经营等行为,共检查网吧场所818家次,电子游戏8家次,歌舞娱乐场所385家次,印刷73家次,出版物206家次,打字复印3家次,查处违规111次,依法查处取缔无照经营场所29家次,收缴非法音像制品835片,非法出版物376本。组建"文化市场监管微信群",指导各乡镇、街道(园区)的文化站工作人员及义务监督员、监管员利用微信内置的信息推送和定位功能,将发现违法经营行为线索以现场图片和视频等方式推送至执法大队,加强执法人员与基层义务监督、监管人员的互联互通,提升监管效率,规范农村文化市场秩序。共处理线索7条,取缔无证流动摊贩3起、非法大篷车演出1起。

## 竞技体育

【概况】 年内,长兴体育以竞技体育为龙头,实现群众体育、竞技体育、体育产业全面发展。围绕"15分钟健身圈"目标,体育健身设施基本实现行政村全覆盖,全县经常参加体育健身的人口比率达到36.6%。环太湖国际公路自行车赛、全国围棋甲级联赛、中日韩围棋元老赛、太湖图影国际半程马拉松赛等重要赛事精彩纷呈,连续收获"中国自行车运动示范基地""浙江省运动休闲基地"等荣誉,"环太湖赛事之城"品牌日渐响亮。

【第十六届省运会】 年内,重点围绕浙江省第十六届运动会,确保"办赛出彩、参赛出色"。办赛上,共承办场地自行车、男子排球、沙排、女子足球(甲、乙组)、男子篮球、射击、击剑、女子排球7个项目9个比赛。圆满完成省运会组委会交代的省运会分火种采集、火炬传递等活动。省运会期间,全县共接待运动员、裁判、领导嘉宾等3400余人,组织安保人员1500余人次、医护人员568人次、志愿者212人次、车辆2400余车次,有力保障省运会安全、顺利、圆满举行。

长兴县共有286名运动员参加省运会14个项比赛,收获金牌83.25枚、银牌17枚、铜牌15枚,超额完成市对县"完成40枚、力争48枚"金牌任务,荣获"2014—2017周期浙江省竞技体育突出贡献奖"(全省仅十个获奖县区)。其中赛事金牌46.25枚,在全市赛事金牌数中占比61.9%,力助湖州市代表团收获全省第五的历史最好成绩。全县共获得集体二等功2个(其中长兴县获市二等功表彰提名,县区中唯一一个)、个人二等功4人、个人三等功4人、个人嘉奖5人。

**【长兴县第九届中小学生体育节】** 3月至12月举行,共有19个初中代表团、37个小学代表团、9个高中代表团,4000余名运动员参加比赛。本次体育节设三棋、乒乓球、排球、篮球、足球、田径、游泳等8个竞赛项目。长兴实验小学获小学组团体总分第一名,金牌数第一名;龙山中学获初中组团体总分第一名,金牌数第一名;长兴中学获高中组团体总分第一名,金牌数第一名。

**【其他赛事】** 年内,长兴少体校共参加包括全国投掷项群公开赛(四川)、全国中学生沙滩排球锦标赛、全国中等城市青少年女子排球赛、全国青年U18沙滩排球锦标赛暨"我要上青奥"选拔活动、中国中学生跆拳道联赛(浙江分站赛)、浙江省青少年篮球锦标赛、第38届"迎春杯"浙江省青少年(儿童)游泳锦标赛、浙江省青少年田径锦标赛、浙江省青少年射击冠军赛、浙江省青少年击剑冠军赛、浙江省青少年女子足球(甲组)锦标赛、浙江省青少年女子排球锦标赛、浙江省青少年射击冠军赛、浙江省青少年田径冠军赛、浙江省青少年跆拳道锦标赛、浙江省青少年场地自行车锦标赛、湖州市中小学生网球赛等20余场全国性、省级、市级赛事,共获得165金126银105铜的好成绩。其中,获全国性赛事41金48银40铜,省级赛事71金40银46铜,市级赛事53金38银29铜。

## 2018年长兴县参加全国性体育赛事获第一名(金牌)情况

表97

| 比赛名称(地点) | 运动员 | 项目 | 名次 |
|---|---|---|---|
| 2018年全国U18射击锦标赛(天津) | 孙锦、沈天慧、龚欣媛 | 运动手枪60发团体 | 第一名 |
| 2018年全国U18射击锦标赛(天津) | 郭柳华、何莲、林雅茜 | 气手枪60发团体 | 第一名 |
| 2018全国U21射击锦标赛(成都) | 龚欣媛、冯思璇、沈天慧 | 女子10米气手枪团体 | 第一名 |
| 2018全国U21射击锦标赛(成都) | 龚欣媛、丁晶楠、冯思璇 | 女子25米手枪团体 | 第一名 |
| 2018年全国U18射击锦标赛(天津) | 龚欣媛 | 气手枪60发个人 | 第一名 |
| "中华国医坛杯"2018年全国游泳锦标赛(山东) | 丁尧亮 | 男子4X100米混合泳接力 | 第一名 |
| 2018年全国少年田径锦标赛(辽宁) | 王　莹 | 女子标枪 | 第一名 |
| 亚洲青年田径锦标赛暨青奥会选拔赛(泰国) | 王　莹 | 女子标枪 | 第一名 |
| 2018年全国田径大奖赛暨青奥会选拔赛(株洲) | 王　莹 | 女子标枪 | 第一名 |
| 第一届全国陆上赛艇公开赛(千岛湖) | 王泽烨 | 1000米赛艇 | 第一名 |
| 2018年全国投掷项群赛暨田径基地锦标赛(江苏) | 朱宇芸 | 女子标枪 | 第一名 |
| 2018年中国场地自行车联赛总决赛(山西) | 陈飞飞 | 自行车 | 第一名 |
| 2018年中国场地自行车联赛总决赛(山西) | 沈超悦 | 自行车团体竞速赛 | 第一名 |
| 2018年中国场地自行车联赛总决赛(山西) | 沈超悦 | 自行车500计时赛 | 第一名 |
| 亚洲青年场地自行车锦标赛(马来西亚) | 雷　敏 | 团体竞速赛 | 第一名 |
| 2018年场地自行车全国青少年锦标赛 (江苏) | 雷　敏 | 500米个人计时 | 第一名 |
| 2018年场地自行车全国青少年锦标赛 (浙江长兴) | 雷　敏 | 团体竞速赛 | 第一名 |
| 2018年中国场地自行车联赛(第一二站)(浙江长兴) | 高建伟 | 团体竞速赛 | 第一名 |
| 2018年中国场地自行车联赛(第一二站)(浙江长兴) | 高建伟 | 团体竞速赛 | 第一名 |

续表97

| 比赛名称(地点) | 运动员 | 项目 | 名次 |
|---|---|---|---|
| 2018年中国场地自行车联赛总决赛(浙江长兴) | 高建伟 | 团体竞速赛 | 第一名 |
| 2018年场地自行车全国青少年锦标赛 | 高建伟 | 团体竞速赛 | 第一名 |
| 2018年中国场地自行车联赛(第一二站)(浙江长兴) | 王　伟 | 团体追逐赛 | 第一名 |
| 2018年中国场地自行车联赛(第一二站)(浙江长兴) | 王　伟 | 团体追逐赛 | 第一名 |
| 2018年中国青少年U系列场地自行车冠军赛(江苏) | 张　博 | 自行车场地行进200米 | 第一名 |
| 2018年中国青少年U系列场地自行车冠军赛(江苏) | 张　博 | 自行车场地333米计时 | 第一名 |
| 2018年中国青少年U系列场地自行车冠军赛(江苏) | 童梦琦 | 自行车场地333米计时 | 第一名 |
| 2018年中国青少年U系列场地自行车冠军赛(江苏) | 童梦琦 | 自行车场地500米计时 | 第一名 |
| 2018年中国青少年U系列场地自行车冠军赛(江苏) | 孙靖烨 | 自行车场地行进200米 | 第一名 |
| 2018年中国青少年U系列场地自行车锦标赛(江苏) | 张　博 | 自行车场地1公里计时 | 第一名 |
| 2018年中国青少年U系列场地自行车锦标赛(江苏) | 孙靖烨 | 自行车场地行进200米 | 第一名 |
| 2018年中国青少年U系列场地自行车冠军赛(江苏) | 孙靖烨 | 自行车场地竞速赛 | 第一名 |
| 2018年中国青少年U系列场地自行车锦标赛(浙江长兴) | 孙靖烨 | 自行车场地竞速赛 | 第一名 |
| 2018年中国青年场地自行车锦标赛赛(山西) | 孙靖烨 | 自行车场地竞速赛 | 第一名 |
| 2018年中国青年场地自行车冠军赛(浙江长兴) | 孙靖烨 | 自行车场地竞速赛 | 第一名 |
| 2018年全国U18、U16青少年射击锦标赛(天津) | 周健峰 | 男子10米气步枪团体 | 第一名 |
| 2017-2018年全国击剑冠军赛(第二站)(云南曲靖) | 郭　腾 | 男子花剑 | 第一名 |
| 2018年全国青年锦标赛(河北迁安) | 郭　腾 | 男子花剑 | 第一名 |
| 2018年全国女子排球冠军赛(江苏太仓) | 钟韵怡、方婧、杨舟、王娜 | 排球 | 第一名 |
| 第十四届中国中学生沙滩排球锦标赛(银川) | 姚欣、翟婷婷 | 沙滩排球 | 第一名 |
| 2018年亚洲杯(泰国) | 杨　舟 | 排球 | 第一名 |
| 2018年全国青年U19沙滩排球锦标赛(海口) | 杭　婷 | 沙滩排球 | 第一名 |

## 群众体育

**【概况】** 年内,围绕全县十大民生实事,10个全民健身广场和20个灯光篮球场全部建成,全年完成更换和新建全民健身路径60条、篮球架50副。有条件开放的学校体育场地设施全部对外开放。3个社区多功能运动场、3个笼式足球场、4个拆装式游泳池等社区中小微健身设施建设完成。年末,全县有公共体育设施1525个,场地面积133.95公顷。乡镇体育设施有羽毛球场49个,乒乓球室(场)136个,篮球场201个,门球场21个,棋牌房237个,网球场3个,健身路径653条。社区有游泳池7个,乒乓球室20个,篮球场14个,门球场3个,棋牌房20个,网球场2个,健身路径125条。长兴县共有中心小学以上学校62所,其中城区有21所。拥有体育场1个、综合馆10个、乒乓球桌78付、田径场62个(其中标准田径场9个)、室外篮球场234个、排球场108个。各企事业单位共建有篮球场40片、乒乓球室34个、游泳池4个、台球房10个、健身房12个、羽毛球场馆6个。

**【长兴体育中心】** 位于雉城街道,成立于2005年4月,由长兴县少年儿童业余体校(简称长兴少体校)和长兴体育馆合署办公,主要从事竞技体育训练及全民健身工作。长兴少体校作为长兴县竞技体育的龙头,获得十分可喜的成绩,为国家、省、市培养输送一大批优秀体育后备人才。年内,中心建筑面积约35000平方米,拥有5000平方米体育馆1个,内设观众席1591座,馆内有电子显示屏、音响、专用木地板空调等配套设施,是一个综合性体育馆。可开展篮球、排球、羽毛球、乒乓球、武术、跆拳道等各项室内体育项目运动及大型文体活动。拥有游泳馆1个,内有室内20米×28米游泳池、室外标准游泳池、儿童戏水池等,1000平方米的地下跆拳道馆1个、400米标准塑胶田径场1片、200米塑胶田径场1片、塑胶网球场4片、塑胶篮球场4片、沙滩排球场

2月24—28日，长三角青少年女子排球邀请赛在体育中心举办
（文广旅体局 供）

2月7—12日，浙江省第38届"迎春杯"青少年儿童游泳锦标赛
（文广旅体局 供）

4片、1800平方米的排球训练馆1个（内有3片排球场地）、门球场2片等，设施设备先进、服务功能齐全。

【全民健身】 年内，围绕争创浙江省"四提升四覆盖"全民健身工程的目标，深化全民健身战略实施，年底前完成验收。回龙山、新溪、晨光3个社区争创省级体育先进社区，太湖街道沉渎港村等8个村（社区）创建省级村（社区）体育俱乐部，泗安镇庆丰村等创建省、市级中心全民健身广场（休闲公园）；林城、雉城街道2个乡镇（街道）参加浙江省体育强乡镇复评。国民体质监测点建设实现全县17个乡镇（街道、园区）全覆盖，认真组织开展社会体育指导员培训工作，圆满完成国家级社会体育指导员2人，一级社会体育指导员培训18人，二、三级社会体育指导员培训300人，促进体育健身规范化、科学化。

【赛事活动】 年内，完成乡村体育节暨农民趣味运动会、水口乡首届天能杯"深氧之旅 悦享水口"乡村马拉松、夹浦镇登山比赛、太湖街道拔河比赛、洪桥镇全民趣味运动会等"全民健身与省运同行"系列活动100多场，参与人数超过20万人次，省运会发展成果惠及更多群众。

【体育协会】 年内，先后注册成立弈趣国际象棋、卓越围棋、昌宏排球、盛世赛格俱乐部。年末，全县拥有独立法人资质的体育社会组织发展到50个，会员达到上万人。积极申报社会评估等级，武术协会、跑步协会、老年骑协、羽毛球协会荣获AAA等级。排球运动协会承办2018年长三角气排球邀请赛（浙江长兴站）；羽毛球运动协会承办2018年湖州市第十一届羽毛球比赛；篮球协会承办浙江省第26届中老年篮球邀请赛和长兴县乡镇篮球赛；乒乓球协会承办2018年湖州市"超威杯"银政企乒乓球团体邀请赛；足球协会承办2018年第四届八人制足球比赛等等。各单项协会积极参加省、市组织的各项体育赛事、交流活动，羽毛球协会参加谁羽争锋第57季主题赛事——2018年首届"嘉年华"羽毛球排名赛，获得90岁组女双第一、100岁组男双第一的好成绩；排球协会在2018年长三角气排球全国邀请赛中荣获女子青年组第一、二名；武术协会在参加市级以上的各种比赛共获得金银铜牌146枚，其中金牌106枚，集体一等奖2个；冬泳协会在湖州市第五届市民运动会"体彩杯"公开水域游泳比赛中荣获团体第二名。武术协会在各乡镇、校园进行教学表演，大力推广武术文化，宣传科学、健康、文明的体育锻炼方法和生活方式；老年骑协每星期三、星期六固定集体骑游活动共80次，参与4526人次，骑行161803公里；户外协会在徒步登山、志愿服务、文保普查、爱心公益、红色教育等方面发挥自身能力，组织各类活动350多次，参与人数6000余人；乒乓球协会举办省、市、县级活动比赛15场；老年体协举办31周年庆暨夕阳红运动会活动、参与人数达5000余人次。各协会还因地制宜组织小型分散的群体活动500余场，做到体育"平民化""人人享有体育"，满足不同人群的需要。

（史佳琪）

## 综　述

2018年，长兴县卫生和计划生育局（简称县卫计局）内设职能科室10个，下属事业单位25个。局机关年末在编人员33人，其中公务员25人，参公人员3人（县计生协会），事业编制人员5人（县基药中心）；编外人员4人。全县共有各类医疗卫生机构336家，其中县级单位7家、乡镇卫生院（社区卫生服务中心）15家、社区卫生服务站177家、省属企业医院2家、民营医院10家、个体诊所门诊部125家。共有床位2946张、每千常住人口4.40张，其中民营医院床位占比达到26.1%；卫生技术人员4654人，其中执业（助理）医师1918人、每千常住人口2.86人，注册护士2592人、每千常住人口3.87人；每万常住人口全科医生数3.35人。全县医疗机构业务门急诊473.36万人次、增幅1.5%；住院13.77万人次、增幅7.9%；业务总收入18.97亿元、增幅12.3%。县外住院就医患者回流2个百分点，县域就诊率达到90%。

年内，综合医改、医共体、信息化等工作得到省级以上主流媒体和省委省政府高度关注，其中信息化建设获国家五级乙等最高等级证书；县人民医院增挂“浙医二院医疗集团”牌子，实行一张发票集团化管理，成为全国首个跨省县人财物贯通医联体；以县人民医院、县中医院为牵头单位，以“1+8”“1+7”方式在15家乡镇卫生院实现医共体全覆盖挂牌运行；县中医院二期医疗综合楼作为湖州市唯一全民健康保障工程获中央补助资金2000万元；在长兴新闻频道、长兴报开辟“健康长兴”专栏，策划推出相关节目35期，相关报道70余篇。举办专题辅导和业务培训2期，参加人数320余人。梳理最多跑一次办事事项共50项，办结行政审批2926件。其中办结放射诊疗建设项目卫生审查14件（其中预评价审查6件、放射诊疗建设项目竣工验收8件）、医护人员执业许可1699件（其中医师执业许可230件、变更366件、注销9件；护士执业注册230件、变更503件、延续305件、注销56件）、母婴保健专项技术服务许可4件（其中机构审批2件、人员许可2件）、医疗卫生机构设置执业许可396件［其中设置医疗机构审批11件、医疗机构执业许可8件、医疗机构执业许可（变更）116件、医疗机构执业许可（校验）247件、医疗机构执业许可（注销）14件］、公共场所卫生行政许可568件（其中新发证429件、变更29件、延续32件、注销78件）、放射诊疗许可22件（其中新发证6件、校验10件、变更6件）、集中式供水单位卫生许可5件（其中新发证1件、注销2件、延续2件）、医疗机构使用麻醉药品、第一类精神药品许可8件（其中新办7件，变更1件）、再生育审批206件、医疗广告（西医）核准2件、中医诊所备案2件。深入推进责任医生签约服务，累计完成签约22.45万人，规范签约率35.4%，其中重点人群签约率75%；完成参保城乡居民健康体检18.96万人，其中60岁以上老年人6.82万人。

## 公共卫生

**【概况】** 2018年，全县共报告法定传染病7505例（发病率1131.80/10万），比上年上升28.8%。无甲类传染病报告；报告乙类传染病12种938例（发病率141.46/10万），比上年下降4.02%。

**【疾病预防控制】** 年内，完成预防性体检职能移交；机构分设交接工作顺利实施，全年机构运行稳定。稳步开展卫生应急工作，规范开展卫生应急培训与演练、突发公共卫生事件风险评估，提升应急处置理论水平与实战能力。深入开展健康医院、学校等健康场所创建活动，完成全县所有已挂牌健康促进场所督导全覆盖，全年新申报健康促进学校10所、市级健康促进医院9所。

年内，有效落实各项疾病防控措施。接收、处置预警信息182条，涉及8个病种，处置及时率100%；落实霍乱、人感染H7N9禽流感、手足口病等重点传染病的防制措施，控制传染病发病。持续加大艾滋病、结核病等重点疾病的防控力度，报告艾滋病病毒感染者及病人53例，累计报告310例，188人免费抗病毒治疗，定期随访率100%。开展暗娼人群、流动人口、MSM人群哨点监测共779人，重点人群HIV抗体筛查监测8728人；开展结核病重点人群筛查、散发疫情处置、患者社区健康随访管理、健康宣教及中盖结核病项目推进工作。报告疑似肺结核病例446例，按要求开展疑似病例追踪，总体到位率97.5%，全年报告确诊肺结核病例322例。组织县、乡、村三级查螺专业队，在全县11个乡镇60个村开展查螺，查螺条块2737个，查螺面积740.34万平方米，共对6.19万平方米有螺面积进行灭螺处理，并对近3年内查到的有螺条块全部开展巩固扩大灭螺，完成灭螺工作任务。全县目标儿童建卡建证率达100%，常住人口七苗接种率达95%以上、流动儿童七苗接种率超90%。承担“省乙肝、麻疹抗体水平监测”，“浙江省肠道病毒71型灭活疫苗上市后安全性观察研究项目”等。完成食品污染物及食品中有害因素食品样品监测14类688件，达到1.02件/千人口监测量要求。深入推进县级慢病综合防控示范社区创建，全面提高慢性病防治工作质量，全县高血压管理率和规范管理率为48.4%和66.7%，控制率达到56.7%；糖尿病管理率和规范管理率为38.7%和66.8%，血糖控制率达到52.7%。重点慢性病工作指标远超基本公共卫生考核要求；严重精神障碍患者管理工作质量不断强化，全县累计在册患者2651人，发现率为4.2‰，规范管理率76.1%，治疗率80.8%，病情稳定率达到98%，全年未发生严重精神障碍患者肇事肇祸事件。年内，规范性传播疾病的诊疗与报告，加强麻风病可疑症状监测、转诊与追踪。全县全年性病发病率比2017年同期下降4.5%，其中梅毒与淋病的发病率比2017年同期下降0.5%。全县麻风病可疑症状报告91例，完成率为100%，转诊率72.5%，追踪率88%。

【卫生监管】 年内，开展公共场所专项检查6次，检查公共场所3900余家次，落实整改公共场所526家，查处各类公共场所违法行为293起，结案293件，处罚金额37.30万元，其中简易程序135件，一般程序208件。19家游泳场所利用游泳场所自检互联网公示系统公示水质自检结果，立案查处8家游泳场所，罚款1.63万。开展禁烟执法工作，出动执法人员560人次，检查相关单位952家，在执法中劝阻吸烟超696人，对45家公共场所经营单位及10名个人实施禁烟处罚，警告并罚款金额28700元。

年内，开展蓝盾1号民营医疗机构整治行动，从严查处医疗机构违法违规行为为11起，对九州、博爱门诊部进行吊销医疗机构执业许可证等处理，另一家门诊部迫于压力主动注销医疗机构执业许可证。开展蓝盾2号打击非法医疗美容行动，对全县美容服务市场进行整顿，通过排查美容场所是否存在非法开展注射美容、微创美容等行为，严厉打击非法医疗美容行为。联合市管局、公安局进行联合执法，查处非法行医案件30件，没收违法所得29.06万元，罚款35.10万元，行政移送案件2起，刑事移送2人。

年内，改变传统医废收集模式，采取政府购买第三方专业公司服务的方式，做到“统一收集人员、统一收集车辆，统一收集标准规范”三统一，实现人员专业、运输储存规范、操作安全高效的目的，共设立五个医疗废物中转站，通过扫描唯一的二维码进行医疗废物交接，实现信息化管理。年内，餐饮具集中消毒企业监管上保持狠抓、严管，以食品安全县创建为抓手，开展餐饮具集中消毒单位卫生示范单位创建工作，创建优秀级餐饮具集中消毒单位1家。

年内，建立卫生、水利、住建、环保等4部门联席会议制度，制定饮用水卫生监督约谈制度，形成联合执法、工程验收及水质监测数据共享等工作机制。定期对集中式供水单位和二次供水单位进行监督检查，共检查72频次，抽检水质113件，合格率100%。建立卫生、水利、住建、环保等4部门联席会议制度，制定饮用水卫生监督约谈制度，形成联合执法、工程验收及水质监测数据共享等工作机制。定期对集中式供水单位和二次供水单位进行监督检查，共检查72频次，抽检水质113件，合格率100%。联合教育局，采取日常监督和随机抽检相结合的形式，对全县中小学校、托幼机构的饮用水卫生、传染病防控、教学环境等重点内容进行专项检查，检查163频次，行政处罚1起，约谈学校负责人4人。对10家宾馆进行病媒生物预防控制专项检查。

【妇幼保健】 年内，落实落实妇幼保健基本公共卫生服务，全县孕产妇死亡率0，婴儿死亡率1.3‰，5岁以下儿童死亡率3.6‰，孕产妇系统管理率98%；推进妇幼重大公共卫生服务项目，国家孕前优生健康检查项目目标人群覆盖率98.6%，为准备怀孕及孕早期的妇女免费发放叶酸5826人；实施城乡妇女免费“两癌”检查项目，开展宫颈癌筛查16327人，乳腺癌筛查20666人；加强产科质量管理，每季度组织产科质量控制中心人员对县级医院进行产科质量督查，行政剖宫产率43.5%，业务剖宫产率44.6%；开展“母婴保健技术服务”专题培训，提升母婴保健技术服务人员业务水平。

## 医政管理

【概况】 年内，加大区域疾病诊治学科群和专病中心建设，全力提升县域危急重症救治能力和学科联动发展。加快建设高水平医疗联合体、医共体，做强做精区域医疗共享中心，实现基层群众不出乡镇在家门口享受县级医院专家诊断服务。

【科教科研】 年内,加大区域疾病诊治学科群和专病中心建设,全力提升县域危急重症救治能力和学科联动发展。县人民医院牵头组建胸痛、创伤、卒中、中毒等4个救治中心,县中医院牵头组建中医治未病、中西医结合肾病、康复等3个救治中心,县妇保院牵头组建危重孕产妇、危重新生儿等2个救治中心,县皮肤病防治院牵头组建银屑病诊治中心。各专病中心均制定专项任务书,其中县人民医院胸痛中心挂牌浙医二院胸痛中心浙北分中心,形成4家协作医院、24家网络医院的区域性胸痛救治体系,胸痛患者212例,急诊PCI32例,抢救成功率96.9%;县皮肤病防治院银屑病诊治中心挂牌,形成4家联盟成员单位,共诊治银屑病124人次,上海专家会诊5人次,成员单位上转8人次。

年内,出台《长兴县全科医师培养实施方案》,全科医生岗位轮训210名,新增全科医生50名。2018年5月5日,长兴县全科医生培训在行政会议中心开班,全县203名在岗全科医生和在培住院规助理全科医生等参加培训,县全科医师师资重点培养全县30名全科骨干,每半月进行定期授课。重点学科、基层特色专科建设扩面提质,新增"心血管病学""呼吸病学""急诊医学"三个市级重点学科;基层特色专科建设通过专科结对、设立慢性病综合门诊、专家工作室、康复联合病房等,满足辖区常见病、多发病诊治需要,遴选颈肩腰腿痛、小儿推拿、中医妇科等17个基层医疗机构特色专科建设,其中10个入选湖州市第二批基层特色专科建设。

【分级诊疗】 年内,制定全县分级诊疗疾病目录,包括基层医院首诊50种、县级医院下转20种、不轻易外转200种。优化双向转诊流程,落实转

1月10日,上海市皮肤病医院长兴分院正式成立　　(卫健局 供)

诊患者分时段预约,实现优先就诊、优先住院。乡镇卫生院(含服务站)业务收入2.23亿元,同比增长20.30%;门急诊人次224.3万,同比增长1.7%;出院人次5423人次,同比增长28.8%;药占比(含服务站)57.2%,同比下降0.3%,(不含服务站)39%,同比下降8.4%。1—12月签约人群基层就诊率73%,同比下降3.99个百分点,建档人员基层就诊率57.6%,同期下降1.36个百分点。

【医联体、医共体建设】 年内,县级医院加大与上级医院合作力度,加快建设高水平医疗联合体,县妇幼保健院挂牌浙江大学医学院附属儿童医院长兴分院、县皮肤病防治院挂牌上海皮肤病医院长兴分院。3月23日,浙医二院长兴院区增挂"浙医二院医疗集团"牌子,诊疗发票全面启用"浙医二院医疗集团"发票,正式纳入浙医二院医疗集团统一管理,成为全国首个跨省县人财物贯通医联体,该做法得到人民日报、新华社、中央电视台、光明日报、新华每日电讯、浙江日报等媒体广泛关注。上级医院累计下派专家1848人次,副高级以上占95%,诊疗患者2.40万余人次,手术示教528台次,教学查房1183次,举办讲座47场次,其中县人民医院三、四类手术占总手术量的57%(非DRG),比上年增加11.6%。

年内,根据《长兴县试点组建县乡医疗共同体实施办法》,以县人民医院为牵头单位,组建8家医共体;以县中医院为牵头单位,组建7家医共体,同时,妇幼保健、疾病预防、卫生监督等公共卫生资源同步下沉。目前,15家卫生院已全部挂牌医共体。县级医院均已选派执行院长、执行护士长到卫生院进行管理。医共体内,实行用药、转诊、家庭医生签约等方面的连续性便捷性健康服务,公布全县分级诊疗疾病目录,基层医疗机构50种、县级医院下转20种和不轻易外转200种。县级医院累计下派业务骨干7800余人次、接诊患者5.52万余人次,巩固与完善制度134余项、开展培训288次。

【卫生信息化】 年内,做强做精区域医疗共享中心,实现基层群众不出乡镇在家门口享受县级医院专家诊断服务。利用互联网胶片原始影像云存储技术打造浙江省第一家区域"去胶片化"县,节省打印胶片65万多张,为长兴市民直接节省看病费用超过2000万元。深化医疗卫生服务领

域“最多跑一次”改革，发挥“互联网+”思维，建设统一的区域医疗支付平台，三家县级公立医院自助结算平均占比已达50%，基层医疗卫生机构（含社区卫生服务中心和乡镇卫生院）全面开通扫码付移动支付手段，后续上线“县域医疗统一支付平台”智慧支付2.0，实现挂号不排队、诊间可结算、无卡可就诊、识脸刷医保、离院再支付功能，大大缩短病人就诊付费排队等候时间，提升群众就医体验及病人满意度。2018年5月17日在济南召开的全国卫生信息技术和健康医疗大数据应用交流大会上，成功荣获国家医疗健康信息互联互通标准化成熟度测评“县域五级乙等”最高等级证书，成为全国第一个获此殊荣的参评县。

【无偿献血】 年内，推进献血屋运行体制，县人民医院与献血屋实行一体化管理，集无偿献血宣传、献血咨询、志愿者活动、用血退费等功能于一体的多功能献血服务站。开展“大爱长兴·健康同行”“护卫生命·天使血缘”等系列品牌主题活动。全年无偿献血6325人次，献血量197.45万毫升，实现献血人次和献血量“双增长”。

（钱　丹）

## 中医中药

【概况】 年内，从医院基础设施、重点专科、中医诊疗模式、中医医疗技术、中药药事服务能力、人才培养、临床科研一体化以及信息化建设等方面推进县中医院、县人民医院、县妇保院和基层医疗卫生机构中医药服务内涵建设。9月20日至21日，接受省级专家全国基层中医药工作先进单位复审评审，获得本组评审最高分。16个基层特色专科经县内初评推荐上报市，中医药工作分别在华东六省一市基层中医论坛和省中医药工作会议上作汇报交流。

【中医药宣传】 年内，继续开展以“治未病”为主题的“中医药健康体验”活动，打造中医院“长兴中医”微信公众号，以《中医药与健康》纳入全省小学教材为载体，开展各类推广宣传活动，6月23日，湖州市校园中医药文化示范基地（全市唯一）在白岘小学揭牌，“治未病”中心在县中医院揭牌，形成15家联盟成员单位。

【基层中医中药】 年内，开展下乡健康讲座、义诊、八段锦教学、药膳、中草药画展等达100场次，受益群众达1万余人次，同时在门诊及住院部开展多项中医药治未病干预措施，如冬病夏治、熏蒸、针灸、推拿、足浴、中药茶饮。乡镇卫生院中药饮片处方占比12.9%，同期上升3.12个百分点，中医非药物诊疗人次占比6%，同比上升2.38个百分点，中医总处方数占比45%，同比上升1.26个百分点，基层中医药服务能力逐步提升，县中医院庙春颖入选浙江省中医药传承与创新“十百千”人次工程优秀护理人才、许建新获浙江省第二批基层名中医、中西医结合肾脏病学顺利通过“十二五”浙江省中医药重点学科验收、“脾胃病学”获“十三五”浙江省中医药重点学科创建（全市唯一）。

## 爱国卫生

【概况】 年内，持续实施健康知识“五进”巡讲活动355场；健康教育宣传栏延伸覆盖到262个居民小区。结合爱国卫生月开展“关注小环境 共享大健康”活动；开展以春秋季灭鼠为重点的除“四害”工作；全面推进农村改水、改厕工作，新增无害化卫生厕所1054座，无害化卫生厕所普及率达到100%。

【卫生城镇创建】 年内，长兴县通过第四次国家卫生县城复评，煤山镇通过国家卫生镇第三次复评，虹星桥镇、洪桥镇通过省级卫生镇的复评；新申报国家卫生镇5个（林城镇、虹星桥镇、和平镇、小浦镇、洪桥镇），已通过市级调研；李家巷镇、夹浦镇已通过国家卫生镇省级技术评估。全县新创省级卫生村71个，省卫生村比例达73.7%。市级以上健康促进医院实现了全覆盖；累计创建健康促进学校30家，覆盖率达到50%；培育健康家庭、健康社区（村）、健康单位、健康食堂共299家，建成健康主题公园2座，健康步道15条。

## 重点医院简介

【概况】 年内，全县有三级乙等综合性医院、三级乙等中医医院、三级乙等妇幼专科医院各1家。

【长兴县人民医院】 是县域范围内唯一的三级乙等综合性医院，创建于1940年10月21日。2015年11月挂牌“浙江大学医学院附属第二医院长兴分院”，2017年8月改挂“浙江大学医学院附属第二医院长兴院区”，2018年1月纳入浙医二院医疗集团统一管理。有正式职工1200余人，设有临床和医技科室41个，病区23个（包括ICU、EICU）；拥有浙江省县级龙头学科2个（呼吸病学、骨外科学），湖州市重点支撑学科1个，湖州市重点扶持学科2个，湖州市重点学科2个，浙江省县市级重点专科1个，长兴县重点学科9个。核定床位600张，实际开放床位740张。医院与浙医二院合作办医后，提出打造“安全、高效、人文、和谐的高品质医院”的目标，助推浙医二院心血管内科等14个临床科室下设教授级专家工作站，每周不少于35名浙二专家下沉坐诊、查房或手术，建设浙北肿瘤中心、浙北眼科中心、浙北心脏中心、浙北呼吸中心和浙北肝胆胰疾病诊治中心。成立国医馆，柔性引进40余名省级中医专家定期为患者服务。与北京大学合作，建立全国首个县级区域性严重创伤医疗急救服务系统

(EMSS)。加盟“中国空中急救联盟”并实现直升机救援常态化飞行，构筑起地空一体的急救体系。围绕“医共体”和“分级诊疗”等医疗卫生体制改革的要求，以建立分院的形式重点托管林城、小浦、水口、煤山、太湖街道、龙山街道、雉城街道、太湖图影旅游度假区等8家乡镇卫生院(社区卫生服务中心)。建立县级“临床检验、影像诊断和心电诊断”三大中心，通过实时高效的信息互通，为基层群众就医提供精准、便利服务。基于浙医二院长兴医联体框架，长兴院区在两个不变(行政隶属不变、政府投入不变)的前提下，实行理事会领导下的执行院长负责制，共同构建人财物贯通的紧密型医联体，重点在人才培养、学科发展、优质服务等方面，探索一种长效、可持续、值得推广和复制的综合医改“长兴样板”，力争通过5到10年的努力，成为名副其实的浙医二院医疗集团的一部分，立足浙北、辐射皖苏的医学中心，乃至值得患者信赖的目的地医院。是杭州医学院教学医院，皖南医学院、湖州市师范学院医学院的实习医院。2017年2月，总投资2.52亿元的医院改扩建工程二期住院综合楼项目开工建设，计划工期三年，建成后园区整体规划床位数可达1200张。2018年，医院门急诊人次102.23万，出院人次4.85万，医疗总收入7.51亿元。

**【长兴县中医院】** 为浙北地区集医疗、教学、科研、预防、康复为一体的国家三级乙等中医医院；是浙江省重点建设中医院、首批浙江省中医名院建设单位；是浙江大学医学院附属一院、浙江省肿瘤医院、安徽中医药大学附属医院、浙江省立同德医院、杭州市西溪医院的协作医院；是安徽中医药大学、湖州师范学院医学院、湖州卫校的教学医院。占地面积40000平方米，医疗用房总建筑面积70000平方米，设有床位800张。临床一级科室18个、医技科室11个，病区13个及重症监护室、血透中心各1个，专病专科门诊32个。有职工798人，其中卫技人员724人，有高级职称医务人员134人、硕博士69人。拥有一大批区域内知名专家，包括全国基层名老中医传承工作室指导专家1人、全国优秀中医临床研修人员2人、全国优秀中医临床人才研修培养对象1人、第五批全国名老中医专家学术经验继承人2人，省基层名中医4人、省中青年临床名中医1人、省医坛新秀培养对象2人、市特聘专家1人、市名中医3人、市青年名中医2人、市1112人才工程培养人选1人、市1112人才工程后备人选2人、县级各类名医共7人。拥有层流手术室8间，配备有奥林巴斯和史赛克高清腹腔镜、美国covidien能量平台、德尔格麻醉机、手术吊塔、无影灯等。重症监护室配置有洁净系统、菲利普中央监护系统、德尔格呼吸机。血液净化中心拥有51台血透机、2台血液滤过机。医院拥有美国GE公司16层螺旋CT 2台、DSA、美国GE公司DR机、德国罗氏全自动生化免疫检测流水线、进口彩超(菲利浦EPIQ5、GE公司E8、百胜MyLabClass C ADV等)、奥林巴斯高清电子胃肠镜、C型臂X光机、德国海德堡眼科oct、进口口腔全景机、超声乳化治疗仪、钬激光治疗仪，美国GE双能X线骨密度仪等设备。外科微创治疗、DSA介入治疗、超声引导下射频消融、中西医结合治疗恶性肿瘤、无痛胃镜、冠状动脉造影等在区域内有一定优势。医院着力打造区域优势学科群，针灸理疗康复特色专科被列为国家局中医特色专科，中西医结合肾脏病学科被列为浙江省县级龙头学科、浙江省中西医结合重点学科(基层优势类)，脾胃病科被列为浙江省重点中医专科、“十三五”浙江省中医药重点学科(基层优势类)建设项目，骨伤、肿瘤、儿科等被列为湖州市中医(中西医结合)重点扶持专科，拥有重症医学科、消化内科、肿瘤科、儿科、显微骨科、肾病科等县级重点学科11个。2018年，医院门急诊人次75.93万，出院人次2.93万，医疗总收入4.24亿元。

**【长兴县妇幼保健院】** 为集医疗、保健、预防、教学、培训为一体的非营利性三级乙等妇幼专科医院，担负全县妇幼卫生防治、生殖健康、计划生育指导、健康教育等工作。前身为创办于1953年的长兴县妇幼保健站。1985年改站建所，1993年改所建院，1998年被评为一级甲等妇幼保健院，2005年被评为二级甲等妇幼保健院，2012年晋级三级乙等妇幼保健院，2015年与原长兴县计划生育宣传技术指导站资源整合，挂牌长兴县妇幼保健院、县妇幼保健计划生育服务中心，2018年挂牌长兴县妇女儿童医院。挂牌浙江大学医学院附属儿童医院长兴分院，是浙江大学医学院附属儿童医院医联体成员单位，为上海市红房子妇产科医院(复旦大学附属妇产科医院)、浙江大学医学院附属妇产科医院协作医院。先后获国家级爱婴医院、省级文明单位、省妇幼保健先进集体、省级平安医院、省级绿色医院、省级卫生先进单位、产科病区“全国女职工建功立业标兵岗”、妇科病区“职工小家”等荣誉称号。

医院占地面积17300平方米，一、二期工程建筑面积3万平方米，核定床位200张，职工398人，市级学科带头人1人，中高级职称174人，占43.7%；卫技人员353人，占88.7%。设有产科、妇科、新生儿科、儿科、VIP、MICU、NICU等病区，开设妇科、产科、儿内科、乳腺外科、中医科、泌尿男性科、妇保科、儿保科、计划生育科等临床科室及各类医技科室、专病专科专家门诊等。2018年，医院门急诊30.65万人次，出院1.67万人次，医疗收入1.19亿元。

# 史志·档案·新闻传媒

## 史　志

【概况】　年内，长兴县史志办公室内设党史科、方志科、综合科3个科室，年末共有工作人员8人，其中编外人员2人；主任1人（县委办副主任兼），副主任1人；副研究员1人，助理研究员2人。年内，长兴史志工作以《长兴县2016—2020年史志工作实施意见》为抓手，继续保持抓核心主业的定力，统筹抓好各项事业发展，推动史志资政育人功能进一步发挥，服务大局能力进一步提高，长兴史志工作走在全省、全市前列的地位进一步巩固，县域史志转型升级“长兴模式”的品牌进一步创响。全年史志办累计编写、编辑、出版各类文字累计505万字，指导编印乡镇部门年鉴77部；中指组领导首次到长兴调研并批示肯定长兴工作；史志办有2篇论文通过第八届中国地方志学术年会专家评审并入会交流；长兴信息录用总量在全省县（市、区）中列第2名。年内，县政协、县委组织部、县委宣传部、县史志办、县档案局、县商务局、龙山街道等单位、个人公开出版史志地情著述5部、内部编印5部，传媒集团和民政局联合摄制专题片1部。

【党史编研】　年内，正式启动党史三卷编写，结合改革开放40周年纪念活动，推动党史编研工作不断取得新成效。在前三年持续做好准备工作的基础上，于5月正式启动《〈中国共产党长兴历史〉第三卷（1978—2002）》初稿的编写工作，至年末，启动3个编的初稿编写，共完成16万字。启动《揭开“浙江农村改革序幕”——长兴县农村改革（1979—1982）研究资料汇编》专题集的整理、编辑，至11月全面完成整理工作，共收录各类文章和重要文献资料80余篇（份），共25万字。启动《长兴县改革开放40年大事记》编纂工作，至年末完成初稿，约30万字。编印完成《中国共产党长兴县第十三次代表大会文献选编》，共收录各类文件50件，图片55张，文字19.50万字。编印完成《长兴日史（2017）》，共计字数20万字。

【地方志编纂】　年内，继续把二轮修志作为史志工作的“一号工程”，集中精力推进修志主业取得突破性进展。继续开展《长兴县志》（1988—2012）总纂统稿，至3月末基本完成第一轮统稿，形成230万字的初稿；至11月完成第二轮统稿，形成250万字的初审稿；12月14日，通过初审，被评为质量上乘。继续分组指导乡镇部门志编纂，至年末，除8个单位工作开展不正常外，其余乡镇部门志编纂均较好开展，约一半志书的初稿经过史志办至少一次的审查；至年末，长兴二轮修志丛书已完成出版7部，其中1部为续修、6部为首修。完成清同治《长兴县志》点校初稿（送审稿），字数约80万字。

【年鉴编纂】　年内，在全国率先实现年鉴工作的县、乡镇、部门全覆盖基础上，着眼质量和品质，不断提高年鉴工作水平和年鉴编纂水平。1月启动第5部综合年鉴《长兴年鉴（2018）》编纂，至2月各单位基本完成分纂稿初稿，4月中旬完成各单位年鉴初稿的审改，5月底完成书稿一轮总纂统稿，11月完成二轮总纂统稿，送交出版；书稿共80余万字，全面记录和反映2017年长兴县自然、经济、政治、文化和社会等各方面的基本情况及新成效。至10月，77家乡镇部门全部完成史志“五个一”成果转化，共编印年鉴77部，其中乡镇（街道、园区）年鉴17部、部门年鉴60部，累计字数超过4000万字。12月底，举行第一届（2018）长兴县乡镇部门年鉴质量评审活动，共确定一等年鉴25部、二等年鉴26部、三等年鉴26部。

【资料年报】　年初以来，乡镇、部门进一步完善分管领导牵头、联系科室（史志联络员）具体负责、各科室（条线）全面配合的工作运行机制，继续按月开展以“资料”为基础，以“资料年报制度”为抓手，以“收集编写6类10项资料”为主要任务，以“年鉴”为主要成果的史志“五个一”年度常规工作，并于每月10日前报送。县史志办进一步健全分组指导服务机制,及时指导、督促各单位抓好进度质量。至年末,纳入“五个一”资料年报范围的77个乡镇部门的2018年度“五个一”资料年报均按要求完成,资料质量明显提高,全县各级各部门资料收集整理积累工作的日常化、制度化、规范化建设持续得到巩固提高。

【资政育人】 年内,结合全县中心工作推进,创新思路和方式方法,发挥史志存史资政育人功能,推动史志服务大局、贡献大局。即时记录“县域典范”每一天,坚持按月、逐日编写2018年“长兴日史”,初步勾画全县政治、经济、文化、社会年度发展概貌,即时记录县委、县政府领导全县人民打造高水平全面小康社会县域典范的每一天,至年末形成30万字的初稿长编。参加总结提炼“长兴精神”活动,协助编纂首部《长兴村官志》。服务重大纪念活动,创作完成62行党史长诗《红色记忆》,在全县“幸福都是奋斗出来的”纪念建党97周年歌咏会上被诵读演出;全年累计为相关单位及社会开展活动、场馆建设、宣讲宣传、地情研究、编纂书籍等提供资料史料、意见咨询、指导审稿等服务115人次(场次)。印发《关于深入开展“两史一情”学习教育“六进”活动 助推长兴县新时代文明实践中心建设的通知》,成立长兴县新时代文明实践“两史一情”宣讲志愿服务队,全力配合牵头部门开展科学理论普及行动、基层党建强化行动,进一步把革命传统教育、爱国主义和社会主义教育引向深入。

【第一届长兴史志“十大新闻”评选】 12月29日,印发通知,启动第一届(2018)长兴史志“十大新闻”评选活动。评选范围、对象为2018年1月1日至12月31日在长兴县境内、外发生的与长兴史志地情、史志地情工作以及史志地情研究等直接相关、密切相关的,具有重要性或典型性、首创性、唯一性的事件(活动)、人物、事物。经酝酿、讨论,共筛选出24个典型事例,面向全县各乡镇(街道、园区)及县级机关各部门(单位)史志工作分管领导、史志工作联络员,以及史志办全体人员进行评选。经全县各单位投票初评、史志办例会审定,“中指组领导首次到长兴调研”等2018年长兴史志“十大新闻”正式出炉。

【县域史志转型升级“长兴模式”】 1月31日,中指组领导首次到长兴调研,充分肯定长兴工作,认为长兴县委、县政府领导高度重视地方志工作,规划长远、保障有力,长兴地方志工作多业并举,率先实现志书、年鉴的县、乡镇、部门全覆盖,走在了全国前列,提前吹响了向地方志第二个一百年目标进军的号角,并肯定为县域史志转型升级“长兴模式”。2月,中指组领导批示肯定“长兴模式”。10月,《县域史志转型升级“长兴模式”的探索与实践》通过第八届中国地方志学术年会专家评审,并入会交流。年内,省党史、地方志部门分别刊发专门信息,面向全省进一步推介长兴史志创新经验;广东省广州市花都区、江苏省江阴市、江苏省常州市武进区等省外史志部门先后到长兴考察“长兴模式”。

(郭玲玲、宋君君)

1月31日,中指组秘书长中指办主任冀祥德(左二)考察观摩长兴地方志成果 (史志办 供)

## 档 案

【概 况】 2018年,长兴县档案局(馆)内设办公室、业务指导科(法制科、行政许可科)、保管利用科、登记备份中心4个科室,年末,有在职人员20人,其中局长(馆长)1人、副局长2人、党组成员2人,编外6人。全县有综合档案馆1个、专业档案馆1个、综合档案室400个,其中县级机关事业单位61个、乡镇(街道、园区)18个、企业35个、行政村242个、社区23个、学校18个、医院3个。年内,全县档案工作坚持以档案工作“走向依法管理、走向开放、走向现代化”为根本遵循,以推进“全省档案开放服务示范区”建设为抓手,档案基层基础、档案开放服务、档案信息化建设得到夯实。获评“2018年度湖州市档案工作综合考核一等奖”。9月26—27日,全省服务乡村振兴战略档案工作推进会在长兴召开。

【长兴县档案馆】 始建于1959年3月。2003年4月启动新馆建设,2005年12月交付使用,位于龙山街道植物园路2号。新馆东西分别与文化广场、长兴图书馆相邻，占地面积3.33公顷，主体建筑呈“王”字形，面积7000平方米，总高度为22.80米，层高4.80米，为四层全开放式的现代公共档案馆。2009年1月，晋升为全国首批县级国家一级综合档案馆。2017年11月，通过国家级数字档案馆测试。年末，馆内设办公、库房、公共服务功能区、休闲区，配有档案密集架750平方米、温湿度自动控制系统1套、多媒体数字监控系统1套、自动灭火消防系统1套、档案防磁柜10套、电子计算机服务器6台、电子计算机31台、复印机2台、集中式空调机13台、分散式空调机4台、去湿机6台、吸尘器1台、档案底图柜30套、消毒柜3台、鞋套机3只；馆藏档案177个全宗、83978卷、203954件，图书资料32640册；馆藏档案查阅利用30131卷/件；创建“标准化数字档案室”13个。

【档案基层基础建设】 年内，印发“双提十攻坚”活动档案归档范围和保管期限表，明确“双提十攻坚”活动中各专项活动相关文件资料图片等收集整理归档工作的职责和要求。并及时指导服务归档工作。2月12日，印发《关于进一步做好企业档案工作的六条服务意见》。先后对中山化工、诺力机械、浙能长兴新能源、润阳新材料等12家企业开展上门指导服务，对画溪街道、天能集团、画溪工业园区5家企业开展企业档案业务知识培训，共计在全县53家规模以上工业企业和科技型企业中开展针对“服务六条”活动。根据《长兴县重点建设项目档案管理实施办法》，先后为12个县重点建设项目开展指导服务，完成浙能长兴新能源有限公司、华欣高科、华强电子、天能动力等4个中央投资预算内项目的档案验收工作。

年内，按照“档案工作基层基础三年行动计划”，推动基层档案室建设，实现18个乡镇全部安装密集架、63家部门安装密集架、53家村级档案室安装密集架。完成全县各乡镇部门《档案分类表》和《文件材料归档范围和保管期限表》的梳理、档案业务工作重要辅导教材《长兴县档案工作基层基础业务辅导丛书》的编撰。印发《长兴县美丽乡村建设档案工作标准化指导意见》，明确79个行政村创建名单。在“长兴县档案公共服务平台”开设“美丽乡村专题档案库”和“村级档案文化库”系统功能，共录入村级历史文化信息资源2516条（文本信息1390件、图片信息1123张、视频信息35分钟），使村落历史文化信息资源得到更好的保护和传承。此项工作得到省市领导的充分肯定。9月26—27日，全省服务乡村振兴战略档案工作推进会现场在长兴召开。

【档案公共服务平台建设】 年内，印发《长兴县档案公共服务平台查档工作规则（试行）》《长兴县档案公共服务平台运行管理办法（试行）》等七项制度，对“长兴县档案公共服务平台”的部分操作界面和流程设计进行优化和完善，使操作更便捷、流程更清晰、处理更快速。全县17个乡镇（街道、园区）及其辖区的242个社区、27个村，共计286个点查档受理人员全部签订《长兴县档案公共服务全覆盖工作人员备案表》。采取现场检查和网上抽查相结合的方式，对111个覆盖点的硬件配备、网络状况、点位设置、人员配备、系统操作等方面进行检查、指导、整改，提升查档人员的业务水平。全年共在线办结查档申请3561条。档案公共服务平台工作纳入乡镇年终考核。档案公共服务实现常态化标准化。

【征集保管】 年内，共接收进馆7家单位文书档案13000余卷件、电子档案（视频）3.5TB；接受捐赠、征集、征购民间档案文献100余件（册），其中有和平罗氏家谱、何氏家谱等家谱档案，1964年毛主席接见全国公安部门五好战士老照片、新四军苏浙军区老照片、新中国成立初期长兴的结婚证、长兴师范党校的毕业证、解放初期解放军三野司令部颁发的革命军人家属优先证明书、长兴本土书画家书画作品等民间档案文献。

【档案信息化】 年内，对照《长兴县档案局关于数字档案馆系统测试整改情况的报告》内容和时间要求，对数字档案馆系统的相关功能进行调整和优化，对库房、机房的温湿度自动采集系统进行安装整改。制定《长兴县馆藏系统管理制度》《长兴县档案馆涉密档案管理制度》。对原馆藏系统、档案公共服务平台、备份磁盘阵列三处的馆藏数字档案涉密部分进行处理，共完成移出电子目录近2000条、容量约3.5G，确保馆藏系统规范、安全运行。年内，创建县人民代表大会常务委员会办公室、县环保局、县审计局等3家单位“示范数字档案室”、长兴太湖图影旅游度假区管理委员会、县委组织部、县委党校、县综合行政执法局、县信访局、县机构编制委员会办公室、县创新科技委员会、长兴传媒集团等8家单位“规范化数字档案室”，县机关事务管理局、县邮政管理局等2家单位“数字档案室”。

【开发利用】 年内，结合建党日、“6·9国际档案日”等重要时间节点，开展各类档案宣传；立足馆藏档案资源，开展长兴地情资料《长兴记忆》等史料的编研；充分发挥全国中小学档案教育社会实践基地、省级爱国主义教育基地、省级社科普及示范基地功能，开展各类馆校互动活动，宣传档案法、档案文化，增强档案文化影响力。6·9国际档案日期间，配合国家档案局在全县乡镇部门开展“档案见证改革开放”为主题的征文活动；县、乡、村三级18个乡镇80多个部门联动，以现场咨询、宣传挂图、横幅、短信、微信、电子标语、宣传资料等形式，宣传国际档案日、档案知识。以中央档案馆和浙江省档案馆精选档

6月29日,县四套班子领导到县档案馆接受党性教育　　(档案馆　供)

案文献为主体,结合馆藏红色档案资料,开设“党性教育主题展”;6月底,县四套班子成员到馆接受党性教育,过集体政治生日;至年末,共接待3000多人次参观教育。举办《长兴记忆》大型图片展,启动新四军苏浙军区档案抢救与开发利用项目、国家重点档案目录基础体系建设任务、抗战档案汇编等工作,传承弘扬档案文化。

(周良全)

## 新闻传媒

【概况】 2018年,长兴传媒集团在党委会领导下,设董事会、编辑委员会、经营管理委员会,实行绩效管理,构建形成责、权利清晰的领导体系。董事会下设办公室、行政管理部、人力资源部、计划财务部和纪检监察部5个科室;编委会下设融媒体中心10部室[综合部、制作部、技术部、外联部、采访(图片)部、大型活动(专题)部、广播部、电视部、报刊部和新媒体部];经委会下设网络公司、网络科技公司、品牌营销中心和慧源公司;共有员工553人。其中,在编105人、聘用332人、外包116人;男性占总人数的62.7%;30周岁以下人员占29.7%,30至40周岁人员占36.2%,40至50周岁人员占24.5%,50周岁以上的人员占9.6%;大学学历占一半以上;新闻采编播一线人员占所有人员总数的46.2%;外来引进人员共65名。年内,集团旗下有3个电视频道(电视新闻频道、生活频道、家庭频道)、2套广播频率(FM97.3、FM106.6)、1份日报(《长兴新闻》报)、2个网站(长兴新闻网、文明长兴),两微一端用户超过65万,另拥有有线电视用户近18万户,总资产9亿元。

年内,长兴传媒集团在做精做强主业的同时,全面深化媒体融合,提升集团核心竞争力和整体实力,加快打造现代智慧型区域融媒体集团,全面完成年度目标任务,总收入2.32亿元,较2017年增长10.5%;获2018年度上送中央电视台十强单位,广播、电视、新媒体外宣均获得浙江省新闻协作“特等奖”,长兴新闻网获评浙江在线“十佳支站”;获省级以上政府奖、新闻奖13件,行业奖34件;集团获2018年度县级机关部门绩效考评一等奖。全年集团在广播电视报纸3条线在央级媒体播出稿件178篇,省级媒体近1378篇。其中,中国之声62件,浙江之声460件;央视89件,浙江卫视313件;浙江日报285件。浙江在线网闻联播上稿1378篇,浙江新闻客户端用稿220篇。专题节目在省级以上媒体播出21篇。广播、电视、新媒体外宣均位列全省县级特等奖行列。

【广播】 年内,开设有FM97.3太湖之声、FM106.6新闻交通2套广播频率,FM97.3自办《东成西就》《音乐金曲馆》《音乐麦田行》《我和宝妹有个约会》和《音乐零负担》5档栏目,每周自办栏目播出时长47.50小时。FM106.6自办《1066早班车》《1066搜头条》和《在路上》3档栏目,每周自

9月6日,浙江在线联合长兴传媒集团共同主办的浙江县市区新媒体发展论坛“微力无穷”主题沙龙在长兴传媒集团600平方米演播厅内启动　　(传媒集团　供)

办栏目播出时长17.50小时。2018年长兴广播完成活动61场。2018年，中央人民广播电台中国之声《新闻报纸与摘要》《全国新闻联播》用稿6条，省电台新闻联播头条单条2条。位列全省第四。继续推进“广播看得见”，共完成了线上线下61场活动。“车博会”“爱心点对点”“共读一本书”“杨梅节采摘”等。特别是7月14日起广播连续两月推出了大型新闻行动《帮扶在行动》，爱心采摘认购玉米、帮扶认购葡萄、百合等，助力贫困户。8月20日举办“帮扶在行动”媒体助农增收大型公益活动融媒体直播，现场帮扶金额总额近34万元。8月，对农创优工作中，广播对农活动《帮扶在行动》获得省政府一等奖。全年被中央人民广播电台中国之声《新闻报纸与摘要》《全国新闻联播》用稿6条，省电台新闻联播头条单条2条，位列全省第四。

【电视】 年内，开设新闻频道、生活频道、家庭频道3个频道。据统计，每周自办节目共计16档，首播时间4小时15分，加重播时间每周播出时间共计95小时25分钟。其中，创收节目《生活365》《长兴房产》《健康长兴》3档。新闻频道、生活频道以自办栏目为主，家庭频道以播出电视剧为主，全年组织播出电视剧93多部4050集，新闻频道、生活频道组织播出少儿片1181集，电影650部。坚持媒体融合，2018年集中开展融合式直播18场次，《抗击冰雪灾害》《端午来了》《丰收来敲门》《强降雨来袭》等直播都收到很好的收视，其中年初《抗击冰雪》连续三天融合式直播，开创连续直播的记录，带动收视率破5；积极开展舆论监督，《直击问政》栏目每季度一期，平均收视率达到3.27，成为年内影响力最大的一档电视栏目，拥有一批固定的收视人群，同时也为党委政府推动工作起到很好的舆论监督作用。年内，完成《喝彩创造伟力》《向人民报告》《向着梦想的彼岸》《攻坚总动员》《攻坚大奋战》《传承践行长兴精神激情奋斗再谱新篇》《年中经济观察》《热潮》《行进中的长兴》《长洽会进行时》《直通长洽会》《决战四季度》等重大主题报道12个，一般主题报道60余个。全年被央视《新闻联播》用稿32条；浙江卫视《浙江新闻联播》单条18条，位列全省第二。电视专题方面，在《生财有道》《乡村大世界》《聚焦三农》等中央级媒体各栏目中已播出20部。蓝莓号位列全省第二。

【报纸】 年内，《长兴新闻》报每周出报5期，为对开彩报，其中周一至周四每天4版，周五8版，日发行8000份，采取赠阅形式，全年发行200万份。围绕县委、县政府中心工作，推出县委全委会特别报道、“两会”专题报道等；推出“传承践行长兴精神 激情奋斗再谱新篇”“行进中的长兴”“践行八八战略 弘扬长兴精神 再兴发展热潮”“长洽会进行时”“年中经济观察”等30多个主题报道；推出《危险的岔路口》《为校外培训退烧》等100多篇深度报道和调查报道。积极开展新媒体直播，开展短视频拍摄、剪辑与制作，完善“融媒选粹”版面，转型融合步伐不断加快。全年被人民日报、光明日报、经济日报头版录用稿件8篇；浙报头版头条用稿2篇；浙报头版用稿42篇；省级以上内参用稿1篇。

【数字电视】 年末，全县共有数字电视注册用户21.80万户，数字终端43.30万余台。在数字电视的信号传输上，共传送63套基本电视节目（长兴本地频道1-7频道）、66套付费电视节目（实际数量）、5套境外节目、29套高清节目、13套调频广播。年内，在夯实网络基础业务的同时，提高新业务承接和建设能力。年初就对长兴广播电视网络有限公司、长兴广电网络科技有限公司的业务划分、组织框架和分工职责等进行重新整合。长兴广播电视网络有限公司主要负责全县有线数字电视的建设、发展及维护工作，并大力拓展增值业务。长兴广电网络科技有限公司主要负责承接全县部委办局及乡镇街道的信息化项目及网络新业务的方案制作、招投标、建设及维护工作。广电网络公司全年完成创收11280.99万元，科技公司创收4010万元。

【产业经营】 年内，积极提升传统业务，培育新业态，探索资源优化整合，占据产业价值链的高端，通过创新运营模式和发展路径，推动产业发展方式的转型升级，进一步打造长兴传媒品牌。全年总创收达到2.32亿元，其中网络公司完成创收11268万元，广告创收5672万元，慧源公司完成创收1010万元，网络科技公司完成创收4018万元，财政1220万元。

【全国县级融媒体中心建设现场会】 9月20日至21日，中宣部在长兴县召开县级融媒体中心建设现场推进会，深入贯彻落实习近平总书记在全国宣传思想工作会议上的重要讲话精神，总结交流各地经验做法，对在全国范围推进县级融媒体中心建设作出部署安排，要求2020年底基本实现在全国的全覆盖，2018年先行启动600个县级融媒体中心建设。会上，吉林、江西、湖北、四川以及北京市海淀区等地党委宣传部作了交流发言。省政协主席、省委宣传部部长葛慧君出席会议并致辞。

（贺利秋）

# 人力资源和社会保障

## 综　述

2018年，长兴县人力资源和社会保障局（简称县人社局）内设办公室、组宣人事科、公务员和事业单位人事管理科（军官转业安置办公室）、职业能力建设科（培训考试中心）、专业技术人员管理科、工资福利科（工改办）、社保科（工伤预防和认定科）、法制科（行政许可科）、财务和基金监督科、信访仲裁科、劳动人事争议仲裁院、人才资源开发管理办公室、社保办综合科、社保办稽核科、社保办养老科、社保办医保科、就业管理服务处、劳动监察大队、劳动保障信息中心、雷博公司20个职能科室（下属事业单位）。年末在编人员116人，其中公务员25人，工勤人员1人，参公人员53人，事业编制人员37人；编外人员83人。

## 人事工作

【概况】　年内，做好公务员、县属事业单位等工作人员招考，加强岗位管理和培训，落实军队转业干部安置政策，机关事业单位工作人员正常晋升工资审批等工作。全县事业单位在编工作人员共有8965人。其中，女性4700人，占52.4%；中共党员3992人，占44.5%；研究生416人、占4.6%，大学本科7242人、占80.8%，大学专科1016人、占11.3%，中专学历167人、占1.9%，高中及以下学历122人、占1.4%；35岁及以下3039人、占33.9%，36～45岁3711人、占41.4%，46～54岁1802人、占20.1%，55岁及以上413人、占4.6%。

【考录调动】　年内，面向社会公开招考公务员职位79个，组织3034人参加笔试，210人参加面试，8月底完成新进公务员79人录用工作；9月，启动县属事业单位工作人员招考，面向社会公开招考职位30个，面向机关事业编外工作人员招考乡镇（园区）事业编制职位10个，面向定点招商员招考事业编制职位1个，组织3393人参加笔试，126人参加面试，41人进入政审环节。协助教育、卫生系统完成公开招聘和人才引进工作，公开招聘中小学教师岗位84人，幼儿园教师岗位20人，协助教育系统引进优秀紧缺人才25人；公开招聘卫生人才77人，协助卫生系统引进优秀卫生人才和紧缺急需岗位人才55人。指导与监督农业、卫生系统人才定向培养，协同完成农业定向培养5人，卫生定向培养本科10人，专科20人。年内，完成公务员转任和事业单位人员商调67人，其中行政（参公）编制人员31人，事业单位工作人员调动36人；协助邮政管理局、煤山镇、总工会、等单位工作人员公开选调；协助财政局、行政服务中心、卫生系统、文化馆等57个部门（单位）开展550余个编外用工岗位的招聘。

3月16日，人社办公大楼启用宣誓仪式举行　　（人社局 供）

【岗位管理】 年内，开展教育、卫生系统专技人员的岗位调整及聘用审核，教育系统经聘期考核调整专业技术岗位1159人次，经职称晋升审核调整专业技术岗位262人次，其中新聘任高级56人，中级150人，初级56人；卫生系统经聘期考核调整专业技术岗位223人次，经职称晋升审核调整专业技术岗位193人次，其中新聘任高级73人，中级83人，初级37人。调整农、林系统专业技术岗位结构比例并进行新的岗位设置，林业系统新增正高级岗位1个、副高级岗位5个、中级岗位9个；农业系统新增正高级岗位2个、副高级岗位4个、中级岗位11个。至年末，全县事业单位有各类专业技术人员8252人（含编外工作人员），其中女性4554人，中共党员3568人，大学本科及以上学历的7255人，占87.9%；大学专科学历的850人，占10.3%；中专学历的147人，占1.8%。

【培训考核】 年内，落实公务员"学法用法三年轮训行动"计划，完成4期共计880名公务员的学法用法培训；6月，针对87个乡镇、机关的193名人事干部开展为期1天的人事干部培训；完成新录用公务员79人的初任培训。2018年，事业单位工作人员年度考核优秀的有482人，年内受处分的有5人，其中降低岗位等级或撤职3人、开除2人。

【军转安置】 年内，落实军队转业干部安置政策，通过统一考试、岗位选择，接收安置营以下转业干部36人，其中团职2人、营职8人、连排职10人、技术干部18人。安置公务员岗位26人、参公编制岗位9人、事业单位岗位1人，并妥善安置随军家属1人。落实省、市、县相关部署，完成军队转业干部帮扶、慰问、维稳工作，于春节、建军节、国庆节等各个重大时间节点落实慰问补贴，军队转业干部队伍和谐稳定。

【工资福利】 年内，完成2018年机关事业单位工作人员正常晋升工资审批，涉及11768人，其中：机关公务员（含参公人员）晋升级别增加工资612人、机关公务员晋升级别档次增加工资2578人、事业单位工作人员正常晋升薪级工资8277人、事业人员调整工龄补贴1347人；完成对新招录的256名机关事业人员的工龄认定，对1263名机关事业退休人员福利费的年度调整，对17家事业单位绩效工资的总量核定，指导6家事业单位制定奖励性绩效分配办法，对职级晋升的189人职务职级并行工资变动的审批，对法检两院加班补贴调整和绩效总量的核定。

## 人才工作

【概况】 年内，加快人才引育步伐，全县引进大学生等各类人才11982名，其中紧缺急需人才3450人、高层次人才390人，培养高技能人才3345人。至年末，全县人才总数18.9万人。其中，党政人才3198人、占1.7%，专技人才107860人、占57.1%，经营人才31950人、占16.7%，高技能人才38700人、占20.5%，农村实用人才27950人、占17.8%，社会工作人才2790人、占1.5%；研究生2738人、占1.4%，本科38900人、占20.6%，大专45140人、占23.9%，中专71920人、占38.1%；高级职称3110人、占1.6%，中级职称28050人、占14.8%，初级职称30390人、占16.1%。

【高端人才】 年内，承办长兴县首届海内外高层次人才创新创业大赛、2018"德国智能制造专家长兴行""中国海外学子报国行·长兴站"活动3次重大人才活动，集聚省级以上千人计划、万人计划专家18人，其中自主培养入选"国千"1人、"省千"2人；入选省级151人才工程1人、西湖友谊奖2人、省级海外工程师7人、市级海外工程师14人，选拔市1112人才培养和后备人选16人；入选省级"国外引智项目"7个，新引进"南太湖精英计划"领军人才项目49个；新建博士后工作站企业3家，引进进站博士4人；办理和发放人才绿卡61张，办理23人的高层次人才和积分制人才购房申请，审批人才购房补助资金560.60万元。

【产业人才】 年内，实施长兴产业智汇TGM313计划，开展年度企业需求

6月28日，2018中国长兴·海内外高层次人才创新创业大赛总决赛现场，政府领导、创投专家、双创精英、媒体记者等120人到场见证　　（人社局 供）

调查及百企引才联智高校行、百名专家长兴行、百校实习实践对接、百项科研融智示范、百企协作育才示范行动，TGM联盟高校突破130家，新建实习就业基地80家，吸纳实习生840人，试点企业教授博士柔性工作站28家，新增煤山、泗安、李家巷3家协作育才试点，累计吸引联盟企业120余家。

【技能人才】 年内，加强技能人才队伍建设，围绕“一乡一品”开展各类职业技能培训达9620人(包括高技能人才3345人、高级技师102人)，其中企业在职职工3530人，农村劳动力3216人；开展“龙之梦”专项培训28期，培训本地农民1120人；组织开展市级技能大赛2场、县级技能大赛9场，推荐15名选手参加国家、省级技能大赛，获国家一等奖1名，二等奖2名；全面启动协作育才工作，增加煤山、泗安、李家巷3个试点乡镇平台，全县试点乡镇达7个，联盟企业达120家，培训企业在职职工2000多人；获评省优秀技能大师工作室1家、市技能大师工作室2家，当选省首席技师1人、市特支计划技能类1人、南太湖首席技师1人，新增“长兴工匠”37人；创新人才评价方式，机械装备行业技能人才自主评价全面启动，先后5批次开展自主评价，422人申报自主评价，通过高级评价159人，初、中级评价220人；承担省蓄电池专业高级工程师、市纺织印染中级工程师评审工作有序进行，28人晋升为蓄电池高级工程师，16人晋升为纺织印染中级工程师。

## 就业创业

【概况】 年内，深入实施创业促就业“1791”专项行动及大学生创业创新引领计划，全县招引大学生来长就业创业11982人，开展青年创业培训556人，发放创业担保贷款1741万元，新增大学生创业主体1344家；围绕“振兴实体经济”服务企业攻坚专项行动，启动实施援企稳岗“护航行动”，通过技能人才校企合作洽谈、春夏两季招聘会等活动，累计推出就业岗位2.25万个，达成初步就业意见1.59万余人；坚持就业精准扶贫，帮扶失业人员再就业5275人，其中困难人员再就业1000人，702.50万元补贴资金落实到位，惠及1468人，城镇零就业家庭保持动态归零，全县新增城镇就业22926人，城镇登记失业率控制在2.4%低水平。

【青年创业帮扶】 年内，制定出台《长兴县扶持大学生就业创业政策》及相应配套实施办法，各类扶持创新创业机制更加完备。深化拓展校企合作，组织80多家企业赴高校招聘毕业生，邀请15所职业类院校来长兴洽谈技能人才校企合作，组织18家企业赴职业技术类院校巡回招聘；优化创新创业平台，创业云服务体系和长兴智辉青年创业投资基金建立；强化创业品牌建设，开展创业培训等活动13场，吸引410多名创业大学生参加，与长兴传媒合作《才来长兴》栏目，已播出10期，宣传引导来长就业创业典型人物事例；开展就业创业典型评选，推选县公共创业服务中心获省级众创空间、南太湖青年科技创业园获市级高校毕业生(青年)创业示范园，湖州嘉能空分科技有限公司钦嘉男获评“湖州市大学生创业典型”。全年发放大学生实习补贴103笔34.51万元、见习补贴206笔54.70万元、企业外出招才引智补贴89笔21.20万元；发放小额创业担保贷款71笔2131万元、落实创业贷款贴息83笔147.09万元、创业补贴34.60万元；落实市级大学生创业示范园补贴28万元、特色小镇市级创业就业指导站复评补助5万元。

【援企稳岗“护航行动”】 年内，联合苏州英格玛人力资源有限公司，针对县内500多家企业，制定季度《全县人力资源供求分析白皮书》；针对吉利新能源汽车、太湖龙之梦等重点企业，多次上门开展专项服务；每周对天能集团、海信空调、多蒙佳乐、兴一物流开展企业用工需求动态排摸，解决“招工难”问题；搭建人力资源交流平台，联合县总工会、团县委、县妇联举办春夏两季招聘会，累计推出就业岗位2.25万个，达成初步就业意见1.59万余人。

【就业扶贫】 年内，着力东西部扶贫、对口援建及山海协作，对四川、湖北、贵州、吉林四个帮扶省份落实就业扶贫举措，组织4批次近20家企业赴当地招聘，提供各类岗位1100余个，吸引近820人应聘，现场达成就业意向85人；认定诺力机械、桐昆化纤、畅通科技等6家市级扶贫基地，开发对口岗位近500个；强化技能培训，联合木里人社局组织200人参加技能培训，联合庆元人社开展转移就业培训110人次；11月中旬，成立长兴县驻木里县转移就业服务工作站，委托浙江长兴海川人力资源公司作为运营主体单位，组织开展4场招聘活动，40家次以上企业参会，吸引应聘人员1200多人；组织开展4期外出务工人员劳动保障法律法规培训，参训人员300多人；定向转移输送木里籍劳动力来长务工34名。

## 劳动监察与仲裁

【概况】 年内，涉企欠薪、企业军转干部、社保利益诉求群体等各类信访群体得到有效管控，办理各类信访件和市民热线交办单603件；“无欠薪”建设扎实推进，查处拖欠工资14件，为315名农民工追讨工资报酬420万元；立案受理劳动争议案件393件，案件结案率和调解率分别为99.2%、85.1%；劳动争议调解机制日益健全，劳动争议“1+X”多元化联调机制探索建立。

【“无欠薪”试点县创建】 扎实推进

企业欠薪整治专项行动，建筑领域农民工工资保障制度全面落地，全县已备案建筑项目300余个，安装电子门禁考勤系统项目65个，累计开设工资专户600余个，发放工资6亿余元，银行专户存有工资预防款6000余万元，缴存农民工工资保证金6000余万元。建筑工地实名制管理信息系统成功上线并实现县内在建项目全覆盖。6月，通过全省首批“无欠薪”试点县（市、区）验收，被省人社厅推荐为全省考察学习地，接待省内外考察团17批次。

【劳动保障监察执法】 春节前后，开展保障农民工工资支付的“春雨”专项行动，为285名农民工追讨工资报酬345万元；3月，启动年度劳动保障书面审查和信用评级，完成4589家用工单位的书面审查，评审出A级企业459家；4月，开展清理整顿人力资源市场秩序的“春雷”专项行动，检查劳务派遣、职业中介、服务企业等190家，查处非法使用童工1件，违法收取服装押金1件。年内，主动监察用人单位1351家次，涉及人数2.02万人；立案调查劳动违法案件25件，结案率100%；发出询问通知书40份，下达整改指令书25份；行政处罚违法违规单位11家，处罚金额8.81万元；补签劳动合同660份；为职工追回拖欠工资420万元，涉及人数315人；清退押金、培训费、保证金等6000元；清退童工3人；劳动年检单位4589家。被人社部办公厅、市场监管总局办公厅授予“全国清理整顿人力资源市场秩序先进单位”。

【劳动争议处理】 5月，成立劳动关系法律援助工作站，工作场所设在人社局劳动纠纷一站式受理大厅，年内为321名劳动者提供咨询服务，在仲裁阶段提供法律援助54起；9月，对86名工会工作人员开展劳动争议工会法律监督员、调解员和兼职仲裁员任职培训；开通“劳动关系360”微信普法宣传平台，建设长兴职工“劳动法库”；10月，县内17个乡镇均组建劳动纠纷多元化解中心和劳动人事争议调解中心，实现劳动纠纷多元化解平台全覆盖。年内，共受理劳动人事争议案件2138件，涉及劳动者4412人。其中，集体争议案件3件；立案受理劳动争议案件393件，结案390件，结案率达99.2%，涉案金额6555.90万元，调解率达85.1%；乡镇（街道、园区）化解案件1745起，涉及劳动者4012人，一线化解率达81.6%。成功创建省级示范仲裁庭。

## 社会保险

【概况】 年内，继续做好养老保险、医疗保险、失业保险、工伤保险、生育保险各项工作，推动社会保障体系不断完善。全年净增职工基本养老保险参保21718人，全县户籍法定人员基本养老保险参保率达94.5%；净增职工基本医疗保险参保19510人，全县户籍法定人员基本医疗保险参保率达98.9%；净增失业保险参保17063人，净增工伤保险参保39203人，净增生育保险参保12635人。

【养老保险】 年内，持续深化参保扩面工作，长兴县户籍法定人员基本养老保险参保率达94.5%。完成被征地农民基本生活保障制度向职工基本养老保险制度转接3102人；城乡居民基本养老金水平和被征地农民基本生活保障待遇得到提高，企业退休人员养老金实现“14连增”。为92773位企业退休（退职）人员调整养老保险待遇，人均增资125.44元；为5661位机关事业单位退休（退职）人员调整养老保险待遇，人均增资261元；为71631位城乡居民调整养老保险待遇，基础养老金标准从原150元/

### 2018年长兴县养老保险情况

表98

| 参保情况保险种类 | 企业职工养老保险 | 机关事业养老保险 | 城乡居民基本养老保险 | 被征地农民基本生活保障 |
|---|---|---|---|---|
| 参保单位（家） | 9972 | 341 | — | — |
| 参保人数（人） | 319211 | 17901 | 116975 | 17474 |
| 缴费人数（人） | 220665 | 12009 | 47300 | 1644 |
| 离退休人数（人） | 98546 | 5892 | 69675 | — |
| 享受待遇人数（人） | 98546 | 5892 | 69675 | 15830 |
| 基金当期收入（万元） | 219283.90 | 49760.01 | 20114.09 | 3993.30 |
| 基金当期支出（万元） | 268730.80 | 49174.46 | 19495.30 | 11028.41 |
| 基金当期结余（万元） | -49446.90 | 585.55 | 618.79 | -7035.11 |
| 基金累计结余（万元） | 261593.39 | 5387.32 | 18737.28 | 17543.94 |
| 基金支付能力（个月） | 11.68 | 1.31 | — | — |

月统一调整至180元/月;为11055位被征地农民调整生活保障待遇,基本生活保障金从原681元/月调整至810元/月。

【医疗保险】 年内,长兴县户籍法定人员基本医疗保险参保率达98.9%,职工医疗保险参保单位10313家,其中机关事业单位341家,企业单位9927家,参保人数313651人,其中机关事业单位在职12628人,退休6542人,企业在职146326人,退休13971人,个体自谋职业者134184人。城乡居民医疗参保人数304566人,其中成年居民196272人,未成年居民(在校学生)108294人,享受医保待遇人数226654人。133个单病种付费标准顺利推行,4月,对县内所有医药机构全面执行药品医保支付价,超医保药品支付标准部分不予支付。医保诊疗目录规范及特药备案工作稳步推进,17种抗癌药品进入医保药品目录,特药备案277人,跨省异地刷卡备案及慢性病门诊报销政策调整工作有序进行,省异地刷卡备案有效人数385人次,基层医疗卫生机构开具慢性病长处方8900张。城乡居民医保人均筹资标准调整为成年居民1390元,未成年居民1250(学生1250元)。年内,社保基金监管力度加大,第三方审计和阳光医保监管平台健全,定点医药机构协议管理全面实施。全年实地检查药店247家次、县内医院78家次、县外医院1家,查处违规医院26家、药店47家,其中取消服务协议5家,暂停服务24家;开展外伤稽核247起,排除不合规报销37起,追讨养老待遇多发冒领21起,追回66余万元;完善远程视频监控,对19家门诊部诊所安装“人脸识别系统”,杜绝冒名就医;将所有协议管理医药机构医药用材“进销存”纳入信息化管理,将药店自费现金交易流水纳入医保支付系统管理,减少串换药品的情况。

【失业保险】 年内,长兴县失业保险参保单位9437家,失业保险参保人数154649人,净增失业保险参保17063人,发放失业保险金1665.71万元,领取失业保险金人数12543人次,人均领取失业保险金1328元;发放企业职工职业技能提升补贴535笔113.20万元;落实灵活就业社保补贴607.17万元;发放失业保险稳岗补贴142.70万元,涉及102家企业。

【工伤保险】 年内,长兴县工伤保险参保单位10313家,工伤保险参保人数202201人,办理结保1938人次,净增工伤保险参保39203人。1月1日起,施行新的《浙江省工伤保险条例》,对1000多家机关企事业单位的工伤保险经办人员开展集中培训;12月1日起,按照《关于试行职业技工等学校学生在实习期间和已超过法定退休年龄人员在继续就业期间参加工伤保险办法》,对符合规定的实习生及超龄人员落实工伤保险政策。全年受理工伤案件1858件,其中不认定工伤1件,不受理8件,调解撤案20余起;工伤死亡9人;开展劳动能力鉴定1066件,其中59人未达到级别,病退申请52人,审批42人。

## 2018年长兴县劳动能力鉴定情况

表99

| 年度 | 申请鉴定人数 | | 评定伤残筹等级人数 | | | | 未达等级 | 生活自理障碍 | 辅助器具 | 非因工人数 | | 其中职业病 |
|---|---|---|---|---|---|---|---|---|---|---|---|---|
| | 小计 | 因工申请人数 | 小计 | 一至四级 | 五至六级 | 七至十级 | | | | 非因工申请 | 完全丧失劳动能力 | |
| 2018 | 1072 | 1020 | 952 | 12 | 27 | 913 | 59 | 3 | 10 | 52 | 42 | 16 |

【生育保险】 年内,长兴县生育保险参保单位9972家,参保人数146491人,净增生育保险参保12635人,享受生育保险待遇5878人次。自2016年浙江省开放全面二孩以来,长兴县生育保险待遇享受人数增加,为保障生育保险基金健康运行,长兴县调整生育津贴发放基数,提高生育险缴费比例。根据国务院令,调整原按个人缴费基数发放的做法,改为按照用人单位上年度职工月平均社保缴费的标准支付津贴,从5月1日执行;根据生育保险基金收支情况,将生育险费率从原0.5%提高到0.9%。

(王丽燕)

# 社会生活

## 城乡居民生活

【概况】 根据抽样调查资料，2018年全县居民人均可支配收入44055元，比上年增长9.4%，其中工资性收入25574元、比上年增长9.3%，经营净收入8646元、比上年增长7.3%，财产净收入3203元、比上年增长7%，转移净收入6633元，比上年增长13.8%。全县居民人均生活消费支出26060元，比上年增长10.7%。

2018年，全县城镇居民人均可支配收入54985元，比上年增长9.3%，其中工资性收入30076元、比上年增长9.6%，经营净收入8419元、比上年增长7%，财产净收入6006元、比上年增长9.9%，转移净收入10484元、比上年增长10.1%。城镇居民人均生活消费支出31883元，比上年增长9.9%。

2018年，全县农村居民人均可支配收入32114元，比上年增长9.4%，其中工资性收入20655元、比上年增长8.8%，经营净收入8894元、比上年增长7.5%，财产净收入140元、比上年下降51.9%，转移净收入2426元、比上年增长35.1%。农村居民人均生活消费支出19699元，比上年增长12.1%。

年末，民用汽车拥有量16.20万辆，比上年增长11%，其中轿车拥有量13.80万辆、比上年增长5.7%。

（何菲菲）

## 计划生育

【概况】 年内，稳妥实施全面两孩政策，做好出生人口监测工作。全县共计出生5680人，比上年少出生790人，比上年下降13.9%，其中二孩及以上出生2711人、二孩及以上出生率为47.7%，人口自然增长率为2.1‰。按"最多跑一次"精神，实行生育登记及再生育审批承诺制，并网络办理，实现"零"次跑，共办理生育登记4759例，实现县内生育登记"一证通办"；完成再生育审批206例。

【生育关怀】 年内，做好奖、特扶对象资格确认工作，通过调查摸底、个人申请、上门走访核实与公示、复核等程序，确认奖扶享受对象5937人、特扶享受对象565人。加大对计生特殊困难家庭的帮扶，开展失独家庭走访，落实计划生育特殊"三个百分百"工作，结合特定节假日，开展结对帮扶慰问，共计慰问金额10多万元。做好独生子女家庭特殊困难户的医保和社保补助工作，经审核，确认享受城乡居民社会养老补贴133人、城乡居民基本医疗补助273人。

（钱　丹）

## 民族与宗教

【概况】 年末，全县共有常住少数民族人口5186人。全县经批准开放的佛教场所28处，其中全国重点文保单位1处，认定备案教职人员65人；全县经批准开放的道教场所5处，认定备案教职人员2人；全县经批准开放的基督教场所共36处，教职人员共计23人，其中牧师6人、教师3人、长老14人、专职传道8人。

**至2018年年末长兴县批准开发佛教场所情况**

表100

| 场所名称 | 地　址 | 场所类别 | 是否文保 | 登记证号 | 登记年份 |
|---|---|---|---|---|---|
| 长兴显圣寺 | 泗安镇仙山村 | 寺院 | 否 | 浙F050020001 | 1993 |
| 长兴寿圣寺 | 水口乡金山村 | 寺院 | 否 | 浙F050020002 | 1995 |

续表 100

| 场所名称 | 地　址 | 场所类别 | 是否文保 | 登记证号 | 登记年份 |
|---|---|---|---|---|---|
| 长兴清凉禅寺 | 和平镇和平村 | 寺院 | 是 | 浙 F050020003 | 1997 |
| 长兴碧岩禅寺 | 太湖图影碧岩村 | 寺院 | 否 | 浙 F050020004 | 1998 |
| 长兴龙华寺 | 李家巷镇李家巷村 | 固定处所 | 否 | 浙 F050020005 | 1998 |
| 长兴天居寺 | 太湖街道杨湾村 | 固定处所 | 否 | 浙 F050020009 | 1998 |
| 长兴石佛寺 | 泗安镇塔上村 | 固定处所 | 否 | 浙 F050020013 | 1998 |
| 长兴振天寺 | 小浦镇大岕口村 | 固定处所 | 否 | 浙 F050020014 | 1998 |
| 长兴应山寺 | 煤山镇新安村 | 固定处所 | 否 | 浙 F050020006 | 1999 |
| 长兴海安寺 | 太湖街道新塘村 | 固定处所 | 否 | 浙 F050020010 | 2000 |
| 长兴龙泉寺 | 林城镇周吴岕村 | 固定处所 | 否 | 浙 F050020011 | 2000 |
| 长兴觉成禅寺 | 太湖图影图影村 | 固定处所 | 否 | 浙 F050020012 | 2000 |
| 长兴横玉山寺 | 夹浦镇月明村 | 固定处所 | 否 | 浙 F050020007 | 2000 |
| 长兴圆觉禅林 | 煤山镇尚儒村 | 固定处所 | 否 | 浙 F050020008 | 2000 |
| 长兴玉泉寺 | 煤山镇十月村 | 固定处所 | 否 | 浙 F050020015 | 2000 |
| 长兴净梵寺 | 林城镇泥斗村 | 固定处所 | 否 | 浙 F050020016 | 2000 |
| 长兴云林禅寺 | 和平镇滩龙村 | 固定处所 | 否 | 浙 F050020017 | 2003 |
| 长兴吉祥寺 | 水口乡顾渚村 | 固定处所 | 否 | 浙 F050020018 | 2003 |
| 长兴正觉寺 | 李家巷镇青草坞村 | 固定处所 | 否 | 浙 F050020060 | 2008 |
| 长兴法海禅寺 | 和平镇吴村 | 固定处所 | 否 | 浙 F050020061 | 2008 |
| 长兴云峰禅寺 | 泗安镇云峰村 | 固定处所 | 否 | 浙 F050020062 | 2008 |
| 长兴天圣禅寺 | 李家巷镇章浜村 | 固定处所 | 否 | 浙 F050020063 | 2009 |
| 长兴空王教寺 | 小浦镇大岕口村 | 固定处所 | 否 | 浙 F050020064 | 2010 |
| 长兴飞云寺 | 煤山镇新源村 | 固定处所 | 否 | 浙 F050020065 | 2010 |
| 长兴大雄教寺 | 龙山街道西峰坝村 | 固定处所 | 否 | 浙 F050020066 | 2010 |
| 长兴祇园精舍 | 水口乡顾渚村 | 固定处所 | 否 | 浙 F050020067 | 2013 |
| 长兴法音寺 | 林城镇新华村 | 固定处所 | 否 | 浙 F050020068 | 2013 |
| 长兴大云教寺 | 林城镇大云寺村 | 固定处所 | 否 | 浙 F050020069 | 2013 |

## 至2018年年末长兴县批准开放道教场所情况

表 101

| 场所名称 | 地址 | 场所类别 | 是否文保 | 登记证号 | 登记年份 |
|---|---|---|---|---|---|
| 长兴文昌阁 | 雉城街道钮店湾居民区 | 固定处所 | 否 | 浙 D050020020 | 1998 |
| 长兴五福庙 | 夹浦镇北川村 | 固定处所 | 否 | 浙 D050020021 | 2000 |
| 长兴城隍庙 | 龙山街道高山岭村 | 固定处所 | 否 | 浙 D050020019 | 2000 |
| 长兴八都岕太乙观 | 小浦镇八都岕方一村 | 固定处所 | 否 | 浙 D050020071 | 2015 |
| 长兴临水宫 | 水口乡徽州庄村 | 固定处所 | 否 | 浙 D050020070 | 2016 |

## 至2018年年末长兴县批准开放基督教场所情况

表102

| 场所名称 | 地　址 | 场所类别 | 是否文保 | 登记证号 | 登记年份 |
|---|---|---|---|---|---|
| 长兴基督教堂 | 龙山街道花溪湿地公园 | 教　堂 | 否 | 浙J050020022 | 1996 |
| 长兴县泗安基督教堂 | 泗安镇凤凰村 | 教　堂 | 否 | 浙J050020024 | 1996 |
| 长兴县和平基督教堂 | 和平镇新街 | 教　堂 | 否 | 浙J050020025 | 1996 |
| 长兴县煤山基督教堂 | 煤山镇下沙花园 | 教　堂 | 否 | 浙J050020026 | 1996 |
| 长兴县李家巷基督教堂 | 李家巷镇居委会 | 固定处所 | 否 | 浙J050020028 | 1996 |
| 长兴县天平基督教堂 | 林城镇塘南村 | 固定处所 | 否 | 浙J050020029 | 1996 |
| 长兴县管埭基督教堂 | 泗安镇管埭村 | 固定处所 | 否 | 浙J050020030 | 1996 |
| 长兴县白岘基督教堂 | 煤山镇访贤村 | 固定处所 | 否 | 浙J050020031 | 1996 |
| 长兴县林城基督教堂 | 林城镇西湖路 | 固定处所 | 否 | 浙J050020032 | 1996 |
| 长兴县长城基督教堂 | 和平镇狄家蚪村 | 固定处所 | 否 | 浙J050020033 | 1996 |
| 长兴县吴山基督教堂 | 和平镇小溪口街道 | 固定处所 | 否 | 浙J050020034 | 1996 |
| 长兴县虹星桥基督教堂 | 虹星桥镇龙从村 | 固定处所 | 否 | 浙J050020035 | 1996 |
| 长兴县二界岭基督教堂 | 泗安镇二界岭村 | 固定处所 | 否 | 浙J050020036 | 1996 |
| 长兴县大斗基督教堂 | 画溪街道大斗村 | 固定处所 | 否 | 浙J050020037 | 1996 |
| 长兴县长桥基督教堂 | 画溪街道长桥村 | 固定处所 | 否 | 浙J050020038 | 1996 |
| 长兴县畎桥基督教堂 | 林城镇石英村 | 固定处所 | 否 | 浙J050020039 | 1996 |
| 长兴县洪桥基督教堂 | 洪桥镇洪桥村 | 固定处所 | 否 | 浙J050020040 | 1996 |
| 长兴县吕山基督教堂 | 吕山雁陶村 | 固定处所 | 否 | 浙J050020041 | 1996 |
| 长兴县新川基督教堂 | 煤山镇新川村 | 固定处所 | 否 | 浙J050020043 | 1996 |
| 长兴县同界桥基督教堂 | 虹星桥镇后羊村 | 固定处所 | 否 | 浙J050020045 | 1996 |
| 长兴县永隆桥基督教堂 | 吕山雁陶村 | 固定处所 | 否 | 浙J050020042 | 2000 |
| 长兴县施家村基督教堂 | 和平镇便民桥村 | 固定处所 | 否 | 浙J050020044 | 2000 |
| 长兴县小浦基督教堂 | 小浦镇新街 | 教　堂 | 否 | 浙J050020027 | 2001 |
| 长兴县东门基督教堂 | 雉城街道钮店湾居民区 | 教　堂 | 否 | 浙J050020023 | 2001 |
| 长兴县新塘基督教堂 | 太湖街道南张浜村 | 固定处所 | 否 | 浙J050020046 | 2001 |
| 长兴县水口基督教堂 | 水口乡水口村 | 固定处所 | 否 | 浙J050020047 | 2001 |
| 长兴县八都岕基督教堂 | 小浦镇小浦村 | 固定处所 | 否 | 浙J050020048 | 2001 |
| 长兴县包桥基督教堂 | 画溪街道包桥村 | 固定处所 | 否 | 浙J050020049 | 2001 |
| 长兴县槐坎基督教堂 | 煤山镇新槐村 | 固定处所 | 否 | 浙J050020050 | 2001 |
| 长兴县杨吴基督教堂 | 吕山乡杨吴村 | 固定处所 | 否 | 浙J050020051 | 2001 |
| 长兴县西庄基督教堂 | 林城镇桥南村 | 固定处所 | 否 | 浙J050020052 | 2001 |
| 长兴县后洋基督教堂 | 龙山街道后洋村 | 固定处所 | 否 | 浙J050020053 | 2001 |
| 长兴县长潮基督教堂 | 泗安镇师古岗村 | 固定处所 | 否 | 浙J050020055 | 2001 |
| 长兴县刘井基督教堂 | 虹星桥镇刘井村 | 固定处所 | 否 | 浙J050020056 | 2001 |
| 长兴县横山基督教堂 | 太湖图影横山桥村 | 固定处所 | 否 | 浙J050020057 | 2001 |
| 长兴县庄里基督教堂 | 和平镇便民桥村 | 固定处所 | 否 | 浙J050020058 | 2001 |

（钟　翔）

# 民政事务

【概况】 2018年,长兴县民政局内设办公室、优抚安置科、社会救济科、行政许可科(法制科)、基层政权和社会团体科、社会事务科6个职能科室,下属长兴县水库移民安置办公室、长兴县双拥工作领导小组办公室、长兴县民政执法大队、长兴县救助管理站、长兴县军队离退休干部管理服务站、长兴县民政福利服务中心、长兴县福利企业管理办公室、长兴县养老服务指导中心、长兴县民政局婚姻登记处、长兴县殡葬服务所、长兴县福利彩票发行中心11个事业单位。年末行政编制数12个,实有人员12人;参公编制数2个,实有人员2人;事业编制数33个,实有人员30人;编外编制数64个,实有人员62人。年内,全县民政各项工作再上新台阶,社会组织创新、全国殡葬综合改革试点、收养评估、双拥、三峡移民帮扶等多项工作在省市民政条线工作会议作经验交流;全市省级双拥模范城创建推进现场会、全市社会化拥军协会秘书长会议、全市生态殡葬工作现场推进会等在长兴召开;城乡社区治理、养老服务提升、产业帮扶、双拥优抚、殡葬改革等33项重点工作先后获上级表扬肯定和领导批示推广。2018年民政工作在市对县综合考核中位列第1名,连续8年获评全省民政工作考核优秀县。

【城乡社区治理】 年内,完成10家幸福邻里中心建设并实现社会化运营。积极组织开展农村社区示范评估,9个村被评为省农村示范社区。完成县社会组织党群服务中心升级改造,制定发布《长兴县社会组织培育规范》市级地方标准,充分发挥社会组织和党建双培育功能。夯实县社会组织综合党委实体化运作,社会组织党组织覆盖率达98%、社会组织党的工作覆盖率达100%。完成全县村居群众自治组织特殊法人社会统一信用代码证书发放工作。开展第四次阳光村务指数评价工作,通过乡镇(街道、园区)自评,部门核查,结果向社会进行公示。开展“扫黑除恶”,重点排查、整治村两委班子涉黑涉恶问题。

【社会组织管理】 年内,共办理社会组织成立登记60件,其中社会团体12件、民办非企业单位48件;变更登记53件,其中社会团体30件、民办非企业单位23件;注销登记20件,其中社会团体16件、民办非企业单位6件。至2018年年末,全县有登记在册的社会团体共311个,有民办非企业单位285个。开展“双随机一公开”抽查工作,共抽查社会组织48家。夯实县社会组织综合党委实体化运作,社会组织党组织覆盖率达98%、社会组织党的工作覆盖率达100%。完成县社会组织党群服务中心升级改造,县社会组织党群服务中心获全省社会组织党群服务中心示范点,县社会组织综合妇联获“浙江省先进妇女组织”称号。《社会组织综合党委工作规范》等3个市级地方标准发布实施。社会组织第三方评估获评AAA级4家,A级2家。十部门联动开展公益创投,扶持项目43个、资助200万元。

## 2018年长兴县社会组织登记成立情况

表103

| 序号 | 社会组织名称 | 代码 | 法定代表人 | 办公场所 | 活动资金(万元) | 业务主管部门 | 发证日期 |
|---|---|---|---|---|---|---|---|
| 1 | 长兴县大闸蟹产业农民合作经济组织联合会 | 51330522MJ946007X3 | 钱金元 | 长兴县洪桥镇橡树下陆家荡自然村188号 | 3 | 县农业农村局 | 2018年1月4日 |
| 2 | 长兴县龙山街道玄坛庙乡贤参事会 | 51330522MJ94600883 | 许凯峰 | 长兴县龙山街道玄坛庙新村1号 | 3 | 直接登记 | 2018年2月27日 |
| 3 | 长兴县和美志愿者协会 | 51330522MJ9460096X | 杨海清 | 长兴县和平镇镇前街296号 | 3 | 直接登记 | 2018年3月15日 |
| 4 | 长兴县泗安镇禧祉乡贤参事会 | 51330522MJ9460109K | 李满根 | 长兴县泗安镇禧祉村晓庄自然村109号 | 3 | 直接登记 | 2018年5月29日 |
| 5 | 长兴县泗安镇柴湾社区和谐共建协会 | 51330522MJ9460117E | 王建忠 | 长兴县泗安镇柴湾街286号 | 3 | 泗安镇政府 | 2018年7月9日 |
| 6 | 长兴县盆景艺术协会 | 51330522MJ94601259 | 柳乐德 | 长兴县煤山镇仰峰村仰峰自然村158-1号 | 3 | 县自然资源和规划局(林业局) | 2018年7月17日 |

续表103

| 序号 | 社会组织名称 | 代码 | 法定代表人 | 办公场所 | 活动资金（万元） | 业务主管部门 | 发证日期 |
|---|---|---|---|---|---|---|---|
| 7 | 长兴县安徽商会 | 51330522MJ94601334 | 张骞 | 长兴县太湖街道森富大厦902室 | 3 | 县工商联 | 2018年8月28日 |
| 8 | 长兴县虹星桥镇谭家村乡贤参事会 | 51330522MJ9460141Y | 李宝清 | 长兴县虹星桥镇谭家村许家道场9号 | 3 | 直接登记 | 2018年9月10日 |
| 9 | 长兴县和平商会 | 51330522MJ946015XN | 张发庆 | 长兴县和平镇鑫和西路180号 | 3 | 县工商联 | 2018年9月10日 |
| 10 | 长兴县快递行业协会 | 51330522MJ9460168N | 黎来凤 | 长兴县太湖街道陆汇路60号 | 3 | 直接登记 | 2018年1月4日 |
| 11 | 长兴县虹星桥镇宋高村乡贤会 | 51330522MJ9460176H | 许卫星 | 长兴县虹星桥镇宋高村塔家自然村29号 | 3 | 直接登记 | 2018年2月27日 |
| 12 | 长兴县雉城街道五峰居民区乡贤参事会 | 51330522MJ9460184C | 金水桃 | 长兴县雉城街道新风路111号 | 3 | 直接登记 | 2018年3月15日 |
| 13 | 长兴县贝特幼儿园 | 52330522MJ94672124 | 方国清 | 长兴县太湖街道陈塘路88号 | 50 | 县教育局 | 2018年1月25日 |
| 14 | 长兴县三星斗养老服务中心 | 52330522MJ9467183Q | 王金水 | 长兴县画溪街道三星斗居委会雉州家园43号 | 3 | 直接登记 | 2018年1月30日 |
| 15 | 长兴县小浦镇合溪养老服务中心 | 52330522MJ94671673 | 苏立富 | 长兴县小浦镇合溪村箬岕新村208号 | 3 | 直接登记 | 2018年1月26日 |
| 16 | 长兴县小浦镇画溪养老服务中心 | 52330522MJ9467175X | 谢长国 | 长兴县小浦镇画溪村泥桥头1-4号 | 3 | 直接登记 | 2018年1月30日 |
| 17 | 长兴县小浦镇中山养老服务中心 | 52330522MJ9467191K | 曹惠龙 | 长兴县小浦镇中山村中山自然村3号 | 3 | 直接登记 | 2018年1月30日 |
| 18 | 长兴县金星养老服务中心 | 52330522MJ94672049 | 倪卫良 | 长兴县洪桥镇金星村斗角村30号 | 3 | 直接登记 | 2018年1月18日 |
| 19 | 长兴思存养老服务中心 | 52330522MJ9467220Y | 陈乃琴 | 长兴县和平镇雪溪村吴家自然村48-1 | 3 | 县民政局 | 2018年2月12日 |
| 20 | 长兴县里塘联合圩圩区管理服务中心 | 52330522MJ9467239U | 左有洪 | 长兴县虹星桥镇里塘村里塘自然村8号 | 3 | 县水利局 | 2018年2月12日 |
| 21 | 长兴县西南联合圩圩区管理服务中心 | 52330522MJ9467247N | 都小银 | 长兴县虹星桥镇西南村都家自然村39号 | 3 | 县水利局 | 2018年2月12日 |
| 22 | 长兴县观音联合圩圩区管理服务中心 | 52330522MJ9467255H | 孙根法 | 长兴县虹星桥镇港口村港口自然村4号 | 3 | 县水利局 | 2018年2月12日 |
| 23 | 长兴县澄清联合圩圩区管理服务中心 | 52330522MJ9467263C | 施汉章 | 长兴县虹星桥镇河桥村朱沙桥自然村80号 | 3 | 县水利局 | 2018年2月12日 |
| 24 | 长兴县三村联合圩圩区管理服务中心 | 52330522MJ94672717 | 杨蔚峰 | 长兴县虹星桥镇毕家村万安自然村58号 | 3 | 县水利局 | 2018年2月12日 |
| 25 | 长兴县刘余联合圩圩区管理服务中心 | 52330522MJ946728XY | 严德民 | 长兴县虹星桥镇刘井村陈家自然村8号 | 3 | 县水利局 | 2018年2月12日 |
| 26 | 长兴县六合圩圩区管理服务中心 | 52330522MJ9467298Y | 童秋平 | 长兴县虹星桥镇罗家村红星南街8号 | 3 | 县水利局 | 2018年2月12日 |
| 27 | 长兴县龙从圩圩区管理服务中心 | 52330522MJ9467300J | 章松盛 | 长兴县虹星桥镇新里路6号 | 3 | 县水利局 | 2018年2月12日 |

续表 103

| 序号 | 社会组织名称 | 代码 | 法定代表人 | 办公场所 | 活动资金（万元） | 业务主管部门 | 发证日期 |
|---|---|---|---|---|---|---|---|
| 28 | 长兴县小浦镇大岕口养老服务中心 | 52330522MJ9467319F | 吴建良 | 长兴县小浦镇大岕口村中心自然村5号 | 3 | 直接登记 | 2018年2月12日 |
| 29 | 长兴县小浦镇五庄养老服务中心 | 52330522MJ9467327A | 严金方 | 长兴县小浦镇五庄村大严家自然村3-1号 | 3 | 直接登记 | 2018年2月12日 |
| 30 | 长兴县小浦镇潘礼南养老服务中心 | 52330522MJ94673355 | 吴伟勇 | 长兴县小浦镇潘礼南村南俞自然村58号 | 3 | 直接登记 | 2018年2月12日 |
| 31 | 长兴县小浦镇小浦养老服务中心 | 52330522MJ9467351T | 周益南 | 长兴县小浦镇小浦村塘渚自然村63号 | 3 | 直接登记 | 2018年3月2日 |
| 32 | 长兴县山鹰救援队 | 52330522MJ94673430 | 吴强 | 长兴县雉城街道道园路156号 | 3 | 县自然资源和规划局（林业局） | 2018年3月2日 |
| 33 | 长兴县小浦镇光耀养老服务中心 | 52330522MJ946736XJ | 马文鑫 | 长兴县小浦镇光耀村廻龙苑1号 | 3 | 直接登记 | 2018年3月20日 |
| 34 | 长兴县南张浜养老服务中心 | 52330522MJ9467386D | 宋建义 | 长兴县太湖街道南张浜村钮家浜家园78号 | 3 | 直接登记 | 2018年3月28日 |
| 35 | 长兴让爱走动志愿服务中心 | 52330522MJ9467378J | 乔广峰 | 长兴县雉城街道长兴建材城15幢201室，202室 | 3 | 直接登记 | 2018年3月28日 |
| 36 | 长兴县小浦镇方岩养老服务中心 | 52330522MJ94673948 | 马末方 | 长兴县小浦镇方岩村许家自然村101号 | 3 | 直接登记 | 2018年4月2日 |
| 37 | 长兴县三新养老服务中心 | 52330522MJ94674150 | 高泥兵 | 长兴县画溪街道三新村杨府庙自然村8号 | 3 | 直接登记 | 2018年4月4日 |
| 38 | 长兴彤言无际文化艺术研究院 | 52330522MJ9467423K | 徐丹 | 长兴县龙山街道植物园路2号 | 3 | 县文广旅体局 | 2018年4月4日 |
| 39 | 长兴弈趣国际象棋俱乐部 | 52330522MJ9467431E | 卢建华 | 长兴雉城街道东柸山小区68号 | 3 | 县文广旅体局 | 2018年4月16日 |
| 40 | 长兴卓越棋院 | 52330522MJ946744X6 | 王可扬 | 长兴县雉城街道解放东路180号201室 | 3 | 县文广旅体局 | 2018年4月18日 |
| 41 | 长兴浙北古人类生活博物馆 | 52330522MJ94674586 | 朱金林 | 长兴县和平镇中翔大道168号 | 3 | 县文广旅体局 | 2018年5月3日 |
| 42 | 长兴县明珠国画院 | 52330522MJ94674661 | 路基平 | 长兴县太湖街道陈王路299号 | 3 | 县文联 | 2018年5月29日 |
| 43 | 长兴明德养老服务中心 | 52330522MJ9467474U | 郑明德 | 长兴县吕山乡㙦门村施店桥自然村21号 | 3 | 县民政局 | 2018年6月12日 |
| 44 | 长兴昌宏排球俱乐部 | 52330522MJ9467482N | 胡昌明 | 长兴县太湖街道南方大厦1002室 | 3 | 县文广旅体局 | 2018年6月14日 |
| 45 | 长兴县莲花圩圩区管理服务中心 | 52330522MJ9467490H | 徐雪良 | 长兴县李家巷镇广福桥村杨家㙦自然村1号 | 3 | 县水利局 | 2018年6月26日 |
| 46 | 长兴县金和嘉园养老服务中心 | 52330522MJ94675037 | 朱宏强 | 长兴县煤山镇金和嘉园金溪苑25-1号 | 3 | 直接登记 | 2018年7月24日 |
| 47 | 长兴县河桥养老服务中心 | 52330522MJ94675112 | 吴国华 | 长兴县虹星桥镇河桥村河桥□门自然村32号 | 3 | 直接登记 | 2018年7月24日 |

续表103

| 序号 | 社会组织名称 | 代码 | 法定代表人 | 办公场所 | 活动资金（万元） | 业务主管部门 | 发证日期 |
|---|---|---|---|---|---|---|---|
| 48 | 长兴县星之源幼儿园 | 52330522MJ946752XR | 施青青 | 长兴县画溪街道光明路988-20号 | 50 | 县教育局 | 2018年8月1日 |
| 49 | 长兴信实志愿服务中心 | 52330522MJ9467562A | 郑利群 | 长兴县雉城街道长兴建材城15幢229室，230室 | 3 | 直接登记 | 2018年8月21日 |
| 50 | 长兴县西南养老服务中心 | 52330522MJ9467538R | 都小银 | 长兴县虹星桥镇西南村西南自然村82号 | 3 | 直接登记 | 2018年8月21日 |
| 51 | 长兴盛世赛鸽俱乐部 | 52330522MJ9467554F | 徐正芳 | 长兴县和平镇狄家斗村狄家斗自然村168号 | 3 | 县文广旅体局 | 2018年8月1日 |
| 52 | 长兴县午山养老服务中心 | 52330522MJ9467546L | 汤凯强 | 长兴县虹星桥镇午山村大午山西村自然村33号 | 3 | 直接登记 | 2018年8月21日 |
| 53 | 长兴县吾爱吾老养老服务中心 | 52330522MJ94675705 | 余伟民 | 长兴县龙山街道玄坛庙新村1号 | 3 | 县民政局 | 2018年9月10日 |
| 54 | 长兴县红管家社会工作服务中心 | 52330522MJ9467597W | 邹存英 | 长兴县雉城街道荣军路88号 | 3 | 县民政局 | 2018年10月9日 |
| 55 | 长兴县金御湾幼儿园 | 52330522MJ94675892 | 张建强 | 长兴县太湖街道中央大道2558号 | 50 | 县教育局 | 2018年10月8日 |
| 56 | 长兴县彩虹桥社会工作服务中心 | 52330522MJ946760XD | 杨敏伟 | 长兴县雉城街道振兴弄142号 | 3 | 县民政局 | 2018年10月9日 |
| 57 | 长兴县爱伊行法律公益服务中心 | 52330522MJ9467618D | 葛萍 | 长兴县太湖街道新都汇8幢 | 3 | 县司法局 | 2018年10月18日 |
| 58 | 长兴伴居休养院 | 52330522MJ94676268 | 干小华 | 长兴县和平镇滩龙桥村滩龙桥自然村48号 | 10 | 县民政局 | 2018年11月6日 |
| 59 | 长兴县兴欣艺术团 | 52330522MJ94676343 | 周富根 | 长兴县小浦镇中山村中山自然村1号 | 3 | 县文广旅体局 | 2018年12月19日 |
| 60 | 长兴县岚旗志愿服务中心 | 52330522MJ9467407X | 雷隆 | 长兴县县前东街88号2楼 | 3 | 直接登记 | 2018年4月2日 |

## 2018年长兴县社会组织变更登记情况

表104

| 序号 | 社会组织名称 | 代码 | 法定代表人 | 办公场所 | 活动资金（万元） | 业务主管部门 | 发证日期 |
|---|---|---|---|---|---|---|---|
| 1 | 长兴县青少年科技教育协会 | 51330522502287937L | 潘洪勇 | 长兴县龙山街道金陵北路25号 | 3 | 县科协 | 2018年1月25日 |
| 2 | 长兴县小浦镇旅游协会 | 51330522784401565A | 周益南 | 长兴县小浦镇潘礼南村 | 0.5 | 小浦镇政府 | 2018年1月24日 |
| 3 | 长兴县吕山乡社会治安综合治理协会 | 51330522502288075N | 倪文勇 | 长兴县吕山乡吕蒙路18号 | 3 | 吕山乡政府 | 2018年1月17日 |
| 4 | 长兴县李家巷镇党群创业互助会 | 51330522MJ94597493 | 高蓓 | 长兴县李家巷镇新街东路100号 | 3 | 直接登记 | 2018年2月12日 |
| 5 | 长兴县青年企业家协会 | 51330522670263467C | 张佳男 | 长兴县龙山街道广场路1号 | 3 | 县团委 | 2018年3月2日 |

续表104

| 序号 | 社会组织名称 | 代码 | 法定代表人 | 办公场所 | 活动资金（万元） | 业务主管部门 | 发证日期 |
|---|---|---|---|---|---|---|---|
| 6 | 长兴县中医学会 | 51330522502287531B | 柏平华 | 长兴县雉城街道长吕路99号 | 3 | 县卫健局 | 2018年3月8日 |
| 7 | 长兴县体育总会 | 513305225022874277 | 刁双兵 | 长兴县体育馆内 | 3 | 县文广旅体局 | 2018年3月13日 |
| 8 | 长兴驻盛泽企业家联合会 | 51330522672551825N | 汤卫良 | 长兴县虹星桥镇虹兴路28－7号 | 3 | 县工商联 | 2018年3月13日 |
| 9 | 长兴县农资专业合作协会 | 513305225022880404 | 沈轶煜 | 长兴县雉城街道人民北路33-2号 | 4.4 | 县供销社 | 2018年3月20日 |
| 10 | 长兴县装饰行业协会 | 51330522687879049R | 胡大有 | 长兴县龙山街道旺角大厦401室内 | 3 | 县市监局 | 2018年3月28日 |
| 11 | 长兴县志愿者协会 | 5133052267958382X2 | 王军 | 长兴县龙山街道广场路1号 | 3 | 县团委 | 2018年3月28日 |
| 12 | 长兴县耐火材料行业协会 | 513305225022873121 | 盛树堂 | 长兴县画溪街道城南路58号 | 3 | 县经信局 | 2018年5月22日 |
| 13 | 长兴县药学会 | 51330522502287486A | 程成伟 | 长兴县雉城街道县前中街128号 | 3 | 县市监局 | 2018年5月29日 |
| 14 | 长兴县虹星桥镇文化体育协会 | 5133052232171088XK | 姚建锋 | 长兴县虹星桥镇虹星路21号 | 3 | 县文广旅体局 | 2018年6月5日 |
| 15 | 长兴县小浦镇文化体育协会 | 51330522MJ94591405 | 周卫琴 | 长兴县小浦镇府前弄69号 | 3 | 县文广旅体局 | 2018年6月5日 |
| 16 | 长兴县茶叶行业协会 | 51330522502287320U | 钟心尧 | 农业局茶果站（雉城街道台基路14号） | 3 | 县农业农村局 | 2018年6月12日 |
| 17 | 长兴县龙山街道文化体育协会 | 51330522321713095J | 金亮 | 长兴县龙山街道双拥路201号 | 3 | 县文广旅体局 | 2018年6月22日 |
| 18 | 长兴县个体民营企业协会 | 51330522502287398U | 杨云斌 | 长兴县雉城街道县前中街128号 | 3.8 | 县市监局 | 2018年6月22日 |
| 19 | 长兴县煤山镇文化体育协会 | 5133052232960618XE | 季森森 | 长兴县煤山镇煤鑫街2号 | 3 | 县文广旅体局 | 2018年6月26日 |
| 20 | 长兴县供销商业联合会 | 51330522502287443W | 计利兵 | 长兴县雉城街道人民北路33号 | 6 | 县供销社 | 2018年8月9日 |
| 21 | 长兴县物业管理行业协会 | 51330522766419913F | 殷元庆 | 长兴县雉城街道县前东街96号 | 3 | 县住建局 | 2018年8月9日 |
| 22 | 长兴县蜂业协会 | 513305225022875583 | 高云 | 长兴县林城镇华兴东路1号 | 3 | 县农业局 | 2018年8月21日 |
| 23 | 长兴县李家巷镇文化体育协会 | 51330522322282805Y | 沈丽娇 | 长兴县李家巷镇新街东路100号 | 3 | 县文广旅体局 | 2018年9月10日 |
| 24 | 长兴县法学会 | 51330522090969340C | 周政云 | 长兴县龙山街道广场路1号 | 3 | 县政法委 | 2018年9月10日 |
| 25 | 长兴县驻绍兴商会 | 513305226912621720 | 谢树福 | 长兴县夹浦镇长兴轻纺城8幢22号 | 3 | 县工商联 | 2018年9月10日 |
| 26 | 长兴县泗安镇禧祉乡贤参事会 | 51330522MJ9460109K | 李满根 | 长兴县泗安镇禧祉村晓庄自然村109号 | 3 | 直接登记 | 2018年9月21日 |
| 27 | 长兴县水口乡商会 | 51330522081695755A | 周根荣 | 长兴县水口乡徽州庄村 | 3 | 县工商联 | 2018年10月25日 |

续表104

| 序号 | 社会组织名称 | 代码 | 法定代表人 | 办公场所 | 活动资金（万元） | 业务主管部门 | 发证日期 |
|---|---|---|---|---|---|---|---|
| 28 | 长兴县驻杭州商会 | 51330522MJ94599768 | 钱胜强 | 长兴县太湖街道格兰国际广场2803室 | 3 | 县工商联 | 2018年12月6日 |
| 29 | 长兴县夹浦镇文化体育协会 | 51330522322296190M | 姜丽 | 长兴县夹浦镇长兴轻纺城10幢517-522室 | 3 | 县文广旅体局 | 2018年12月6日 |
| 30 | 长兴县基层党建协会 | 51330522502287355E | 朱旭竞 | 长兴县龙山街道广场路1号 | 81 | 县委组织部 | 2018年12月29日 |
| 31 | 长兴县阳光职业技能培训学校 | 52330522094278299U | 罗冲 | 长兴县太湖街道县前东街801号 | 20 | 县人社局 | 2018年3月8日 |
| 32 | 长兴县菁英文化培训学校 | 523305227877066710 | 倪敏 | 长兴县龙山街道金陵北路旺角·维多利亚花园33幢4楼 | 8 | 县教育局 | 2018年5月3日 |
| 33 | 长兴县幸福树社会工作服务中心 | 52330522MJ9466981Q | 徐云云 | 长兴县雉城街道青陶路9号 | 3 | 县民政局 | 2018年5月3日 |
| 34 | 长兴县福善苑居家养老服务中心 | 52330522MJ9466973X | 徐云云 | 长兴县雉城街道青陶路9号 | 3 | 直接登记 | 2018年5月3日 |
| 35 | 长兴县长春书画培训学校 | 52330522780489299L | 陆爱华 | 长兴县雉城街道东鱼坊历史文化街区9幢3层1-2号 | 72 | 县教育局 | 2018年5月3日 |
| 36 | 长兴浙北肿瘤研究所 | 523305227943532293 | 柏平华 | 长兴县雉城街道长吕路99号 | 5 | 县科技局 | 2018年5月22日 |
| 37 | 长兴县三乡联合圩区管理服务中心 | 52330522MJ9466922M | 张海庆 | 长兴县和平镇庄里村邵埠头自然村28-1号 | 3 | 县水利局 | 2018年5月29日 |
| 38 | 长兴经济开发区科技企业融资发展服务中心 | 52330522558607469A | 黄斌 | 长兴县经济开发区经一路666号 | 3 | 县金融办 | 2018年5月29日 |
| 39 | 长兴县爱心超市 | 52330522779393038F | 杨海燕 | 长兴县雉城街道万克隆市场内40-43号 | 3 | 县民政局 | 2018年6月12日 |
| 40 | 长兴思存养老服务中心 | 52330522MJ9467220Y | 陈乃琴 | 长兴县和平镇霅溪村吴家自然村48-1 | 3 | 县民政局 | 2018年7月9日 |
| 41 | 长兴县福兴日间照料中心 | 523305223216828076 | 沈欢欢 | 长兴县雉城街道长海路283号1幢 | 3 | 直接登记 | 2018年7月24日 |
| 42 | 长兴县零距离青少年综合服务中心 | 52330522MJ9466703B | 王军 | 长兴县龙山街道太湖中路210号 | 3 | 县团委 | 2018年8月9日 |
| 43 | 长兴让爱走动志愿服务中心 | 52330522MJ9467378J | 乔广峰 | 长兴县雉城街道长兴建材城15幢201室，202室 | 3 | 直接登记 | 2018年9月10日 |
| 44 | 长兴县北门养老服务中心 | 52330522320512590R | 王芬 | 长兴县雉城街道城北小区102幢 | 3 | 直接登记 | 2018年9月10日 |
| 45 | 长兴县南太湖社会创新中心 | 52330522695260430X | 钱春艳 | 长兴县太湖街道新都汇8幢 | 3 | 县民政局 | 2018年9月10日 |
| 46 | 长兴县同创职业技能培训学校 | 52330522336412594T | 徐朱宏 | 长兴县龙山街道风铃绿洲风荷苑29幢202室 | 20 | 县人社局 | 2018年9月21日 |
| 47 | 长兴夕阳红艺术团 | 52330522MJ9466658A | 蒋水珍 | 长兴县小浦镇中山村中山自然村1号 | 3 | 县文广旅体局 | 2018年9月25日 |

续表 104

| 序号 | 社会组织名称 | 代码 | 法定代表人 | 办公场所 | 活动资金（万元） | 业务主管部门 | 发证日期 |
|---|---|---|---|---|---|---|---|
| 48 | 长兴深蓝社会工作服务中心 | 523305223295536393 | 孙霞 | 长兴县太湖街道新都汇8幢 | 3 | 县民政局 | 2018年10月18日 |
| 49 | 长兴县新思维培训学校 | 52330522310595038H | 晏水根 | 长兴县太湖街道白溪大道513号301室 | 55 | 县教育局 | 2018年11月9日 |
| 50 | 长兴青少年宫幼儿园 | 523305227829410748 | 陈牡丹 | 长兴县龙山街道太湖中路326号 | 20 | 县教育局 | 2018年12月19日 |
| 51 | 长兴县关王圩圩区管理服务中心 | 52330522341498214X | 陈开华 | 长兴县画溪街道长桥村关王自然村37号 | 3 | 县水利局 | 2018年12月19日 |
| 52 | 长兴田家村少年作家培训学校 | 523305227909735942 | 王华琴 | 长兴县龙山街道金陵北路新世纪花园内 | 20 | 县教育局 | 2018年12月19日 |
| 53 | 长兴棋院 | 52330522564436790N | 孔力方 | 长兴县雉城街道明珠路969号201室 | 20 | 县文广旅体局 | 2018年12月28日 |

## 2018年长兴县社会组织注销登记情况

表 105

| 序号 | 社会组织名称 | 法定代表人 | 注销日期 | 类别 |
|---|---|---|---|---|
| 1 | 浙江长兴金陵医院 | 张剑芳 | 2018年6月4日 | 民办非企业单位 |
| 2 | 长兴县天天社区青少年服务中心 | 楼向荣 | 2018年9月7日 | 民办非企业单位 |
| 3 | 长兴国泰康复医院 | 李明 | 2018年2月14日 | 民办非企业单位 |
| 4 | 长兴县浙北龙舟俱乐部 | 郭忠林 | 2018年11月8日 | 民办非企业单位 |
| 5 | 长兴县谭家老年活动中心 | 谭知初 | 2018年7月6日 | 民办非企业单位 |
| 6 | 长兴县岚旗志愿服务中心 | 雷隆 | 2018年11月7日 | 民办非企业单位 |
| 7 | 长兴县泗安镇家禽养殖协会 | 李红喜 | 2018年12月25日 | 社会团体 |
| 8 | 长兴县钱币学会 | 陈爱忠 | 2018年1月2日 | 社会团体 |
| 9 | 长兴县红十字会 | 宋文英 | 2018年9月19日 | 社会团体 |
| 10 | 长兴县林城镇社会治安综合治理协会 | 周秋明 | 2018年5月17日 | 社会团体 |
| 11 | 长兴县白岘乡社会治安综合治理协会 | 钱月新 | 2018年3月28日 | 社会团体 |
| 12 | 长兴县民营企业协会 | 汤锦程 | 2018年6月21日 | 社会团体 |
| 13 | 长兴县和平镇畜禽专业协会 | 方锦民 | 2018年1月17日 | 社会团体 |
| 14 | 长兴县煤山镇银杏协会 | 龚勤华 | 2018年3月23日 | 社会团体 |
| 15 | 长兴县硕博联谊会 | 张向前 | 2018年5月2日 | 社会团体 |
| 16 | 长兴县李家巷镇水果协会 | 李剑勇 | 2018年1月17日 | 社会团体 |
| 17 | 长兴县夹浦镇杨梅协会 | 蒋小林 | 2018年9月25日 | 社会团体 |
| 18 | 长兴县白岘乡园林绿化专业协会 | 章志群 | 2018年12月27日 | 社会团体 |
| 19 | 长兴县小浦镇货物运输码头行业协会 | 吴法坤 | 2018.08.20 | 社会团体 |
| 20 | 长兴县槐坎乡社会治安综合治理协会 | 孙宏惠 | 2018.04.16 | 社会团体 |
| 21 | 长兴县体育场社区文体协会 | 肖慧勤 | 2018.05.22 | 社会团体 |
| 22 | 长兴县龙山街道社会治安综合治理协会 | 陈建新 | 2018.05.22 | 社会团体 |

**【社会工作】** 年内，全国社会工作者职业资格考试，通过考生218人，完成任务数列全市首位。组织开展社区领军人才培育，新增市级领军人才4名；推进农村社区工作者队伍建设，全县农村社区持证人员75人，占比达到35.5%。年内，新增社会工作机构2家。会同文明办、团县委举办第二届志博会，15家爱心企业注资长兴县道德基金，筹得善款200多万元。举办第九届县社会工作论坛。年末，全县共有420人取得社会工作者职称，其中助理社会工作师284人、社会工作师136人。

**【最低生活保障与医疗救助】** 年内，加强建章立制，出台《长兴县最低生活保障规范化建设管理办法》等政策性文件。落实主动发现机制，稳定低保占比，通过为期一个月的集中式、地毯式大排查，共新增低保初审对象764户1465人，在防止“漏保”方面取得实效；全县共有低保6312户9143人、支出性贫困35户75人。加强动态管理，开展农村低保专项治理、民政资金专题检查和社会救助家境调查，全年共清退低保1788户3026人、低边656户1972人。城乡居民最低生活保障标准调整到每人每月810元，增幅19%，全年全县共享受低保对象6312户9143人，支出低保金6348.96万元，其中农村5307户7344人、支出低保金5127.98万元，城镇1005户1799人、支出低保金1220.98万元。全年共医疗救助6639人次、支出903万元，临时救助1001人、支出152万元。

**【双拥优抚安置】** 年内，以巩固全国双拥模范县成果、争创省级双拥模范县“八连冠”为目标，全力以赴站好双拥优抚安置最后一班岗。全年累计发放“三属”抚恤金127.69万元，伤残军人抚恤金1076.31万元。接收安置转业士官、退役士兵共278人，其中城镇退役士兵安置48人，补偿金177.80万元；农村退役士兵安置209人，补偿金937.60万元；转业士官安置21人，政府安置21人、自谋职业0人。接收安置军队离退休干部0人，其中离休0人、退休0人。年内，持续打响长兴双拥品牌，省级双拥模范县“八连冠”创建工作位列全市第一；县民政局荣获全市拥军优属模范单位。在全省率先筹建县级双拥成果展示馆。拍摄双拥宣传片《军民融合促发展 双拥创建谱新篇——长兴县创建浙江省双拥模范县“八连冠”工作纪实》。组织开展《我是一个老兵》有奖征文活动并荣获全市“优秀组织奖”。全市省级双拥模范城（县）创建推进现场会、社会化拥军协会秘书长会议相继在长兴召开。挂牌成立县退役军人服务中心；建立退役军人“三级”服务网络体系，全县17个乡镇（街道、园区）及280个村（居）均建立退役军人服务站（社）；完成光荣牌悬挂，共计悬挂光荣牌18692块。以县“两办”名义出台《长兴县现役军人立功受奖奖励实施办法》《长兴县关于扶持部分退役军人自主创业的政策意见（试行）》，从政策上激励现役军人创先争优、支持退役军人创业致富。

**【婚姻与收养登记】** 年内，婚姻登记服务规范高效，收养工作成效显著，收养能力评估在全省收养业务培训班上作经验交流。全年共办理结婚登记4812对，补发结婚证1914本；办理离婚1771对，补发离婚证书564本；出具无婚姻登记记录证明2张。共办理弃婴、孤儿收养手续31件；非社会福利机构抚养儿童1件，社会福利机构抚养儿童30件；夫妻共同收养29件。

## 2018年长兴县收养登记情况

表106

| 年份 | 件数（件） | 被收养人情况（件） | | | | | | | | 收养人情况 | | | |
|---|---|---|---|---|---|---|---|---|---|---|---|---|---|
| | | 性别 | | 非社会福利机构抚养儿童 | | | | 社会福利机构抚养儿童 | | 国内公民收养 | | | |
| | | 男 | 女 | 弃婴 | 孤儿 | 继子女 | 三代以内旁系血亲子女 | 弃婴 | 孤儿 | 夫妻共同收养（对） | 无配偶收养（件）男 | 无配偶收养（件）女 | 其中：跨省收养（件） |
| 2018 | 31 | 6 | 25 | 0 | 0 | 0 | 1 | 30 | 0 | 29 | 1 | 1 | 0 |

**【流浪救助】** 年内，流浪乞讨人员救助管理扎实开展，全年共救助流浪乞讨人员525人次，其中60岁以上83人次、青壮年440人次、未成年人2人次；健康320人次、肢残37人次、精神病痴呆傻168人次；提供车票319人次、护送接领28人、医院治疗158人次、提供托养服务16人；经费支出117.95万元。

【殡葬管理】 年内,县委、县政府高度重视全国殡葬综合改革试点工作,县领导多次在大会上进行强调并专门作出指示和批示,先后召开3次殡葬工作会议(动员会、现场会、推进会),出台5个政策性文件,完成"12+1"智慧安息堂布点规划,和平镇建成全县首家镇级安息堂,并实现智能化管理。全国一流的县殡仪服务中心全面建成并于2019年元旦正式启用。启动殡仪馆火化炉后处理设施改造工程。"三沿五区"散坟整治3500余穴。深化移风易俗,推进丧葬礼俗改革,在洪桥镇试点推广农村地区小型标准化灵堂设置。清明、冬至期间群众祭祀服务保障工作圆满完成,文明祭祀深入人心,成为潮流。2018年,全县有大型公墓3个,乡村公益性墓地200余个,镇村级安息堂各1个;火化率100%。

殡仪服务中心位于小浦镇高地村,占地26689平方米,建筑面积6926平方米,总投入5000万元。2017年初开始建设,2019年1月1日投入使用,中心集守灵服务、餐饮服务、鲜花服务、丧葬用品销售服务等功能为一体,其中守灵堂设置七个,其中六个216平方米,一个384平方米,全部由走廊贯通。

【第二次全国地名普查通过验收】 10月,长兴县报送的第二次全国地名普查成果通过国务院地名普查办的全面审核和入库验收。该次普查于2014年3月起全面启动,由县地名办在2011至2012年普查的基础上,对区域范围内的地名及相关属性信息进行全面调查、补充、更新和完善,全面摸清全县30多年来的地名发展变化情况,建立完善地名数据库。通过整理摘录地名目录及填写预填登记表,共编制收录地名6474条,共11大类49小类10496张多媒体信息。

(徐　园)

## 社会福利

【概况】 年内,县综合福利中心一期投入使用,县儿童福利院全面建成。

【福利设施建设】 年内,总投资1.32亿元的县综合福利中心一期投入使用;总投资5.50亿元的县综合福利中心二期动工建设,计划2020年底竣工。全年新增民办养老机构3家,4家乡镇(街道)社区卫生服务中心取得养老机构设立许可,新增养老床位720张。吕山乡、夹浦镇、水口乡、煤山镇等7家社会福利中心实施公建民营和撤并工作。年末,全县共有养老机构23家,其中乡镇(街道)社会福利中心11家;床位2223张,入住老人962人。

【养老服务】 年内,坚持把完善服务设施、提升服务质量、激活民间资本、整合社会力量、运用信息技术作为推进养老服务供给侧改革的重要路径,促进养老事业高质量发展。联合县财政局出台《关于提升居家养老服务照料中心建设和服务水平的指导意见》《关于推进老年人助餐服务体系建设的指导意见》等政策性文件。建成乡镇示范型居家养老服务照料中心6家,分别为煤山镇、和平镇、泗安镇、太湖街道、雉城街道和龙山街道;完成社区为老助餐服务点150家、覆盖率达66%。年内,完成《养老服务机构社会工作服务规范》地方标准起草。养老服务机构综合保险和食品安全保险完成投保。特困人员自理能力评定、养老机构等级评定全面完成。长兴县数字化居家养老服务平

### 2018年年末长兴县乡镇(街道)社会福利中心(敬老院)情况

表107

| 单位名称 | 建院时间 | 职工人数 | 床位(张) | 供养人数 |
| --- | --- | --- | --- | --- |
| 长兴县泗安镇社会福利中心 | 2010年1月 | 14 | 160 | 97 |
| 长兴县林城镇社会福利中心 | 2009年4月 | 14 | 72 | 62 |
| 长兴县夹浦镇社会福利中心 | 2006年7月 | 6 | 90 | 20 |
| 长兴县和平镇社会福利中心 | 2007年1月 | 21 | 260 | 76 |
| 长兴县虹星桥镇社会福利中心 | 1995年6月 | 9 | 112 | 37 |
| 长兴县洪桥镇社会福利中心 | 2011年1月 | 17 | 180 | 63 |
| 长兴县画溪街道社会福利中心 | 2011年9月 | 27 | 150 | 61 |
| 长兴县吕山乡社会福利中心 | 2003年1月 | 9 | 50 | 38 |
| 长兴县小浦镇社会福利中心 | 2004年1月 | 6 | 54 | 14 |
| 长兴县煤山镇社会福利中心 | 2005年8月 | 24 | 110 | 35 |
| 长兴县水口乡社会福利中心 | 2010年2月 | 5 | 40 | 16 |
| 合　计 | | 152 | 1278 | 519 |

11月19日，长兴寓健颐养护理中心（长兴县老年休养中心）开业典礼举行（民政局 供）

台持续完善，147名高龄独居老人及空巢老人纳入政府购买养老机构服务补贴范围。龙山街道荣获全国第二批智慧健康养老示范乡镇（街道）。获评市敬老文明号5家、省级老有所为人物1人、市级孝贤2人。

【儿童福利】 年内，全县有孤儿38人，其中福利机构养育孤儿21人、基本生活费标准达到每人每年20316元，社会散居孤儿16人、基本生活费标准达到每人每年16253元。

【县儿童福利院】 位于龙山街道民福路18号，建筑面积2300米，设置床位58张，总投资1000万元。内设教室、脑瘫康复室、智障康复室、肢体康复室、多媒体室、技能培训师、公共浴室、儿童活动室、儿童餐厅、会议室、图书室、起居室（婴幼儿、青少年、残疾）等，室外配有操场、篮球场、游乐场。年内，有孤残儿童16人，其中在校就读学生9人（大学1人、中职4人、初中1人、小学1人、幼儿园2人）；配备工作人员12人，其中专职工作人员8人、兼职工作人员4人。同时，依托长兴县培智学校的美工室、感统室、蒙氏训练师、心理咨询室、体育训练室和师资力量，为儿童提供多样康复和教育服务。

【福利企业】 年末，全县有注册长兴县社会福利企业25家，在职职工4165人，其中集中安置残疾职工1483人，完成产值总计432463万元，销售收入总计421888万元，应交增值税总计22177万元，实际退减免增值税11280万元；残疾职工月平均工资3109.66元，全县25家福利企业发放残疾职工社保补贴4413183.16元，超比例安置残疾职工奖励660960元，合计奖励金额5074143.16元同比增长15%。

## 2018年年末长兴县注册社会福利企业情况

表108

| 单位名称 | 批准成立时间 | 职工总人数（人） | 其中：残疾职工（人） | 企业地址 |
|---|---|---|---|---|
| 浙江湖州父子岭耐火集团公司 | 2002年1月 | 241 | 107 | 长兴县夹浦镇父子岭村 |
| 浙江志鑫纺织印染有限公司 | 1993年5月 | 429 | 114 | 长兴县夹浦镇环沉工业园区 |
| 长兴县海华化工有限公司 | 2002年8月 | 39 | 32 | 长兴县夹浦镇丁新村 |
| 长兴余大电子有限公司 | 2010年3月 | 67 | 34 | 长兴县煤山镇白岘乡工业园区 |
| 长兴国圆印染有限公司 | 1994年5月 | 182 | 59 | 长兴县夹浦镇丁家渚 |
| 浙江长兴五星热能股份有限公司 | 2003年8月 | 26 | 12 | 长兴县工业园区 |
| 长兴县华峰喷焊材料电炉有限公司 | 2002年2月 | 35 | 13 | 长兴县林城镇工业集中区 |
| 长兴制药股份有限公司 | 1994年8月 | 231 | 90 | 长兴县经济技术开发区 |
| 浙江振义汽车部件有限公司 | 2010年11月 | 70 | 20 | 长兴县长和路28号 |
| 浙江省长兴县镁质炉料有限公司 | 1992年8月 | 90 | 51 | 长兴县姚家桥 |
| 浙江湖州威达集团股份有限公司 | 1985年6月 | 245 | 85 | 长兴县画溪街道姚雉路158号 |
| 长兴林丰外贸包装有限公司 | 2008年12月 | 78 | 24 | 长兴县李家巷镇工业园区 |
| 湖州白岘南方水泥有限公司 | 2010年3月 | 188 | 57 | 长兴县煤山镇柴界岭 |

续表108

| 单位名称 | 批准成立时间 | 职工总人数(人) | 其中：残疾职工(人) | 企业地址 |
|---|---|---|---|---|
| 长兴中建耐火材料科技有限公司 | 1995年6月 | 495 | 181 | 长兴县虹星桥镇周村村 |
| 浙江省长兴利达丝绸有限公司 | 2010年11月 | 63 | 21 | 长兴县煤山镇工业园 |
| 浙江汉维通信器材有限公司 | 2001年11月 | 264 | 90 | 长兴经济技术开发区 |
| 浙江铁鹰光电科技有限公司 | 2003年11月 | 80 | 47 | 长兴县煤山工业园 |
| 浙江铁鹰电缆有限公司 | 2007年5月 | 20 | 12 | 长兴县煤山镇工业园区 |
| 湖州小浦南方水泥有限公司 | 2010年3月 | 198 | 92 | 长兴县小浦镇合溪村 |
| 浙江悦达塑业股份有限公司 | 2007年4月 | 335 | 97 | 长兴县画溪街道包桥2号 |
| 浙江金三发非织造布有限公司 | 2010年3月 | 466 | 121 | 长兴县新世纪工业园区 |
| 长兴勤胜电子有限公司 | 2010年8月 | 30 | 10 | 长兴县槐坎新街 |
| 浙江盛旺耐火材料股份有限公司 | 2012年8月 | 194 | 75 | 长兴县洪桥工业园区 |
| 长兴华星钙业股份有限公司 | 2015年1月 | 53 | 25 | 长兴县李家巷镇沈湾村(黄山工业平台) |
| 浙江威世汽车配件有限公司 | 2016年3月 | 46 | 14 | 长兴县太湖街道上庄路5号 |

【福利彩票】 年内，实现销售7625万元，其中明珠厅5328.80万元、杨西弄厅2296.20万元，比销售任务6900万元超额725万元，超10.5%，为社会募集公益金1677.50万元。开展“福彩助力·点亮梦想”“福彩牵手·助圆大学梦”“福彩有爱·孤老不独”“福彩牵手·一路有你”“福彩牵手·与爱同行”和市中心“1+N”公益救助活动等系列活动。共救助困境儿童38人，支出资金7.60万元；资助困难大学生12人，支出资金9.60万元；救助半失能老人35人，支出资金7万元；救助困难环卫工人30人，支出资金6万元；救治贫困外来务工人员35人，支出资金7万元。

（徐　园）

## 市政公用事业

【概况】 年内，统筹推进治污水、排涝水、保供水、抓节水工作，继续加强供热、供热工作，加强城市路灯设施建设和维护管理。环卫保洁面积达到1134.65万平方米，其中监管面积309万平方米；城市主要路段亮灯率100%，其他路段亮灯率98%以上。

【供水】 年内，全县共有水厂13座，日制水能力为32.75万立方米，全年总供水能力达11953万立方米。全县完成供水量6506万立方米，售水量5489万立方米，水质合格率达100%。累计铺设直径100毫米以上的供水主管网1198千米，其中城区435千米。供水范围覆盖全县17个乡镇(街道、园区)、230个行政村，约62万人，覆盖率96%。

【供气】 全年投资4500万元，新建供气中压管网36千米，新增城乡燃气用户3000户，累计城乡燃气用户8000户，售气总量达到2.48亿立方米。继续推进瓶装燃气销售管控信息化建设，累计安装钢瓶二维码19.50万个。6家瓶装液化石油气全年共售气量约1.16万吨。加强燃气安全生产检查，共检查燃气企业9次，发放整改通知书43份。

【供热】 年内，东南热力公司抓住南太湖产业集聚区建设、燃煤锅炉关停等契机，新签订海德纺织、迈吉克、晨天纺织等供热用户，合计新增开户容量达18吨/小时，累计销售蒸汽62万立方米，比上年度增长8%。

【城镇污水处理】 年末，全县共有污水处理厂13座，日处理能力24.30万吨，城市污水集中处理率为96%。全年共处理污水7214.52万吨，比上年同期增加584.75吨；实现COD(化学需氧量)削减量20869.57吨，比上年同期增加3885.40吨；实现氨氮削减量595.31吨，比上年同期增加206.42吨。年内，根据《长兴县“污水零直排区”建设行动方案》，累计投入3.26亿元，完成京城小区、美的花苑、光辉小区、长广苑、凤凰小区、环西花园、新塘花园一期、新塘花园二期共8个城区居民生活小区“污水零直排”创建。全年新建改造污水管网35.78千米、排水管网16.42千米，完成排水管网清淤180千米。新建改造供水管网48.15千米，完成节水器具改造4000套、屋顶雨水收集系统50处。完成雨污分流改造12.45千米、管网提标改造12.45千米、积水点改造1个，完成一户一表改造600户。完成第三污水厂一期工程建设、完成泗安污水处理厂5000吨/日扩建工程。“河长制”、水面保洁等长效管理机制得到全面落实。

【农村生活污水运维管理】 年内，继

续执行加强全县农村生活污水长效运维管理，深入推动农村生活污水"站长制"工作落实，持续深化长效运维及管理体系。2月，长兴县被评为2017年度全省农村生活污水治理设施运维管理考核优秀县，县建设局被评为2017年度全市农村生活污水治理先进集体。2月13日，县政府办印发《长兴县农村生活污水治理设施建设和运维管理办法》，深化县"六位一体"管理体系。设立16名县级站长、16名镇级站长和172名村级站长，每个终端均设置"站长制"公示牌，全面强化"站长制"工作落实。建成县级长效运维监管平台，完成省长效运维"回头看"工作，完成15座终端设施标准化运维创建，实施70座终端设施的提标升段改造，优化终端工艺提升终端脱氮除磷效率。同时，提升县级运维补助标准，全年拨付县级长效运维补助资金1075万元。

【环卫保洁】 年内，县环卫保洁范围东至明珠路、南至新长铁路、西至回龙山路、北至合溪新港路，保洁总面积达到1134.65万平方米，其中监管保洁面积309万平方米、环卫道路保洁620万平方米、河道保洁面积205.65万平方米，共投入保洁资金238.86万元。新配置车辆4辆（扫地车2辆、压缩车1辆、雾炮车1辆），采购垃圾桶1000只、果壳箱300只。中心城区道路保洁采取机械化作业与人工清扫相结合的方式，运用"15分钟保洁法""快速保洁法"，主要道路清扫机械率达到100%、道路保洁达到20小时，次要道路清扫机械率达到85%、道路保洁达到14小时。中心城区主要道路每天洒水、降尘不少于5次，次要道路不少于4次；主要道路、建筑工地周边道路清洗每5天一个循环，其他道路7天一个循环；全年洒水降尘12150车次，冲洗道路5657车次。河道保洁采取普捞、巡捞相结合方式，每天派出打捞船10艘，勾臂式车辆1辆，专职打捞人员34人，全年清理河道垃圾8000多吨。继续完善建成区环卫体制改革，按环卫保洁考核质量标准，落实长效管理，加大保洁考核力度。对309万平方米的清扫保洁监管区域进行划分，采取每日巡查和定期抽检方式进行督查考核，对外包公司保洁范围进行不定期检查，全年累计责令整改问题2.51万起，考核扣分261.80分，对外包公司扣款78540元。

【市政设施管养】 年内，由县市政环境卫生管理处负责管养的市政设施范围为东至明珠路、西至回龙山路、南至车站路、北至合溪新港路，全年投入市政设施维护管养资金1500万元。共修复人行道道板48990平方、树围146个、窨井37座、果壳箱296只、栏杆及护栏1645米、花岗岩隔离柱66根；更换窨井盖736只、警示桩189、桥梁防撞桶40个、排水沟盖板165块，安装果壳箱306只，对龙山大道、明珠路、锦绣路侧石油漆脱落路段进行油漆刷新。对城区市政道路标线模糊不清的重新划设约27500平方、车位更新划设126个、修改增设标牌96块。对城区主要道路的管网疏通清淤约84300米、清理窨井1710个、检测管道32670米、埋设管道210米，新增雨水井6座，委托上海同丰工程咨询公司对县城区共71座桥梁（涵）进行常规检测，制定"一桥一档"。对人民广场景观桥、金陵大桥栏杆、滨河大道河岸边栈道等桥的破损处进行全面修复及刷油漆，更换雉州大桥破损、老化落水管738米。对城区54座公厕、中转站2座进行检查维修，及时更换维修日光灯、面盆、门等各类破损设施设备，更换、增设文明如厕等宣传标语1125处，开展文明如厕宣传活动6次；创成市级美丽公厕17座，新建公厕2座，提升改造5座。完成城区4座雨水泵站维护保养、清淤及调试，完成解放东路（大自然小区）、合溪新港路董家闸门处、人民北路（东鱼巷口）、县前西街（海纳百川处）、光明路与长海路交叉口等五处积水点管网改造。全年受理市容环境等方面的投诉21917件，处理满意率达98%。

【城市路灯设施维护】 年内，由县路灯管理处直接管辖的各类路灯超过2.30万盏，照明专用变压器100余台，总容量9121千瓦，路灯专用线路750千米，照明控制箱450只，中心城区主要路段亮灯率100%，其他路段亮灯率98%以上。全年共投入资金347万元，更换各类型号的光源灯泡1386只、电源1035只、灯头203只、灯罩287只，电缆1460米；更换中央大道人为破坏的庭院灯塑料板187块。投入资金6万元，完成老城区范围内80多条道路6000余杆路灯铭牌设置。投入资金10万元，完成龙山新区移交的路灯及亮化设施配套使用的19台变压器的检测。共出动车辆1200余车次，人员1500余人次，累计清除路灯灯杆和箱变小广告1200余处、加固校正灯杆86根、油漆灯杆763杆、更换锈蚀灯臂167处，补装灯具214处。年内，累计投入资金216万元，完成步云巷、台基山路、惠都街、长吕路等路段LED改造工程，更换LED路灯976盏，更换护套线200米，敷设电缆620米。完成东大门路灯设施LED改造工程，新装LED路灯杆18杆，高杆灯2杆；投入资金100万元，继续对智能化控制系统进行升级改造，完成龙山大道、中央大道、滨湖大道等8条路段60个前端摄像头的安装，提升运维效率和破坏照明设施情况的查处力度。

【物业管理】 11月，由县物业行业协会牵头，组织开展消防方面及物业从业方面的培训，共有150名物业服务企业人员参加培训。年内，完成29个小区业主委员会成立或换届工作。年末，全县成立业主委员会小区达到132个。全年归集新建房屋专项维修资金2435.70万元，受理维修申报124件，动用专项维修资金850余万元。承接新建小区验收13个，物业管理面积45万平方米。积极开展物业宣传,共发放漫画宣传图册1000余份,各小区楼道内物业宣传标语栏1000余份。结合全国文明城市复评迎检,通过物业微信平台发布创建工作要求及法律法规,共组织创建检查200余次,发出书面整改通知50份,公布33家物业企业考核评分并计入诚信档案,将1家物业服务企业(凯宏物业)列入诚信黑名单并清退出长兴市场。

【白蚁防治】 年内,共受理《新建房屋白蚁预防公共服务受理登记单》45份,合同面积149万平方米,完成白蚁防治施工面积102万平方米。开展住宅内白蚁灭治工作,全年共完成白蚁灭治住户450户、5万平方米。

(卓考斌)

## 公共交通

【概况】 年内,全县共开通城市公交线路27条,投入运营车辆149辆(包括4条镇域公交4辆);开通城乡公交线路66条,投入运营车辆93辆。有出租车公司5家,出租汽车445辆,从业人员575人。

【城乡公交客运】 年内,新增优化公交线路15条,新增城市公交首末站2个,新增30辆纯电动公交车。同时,积极推进“一镇一品”港湾式停靠站建设,年内新建50个乡镇港湾式停靠站,充分展现各自特色,助推美丽城镇建设。至年末,全县共开通城市公交线路27条,投入运营车辆149辆(包括4条镇域公交4辆),城市公交首末站共24个;开通城乡公交线路66条,投入运营车辆93辆。城乡公交客运车辆中,共有绿色清洁能源车辆169辆,占比70.1%。

年内,主城区公交分担率增长至19.3%,公交服务总体满意度为85.3%。新增更新纯电动公交车30辆,新增公交线路9条,优化6条,300%完成考核目标全力扩面镇域公交,在和平镇成功运营的基础上,又在泗安镇开通2条镇域公交线路。建设乡镇港湾式公交站,新建“一镇一品”农村港湾式公交站50个,改建50个,建设乡镇运输服务站3个。和平公交中心主体建筑已完成建设。提升公交服务能力,3月份开通中心广场公交枢纽站至城山沟景区的季节性旅游公交直达专线,运营30天,共发车192班次,运输游客5098人次;6月份在水口顾渚开通景区公交,运营良好。城市公交实现支付宝和银联云闪付全覆盖。

【出租车客运】 年内,全县共有出租车公司5家,其中4家巡游出租车、1家网约车。共有出租汽车445辆,其中长兴万宏汽车运输有限公司出租汽车旅游分公司185辆、长兴万豪汽车客运出租服务有限公司100辆、长兴远通汽车客运出租服务有限公司30辆、长兴万顺汽车客运出租服务有限公司30辆、杭州优行科技有限公司湖州分公司(曹操专车)100辆,巡游出租车公司车型均为新桑塔纳,网约车车型均为吉利EV250纯电动。共有从业人员575人,均持有服务资格证。

全年更新CNG出租车146辆。对现有的345辆巡游出租车经营权到期后进行重新配置,合理把握出租汽车运力规模及在城市综合交通运输体系中的分担比例,建立动态监测和调整机制,逐步实现市场调节。引进一家网络预约出租汽车(曹操专车)公司,长兴也是曹操专车在全国落地的首个县级城市,有效地促进巡游出租汽车和网络预约出租汽车行业融合健康发展。

(潘 伟)

## 生活垃圾分类

【概况】 年内,深入开展农村生活垃圾分类处理工作;在中心城区居民生活小区垃圾分类全覆盖的基础上,全面铺开城镇生活垃圾分类工作,推动实现垃圾减量化、资源化、无害化处理。

【农村生活垃圾分类】 年内,以“扩面提质、争创示范”为主线,以全县“双提十攻坚”行动为载体,大力推进农村生活垃圾分类处理,17个乡镇(街道、园区)、225个村(居)、2351个自然村“全覆盖、无遗漏”全域开展,农户受益率达到100%。建立全县农村垃圾分类处理工作长效管理机制,形成具有长兴特色的农村生活垃圾分类运行模式。源头农户分类准确率不断提高,整体户分质量准确率达到80%以上;中端分类运输体系趋于完善,全县64座中转房、666辆村运收集车辆和环卫处22辆大型清运车每天有序作业,垃圾清运工作水平不断提升;末端分类处理能力不断加强,“5+1”体系工作规范有序,5座乡域资源化处理站和县域长兴金耀再生资源利用有限公司处理运行正常,做到日产日清、场地清洁、台账清晰。全县可腐烂垃圾日处理量由上年底的29吨增加至62吨。全年创建高标准示范村40个,其中市级高标准示范村20个、省级高标准示范村6个;水口乡创新“政府+企业”模式,实现农村生活垃圾分类处理“四大转变”得到市领导和省领导批示。1月31日,《人民日报》报道“长兴县将垃圾分类纳入中小学课程”;4月24日中央电视台焦点访谈栏目专题报道“长兴县水口乡农村垃圾分类工作情况”;10月25日中央电视台7套军事与农业栏目专题报道“长兴县农村生活垃圾分类工作”;6月19—20日,全省垃圾分类处理现场会在金华浦江召开,长兴县作为唯一县级城市对“农村生活垃圾分类工作”进行交流发言。

(周 慧)

【城镇生活垃圾分类】 1月,县委办、县政府办印发《长兴县城镇生活垃圾分类实施方案》,在中心城区居民生活小区垃圾分类全覆盖的基础上，全面铺开城镇生活垃圾分类工作，并建立长兴县城镇生活垃圾分类工作领导小组和长兴县城镇生活垃圾分类工作领导小组办公室（简称县分类办）。同月，县分类办下发《长兴县中心城区和乡镇建成区单位生活垃圾强制分类实施方案》，启动单位生活垃圾强制分类工作。年内，制定出台《城镇生活垃圾分类统一收集运输实施方案》和《城镇生活垃圾分类工作考核办法》《单位生活垃圾强制分类考核评价实施细则》《住宅小区物业服务企业生活垃圾分类工作考核办法》等配套实施细则，把城镇生活垃圾分类纳入年度“双提十攻坚”考核内容，实行“月晒季考”。县政府研究确定城镇生活垃圾分类奖励资金补助办法，城镇生活垃圾分类政策体系已经基本建立。

前端分类　年内，狠抓生活垃圾前端分类和示范创建。至年末，全县250个城镇居民小区、10.36万户住户和1.30万个单位生活垃圾分类全部完成；城镇居民生活垃圾分类整体知晓率达100%、参与率达97%、准确率达66%；机关事业单位参与率达100%、准确率达95%。领域龙山等35个小区创成省、市、县级高标准示范小区示范的小区，46个小区、2.80万户住户“精准分类”创建全部完成通过验收。

中端收运　10月，县政府召开专题推进会，部署推进15座乡镇垃圾中转站提标改造和城镇生活垃圾分类统一收集运输工作。年内，全县开设餐厨垃圾收集16条线路，累计收运餐厨垃圾31140.67吨、厨余垃圾31289.97吨，运输其他垃圾（包括各乡镇）269485.28万吨。年末，由长兴城投集团成立统一收运公司，对收运路线进行优化，并与画溪街道等13个乡镇（街道、园区）签订收运协议并实施统一转运。

末端处置　年内，总投资8000万元的小浦金耀餐厨垃圾资源化综合利用和无害化处置项目以及总投资618万元的应急生活垃圾填埋场渗滤液提标改造项目建成，垃圾末端处置能力得到提升，全县生活垃圾无害化处置率达到100%。餐厨（厨余）垃圾由小浦金耀餐厨垃圾处理中心进行资源化、无害化处理，其他垃圾由长兴新城环保有限公司进行焚烧发电、供热处理，可回收物由商务局（现为长兴任友年再生资源回收有限公司）进行回收处置，有害垃圾由环保部门运输至具有资质的企业（浙江明镜环保科技有限公司）进行处置；大件垃圾由长兴大件垃圾处理中心进行集中处理。

（卓考斌）

## 电网建设与电力供应

【概况】　2018年，国网浙江长兴县供电公司下设9个职能部室、3个业务支撑和实施机构、8个供电所。至年末，辖区内共有220千伏变电所6座，110千伏21座，35千伏3座，总容量487.10万千伏安。各类电力客户33.22万户，其中居民用户数27.39万户。全社会用电量80.28亿千瓦时，售电量67.42亿千瓦时；综合线损率2.64%；农网综合电压合格率99.987%；台区线损准确可计算率96.35%；地区最高负荷达118.32万千瓦；全年电力供需基本平衡，未对线路进行拉限电，城乡居民、党政机关以及其他重要单位的用电得到保障，供用电秩序稳定。年内，相继获得第三届全国质量奖、浙江省2018年工会职工书屋、国家电网公司职工书屋示范点、首届浙江省青工创新创效大赛优秀成果、国家电网有限公司一流班组等荣誉（称号）。

【电网建设】　年内，建成投产110千伏吴山变工程，变电容量18万千伏安。扩建110千伏夹浦变，变电容量5万千伏安。新增35千伏及以上线路长度0.56千米。投入农网建设资金2.45亿元，新增变电容量15万千伏安，新增10千伏线路32条、线路长度252.63千米、配变115台、容量6.13万千伏安。

（谢天琪）

## 消费者权益保护

【概况】　年内，共处理各类举报投诉咨询3108件，为消费者挽回经济损失126万元；有效消费投诉处理率为100%。投诉热点由原来集中在手机、家电等商品，转为百货、食品、交通工具等行业。服务类投诉以居民服务业为主，其次为修理服务，住宿服务类投诉略有上升。12345政府阳光指数反馈满意率为99.5%，110现场反馈率100%。推进放心消费示范单位创建，完成230家，完成率达255%。推进乡镇消费维权分中心建设，17个乡镇（街道、园区）市场监管平台设立消费维权分中心，完成率达100%。组织约谈三大行业经营主体15家。开展“放心消费在长兴”活动，共完成286家放心消费单位的创建申报，18家单位初步达到绿色通道企业标准。

【“3·15”活动】　年内，“3·15”暨长兴“新消费运动日”宣传纪念活动首次采用电视台与广播电台等媒体融合式现场直播报道的形式。共发布消费维权信息150条；联合消费维权监督联络站等制作宣传标语200条；联合相关委员单位制作宣传牌匾100块，在活动现场进行展示。并为最美消费维权义工、消费者信得过单位等代表颁发荣誉证书。联合法院、建设、卫生、物价等常务委员单位，在浙北大厦广场现场宣传，现场接受消费者咨询1325人次；现场受理消费者投诉29件；调处消费者投诉22件；开展蔬菜农残量快速检测、酒类、卷烟类、药品类、书类等真假商品识别演示；提供检测服务21件次，上门服务17人次，提供各类商品比对210余次。组织消费维权义工开展滋补品识别、真假蜂蜜、芝麻油、消防器材、人民币等比对实验;现场组织消费维权义工进行法律咨询及家用电器等现场维修活动。各消保分会、市场监管所、乡镇联络站、行政村监督点、义工服务点等针对当地的实际,在所属集镇、社区、行政村分别组织开展“3·15”宣传咨询活动,切实维护农村消费者合法权益。

【商品质量抽检】 年内,组织开展妇女用品、手机、电动自行车、服装、黄金珠宝、装饰材料等六类商品质量抽检工作。分别抽检31个、10个、20个、21个、45个、20个批次,合计抽检147个批次,其中妇女用品合格率为100%、手机合格率为30%、电动自行车合格率为65%、服装合格率为66.7%、黄金珠宝合格率为27%。对不合格商品均要求下架,并对外公示,对销售不合格商品经营者移交办案单位立案查处。

(王旭懿)

## 老龄工作

【概况】 2018年,全县60周岁以上老年人149171人,占总人口的23.4%。其中,65周岁以上老人104487人,占总老龄人口的70.1%;80周岁以上高龄老人20831人,占总老龄人口的13.96%。至年末,全县有老年人协会7家,老年活动中心1家。

【百岁老人】 2018年年末,全县在世百岁老人27人,其中男性4人、女性23人;刘冬娣已105岁有余,为健在百岁老人中寿龄最长者。年内,故世百岁老人13人,其中男性6人、女性7人,寿龄最长为终年105岁。

### 2018年长兴县百岁老人名录

表109

| 姓名 | 性别 | 出生年月 | 姓名 | 性别 | 出生年月 |
|---|---|---|---|---|---|
| 刘冬娣 | 女 | 1913.06 | 张银珍 | 女 | 1918.10 |
| 沈财姐 | 女 | 1915.03 | 钱四妹 | 女 | 1918.04 |
| 董阿婉 | 女 | 1917.10 | 韩小凤 | 女 | 1918.08 |
| 王兆英 | 女 | 1917.10 | 陈富英 | 女 | 1918.10 |
| 孙爱英 | 女 | 1916.12 | 王法娣 | 女 | 1914.11 |
| 温月娥 | 女 | 1917.09 | 徐金子 | 男 | 1918.11 |
| 陈松姐 | 女 | 1917.08 | 都吉娣 | 女 | 1916.11 |
| 俞央娣 | 女 | 1916.06 | 赵笑英 | 女 | 1917.05 |
| 董梅珍 | 女 | 1917.05 | 毛玉章 | 男 | 1918.09 |
| 殷慕珍 | 女 | 1918.08 | 王和珍 | 女 | 1918.12 |
| 莫末清 | 女 | 1918.10 | 王偶清 | 男 | 1918.07 |
| 朱阿碗 | 女 | 1918.01 | 沈领香 | 女 | 1918.09 |
| 周阿婉 | 女 | 1913.10 | 叶阿金 | 女 | 1918.02 |
| 吴国信 | 男 | 1918.10 | | | |

### 2018年长兴县故世百岁老人名录

表110

| 姓名 | 性别 | 出生年月 | 逝世年月 | 享年 |
|---|---|---|---|---|
| 王登秀 | 女 | 1918.10 | 2019.01 | 100岁 |
| 王月珍 | 女 | 1917.02 | 2018.09 | 101岁 |
| 左文魁 | 男 | 1912.09 | 2018.05 | 105岁 |
| 关沙娇 | 女 | 1913.02 | 2018.05 | 105岁 |
| 殷云轩 | 男 | 1917.08 | 2018.07 | 100岁 |

续表 110

| 姓名 | 性别 | 出生年月 | 逝世年月 | 享年 |
| --- | --- | --- | --- | --- |
| 王阿毛 | 女 | 1916.12 | 2018.06 | 101 岁 |
| 蒋贵姐 | 女 | 1917.07 | 2018.02 | 100 岁 |
| 褚金秀 | 女 | 1917.09 | 2018.01 | 100 岁 |
| 沈振莹 | 男 | 1915.08 | 2018.03 | 102 岁 |
| 莫小毛 | 男 | 1918.09 | 1918.09 | 100 岁 |
| 翁学仁 | 男 | 1917.09 | 2018.12 | 101 岁 |
| 顾美生 | 女 | 1917.12 | 2018.12 | 101 岁 |
| 吴正兴 | 男 | 1918.06 | 2018.12 | 101 岁 |

（徐　园）

## 慈善事业

【概况】 长兴县慈善总会成立于2003年。2018年共有团体会员109家，其中副会长单位24家、理事单位53家、会员单位32家。总会内设办公室、募救科、财务科，有工作人员8人。下设16个乡镇（街道、园区）慈善分会、248个行政村（社区）慈善工作站。另设公安、人民医院、中医院、总工会、长兴县驻杭州商会5个单位分会，1个长兴县慈善义工服务中心。

【慈善募捐】 2018年，县慈善总会全年总收入达8901万元，其中募捐收入8394万元。年内，开展“慈善一日捐”活动共有233家机关企事业单位个人捐款215万元；12个乡镇（街道、园区）成立扶贫、教育等专项基金及村级慈善帮扶基金募得5330万元；留本捐息慈善冠名基金全年新增到账907万元；定向捐赠全年新增到账919万元；承办长兴县第二届志博会义卖，联合8家志愿服务组织、5家爱心商家参与，在18个展位进行义卖共计销售所得善款1.70万多元。

【慈善救助】 2018年，县慈善总会全年总支出5243万元，其中救助支出5144万元，受助人数达3.56万人次。年内，通过“慈善年夜饭”“慈善关爱送万家”春节慰问支出540万元，受助困难群众达3000多人；暑期助学为409名贫困生发放助学金125万元，为130名贫困生发放1至3万元不等的贴息助学贷款；新增开发画溪街道长桥村扶贫渔业养殖基地；新增设“情暖老人”项目，为各乡镇敬老院的孤寡老人和培智学校学生送生日蛋糕，全年送出636个蛋糕，支出10.40万元。

（徐玲玲）

## 关心下一代工作

【概况】 长兴县关心下一代工作委员会（简称县关工委）前身为成立于1990年9月的长兴县关心下一代工作协会，1991年6月更为现名。县关工委下设办公室，设在县委老干部局；成员单位由县委办、县政府办、组织部、宣传部、老干部局、团委、妇联、公安局、司法局、教育局等18个部门组成。2018年末，全县15个乡镇（街道）、260个行政村（社区），60个学校和58家机关企事业单位建立关工委组织，有5020名“五老”人员参与关心下一代工作。

【“五老”宣讲】 年内，县关工委分别设立“五老”讲师团、“五老”节点关爱专业组、“五老”研宣会，召开新一轮讲师聘任会议。年内，以贯彻落实十九大精神，深入学习宣传习近平新时代中国特色社会主义思想为主旨，“五老”共授课21节，授课内容包括法制教育、红色教育、家庭教育、心理教育等。还以走访调研、撰写文章、送课下乡、送教进校等方式积极开展关心下一代工作。

【关爱活动】 年内，丰富“八个一”活动内容，传承红色根脉，推进“英雄连队体验营”场馆建设。利用新四军苏浙军区纪念馆、金钉子保护区、扬子鳄保护区以及散落在各乡镇（街道）的有益于青少年成长教育的阵地，扎实开展青少年思想道德建设。持续办好“叛逆期学生家长论坛”，联合县妇联多次举办家庭教育大讲堂。5月28日，邀请中国人民公安大学李玫瑾教授作《家庭中的心理抚养》主题讲座，1200余名家长参加；12月8日，邀请县妇幼保健院儿科执行主任叶盛博士作《叶医生儿童健康系列知识》主题讲座，800余名家长参加。年内，通过“捐资助学”“假日学校”“候鸟班”“留守流动儿童之家”“五老结对”等形式开展帮困帮扶活动，让不同成长环境下的青少年得到生活、学习、心理健康、人身安全等方面的帮助，全年共资助金额54.80元，受助青少年305人。

（周云燕）

## 洪 桥 镇

【概况】 洪桥镇位于长兴县东部，地处太湖南岸、弁山之北。2018年，镇域面积52平方千米，辖15个行政村、1个社区居委会，党员人数1141人，常住人口31860人，流动人员9970人。全镇经济总量完成22.96亿元增长9.6%；财政收入全年完成2.02亿元，增长32.8%；规上工业增加值全年完成6.21亿元，增长9.2%；固定资产投资全年完成6.10亿元，增长10.6%；工业性投入全年完成3.31亿元，增长5.9%；自营出口完成3.92亿元，增长32.3%；服务业增加值全年完成5.56亿元，增长10.3%；农民人均收入31365元，增长9.1%。年内先后获得浙江省农业普查先进集体、省级“美丽河湖”乡镇、全省扶持村级集体经济试点、浙江河（湖）长学院现场教学基地、湖州市2018年度无违建乡镇、湖州市“四好农村公路”示范乡镇、2017年度社会治安综合治理先进集体等荣誉。

【项目建设】 年内，推进现代化技改、机器换人、两化融合工作，企业规模逐步扩大、效益明显提升。年内税收超千万企业3家（盛旺耐火、南太湖混凝土、嘉业混凝土）；新增销售超亿元企业2家（清大粉体、宏途建材），小升规企业11家（其中高新技术企业3家）。转型升级成果显著。企业开展技改建设项目29个，总投资达65亿元。县级两化融合示范项目3个（杭华玻璃、锦诗纺织、鑫达纺织）；市级两化融合试点企业2家（盛旺耐火、圣奥耐火），市级绿色工厂1家（盛旺耐火）。

8月3日下午，长兴县举行禹象铜箔（浙江）有限公司开工仪式　（洪桥镇 供）

【工业经济】 年内，完成签约项目15个，市级“大好高”1个，县级“大好高”3个，科技型小微企业5个；专利申请455件，其中发明专利196件，新增产学研合作11个。招引科技小微企业5家，认定高新技术企业1家，省级科技型企业11家，长兴科技板股改挂牌4家。年内引进人才资源总量407人，其中高级人才45人；完成高技能培训138人。完成申报教授博士柔性工作站3个，南太湖精英计划项目4个。自营出口继续保持高位增长，比上年增幅30%，位居全县第三。其中丽伟纺织首次突破1.5亿元，比上年增长57.6%，成功闯入县出口企业15强。

【农业发展】 年内，完成市级渔业示范园区创建，建成美丽渔场7家、健康示范养殖户40户，养殖尾水治理面积950.67万公顷，退网退养面积315.47公顷。河蟹养殖面积1533.33公顷，河蟹产量达到1100多吨，产值达1.6亿元，约占整个洪桥农业产值的40%；大力发展休闲采摘农业，荣美浩翔项目新增千花谷13.33公顷、桂花蟹塘2公顷。桃乐仙项目流转土地15.33公顷，建成连栋大棚2公顷。壮大村级集体经济14个村总收入达到100万以上，四类村全面消除，一类村、二类村总数达到12个。建成扶贫基地4处，实现产业帮扶67户、就业帮扶63户，累计增收348.82万元。水利提标改造工程投资1787万元，自筹537万元，向上争取1250万元。

3月30日，洪桥镇卫生院新院启用暨县中医院洪桥医共体揭牌仪式在洪桥镇卫生院举行　（洪桥镇　供）

【城乡建设】　年内，启动站前大道新建（高铁站至洪桥公路工程）计划总投资5.36亿元、总长7.76千米，完成东湖金悦项目12万平方米主体建筑全面结顶，陈家埭精品村完成投入1100余万元，洪桥村城中村整治完成投入近200万元，美丽乡村覆盖率达100%。加大创建管理力度，整改问题点位5000余处，取缔废品收购点2处。持续畜牧业整治，关停猪场6家，整治提升1家。治危拆违强势推进，35个卫片执法点位全部整治完成。建成垃圾中转房4座，配备垃圾清运车70余辆。完成曹大圩区省级标准化管理样板工程创建，完成五里圩区新建防洪挡墙4千米、排涝站1座；新塘圩区整治加高加固堤岸1.41千米、新建闸站1座；北横港整治提升6千米。深化"河长制"管理，设立芦圻漾"浙江河（湖）长学院现场教学基地"。

【社会民生】　年内，新建洪桥卫生院投入使用。投资4000万元（自筹2500万元、向上争取1500万元），完成管网建设一期工程，铺设亭子桥至洪桥水厂直径400毫米总管道2千米，4月底连通长兴自来水；二期完成长兴自来水二厂至洪桥（沿站前大道）直径800毫米总管道8千米铺设。投资1000万元（自筹600万元、向上争取400万元），新建工业污水800毫米总管道0.61千米，完成园区中水回用管埋设3.71千米，完成污水厂中水回用设施改造项目。投资150万元，清理整顿"散乱污"企业27家，关停废塑料造粒企业4家、废丝企业11家、复合井盖企业4家，提升改造复合井盖企业10家、废塑料造粒企业1家，关停大理石企业4家、动员搬迁10家，新增平原绿化2.93公顷，基本完成废弃矿山复绿工程，强化露天焚烧执法监管。完成省级卫生村创建6个，中道村、南阳村、东王村文化礼堂建成投入使用。开展扫黑除恶工作，查处黑恶违法案件11起，黄赌毒案件23起；受理"12345政府阳光热线"咨询投诉509件，满意率达98.5%，司法调解矛盾纠纷281起，化解历史遗留信访积案18件。严抓"双禁"工作，收缴各类烟花爆竹10000余件，关停销售点44家。

【"移风易俗"试点】　年内，洪桥探索"移风易俗"试点，成立红白理事会和缘定一生、爱伴一生两支志愿者队伍。全镇引导规范红白事案例156起，明面上节省资金约367万元。倡导党员带头一生只办三场酒（出生、结婚、离别），规劝控制"上学酒""升学酒""生日宴"等琐碎酒宴约287场，隐形节省资金近2000万元。县内外参观人数达12批次。

## 2018年洪桥镇各村（居、社区）基本情况

表111

| 村（社区）名称 | 面积（平方千米） | 户数（户） | 户籍人口（人） | 集体经济总收入（万元） | 人均纯收入（元） | 自然村个数（个） | 自然村名 |
|---|---|---|---|---|---|---|---|
| 亭子桥村 | 3.5 | 805 | 2495 | 153.82 | 31854 | 9 | 王家坝、下孙、石家浜、卫家浜、王家边、俞家荡、赵家浜、周家浜、袁家浜 |
| 洪桥村 | 2.1 | 650 | 1942 | 101.75 | 30389 | 10 | 洪桥、姚浜、章浜、卢家埭、草田埭、邵家浜、车家坝、屠家浜、施家浜、里荡 |

续表111

| 村(社区)名称 | 面积(平方千米) | 户数(户) | 户籍人口(人) | 集体经济总收入(万元) | 人均纯收入(元) | 自然村个数(个) | 自然村名 |
|---|---|---|---|---|---|---|---|
| 古龙村 | 4.6 | 889 | 2785 | 140.07 | 30784 | 17 | 吴家头、周家圩、石桥头、莫家渎、殷家渎、港南门、陈家渎、丁家渎、龙舌嘴、张家湾、陈家村、道古圩、徐家村、芦家荡、沈蒋圩、水荡、沈家荡滩 |
| 陈桥村 | 6.5 | 665 | 2109 | 196.52 | 31673 | 12 | 陈桥、蒋庄、吴家村、周山浜、石桥头、高桥、郎家浜、柳家荡、洞庭浜、汝家渎、小圩角、东杨浜 |
| 陈家埭村 | 6.4 | 622 | 1988 | 203.59 | 31379 | 8 | 濠上、陈家埭、李家里、杨家圩心、黄狗荡、钱家里、陈家浜、横水圩 |
| 金星村 | 2.4 | 570 | 1662 | 120.36 | 29661 | 4 | 豆角、杨家浦、北孙、徐家浜 |
| 太湖村 | 4.2 | 611 | 1940 | 110.6 | 30047 | 12 | 福元港、高村、杭家村、盛家渎、邹家港、宋家港、钱家渡、豆家浜、西付家浜、钱家渡、东付家浜、田版里、芦圻港 |
| 南阳村 | 3.0 | 726 | 2237 | 116.89 | 29457 | 11 | 沈家潭、顾家潭、积善富、钟家浜、周二圩、朱家湾、东房、西华三家村、清水浜、张家圩、北塘 |
| 潼桥村 | 2.1 | 624 | 1935 | 107.61 | 28963 | 12 | 潼桥、杨家荡滩、北王埭、五化浜、沈家荡滩、北许、南许、坤杨寺、乔北圩、西王、东王、张家坝 |
| 橡树下村 | 2.5 | 562 | 1853 | 122.68 | 30287 | 13 | 七圩里、陆家荡、橡树下、邱家坝、西洋浜、张庄、董家浜、路西圩、王家渡口、钱家湾、管家湾、汤牛角、倪家埭 |
| 排田漾村 | 3.17 | 670 | 1955 | 131.96 | 29846 | 14 | 南孙港南、南孙港北、小南孙、石家埭、邱家桥、西孙、南庄湾、两乡浜、火烧潘、吴家浜、大兴桥、江生圩、马家浜、河北埭 |
| 中道村 | 2.3 | 802 | 2473 | 146.11 | 31014 | 11 | 塘家浜、姚家坝、陈家浒、温家渎、沈家坝、张家坟、豆家坝桥、林家汇、李家浜、陈家渎、丁家坝 |
| 万仕桥村 | 1.8 | 656 | 1981 | 162.49 | 29987 | 12 | 豆家汇、毛家浜、倪家田、沈家圩、范仕桥、春保圩、严家坝、盛家坝、清水坝、扎门坝、沈上圩、徐家湾 |
| 东王村 | 4.1 | 746 | 2353 | 129.54 | 31154 | 15 | 径山港、邹家渎、大圩坝、付家渎、施家桥、吴家渎、东王、练圩上、南施家舍、北施家舍、王家浜、徐家浜、芦圻港、小圩角、石牌头 |
| 弁山村 | 2.6 | 449 | 1487 | 61.9 | 30651 | 5 | 范湾、上村、下村、李家浜、俞家里 |
| 居委会 | - | 373 | 667 | 42.98 | 31365 | — | — |

(郑书城)

# 李家巷镇

【概况】 李家巷镇位于长兴东南,东靠弁山与洪桥接壤,南与湖州市经济开发区相连,西、北与吕山乡、雉城镇毗邻。2018年,镇域总面积56平方千米,户籍人口2.87万人,流动人口约1.5万人,下辖12个行政村、1个居委会。2018年,完成财政税收入库4.59亿元,比上年增长35.4%(其中国税入库3.41亿元,比上年增长34.4%;地税入库1.18亿元,比上年增长38.5%);完成工业性投入增幅36.8%,规模以上工业增加值增幅11%,高新技术产业增加值增幅21.5%;完成自营出口13.3亿元。各项主要经济指标始终保持高位增长,在县"双提十攻坚"各次月晒季考中,李家巷镇全部获评一等奖。在建设平安长兴"十二连冠、获金鼎"工作中被授予"集体三等功",镇党委被县委评为2017—2018年度全县先进党组织班子。

10月31日,县委、县政府印发《关于深化湖州南太湖产业集聚区长兴分区管理体制改革的方案》的通知,新组建的湖州南太湖产业集聚区长兴分区党工委领导南太湖产业集聚区长兴分区管委会和李家巷镇党委、政府;陈家浜村、广福桥村、老虎洞村、石泉村、计家浜村等5个行政村划归李家巷镇管理;李家巷镇党委、政府不再承担工业经济发展职能,主要负责李家巷镇辖区范围内的基层党建、民生事业发展、社会管理、生态环境、农业农村等工作,负责集镇范围内第三产业的培育和发展工作,承担县委、县政府和湖州南太湖产业集聚区长兴分区党工委交办的工作任务。

【工业经济】 年内,共引进签约项目13个,其中亿元以上项目3个;完成招引县"大好高"项目4个、市"大好高"项目5个,完成任务数的133%;完成科技型中小微企业6个,完成任务数的150%;实到外资737.81万美元,完成任务数的147.6%;引进金融新业态企业2家。全镇产值超亿元企业17家,税收超千万企业9家,长兴丝绸获得2018年长兴县政府质量奖,长兴科技板成功挂牌8家,完成小升规培育6家、市"两化"融合重点项目5个、长兴县智能制造示范企业2家。新认定高新技术企业1家、省科技型中小企业8家,新增产学研合作8项,新申请专利420件,引进各类人才560人,宸唯环保、犀鸟动力入选"南太湖精英计划"。

【农业发展】 年内,完成葡萄、茶叶等4个造血式帮扶基地建设,61户低收入农户通过资金入股、劳务报酬等形式实现人均增收超万元。投入80余万元完成37户低收入农户家庭设施改造提升。实施"项目化管理"助推集体经济发展,各村在建集体经济项目全速推进,全面完成消除三类村目标。

【城乡建设】 年内,完成新街西路地下雨污管网等改造提升,完成政府北侧住户生活污水纳管,集镇雨污管网设施更加完备。完成大石桥建设并顺利通车,集镇框架进一步拉开,道路交通更加顺畅。完成原联众机械厂老住宅区改造,东城华府商业街区基本建成,实施湖滨公园、蚬子湾公园及集镇部分绿化提升,集镇配套功能更加完善。地毯式推进背街小巷综合改造,共修补道路8000余平方米,粉刷墙壁1.20万平方米,拆除违章搭建270余处、7000余平方米。落实"路长制""巷长制",动员群众主动参与清除卫生死角2100余处、垃圾5.30万余吨。完成新街西路建筑轮廓亮化,打造"不夜李家巷",高质量通过省小城镇环境综合整治验收并入选省级样板。

【社会民生】 年内,共取缔无证无照加工点19个,关停大理石加工等各类企业25家、5头以上规模生猪养殖场4家,整治提升窨井盖企业18家、

8月8日,李家巷村文化礼堂内举行了"开蒙礼"。图为老师正在为孩子们"朱砂开智" (李家巷 供)

9月20日,李家巷中心幼儿园的孩子们在老师和家长的带领下,一起制作月饼并送给在街头进行清洁工作的环卫工人 (李家巷 供)

纺织前道企业7家、无纺布企业7家、汽修企业10家，扎实推进低散乱污“行业整治”攻坚。全面排查入河排水口141个，完成上建矿北侧矿山复绿。全域推进“三创一美”攻坚，持续实施“净美家园2.0”行动。完成G25、G50两路两侧29个问题点位整治，完成19座农村公厕改造。夯实医疗、临时救助等帮扶举措，累计受益429人次，受助金额46万元。落实全镇120户、175人最低生活保障，弱势群体帮扶进一步强化。完成章浜村、青草坞村文化礼堂建设，新建篮球场2个，新增健身路径2套，建成国民体质监测点1个。常态化开展各类文体活动150余场，镇排舞队获得全县排舞大赛金奖。全年参加省市县各级活动表演达69场，建成“和文化示范点”4个。镇中心小学顺利通过省级民族团结特色工作示范培育点评选。

【省“五未土地”整治】 9月14日上午，建设全国国土资源节约集约示范县暨批而未供和闲置土地大清查大处置现场会在镇召开。年内，全力推进低效企业达标提质，完成转型升级、关闭腾退企业47家，实现税收1655万元，比上年增长252%。完成70宗地块、63.13公顷“五未土地”处置工作，完成全年计划的278%。

【污水零直排示范区】 年内，创建“污水零直排示范区”，投入70万元委托上海专业施工单位对园区所有雨污管网实施机器人探测检查，找准问题点位。实施4条雨水管网和3条污水管网的改造，彻底解决园区所有涉水企业排水难问题。针对流经园区4条主河道和众多的港塘、沟渠，投资2500万元建设园区五里圩区水利工程，新建闸站6座、排灌机埠11座、修筑砼墙埗岸2.10千米。结合开展园区水环境综合治理以来，引入民间资本分别投入2000万元（BOT合作模式）和1650万元建设日处理能力2.50万和1万吨中水回用站等举措，实现全镇所有涉水企业截污纳管、统一处理和中水回用全覆盖，有效地将园区的水都调控起来，防洪、排涝能力进一步增强。

【全县首个“1+1”慈善帮扶基金成立】 7月13日，正式成立“1+1”慈善帮扶基金（教育基金+困难群众帮扶基金）。按照“政府引导、商会为主体”的模式，面向全镇各类工商企业、镇政府机关、职能站所等单位和个人开展募集，165家企业参与认捐，21家职能站所及学校开展现场募捐活动。设立以向乡贤、村“两委”班子、承包组长、广大村民募集为基础的村级慈善分会，以村募集资金总额为基础，县慈善总会和镇政府分别给予10%的配套，原则上受益对象不出村。全域募集资金达1400余万元。

7月13日，李家巷镇召开“1+1”慈善帮扶基金成立大会 （李家巷 供）

## 2018年李家巷镇各村(居、社区)基本情况

表112

| 村(社区)名称 | 面积(平方千米) | 户数(户) | 户籍人口(人) | 集体经济总收入(万元) | 人均纯收入(元) | 自然村个数(个) | 自然村名 |
|---|---|---|---|---|---|---|---|
| 青草坞村 | 4.8 | 478 | 1512 | 494.83 | 28125 | 4 | 青草坞、长岭山、地洞寺、凤山 |
| 石泉村 | 6.09 | 1035 | 2670 | 306.04 | 29335 | 16 | 石山桥、高湾、前步庄、强加滩、山背后、石泉、东湾、桃园里、杨家地、塘桥、上湾、丁家荡、抖角、东塘、北村、滩塘浜 |
| 李家巷村 | 5.8 | 1223 | 3223 | 243.48 | 25315 | 11 | 大石桥、垒珠玕、蚬子湾、钱家庄、西毛山、潘家庄、北大坞、路南、铁公山、中大坞、李家巷 |

续表112

| 村(社区)名称 | 面积(平方千米) | 户数(户) | 户籍人口(人) | 集体经济总收入(万元) | 人均纯收入(元) | 自然村个数(个) | 自然村名 |
|---|---|---|---|---|---|---|---|
| 老虎洞村 | 5.23 | 863 | 2445 | 111.35 | 21035 | 13 | 庄圩、庄前浜、白鹤岭、金田畈、泗洲堂、张家村、黄龙浜、庄基村、老虎洞、罗卜山、鸡山、太平桥、吉祥家园 |
| 沈湾村 | 5.6 | 947 | 2587 | 309.75 | 23351 | 16 | 牛阿埭、曹家厂、南北石荡、茆家墙门、山西村、丁家荡、赵家桥、咫尺桥、小茆桥、倪家埭、陶家港、蒋家埭、许家渡口、沈湾村、白莲寺、施家漾 |
| 广福桥村 | 1.87 | 613 | 1560 | 187 | 22107 | 5 | 广福桥、杨家湾、杨家圩、钱家渡、广福家园 |
| 刘家渡村 | 3.37 | 1044 | 2571 | 188.71 | 10210 | 11 | 刘家渡、白漾头、彭家坝、冯家圩角、邵家渎、钮家桥、狭社桥、钱家坞、汇角、青竹圩、四角洋 |
| 陈家浜村 | 4.5 | 1244 | 3238 | 155 | 21312 | 24 | 筲箕圩、新西村、黄南圩、夏家门、朱家坝、邵家浜、陆家圩门、陈家门、姜家渎、龙家渎、刘家浜、石灰圩角、潘家圩角、鳝鱼湾、南圹、朱砂桥、邱家渎、陈家浜、李家渎、钮家圩角、墙东浜、周家浜、跨塘桥、幸福里小区 |
| 章浜村 | 1.98 | 777 | 1992 | 262.51 | 21125 | 9 | 橡树下、大茅棚、东庄、章浜、圩界坝、杨家桥、师家浜、周家角、施家港口 |
| 计家浜村 | 4.23 | 833 | 2133 | 180 | 17581 | 11 | 鲍家村、水角村、杨家桥、周家桥、三介村、计家浜、放圩、等孟埂、西吴村、赵家渎、北塘 |
| 许家浜村 | 1.8 | 425 | 1358 | 152.53 | 33215 | 2 | 凌家浜、许家浜 |
| 西坝村 | 1.5 | 360 | 987 | 217.14 | 25103 | 3 | 东坝里、庄桥头、西坝里 |
| 居委会 | 2.45 | 1250 | 2368 | — | 16547 | — | — |

（蒋　飞）

## 夹浦镇

【概况】 夹浦镇是湖州最北的乡镇、浙江的北大门。镇域面积69平方千米，辖13个行政村、1个居委会，户籍人口28746人。曾获"全国千强镇""国家级生态镇""中国长丝织造名镇""浙江省文明镇""浙江省教育强镇"等荣誉称号。2018年，全镇完成经济总量34.60亿元，比上年增长9.8%；财政总收入4.26亿元，比上年增长27.9%；地方财政收入1.15亿元，比上年增长55.6%；规上工业产值99.39亿元，比上年增长17.7%；规上工业增加值18.40亿元，比上年增长9.9%；固定资产投入5.40亿元；自营出口25.90亿元，比上年增长18.3%；农民人均纯收入预计达到3.50万元，比上年增长8.6%。

【项目引推】 年内，始终把项目引推作为第一工作。全年新引进项目11个，其中大好高项目3个，市级大好高项目1个，科技小微项目5个，协议引进外资3665万美元，实到外资718万美元。新建项目23个，已竣工14个，累计完成工业性投入6亿元。园区管理体制进一步优化，环沉工业园区成功进入市级绿色园区创建序列。

【产业升级】 年内，纺织行业转型升级全面铺开，全年总投入5.80亿元推进"智能制造"项目5个，技改项目26个，淘汰落后产能项目18个，淘汰喷水织机散户211户3292台，荣获全国纺织行业创新示范集群。耐火产业创新创优，新引进新型耐火项目3只，耐火设备智能化改造15台。提标改造太平桥、滨湖、北川等粮食生产功能区233.33公顷，发展和提升农业七大特色产业43.33公顷，注册家庭农场6家。全年服务业增加值实现6.07亿元，增幅11%；电商运用企业20家，其中跨境电商企业7家，环沉村荣获"浙江省电子商务专业村"称号；长兴轻纺城获全国商品交易市场系统文明诚信经营示范市场、先进市场管理委员会单位。

【农业发展】 年内，镇"双扶"工作成效明显，以村经济合作社为经营主体，依托产业大力发展壮大村级集体经济，谋划建设集体经济项目14个，新增年总收入100万元村3个、年经营性收入超30万元村3个，消除三、四类村4个。千方百计助农增收，建成扶贫基地2个，135名帮扶对象人均实现增收超1万元。总投入8600万元，完成物业投资、抱团联建、中水回用站扩建等集体经济项目11个，建成后平均净增收37万元。“十百千万”工程深入推进，采用“龙头企业+合作社+农户”的模式积极打造父子岭杨梅产业园和长平生态农业园2个扶贫基地，实现产业扶贫；结对帮扶低收入农户71户135人，其中自主发展产业11户、扶贫基地帮扶28户，安排就业岗位63户，人均增收超1万元。

【城乡建设】 年内，始终保持国土管理高压态势，荣获2018年全县重大中心工作“三改一拆”先进集体，拆除存量违章62.50万平方米，治理城镇危旧房17幢、农村危旧房72户。小城镇环境综合整治工作有序推进，丁甲桥小城镇整治顺利通过省级验收，国家卫生镇创建通过省级技术评估。环沉饮泉村路口棚户区转商业再开发项目成功摘牌，共计拆除历史遗留棚批1200多平方米；投入资金140万元，陶家湾、环沉、夹浦、丁新等4个公共停车场建成并投入使用；夹浦街商业开发项目顺利奠基。环丁路建成通车，建设“四好农村路”8500千米。有效推进垃圾分类工作“常态化”，北川、丁新分别获市、县级垃圾分类示范村。

【社会民生】 年内，教育软硬件投入进一步加大，众兴教育基金会助教助学的作用充分发挥，全年为学校师生发放奖、助学金99.05万元；中、小学均获上年度县级学校考核一等奖，夹浦中学考入长中人数创历史新高。医疗卫生服务水平进一步提升，与长兴县中医院结成医共体，深化三级联动和巡回诊疗机制，打通医疗卫生服务“最后一千米”。陶家湾村文化礼堂建成投入使用，吴城村文化礼堂完成主体结构建设；“一村一品”亮点纷呈，长平南狮、喜鹊韵等文化品牌频频收到县大型活动邀请。历史散文集《走读夹浦》出版，非物质文化遗产“吴城大白龙”通过县级非遗申报。

【环境综合治理十大专项行动】 年内，全面完成夹浦地区环境综合治理十大专项行动，全年取缔大理石加工点7家、废品收购点112家、废纸加工点46家、废丝造粒加工点33家、废塑料加工企业10家，并淘汰琉璃瓦企业所有一段式、双段式煤气发生炉。治水工作成效显著，9只污水零直排建设项目全部通过审批，其中启动建设2只，完成环沉工业园区“污水零直排”县级创建；新建改造雨污管网18千米，完成陶家湾中水回用站建设；河道生态引水蓄水工程有序推进，顺利完成盛家漾466.67公顷水产养殖退养以及尾水治理；剿劣成果持续巩固，成为全县唯一单位荣获全省剿灭劣V类水突出贡献集体。出台夹浦镇喷水织造行业生产经营场所整治验收标准12条。全年原新增469台喷水织机已全部清理完毕，生产现场整治完成验收1727户，责令停产234户，强制淘汰19户。投入资金3800万元，联合供电部门坚决打击非法转供电、电线私拉乱接、一户多表等行为，拆除转供电变压器58台，整治非法转供电用户589户。

## 2018年夹浦镇各村(居、社区)基本情况

表113

| 村(社区)名称 | 面积(平方千米) | 户数(户) | 户籍人口(人) | 集体经济总收入(万元) | 人均纯收入(元) | 自然村个数(个) | 自然村名 |
|---|---|---|---|---|---|---|---|
| 滨湖村 | 8 | 1347 | 3928 | 162.73 | 34000 | 20 | 韩家坞、水产村、钱家门、姬家下场、西蒋村、西园村、青墩头、臧家村、计家村、袁家庄、杭家村、北江村、芦荡湾、周家浜、蒋埠桥、奕亩村、薛家滩、李王殿、麒麟村、史家村 |
| 陶家湾村 | 2.6 | 642 | 1875 | 181.54 | 30000 | 4 | 冯基坞、陶家湾、吴家湾、固塘坞 |
| 环沉村 | 5.18 | 1212 | 3650 | 238.69 | 38400 | 8 | 丁家渚、臧家村、仙人浜、叶家浜、环沉、对丰浜、饮泉村、孙家浜 |
| 夹浦村 | 3.3 | 817 | 2510 | 368 | 35000 | 15 | 卢家荡、上沈、北京坞、道仁坞、金家园、文家浜、桥西、叶家村、双港、乌桥、桥东、徐家桥、塘湾、溪南、会上 |
| 太平桥村 | 2.89 | 725 | 2123 | 150 | 30000 | 4 | 王长村、下无胥、吴家坞、上无胥 |
| 喜鹊坞村 | 2.5 | 541 | 1723 | 165 | 35000 | 4 | 喜鹊坞、长坞、管家浜、六仁 |
| 父子岭村 | 12.5 | 535 | 1703 | 434.97 | 37000 | 6 | 敌楼湾、响水洞、上埠、斯圻、杨家渎、父子上 |

续表113

| 村(社区)名称 | 面积(平方千米) | 户数(户) | 户籍人口(人) | 集体经济总收入(万元) | 人均纯收入(元) | 自然村个数(个) | 自然村名 |
|---|---|---|---|---|---|---|---|
| 香山村 | 4.6 | 419 | 1400 | 215 | 32000 | 5 | 金村、杨家园、株树村、大坞里、新沟滩 |
| 长平村 | 3.7 | 1018 | 3187 | 207.2 | 33300 | 15 | 长大、邢家浜、张家、钦家浜、徐家桥、上周港、唐杨、田畈、黄泥潭、五庙桥、敖头、杨家、黄家、蒋家浜、鹤嘴 |
| 丁新村 | 3 | 513 | 1745 | 337.78 | 31000 | 6 | 丁甲桥、小桥、巷里、毛场兴、牧马圩、山下 |
| 吴城村 | 2.92 | 465 | 1680 | 161.62 | 33000 | 8 | 吴城、新圩、刘家圩、下渚埠、庄上、横山、解元、谈渎 |
| 月明村 | 5.69 | 458 | 1430 | 97 | 35000 | 3 | 白漾塘、月明荡、茶庄 |
| 北川村 | 17.81 | 376 | 1181 | 139.69 | 29900 | 7 | 大平里、大平新村、张坞口、南湾、新村、五福庙、四十里 |

（高　松）

## 泗安镇

【概况】 泗安镇位于浙、皖两省结合部。2018年，镇域面积257平方千米，建成区9平方千米，辖27个行政村和1个居委会，349个承包组，349个自然村。户籍人口6.90万人，常住人口8万，流动人口1.10万人。农村人口53754人，集镇人口16258人。共有51个基层党组织，党员2465人。全年财政总收入3.03亿元，比上年增长26.8%；规上工业产值57.40亿元，比上年增长10%，规模以上工业增加值增长9%；固定资产投资7.70亿元，工业性投入5.30亿元；合同外资3350万美元，实到外资1500万美元；自营出口实现5.50亿元，比上年增长28%；招引亿元以上项目20个；农民人均纯收入32040元；村级集体经营性收入村均增长66%。先后获浙江最美赏花胜地、第三批“浙江省农家乐乡村休闲旅游特色乡镇”、湖州市小城镇环境综合整治市级样板、市美丽乡村示范乡镇、市级无违建乡镇等荣誉称号。

【项目引推】 年内，坚持“3+2”招商，秉承亩均400万投入、500万产出和30万税收的要求，全年共引进项目41个，其中工业项目38个、农业项目2个，服务业项目1个；内资项目35个，外资项目6个；亿元以上项目20个，总投资43.4亿元。其中通过市“大好高”项目认定4个，市外资“大好高”项目1个，县“大好高”项目12个，县科技型中小微项目13个。2018年共推进在建项目24个，其中新建项目12个，续建项目7个，技改项目5个，总投资37.50亿元。开工项目11个，竣工项目15个。18年签约的41个签约项目全部进入实质性推进阶段，华星轴承等16个项目已竣工投产，杭宏科技、丰帆数控等10个项目已开工建设，联池水务等15个项目办理前期审批。

【工业经济】 年内，共完成“腾笼换鸟”企业15家，盘活存量和闲置用地73.33公顷。认定省级科技型中小企业13家，科技小微企业13家，完成专利申请598余件，新增产学研项目10个；引进高创人才10名，教授博士柔性工作站1家，认定南太湖精英计划创业项目3个，领军人才短期项目4个，完成科技版挂牌3家；全年完成财政收入3.03亿元，比上年增长27%；规模以上工业产值54亿元，比上年增长16%；规模以上工业增加值增幅10%；合同利用外资3350万美元；实到外资1500万美元；自营出口实现6.70亿元，比上年增长56%。全

5月29日，花开泗安·2018薰衣草风情旅游节开幕式暨“航拍中国走进长兴”醉美泗安森林小城摄影大赛开拍仪式在长兴泗安薰衣草风情园举行　　（泗安镇 供）

年共招引项目38个,其中亿元以上项目18个。通过县"大好高"认定项目12个,市"大好高"项目4个、市外资"大好高"项目1个,项目招引的数量和质量创历史新高。

【农业发展】 年内,新发展和改造提升农业特色产业432.67公顷,新引进恒旺湖羊、临潮园艺2个市农业"大好高"项目。实现苗木销售15.7亿元。创建提升生态循环农业示范区1个,完成杨湾等5个村高标准农田整治1133.33公顷。花木城培训中心6月建成,7月到10月花木大会连续举办13场培训。薰衣草风情园投资1000多万元,种植布局调整,新建滑草跑道、多种儿童娱乐设施以及住宿、餐饮等配套设施。张岭茶园以村为业主投资300多万元建设二期茶园提升项目完成;引进岭雾民宿开发投资3000多万元,已在10月份开始营业。

【城乡建设】 年内,全域推进环境卫生综合治理,被评为市级无违建乡镇、小城镇环境综合整治市级样板。仙山集镇小城镇环境综合整治通过省级验收。拆除违法建筑62.90万平方米,完成旧厂区改造37.26万平方米、泗安塘征地拆迁465户。完成振兴大道、凤凰街、长安路市政改造工程,完善排水、燃气、排污等基础配套设施。全年建成县级以上垃圾分类示范村(小区)8个。初康村、管埭村完成农村土地综合整治项目建设并通过验收。农村基础设施持续完善,全年新增公交路线3条,完成14个山塘除险加固和黄巢圩、官庄圩两大圩区整治。大力开展绿化工作,全年新增平原绿化50公顷,完成茶园生态修复146.67公顷。

【社会民生】 年内,成立首个教育基金,泗安中学中考成绩再创佳绩。二界岭分院投入使用、仙山分院完成改建,全镇家庭医生签约率42.5%。全年新建文化礼堂4个,开展文化礼堂

2月9日,泗安镇举办2018年"美好泗安·携手发展"春节大联欢活动　(泗安镇 供)

活动近200场。对208户低收入农户量实施"一户一策"帮扶,建立产业帮扶示范基地3个,实现户均增收3.27万元。全年消除年经营性收入30万元以下村12个,一二类村比重上升到88.9%。全年发放低保、困境儿童及残疾人等各类补助1290万元,受益群众2420人,完成农村困难群众危旧房改造12户,新建示范性居家养老中心1家。组建成立"劳动力转移服务中心",全年新增就业356人。建成全科网格64个,配备专(兼)职网格员142人。

(匡世兰)

【省际示范区长兴分区】 湖州市省际承接产业转移示范区长兴分区规划控制总面积86.30平方千米,其中规划核心区面积25.20平方千米(泗安区块19.20平方千米,林城区块6平方千米),生态保护休闲区面积50.10平方千米,生态农业区面积11平方千米。规划区域范围包含22个行政村,户籍人口4万人。2018年11月2日,按县机构改革调整方案,示范区管委会和泗安镇合二为一,实行"一套班子、两块牌子"、以镇为主。示范区管委会原有人员、编制、职能等成建制移交给泗安镇,由泗安镇统筹使用,加强平台建设和小城市培育的力量。示范区林城区块继续保留,享受示范区政策,其开发建设交由林城镇党委政府负责,示范区管委会不再具体参与。全年规模以上产值57.40亿元,比上年增长10%,规模以上工业增加值比上年增长12%;规上企业51家,实缴税收500万以上企业11家(益南、前进、人人、丰帆、天奇、长恒、坚塔、奇碟、惠通、冠炯、力嘉),亿千企业4家(益南、前进、丰帆、天奇),主板上市企业1家(长安仁恒),新三板上市企业3家(茶乾坤、四达、红宇)。

(张　培)

【科创园】 年内,园区总占地面积8.53公顷,一期占地面积4.53公顷,总建筑面积5万平方米,其中,研发办公楼1幢,生产厂房4幢,食堂和宿舍楼各1幢。园区二期规划4公顷,总建筑面积6公顷,已进入设计规划阶段。2018年园区众创空间被评为市级众创空间。园区总入孵企业75家,毕业(清退)25家,在孵企业50家,其中生产型企业17家、研发销售型企业33家。全年在孵企业销售额累计达到1.50亿,税收达200余万元(不含园区贸易型企业)。

【浙能长兴地面光伏电站】 3月,浙

能长兴地面光伏电站入选新华社编发的《加速迈向国际第一方阵——我国五年来科技创新成就巡礼》篇，与长征四号乙运载火箭、“蛟龙”号载人潜水器、“天眼”500米口径球面射电望远镜、天舟一号与天宫二号自动交会对接等重大科技创新成果同列。浙能长兴地面光伏电站于2017年6月27日正式并网发电，是浙能集团最大的“农光”互补地面光伏电站，位于泗安镇南湖监狱农场，总占地面积约166.67公顷，经过挖潜优化，最终总装机容量达到84.30兆瓦，总投资约5.80亿元。电站不改变农业用地性质，真正实现“一地两用、一光两照”。

【镇域公交正式投入运营】 4月1日，泗安镇镇域公交1号线、2号线路正式开始运营。1号线路为循环路线，由客运中心至府前宾馆，沿线设置13个站点；2号线路为来回路线，由长兴县第二医院至仙山湖景区，沿线设置10个站点。

【文明殡葬】 年内，在全县率先部署开展“文明殡葬攻坚”专项行动。搬迁或平毁“三沿五区”违规坟墓753座，新增骨灰全部进生态墓或安息堂安葬，未出现一例不文明治丧行为。13个村完成公墓维修整治。县第一个村级骨灰存放堂在清明节前投入使用，占地面积125平方米，总格位1200个的皂山村骨灰存放堂，已有46名逝者的骨灰供放在骨灰堂。泗安镇骨灰安葬逐步实现“入土”到“入堂”的转变。

## 2018年泗安镇各村（居、社区）基本情况

表114

| 村（社区）名称 | 面积（平方千米） | 户数（户） | 户籍人口（人） | 集体经济总收入（万元） | 人均纯收入（元） | 自然村个数（个） | 自然村名 |
|---|---|---|---|---|---|---|---|
| 莲花村 | 8.8 | 1614 | 5317 | 393.07 | 35482 | 22 | 抖角、湖埂、湖墩、空山、皂山、林波一、枣树湾、杨树湾、上红庙、木墙门、关梢头、台塘、西山、五里亭、金家村、二里半、上白莲、后庄、薛家塘、东白莲、干塘、下白莲 |
| 三里亭村 | 9.75 | 967 | 3190 | 152.05 | 34867 | 19 | 九龙岗、吴家村、五里亭、西厂、钱家冲、东阳岗、西阳岗、黄泥岗、岗尾、上安东、下安东、营房、桃园、富塘、红星、上棋、下棋、棉花、潘家山 |
| 凤凰村 | 0.76 | 572 | 1887 | 338.38 | 36821 | 12 | 沙地、洋沟、新安、新河、梅场、红村、三贞观、凤凰街、车站、蔬菜、新春、太平塘 |
| 五里渡村 | 5.2 | 903 | 2979 | 205.04 | 32496 | 13 | 东抖门、西抖门、五星、渡口、上潘滩、下潘、抖角、大庄、独庄、罗村头、新安塘、塘湾、龙须坝 |
| 赵村村 | 7 | 485 | 1553 | 127.8 | 32523 | 16 | 南华山、汪家山、殿山冲、上山里冲、下山里冲、吴家塘、罐子窑、东泉水冲、西泉水冲、七里棚、赵村庙、三家村、七家塘、阳山冲、八峣山、钓鱼台 |
| 钱庄村 | 5.94 | 441 | 1427 | 115.15 | 32026 | 8 | 刘家小湾、六房村、十房村、纪元冲、王家湾、西梧、九里桥、钱家塘、 |
| 双联村 | 2 | 536 | 1704 | 167.16 | 32190 | 4 | 长联、中泗街、方家墩、中湾 |
| 仙山村 | 4.86 | 598 | 1952 | 107.83 | 33432 | 13 | 陈家弄、石荡村、枫树岗、老湾、夹里头、庙西沟、七里棚、八里棚、三矿冲、大环桥、山下村、五金、曹村 |
| 上泗安村 | 1.74 | 502 | 1703 | 533.01 | 32173 | 3 | 上泗安、杨家村、金竹潭 |
| 新丰村 | 6.5 | 561 | 1829 | 172.31 | 32188 | 10 | 松树坝、李家边、六墩、娘娘庙、茅塔、杨府庙、西村、阴村、粉坊、凉亭 |
| 庆丰村 | 12.8 | 663 | 2097 | 105.42 | 32273 | 12 | 罗家湾、上宅、枣树湾、交界边、抖水冲、长塘、黄泥地、猴村、十里头、上冲、花冲、民主 |

续表114

| 村(社区)名称 | 面积(平方千米) | 户数(户) | 户籍人口(人) | 集体经济总收入(万元) | 人均纯收入(元) | 自然村个数(个) | 自然村名 |
|---|---|---|---|---|---|---|---|
| 长岗岭村 | 29.5 | 1366 | 4466 | 365.56 | 31527 | 30 | 祠山、南岗、红星、干山坝、花门楼、心和、草塔、前塘、黄大、介牌、八角、新村、西山冲、上长明、乌小冲、丁冲、石头冲、鞋村、太阳冲、新庄、新塘、许家湾、杨步湾、下长明、油坊、温州棚、半边塘、桃园、十八店、前村 |
| 管埭村 | 5.2 | 855 | 2827 | 307.14 | 32349 | 15 | 堤埂、围村、熊家湾、管埭街、水里、碗窑、庄斗、尹家边、官斗、罗家浜、南沟、任家老湾、红庙、斗角、沙古 |
| 禧祉村 | 5.73 | 717 | 2496 | 188.31 | 32045 | 10 | 上窑、西湾、新安、禧祉、五庄、西庄、塔板、晓庄、南岗、空山 |
| 黄巢　村 | 10.95 | 1328 | 4364 | 329.86 | 32003 | 25 | 黎明、郭家边、塔山、小围子、东村、吴家小山、郑家山、张家边、石头山、红元、新房、胜利、塔上、许家塘、神塘、南庄、金家、田畈、长山、罗家斗、联合、椅子、长友、十亩港、楼家边 |
| 杨湾村 | 7.12 | 625 | 2168 | 131.41 | 31614 | 11 | 李家湾、程家湾、毕家湾、避离庵、徐家湾、郑家湾、张家湾、上阳、中阳湾、木田杆、龙冲 |
| 玉泉村 | 6.5 | 679 | 2177 | 315.42 | 32516 | 10 | 西沟、神堂、西山边、上观音庙、下观音庙、木桥头、芝林、羊毛狮、塘家岗、石水岗 |
| 兴隆村 | 2.76 | 425 | 1424 | 85.05 | 32159 | 5 | 朱家园、上塘、百子庙、张家桥、柏树庙 |
| 师姑岗村 | 5.24 | 473 | 1534 | 108.88 | 31764 | 8 | 东西冲、杨子冲、五鹅冲、师古岗、百鸟冲、胡家庄、山岗上、南水 |
| 长潮岕村 | 20.8 | 1012 | 3412 | 291.35 | 31770 | 12 | 长元里、俞家里、李家村、离界坝、山门口、子房里、东村、西道口、陈家里、响水岭、朱家村、范家村 |
| 东村村 | 8.1 | 561 | 2025 | 100.92 | 32115 | 11 | 金塘、石马冲、东湾、大东村、小东村、高家冲、杨树湾、堰角、毛蜡塘、中湾、下庄 |
| 初康村 | 9.2 | 739 | 2704 | 101.5 | 32192 | 16 | 三里棚、竹墩、洋塘湖、柴亩山、西山岗、瓦屋湾、杨府庙、初康桥、茭白宕、大拐湾、桂花村、湾里、高瓜塘、陈家岗、黄塘冲、杉树湾 |
| 太平村 | 6.2 | 608 | 2153 | 77.67 | 32067 | 12 | 上盘塘、柳塘、八里庙、墙里村、下盘塘、张家山、西庄、毕家村、玫瑰山、太平桥、凤山、杠桥 |
| 罗家地村 | 9 | 760 | 2416 | 149.64 | 32268 | 15 | 罗家地、涧西、南场、乔麦沟、窑上、田沟、三亩村、枫树岗、茅草冲、大鹅口、涧东、竹子桥、椅村、湖北场、项家湾 |
| 二界岭村 | 8.1 | 582 | 1908 | 301.1 | 32340 | 13 | 杨树湾、燕子门、四季村、牛王庙、西冲沟、蚂蚁岕、老虎窠、西阳、平水塘、林家湾、秦家湾、岗上、上杨村 |
| 云峰村 | 18.5 | 734 | 2236 | 83.08 | 32219 | 13 | 太阳岕、坟墩岕、云峰寺、桥横头、大木桥、钟场、栗树墩、邱家村、青东涧、梅花涧、腾家冲、瞒王庙、西塘岕 |
| 毛家村 | 10.5 | 614 | 1904 | 160.37 | 32147 | 11 | 水东洋、东洋岗、东沟、东洋村、毛家园、毛家村、大岭岕、周家村、下郎村、郎村、竹丝岕 |
| 柴湾社区 | 1.2 | 1993 | 4160 | 0 | 32009 | — | — |

(匡世兰)

# 虹星桥镇

【概况】 虹星桥镇位于长兴县中部偏东南，距城区仅8千米，东连吕山、西接林城、南临和平、北毗画溪，处于湖州、安吉、宜兴、广德四市县交通轴线的中心位置。2018年，镇域面积71平方千米，辖17个行政村，1个社区居委会，461个承包组，259个自然村。常住人口3.81万人，农村人口37386人，集镇人口757人。党员人数1299人，流动人员0.31万人。全年财政收入完成2.43亿元，增长26.9%；规模工业总产值完成32.70亿元；规模工业增加值完成6.05亿元，增长8.5%；固定资产投资完成7.63亿元；工业性投入完成5.28亿元；自营出口完成13.67亿元；农村居民人均可支配收入达到3.04万元，比上年增长9.3%。先后获得浙江省美丽乡村示范乡镇、浙江省高标准农村生活垃圾分类示范村、省美丽乡村宜居村等荣誉。

【工业经济】 年内，共实施工业技改项目21个，完成技改投入3.37亿元，整治淘汰完成“散乱污”企业36家。全年R & D经费支出完成9605万元，企业技改项目21个，完成专利申请390件，新增产学研项目10个；引进高创人才16名，入选南太湖精英计划2个，完成股改上市5家；新培育双胤、帛丰等6家企业为亿千企业，新培育“双高”企业1家。至年末，全镇规模工业总产值完成32.70亿元，规模工业增加值完成6.05亿元，自营出口完成13.67亿元。

【农业发展】 年内，全镇耕地面积4828.67公顷，设施农业占地面积433.33公顷，有效灌溉面积4772公顷，耕地流转面积2708.67公顷，农作物播种面积1001.07公顷，粮食播种面积6902公顷，单产395千克，总产40887吨。水稻3250.80公顷、总产24674吨，小麦2384公顷、总产11550吨，油菜305.33公顷、总产733吨，瓜果153.2公顷、总产3874吨，苗木面积442公顷。水产品总产量5941吨，总产值15576万元。农技服务机构1个，人员9人，合作社65个，成员1123人，种植大户80个，养殖大户38个。实施土地综合开发等输血式项目4个，涉及16个村，总资金约1000万元；实施店面出租、中水回用站、小微科技平台等造血式经营性项目35个，总投入3772万元。全年村均集体经济总收入116万元，比上年增长54.6%，其中村均经营性收入34万元，比上年增长70%。通过“产业扶贫”“就业扶贫”两种方式，119户低收入农户与30个党群创业帮扶基地全部完成结对，建成帮扶10户、面积1.33公顷以上重点扶贫基地2个，农户通过产业销售和打工共收入300万元，人均增收近万元；农作物秸秆综合利用96%，回收农业投入品废旧包装物7.50吨，开展农业产业培训880人次，新增三品基地113.33公顷，三品认证6个，无公害复查换证100%；培育认定新型职业农民已经培训37个；完成市级农业生态循环示范点3家，申报市农业精品园2家；完成各类平原绿化232亩，成功创建湖州市森林城镇创建。全年实现农业总产值44211万元，增加值25339万元。全镇农村居民人均可支配收入达到3.04万元，比上年增长9.3%。

【城乡建设】 年内，高标准完成虹星桥和里塘2个集镇的小城镇综合环境整治工作，美丽城镇建设20个项目全部完成，“两路两侧”“四边三化”整改成效明显，“三改一拆”完成46万平方米，危旧房改造15户，中心村建房县验收91户，农村公厕改造37座；港口村成功创建全省美丽乡村特色精品村和全省垃圾分类示范村，宋高村获评全市垃圾分类示范村；抓好“污水零直排区”“美丽生态河道”创建工作和PM2.5年平均浓度控制工作，完成5000吨中水回用站等6个治水项目，减少工业园区外喷水织机点4个，砖瓦厂、大理石、琉璃瓦等涉水涉气涉废企业被关、停、搬36家；巩固剿劣成果，全面落实河长制，完成里塘联合圩区整治，启动龙从圩区整治。

【社会民生】 年内，镇辖区内有中心幼儿园、中心小学、里塘小学、中学4所学校，在校学生2448人，教师205人。募集社会资金共200多万元成立彩虹慈善教育基金；完善“医共体”

5月28日，共青团长兴县委联合邮储银行长兴支行在虹星桥镇郑家村文化大礼堂隆重举办长兴县第五届“5·28”青创贷对接会暨“新青年乡村振兴”专项行动推进会

（虹星桥镇 供）

建设,扎实开展家庭医生签约,签约率45.52%,重点人群签约率89.6%,全县排名第一,镇卫生院被确立为浙江省家庭医生签约服务培训基地;60岁以上老人参加城乡居民健康体检率达60.4%,"两癌"筛查完成2500人,免费婚前医学检查和孕前优生检查完成165对;全镇小餐饮持证率达到97%以上;新建文化礼堂1个、市级健身广场1个,开展各类文体活动450余场;基层红十字会体系建设成为全省试点,得到国家红十字会领导批示肯定;做好退役军人服务,统筹推进社会救助、养老、慈善、残疾人等各项事业;开展"双防"工作,扫黑除恶专项斗争向纵深推进,发挥联片、联村、联企的"网格化"管理作用,加强矛盾纠纷的排摸化解工作,落实专人负责,成功化解2件信访历史积案,重大矛盾纠纷和不稳定因素均得到及时稳控,矛盾纠纷调处成功率达98%,重大活动安保任务顺利完成。

7月3日晚上,虹星桥镇庆祝改革开放40周年暨乡贤胡国美回馈家乡大型公益文艺演出在港口村人文广场举办 (虹星桥镇 供)

【农旅融合发展】 年内,全域推进土地流转,新发展和改造提升现代农业特色产业200多公顷,其中设施农业新增40公顷。新引进果蔬及稻鱼共生项目5个,新增三品认证6个,完成市级农业生态循环示范点3家、市农业精品园2家、美丽渔场4家。农园新景示范带的农业园区加快发展休闲采摘游项目,"农业+采摘"游的发展模式有效推行。乡村旅游业态进一步丰富,郑家村成功创建省AAA级景区化村庄,港口村、白水村、谭家村成功创建A级景区化村庄。5月26日、9月21日举办第四届及第五届农园新景休闲采摘旅游文化节,全镇累计接待游客20多万人次。

## 2018年虹星桥镇各村(居、社区)基本情况

表115

| 村(社区)名称 | 面积(平方千米) | 户数(户) | 户籍人口(人) | 集体经济总收入(万元) | 人均纯收入(万元) | 自然村个数(个) | 自然村名 |
|---|---|---|---|---|---|---|---|
| 河桥村 | 3.23 | 906 | 2169 | 150 | 2.85 | 15 | 卢家巷、河桥斗门、周范、朱家、王车斗、旧斗、施家塘、前吴、后吴、东吴、朱沙桥、彭家、二佰桥、上周浜、上观音堂 |
| 西南村 | 3.05 | 739 | 1837 | 80 | 2.7 | 9 | 都家、木桥、魏家、申家浜、杨家浜、界河、钱家、余家桥、西南 |
| 龙从村 | 4.87 | 1116 | 2882 | 179.8 | 2.65 | 16 | 丈量、西庄、西周、圣里门、上村、钦家渎、南庄、南湾头、龙从浜、后庄、广南、费家渎、丁家厂、大庄、鲍家渎、斗心里 |
| 谭家村 | 5.71 | 1378 | 3397 | 130 | 2.9 | 22 | 谭家、小庄、东山、南庄、后洋、许家道场、肖家湾角、章家、董家、贺家、蒋家斗、杨家斗、人文庄、西家庄、前龙沟、汪墩、旧石桥、下前、祥里、叶家、姚家浜、河田里 |
| 毕家村 | 3.55 | 590 | 1736 | 32 | 3.1 | 11 | 万安、柴家、刘家湾、张家、毕家桥、南头张家、双桥头、叶家、窑墩、五里墩、莫家湾 |

续表115

| 村(社区)名称 | 面积(平方千米) | 户数(户) | 户籍人口(人) | 集体经济总收入(万元) | 人均纯收入(万元) | 自然村个数(个) | 自然村名 |
|---|---|---|---|---|---|---|---|
| 郑家村 | 4.12 | 758 | 2175 | 120.98 | 2.8 | 11 | 南庄、塘湾、潘家、沈家、邱家、毕家、高地、西湾、郑家、杭家、抖里 |
| 午山村 | 4.45 | 678 | 1889 | 67 | 2.6 | 12 | 小午山、山田抖、山北抖、龙头桥、章 家、南山湾、北山湾、大午山、曹家抖、丁家场、桑园里、塔 上 |
| 罗家村 | 5.80 | 1184 | 3234 | 128 | 2.85 | 32 | 计家、抖角、蒋家、石家坝、橡树、放里、北张、麦滩、章家、后仓、西陈、东陈、中村、大德、南浜头、吴家、前村、高家抖角、泥桥头、罗家桥、姜家、孙家湾、王家、李家浜、桥南、老湾、刘家大湾、刘家、界河头、金家浜、桥东、小抖角 |
| 观音村 | 3.99 | 646 | 2023 | 145 | 2.9 | 15 | 观桥、马家、霸头桥、蒋家、小抖、钟林桥、陆家、王家、桥西、向家、西洋、抖心、殷家湾、千金、彭家 |
| 港口村 | 4.43 | 766 | 2365 | 306.5 | 3.2 | 12 | 港口、徐家庄、大湾、长元、方元、旧宅、麦塔、陈村、上洪、李渡、裴家、刘家 |
| 厚全村 | 3.14 | 544 | 1567 | 120 | 2.8 | 10 | 厚全、吴庄、三星、朱庄、狮子桥、广丰、南泉、汪家、东城、西城 |
| 宋高村 | 3.30 | 585 | 1807 | 130 | 3.2 | 18 | 小观音、山岗、大湾、杨家桥、丁村、北湾、陈家湾、田抖、宋高、施家浜、塔家、抖角、吴家桥、西湾、张费、前高、高家、小施家浜 |
| 刘井村 | 3.98 | 623 | 1978 | 95 | 3.2 | 16 | 陈家、抖里、方家、庙上、木桥、南湾、南庄、刘井、沈家、施家、唐村、王家、西庄、叶家、应村、余村 |
| 里塘村 | 3.79 | 643 | 1885 | 68 | 2.3 | 15 | 宋家、读东、徐家、西村、庙西、桥东、贺家、大村、大英、小英、塘边、大湾、港北、庙湾、杨家墩 |
| 白水村 | 4.53 | 683 | 1821 | 140 | 3.68 | 14 | 南湾、东庄、三家、小北抖、白水滩、谭家、横埂、塘边、孙家、董家、曹家、李家、费家、大湾 |
| 周村村 | 4.43 | 680 | 2143 | 100 | 2.8 | 16 | 小方、木桥、桥北、杨川、横埂、大方、东周、会头、庄头浜、北抖门、吴家西、后周、桥东、金家、西河、北东 |
| 后羊村 | 5.70 | 810 | 2478 | 89 | 2.7 | 15 | 羊家、上军、石基郎、庄上、东头、桥西、殿元桥、同界桥、庙湾、西高、抖角、黄干桥、北店、五人抖、后羊 |
| 居委会 | — | 404 | 757 | — | — | — | — |

(丁莉萍)

## 和 平 镇

【概况】 和平镇东与湖州市接壤，西与安吉县毗邻，是湖州市11个中心镇之一，也是组团长兴南部经济发展的中心。2018年，镇域面积180.40平方千米，其中建成区6.80平方千米，辖23个行政村、1个社区，237个承包组，256个自然村，人口5.40万人。全年完成经济总量47.50亿元，增幅10.5%；财政收入完成8.39亿元，增长33.4%；全年实现规上工业产值158亿元，规上工业增加值比上年增长11.2%，高新技术产业增加值比上年增幅15.03%；实到外资4338万美元，完成全年任务的217%；服务业增加值13.07亿元，增长10%。2018年荣获全国千强镇、浙江省森林城镇、湖州市十大工业强镇、绿色发展先进单位、工业综合考核先进单位、长兴县乡村振兴突出贡献集体等。

【工业经济】 年内，全力优化企业服务，大力推进以商引商，全年引进亿元以上项目15个，总投资约74.90亿元，其中县级大好高项目10个，市级大好高项目6个，实到外资4636万美元；全年新增增资扩建项目6个，引进科技型小微企业12个，停产近8年的睿智燃料，通过引入新的合作方，于2018年10月初恢复生产，2个月上缴税收1000万元；梳理园区内可用闲置土地，编制“一地一策”进行推介，诚发五金、昊明科技等10家企业由“腾笼换鸟”来解决用地问题成功落户，利用存量土地厂房引进华夏控股集团，打造占地7.67公顷，建筑面积近10万平方米的科创园，提升园区形象助推产业升级，全年完成智能化设备投入1.65亿元，完成低效企业整治30家，以政企共建模式，发动企业出资483万元规划实施园区整体形象提升工程。

【农业发展】 年内，大力开展“双扶”工作，完成建设扶贫基地13个，签订社户对接助农增收帮扶协议186户，聘请农村土专家13名对各基地进行技术指导，10个基地已取得经济效益，累计实现增收195余万元，低收入农户自主发展累计增收55余万元；七大产业新增和改造提升面积240公顷(任务数200公顷)，完成创建市级美丽渔场5家，创建省级美丽牧场1家，县级农业园区提升2个，引进长安村国家级罗氏沼虾遗传育种中心种质库建设项目，总投资3050万元，并通过市级农业大好高项目认定，成功创建2018年农合联市级示范性乡镇；完成茶园生态修复898.60公顷，切实完善防汛防台体系建设，完成三乡联合圩区整治及续建项目3个标段的施工，涉及圩区整治586.67公顷，完成和平涧涧滩水毁修复1.30千米，完成山塘、水库信息注册。

【城乡建设】 年内，完成长城村、横山村和城山村3个精品村建设、5个浙江省A级景区村庄创建，AAA级旅游厕所1个，24个村(居)实现旅游咨询服务点全覆盖；全镇范围内播撒花种28.60万平方米，着力打造花香和平；小溪口集镇环境综合整治高标准通过省级验收，集镇面貌焕然一新；公交枢纽站在农历春节前投入使用；完成时代花苑北侧道路工程；启动建设滨河东路、庙西涧安置点配套工程、中翔广场北侧道路工程等；泰和府、时代花苑二期、华景商业广场、白茶街二期、汽车4S店和国土所北侧加油站等一批社会投资项目加快推进，累计完成社会投资约6.28亿元；持续推动“三改一拆”“四边三化”“两路两侧”等工作，完成拆违量61.80万平方米，完成城乡危旧房治理13户。

【生态建设】 年内，按照县美丽长兴和生态示范区建设工作的要求，做好省市联创森林城镇工作，开展农业面源污染治理和矿山码头整治，经常性开展垃圾分类入户宣传指导，强化污水运维工作，新增受益农户135户。开展“清网”行动和打击非法电力捕鱼，全面取缔水域地笼网、扳网等违规网具；完成水产养殖尾水处理任务406.33公顷，创建市级美丽渔场5家；开展生猪养殖整治工作，除保留4家养殖场，其余全部关停，创建省级美丽牧场1家；全面推行茶园套种乔木工程，高标准完成茶园生态修复898.60公顷；完成德宁矿、锦国矿、永诚矿削坡、清坡等工程，完成起帆矿、鑫龙矿、丰源矿边坡治理工程，强化经营性码头管控；出台《2018年和平镇农村生活污水长效运维管理考核办法》，完善站长制巡查工作，与浙建投重新签订运维协议，委托第三方对112座微动力终端进行检测，开展17座污水终端的提标改造；完成长安村庙台自然村等历史遗留问题的整改。

【民生事业】 年内，完成建设扶贫基地13个，签订社户对接助农增收帮扶协议186户，结合采桃节等活动，累计帮助销售西瓜3.5万公斤，小溪口紫苏、长城村芦笋等基地当年累计实现增收195余万元，低收入农户自主发展累计增收55余万元；对进驻镇便民服务中心的293项事项和窗口人员进行调整整合，落实48名村级代办网格员，完成便民服务事项“移动办”8183件，中心窗口实行线上线下“无差别受理”，开展狄家圩村批量办理公交卡、农村合作医疗个人医保卡缴费代收代缴等试点工作；镇文体中心完成装修并投入使用，和平村、城山村两家文化礼堂创建工作顺利推进，盛世赛鸽中心建设启动，浙

3月12日，植树节义务植树活动在和平镇横涧村现场举办，县委书记周卫兵(左二)参加
(和平镇 供)

9月26日，全省服务乡村振兴战略档案工作推进会上，浙江省档案局副局长丁越飞（左二）等领导到和平镇便民桥村参观指导 （和平镇 供）

北古人类生活博物馆开馆，全年承办县美术家协会年会暨书画交流会等大型活动50场，开展农村文化礼堂活动共计584场。策划文化产业招商项目5个，引进文化产业项目4家；成立“和平教育基金”，募集资金380万元，完成新幼儿园的迁建工程，启动吴山中心小学扩建工程，持续改善就学条件，完成吴村社区卫生服务站标准化建设扫尾工作，全镇社区卫生服务站标准化改造全部完成。

**【森林城镇创建】** 年内，以实现自然生态系统互联互通为目标，构建覆盖镇村的森林生态网络。新增各类公共绿地10余处，城镇建成区林木覆盖率达到26.8%；加大“一村万树”推进力度，新植银杏等各类珍贵彩色树种32万余株，建成市级以上森林村庄9个，村庄绿化覆盖率达到32.3%；严格执行规划，投资5435万元，实施“六大创森绿化工程”，完成绿化扩面提质面积820.85公顷，新增生态林工程46.67公顷，绿化工程13.33公顷。建设经济林4733.33公顷，年产值近5.30亿元，调整茶产业发展，推动全镇4133.33公顷茶园生态修复；推动3个大型森林生态旅游休闲场所、2个生态科普教育基地建设，加快城山沟、和兴谷等一批休闲旅游业态发展，全面提升森林文化培育力度。

**【狄家圩开通全县首条自然村直达公交】** 9月1日，和平镇至狄家圩村下吴村站公交线路正式开通，从早上7:00运营至下午4:30，一天共3班，途径五号桥站、城山沟站、东周站、下殷村站、狄家圩下吴村站等13站，极大地方便村民出行。

**【青山仙鹤堂】** 位于和平镇长安村，建于2017年初，2018年完工，占地约300平方米，建筑面积约600平方米，可容纳6000个穴位，骨灰堂主体建筑为徽派建筑风格，周围栽种冬青树、槐树，营造庄重肃静的氛围；仙鹤堂服务设施齐全，设置消防和电子防盗、监控、远程祭祀等配套设施，实现现代化管理，引导村民文明祭祀。年内，获评全国乡镇殡葬改革示范建设典范。

## 2018年和平镇各村（居、社区）基本情况

表116

| 序号 | 村（社区）名称 | 面积（平方千米） | 户数（户） | 户籍人口（人） | 集体经济总收入（万元） | 人均纯收入（元） | 自然村个数（个） | 自然村名 |
|---|---|---|---|---|---|---|---|---|
| 1 | 便民桥村 | 8.2 | 1308 | 4390 | 80 | 28000 | 23 | 南洋、西湾、杨家桥、北严堂、仰月湾、何家老湾、张家老湾、袁家桥、张家桥、庄里、邵埠头、港西、扎网圩、菖蒲湾、石路、徐暮、后村、金家弄、严家、竹桥头、庄古、许家、丁家老湾 |
| 2 | 长城村 | 5.7 | 763 | 2737 | 55 | 28600 | 16 | 严家角、殷家圩、下半圩村、东横头、西埂、王家塘村、南埂、毛家湾、三房庄、滕家塘、南庄、徐家圩门前村、徐家圩门后村、黄良湾、牧湾、雉谭圩 |
| 3 | 长岗村 | 6 | 502 | 1722 | 65 | 25000 | 8 | 长岗新村、长岗岭、天松庙、梁家里、来回桥、石菩萨、白洋地 |

续表116

| 序号 | 村(社区)名称 | 面积(平方千米) | 户数(户) | 户籍人口(人) | 集体经济总收入(万元) | 人均纯收入(元) | 自然村个数(个) | 自然村名 |
|---|---|---|---|---|---|---|---|---|
| 4 | 城山村 | 9.6 | 622 | 1945 | 252.89 | 23800 | 11 | 城山、城山沟、五棵松、小西村、大昌、黄小冲、何家西、城山寺、毛家岭、瓦湾、柳家老湾 |
| 5 | 狄家　村 | 2.9 | 525 | 1618 | 17 | 28810 | 6 | 上殷桥、泥船湾、张家湾、下殷村、下吴村、狄家土抖 |
| 6 | 东山村 | 9.6 | 819 | 2668 | 49.9 | 25200 | 15 | 箬坞、东山脚、凡市、吴家弄、陈家抖、东周、西周、山子头、姚墩、南洋桥、七亩塘、亮抖门、南塍头、环桥、姚家庄 |
| 7 | 小溪口村 | 7.31 | 1439 | 4762 | 23.5 | 19200 | 30 | 南抖角、上彭、下彭、山南、彭汇、邱村、袁家墩、宋家抖角、圣堂庙、上圩、范家村、吴山渡、朱家湾、王家村、张家湾、大井村、曹家湾、大伦桥、东湾、罗村、罗家庄、麦塔、抖心、抖门、新荷、小抖、五官墩、桥南、启伦桥、忙步桥 |
| 8 | 方家庄村 | 7 | 186 | 606 | 20 | 28000 | 4 | 上村、下村、西方、庙脚下 |
| 9 | 和平村 | 4.8 | 620 | 2145 | 105 | 21500 | 12 | 许家桥、戴家湾、奚家塘、十字港、陆家桥、绣球山、红庙、涧西、官庄、高田、山边、丁家湾 |
| 10 | 横涧村 | 6.4 | 358 | 1156 | 199.07 | 32000 | 4 | 中心村、七家桥、于家村、石灰厂 |
| 11 | 横山村 | 5.8 | 578 | 1937 | 68.5 | 22680 | 10 | 金墩桥、下庄、张家弄、横山边、姚里、静山、横山、竹桥头、山湾里、水产 |
| 12 | 红山村 | 6.62 | 575 | 1771 | 50.28 | 21600 | 9 | 塘前、周家抖、塘子头、清桥墩、索山、吴山边、羊家弄、朱山头、陈庙山 |
| 13 | 回车岭村 | 11.37 | 832 | 2595 | 170 | 28500 | 4 | 回车岭、杨府庙、吴山寺、三矿 |
| 14 | 马家边村 | 5 | 419 | 1363 | 35 | 28000 | 6 | 马家边、旧宅、松月庙、树仙墩、下岗口、唐伯兴 |
| 15 | 毛家店村 | 3.8 | 449 | 1536 | 20 | 25660 | 4 | 毛家店、毛家山、殳村、杨家 |
| 16 | 长安村 | 10.34 | 1237 | 4145 | 91 | 25000 | 19 | 南淙、庙台、郭墟渡、东庄、西庄、西湾、抖角、陈家、三里沟,茅草坞、乌龟墩、沙埠、窑头、毛家样、新庙场、梨园、宋家、涧东 |
| 17 | 雷溪村 | 5.9 | 1157 | 4110 | 88 | 29000 | 21 | 施家、吴家、张家、朱家桥、曹家、关帝庙、天车园、后抖埂、梅树弄、陈家村、山脚下、七尺浜、白果树、抖里塘、雷泉、章家里、潘家山、沈家里、狮古墩、彭家里、抖角里 |
| 18 | 滩龙桥村 | 12.4 | 245 | 866 | 113.89 | 30000 | 6 | 吴家冲、滩龙桥、百步岭、堂坞里、大麦涧、叉头坞 |
| 19 | 吴村村 | 9.3 | 523 | 1794 | 43 | 27800 | 9 | 吴村、尹村、杨家湾、潘家塘、荡岭、百亩样、何家里、别家里、路口头 |
| 20 | 吴山村 | 4.5 | 714 | 2330 | 160 | 23000 | 14 | 姚家墩、葛母墩、大丁村、小丁村、羊家村、杨家滩、王家小抖、柿树村、后河、李家村、三六房、排登头、抖角、吴山新村 |

续表 116

| 序号 | 村(社区)名称 | 面积(平方千米) | 户数(户) | 户籍人口(人) | 集体经济总收入(万元) | 人均纯收入(元) | 自然村个数(个) | 自然村名 |
|---|---|---|---|---|---|---|---|---|
| 21 | 新港村 | 7.8 | 1046 | 3422 | 290 | 28000 | 15 | 大勤村、西高地、大路、大兴桥、庄桥、乌盆山、后山、清水港、羊毛山、港东、石家坞、椅子岭、河湾、螺山、新港新村 |
| 22 | 琛碛村 | 17.7 | 428 | 1363 | 131 | 30000 | 3 | 施村、黄家湾、(石琛)碛里 |
| 23 | 周坞山村 | 9.9 | 518 | 1602 | 17 | 3000 | 7 | 石家坞、赵家边、墙门里、样家坞、朱家湾、王家、小岭 |
| 24 | 勤劳社区 | 3 | 1156 | 2010 | — | — | — | |

(殷　敏)

## 林 城 镇

【概况】 林城镇地处长兴县西南,距县城12千米。2018年,镇域总面积128平方千米,辖18个行政村,1个社区。581个承包组,253个自然村。全镇人口5.80万人。集镇人口1115人,农村人口56885人,流动人口2277人。全年完成经济总量18.50亿元,比上年增长5%;实现财政收入2.15亿元,增长27.5%;固定资产投资2亿元;完成规模以上工业产值23.20亿元,规模以上工业增加值增长8.7%;自营出口2亿元;农民人均纯收入达到31902元,增长9.1%。先后获"浙江省电炉之乡""中国红梅之乡""中国百叶龙之乡""全国生态优美乡镇""全国千强镇""省级森林特色小镇"等荣誉称号。全镇工业以汽配、酿酒、工业炉为支柱,主要农产品有商品蔬菜、精品水果、花卉苗木、特种水产和无公害稻米。

【工业经济】 年内,围绕勤奋招商、全员招商,全年引进盛元航空、标盛阀门等项目19个,总投资69.80亿元,其中市级"大好高"项目5个,县级大好高项目6个,科技型中小微项目5个。累计完成浙商回归6.80亿元,完成合同外资1359.45万美元,实到外资501.90万美元,分别完成年度目标任务。实施项目引推例会等制度,加快推进三圣科技、盛元航空、华鑫二期等6个重大在建项目,箬下春、欧德雅等项目竣工投产;完成工业性投入2.06亿元,其中技改投入1.56亿元。深化工业炉转型升级,开展大理石等行业专项整治。完成佳辉等3家企业股改并挂牌长兴科技版;新申报国家高新技术企业3家,省科技型企业7家,新增规上企业3家;推进59家工业低效企业达标提质,其中关停4家,"腾笼换鸟"21家,处置"五未"土地47.19公顷。

【农业发展】 年内,农业总产值完成5.90亿元,农业增加值完成3.20亿元,耕地面积6200公顷,主要以粮食作物和苗木种植为主,粮食种植面积约2440公顷,苗木种植3000公顷,全镇种粮大户44户,其中复种面积3.33公顷以上24户,复种面积13.33公顷以上20户,粮食复种面积1195.27公顷,苗木种植3.33公顷以上大户有40余户,3.33公顷以上水产养殖38户。设施蔬菜面积为73.33公顷,以芦笋为主。精品水果面积为100公顷,以葡萄、蓝莓、冬桃、精果梨为主。家庭农场42家,农机、水产、苗木、粮油、葡萄等产业合作社63家,注册5万元以上的个体苗木场177家,县级以上农业龙头企业19家。年内深入实施"农业+旅游"发展模

5月24日上午,省农业厅副厅长王建跃(右四)一行到林城镇调研现代农业,实地考察上狮村蓝莓采摘园
(林成镇 供)

10月27日上午,2018年首届"长兴农耕文化旅游节"暨第四节菊花展在林城镇北汤村施家边景区举行 (林城镇 供)

式,获评市级农业、服务业大好高项目各1个,县级农业大好高项目1个;引进朴真养心庄园等农旅项目4个,重点推进安生斋居民宿、野奢型民宿农旅项目2个,创建A级景区村庄3个,新建省级农业产业园区项目2个,完成省级花木特色小镇建设。举办第十三届梅花节、第五届蓝莓节、第四届菊花节和长兴第二届蜂旅文化节等农事节庆活动。全年新增服务业法人单位50余家,服务业增加值完成5.90亿元,增长9%。加强农业农村基础设施,提升七大产业改造173.33公顷,新增设施农业10.67公顷,完成泗安塘流域3P项目方山港拓浚工作,完成清水入湖林城段建设,推进圩区项目建设,全镇防汛体系进一步完善。

【城乡建设】 年内,美丽城镇建设扎实推进。累计投入1.07亿元,镇区小城镇环境综合整治顺利通过验收。林畎北路拓宽、百叶龙公园二期、滨河公园等项目完工并投入使用。美丽菜园、黄沙桥北街立面改造、主次干道线路整治、商贸新城紫竹苑和合景苑等项目完成。全面推进垃圾分类,重点完成北汤等3个村垃圾分类示范村创建工作。推进大气污染防治、污水零直排攻坚,基本完成码头整治、喷水织机集聚工作,启动中水回用项目,提升污水处理能力,加强河道、小微水体长效保洁工作,优化人居环境。

【社会民生】 年内,"四个平台"建设成效显著,网格化管理进一步健全,全年主动排查整治各类隐患1017条。推进"最多跑一次"改革工作落地,便民服务机制逐步健全。教育事业持续发展,现有学校6所,其中中心幼儿园1所,下设教育点5个;中心小学3所,完小1所;中学1所;成人学校1所。在校教职工325人,在校学生3100人。组建县乡医共体,全面完成责任医生签约服务。域内设有林城卫生院,下设畎桥、天平、太傅三家分院,执业医师有37人,农民健康体检率达100%,创建完成4个省级卫生村。成立镇村两级退役军人服务体系,实施文明殡葬专项行动,启动安息堂建设;全镇18家居家养老照料中心正常运行,加强社会救助,累计发放各类民政救助资金1011余万元,救助1985人次;以扶贫基地产业帮扶、就业帮扶低收入户120户,户人均增收近万元;城乡居民社会医疗保险参保26896人,新增失地保险487人。

【小仓离合机二期竣工】 2月27日,小仓离合机(长兴)有限公司第二工厂举行竣工仪式。小仓离合机(长兴)有限公司落户于林城工业集中区,由日本小仓株式会社投资兴建,占地2.33公顷,规划总建筑面积15500平方米,一期总投资1200万美元,厂房面积6500平方米,于2014年5月一期竣工投产。其主要产品汽车空调用离合器市场占有率为全球的三分之一,达产后年产离合器、制动器、增压器、油雾分离器及零部件30万件。二期厂房于2017年8月启动,2018年12月投产。至年末,公司拥有员工200人,实现产值1.43亿元,上缴税收615万元。

【小城镇环境综合整治】 年内,完成林畎路立面改造,对沿街店招进行规范提升;完成林畎路拓宽及人行道铺装;打通新城路、幼儿园西侧道路两条断头路;完成改造提升鑫联大楼、农贸市场两个公共厕所;利用城中脏乱空地,完成打造新门、菜场周边两个美丽菜园提升改造;对黄沙桥新村、林畎路强弱电进行下埋处理,对新林大道、华兴路、鼎兴路、振兴路等进行各类强弱电线路整治,对各类飞线进行清理,共整治线路31.3千米。完成入户线路整治168户;对百叶龙公园、滨河公园等进行绿化完善,完成对大云路口、振兴东路路口、百叶龙东入口等节点打造,完成城中违章拆除点位40余处,拆除面积约3800平方米。

【扶贫基地建设】 年内,开展低收入农户帮扶行动,以基地扶贫带动农户就业增收。建立包联制度,镇村干部逐村逐户走访摸底,共排摸扶贫对象120户,"一户一策"制定帮扶意见。建立北汤稻田养鱼、泥坵蔬菜、蜜蜂养殖、上狮果蔬、向阳果蔬、新华芡实6个特色扶贫基地对口帮扶,给予免费的产业技术培训指导。至年末,泥坵蔬菜扶贫基地13户贫困户累计增收近7万元,18户自主养蜂的贫困户共收蜂蜜、蜂王浆2000余斤,累计增收近15万余元。

## 2018年林城镇各村(居、社区)基本情况

表117

| 村(社区)名称 | 面积(平方千米) | 户数(户) | 户籍人口(人) | 集体经济总收入(万元) | 人均纯收入(元) | 自然村个数(个) | 自然村名 |
|---|---|---|---|---|---|---|---|
| 北汤村 | 4.65 | 788 | 2330 | 310.19 | 29589 | 11 | 吉墩、北汤、互汤、前汤、施家边、康健、徐庄木桥、孟斗、上头村、泥桥、杨树棵 |
| 石英村 | 9.9 | 1204 | 3555 | 133.66 | 27850 | 22 | 石坝、抖角、杨家湾、尹家抖、赵家桥、白云、黄金、五郭子、荆竹关、李王庙、中湾、下湾、蔡家、金鸡膀、凤凰敦、前志村、龙坊、石桥头、芝山、龙四新村、庞家基、陈家湾、高门 |
| 大云寺村 | 8.76 | 1836 | 5086 | 150.94 | 29320 | 26 | 东岗、抖心、山岗、胡家、蒋家、邵家、西湖、新门、柏依庄、北徐、毕家、大村、李家村、钱家庄、小庄、李家湾、埠头浜、董村、高村、嵇村、潘家卓、上抖、小街、龙头村、泥家岗、下半抖 |
| 桥南村 | 7.5 | 1382 | 3827 | 155 | 27600 | 17 | 桥南村、叶家村、蝴蝶、包家村、太平、徐家心、东徐、官田、样桥、阳春、费家、西庄、北家湾、和南厂、黄罗抖、李家湾、庙前 |
| 连心村 | 7.74 | 929 | 2828 | 113.34 | 29574 | 3 | 路东村、新山村、孙家庄村 |
| 畎桥村 | 7.6 | 1089 | 3259 | 111.56 | 26627 | 21 | 畎桥、石桥头、卢村、西抖、前王、后王、南首、东厂、抖埂边、横抖浜、下抖门、方家老湾、抖角、庙墩、老湾、王家庄、牌坊、上管、中管、下管、赵村 |
| 新华村 | 7.19 | 1471 | 4466 | 306.96 | 29850 | 25 | 贺家村、陈家村、杨家村、黄泥滩、汪家湾、杨家湾、塘里村、小俞村、店基、大俞村、高田、抖角、上庄、庄里、余家湾、陈桥头。魏家村、许村村、竹桥村、杨树村、白水滩村、抖门村、杨家墩村、方塘殿村、邱家墩村 |
| 向阳村 | 6.14 | 1045 | 3055 | 108.05 | 27000 | 21 | 石家里、钱家、杨家里、新抖、东洋、何家、杨家门、抖门、橡树、英桥、姚家、罗高、后王、荒田、小夹、李六、六头、史家、田抖、小罗、章家 |
| 塘南村 | 4.9 | 956 | 2649 | 106.24 | 27618 | 15 | 姚村、罗村、华元、老湾、小鱼桥、东抖门、坎龙、渎东、渎西、盛家村、中抖埂、橡树村、八叉口、杨家湾、张家村 |
| 上狮村 | 4.29 | 634 | 1918 | 108.42 | 31300 | 4个 | 石狮岗、上阳新村、黄泥荡、东棚 |
| 天平村 | 8.05 | 1609 | 4645 | 208.83 | 26593 | 24 | 沈村、仓里、杨湾、小湾、地埔抖、老街、塘埂、抖角、泥桥、七亩荡、牌楼、桥头边曹家、溪南、小抖、小抖门、孔家大湾、刘家、下墅、泥司墩、张家、断桥、抖埂边、乌焦山 |
| 姚洪抖村 | 2.6 | 982 | 2698 | 114.11 | 26500 | 13 | 南庄、北庄、双牌楼、曹家浜、董村、姚家抖、戚家抖、大里村、小里村、沈家庄、荒田科、南水角、油车 |
| 方山窑村 | 5.5 | 829 | 2309 | 134.09 | 27500 | 11 | 叶家祥、蒋家村、杨家杆、西洋、方山、华桥、横街、窑南、窑北、前村、后村 |
| 新星村 | 3.6 | 571 | 1817 | 112.76 | 26500 | 7 | 澄心寺、西岗、下毕家、和尚桥、大泉、陈家庄、涧北 |
| 午山岗村 | 7.5 | 847 | 2481 | 111.12 | 26100 | 11 | 午山村、下沈村、李家弄村、观音桥村、观下村、强家村、环桥村、施家村、塘北村、伞顶村、大翕村 |

续表117

| 村（社区）名称 | 面积（平方千米） | 户数（户） | 户籍人口（人） | 集体经济总收入（万元） | 人均纯收入（元） | 自然村个数（个） | 自然村名 |
| --- | --- | --- | --- | --- | --- | --- | --- |
| 阳光村 | 6.38 | 813 | 2620 | 101.13 | 30560 | 4 | 寺基里、阳光山、金田里、菖蒲桥 |
| 太傅村 | 7.5 | 1007 | 2923 | 106.96 | 28870 | 9 | 贺家岗、翁家、太傅庙、道班、胡小湾、东岗、计家岗、平阳、西姑庵 |
| 周吴岕 | 12.1 | 750 | 2026 | 106.92 | 29570 | 9 | 吴家头、三叉口、中潭里、石岕口、山门口、东庄、塘头、上庄、山脚下 |
| 百叶龙社区 | — | 644 | 1219 | — | — | — | — |

（杨伟平）

## 小浦镇

【概况】 小浦镇位于长兴县中西部。2018年，镇域面积96平方千米，辖11个行政村，1个社区居委会，116个自然村。农村人口24368人，集镇人口1892人。常住人口2.63万人，流动人员0.35万人，党员人数1132人。全年完成经济总量26.46亿元，增幅10.5%；财政收入完成3.44亿元，增长33%；规模工业增加值增长10%；固定资产投资完成6.86亿元，增长26.45%；农民人均收入30383元，增长9%。先后荣获浙江省旅游风情小镇、浙江省农家乐乡村休闲旅游特色乡镇、中国最美银杏文化小镇等多项荣誉称号。

【工业经济】 年内，引进大好高项目5个，科技小微项目3.50个，亿元以上签约项目5个，金融新业态招引4家，合同外资2905.69万美元，实到外资500万美元。共完成“腾笼换鸟”企业7家，完成淘汰落后设备74台套。聚焦“亩均论英雄”，推进34家工业低效企业达标提质，其中转型提升17家、关停腾退17家，累计处置“五未土地”55.19公顷。强化企业主体培育，完成2家企业股改挂牌。大力实施科技兴企和人才引育，申报省“千人计划” 1人，新入选南太湖精英计划创业团队2个，引进高层次人才15名，引进大学生435人。积极推进企业创新研发工作，R&D 经费支出9341万元，新认定科研人员215人，研发机构数14个，发明专利申请150件，专利授权255件。至年末，全镇规模工业总产值完成51.80亿元；规模工业增加值增长10%；自营出口完成12.30亿元，增长11.5%。

【农业发展】 年内，农景园区有序建设，加快土地流转工作，完成合溪农景园区133.33公顷土地流转。全年完成农业主体培育1家，创建省级示范型家庭农场1家，市级2家。集体经济全面开花，通过村企合作、抱团发展等途径，全面消除经营性收入低于30万元以下三、四类村7个，总收入100万元以上村达到10个。助农增收有效推进，建成养蜂扶贫基地6个，帮扶农户95户，实现户均增收1万元以上。依托八都岕景区建设运营，发动村民开民宿、办农家乐餐饮、销售自产农产品等，实现旅游综合收入近8000万元。全年全镇农民人均收入30383元，增长9%。

【城乡建设】 年内，小城镇环境综合整治成功通过省级验收。投资2000余万元完成三线整理、道路提升、立面改造。顺利完成集镇雨污水管网建设和改造，建成6个小型停车场和2座公共厕所。加快码头拆后利用，建成2个休闲公园。新建城市会客厅已成为展示小浦品牌符号和形象的窗口。创成省级历史文化村落1个，市级垃圾分类示范村2个，小浦村、潘礼南村和方岩村被评为省级森林人家。投入3000万元对合溪村、光耀村生活污水进行提升改造，投入600余万元对合溪新村边坡进行治理。5个县级生态水体创建成功，南方水泥物流输送带建成投用。完成合溪水库水源地二级红线区内三家企业拆迁工作。“三改一拆”整治，拆违面积44.83万平方米，拆后利用率达95.9%。

【社会民生】 年内，“学在小浦”实现新提升，学校4所，在校学生数，其中中学602人、小学1066人、幼儿园377人，教职工总数159人。小浦中学中考成绩连续十三年领跑乡镇。成立“长兴县合溪教育基金会”，筹款729.30万元。全力推进国家卫生镇创建工作。新建3个文化礼堂，开展镇村文化惠民活动170余场。全年累计发放各类救助资金399余万元。推进社保扩面提质，城乡居民养老保险、基本医疗保险参保率分别达98%、100%。在全县率先推广使用浙江省政务服务网APP，全年实现“移动办”办件量达12000余件。全年共受理办结人大议案、建议15件，受理12345政府阳光热线696起，办结率100%，满意率98.6%。全年共排查、调处各类矛盾纠纷147起，比上年下降15%，调处成功147起。完成城镇危旧房12户，农村困难群众危旧房6户。创新乡村治理体系，完成4个试点村

2927户家庭“星级文明户”创评工作。

【郎山工业园】 小浦郎山工业园总规划面积7平方千米。道路交通等各项基础设施累计投入3亿元，园区配套设施九通一平。园区作为长兴新能源产业重要发展基地，集聚以超威、宝能、铁鹰、中锂等为代表的新能源品牌企业和相关配套企业，同时引进山联新材料、中山募投等龙头企业。年末，园区已有落户企业19家，其中投资10亿以上项目3个，2018年园区实现产值26.95亿元，税收1.46亿元。

11月16日，中国·长兴（小浦）第六届古银杏文化旅游节开幕 （小浦镇 供）

【八都岕景区改造】 年内，八都岕景区实施立面改造420户，庭院改造216户，新建、改建5座旅游厕所，完成3640棵古银杏树的养护。小柏线沿线6米范围内围墙全部无偿拆除，完成小柏线道路拓宽、全线强弱电上改下、污水及天然气管网铺设、杨林涧生态治理、八都堰水利及景观基础设施建设。拆除违章建筑18.50万平方，清除乱堆乱放1047处，清理垃圾998吨。举办第六届古银杏文化旅游节，引进社会资金近18亿元参与银杏山庄等景区业态项目建设。完成新申请民宿培育32家，农家乐提升改造9家，新增县三星级和四星级民宿各1家。成功创建省级旅游风情小镇。景区交通标识系统、智慧景区全面覆盖，初步实现景区管理服务智能化。完善落实《八都岕民宿（农家乐）积分制管理实施细则》，规范景区餐饮服务环境。与县文旅集团合作成立运营公司，2018年，共接待游客38余万人次，实现门票类经营性收入450余万元。

【小城镇环境综合整治】 年内，投入800万元进行管网建设。对集镇范围内所有雨污水管网进行疏通检测，并完成集镇老管网改造，做到雨污分流；对浦溪路、市场路、兴浦路三条主街路面和人行道进行修补，对道板砖进行全部更换，提升集镇整体形象；对集镇的标志标线标牌进行重新设计和安装，划定非机动车位、机动车位，制作违章抓拍、路牌、停车场及门牌等标示标牌，规范集镇次序。新建1个健康休闲公园2座公共厕所6个小型停车场。拆除棚披、乱搭乱建150余处，拆违面积5000平方米、清理建筑垃圾4000余吨，收集生活垃圾1000余吨，清理乱堆乱放、白色污染等300多处。

## 2018年小浦镇各村（居、社区）基本情况

表118

| 村（社区）名称 | 面积（平方千米） | 户数（户） | 户籍人口（人） | 集体经济总收入（万元） | 人均纯收入（元） | 自然村个数（个） | 自然村名 |
|---|---|---|---|---|---|---|---|
| 光耀村 | 6.5 | 681 | 1533 | 133.74 | 31833 | 8 | 塘家村、里窑、叉路口、青石桥、上窑头、长大岕、迴龙新村、坐洋里、 |
| 合溪村 | 3.5 | 776 | 1765 | 122.51 | 30725 | 8 | 箬岕、西山脚、龙头岕、庄头、合溪街、市背后、黄泥山、孙家庄 |
| 中山村 | 7.16 | 1303 | 3113 | 116.07 | 35128 | 25 | 中山、路西、路下、六渡、麻雀墩、李家港、白塘沟、柏树头、大树下、蝴蝶渡、鸡笼山、九女墩、南庄、破墩、山冲、山渚、上吉村、瓦家湾、西王村、雁塘、姚家庄、中山路路西、中山新村、钟家湾、柞树弄 |
| 高地村 | 8.2 | 1232 | 2918 | 188.67 | 34853 | 18 | 高地、乔家村、施家巷、杨山脚、丁家村、黄泥潭、紫竹园、汤家山、镇湾潭、蒋家梅地、黄泥山岗、施家村、小山房、殷家地、北窑、桃园、钱家村、张家村 |

续表118

| 村(社区)名称 | 面积(平方千米) | 户数(户) | 户籍人口(人) | 集体经济总收入(万元) | 人均纯收入(元) | 自然村个数(个) | 自然村名 |
|---|---|---|---|---|---|---|---|
| 五庄村 | 3.05 | 569 | 1394 | 105.12 | 30586 | 14 | 五庄里、台湾里、圩埂上、王家头、竹桥头、籴糠桥、蝴蝶渡、大严家、小严家、青秀桥、南村、双家坎、山冲里、东圩门 |
| 画溪村 | 2.5 | 781 | 2038 | 154.01 | 28711 | 14 | 谢家厂、罗家厂、乔家院、尚山庙、寺西湾、袁家弄、朱家道场、严家圩、周家圩、马家厂、王家厂、泥桥头、方家厂、下村铺 |
| 小浦村 | 7.1 | 1498 | 3581 | 106.06 | 29409 | 13 | 石地弄、孙家湾、上草路、下草路、黄家头、黄家地、新屋里、殷家地、小柏路、乔家村、塘渚村、毛场里、周家村 |
| 方一村 | 3.5 | 385 | 917 | 139.77 | 27401 | 2 | 杨岭、乌川岕 |
| 潘礼南村 | 6 | 861 | 2243 | 70.09 | 24768 | 6 | 潘家、礼家、南俞、青山漾<br>龙王岕、许家墩 |
| 方岩村 | 11.9 | 983 | 2634 | 107.75 | 30171 | 6 | 施家、许家、周家桥、张家弄、吴家园、北村 |
| 大岕口村 | 10.7 | 798 | 2232 | 103.82 | 30634 | 2 | 大岕口村、柏家村 |
| 小浦居委会 | 1.2 | 1052 | 1892 |  | 38786 |  |  |

(李海玉)

# 煤山镇

【概况】 煤山镇位于长兴西北,地处苏、浙、皖三省交界处,与安徽省广德县、江苏省宜兴市接壤。杭牛铁路、杭长高速、301省道穿境而过,濒临两条国道(104、318国道)、两条高速公路(杭宁高速和申苏浙皖高速)、两条铁路(宣杭、新长铁路),距长湖申航道9千米,杭长扬高速穿境而过,拥有南、北两个出入口,交通便捷。2018年,镇区域面积214.30平方千米,下辖24个行政村、2个居民委员会、3个社区,户籍人口约4.70万人,常住人口约5.30万人。全年完成地区生产总值45.60亿元,比上年增长26.3%;实现财政收入12.08亿元,比上年增长30%,其中国税8.98亿元,比上年增长27.5%,地税3.10亿元,比上年增长37.8%;完成规上工业总产值136.80亿元,比上年增长12.6%;规上工业增加值31亿元,比上年增长9%。固定资产投资14.16亿元,比上年增长33.3%;实现实到外资1000万美元;农民人均纯收入达到32300元,比上年增长9%。获全国重点镇、国家卫生镇、国家生态镇、全国环境优美乡镇、省级中心镇、省级文明镇、省文化强镇、省教育强镇等荣誉称号。

【工业经济】 年内,全镇共有工业企业398家,其中规上企业79家。主导产业为新能源新材料、电子信息、高端装备制造,此外还包括水泥建材和耐火两大传统产业。全年规上总产值138.20亿元,其中新能源42亿元、占比30.4%,水泥建材38.90亿元、占比28.1%,电子信息5.80亿元、占比4.2%,耐火产业7.40亿元、占比5.4%。年内,扎实开展"煤山镇工业提升、绿色发展'135'行动计划",主导产业培育发展取得新成效,新能源新材料、电子信息、高端装备制造三大主导产业规模以上工业产值占比达69%。废塑料、琉璃瓦、大理石等传统行业整治提升成效明显,南方水泥优化升级示范项目顺利开工。机器换人、腾笼换鸟、淘汰落后、"五未"土地处置力度加大,实施现代化技改项目35个,完成现代化技改投资7亿元;完成"腾笼"企业18家,引进"换鸟"项目14只,淘汰落后企业17家、落后设备783台(套),完成"五未"土地处置104.40公顷。

【农业发展】 年内,特色农业经营取得新成效。十月村澜山农场总占地46.67余公顷,其中猕猴桃园23.33余公顷,主要有绿色、红心、黄心三个品种,均被认定为绿色食品;同时拥有13.33余公顷的彩色苗木园,6.67余公顷的竹园,2余公顷的樱桃园等,配套有环湖步道、竹林步道、烧烤园区,逐步对外开放。仰峰村粟将盆景园投入3000万元,种植53.33余公顷盆景,并结合仰峰村独有的红色旅游资源进行红色生态旅游的开发。仰峰村八堂蓝莓,韩国客商郑镇晃为项目发起人,于2017年1月成立长兴八

2月27日，煤山镇举行春季招聘会　　（煤山镇 供）

堂蓝莓有限公司，注册资本500万美元，在煤山镇仰峰村建设蓝莓生产观光基地。2018年，进行幼苗培育，建立蓝莓种苗基地。

【城乡建设】 年内，镇域总规修编及防洪、绿地等专项规划编制工作有序推进，集镇绿化、亮化、美化等配套提升工程逐步完善。工业文化风情街建成并投入使用，访贤集镇、新槐集镇小城镇环境综合整治顺利通过省级验收。“三改一拆”扎实推进，完成拆违66万平方米，城镇危旧房治理25幢，农村危旧房治理106户。智慧煤山“天眼”系统正式运行，城镇管理水平进一步提高。仰峰省级历史文化村落会师广场、胜利广场、红色文化广场等主体工程基本完工。新川精品村建设有序推进，村企文化展示馆、文化广场、街角公园等核心项目均已进场施工。

【社会民生】 年内，制定出台《煤山镇发展壮大村集体经济行动计划》和《煤山镇壮大村集体经济专项扶持政策》，镇财政三年拿出3600万元支持村集体经济发展，实施壮大村级集体经济项目52个，全镇各行政村集体经济总收入平均增加56万元，比上年增长39.6%；经营性收入全部超30万元，比上年增长80%。大力开展“十百千万”帮扶行动，兴建澜山农场、粟将盆景园、新源石榴等3个产业扶贫基地，结对帮扶低收入农户131户，实现户均增收2万元。“健康煤山”创出新亮点，煤山卫生院与浙二医院合作持续深化，国家卫生镇复评顺利通过省级验收。镇文体中心正式投入运营，全年举办各类文体活动80余场次。全面开展安全生产大排查大整治行动，累计排查重点单位332家次，排查隐患452处，整改452处，整改率100%。推进“扫黑除恶”专项斗争，针对涉黑涉恶问题突出的重点地区、重点行业、重点领域开展清查行动50次，出动警力2000余人次，总发案率比上年下降17.3%。全年调解各类矛盾纠纷363起，成功化解红烨陶器等信访积案，完成全国“两会”、上海进博会等重大活动期间的维稳安保工作。

【交通环境整治】 年内，在301省道、小槐线、煤青线、煤槐线等重要道路节点新设检查点5个，新增监控探头20个，全年累计检查工程车辆8952余辆，查处各类违规行为1544起，约谈车辆业主单位负责人67次。南方物流输送带工程提前6个月竣工投运，小槐线、煤槐线等重点路段禁行措施全面落实，道路车流量减少36%，大车重车明显减少，群众交通安全感有效提升。

【国家级开发区绿色制造产业园】 年内，国家级开发区绿色制造产业园建设加快。总面积约800公顷，包括中部主平台、东部分区、西部分区，以及南太湖电子信息产业园。主平台总体规划面积232公顷，园区主要由浙能智慧能源科技产业园、天能绿色制造产业园和南太湖青年科技创业园三个园中园组成，分三期开发建设。年末，一期开发面积122公顷，基础设施配套基本建成。主平台内已正式签约落户项目11个，总投资148亿元，其中爱康科技、新能源电池组件、普华科技、智慧物流中心、创新工场、创新中心展示馆已开工建设，所有项目均符合园区主导产业和高端绿色定位。

## 2018年煤山镇各村（居、社区）基本情况

表119

| 村（社区）名称 | 面积（平方千米） | 户数 | 户籍人口（人） | 集体经济总收入（万元） | 自然村个数（个） | 自然村名 |
|---|---|---|---|---|---|---|
| 西川村 | 1.47 | 687 | 2012 | 142.48 | 6 | 陈笪村、屋基场、亭子里、王家村、发场基、旋子里 |
| 东川村 | 0.91 | 646 | 1854 | 136.83 | 2 | 蒋笪、乔里 |

续表 119

| 村(社区)名称 | 面积(平方千米) | 户数 | 户籍人口(人) | 集体经济总收入(万元) | 自然村个数(个) | 自然村名 |
|---|---|---|---|---|---|---|
| 新源村 | 1.37 | 714 | 1828 | 345.71 | 5 | 石庙、门前山、大干岕、二都、下沙 |
| 五通村 | 2.45 | 835 | 2350 | 304 | 7 | 火烧地、北家庄、蒋家村、狮子山、四都上村、四都中村、四都下村 |
| 新安村 | 1.21 | 804 | 2061 | 158.52 | 6 | 大元、大安、杨店、洋桥北、沙地里、杨店新村(西山) |
| 煤山村 | 26.74 | 614 | 1443 | 161 | 5 | 沙河、上煤山、曹家村、牛家湾、南皋 |
| 新民村 | 0.55 | 704 | 2143 | 100 | 3 | 新川、麻园里、许家村 |
| 尚儒村 | 0.56 | 508 | 1438 | 101 | 1 | 尚儒村 |
| 新川村 | 1.47 | 1002 | 3020 | 300.30 | 4 | 张坞、楼下、邱坞、涧下 |
| 白岘村 | 0.70 | 602 | 1663 | 108 | 7 | 上村、下村、桥西、庙头、丁岕、黄泥塘、锋口潭 |
| 访贤村 | 0.54 | 745 | 1986 | 150 | 8 | 访贤、太平庙、千井湾、化树岕、西山岕、山岗上、王家村、凤凰亭 |
| 罗岕村 | 1.61 | 974 | 2584 | 145 | 9 | 安头岕、长子岕、庄沙、下岕、里头岕、店上、西岕、园门宗、东岕 |
| 三洲山村 | 0.12 | 613 | 1668 | 160.40 | 5 | 尚阳、断岕、茅山、白岘岭、长青岭 |
| 和岕口村 | 0.66 | 436 | 1156 | 215.30 | 5 | 蒋岕口、和岕口、水曲岕、横岭岕、岭脚底 |
| 五通山村 | 0.60 | 664 | 1859 | 142.59 | 8 | 山冲里、东畲、小路里、西岕、洞口、大岕口、庄头、缠岭 |
| 新槐村 | 1.40 | 1106 | 2829 | 495 | 15 | 石口、小冲、葆青、新庭、青塘、桥下、下街、上街、温塘、温塘新村、东冲、梓坊、里梓坊、石臼、沙田沟 |
| 六都村 | 1.68 | 1010 | 2723 | 200.66 | 4 | 东岕、土地庙、西岕、岭脚底 |
| 礼贤岕 | 0.73 | 351 | 889 | 120 | 1 | 礼贤岕 |
| 祠山村 | 1.50 | 465 | 1278 | 185 | 6 | 茶窠地、青砚岭、祠山庙、小岕、山西岕、花墙 |
| 东风村 | 0.81 | 569 | 1512 | 207 | 7 | 上马坎、殷家边、曹家村、小庄里、北山园、冲浜里、东风岕 |
| 平丰村 | 0.39 | 295 | 785 | 231.50 | 3 | 何家弄、茅亭样、茅亭厂 |
| 抛渎岗 | 1.60 | 828 | 2084 | 197.73 | 3 | 民丰、抛渎岗、坞山塘 |
| 仰峰村 | 1.20 | 546 | 1445 | 75 | 4 | 新村、香水冲、曹家、中心村 |
| 十月村 | 1.61 | 820 | 2246 | 238.20 | 6 | 牛头岕、横岕、青东、下泉院、台基、新街 |
| 南街社区 | 0.50 | 1070 | 1661 | — | — | — |
| 白岘居委会 | 0.10 | 201 | 260 | — | — | — |
| 槐坎居委会 | 0.20 | 207 | 371 | — | — | — |
| 金钉子社区 | — | 2800 | 5570 | — | — | — |
| 金和嘉园社区 | — | 3394 | 6368 | — | — | — |

(姜　宁)

# 水 口 乡

【概况】 水口乡位于长兴县北部，距雉城镇14千米，地处苏、浙、皖三省交界。2018年，全乡地域80平方千米，辖8个行政村，常住人口1.80万人。全年完成财政总收入1.40亿元，增长34.9%，增幅全县排名第5位；完成规上工业增加值3.36亿元，增长12.7%；完成服务业增加值4.30亿元，增长10%；农民人均可支配收入达到31452元，增长10%。成功创建全国唯一、浙江首个乡村旅游产业集聚区，市职工疗休养示范基地，入围省级旅游风情小镇、省级特色小镇培育名单，建成全市污水零直排区创建试点乡镇，荣获创建国家生态文明建设示范市先进集体、市级农村工作指导员先进乡镇、市“四好农村路”示范乡镇等荣誉。

【工业经济】 年内，围绕振兴实体经济，按照“退二进三”工作要求，以“散乱污”行业整治倒逼工业企业转型升级。琉璃瓦、大理石、井盖等行业专项整治有序开展，关停无证无照大理石企业1家、琉璃瓦企业10家，合并重组、整治提升琉璃瓦企业1家。工业低效企业达标提质扎实推进，已完成12家，剩余1家按时序进度整改提升中。全年累计引进亿元以上项目2个、总投资2.34亿元，市认定“大好高”项目1个；完成合同外资138.05万美元，实到外资190万美元；引进科技型中小微项目3只。人才引育不断加强，共引进各类人才152名，其中高端人才1人，高层次人才8人。完成规上工业增加值3.36亿元，增长12.7%。

【农业发展】 年内，农业产业培优做特，新发展和改造提升特色产业80公顷，新增设施农业10公顷，新创建绿色示范基地3个，新申报农业“三品”产品4个，现代农业发展全县排名前列。全面提升茶产业，完成茶叶加工企业标准化生产线技改提升1家。大力扶持村级集体经济壮大，全年实施壮大村级集体经济项目3只，总投资3000万元，消除经营性收入30万元以下村2个。大力扶持低收入群众增收致富，依托农合联组织，扎实开展“十百千万”助农增收工程，培育产业帮扶基地3个，落实结对帮扶党员干部300余名，结对帮扶低收入农户85户，实现户均增收2.30万元。

【旅游业发展】 年内，实施“生态立乡、旅游兴乡”发展战略，新签约项目4只，富硒山居、大唐贡茶养生小镇等项目相继开工，农耕文化园项目顺利建成运营，累计完成投资6.36亿元。完成农家乐整体改造70户，新培育特色民宿3家，规范办证570户，新增服务业法人单位27家，创建市级示范性家庭农场1家。打造“水口十品”，完成霸王潭景点综合开发利用。加强文物保护，实施霸王潭、石人石马等文保单位修缮，顾渚贡茶院摩崖保护项目顺利获得国家文物局2019年度全国重点文物保护单位保护项目立项。完成慈云山、贡茶等2条古道修复工程。加大茶家、茶匠、茶人的培养力度，大力推进“茶文化进农家乐”，累计组织开展茶文化专题培训14期260余人次。成功创建全国唯一、浙江首个乡村旅游产业集聚区，入围省级旅游风情小镇、省级特色小镇培育名单，荣获创建国家生态文明建设示范市先进集体。全年接待游客356万人次，接待各类党政考察团780余批次2.30万余人次。实现旅游总收入9.48亿元，旅游总收入、游客人均消费分别增长20.1%、21.6%。实现服务业增加值4.30亿元，占GDP比重提高10%。

【城乡建设】 年内，完成叙坞岕道路拓宽改造1.90千米、罗家道路拓宽改造2.20千米、金山外岗道路拓宽改造1.20千米、高阳道路混凝土路面浇筑1千米，共计完成乡域农村公路大中修6.30千米。完成农村困难群众危旧房6户，一般群众危旧房改造112户。美丽城镇加快建设，累计投资8000余万元，项目完工12只，完成集镇区域三线改造、天然气管道施工，完成源水管网建设。对集镇区域背街小巷开展环境专项整治，清理卫生死角200余处，小城镇综合整治顺利通过省级验收。美丽乡村加快升级。全力开展景区村庄创建，完成徽州庄村、金山村AAA景区村庄创建，后坟村、徐旺村、江排村A级景区村庄创建有序推进中。完成顾渚中心村建设。垃圾分类成效显著，成功创建省级示范村1个、市级示范村1个。

4月16日，水口乡“杏梦讲堂”启动仪式　　（水口乡 供）

【社会民生】 年内,“水口茶韵”教育基金正式设立,校外培训机构整治大力推进,水口成校成功创建澳门青年茶文化推广协会紫砂陶艺研学基地;9月,水口乡中心幼儿园建成投入使用,按浙江省一级幼儿园标准建设,项目总投资约3000万元,用地面积约9800平方米,建筑面积约6700平方米,建筑主体地上3层,公共场地活动面积约3100平方米,设施涵盖食堂、保健室、活动室、多媒体室等,共有班级11个,在校学生320人,教职工44个。年内,新建文化礼堂1个,举办各类群众文化活动87场,紫笋茶评茶大会、中国围棋甲级联赛、全县乡村趣味马拉松等一批文体活动成功举办。全年发放社会救助金256.97万元。平安创建持续发力,刑事发案总量全县最少、比上年降幅全县最大,道路交通事故实现全县唯一“零死亡”。全年调处各类矛盾纠纷270起,调处成功率100%,农家乐调委会获评全国人民调解工作先进集体。化解信访积案14件。深入推进“最多跑一次”改革,新增社保便民服务点2处,办理各项便民服务事项2.30万余件。

【“水口茶韵”教育基金】 年内,水口乡政府成立“长兴县水口乡茶韵教育基金”,旨在更好地鼓励社会各界人士、乡贤、知名企业家和国家企事业机关工作人员捐资助教助学。该基金以“奖教、助教,奖学、助学”为宗旨,支持学校教学与科研;奖励做出突出贡献的教职工和学生;支持教师专业发展、专业成长和品牌教师的培养;支持学校创新人才、拔尖学生的培养;资助贫困学生完成学业;根据捐赠者意愿,资助有利于教育事业发展和社会公益的其他活动。至年末,累计发放奖励基金49万元。

【大唐贡茶养生小镇】 11月3日,大唐贡茶养生小镇项目开工。该项目由杭州新天地集团与长兴文化旅游发展集团有限公司共同投资建设。项目位于水口乡茶文化旅游景区的核心区块,总投资12.80亿元,项目用地约20公顷,其中精品酒店板块16000平方米,商业、文创、民宿组成的商业街区面积63097平方米。主要业态包括度假酒店、民宿、乡村文创、餐饮等。

【全国唯一省级乡村旅游产业集聚区】 1月,根据《浙江省旅游发展领导小组办公室关于开展浙江省乡村旅游产业集聚区推荐认定工作的通知》,水口乡村旅游产业集聚区被认定为省首个乡村旅游产业集聚区,是全国唯一的一个省级乡村旅游产业集聚区。水口乡村旅游起步于2000年,水口乡村旅游产业集聚区逐步探索出一条从“农家乐”到“乡村旅游”再到“乡村度假”并向“乡村生活”转型的乡村旅游发展之路,形成完备的“吃、住、行、游、购、娱”服务体系,已经成为长三角地区规模最大的乡村旅游集聚区。

**2018年水口乡各村(居、社区)基本情况**

表120

| 村(社区)名称 | 面积(平方千米) | 户数(户) | 户籍人口(人) | 集体经济总收入(万元) | 人均纯收入(元) | 自然村个数(个) | 自然村名 |
|---|---|---|---|---|---|---|---|
| 水口村 | 11.75 | 1339 | 3938 | 221 | 31800 | 20 | 木家庄、茄茄树、泥路口、宁家弄、尧天堂、南山脚、杨林塘、进士头、竹园、闵加厂、沉其林、罗家屋、沉庄、响水、市南、蒋家滩、镇桥、紫花街、金沙街、上吉街 |
| 后坟村 | 3.90 | 730 | 2377 | 180 | 31400 | 11 | 后坟、三涧、胡林山、河上圩、严家庄、塘家圩、下沙湾、上马墩、黄家浜、上州、姚步桥 |
| 徐旺村 | 3.08 | 590 | 1888 | 184 | 31100 | 9 | 黄家、坐圩、赵家坝、仁乐、徐旺、赵家、唐朝、赵家圩、黄泥坝 |
| 龙山村 | 6.50 | 309 | 1189 | 193 | 31800 | 8 | 横山、外渚、马山、烂泥、中心、龙山、渚山、珠沙 |
| 徽州庄村 | 13.20 | 850 | 2898 | 280 | 33600 | 17 | 汪土堪、横市、平峰山、下渚、船底、牌楼岕、木桥头、雪花山、徽州庄、大坞岭、排上、白泥墩、高阳、五福庙、松毛墩、朱埠、高田 |
| 金山村 | 18.60 | 803 | 2502 | 134 | 30800 | 7 | 同塔弄、下对塔、上对塔、董家村、金山、雷坞、外岗 |
| 顾渚村 | 18.52 | 947 | 2876 | 353 | 35300 | 14 | 前塔场、尧王庙、苗山、龙头、王塔、斜备、六十亩、下洞、元旧、叙坞岕、包大、罗家、石马头、汪帝 |

续表120

| 村(社区)名称 | 面积(平方千米) | 户数(户) | 户籍人口(人) | 集体经济总收入(万元) | 人均纯收入(元) | 自然村个数(个) | 自然村名 |
|---|---|---|---|---|---|---|---|
| 江排村 | 8.34 | 385 | 1215 | 201 | 30500 | 4 | 排岭脚、董家庄、施家、江排头 |
| 水口居委会 | — | 252 | 572 | — | — | — | — |

（章忠平）

## 吕山乡

【概况】 吕山乡位于长兴县东南部平原土圩区，东接吴兴区杨家埠镇，南临和平镇，西近虹星桥镇，北靠画溪街道及李家巷镇。2018年，乡域面积38.50平方千米，辖9个行政村，1个居委会，党员人数892人，常住人口22000人，流动人员3000人。全年财政总收入完成1.20亿元，增长46%，其中，国税完成9946万元，增长44%；地税完成2048万元，增长58%；规模工业增加值增幅24%；工业低效企业全年上缴税收1653万元，亩均税收3.15万元，比上年增长24%；实到外资完成250万美元，合同外资完成762万美元；农民人均可支配收入30530元，增长9%。先后获浙江省特色农业强镇、浙江省小城镇环境综合整治省级样板、浙江省小城镇文明行动样板、浙江省全域土地综合整治与生态修复工程试点等荣誉。

【工业经济】 年内，充分依托南太湖绿色智能制造产业园，紧盯新能源汽车关键零部件产业，共新签约项目9只，其中认定市级“大好高”项目2只、县级工业“大好高”项目1只、科技型小微项目3.50个。共推进项目20个，完成开工项目6只、续建项目8只、技改项目6只，累计完成投资12亿元。新培育高新技术企业2家，认定市级两化融合试点企业3家，科技版挂牌股改企业1家，紫丰食品、惠龙医疗等4个企业实现“小升规”。新增政产学研项目6个，新申请专利190件，实现新产品产值率达40%；高新技术产业增加值增幅58%。全年引进高层次人才12人，申报并入选“南太湖精英计划”项目2只。

【农业发展】 年内，充分发挥农合联作用，全面提升精品沿线芦笋基地设施，现代农业园区重点项目扎实推进，现代农业发展呈现提质增效。新培育家庭农场5家，提升特色产业示范基地4个，新建无公害农产品基地110公顷。积极争取粮食功能区以奖代补项目，基础设施不断完善。完成基本农田设施提升33.33公顷。顺利推进泗安塘整治、胥仓港拓宽、大施圩、郑家圩圩区改造等水利工程项目，圩区防洪排涝能力得到提升。全面推进太湖流域农业面源污染综合治理中央项目，扎实做好农田面源污染防控、畜禽养殖污染治理、水产养殖污染减排等五大工程，为全省农业面源污染综合治理提供长兴样板。

【城乡建设】 年内，吕蒙山公园投入使用，泗安塘桥建设基本完成，集镇污水管网、集镇垃圾中转站稳步实施，天鹅城假日酒店主体结顶，成功盘活吕缘房产，山水佳苑启动建设。雁陶村成功创建AAA级旅游景区村庄，吕山村创建A级旅游景区村庄，龙溪村、南杨村顺利通过精品线沿线示范村验收，雁陶村陶家居住点改造项目顺利完成。完成南杨、龙溪等4个村360户农村生活污水治理增点扩面工程；完成杨吴、龙溪、吕山等4个中心村的整治工作，共拆除违章建筑24万平方米；淘汰落后产能企业2家；清理取缔非法运营码头5家，拆除搬迁大理石加工厂10家；生活垃圾分类处理工作实现全覆盖，雁陶村、吕山村成功创建垃圾分类示范村。

9月12日，浙江省委组织部副部长胡旭阳(左一)调研雁陶村，县委书记周卫兵(右一)陪同调研

（吕山乡 供）

【社会民生】 年内,举办群众文化活动270场,新建文化礼堂3个,成功承办全县文化礼堂"建、管、用、育"现场会,抖门村文化礼堂被评为"一等示范型"文化礼堂;吕山中学中考升学率位居全县农村中学首位,龙溪幼教点创成省三星幼儿园,杨吴幼教点投入使用,成功举办第34个教师节暨"吕蒙教育发展奖"庆祝表彰大会。城乡居民医疗参保率100%,城乡居民养老参保率92%以上,培育高技能人才32人。发放各类困难群体救助补助款400余万元。圆满完成互联网大会、世界地理信息大会等重大维稳安保任务。成功调处各类矛盾纠纷47起,调处成功率达100%。12345政府阳光热线受理办结389件,按期受理率、按期办结率均达100%,满意率达99.2%。"扫黑除恶"专项斗争有效开展,南杨村获评省级民主法治村。全乡未发生重大安全生产事故,人民群众的安全感和满意度持续提升。

【"低产田"整治】 年内,深化"亩均论英雄"改革,加快推进工业低效企业达标提质工作。处置工业"三未"土地8.61公顷,完成17家企业达标提质工作,辖区内工业低效企业全年上缴税收1653万元,亩均税收3.15万元,比上年增长24%;腾出可利用土地6.13公顷。

【低收入群众增收帮扶】 年内,完成社户对接108户、兴建扶贫基地6个,实现产业增收76万元、就业增收47万元,户人均增收1.80万元以上。完成推进壮大村级集体经济项目8个,累计总投资9200万元,村级集体经济年总收入超200万元村6个,全面消除经营性收入低于30万元村,村均集体经济经营性收入达到97万元。

【全县首个乡贤会】 12月23日,吕山乡在吕山小学召开乡贤会成立大会,在外创业就业能人、学术精英、种养殖大户、劳动模范及在吕山创业人士等45位杰出代表参加。大会审议通过《吕山乡乡贤会章程》《选举办法》,选举产生乡贤会会长、常务副会长、副会长、秘书长共10位乡贤组成的首届乡贤会领导班子,浙江长兴荣欣建设工程有限公司董事长陈根清当选为会长。成立会上共捐赠爱心资金40万元。

## 2018年吕山乡各村(居、社区)基本情况

表121

| 村(社区)名称 | 面积(平方千米) | 户数(户) | 户籍人口(人) | 集体经济总收入(万元) | 人均纯收入(元) | 自然村个数(个) | 自然村名 |
|---|---|---|---|---|---|---|---|
| 雁陶村 | 5.81 | 847 | 2853 | 407 | 3.05 | 19 | 柴家、港北、凌家、庙上、三家、孙家、陶家、枉埂、西横塘、新门、徐家、雁荡、引南、俞家塘、章家、周家、朱家、竹乔、抖门 |
| 杨吴村 | 3.5 | 765 | 2292 | 197 | 3.05 | 10 | 章湾抖、王家坝、北台、北杨、浦池湾、顾家、雉地、钮店桥、杜家湾、吴家 |
| 金村村 | 3.48 | 569 | 1708 | 659 | 3.05 | 5 | 高家庄、座山湾、金村埠、东村、铺前村 |
| 吕山村 | 2.1 | 411 | 1498 | 351 | 3.05 | 6 | 董家弄、井头浜、钱家舍、湾头、东周、北抖埂 |
| 吕虹村 | 2.5 | 571 | 1735 | 102 | 3.05 | 13 | 罗家渎、章家渎、姬家渎、莫家渎、傅大湾、傅小湾、安吉、祥里、郑家、大德桥、刘家浜、沈家浜、南抖角 |
| 抖门村 | 4.09 | 630 | 2126 | 184 | 3.05 | 18 | 施店桥、宗家桥、薛家、晒头、环桥、圣塘桥、东洋、渎南、石佛桥、泥桥头、抖埂头、大德桥、上庄、抖里、东庄、东湾、庙湾、小湾里 |
| 胥仓村 | 6.24 | 1008 | 3327 | 262 | 3.05 | 22 | 门前、安头、姚家、午源渡、乔南、相家、庙头、南蒋、青石桥、元里、殷家、姬家、罗家厂、牧安、北蒋、庄里、石里、桑园、叶家、花墙门、孙家渎、鱼池埂 |
| 龙溪村 | 4.69 | 808 | 2756 | 253 | 3.05 | 19 | 葛家渎、下目、仲家村、倪家渎、葛家坝、东南浜、杨树窠、俞任村、沈家坎头、胥仓桥、罗家厂、孙家湾、杨家桥、庄上、吴家村、陈家渎、葛径、田抖里、枪埂上 |
| 南杨村 | 5.82 | 864 | 3084 | 206 | 3.05 | 13 | 北敖、钱家庄、中敖、陆家、南敖、大中施、小中施、庄屋、许家、杨家、叶家堂、谢家、下施 |

(徐　吉)

## 龙山街道

【概况】 龙山街道位于太湖大道以北，明珠路以西，西与小浦相邻，北与水口相接，是县委、县政府所在地，前身为龙山新区管委会。2015年5月，因行政区划调整，正式设立龙山街道。2018年，区域面积51平方千米，其中中心城区16平方千米。常住人口5.81万人，暂住人口1.10万人。下辖4个行政村，4个居民区，4个城市社区。全年实现财政总收入14668万元，比上年增长32.6%，完成全年任务的114.3%；其中实现原地税收入3007万元，比上年增长40.3%，完成全年任务的121%；实现原国税收入11661万元，比上年增长30.8%，完成全年任务的112.7%，三项指标均提前两个月完成年度目标任务，并创历史新高。其他主要经济指标保持稳中有进、稳中提质的良好态势。完成经济总量16.50亿元，完成服务业增加值10.80亿元，完成固定资产投资38亿元，各项主要指标顺利实现"全年红"目标。玄坛庙居民区获评浙江省首批农村示范社区、湖州市美丽乡村。渚山村获评浙江省文明村、省AAA级旅游景区、湖州市乡村经营示范村、长兴县先进农民合作组织。川步村获评浙江省老年养生旅游示范基地。齐北社区2018年获评湖州市敬老文明号、湖州市"五好关工委"、湖州市文明社区等荣誉。

【项目引推】 年内，强化全县招商"一盘棋"思想，主动克服平台要素影响，强化驻点招商、领导带头招商、人人参与招商。全年累计招引浙北医疗康复中心、诺亚舟美顿幼儿园等社会投资项目20只，其中亿元以上项目10只，总投资30亿元。落户街道项目7只，总投资10.50亿元。完成县大好高项目4个，科技小微项目5个，完成合同外资400万元，实到外资356万美元，招引项目体量、数量和投资总额均超额完成预期目标。盘活停缓建5年之久的龙山泰景项目，从3月21日开始与长兴开元名都酒店洽谈项目合作，5月30日正泰集团与开元酒店集团双方签订合作协议，9月13日内部装修正式进场。

【农业发展】 年内，狠抓现代农业发展，新发展设施农业8.47公顷，实施高标准农田提升81.80公顷。圆满完成省市农业储备项目、示范性家庭农场、美丽渔场等各类创建任务。全面推进"双扶"工作，成功完成消除经营性收入低于30万元薄弱村2个。通过盘活集体资产、创新服务项目等形式全面提升二类村、做大一类村。全力做好75户低收入群众精准帮扶，通过干部结对、拓展营销等措施，实现困难户人均增收万元以上。

【城乡建设】 年内，深入推进文明城市常态化管理，高标准完成全国文明城市复评工作。深化"和美社区"创建、城中村整治及道路长效化管理，推进陈家桥农贸市场综合整治。落实执法中队动态巡查，加强"三个商圈一条街"市容市貌管理，流动摊贩、占道经营等问题得到有效管控。抓好数字城管、物业管理工作，小区停车难等一批问题得到解决。全域双禁取得明显成效，犬类整治活动有序开展。全面推进"江南茶乡"示范带村庄环境整治和精品示范村建设，渚山村成功创建省AAA级景区村庄，川步风情街完成改造提升。中央、省市多家主流媒体先后42次聚焦龙山，进一步提升生态环境美誉度。

【社会民生】 年内，深化"无差别受理"和"移动办"工作，落实项目审批全程代办，"最多跑一次"改革有效推进。高标准实施民生项目，累计完成道路改造、停车场、水利设施等项目建设15个。落实民生保障，累计发放各类慰问金、生活保障金等共计600余万元。推进居家养老服务全覆盖，成功获评全国"智慧健康养老示范街道"称号。全力打造"无欠薪街道"，成功化解一批劳资纠纷及欠薪问题。街道社区卫生服务中心建成运营，与浙医二院长兴院区签约结为"医共体"。完成责任医生、爱国卫生、人口计生等县下达指标。平稳做好原后洋中学撤并等工作。突出"建管育用"结合，稳步推进文化礼堂建设。全面打造社区"一区一品"，社区工作得到质效提升，先后荣获全国青

2月5日，由龙山街道党委、办事处主办，四个社区承办的首届社区和文化艺术节开幕
（龙山街道 供）

少年“双零”试点社区、省综合减灾示范社区等市级以上荣誉15项。文化活动繁荣发展，累计举办社区“和文化”节等文体活动90余场次，荣获全县乡镇篮球联赛冠军。

【农林旅融合特色强区】 年内，高标准做好省级森林特色小镇总体规划和引进项目单项规划，农家乐、民宿审批及小镇核心区用地和建房管理得到规范。全面启动全域旅游三年行动计划，玻璃悬索桥景区启动运营，22千米龙山绿道实现全线贯通，2座旅游厕所被评为县“十佳乡村旅游厕所”。成功创建省首批森林特色小镇。川步村被命名为省老年养生旅游示范基地。成功举办首届精品梅兰节、第十五届杨梅节等农事节庆活动，累计接待游客15万余人次，帮助45户低收入群众就近就业增收，实现全域旅游共建共享。

【原乡硒谷休闲养生村项目奠基】 3月5日，原乡硒谷休闲养生村项目奠基仪式在川步村黄金库举行，由华盛达集团投资，经营业态包括度假酒店、休闲乡宿、创意工坊、文创中心等，计划总投资5亿元。项目以川步村长寿文化为底蕴，健康养生为特色，乡村景观为基础，坚持“生活、生产、生态”同步、合理利用乡村原生态景观、生态资源，打造原乡特色乡村养生休闲度假村。

【龙山绿道玻璃悬索桥运营启动】 6月29日，龙山绿道玻璃悬索桥运营启动仪式在渚山村举行，龙山玻璃悬索桥正式运营。龙山绿道玻璃悬索桥贯穿22千米龙山绿道，串联沿线东方梅园、绿野仙踪、绣云里等社会项目的重要枢纽。龙山绿道玻璃悬索桥，桥面宽2.60米，采用玻璃堆砌而成，全长186米，是全省最长的玻璃悬索桥。

**2018年度龙山街道各村(居、社区)社区基本情况**

表122

| 村(社区)名称 | 面积(平方千米) | 户数(户) | 户籍人口(人) | 经济总收入(万元) | 自然村个数(个) | 自然村名 |
|---|---|---|---|---|---|---|
| 高山岭 | 6.4 | 1018 | 2695 | 369 | 18 | 蜈蚣岭、上山岭、龙山、长青、白莲冲、长岭、民乐、王山、东山、西山、杨南、杨北、狮虎弄、坛家桥、边家村、小林山、余山、林山 |
| 新　湖 | 3.82 | 1022 | 2815 | 533 | 4 | 塘北、横塘桥、龙山新村、新湖小区 |
| 西峰坝 | 3.47 | 941 | 2558 | 536 | 10 | 白石山、潘家庄、西峰坝、董家村、王家村、符家桥、南符村、进山门、毛竹园、四号桥 |
| 玄坛庙 | 1.93 | 527 | 1395 | 380 | 9 | 新港南、三家村、杨家桥、中心村、木桥头、古头港、长埂、三湾圩、古东桥 |
| 川　步 | 16.6 | 2913 | 1223 | 185 | 12 | 士林头、钦家、牛步墩、八十亩、王家、大庄、长桥涧、都家、古山庵、余家、杨家庄、李家 |
| 渚　山 | 4.7 | 542 | 1372 | 160 | 3 | 车渚里、前夹山、后夹山 |
| 后　洋 | 3.58 | 891 | 2365 | 171 | 5 | 后洋、七百亩圩、陆家桥、新桥头、王家渡 |
| 涧　塘 | 4.91 | 1239 | 3089 | 105 | 20 | 曲塘、章家圩、许家庄、上庄、万担、下庄、永兴、桥南、桥北、郑家荡、埠头、陈家桥、邵家角、北岸上、新屋里、渡船湾、东木桥、东长圩、西长圩、西浜头 |
| 齐北社区 | — | 1475 | 3778 | — | — | — |
| 龙山社区 | — | 1065 | 2727 | — | — | — |
| 体育场社区 | — | 1592 | 4294 | — | — | — |
| 双拥社区 | — | 1549 | 4301 | — | — | — |

(朱金平)

# 画溪街道

【概况】 画溪街道处于长兴城区南部，东接南太湖产业集聚区，南与吕山乡、虹星桥镇相连，西与林城镇、小浦镇接壤。2018年，道区域面积69平方千米，辖11个行政村、4个居民区、一个工业功能区，常住人口3.70万。全年财政总收入完成8.32亿元，增长6.7%，其中地方财政收入完成1.83亿元，比上年增长27.5%；规上工业增加值增长9.4%；实到外资完成1500万美元；农村居民人均可支配收入增长10.5%以上。先后入选省新能源产业创新服务综合体、省绿色电池产业创新中心、新能源“千人计划”产业园，智慧谷被认定为省级企业孵化器，红色动力众创空间被认定为省级众创空间，新能源小镇获评省级示范小镇，被列为省级低碳示范园区，街道获评市平安乡镇、县十二连冠平安夺金鼎先进集体，街道劳动人事争议调解中心被评为基层调解优秀单位，小城镇环境综合整治列为省级样板。

【工业经济】 年内，新能源产业示范基地影响力进一步加大，全年完成固定资产投资20.04亿元，其中特色产业完成投资13.61亿元。成功举办第三届新能源小镇论坛。全力攻坚项目引进，每两周召开招商例会，严格实行“345”项目准入承诺制，累计在谈项目38个，共引进“大好高”项目5个、科技小微项目10个，纳蓝光学、超恒动力等一批亿元以上项目顺利签约落地。法德机械等7个县重点项目已全部开工建设，新创能源项目当年实现“小升规”，隆芝耀项目推进创造“画溪新速度”。超威、天能等企业的41个重点技改项目进展顺利，累计完成投资21亿元。七个县重点产业项目全部开工，其中竣工3个、投产2个，累计完成投资5.97亿元。

【农业发展】 年内，全力推进城乡融合发展。现代农业持续提升，“希望田野”示范带加快提升，“画里慢乡”百果园启动规划，举办第十届葡萄节。现代农业园区重点项目扎实推进，新发展设施农业33.33公顷，新培育家庭农场17家。双扶攻坚有效推进，壮大村级集体经济有效破题，实施集体经济项目16个，增收1200万元以上。完成社户对接108户、兴建扶贫基地5个，实现产业增收58.03万元、就业增收84.76万元。乡村环境日益改善，美丽乡村长效管理，中心村建设、园中村整治扎实推进。“垃圾革命”深入开展，白莲桥村获评省高标准农村生活垃圾分类示范村。农村基础设施建设加快完善，一批民生热点难点问题得到有效解决。

【城乡建设】 年内，综合运用“腾、转、治、调”组合拳，以铁的决心、铁的手腕，全力推进平台整治工作。综合施策抓整治，以每天有执法、每周有关停的工作节奏，全面开展瓷砖销售、各类仓储行业专项清理行动，雉州大道、长和公路、白阜路等主干道两侧瓷砖店面基本关闭。以“五未土地”处置为抓手，开展“低散乱”企业、非主导产业专项整理行动，一批非法大理石加工、废丝加工、废塑料加工企业被取缔关闭，喷水织机加快整治迁移，全部大理石加工企业完成外迁。“亩均论英雄”工作扎实推进，倒逼腾退低效企业42家，处置五未土地75.48公顷。明门家风广场、包桥公园等完成建设，“三改一拆”“治危拆违”大力推进，累计拆除长和路、柏家浜路等园区违章建筑7.80万平方米。画溪商业中心开工建设，浙北汽车城顺利结顶，农贸市场投入使用，画溪大道南延工程完成建设，西大门形象改善提升。小镇客厅、游客接待中心主体竣工并通过验收。新能源公交车站、新能源书报亭等城市家具投入使用，小镇广场完成建设，通过AAA级景区创建。全国文明城市常态化管理扎实推进，环境卫生创建工作走在全县前列。完成县生态环保重点任务清单任务，“污水零直排区”三年创建计划编制实施，河长制严格落实，剿劣成效得到巩固。治气“六大工程”深入实施，全域“双禁”常态落实。

【民生事业】 年内，坚持以人民为中心，加快提高公共服务，切实优化社会治理，全力维护社会和谐稳定。民生实事有力推进，文体惠民工程扎实推进，举办群众文化活动270场，新建文化礼堂3个，画溪农贸市场开

4月28日，总投资5·6亿元的长兴·瑞联壹号商业广场项目开工仪式隆重举行

（画溪街道 供）

业,分为地上两层,面积总计3000多平方米。举办2018新能源小镇运动会,新引进民营投资幼儿园1个,“学在画溪”教育基金成立运行,社区卫生服务中心启动规划建设,移风易俗、殡葬改革等扎实推进。民生保障日益完善,深入实施全民参保计划,城乡居民医疗参保率达98.3%,城乡居民养老参保率达98.5%,培育高技能人才228人。加强街道社会福利中心的建设和管理,深入对接照料中心第三方社会化运营。全面实施营商环境优化六大行动,“最多跑一次改革”深入推进,无差别全科受理、移动办全域推行,完成辖区首例“标准地供地”。班子成员带班服务保障20家重点企业,中层干部重点跟踪70家规上企业,有效形成全员抓服务、全面抓推进的工作格局。

**【画溪工业功能区】** 始建于2000年,规划面积17.65平方千米。至年末,已建成8平方千米。园区落户企业295家,2000万以上规模的企业有65家,销售收入超10亿元2家,超5亿元3家,超1亿元18家,上市企业2家,超威、天能两大集团总部均坐落于画溪工业功能区,形成新能源、新材料、现代纺织三大主导产业和机械制造、电子电器两大优势产业体系。

**【画溪商业中心】** 4月,举行画溪商业中心开工奠基仪式。该项目由香港快盛投资有限公司和宁波市奉化区溪口华联超市有限公司共同投资组建,计划总投资4.40亿元,其中固定资产投资4.40亿元,征用土地1.74公顷,总建筑面积54197平方米(其中地上建筑面积40794平方米、地下13403平方米),建设集高端商务酒店、大型购物广场、商品批发零售、儿童娱乐设施、KTV休闲娱乐、多层次餐饮、旅游商品开发等于一体的商业广场项目。

**【浙北汽车综合服务城】** 1月项目签约,5月正式开工建设。占地4.91公顷,总建筑面积约8.60万平方米。该项目将打造成以互联网加汽车施救服务总部为核心的,以现场施救、事故代理、维修保养和服务代理为主营业务的一站式便捷服务商城。

**【新能源小镇】** 年内,紧盯“三生融合”创建目标,加快浙能慧泽等7个新开工重点产业项目、六里环廊等景观提升改造和新能源小镇客厅旅游特色项目和派出所、汽车城、能源中心等基础配套设施建设。推动智慧能源、光热光伏等产业、产品应用。全年完成固定资产投资19.32亿元,其中特色产业投资完成12.35亿元、国有投资完成5.76亿元、非国有投资完成13.56亿元以上。争创省级“千人计划”产业园和省新能源产业创新服务综合体;新培育高新技术企业4家、科技型企业15家,申报国千1人、省千2人、南太湖精英计划等人才项目3个以上;加快股改挂牌和上市培育,启动培育主板上市企业1家,完成新三板企业挂牌1家,科技板挂牌2家以上;在通过市旅委AAA景观质量评定基础上,加快AAA景区建设进程;完成总投资3.60亿元的城市客厅项目建设,建成新能源体验馆、游客接待中心、众创平台、配套商业、地下车库等一批公共服务设施;有序推进城市综合体、骨科医院等公共配套项目建设。拓展空间平台。重点围绕长和路主干道两侧等新能源小镇核心区,按照“清、整、改、提”要求,结合“五未土地”处置,推进“双提一创”攻坚行动,全年确保处置低效利用土地33.33公顷以上,盘活可利用土地66.67公顷以上;按照长兴县“1+3+2”平台布局,对小镇内竹元、徐家浜等6个地块加速征拆攻坚扫尾,腾出可用地28.33公顷,推动“腾笼换鸟”,落实新能源产业项目用地等要素诉求。开展交流合作,赴上海、杭州等重点城市,组织小镇推介会、产业对接会等活动,引进符合新能源等产业定位、带动力强、财政贡献率高的导向型、支柱型、税源型项目;筹备第三届新能源小镇论坛等活动,加强互动合作,不断提升小镇影响力和美誉度;全年力争引进“大好高”项目6个以上,其中首期固定资产投资额5至10亿元的二产项目1个、10亿元以上的二产项目1个,科技型小微项目15个以上、金融新业态项目5个以上。

## 2018年画溪街道各村(居、社区)基本情况

表123

| 村(居)名称 | 面积(平方千米) | 户数(户) | 户籍人口(人) | 经济总收入(万元) | 自然村个数(个) | 人均村收入(元) | 自然村名 |
|---|---|---|---|---|---|---|---|
| 三星圩 | 1.9 | 603 | 1511 | 1935.3 | 14 | 33200 | 东安、杨家湾、新圩、张家湾、李家湾、新湾、文家湾、肖家湾、周家湾、莲珠圩、徐家村、东河圩、大棚子、塘家桥 |
| 柏家浜 | 1.5 | 650 | 1645 | 130.1 | 8 | 32800 | 小桥头、柏家浜、马家浜、蒋家圩、莫家门、陈家门、河圩 |

续表123

| 村(居)名称 | 面积(平方千米) | 户数(户) | 户籍人口(人) | 经济总收入(万元) | 自然村个数(个) | 人均村收入(元) | 自然村名 |
|---|---|---|---|---|---|---|---|
| 竹元村 | 1.4 | 625 | 1533 | 70.28 | 10 | 31241 | 杨桥头、紫竹新村、扎网圩、竹元村、跨塘桥、潘家浜、周家二桥、耿村圩、砖桥头、徐家浜 |
| 明　门 | 1.8 | 887 | 2120 | 303 | 8 | 33000 | 鸡甲浜、四里桥、孙家浜、东桥头、吴家村、王家村、小圩里、青登园社区 |
| 南石桥 | 5.32 | 1382 | 3301 | 166.04 | 17 | 30760 | 柏家村、塘汇浜、邱家村、董家村、夏和桥、靴子浜、倪家湾、石祥里、朱家湾、大汇、东铁圩、贺杨、金吾浜、葡萄圩、太平桥、汤家荡、吴家荡 |
| 徐家浜 | 3.14 | 971 | 2472 | 100.22 | 17 | 32941 | 洑家桥、曹家庄、夏家地、章家圩、徐家浜、三星圩、榨甫村、邓家厂、叶家村、钟家门、周家浜、细洋圩、周家湾、何家湾、许红庙、郭家村、毕家浜 |
| 曹家桥 | 4.2 | 1048 | 2676 | 105.96 | 17 | 30800 | 上浜、渎北桥、吴家淡、石家圩、南杨村、北杨村、许鲍村、帅家村、傅家浜、温家厂、曹家桥、圣塘桥、蒋家村、钦家浜、张汪渡、董家厂、虹桥浜 |
| 包　桥 | 2.8 | 1174 | 2800 | 111.1 | 19 | 26400 | 殷家村、祝家坝、鸡甲浜、邵家村、包桥、童家村、李子园、王家庄、木其桥、许家浜、铁板桥、钱塘村、木桥头、长浜、九房门、章家浜、董家村、杜家浜、沈家浜 |
| 白莲桥 | 3.7 | 935 | 2371 | 111.58 | 22 | 32500 | 北陈、北村、锄家渡、东姚、贺家、蒋家浜、匠人浜、金家村、南陈、南村、南姚、钮家村、上圩、湾濠头、吴家村、许家浜、薛家浜、杨家厂、姚家、章家渡、圩门、蒋家村 |
| 姚家桥 | 6.4 | 1439 | 3914 | 117.39 | 28 | 32491 | 白米坎、姚家桥自然村、姚家圩、上泗村、吴家村、孙家门、浜头、李家村、西村、桃园、陈家门、曹家浜、街西圩、阳南圩、前渚村、压虎墩、王家厂、殷家厂、三墩上、周家场、蒋家村、蒋家门、许家渎、围里头、小围子、利桥湾、先生门 |
| 长　桥 | 7.6 | 1596 | 4231 | 144.31 | 22 | 32760 | 李家、俞家浜、南河、水角桥、姚家渎、蒋家桥、前途、江北厂、光华圩、关王圩、瓦屋、金鸡墩、巷里、西庄、北庄、万家厂、银匠弄、火基、塘古头、陈家浜、西蒋 |
| 三　新 | 9.8 | 947 | 2634 | 109.9 | 16 | 32941 | 北厂、岗头上、横岗、杨府庙、朱城、莽松树、油麻岗、响水涧、养鱼池、祠山庙、张家桥、上庄、吴家冲、王家园、油车浜、西圩埂 |
| 大　圩 | 3.9 | 1103 | 3037 | 117.95 | 18 | 32900 | 南头、荷叶地、吴家渎、钱家门、荒田圩、钱家渎、蒋家渎、杨树窠、强家渎、邱家湾、下埂、弄里、张家浜、三家村、陈家渎、朱家渎、坞泥圩、牌楼桥 |
| 新　庄 | 6.4 | 599 | 1599 | 100.3 | 8 | 32491 | 蔡家湾,杨家,水角、新山、庄基墩、王家厂、丁家角、南阳 |
| 白　阜 | 5.8 | 797 | 1870 | 117.27 | 9 | 32491 | 西桥、坍树下、陈街头、西埠、朱家渎、曹家渡、前潘、中潘、后潘 |

（蒋郁青）

## 雉城街道

【概况】 雉城街道位于长兴县中心地带，是长兴县的老城区。2018年，区域面积22.63平方千米，下辖18个社区和7个居民区，总户数35357户，户籍人口75270人，常住人口近11万，办事处驻解放西路241号。全年完成经济总量56.55亿元，比上年增长10%，其中服务业增加值完成55.71亿元，比上年增长9.9%。完成全年财政总收入2.62亿元，比上年增长26.96%。实现城镇居民人均可支配收入54710元，比上年增长8.8%，实现农村人均可支配收入32687元，比上年增长8.5%。成功创建全省“扫黄打非”进基层示范点，荣湖州市政府、湖州军分区先进基层单位，湖州市城中村改造攻坚专项行动集体三等功，市生态文明标准化示范点，市平安创建优秀街道，市无违建街道，建设法治湖州工作先进单位，市“五好”关工委等荣誉。街道工作全年共有国家级媒体报道25条，省级媒体报道63条。

【项目引推】 全年认定“大好高”项目2个，引进科技型小微企业3家，引进金融类新业态企业1家，完成浙商回归省外项目投资额1.76亿元，实到外资200万美元。以“访企业送服务”活动为抓手，进一步完善“责任落实、要素保障、高效审批、协调服务、项目助推”五大机制，加快推进重大项目建设，狠抓有效投资落地见效。3个重点项目均按照时序节点稳步推进，太湖高级中学已投入使用，九汇城项目全部建成并已正式对外营业，开元美途酒店项目已开始试营业。博济医院已开始运营，红黄蓝幼儿园项目主体及装修已全部完工。

【农业发展】 年内，农业总产值150万元，有效灌溉面积51.53公顷，水稻单产500千克，蔬菜单产1000千克。农作物播种面积106.80公顷，其中粮食播种面积57.90公顷。水稻45.80公顷，蔬菜5.73公顷。耕地面积163.20公顷，有效灌溉面积135.90公顷，农技服务机构1个，人员5人，家庭农场1个。年末，街道全面消除年经营性收入低于30万元、年经济收入低于100万元集体经济薄弱村，7个居民区完成集体经济总收入1973.27万元，比上年增幅37.8%，其中经营性收入1223.52万元，比上年增幅达到68%。其中上杨居民区成立保洁服务公司，完成经营性收入51万元，古城居民区成立物业管理公司，完成经营性收入105万，五峰股份合作社实现首次分红。坚持多元助扶农。持续促进农民增收致富，深入开展“结对帮扶”活动，对30户有劳动力的低保动态管理户、低保边缘户和支出性贫困户，全面落实班子成员“一对一”结对帮扶机制，全年已帮扶60户低收入人群上岗就业，完成全年任务数的400%，均实现每户每人每年增收一万元目标。

【社会治理】 年内，全面推进网格化管理，健全网格联席会议制度，对疑难事件进行会诊和联动处置，有效解决治危拆违、生态环境整治、平安创建等中心工作中的难点热点问题。扫黑除恶工作强力推进，全年工作日志上报24097条，工作动态4509条，智慧雉城APP平台事件共爆料8926条，结案8675条，结案率97.2%。全面推进三社联动工作，拓展志愿者制度化建设，全年志愿者注册5982人，公益创投项目39个，创投资金达106万元。深入推进落后产能淘汰，全年淘汰“四无”、“低小散”企业19家。加强治水治气力度，实行“河长制”管理全覆盖。全面推行城管进小区管理模式，破解犬类管理难题，抓好创建常态化长效管理工作，圆满完成全国文明城市复评工作。完成金宇花园、回龙山微型消防站建设并投入使用，开展小餐饮整治、出租私房整治等专项行动，十人以上出租私房全部完成智能预警系统安装，三人以上出租私房消防基础设施整治全部到位，检查各类单位(场所)5000余家，发现各类隐患971条，整改完成944条，整改率97.2%。充分发挥新时代文明实践站所的引领带动作用，举办各类实践活动30余场，打通宣传群众、教育群众、服务群众的“最后一千米”。

【社会民生】 全年共纠正和责令整

12月28日下午，雉城街道在东鱼坊举行新时代文明实践所举行授牌仪式

(雉城街道 供)

改用工不规范行为671起。帮助劳动者追回拖欠工资、加班工资以及各类经济补偿金1309.42万元。为16000多名60周岁以上老人购买老年人意外伤害险。全面落实计划生育奖特扶政策和计生特扶对象的三个百分百制度,国家免费孕前优生健康检查人群覆盖率达94%,建造3家规范母婴室。大力实施共享小康工程,为239名残疾人发放困难残疾人生活补贴48.86万元,为528名重度残疾人发放护理补贴113.45万元。北门社区已通过省级无障碍社区验收,建立3家辅助器具共享点,为群众提供免费租借服务。年末,医疗机构3所,执业医师14人,积极开展责任医生签约服务,共有10969人签约,签约率13.4%。完成移民所在区域社会经济基本情况调查及移民后期扶持直补资金发放。投资改建示范型居家养老服务中心1个,11个社区建有老年人助餐、配送餐服务点,覆盖率达60%以上。街道女性社会组织参与公益服务项目20个,服务受益人数1000多人,组织三八妇女维权周普法宣传,开展维权服务进社区活动25场。街道关工委开展青少年法制教育6场,受益人数15000人。街道红十字会认真落实省级红十字会强基工程,广泛组织开展红十字会应急救护培训宣传工作,全年共开展活动30余场次。统战工作社会化创新,成立10个新乡贤工作室。落实退役军人采集信息3500人,做好优抚工作、双拥工作和街道退役军人工作。五峰、高家墩文化礼堂围绕“传统中国节”、垃圾分类宣传、文化走亲、送戏下乡等主题,开展各类活动42次。各社区文体活动中心围绕“邻里文化”“传统中国节”和“书香长兴”等主题开展各项活动,共开展各类活动190余场。街道开展校外培训机构专项治理工作,对辖区内106家培训机构进行了逐一排查。

【文明创建】 年内,全力推进治危拆违攻坚,全年完成城镇危旧房治理447户,城中村改造完成60幢109户约21000平方米的征拆,国有土地完成29户约5100平方米的征收,完成五峰回龙山项目13户清零工作。开展大型拆违行动17次,拆除各类违章建筑1075处,面积约61.07万平方米,超额完成全年任务。加快推进落后产能淘汰,共计淘汰“四无”“低小散”企业19家,关停大理石加工点6处,完成6家无证餐饮的取缔工作,完成“散乱污”企业整顿1家,完成4处加油站的油气回收装置,完成12家汽修厂的整治提升工作。扎实开展“污水零直排”创建,完成6个居民小区和3个餐饮集聚区的创建工作。完成辖区农民新村道路硬化、路灯维修、整治节点提升改造、污水设施改造等零星工程;对41个治理点进行长效维护管理,投入400万元新建1071米长兴港南河道护岸,投入260万元完成老小区应急维修和基础设施整治提升,投入36万元解决老旧小区的绿化修剪养护问题。坚持多元化宣传,进一步提升居民垃圾分类知晓率和参与率,全年共开展宣传活动50余场次,举办培训活动22余场,成功创建11个高标准垃圾分类示范小区和7个示范单位。全面深化“河长制”,河道及小微水体的长效管理保洁考核工作位于全县前列,完成2个美丽生态河道创建工作。

【九汇城】 9月,项目完成所有建设、装修工程和内部招商,9月30日开始对外营业。该项目于2016年6月启动,投资方为绿城集团,总投资3.50亿元。位于雉城街道园路与县前街交叉口东南角,占地面积1.35公顷,建筑面积37000多平方米。以海派文化为主基调,通过打造上海街以及海派城市客厅,建设一个集文化休闲、艺术设计、艺术展示、亲子游乐、教育培训、文化沙龙、主题餐厅、创意店铺、娱乐动漫等功能于一体的综合性文化创意园区。

【开元美途酒店】 7月,启动建设,年末完成改建及装修工程,12月底开始试营业。投资方为开元酒店集团,是中国较大的民营高星级连锁酒店集团,位列最具规模中国饭店集团第二名。该酒店总投资5800万元,总建筑面积14786平方米,其中地上12层12238平方米、地下一层2548平方米,为四星级标准的文化艺术类旅游酒店。

【博济医院】 1月,启动建设。6月项目完成改建及装修工程,6月15日医院试营业。投资主体为浙江和康医疗投资管理有限公司,总投资1.20亿元,收购原浙江长兴金陵医院医疗资质,租赁位于雉城街道车站西路1号房产,改建建筑面积13600余平方米,重组管理团队及医疗技术人员,购入全套医疗设备,建设一座二级综合性医院。项目拟开设门诊部、急诊和住院部,拟安排床位总数121张,配备医疗卫技人员125人,为有需求的服务对象提供全程的门诊和住院服务。

【红黄蓝幼儿园】 3月,红黄蓝集团与金莲桥居委会合作,利用村所有建设用地0.25公顷,总投资约7209万元,建设总建筑面积3800平方米,利用红黄蓝教育集团教育优势和资源,新建一所环境优雅、设施先进齐备、师资力量雄厚、管理科学的国际幼教双语幼儿园。至年底,幼儿园完成建设及装修工程,装修消防报批中。投资主体为红黄蓝教育(RYB Education)集团。

【长兴港河道驳岸工程】 年末,工程完工。位于长兴港南侧,水木花都对面,涉及雉城街道上杨、高家墩2个居委会,2016年由街道农办作为水毁工程报县政府办,经批准后进行设计、预算、审核、招投标。新建护岸总长1070.76米(沿线原有护岸予以保留),挡墙顶高3.20米,顶宽0.50米,底板顶高1米。工程中标单位为湖州环湖建设工程有限公司,项目总投资预算为400万元左右。

【北门社区通过省级无障碍社区验收】 8月，通过省级无障碍社区验收。从2017年10月开始，结合北门社区基础设施改造，对社区主道路两侧设置盲道，在小公园、公厕公共场所、单元楼出入口设置无障碍出入口坡道。对重点服务机构包括北门社区居委会办公室、老年活动中心、医疗服务中心等进行无障碍设施改造。对重点公共场所北门社区小公园、公共厕所的无障碍设施进行改造。在小公园设置3处坡道，并在小公园旁设置无障碍停车位，方便坐轮椅的残疾人到公园休息游玩。在公共厕所出入口设置无障碍坡道，并设置无障碍厕所。积极实施残疾人、老年人无障碍家庭改造。为辖区有需求的11户残疾人、老年人家庭进行无障碍设施改造并提供辅助器具，方便该群体生活。

## 2018年雉城街道各社区、居民区基本情况

表124

| 村（社区）名称 | 面积（平方千米） | 户数（户） | 户籍人口（人） | 集体经济总收入（万元） | 经营性收入（万元） | 自然村（小区）个数 | 自然村（小区）名称 |
|---|---|---|---|---|---|---|---|
| 北　门 | 0.45 | 1941 | 5307 | — | — | 2 | 城北小区、宝塔弄 |
| 台苑新村 | 0.35 | 1556 | 4015 | — | — | 7 | 台苑新村甲、乙、丙三区；北门新村、太湖西路、边家村弄、坛家桥弄、台基路、台苑路 |
| 小西门 | 0.18 | 1672 | 4316 | — | — | 10 | 环西花园、西苑小区、中箬弄、米行南弄、书院弄、桥南路、晨苑公寓、春楼弄、桥工苑、长广综合楼 |
| 大西门 | 1.35 | 1746 | 4970 | — | — | 21 | 紫金公寓、西门粮站，青丰小区、福兴公寓、阳光天地南区、阳光天地北区、凤凰小区、紫金水岸华庭紫霞苑、紫金水岸华庭紫薇苑、紫金水岸华庭紫竹苑、紫金桥新村、菜场弄、环西一弄、环西2-4弄、县前西街370号、长安路485号、长安路、解放西路五峰集资楼、景峰小区、金色港湾、中地凯旋宫（在建） |
| 鱼巷口 | 0.85 | 2361 | 5378 | — | — | 8 | 绿城.百合园、西鱼巷小区、长春花苑、大成小区、总管弄、县前街小区、仁家弄、九川·滨河国际 |
| 米行弄 | 0.45 | 1405 | 4953 | — | — | 6 | 望春小区、南门新天地、新世界庄园、新世界庄园外围、米行弄、钟楼弄 |
| 三　狮 | 0.65 | 1630 | 3860 | — | — | 5 | 三狮苑、园丁小区、金诺花园、长线弄综合小区、阳光家园 |
| 金　陵 | 0.65 | 942 | 2325 | — | — | 6 | 海兴小区、金城小区、长安小区、古龙公寓、商城小区、四小宿舍 |
| 南　门 | 0.85 | 1318 | 2910 | — | — | 8 | 长广小区、金贸小区、平安小区、广中里、西广弄、铁鹰小区、紫金南苑小区、长广康居苑小区 |
| 高阳桥 | 0.75 | 826 | 2018 | — | — | 26 | 马北小区、高阳花园、古苑新村、光明里、古城公寓、时代城、古寓里、祥和里、兴宇公寓、古学里、古城花园、粮运队宿舍、步步里、金融里、财富城、古城大厦、鼎城大厦、永乐门宿舍、双龙二期、马北一弄、马北二弄、马北三弄、古城中路、古城东路、马巾巷北路、农机大楼 |
| 马巾巷 | 0.85 | 1424 | 3478 | — | — | 13 | 杭铁小区、南苑小区、今欢小区、中兴小区、人民南路175、177、179、320、335、355号、天平路、光明路266号、海兴路261、377号、马南弄、马跃弄、马西弄、马巾巷、蚕丝路2号 |

续表124

| 村(社区)名称 | 面积(平方千米) | 户数(户) | 户籍人口(人) | 集体经济总收入(万元) | 经营性收入(万元) | 自然村(小区)个数 | 自然村(小区)名称 |
|---|---|---|---|---|---|---|---|
| 二虎头 | 1.35 | 1450 | 2151 | — | — | 11 | 明珠花园、茗桂华庭、海新花园、海兴住宅楼213号、长茂楼、丹桂名园、锦绣花苑、德雅花苑、金球花园、电厂生活区、长广蓄电池住宅区 |
| 明珠路 | 1.25 | 1106 | 2773 | — | — | 18 | 中马小区、金马公寓、中马城南、京城小区、站南小区、长广苑、光辉小区33-35、万宏小区、万宏花园、建材城小区、金铁小区、天马小区、中马1、9、10号、光辉制革厂宿舍、水文路5号、东润名邸、美都铭座、光辉路 |
| 皇家湾 | 1.4 | 2303 | 6263 | — | — | 25 | 金宇花园(南区、北区)、明华新村、公安局宿舍、检察院宿舍、怡景苑、憩园邨、航校宿舍、印刷厂宿舍、樱花园小区、宜春小区、皇家湾电厂小区、灯泡厂宿舍、工行宿舍、新港弄宿舍、名邸苑、金汇家园、银都丽景、荣军小区(1-3幢)、荣军小区(34、35、40、41)、双街小区、明珠家园、东方绿洲、金江大厦、通宝城二期、金成广场 |
| 所前 | 0.85 | 1223 | 3669 | — | — | 5 | 大自然城市花园、通宝城(一期)、新雅花园、李家圩小区、钮店湾新村一部分居民 |
| 仓前街 | 0.35 | 2692 | 2958 | — | — | 3 | 仓前街小区、张家村小区、美的花园 |
| 水木花都 | 1.25 | 5608 | 4279 | — | — | 2 | 水木花都小区、五丰福地 |
| 回龙山 | 0.9 | 165 | 384 | — | — | 6 | 西城时代、蓝天嘉苑、五峰花园、英伦都市、紫藤花墅、云山府 |
| 金莲桥 | 2 | 456 | 1229 | 562 | 505.6 | 8 | 西白溪、泥桥湾新村、邵家村、双街、竹埂里、步云桥、米西园、费家边 |
| 高家墩 | 2.2 | 706 | 1652 | 230 | 175 | 10 | 徐家湾、孙村圩、泗水庵、黄土桥、塘东、塘西、高家墩、鹅头浜、张家样、高家墩新村 |
| 钮店湾 | 0.8 | 952 | 1996 | 171.84 | 83.06 | 10 | 桥西村、方家浜、卢家村、蒋家新村、圩角村、钮店湾、所前街、大桥头、金家村、瑞家弄 |
| 雉城 | 0.4 | 422 | 879 | 101 | 32 | 7 | 大西门内、大西门外、南柏、大东门、小东门、何家桥、杨东 |
| 古城 | 0.2 | 185 | 304 | 126 | 105 | 4 | 黄土桥、杨柳湾、马巾巷、古城圩 |
| 五峰 | 0.8 | 845 | 2245 | 562.67 | 266.08 | 18 | 梅花庄、青明山、青龙桥、高圩埂、吴家庄、水车头、蒋家圩、东枉山、西枉山、五里亭、杨树桥、顾家村、南山岭、东王村、夏家庙、夏家塘、张家湾、新村 |
| 上杨 | 1.5 | 423 | 958 | 158.33 | 86.7 | 6 | 梅家桥、石桥头、莫家墩、龚家湾、下杨、上杨 |

(李雪萍)

## 太湖街道

【概况】 太湖街道位于长兴的东大门,街道辖区范围东至滨湖大道,南至104国道,西至明珠路,北至盛家漾。2018年,区域面积54.50平方千米,规划面积47.50平方千米,下辖8个行政村、13个居民区和2个社区,168个自然村,434个承包组。辖区户籍人口47247人。全年实现财政收入16.20亿元,增长27%;固定资产投入42.30亿元,增长9%;工业性投入20.90亿元,增长85%;完成工业增加值增幅9.6%,完成高新技术产业增加值增幅15%。获"浙江省文化强镇""城中村改造攻坚专项行动集体"

等荣誉称号。

【农业发展】 年内，创新推进“双扶”及农业发展等工作，努力促进强村富民。因村制宜发展壮大集体经济，因户施策开展精准扶贫，大力完善农业基础设施。2018年内，农业总产值10690万元，耕地面积1516公顷，设施农业占地面积200公顷，有效灌溉面积1516公顷，播种面积3107公顷，单产600千克（水稻），亩产320千克（小麦）。水稻1289.60公顷、小麦860.33公顷、油菜129.93公顷、瓜果26.93公顷、苗木面积97.67公顷。农技服务机构2个，人员11人，合作社33个，成员2015户，种植大户44户。

【城乡建设】 年内，常态化开展治水治气，完成霞城后村、新塘卢家浜、南张浜周家汇等531户的生活污水治理，提标改造八字桥东蒋、王浜头新村等5个生活污水终端，启动污水零直排放区创建，秸秆焚烧、扬尘治理等治气工作成效明显，全年空气优良率居于前列。大力度推进治违治乱，超额完成危房改造、拆违任务，关停清理大理石加工、塑料粒子生产、废品收购站等一批低散乱企业。全覆盖推进垃圾分类，成功创建“垃圾分类”示范小区6个、示范村4个、示范工业企业20家。高标准创建美丽乡村，南张浜、祥符圩、霞城村庄环境整治通过县级验收，新塘、彭城、沉渎港“太湖风情示范带”整治有序提升。

【社会民生】 年内，新增万华金御湾和鹭龙园两所共计10个班额的普惠制民办幼儿园，完成长兴七小路面防滑改造工程和翡翠名都幼儿园内部改造工程，启动玉兰花园幼儿园装修工程。开展辖区内校外培训机构专项整治行动，共排摸整治各类机构30家。完成街道社会心理服务室规范化建设，在新开河、南张浜建立社会心理服务体系示范村。实施街道文体中心设施提档升级工程，启动室内灯光篮球场、笼式足球场项目建设，改建提升室外足球场地标准。推进文化礼堂建管用育工作，全年新增文化礼堂4个共计12个，各村（居）文化礼堂开展各类文体活动90余次。实施低保动态管理，完成500户困难群众的基本信息调查工作，发放低保金154万元。做好困难群体、困境儿童和各种救助工作，慰问救助资金达40万元。达峰残疾人阳光庇护中心正式启动。发动辖区爱心企业家捐款50多万元资助困难学生，会同县妇联对15名困难小学生进行个性化长期关爱辅导。完成6户困难群众危旧房改造。共有12828人登记参加城乡居民医疗保险。全年累计出动约2000人次，排查各类场所800余处，发现并有效整改隐患300余起。开展出租房消防安全大排查1009户，安装智能消防预警烟感8561个，完成智慧用电设备安装60家，智能充电桩安装22家，配备灭火器7000余只。开展各类安全知识专项宣传活动87场，各类应急演练18次，参与人数达1万余人次。

【集体经济发展】 年内，完成年度消除总收入100万元以下村3个，消除经营性收入30万元以下村2个，新增年总收入300万元以上村1个，消除三类村、四类村各一个。引导各村优势互补抱团发展，新塘、官圩、八字桥、霞城、祥符圩联合组建物业管理公司，通过对新塘花园综合楼管理出租，已实现增收30万元；祥符圩集体房屋屋顶光伏项目及霞城村集体厂房屋顶光伏项目已全部完工，并已产生收益8万元；由六村联建王浜头循环经济产业园项目已启动，部分土地招拍挂、规划设计等陆续实施中。

【征拆安置】 年内，全面完成吉利整车区块等项目征地95.29公顷，充分尊重地方习俗，紧扣冬至、清明等时间节点对重大项目区块完成大批量迁坟近900只，完成吉利变速箱、绿泰、中建投、吉士达、德玛克、智能智造等已征区块约80公顷的地面作物政策处理及清表工作，完成太湖博物馆、站前路、愚田干、留下、下落村等区块重点项目房屋拆迁126户计42857平方米。加强征而未用土地的管理，对辖区内73个征而未用地块约466.67公顷土地进行分区块址界调查，并完成测绘上图工作。年内，完成原新塘新街54户拆迁户优先购

7月10日，长兴县太湖街道圣旨庙港，保洁人员正在进行长效保洁作业。太湖街道创新引入河道水质生态净化系统，在约1000平方米的区块内种植浮岛、增设氧设备、弹性填料，通过挺水植物净化＋生物膜强化修复＋气高氧动力优化的系统方案，形成完整的水生生物链，恢复水体溶氧浓度及其自净能力、实现水生态修复 （谭云俸 摄）

买96间店面房认购分配；共完成公寓房抽签分房1520套，其中新塘花园二期776户1298套，其他存量消化安置222套；完成商品房置换178套18690平方米。完成白溪、陆汇三期、滨河家园三期、新塘花园一期等零星安置结算656人次，新上报公寓房办证350套，出证656套，商品房出证295套，安置办证工作保持平稳推进。根据省建设厅信息系统建设要求，完成4253套公寓房安置对象情况调摸和数据汇总工作。全年新排摸上报经济适用房、廉租房申请对象10户。

【智慧太湖】 年内，陈塘居委会四无社区创建成功，白溪居委会启动创建。平安驿站接待社会团体约130个，平安宣传车开展各类宣传活动593场次，参与人数达5.80万人次，发送安全防范知识信息300余条，平安“三率”大幅提升。全面推广应用基层治理信息系统，以“四个平台”为载体，充分融合“信息系统建设”“雪亮工程”“智慧安防”“最多跑一次”“网格化管理”等项目，建立网格员通过智慧掌心APP事件代办制度，推动“最多跑一次改革”在基层无缝对接。年内“移动办”办结752件，“无差别受理”办结2956件，提供志愿者引导查询及自助办理服务200多次，先后接待省内外领导及参观考察团28批次，承接县以上现场会2次。

【精准扶贫】 年内，采取集中扶贫和分散扶贫相结合，依托就业帮扶、光伏发电、贫困助学、村企结对等多种方式，实现结对低收入农户72户。新建留下、祥符斗两个产业扶贫示范基地，向入驻基地低收入农户提供免费的大棚、土地、种子种苗等生产资料，实现“造血式”扶贫。同时，依托就业帮扶、贫困助学、村企结对等多种方式，对结对的低收入农户开展个性化帮扶，做的一户一策，因户施策，带动低收入农户实现人均增收万元的目标。其中，达峰残疾人阳光庇护中心帮助就业35人。

## 2018年太湖街道各村（居、社区）基本情况

表125

| 村（居）社区名称 | 面积（平方千米） | 户数（户） | 户籍人口（人） | 集体经济总收入（万元） | 人均纯收入（元） | 自然村个数（个） | 自然村名 |
|---|---|---|---|---|---|---|---|
| 杨湾居委会 | 1.50 | 492 | 1189 | 172.16 | 29844 | 6 | 杨湾、杨湾新村、庄前、愚田干；吴家门前（已拆迁）下莘桥（已拆迁） |
| 陈塘居委会 | 1.30 | 431 | 1093 | 161.08 | 33289 | 5 | 韦家村、陈塘浜、下亩里、杨庄、董家门 |
| 杨庄居委会 | 1.60 | 392 | 1038 | 386.53 | 31038 | 3 | 张家村、新村南、新村北 |
| 上莘桥居委会 | 1.60 | 580 | 1449 | 211.30 | 32675 | 5 | 上莘桥、唐汇、南高（已拆迁）、傅家桥（已拆迁）、鸡头斗（已拆迁） |
| 官斗居委会 | 2.30 | 404 | 1045 | 122.29 | 25308 | 6 | 白云桥、官斗、鱼池埂、陈家道场、东泉斗、西南湾 |
| 八字桥居委会 | 1.62 | 542 | 1409 | 109.95 | 26263 | 9 | 东蒋、蒋家荡、张家道场、张家坝、八字桥、中浜头、竹桥头、上庄（已拆迁）、荡湾（已拆迁） |
| 王浜头居委会 | 1.91 | 632 | 1664 | 197.23 | 33425 | 6 | 王浜头、后陈浜、吴家读、西湾、钱家湾、王家浜 |
| 五里桥居委会 | 2.80 | 794 | 1983 | 200.14 | 33425 | 9 | 严家桥、闵家斗、五里桥新村、秤钩浜、夏家浜、冯家墩、冯家湾、汤家斗门、严家斗门 |
| 陆汇头居委会 | 1.70 | 553 | 1394 | 368.10 | 33449 | 5 | 下落、许家桥、港南、港北、黄家桥 |
| 留下居委会 | 2.10 | 708 | 1836 | 125.71 | 27457 | 7 | 吴家南门（章家浜）、里桥、沈家角、留下、吴家渚、木桥头、南阳 |
| 南庄居委会 | 3.40 | 977 | 2591 | 317.21 | 33224 | 15 | 朱家庄、黄泥斗、潘家湾、易家湾、烘斗、李家湾、莫鸭湾、醉百斗、东盛头、南庄、小桥头、大斗、下渭、张家角、杀庄头 |
| 白溪居委会 | 2.60 | 1,040 | 2676 | 254.58 | 29844 | 2 | 白溪、殷家浜 |

续表 125

| 村(居)社区名称 | 面积(平方千米) | 户数(户) | 户籍人口(人) | 集体经济总收入(万元) | 人均纯收入(元) | 自然村个数(个) | 自然村名 |
|---|---|---|---|---|---|---|---|
| 陆家斗居委会 | 2.60 | 537 | 1442 | 196.99 | 25069 | 3 | 三河斗、陆家斗、孔家斗 |
| 新塘村委会 | 4.50 | 1,554 | 4214 | 178.74 | 32691 | 20 | 竹小港、百步湾、计家角、张家头、徐家港、新塘、莫鸭港、东浜、袁家浜、西浜、石桥头、陈家浜、白泗、范家门、王家斗角、傅家潭、邵家坝、吴家坝、居仁、费家斗角 |
| 南张浜村委会 | 2.70 | 900 | 2450 | 304.93 | 30202 | 7 | 南张浜、钮家浜、沈家湾、唐家坝、杨家埭、周家汇、打鸟港 |
| 彭城村委会 | 3.70 | 1,129 | 3233 | 294.95 | 35813 | 11 | 三湾斗、横塘上、彭城、圣堂头、卢头港、沈家角、对峰浜、潘家浜、李家浜、王家桥、北张浜 |
| 沉渎港村委会 | 4.26 | 1,617 | 4275 | 136.67 | 29852 | 16 | 大树下、石仙港、杭渎港、屠家浜、段家浒、高屋里、荷花浜、沉渎港、大斗、南蒋、里浜、周桥头、施家浜、王家浜、昌兴荡、东庄 |
| 钱家斗村委会 | 3.50 | 1,421 | 3679 | 251.56 | 32675 | 13 | 刘家斗、范家桥、斗门头、识荆桥、荡湾里、钱家斗、姬家渎、沈家渎、赵家斗、徐家汇、闵家达、姚家浜、西庄 |
| 霞城村委会 | 3.00 | 902 | 2195 | 139.37 | 32675 | 3 | 霞城、童庄殿、水产 |
| 祥符斗村委会 | 1.99 | 689 | 1769 | 115.51 | 29487 | 6 | 祥符斗、殷家湾、献荡头、栏皇斗、亭子头、御驾舍 |
| 新开河村委会 | 2.80 | 798 | 2051 | 301.46 | 26955 | 11 | 新开河、徐家汇、董家桥、乌鸦斗、翁家浒、王家地、里浜头、外浜头、钱家湾、杨家角、龙塘斗 |
| 晨光社区 | — | 755 | 1562 | — | — | — | — |
| 新溪社区 | — | 700 | 1567 | — | — | — | — |

(曾雪君)

## 曹先擢传记

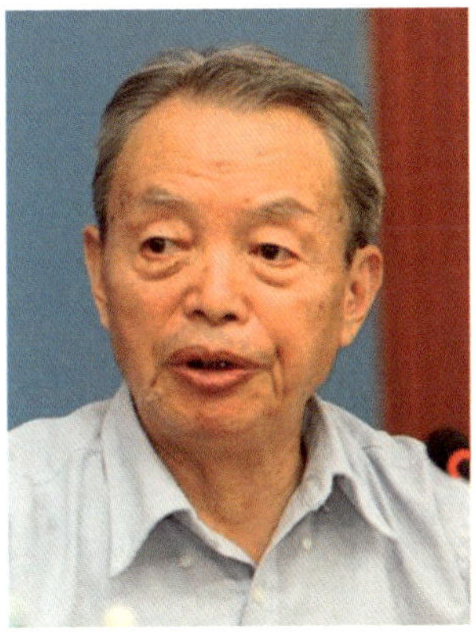

曹先擢(1932—2018),男,汉族,中共党员,浙江长兴人。著名语言学家、辞书学家,北京大学教授。

民国二十一年(1932)11月10日,生于浙江省长兴县煤山镇。父亲是煤矿会计。曾在桐庐读书。后随父到河南,完成高中学业。1954年进入北京大学中文系学习,1958年毕业后留校在中文系古代汉语教研室工作,任助教、讲师、副教授、教授。1970年在北京大学主持《新华字典》(1971年版)修订工作。1971年至1975年,在北京师范大学主持《新华词典》(第1版)编纂工作,1976年至1979年在商务印书馆主持该词典定稿工作,1980年8月该词典出版。1979年回北京大学,除在中文系授课外,还在中央广播电视大学讲授古代汉语;兼任中文系党总支书记。1986年4月至1993年3月,调任国家语言文字工作委员会秘书长、副主任,1991年至1992年兼任教育部语言文字应用研究所所长、研究员。1994年退休。历任国家语委咨询委员会委员、中国辞书学会会长和名誉会长、《通用规范汉字表》专家委员会主任委员、《现代汉语词典》第5版审定委员会主任委员、商务印书馆辞书研究中心特约研究员、《新华字典》第10版学术顾问等。2018年11月7日凌晨,在北京病逝。

长期从事辞书编纂、研究工作,研究领域很广,著述丰富,涉及文字学、音韵学、语音学、辞书学,既重视理论研究,也特别关注语言文字应用问题,在海内外发表了很多学术性和通俗性结合得极好的普及性论著,在辞书编纂领域更有大量的实践,为中国辞书研究理论发展和辞书队伍建设做出了卓越贡献。主持编纂的《新华词典》和参与修订的《现代汉语词典》影响了一代又一代学人。出版著作、辞书有10余种。其中,代表性专著有《通假字例释》(1985年河南人民出版社),《字里乾坤》(1988年香港商务印书馆,1990年台湾商务印书馆重印),《汉字文化漫笔》(1992年语文出版社,2009年外语教学与研究出版社),《谈谈普通话异读词审音》(2009年语文出版社);《辞书论稿与辞书札记》(2010年商务印书馆),《汉语汉字文化常谈》(2015年商务印书馆国际有限公司);合著的主要有《〈广韵〉反切今读手册》(与李青梅合著,2005年语文出版社,2013年商务印书馆重印),《古代词书讲话》(与杨润陆合著,1990年上海教育出版社);编著的主要有《新华词典》(主持。1980年商务印书馆),《八千种中文辞书类编提要》(主编之一。1992年北京大学出版社),《汉字形义分析字典》(主编之一。1999年北京大学出版社),《王力古汉语字典》(负责第八部分未集的撰稿。2000年中华书局),《汉字源流精解字典》(主编之一,2015年人民教育出版社)。

## 楼伯余传略

楼伯余(1933—2018),男,汉族,长兴人,中共党员。长兴县精神文明建设市民督导团成员,被各级各类媒体誉为“文明创建第一志愿者”,被老百姓尊称为“楼老伯”,先后被授予“长兴榜样”、长兴县“道德模范”、湖州市道德模范、“浙江骄傲”“中国好人”、全国学雷锋志愿服务“四个100”最美志愿者等荣誉称号。

民国二十二年(1933)6月出生,退休前为长兴县邮电局工作人员。退休以后,一直热心社会公益事业和城市文明创建,用一架照相机拍摄监督类照片,坚持给市容挑刺,帮助群众解决上千问题。2009年,荣获首届“长兴榜样”十大人物荣誉称号,长兴县首届“道德模范”。2010年3月24日,中央电视台新闻频道《共同关注》栏目播出《楼伯余:两万张照片为政府挑刺》的报道,时长2分11秒,电视画面展现楼伯余八年多来坚持用相机给政府“挑刺”的很多细节。8年间,他给政府部门“找茬”2000多次,期间拍坏3台相机,拍摄700多个胶卷,拍摄的各类照片多达2万余张。同时,北京电视台《浙江退休老人八年拍两万张照片反映市容问题》、中国青年报《给一座县城挑刺儿》、浙江日报《一位老人拍照两万张,反映问题4000多个》、钱江晚报《“拍客”老楼,两万照片专“挑刺”》,以及新浪网、网易、搜狐网、凤凰网、腾讯网、新民网、互联星空、大江晚报、杭州日报等多家媒体争相报道。是年4月22日,中央电视台《今日说法》栏目以《义务“侦探”楼伯余》为题对楼伯余进行20分钟的专题报道,号召全社会向楼伯余学习,共同推进公民社会建设。9月,楼伯余荣登中国文明网“中国好人榜”,是年还入选“浙江骄傲”年度人物。2011年,长兴县文明委发出《关于开展向楼伯余同志学习活动的决定》,号召全县人民学习热心公益、无私奉献的“楼老伯”精神。2017年3月,在中央宣传部、中央文明办等部门联合在开展宣传推选2016年全国学雷锋志愿服务“四个100”先进典型(100个最美志愿者、100个最佳志愿服务组织、100个最佳志愿服务项目、100个最美志愿服务社区)活动中,楼伯余入选并获“最美志愿者”荣誉称号。自2001年参与志愿服务活动以来,楼伯余用坏3辆自行车3辆电瓶车,行程8万多公里,拍摄监督类照片多达3万余张,提出问题7000多个,仅记录情况的笔记就有30多本,他的精神感动了所有长兴人。2017年11月,他所在的长兴县以参评县第一名的成绩获评“第五届全国文明城市”荣誉称号。2018年3月9日凌晨,在家中病逝。

## 舒歌群简介

舒歌群,男,汉族,1964年3月生,长兴县泗安镇上泗安村人,教授,博士生导师。2018年5月起,任中国科学技术大学党委书记(副部长级)。

1980年9月至1984年8月,浙江大学热物理工程系内燃动力工程专业本科生。1984年8月至1985年9月,四川省交通厅内河勘察规划设计院技术员。1985年9月至1987年7月,天津大学热物理工程系工程热物理专业研究生班毕业。1987年7月至1988年12月,天津内燃机研究所工程师(其间: 1988年11月天津大学热物理工程系工程热物理专业获硕士学位)。1988年12月起历任天津大学热能工程系内燃机教研室教师、副主任,机械工程学院汽车工程系主任、车辆与发动机研究所所长,科技处副处长、处长,党委常委、副校长,党委副书记、副校长,党委常务副书记(正局级)、副校长,党委常务副书记(正局级)。其间于1993年12月晋升副教授;1993年9月至1998年2月获天津大学内燃机燃烧学国家重点实验室动力机械及工程专业在职博士学位;1998年11月晋升教授。

长期从事内燃机设计和内燃机余热能转化和利用的研究工作。作为首席科学家主持承担了973项目“高效、节能、低碳内燃机余热能梯级利用基础研究”(2010),主持承担了政府间国际科技创新合作重点专项“提高中载及重载卡车能效关键技术中美联合研究”(2017)等国家和省部级科研项目30余项。发表SCI论文120余篇,授权发明专利20余项。作为第一完成人获天津市科技进步一等奖(2006)、中国机械工业科技进步一等奖(2014)、国家科技进步二等奖(2015)、天津市自然科学一等奖(2017)。2007年获“通用汽车中国高校汽车领域创新人才奖”一等奖,2008年获“中国内燃机学会突出贡献奖”,2009年入选“新世纪百千万人才工程”国家级人选,2010年享受政府特殊津贴,2013年作为团队负责人入选科技部重点领域创新团队，2016年入选“万人计划”科技创新领军人才。现为国务院学位委员会第七届学科评议组动力工程及工程热物理组成员、教育部热能动力工程专业教学指导委员会委员、教育部科技委先进制造学部副主任，中国内燃机学会副理事长、中国内燃机学会编辑委员会主任委员。

## 童锦泉简介

童锦泉，男，1955年4月生，江苏启东人，祖籍浙江绍兴。上海长峰集团董事长，长兴太湖龙之梦乐园创办人。

因家境贫寒，仅读5年书便辍学。1968年起开始创业历程，先后做过篾匠、养过蜜蜂，1975年进入启东乒乓球厂工作，后任厂长。1983年，任南通鑫健体育用品公司总经理。1992年，在上海创办长峰房地产开发有限公司，正式进入地产业。2004年，首次登陆2003福布斯中国富豪榜，位列第22名；首次上榜胡润中国百富榜，位列第17名。2005年底，总投资20亿元和30亿元的龙之梦丽晶酒店和购物中心在上海黄金地段正式开张，标志着长峰集团从住宅开发商向商业地产开发商的转型。曾任上海长宁区工商联副会长。

2015年5月，响应国家鼓励社会资本投资旅游业的号召，赴长兴作项目投资考察。9月1日与长兴太湖图影旅游度假区签订太湖龙之梦乐园项目投资框架协议，10月17日在“长洽会”上正式签约，10月25日参加第三届世界浙商大会重大浙商回归项目集中签约仪式。2016年4月8日，举行开工仪式。此后，作为太湖龙之梦乐园项目的“总设计师”“总导演”，亲力亲为投身项目建设，将50多年创业积累的营商经验和财富积累倾注在长兴太湖图影这片土地，打造占地面积23.48平方千米的全国最大旅游综合体——太湖龙之梦乐园。项目一开始，隔日就从上海到长兴一次，每次5点起床，6点出发，7点30分抵达项目现场，督导各项目施工。即便在不去长兴工地的时候，也每天七点半到办公室，仔细翻阅每天现场传回的400多张进度照片，阅读各部门提交的数据报告，了解项目进度。2018年10月起，更将生活的重心完全放到太湖龙之梦乐园，常进项目现场。至2018年年末，龙之梦各大项目进展顺利，累计完成300万平方米酒店和游乐项目，完成土建工程量约90%。其中，钻石酒店于春节前后试营业；太湖古镇项目已启动招商工作、项目引进和建设；动物世界完成大部分基础建设；11月太湖龙之梦演艺中心建成运营。先后获2017年度“湖商发展大会”百合奖、2017第十五届风云浙商、2017年度湖州市旅游贡献奖、2017年度长兴县旅游特别贡献奖、2018湖州市非公有制经济人士新时代优秀中国特色社会主义事业建设者、长兴县2018年度功勋企业家、2017—2018年建设“两美”浙江立功竞赛浙江省五一劳动奖章。

## 周明明简介

周明明，男，汉族，1968年7月生，长兴人。民盟会员。超威集团董事长、超威动力董事局主席。2018年获全国五一劳动奖章。

1990年于杭州师范学院化学系毕业后，分配到长兴县虹溪高级中学任化学教师。1998年，辞去“教师”铁饭碗，怀揣8000元启动资金，创办长兴电子电源有限公司(超威集团前身)。经过20年的努力，成功实现由一个家庭作坊式企业迅速发展成为行业龙头企业、香港主板上市公司的华丽蜕变。2017年，超威集团列中国企业500强第162位、制造业500强第67位，民营企业500强第30位。先后担任民盟中央科技委员会委员、中国电器工业协会副会长、中国电池工业协会副理事长、中国自行车协会副理事长、浙江省企业家协会副会长、浙江省工业经济联合会副会长、浙江省企业联合会副会长、湖州市工商联副主席、长兴新能源汽车协会会长等职务。荣获2013年度中国工业先锋人物、2014年全国铅酸蓄电池行业领军人物、2014年全国优秀企业家、2014年浙江省劳动模范、2015年中国电池行业领军人物、2015年浙江省功勋企业家、2016年浙江省优秀中国特色社会主义事业建设者称号、2016年中国铅酸蓄电池行业功勋企业家、2016年第五届“浙江慈善奖”个人捐赠奖、2017年浙江民盟榜样人物、2018年全国五一劳动奖章。是第十二届、十三届浙江省人民代表大会代表。

（吴连意）

# 组织机构及负责人名录

## 四套班子领导机构

**中共长兴县委**

书　记　周卫兵

副书记　石一婷(9月任)

　　　　杨中校(9月免)

　　　　高胜华

常　委　何文全

　　　　楼秋红(6月免)

　　　　徐晓惠(12月免)

　　　　何志强

　　　　沈孔鸿(5月任,职级确定为正局长级)

　　　　沈月强(8月任)

　　　　王　勇(8月免)

　　　　赵　峰(9月任)

　　　　沈玉龙(1月任,9月免)

　　　　沈洪峰

　　　　史会方

　　　　王伟新(6月任)

　　　　王世海(11月任,挂职)

　　　　陈少鹏(12月任)

**县人大常委会**

主　任　叶白云

副主任　王庆忠　钱慧明　章玉坤

　　　　尚亿强　徐　骍　倪建忠

**县人民政府**

县　长　杨中校(8月免)

　　　　石一婷(9月任代县长)

常务副县长　何志强(6月任)

　　　　　　楼秋红(6月免)

副县长　盛洪卫

　　　　王伟新(6月免)

　　　　陈少鹏(12月免)

　　　　杨永章

　　　　陈　峰

　　　　臧雷鸣(8月任)

　　　　应叶青(6月免,挂职)

　　　　黄江疆(挂职)

　　　　王世海(11月任,挂职)

**政协第九届长兴县委员会**

主　席　潘华明

副主席　姚根泉　郑　勇　余双全

　　　　李彩琴　何卫宏(1月免)

## 县委工作机构

**县委办(县委政研室)**

主　任　周卫凌(8月任)

　　　　傅伟强(8月免)

**县纪委监委**

书　记　沈月强(8月任)

　　　　王　勇(8月免)

副书记　赵红梅(女)

　　　　钱成飚

**派驻机构**

派驻第一纪检监察组组长　张有兴

派驻第二纪检监察组组长　冯小涛

派驻第三纪检监察组组长　赵　列

派驻第四纪检监察组组长　杨伟庭

派驻第五纪检监察组组长　徐振华

派驻第六纪检监察组组长　项建国
派驻第七纪检监察组组长　傅福喜
派驻第八纪检监察组组长　韩立强
派驻第九纪检监察组组长　许权康
派驻第十纪检监察组组长　俞江成
派驻第十一纪检监察组组长 王维康
县直机关纪工委书记　吴建忠
驻县法院纪检监察组组长　李小峰
驻县检察院纪检监察组组长　施小良
驻县公安局纪检监察组组长　张远喜

**组织部**

部　长　徐晓惠
常务副部长 汤　浩

**县委新经济与新社会组织工作委员会**

书　记　卢万祥

**宣传部**

部　长　沈洪峰
常务副部长　黄　平(7月任)
　　　　　乔旭峰(7月免)

**社科联**

副主席　徐晓伟

**文明办**

主　任　杭巧勤

**创建办**

主　任　叶爱斌

**统战部**

部　长　何文全
常务副部长　蒋文杰

**县民族宗教事务局**

局　长　王春强

**县台办**

主　任　黄学明

**县侨办**

主　任　韩　琦

**县委政法委**

书　记　高胜华(兼)
常务副书记　范淦明

**县信访局**

局　长　盛树良

**县编委办**

主　任　臧水华

**县农办**

主　任　陈民华

**县直机关工委**

书记　张国康

**县委老干部局**

局　长　吴宏伟

**县委党校**

校　长　徐晓惠(女,12月免)
常务副校长　韦国煜

**社会主义学校**

校　长　何文全(兼)
常务副校长　韦国煜

**行政学校**

校　长　何志强(6月任,兼)
　　　楼秋红(女,6月免,兼)
常务副校长　韦国煜

**县档案局(馆)**

局　长　姚源平

**县委党史研究室(县政府地方志办公室)**

主　任　吴连意

## 县人大政协机关

**县人大常委会办公室**

主　任　邵海龙(8月任)
　　　孙剑峰(7月免)

**县人大常委会研究室**

主　任　邵海龙(8月任)
　　　孙剑峰(7月免)

**县人大法制(内务司法)委员会**

主任委员　葛华庆

**县人大财政经济委员会**

主任委员　赵卫平

**县人大社会建设委员会**

主任委员　宋国良

**县人大常委会教科文卫工作委员会**

主　任　刘秋平

**县人大常委会农业与农村工作委员会**

主　任　李纪良

**县人大常委会城建环资工作委员会**

主　任　陆潮海

**县人大常委会代表与选举任免工作委员会**

主　任　王晓瑜

**县政协办公室**

主　任　戴建委

**县政协提案委**

主　任　杨冯梅

**县政协经济科技委员会**

主　任　钱望成

**县政协资源环境建设委员会**

主　任　孙正炎

**县政协教卫文体委员会**

主　任 周文胜

**县政协社会法制委员会**

主　任　汤　强

**县政协港澳台侨和民族宗教委员会**

主　任　杨长部

**县政协文史资料委员会**

主　任　徐卫东

**县政协委员工作委员会**

主　任　王文中

## 社会团体

**县总工会**

主　席　徐　骅

**团县委**

书　记　潘宇欢

**县妇联**

主　席　王笑笑（女）

**县科协**

主　席　柏剑平

**县文联**

主　席　刘月琴（兼）

**县残联**

理事长　蒋金祥

**县工商联**

主　席　张天任（兼）

党组书记　钱立新

**红十字会**

会　长　陈　峰

党组书记常务副会长　施建国

## 民主党派

**中国国民党革命委员会湖州市长兴县基层委员会**

主　委　王伟敏

**中国民主同盟湖州市长兴县基层委员会**

主　委　何新中

**中国民主建国会湖州市长兴县基层委员会**

主　委　陈　锋

**中国民主促进会湖州市长兴县基层委员会**

主　委　周文胜

**中国农工民主党湖州市长兴县支部委员会**

主　委　钱立群

**九三学社湖州市长兴县基层委员会**

主　委　李彩琴

## 县人民武装、审判、检察机构

**县人武部**

部　长　赵　峰

政　委　万永兵

**县法院**

院　长　潘铁华（10月任代院长）

冯新林（9月免）

常务副院长　朱为学

**县检察院**

检察长　潘如新

常务副检察长　宋国良

## 县政府工作部门

**县政府办（法制办、外事办）**

主　任　金永良（8月任）

周卫凌（8月免）

**湖州市政府驻上海联络处长兴工作部**

主　任　李小良

**发改局**

主　任　傅仕松

**县经信局**

主　任（局长）　徐义方（10月免）

甘崇宾（11月任）

**县金融办**

主　任　朱为兵（12月任 ）

朱建华（12月免）

**县财税局**

局　长　葛铭松

**县公安局**

局　长　盛洪卫

政　委　孙甫成

**县司法局**

局　长　卢国华

**县住房和城乡建设局**

局　长　闵世华

**县规划局（测绘与地理信息局）**

局　长　闵世华

**县人民防空办公室（民防局）**

主　任（局长）　闵世华

**公积金长兴分中心**

主　任　朱宏伟

**县环保局**

局　长　王楚斌

**县交通运输局**

局　长　钱宝民

**县公路管理局**

局　长　王伟杰

**县港航管理局**

局　长　方嗣强

**县商务局(粮食局、招商局)**

局　长　郭连伟

**县水利局**

局　长　邵海龙(8月免)

**县农业局**

局　长　吴厚明

**县林业局**

局　长　乔旭峰(7月任)

张玉平(6月免)

**县人社局**

局　长　杨力

**县民政局**

局　长　沈自强(8月任)

范龙云(7月免)

**县卫计局**

局　长　金　宁

**县教育局**

局　长　张向前

**县科创委**

局　长　朱　伟

**县文广新局(体育局)**

局　长　曾善赐

**县审计局**

局　长　蒋　烈

**县统计局**

局　长　孙宏惠

**县市场监督管理局**

局　长　钱永昌

**县安监局**

局　长　周卫星

**县综合行政执法局**

局　长 王惠芳

**县政务办**

主　任　何志强

副主任　赵雨平(主持政务办日常工作)

**县旅委**

主　任　何杰雄

**县机关事务管理局**

局　长　鲁有平

**长兴国家大学科技园管理中心**

党组书记、主任　袁德惠

**县国土局**

局　长　徐凤根

**县矿山综合治理办公室**

主　任　鲍世锋

**国网长兴供电公司**

执行董事、党委书记　匡剑勋(10月任)

邢建旭(10月免)

总经理　夏星航

**县国税局**

局　长　胡　放

**县气象局**

局　长　陈卫锋

**县烟草局(长兴分局)**

局　长(经理)　高水桥(8月免)

丁日亮(8月任)

**邮政管理局**

局　长　郑永梅

**长兴文旅集团**

董事长　陈亦祥

**长兴金控集团**

董事长　王佳平

**长兴城投集团**

董事长　武旭波

**长兴交投集团**

董事长　徐　诚

**县供销社**

主　任　夏会方

**传媒集团**

台　长　曹佩中

**中国人民银行长兴县支行**

行　长　阮海斌

## 邮政通信单位

**中国邮政长兴分公司**

局　长　刘锐鹏

**中国电信长兴分公司**

总经理　杨建平(5月任)

俞　迪(5月免)

**中国移动长兴分公司**

总经理　侯志平

**中国联通长兴分公司**

总经理　胡悦昶

## 乡镇　街道　园区

**洪桥镇**

书　记　刘亚利(女)

人大主席　费根权

镇　长　陈　超

**李家巷镇**

书　记　尹明英(8月任)

金永良(8月免)
人大主席　徐利方
镇　长　朱炜江

**夹浦镇**

书　记　沈强南
人大主席　徐向欣
镇　长　郑　亮

**泗安镇**

书　记　王国良
人大主席　陆伟杰(7月免)
镇　长　沈强南

**虹星桥镇**

书　记　陈峻强
人大主席　伍永红
镇　长　邵晓伟

**和平镇**

书　记　张　宇
人大主席　吴建荣
镇　长　纪俊德

**林城镇**

书　记　施忠斌
人大主席　施忠斌(兼)
镇　长　左智华

**小浦镇**

书　记　郎　涛
人大主席　高　晖(12月任)
朱洪强(12月免)
镇　长　钱国强

**煤山镇**

书　记　余双全
人大主席　廖志坚
镇　长　尹明英(8月免)
邵永杰(8月任)

**水口乡**

书　记　沈庄伟
人大主席　高　晖
乡　长　丁新艳(女,7月任)
刘文献(7月免)

**吕山乡**

书　记　柏建华
人大主席　王茂营
乡　长　陆伟杰

**龙山街道**

书　记　李建成
主　任　朱自强
人大工委主任　敖智花(女)

**画溪街道**

书　记　孙剑峰(7月任)
黄　平(7月免)
人大工委会主任　王　强
办事处主任　卫勤超

**雉城街道**

书　记　叶　林(11月任)
甘崇宾(11月免)
主　任　黄时兵
人大工委会主任　徐正中

**太湖街道**

书　记　许　哲
主　任　林　敏

**长兴经济技术开发区管委会**

书　记　王伟新(兼)(7月任)
何志强(兼)(7月免)
主　任　钱卫华

**太湖图影旅游度假区管委会**

党工委书记、管委会主任　成仁贵

**湖州南太湖产业集聚区长兴分区**

党工委书记　、管委会主任　傅伟强

**湖州省际承接产业转移示范区长兴分管委员会**

主　任　何文全(兼)
常务副主任　王　波

# 2018年长兴县委、县政府发文目录

## (一)县委发文目录(选编)

| 标题 | 文号 | 成文时间 |
|---|---|---|
| 关于全面从严治党主体责任落实情况的报告 | 长委〔2018〕1号 | 1月9日 |
| 关于要求批准授予长兴"千人计划"产业园"浙江千人计划长兴产业园"牌子的请示 | 长委〔2018〕4号 | 1月24日 |
| 关于申报长兴县2018年度拟开展表彰奖励、通报表扬活动计划的请示 | 长委〔2018〕9号 | 2月13日 |
| 关于要求确认《长兴县防范化解地方政府性债务风险专项行动实施方案》的请示 | 长委〔2018〕10号 | 3月15日 |
| 关于持续深化落实中央巡视组反馈意见十大整改行动的报告 | 长委〔2018〕12号 | 5月29日 |
| 关于开展党校行政学校办学质量创优评估的自评报告 | 长委〔2018〕15号 | 6月27日 |
| 关于申报浙江省美丽乡村示范县的报告 | 长委〔2018〕21号 | 9月10日 |
| 关于要求补充完善《宁杭生态经济带发展规划》中有关长兴事项的报告 | 长委〔2018〕25号 | 9月20日 |
| 关于长兴县贯彻落实市委常委会会议精神的情况汇报 | 长委〔2018〕32号 | 10月30日 |
| 关于深化开展"双提十攻坚"行动的实施意见 | 长委发〔2018〕1号 | 2月14日 |
| 关于乡村振兴先行示范区建设的实施意见 | 长委发〔2018〕2号 | 1月18日 |
| 关于全面提升村级集体经济发展水平的意见 | 长委发〔2018〕4号 | 1月18日 |
| 关于印发《贯彻落实中央八项规定精神实施细则的办法》的通知 | 长委发〔2018〕10号 | 2月9日 |
| 关于印发《2018年县委、县政府工作要点》的通知 | 长委发〔2018〕11号 | 4月4日 |
| 关于建设清廉乡村为打造乡村振兴先行示范区提供坚强保障的实施意见 | 长委发〔2018〕14号 | 2月14日 |
| 关于印发《长兴县人才新政二十条》的通知 | 长委发〔2018〕15号 | 2月14日 |
| 关于支持检察机关提起公益诉讼工作的意见 | 长委发〔2018〕18号 | 3月13日 |
| 长兴县党委(党组)意识形态责任清单 | 长委发〔2018〕25号 | 4月8日 |
| 关于印发《中国共产党长兴县委员会巡察工作实施办法》的通知 | 长委发〔2018〕26号 | 4月20日 |
| 关于印发《重大事项请示报告决策制度》的通知 | 长委发〔2018〕28号 | 5月15日 |
| 关于印发《长兴县深化"亩均论英雄"改革加快工业低效企业达标提质三年行动计划(2018—2020年)》通知 | 长委发〔2018〕31号 | 5月30日 |
| 关于全县工业平台边界划分的实施意见 | 长委发〔2018〕32号 | 5月30日 |
| 关于加强和改进新形势下党校工作的实施意见 | 长委发〔2018〕33号 | 6月20日 |
| 关于印发《"健康长兴2030"行动纲要》的通知 | 长委发〔2018〕34号 | 6月22日 |
| 关于加强新形势下党的督促检查工作的实施办法 | 长委发〔2018〕36号 | 6月29日 |
| 长兴县庆祝改革开放40周年的通知 | 长委发〔2018〕37号 | 7月2日 |
| 关于认真学习贯彻习近平总书记重要指示精神及省委十四届三次全体(扩大)会议精神的通知 | 长委发〔2018〕39号 | 7月25日 |
| 关于打造全国营商环境最优县的实施意见 | 长委发〔2018〕40号 | 8月19日 |
| 关于印发《长兴县实施全面两孩政策改革完善计划生育服务管理的实施方案》的通知 | 长委发〔2018〕42号 | 9月30日 |
| 关于扎实推进清廉长兴建设的实施意见 | 长委发〔2018〕43号 | 10月17日 |
| 关于印发《中共长兴县委法律顾问工作规则》的通知 | 长委发〔2018〕44号 | 11月15日 |

续表

| 标题 | 文号 | 成文时间 |
|---|---|---|
| 关于建立县人民政府向县人大常委会报告国有资产管理情况制度的意见 | 长委发〔2018〕45号 | 12月6日 |
| 关于开展质量提升行动的实施意见 | 长委发〔2018〕51号 | 12月30日 |
| 关于印发《2018年工业经济工作要点》的通知 | 长委办发〔2018〕1号 | 2月14日 |
| 关于印发《长兴县城镇生活垃圾分类实施方案》的通知 | 长委办发〔2018〕3号 | 1月17日 |
| 关于印发《长兴县农村生活垃圾分类示范村创建工作方案》的通知 | 长委办发〔2018〕4号 | 1月18日 |
| 关于2018年度长兴县选商引资工作的实施意见 | 长委办发〔2018〕5号 | 1月22日 |
| 关于印发《2018年长兴县重点建设项目计划安排》的通知 | 长委办发〔2018〕6号 | 1月22日 |
| 关于印发《长兴县党委(党组)理论学习中心组学习实施办法》的知 | 长委办发〔2018〕7号 | 2月5日 |
| 关于印发《长兴县全国文明城市常态化管理实施意见》的通知 | 长委办发〔2018〕8号 | 2月12日 |
| 印发《长兴县"千企万人评议机关"活动实施方案》的通知 | 长委办发〔2018〕11号 | 2月14日 |
| 关于印发《长兴县深化开展"双提十攻坚"行动监督实施方案》的知 | 长委办发〔2018〕12号 | 3月12日 |
| 关于印发《长兴县农业转型发展"1736"行动方案》的通知 | 长委办发〔2018〕13号 | 3月13日 |
| 关于印发《县委县政府领导领办2018年县政协重点提案安排》的通知 | 长委办发〔2018〕14号 | 3月15日 |
| 关于印发《长兴县食品安全党政同责实施办法》的通知 | 长委办发〔2018〕15号 | 3月19日 |
| 关于印发《长兴县2018年度乡镇(街道、园区)经济发展指导性计划》的通知 | 长委办发〔2018〕16号 | 3月19日 |
| 关于印发《长兴县2018年现代服务业发展工作要点》的通知 | 长委办发〔2018〕17号 | 3月23日 |
| 关于印发《2018年长兴县机关干部学习教育实施意见》的通知 | 长委办发〔2018〕18号 | 3月23日 |
| 关于印发《长兴县社户对接助农增收"十百千万"帮扶行动实施方案》的通知 | 长委办发〔2018〕19号 | 4月3日 |
| 关于印发《2018年度乡镇(街道、园区)、机关部门"聚焦'双提'狠抓落实"月晒、季考实施办法(试行)》的通知 | 长委办发〔2018〕20号 | 3月29日 |
| 关于印发《2018年建设"书香长兴"行动方案》的通知 | 长委办发〔2018〕21号 | 4月3日 |
| 关于印发《2018年县委理论学习中心组学习计划》的通知 | 长委办发〔2018〕22号 | 4月8日 |
| 关于印发《长兴县结对"双扶"专项行动实施方案》的通知 | 长委办发〔2018〕23号 | 4月11日 |
| 关于印发《长兴县全域旅游"龙腾"计划》的通知 | 长委办发〔2018〕24号 | 4月8日 |
| 关于印发《进一步加强合溪水库上游生态建设保护的实施办法(2018—2020年)》的通知 | 长委办发〔2018〕25号 | 4月8日 |
| 关于进一步深化殡葬改革工作的实施意见 | 长委办发〔2018〕26号 | 4月8日 |
| 关于印发《"长兴精神"大讨论大实践活动实施方案》的通知 | 长委办发〔2018〕27号 | 4月8日 |
| 关于印发《"长兴精神"大讨论大实践之"扬优势补短板促发展"专项活动实施方案》的通知 | 长委办发〔2018〕28号 | 4月8日 |
| 关于印发《县委全面深化改革领导小组2018年工作要点》《全县深化改革2018年度重点项目》的通知 | 长委办发〔2018〕29号 | 4月17日 |
| 关于印发《中共长兴县委落实全面从严治党主体责任报告评议反馈意见实施八大整改提升工程方案》的通知 | 长委办发〔2018〕30号 | 4月17日 |
| 关于加快发展红十字事业的实施意见 | 长委办发〔2018〕32号 | 4月20日 |
| 关于推进农村文化礼堂长效机制建设的实施意见 | 长委办发〔2018〕33号 | 4月20日 |
| 关于印发《中共长兴县委 长兴县人民政府 政协长兴县委员会2018年度协商工作计划》的通知 | 长委办发〔2018〕34号 | 4月24日 |
| 关于印发2018年长兴县生态文明先行示范区建设、"五水共治"、大气污染防治、土壤污染防治、矿山综合治理工作实施方案的通知 | 长委办发〔2018〕35号 | 5月15日 |

续表

| 标题 | 文号 | 成文时间 |
| --- | --- | --- |
| 关于印发《2018年全面深化法治长兴建设工作要点》和《2018年全面深化法治长兴建设重点项目》的通知 | 长委办发〔2018〕36号 | 5月25日 |
| 关于印发《长兴县消防安全责任追究暂行办法》的通知 | 长委办发〔2018〕37号 | 5月28日 |
| 关于印发《2017年度县委常委会专题民主生活会整改任务分解方案》的通知 | 长委办发〔2018〕39号 | 6月5日 |
| 关于印发《长兴县"不作为慢作为乱作为"责任追究暂行办法》的通知 | 长委办发〔2018〕40号 | 6月12日 |
| 关于印发《2018年度乡镇(街道、园区)目标责任制考核实施意见》和《2018年度县级机关部门综合考评实施意见》的通知 | 长委办发〔2018〕41号 | 6月12日 |
| 关于印发《长兴县中心城区路段长制实施办法》的通知 | 长委办发〔2018〕42号 | 6月19日 |
| 关于印发《长兴县全面深化落实湖长制工作实施方案》的通知 | 长委办发〔2018〕43号 | 6月19日 |
| 印发《关于加快四大集团改革发展的若干意见》的通知 | 长委办发〔2018〕45号 | 6月22日 |
| 关于印发《2018年度县级领导重点调研课题》的通知 | 长委办发〔2018〕46号 | 6月26日 |
| 关于印发《长兴县审计整改责任追究实施细则(试行)》的通知 | 长委办发〔2018〕47号 | 6月27日 |
| 关于进一步加强新乡贤工作的指导意见 | 长委办发〔2018〕48号 | 7月2日 |
| 关于印发《2018年度长兴县全面从严治党主体责任考核办法》的通知 | 长委办发〔2018〕49号 | 7月6日 |
| 印发《关于进一步加强和改进离退休干部工作的实施意见》的通知 | 长委办发〔2018〕50号 | 7月16日 |
| 印发《关于大力发扬"长兴精神"推进实施"双百千亿"工程的意见》的通知 | 长委办发〔2018〕51号 | 7月18日 |
| 关于全县疑难复杂信访积案试行县领导包案督办及重大不稳定问题县领导挂牌督办的通知 | 长委办发〔2018〕52号 | 7月18日 |
| 关于印发《2018中国·太湖明珠—长兴国际投资贸易洽谈会总体方案》的通知 | 长委办发〔2018〕54号 | 8月6日 |
| 关于印发《长兴县"六重"工作2018年度推进计划》和《2018年度县级部门(单位)"六重"工作考核评价办法》的通知 | 长委办发〔2018〕55号 | 8月6日 |
| 关于印发《长兴县党政领导干部生态环境损害责任追究实施办法(试行)》的通知 | 长委办发〔2018〕56号 | 8月8日 |
| 关于严禁自行出台工资津贴补贴政策的通知 | 长委办发〔2018〕57号 | 8月30日 |
| 关于印发《全县"政企同心稳增长"专项活动方案》的通知 | 长委办发〔2018〕58号 | 8月20日 |
| 关于印发《长兴县现役军人立功受奖奖励实施办法》的通知 | 长委办发〔2018〕59号 | 9月6日 |
| 关于扶持部分退役军人自主创业的政策意见(试行) | 长委办发〔2018〕60号 | 9月6日 |
| 关于印发《长兴县高水平推进农村人居环境提升三年行动实施方案》的通知 | 长委办发〔2018〕61号 | 9月6日 |
| 关于印发《长兴县创建国家森林城市工作实施方案》的通知 | 长委办发〔2018〕62号 | 9月20日 |
| 关于印发《长兴县村务监督委员会工作细则》的通知 | 长委办发〔2018〕63号 | 9月27日 |
| 关于印发《长兴县"信用县"创建实施方案》的通知 | 长委办发〔2018〕64号 | 9月27日 |
| 关于印发《2018年度长兴县山海协作工程工作任务安排》的通知 | 长委办发〔2018〕65号 | 10月24日 |
| 关于进一步加强东西部扶贫协作、对口支援工作的实施意见 | 长委办发〔2018〕66号 | 10月24日 |
| 长兴县全面优化提升全科网格建设实施意见 | 长委办发〔2018〕67号 | 10月24日 |
| 关于印发《全市十大专项行动考督方案》的通知 | 长委办发〔2018〕68号 | 10月24日 |
| 关于受处分干部教育帮扶和评估任用的实施意见 | 长委办发〔2018〕69号 | 10月24日 |
| 关于印发《长兴县运用监督执纪"第一种形态"实施细则(试行)》的通知 | 长委办发〔2018〕70号 | 10月24日 |
| 关于印发《关于深化湖州南太湖产业集聚区长兴分区管理体制改革的方案》的通知 | 长委办发〔2018〕71号 | 10月31日 |

续表

| 标题 | 文号 | 成文时间 |
|---|---|---|
| 印发《关于贯彻落实〈湖州市文明行为促进条例〉工作实施方案》的通知 | 长委办发〔2018〕72号 | 11月23日 |
| 关于下达2018年军队转业干部安置计划的通知 | 长委办发〔2018〕74号 | 11月28日 |
| 关于印发《长兴县新时代文明实践中心建设工作实施方案(试行)》的通知 | 长委办发〔2018〕75号 | 11月30日 |
| 关于印发《长兴县健全完善“路长制”实施方案》的通知 | 长委办发〔2018〕76号 | 12月6日 |
| 关于印发《关于进一步完善县领导与党外代表人士联谊交友制度的意见》和《调整政府有关部门与民主党派、工商联、党外知识分子联谊会对口联系安排》的通知 | 长委办发〔2018〕77号 | 12月6日 |
| 印发《关于促进工商联所属商会改革和发展的实施方案》的通知 | 长委办发〔2018〕78号 | 12月6日 |
| 关于印发《长兴县生态文明示范创建(污染防治攻坚)三年行动计划(2018—2020)》的通知 | 长委办发〔2018〕79号 | 12月31日 |
| 关于印发《长兴县新能源产业发展三年行动计划(2019—2021年)》的通知 | 长委办发〔2018〕80号 | 12月20日 |
| 关于印发《全县人民调解参与信访矛盾化解实现“无信访积案县”目标三年行动计划》的通知 | 长委办发〔2018〕81号 | 12月26日 |
| 关于优化调整重点乡镇(街道)财政体制 | 长委办发〔2018〕83号 | 12月30日 |
| 关于深化乡镇政府服务能力建设的实施方案 | 长委办发〔2018〕84号 | 12月30日 |
| 关于深化街道体制改革 完善城市基层治理体系的实施方案 | 长委办发〔2018〕85号 | 12月30日 |
| 关于做好全县机构改革中档案工作的实施意见 | 长委办发〔2018〕86号 | 12月31日 |
| 关于印发县四大集团“三定”方案(试行) | 长委办发〔2018〕88号 | 12月31日 |

## (二)县政府发文目录(选编)

| 文件名 | 文号 | 发文日期 |
|---|---|---|
| 关于分解落实2018年政府工作报告重点任务的通知 | 长政发〔2018〕1号 | 1月8日 |
| 关于加快农业转型发展的十五条政策意见 | 长政发〔2018〕3号 | 1月18日 |
| 关于命名第十五批县级农业龙头企业的通知 | 长政发〔2018〕6号 | 1月19日 |
| 关于表彰2017年度重点项目建设工作先进单位和先进个人的决定 | 长政发〔2018〕7号 | 1月22日 |
| 关于同意和平镇人民政府对西鸡笼山矿区进行生态治理的批复 | 长政发〔2018〕8号 | 1月26日 |
| 关于表彰2017年度长兴县政府质量奖企业的通报 | 长政发〔2018〕9号 | 1月26日 |
| 关于同意调整县级治安保卫重点单位的批复 | 长政发〔2018〕10号 | 2月5日 |
| 关于长兴交通投资集团有限公司应收政府款项事宜的批复 | 长政发〔2018〕11号 | 2月5日 |
| 关于做好2018年后备力量建设调整改革工作的通知 | 长政发〔2018〕12号 | 2月8日 |
| 关于变更高速调整夹浦镇、吕山乡、水口乡、煤山镇、泗安镇等部分省级以上生态公益林的批复 | 长政发〔2018〕13号 | 2月11日 |
| 关于同意收回德玛克(长兴)包装机械有限公司国有土地使用权的批复 | 长政发〔2018〕14号 | 2月11日 |
| 关于同意收回浙江三狮集团有限公司部分国有土地使用权的批复 | 长政发〔2018〕15号 | 2月11日 |
| 关于同意收回长兴煤山永升市政保洁服务有限公司国有土地使用权的批复 | 长政发〔2018〕16号 | 2月11日 |
| 关于同意收回长兴永能建设发展有限公司国有土地使用权的批复 | 长政发〔2018〕17号 | 2月11日 |
| 关于同意收回浙江优尚家具有限公司国有土地使用权的批复 | 长政发〔2018〕18号 | 2月11日 |
| 关于同意收回长兴锦虹纺织有限公司国有土地使用权的批复 | 长政发〔2018〕19号 | 2月11日 |
| 关于同意收回江志成国有土地使用权的批复 | 长政发〔2018〕20号 | 2月11日 |

续表

| 文件名 | 文号 | 发文日期 |
| --- | --- | --- |
| 关于同意长兴县安全生产监督管理局2018年度安全生产监督检查计划的批复 | 长政发〔2018〕21号 | 2月11日 |
| 关于印发长兴县大工业政策三十六条的通知 | 长政发〔2018〕22号 | 2月13日 |
| 关于印发长兴县工业企业发展绩效综合评价办法的通知 | 长政发〔2018〕23号 | 2月13日 |
| 关于表彰2017年度先进基层武装、先进民兵连和优秀专武干部、优秀民兵连长、优秀基干民兵的通报 | 长政发〔2018〕25号 | 3月1日 |
| 关于印发长兴县现代渔业绿色健康发展示范区建设三年行动计划（2018—2020年）的通知 | 长政发〔2018〕26号 | 3月5日 |
| 关于确认泗安塘流域综合整治工程项目国有土地上房屋征收范围的批复 | 长政发〔2018〕27号 | 3月6日 |
| 关于确认何家桥地块国有土地上房屋征收范围的批复 | 长政发〔2018〕28号 | 3月6日 |
| 关于确认费家边地块国有土地上房屋征收范围的批复 | 长政发〔2018〕29号 | 3月6日 |
| 关于进一步加快服务业发展的十七条政策意见 | 长政发〔2018〕31号 | 3月19日 |
| 关于印发长兴县“林长制”工作实施方案的通知 | 长政发〔2018〕34号 | 3月20日 |
| 关于同意长兴新能源小镇“区域环评+环境标准”改革实施方案的批复 | 长政发〔2018〕35号 | 3月21日 |
| 关于同意湖州省际承接产业转移示范区长兴分区“区域环评+环境标准”改革实施方案的批复 | 长政发〔2018〕36号 | 3月21日 |
| 关于同意湖州南太湖产业集聚区长兴分区“区域环评+环境标准”改革实施方案的批复 | 长政发〔2018〕37号 | 3月21日 |
| 关于同意长兴县国家森林城市建设总体规划（2017—2026年）的批复 | 长政发〔2018〕38号 | 3月21日 |
| 关于印发长兴县国防后备力量建设要点的通知 | 长政发〔2018〕39号 | 3月26日 |
| 关于印发长兴县全国殡葬综合改革试点工作方案的通知 | 长政发〔2018〕40号 | 3月26日 |
| 关于同意《长兴县绿色建筑专项规划（2017—2025）》的批复 | 长政发〔2018〕41号 | 4月4日 |
| 关于同意收回和平镇横山村水产组国有外荡水面使用权的批复 | 长政发〔2018〕42号 | 4月9日 |
| 关于同意收回长兴英诺五金工具有限公司国有土地使用权的批复 | 长政发〔2018〕43号 | 4月10日 |
| 关于同意收回浙江鲁茨机械有限公司国有土地使用权的批复 | 长政发〔2018〕44号 | 4月10日 |
| 关于同意收回长兴雉城服务有限公司国有土地使用权的批复 | 长政发〔2018〕45号 | 4月10日 |
| 关于同意收回长兴县远东房地产开发有限公司国有土地使用权的批复 | 长政发〔2018〕46号 | 4月10日 |
| 关于同意收回长兴绣湖实业有限公司等三宗国有土地使用权的批复 | 长政发〔2018〕47号 | 4月10日 |
| 关于同意收回长兴县夹浦镇中心卫生院等三宗国有土地使用权的批复 | 长政发〔2018〕48号 | 4月10日 |
| 关于同意收回长兴裕鑫村镇建设开发有限公司国有土地使用权的批复 | 长政发〔2018〕49号 | 4月10日 |
| 关于同意收回长兴永茗建设发展有限公司国有土地使用权的批复 | 长政发〔2018〕50号 | 4月10日 |
| 关于同意收回中国石化销售有限公司浙江湖州石油分公司国有土地使用权的批复 | 长政发〔2018〕51号 | 4月10日 |
| 关于同意收回长兴古树客栈国有土地使用权的批复 | 长政发〔2018〕52号 | 4月10日 |
| 关于长兴县2018年度国有土地建设用地供应计划的批复 | 长政发〔2018〕56号 | 4月19日 |
| 关于同意收回浙江汉维通信器材有限公司国有土地使用权的批复 | 长政发〔2018〕57号 | 4月23日 |
| 关于同意收回浙江广盛化纤纺织有限公司国有土地使用权的批复 | 长政发〔2018〕58号 | 4月23日 |
| 关于同意收回浙江永盛水利建设开发有限公司国有土地使用权的批复 | 长政发〔2018〕59号 | 4月23日 |
| 关于对何家桥地块国有土地上房屋实施征收的决定 | 长政发〔2018〕60号 | 4月26日 |
| 关于对费家边地块国有土地上房屋实施征收的决定 | 长政发〔2018〕61号 | 4月26日 |

续表

| 文件名 | 文号 | 发文日期 |
| --- | --- | --- |
| 长兴县与临江市对口合作工作实施方案 | 长政发〔2018〕62号 | 5月8日 |
| 关于同意收回长兴鑫能建设开发有限公司国有土地使用权的批复 | 长政发〔2018〕63号 | 5月10日 |
| 关于同意收回长兴永能建设发展有限公司国有土地使用权的批复 | 长政发〔2018〕64号 | 5月10日 |
| 关于同意收回李家巷石城制砂厂等七宗国有土地使用权的批复 | 长政发〔2018〕65号 | 5月10日 |
| 关于同意收回长兴山图水影旅游开发有限公司部分国有土地使用权的批复 | 长政发〔2018〕66号 | 5月10日 |
| 关于同意湖州省际承接产业转移示范区长兴分区洪水影响综合评价报告的批复 | 长政发〔2018〕67号 | 5月10日 |
| 关于同意长兴新能源装备高新技术产业园区洪水影响综合评价报告的批复 | 长政发〔2018〕68号 | 5月10日 |
| 关于同意长兴经济技术开发区核心区洪水影响综合评价报告的批复 | 长政发〔2018〕69号 | 5月10日 |
| 关于同意湖州南太湖产业集聚区长兴分区洪水影响综合评价报告的批复 | 长政发〔2018〕70号 | 5月10日 |
| 关于确定县综合行政执法局为露天焚烧秸秆落叶行为监督管理部门的决定 | 长政发〔2018〕71号 | 5月11日 |
| 关于对泗安塘流域综合整治工程项目(泗安段)国有土地上房屋实施征收的决定 | 长政发〔2018〕72号 | 5月11日 |
| 关于变更调整太湖图影旅游度假区管委会部分县级生态公益林的批复 | 长政发〔2018〕73号 | 5月15日 |
| 关于给予建设平安长兴工作中做出突出贡献的集体和个人行政奖励的决定 | 长政发〔2018〕74号 | 5月25日 |
| 关于印发长兴县实施工业企业差别化政策补充意见的通知 | 长政发〔2018〕75号 | 5月30日 |
| 关于环境污染责任保险工作的实施意见 | 长政发〔2018〕76号 | 5月31日 |
| 关于开展第三次全县土地调查的通知 | 长政发〔2018〕77号 | 6月1日 |
| 关于调整城镇土地使用税土地等级和征收标准的通知 | 长政发〔2018〕78号 | 6月8日 |
| 关于同意长兴新能源装备高新技术产业园区“区域环评+环境标准”改革实施方案的批复 | 长政发〔2018〕79号 | 6月12日 |
| 关于调整部分县政府领导工作分工的通知 | 长政发〔2018〕82号 | 6月13日 |
| 关于同意收回长兴法兰润达输送机械有限公司国有土地使用权的批复 | 长政发〔2018〕83号 | 6月19日 |
| 关于同意收回长兴县农业局国有土地使用权的批复 | 长政发〔2018〕84号 | 6月19日 |
| 关于同意收回长兴鑫能建设开发有限公司国有土地使用权的批复 | 长政发〔2018〕85号 | 6月19日 |
| 关于同意收回夹浦镇供销社农产品采购站国有土地使用权的批复 | 长政发〔2018〕86号 | 6月19日 |
| 关于同意收回高山岭居委会国有土地使用权的批复 | 长政发〔2018〕87号 | 6月19日 |
| 关于同意收回长兴浙北宏宇汽车摩托车配件有限公司部分国有土地使用权的批复 | 长政发〔2018〕88号 | 6月19日 |
| 关于长兴县合溪流露综合治理规划的批复 | 长政发〔2018〕89号 | 6月22日 |
| 关于对《环湖大堤(浙江段)后续工程建设征地实物及安置意愿调查报告》和《环湖大堤(浙江段)后续工程建设征地移民安置规划大纲》的确认意见 | 长政发〔2018〕90号 | 6月25日 |
| 关于对长兴县合溪水库工程建设征地移民安置规划实施调整报告的批复 | 长政发〔2018〕91号 | 6月25日 |
| 关于同意收回长兴万恒物流有限公司国有土地使用权的批复 | 长政发〔2018〕92号 | 6月26日 |
| 关于同意收回长兴雉城新兴城镇建设服务有限公司国有土地使用权的批复 | 长政发〔2018〕93号 | 6月26日 |
| 关于同意收回长兴恒通管业有限公司国有土地使用权的批复 | 长政发〔2018〕94号 | 6月26日 |
| 关于变更调整和平镇部分省级生态公益林的批复 | 长政发〔2018〕95号 | 7月4日 |
| 关于调整部分副县长分工的通知 | 长政发〔2018〕96号 | 7月9日 |
| 关于同意泗安镇撤销和设立部分村民委员会的批复 | 长政发〔2018〕97号 | 7月10日 |
| 关于同意收回湖州市第一人民医院国有土地使用权的批复 | 长政发〔2018〕98号 | 7月16日 |

续表

| 文件名 | 文号 | 发文日期 |
| --- | --- | --- |
| 关于公布长兴县湿地名录（第二批）的通知 | 长政发〔2018〕99号 | 7月16日 |
| 关于在全县开展第四次经济普查的通知 | 长政发〔2018〕100号 | 7月16日 |
| 关于同意长兴县太湖演艺小镇洪水影响综合评价报告的批复 | 长政发〔2018〕101号 | 7月17日 |
| 关于鼓励社会力量兴办学前教育促进学前教育健康发展实施办法（试行）的通知 | 长政发〔2018〕103号 | 7月19日 |
| 关于同意收回浙江三狮集团有限公司部分国有土地使用权的批复 | 长政发〔2018〕104号 | 7月20日 |
| 关于同意客运出租汽车营运权重新配置的批复 | 长政发〔2018〕105号 | 7月21日 |
| 关于同意将长兴县美丽城镇（标段一/标段二/标段三）PPP项目可行性缺口补助列入政府中长期预算的批复 | 长政发〔2018〕106号 | 7月21日 |
| 关于确认农批市场地块国有土地上房屋征收范围的批复 | 长政发〔2018〕110号 | 7月26日 |
| 关于泗安镇初康村等16个区块农村土地综合整治项目有关事宜的批复 | 长政发〔2018〕111号 | 7月26日 |
| 关于同意撤销八都岕自然保护区的批复 | 长政发〔2018〕112号 | 7月30日 |
| 关于印发长兴县人民政府咨询委员会工作规则的通知 | 长政发〔2018〕113号 | 8月1日 |
| 关于县政府第一届咨询委员会组成人员名单的通知 | 长政发〔2018〕115号 | 8月6日 |
| 关于同意收回长兴公路段和平公路管理站国有土地使用权的批复 | 长政发〔2018〕116号 | 8月8日 |
| 关于同意收回横山集镇地块涉及国有土地使用权的批复 | 长政发〔2018〕119号 | 8月13日 |
| 关于变更调整太湖图影旅游度假区管委会部分县级生态公益林的批复 | 长政发〔2018〕121号 | 8月29日 |
| 关于印发长兴县高质量建设“四好农村路”实施方案的通知 | 长政发〔2018〕126号 | 9月17日 |
| 关于同意长兴县农村饮用水水源保护范围划定方案（调整）的批复 | 长政发〔2018〕127号 | 9月18日 |
| 关于同意撤并长兴县后洋中学等有关事项的批复 | 长政发〔2018〕128号 | 9月20日 |
| 关于县政府领导分工的通知 | 长政发〔2018〕129号 | 9月21日 |
| 关于公布第一批历史建筑的通知 | 长政发〔2018〕130号 | 9月25日 |
| 关于县政府第一届咨询委员会咨询专家的通知 | 长政发〔2018〕131号 | 9月28日 |
| 关于同意长兴县农业水价综合改革实施方案（2018—2020年）的批复 | 长政发〔2018〕132号 | 9月29日 |
| 关于长兴县乡村振兴农村土地整治项目实施方案的批复 | 长政发〔2018〕133号 | 9月29日 |
| 关于同意长兴经济技术开发区“区域环评+环境标准”改革实施方案的批复 | 长政发〔2018〕135号 | 10月8日 |
| 关于同意收回浙江皇冠假日大酒店有限公司二宗国有土地使用权的批复 | 长政发〔2018〕136号 | 10月8日 |
| 关于同意收回陈明华地块国有土地使用权的批复 | 长政发〔2018〕137号 | 10月8日 |
| 关于同意收回卢仕强地块部分国有土地使用权的批复 | 长政发〔2018〕138号 | 10月8日 |
| 关于同意收回长兴广播电视台国有土地使用权的批复 | 长政发〔2018〕139号 | 10月8日 |
| 关于同意收回浙江新明华特种水泥有限公司部分国有土地使用权的批复 | 长政发〔2018〕140号 | 10月8日 |
| 关于同意收回长广火烧地地块国有土地使用权的批复 | 长政发〔2018〕141号 | 10月8日 |
| 关于同意收回浙江长兴经开建设开发有限公司等四宗国有土地使用权的批复 | 长政发〔2018〕142号 | 10月8日 |
| 关于同意收回华成房地产开发有限公司国有土地使用权的批复 | 长政发〔2018〕143号 | 10月22日 |
| 关于同意收回长兴永能车业有限公司国有土地使用权的批复 | 长政发〔2018〕145号 | 10月31日 |
| 关于印发长兴县政府投资项目审计监督实施细则的通知 | 长政发〔2018〕146号 | 11月6日 |
| 关于同意将夹浦镇丁新集镇有关区域划入长兴县市容和环境卫生管理区域的批复 | 长政发〔2018〕147号 | 11月8日 |
| 关于同意将画溪街道姚家桥、南石桥、白阜集镇有关区域划入长兴县市容和环境卫生管理区域的批复 | 长政发〔2018〕148号 | 11月8日 |

续表

| 文件名 | 文号 | 发文日期 |
|---|---|---|
| 关于公布2018年度长兴县政府质量奖获奖企业的通报 | 长政发〔2018〕149号 | 11月8日 |
| 关于对农批市场地块国有土地上房屋实施征收的决定 | 长政发〔2018〕150号 | 11月12日 |
| 关于加强全县新居民管理服务工作的意见 | 长政发〔2018〕151号 | 11月13日 |
| 关于同意林城镇撤销和设立部分村民委员会的批复 | 长政发〔2018〕152号 | 11月13日 |
| 关于长兴南太湖片区废弃矿山修复综合利用建设项目(一期)运营管理权及收益归属事宜的批复 | 长政发〔2018〕153号 | 11月19日 |
| 关于印发长兴县公共数据管理办法的通知 | 长政发〔2018〕154号 | 11月23日 |
| 关于同意收回长兴经济技术开发区管理委员会部分国有土地使用权的批复 | 长政发〔2018〕155号 | 11月26日 |
| 关于同意收回浙江长兴经纬建设开发有限公司等四宗国有土地使用权的批复 | 长政发〔2018〕156号 | 11月26日 |
| 关于同意收回长兴县太湖水利工程综合开发管理局国有土地使用权的批复 | 长政发〔2018〕157号 | 11月26日 |
| 关于同意收回长兴新港建筑材料厂等四宗国有土地使用权的批复 | 长政发〔2018〕158号 | 11月26日 |
| 关于同意收回长兴县洪桥镇董家浜石矿国有土地使用权的批复 | 长政发〔2018〕159号 | 11月26日 |
| 关于同意收回长兴山图水影旅游开发有限公司部分国有土地使用权的批复 | 长政发〔2018〕160号 | 11月26日 |
| 关于同意收回长兴县申兴康复疗养中心国有土地使用权的批复 | 长政发〔2018〕161号 | 11月26日 |
| 关于同意收回顾渚茶室国有土地使用权的批复 | 长政发〔2018〕162号 | 11月26日 |
| 关于同意收回长兴精致建设开发有限公司国有土地使用权的批复 | 长政发〔2018〕163号 | 11月26日 |
| 关于同意收回长兴申源村镇建设开发有限公司等二宗国有土地使用权的批复 | 长政发〔2018〕164号 | 11月26日 |
| 关于印发长兴县创建浙江省网络市场监管与服务示范区总体方案的通知 | 长政发〔2018〕166号 | 11月29日 |
| 关于同意泗安镇撤销和设立部分村民委员会的批复 | 长政发〔2018〕167号 | 12月3日 |
| 关于同意林城镇撤销和设立部分村民委员会的批复 | 长政发〔2018〕168号 | 12月3日 |
| 关于同意上报2019年度长兴县棚户区改造实施计划的批复 | 长政发〔2018〕169号 | 12月7日 |
| 关于同意实施长兴县学前教育近期布点规划(2018—2020)的批复 | 长政发〔2018〕170号 | 12月12日 |
| 关于同意实施长兴县义务教育学校布点专项规划(2018—2030)的批复 | 长政发〔2018〕171号 | 12月12日 |
| 关于调整部分县政府领导分工的通知 | 长政发〔2018〕172号 | 12月25日 |
| 关于印发长兴县进一步加强县域医共体建设实施方案的通知 | 长政发〔2018〕174号 | 12月28日 |
| 关于长兴县城乡低效用地再开发专项规划(2018—2027年)的批复 | 长政发〔2018〕175号 | 12月28日 |
| 关于同意收回长兴雉城新兴城镇建设服务有限公司等二宗国有土地使用权的批复 | 长政发〔2018〕176号 | 12月29日 |
| 关于同意收回浙江雅英化妆品有限公司部分国有土地使用权的批复 | 长政发〔2018〕177号 | 12月29日 |
| 关于同意收回长兴永能建设发展有限公司国有土地使用权的批复 | 长政发〔2018〕178号 | 12月29日 |
| 关于同意收回长兴县和平镇施村联办小学国有土地使用权的批复 | 长政发〔2018〕179号 | 12月29日 |

# 2018年1—12月浙江省、湖州市三县两区主要经济指标

| 地区 | GDP(亿元) | | 规模工业产值(亿元) | | 规模工业增加值(亿元) | | 固定资产投资(亿元) | | 工业性投入(亿元) | | 城镇居民人均可支配收入(元) | | 农村居民人均可支配收入(元) | | 全社会用电量(亿千瓦时) | | 工业用电量(亿千瓦时) | |
|---|---|---|---|---|---|---|---|---|---|---|---|---|---|---|---|---|---|---|
| | 四季度 | 增速(%) | 绝对值 | 增速(%) | 绝对值 | 增速(%) | 绝对值 | 增速(%) | 绝对值 | 增速(%) | 四季度 | 增速(%) | 四季度 | 增速(%) | 绝对值 | 增速(%) | 绝对值 | 增速(%) |
| 浙江 | | 7.1 | | | | 7.3 | | | | | 55574 | 8.4 | 27302 | 9.4 | 4532.8 | 8.1 | 3176.6 | 6.6 |
| 湖州 | 2719.1 | 8.1 | | | | 9.3 | | | | | 54393 | 8.9 | 31767 | 9.5 | 274.80 | 12.5 | 203.47 | 11.4 |
| 吴兴 | 547.26 | 8.3 | | | | 11.2 | | | | | 55996 | 9.0 | 32693 | 9.1 | 63.62 | 14.7 | 40.01 | 14.1 |
| 南浔 | 427.19 | 7.6 | | | | 8.7 | | | | | 52743 | 8.6 | 31564 | 9.4 | 47.95 | 8.0 | 37.28 | 7.5 |
| 德清 | 517.00 | 8.0 | | | | 8.6 | | | | | 54863 | 8.7 | 32723 | 9.7 | 46.91 | 16.4 | 35.17 | 14.5 |
| 长兴 | 609.78 | 8.5 | | 13.2 | | 8.9 | | | | | 54985 | 9.3 | 32114 | 9.4 | 80.28 | 10.3 | 66.99 | 9.6 |
| 安吉 | 404.32 | 8.3 | | | | 8.8 | | | | | 52617 | 9.1 | 30541 | 9.5 | 33.56 | 14.9 | 21.54 | 13.1 |
| 排名 | 1 | 1 | | | #N/A | 2 | #N/A | #N/A | #N/A | #N/A | 2 | 1 | 3 | 3 | 1 | 4 | 1 | 4 |

| 地区 | 财政总收入(亿元) | | 地方财政收入(亿元) | | 社会消费品零售额(亿元) | | 合同外资(万美元) | | 实到外资(万美元) | | 进出口(亿元) | | 出口额(亿元) | | 金融机构存款余额(亿元) | | 金融机构贷款余额(亿元) | |
|---|---|---|---|---|---|---|---|---|---|---|---|---|---|---|---|---|---|---|
| | 绝对值 | 增速(%) | 绝对值 | 增速(%) | 绝对值 | 增速(%) | 绝对值 | 增速(%) | 绝对值 | 增速(%) | 绝对值 | 增速(%) | 绝对值 | 增速(%) | 绝对值 | 增速(%) | 绝对值 | 增速(%) |
| 浙江 | 11706 | 13.6 | 6598.1 | 11.1 | 25007.9 | 9.0 | 430.57亿美元 | 24.1 | 186.39亿美元 | 4.1 | 28519 | 11.4 | 21182 | 9.0 | 116513 | 8.6 | 105774.9 | 17.2 |
| 湖州 | 490.71 | 20.0 | 287.10 | 20.9 | | 10.0 | 340082 | 50.4 | 127143 | 33.1 | 888 | 14.6 | 774 | 13.1 | 4589.4 | 13.4 | 3886.2 | 18.4 |
| 吴兴 | 67.25 | 22.1 | 40.96 | 21.9 | 370.82 | 10.1 | 54683 | 60.3 | 23743 | 24.4 | 115.06 | 27.5 | 88.01 | 18.3 | 市区： | 市区： | 市区： | 市区： |
| 南浔 | 60.60 | 20.8 | 35.16 | 20.6 | 184.44 | 9.7 | 44710 | 75.5 | 15058 | 16.5 | 94.96 | 5.4 | 82.57 | 7.7 | 2376.1 | 12.6 | 1864.6 | 17.1 |
| 德清 | 100.76 | 20.4 | 59.15 | 21.5 | 183.92 | 10.0 | 50978 | 28.8 | 20170 | 31.9 | 170.32 | 4.7 | 149.27 | 7.4 | 772.4 | 15.8 | 691.1 | 18.5 |
| 长兴 | 102.68 | 18.0 | 59.37 | 19.9 | 282.41 | 10.1 | 66438 | 15.4 | 23963 | 31.1 | 191.28 | 23.7 | 157.22 | 15.1 | 831.5 | 13.4 | 698.4 | 15.2 |
| 安吉 | 80.08 | 19.0 | 46.92 | 18.7 | 171.43 | 10.2 | 69881 | 45.9 | 20145 | 37.5 | 255.48 | 15.8 | 248.66 | 16.0 | 609.34 | 13.7 | 632.2 | 26.4 |
| 排名 | 1 | 5 | 1 | 4 | 2 | 3 | 2 | 5 | 1 | 3 | 2 | 2 | 2 | 3 | 三县第1 | 三县第3 | 三县第1 | 三县第3 |

注：1—12月规上工业战新产业增加值增长9.9%；高新产业增加值增长9.5%；装备制造业增加值增长4.4%

## 说明

一、本索引采用主题分析法编制。

二、索引设有条目索引、表格索引两个分目,按主题词首字拼音字母顺序和音序排列,按标引词首字的汉语拼音音序排列,首字相同按第二字音序排列,以此类推。

三、由类目、分目提取的索引用黑体字标明,标引词后的阿拉伯数字表示内容所在的页码。

四、《特载》《大事记》《附录》的内容不做索引。

# 条目索引

### 阿拉伯数字



### A



### B

## C

## D



## E



## F

## G



## H

J

## X

## Y



## Z

# 表格索引